法律文书论丛

法律文书论丛

Exploration and Innovation in Legal Writing

法律文书探索与创新

马宏俊 主编　许身健 副主编

北京大学出版社
PEKING UNIVERSITY PRESS

图书在版编目(CIP)数据

法律文书探索与创新/马宏俊主编. —北京:北京大学出版社,2017.9
(法律文书论丛)
ISBN 978-7-301-28730-9

Ⅰ.①法… Ⅱ.①马… Ⅲ.①法律文书—研究—中国 Ⅳ.①D926.13

中国版本图书馆 CIP 数据核字(2017)第 218229 号

书　　　名	法律文书探索与创新
	Falü Wenshu Tansuo yu Chuangxin
著作责任者	马宏俊　主编　许身健　副主编
责 任 编 辑	王建君
标 准 书 号	ISBN 978-7-301-28730-9
出 版 发 行	北京大学出版社
地　　　址	北京市海淀区成府路 205 号　100871
网　　　址	http://www.pup.cn　http://www.yandayuanzhao.com
电 子 信 箱	yandayuanzhao@163.com
新 浪 微 博	@北京大学出版社　@北大出版社燕大元照法律图书
电　　　话	邮购部 62752015　发行部 62750672　编辑部 62117788
印 刷 者	北京大学印刷厂
经 销 者	新华书店
	965 毫米×1300 毫米　16 开本　44.25 印张　914 千字
	2017 年 9 月第 1 版　2017 年 9 月第 1 次印刷
定　　　价	148.00 元

未经许可,不得以任何方式复制或抄袭本书之部分或全部内容。
版权所有,侵权必究
举报电话:010-62752024　电子信箱:fd@pup.pku.edu.cn
图书如有印装质量问题,请与出版部联系,电话:010-62756370

序

时值盛夏,期待金秋。秋天的果实累累离不开夏季的热能储备,法律文书学研究的探索与创新依托于学界及实务界同仁的倾心投入。回顾以往,同仁们从不同侧面对法律文书学探索与创新问题作出了宝贵的贡献。编纂本书,将同仁的许多真知灼见以及宝贵理论争鸣汇集成册,其意旨,一是为了给同仁搭建一个交流平台,凭此得以互相砥砺;二是将诸多成果汇集一起,撷英荟萃,一方面是宝贵成果的展示,另一方面也给同仁提供了一个抚今思昔的机会,回顾以往,我们可以无愧地说:法律文书学同仁没有虚度时光,我们不负这个伟大的时代。中国法治发展道路上也有法律文书学学人的汗水和脚印,我们的努力探索是中国法治之路的一块里程碑,法治大业也有我们法律文书学同仁的独特贡献。

记得在2016年学术年会上,回顾以往研究会的发展史,同仁们欣喜地看到,"经过十年的不懈努力,研究会从一个名不见经传,影响力有限的体制外机构发展成为法学领域的国家队,成为中国法学会大家庭成员,自加入中国法学会之后,研究会取得了可喜的成就"。按照法律文书学研究会的工作安排,研究会每年都主办一次学术年会,全体同仁为了一个共同目标而来,即加强法律文书学理论研究及对实践经验的总结,进一步提升法律文书学学术研究水平,提升研究会影响力。研究会以举办学术年会为中心,重点突出学术年会的社会影响和研究成果,搭建全国法律文书学研究专家交流平台,历次年会已经产生了许多优秀成果,在学术界产生了一定影响力,对司法实践具有引导作用。2014年学术年会在北京举行,年会的主题为"法律文书与司法公开",与会代表180余人围绕法律文书公开的基础理论、文书公开的机制与内容、裁判说理与文书质量、法律文书的实证研究等专题展开了深入的研讨和交流。2015年学术年会在武汉成功举行,本次年会的主题是"阳光司法与法律文书",围绕"阳光司法与法律文书",分别从"阳光司法的法治思维""阳光司法与裁判文书公开"和"阳光司法与裁判文书说理"三个主题分别研讨。一个研究会只有涌现成批的学术成果才能产生较强的理论及实践影响力。我们精心组织了这两年年会的优秀论文,经过精心组稿以及认真编纂,本书交付出版。作为本书主编,看到诸多同仁的优秀成果得以付梓出版,心中尤为高兴。

期望研究会同仁精诚团结,不忘初心,继续前进,进一步提升研究会影响力。

应当特别指出,以往成绩对研究会未来发展提出了更高要求,期望大家努力工作,面对新的挑战,开拓创新,做出更大的成绩,使法律文书学成为法学会大家庭中成绩突出、影响力越来越大的重要学术团体。目前,"四个全面"战略布局提出了新要求,作为中国法学会法律文书学研究会会长,希望各位同仁树立新的更高目标,总结经验,不断克服工作中的不足,系统谋划,协调推进,为推动司法改革、促进社会主义法治国家的建设和推进社会主义法治理念深入人心作出应有的贡献!

本书顺利出版得到了北京大学出版社蒋浩副主编的大力支持,本书副主编许身健副会长兼秘书长为本书出版事宜做了很多工作。

是为序。

马宏俊

2017年8月6日于中国政法大学科研楼

目录

2014年会议论文

003	多向度的法律文书学方法论研究	赵朝琴
027	民事裁判公开与司法公信力建设	肖 晗 罗 漂
032	形式公开与文意公开 ——论我国裁判文书公开的改革思路	侯兴宇
040	论裁判文书公开的根据及运行完善	石先钰
046	裁判公开与裁判可接受性问题探析	卓朝君
055	法律文书公开的依据、功能及实践原则	郑 雷 徐俊驰
061	判决书及其上网的法治思维和法治方式	薛 峰
066	"庄、达、信" ——裁判文书制作的基本追求	叶建平
073	论法律文书与司法裁判公正	高壮华
084	司法文书修辞的研究方法	张陆庆
090	浅析司法文书的言语沿革	闫博慧
096	裁判文书互联网公开发布若干问题研究	浦 晔
100	互联网时代裁判文书上网公开的价值取向及追求目标	李 琴
106	论检察法律文书公开面临的现实困境及机制完善	甘泽阳
111	信息化对司法公开影响的实证研究	蔡远涛
138	论检察法律文书公开制度的完善	闫俊瑛 刘丽娜 温 军
147	庭审中心主义与裁判文书动态写作 ——以司法公开与司法改革视域下法官助理和书记员职业技能为题	杨 凯
159	检务公开视阈下未检法律文书的设计与思考	鲍俊红
166	检察文书公开的价值定位与实证分析	穆 彤 李坡山

172	论诉讼档案的公开	马宏俊 黄思成 吴 琪
181	检务公开视野下终结性法律文书制作 ——结合不起诉决定书制作来说	李兴友 肖 衡
187	司法公开的程序合法化控制 ——以庭审公开规则的规范化设计为中心	石东洋 刘万里
198	论我国裁判文书公开的检视与完善	李 巍
206	裁判文书公开上网后如何防范暗箱操作之我见	罗书平
212	检察机关终结性法律文书公开制度研析	刘东平 曲海舰
217	浅谈新形势下的检察法律文书公开制度 ——兼谈《人民检察院案件信息公开工作规定（试行）》的实施	郭赋轩 艾 阳
223	论预防职务犯罪检察建议的规范与公开	马济林 徐化成
227	论裁判文书上网制度的落实机制	瞿桂东
233	论诉讼档案公开查阅与裁判文书上网发布的衔接	颜研生
238	信息化环境下推进司法公开的路径探析	付 婕
244	司法公开的表征之一：裁判文书说理不充分之优化	林轲亮
248	论刑事判决书说理之强化	张 娟
258	试论裁判说理的现实问题、理性规范与制度目标	杨汉平
268	论民事判决制作中的利益衡量	陶 倩 刘陈皓
275	法律文书的说理之道	赵 权
283	裁判文书公开与司法公正、公平	钟穗青
291	检察刑事法律文书说理机制初探 ——以检察机关部分刑事法律文书个性化改革为进路	郭 彦 朱先琼 杨 宁
298	裁判文书说理机制改革	张映兰
306	论民事裁判文书说理机制的完善 ——以法律推理为基础	张文浩
313	司法公开视野下法院裁判文书说理机制改革	张东洋 周 郴

323	论我国裁判文书说理中存在的问题和出路	郭思文
330	论我国基层法院民商事裁判文书改革	李　路
338	司法公开视野下如何制作裁判文书	王树全
343	浅议案卷审阅	段　钢
356	当前检察法律文书制作及使用存在问题浅析	吴兴军　刘　青
360	从公诉实践谈法律文书公开	立克幸义
365	准确表述案情　提高文书质量	徐瑶棋
368	浅析刑事指定管辖案件中的法律文书适用	孟　奇
373	要素式指引　导向式规范 ——破产程序中法律文书的应用分析及特定法律文书的创设探索	叶建平
380	检察法律文书公开实证分析	陈　兰　杜淑芳
384	司法公开视域下刑事裁判文书的功能与风格	王　晨
397	完善裁判文书的上网	程　滔　杨美梅
409	从法律文书公开引出的对法学学生实施主体性教学的思考	张　辉
414	同一判决中对"职权"的双重标准 ——孙某被控国有公司人员滥用职权罪、受贿罪案判决书评析	梁雅丽
419	侦查法治化语境下的公安刑事法律文书制作研究 ——以警察刑事执法能力为视角	杜洪海
425	关于财产保全和强制措施裁定书主文制作问题研究	王建平
433	裁判文书制作心得	窦江涛
437	从律师的视角看裁判文书的情与法	郝惠珍
444	检察机关起诉文书若干问题探讨	文向民

附录

451	"法律文书与司法公开"论坛暨中国法学会法律文书学研究会2014年学术年会综述	袁　钢　邓维瀚

463	法律文书能否讲得更好看？ ——法律文书研究的创新探索	刘桂明
466	斩断"无形之手"，助力阳光司法	钟穗青
472	刑事判决非法证据排除说理的困境与出路	奚　玮　朱敏敏
481	裁判文书公开背景下的同案不同判问题初探 ——从两起申请再审案例角度分析	张　纲
486	阳光司法必然要求裁判文书的理性公开	李兴友　王树全
492	基层法官不堪重负　裁判文书亟待改革	费元汉　郭文东
500	立案登记制度下的民事裁判文书主文制作 ——兼议"驳回起诉"与"驳回诉讼请求"甄别适用	王建平
505	继承　创新　发展 ——浅谈律师与法官共建法律共同体	黄中梓
513	裁判文书公开的冲突与衡平	石先钰　阮小茗
520	浅谈当前法院司法文书上网存在的问题	张海雷
523	新媒体时代下我国司法文书公开面临的挑战及应对	肖　晗　王亚欢
530	浅谈裁判文书的公开	张陆庆
540	从裁判文书公开看司法的公开 ——以香港特别行政区裁判文书的公开为借鉴	程　滔
550	我国司法公开的现实问题及完善	闫博慧
557	规范民事裁判文书说理的若干问题分析	赵朝琴
562	阳光司法语境下的裁判说理机制之完善	李　琴
568	表意与炼意 ——增强法律文书的说理性	周　恺
572	刑事裁判文书说理应从立法形式上予以确认	侯兴宇
582	论阳光司法下刑事裁判文书的说理	王清军　孟　傲

592	我国刑事判决书说理的强化——以云南省李昌奎案二审判决书为例分析	李冠煜　马　圣
598	初探检察法律文书的释法说理	全东哲　侯昌男
603	公安机关说理性行政处罚决定书制作研究	胡雪松
611	涉诉信访件答复的释法说理制度	牛　杰
617	公证文书研究成果的实证分析(1991—2014)	袁　钢
635	浅议刑事案件不予立案环节法律文书制作存在的问题	段　钢
641	信息化背景下裁判文书制作的标准化研究	傅剑清
649	刑事裁判日常规则梳理及规范制作的思考——让判决更有说服力	汪海燕
658	刑事判决书制作中的法治思维发展——从"侦查中心主义"到"审判中心主义"的转变	高丽鹏　孙照淳
665	繁简分流与《审查逮捕案件意见书》的制作	李　晶
671	侦查终结报告写作方法	柴　涛
678	检察机关自侦案件不起诉文书改革之我见	文向民

附录

681	在法律文书学研究会2015年学术年会上的讲话	朱孝清
685	完善法律文书建设，促进司法改革——中国法学会法律文书学研究会2015年工作报告	马宏俊
691	"阳光司法与法律文书论坛"暨中国法学会法律文书学研究会2015年年会综述	袁　钢　杨　凯　沈建铭

法律文书探索与创新

2014年
会议论文

多向度的法律文书学方法论研究

赵朝琴[*]

导　言

从现象上看，每一份完成的法律文书都清楚地载明了案件的相关问题。例如一审刑事判决书，清楚地载明了案件的程序进程、控辩意见、法院认证和确认的案件事实、判决理由和判决结果，似乎已没有什么可以探究的方法论内涵。人们也许会说，即便是这份刑事判决书中有实体、程序问题，有写作学、逻辑学、修辞学甚至社会学问题，那也只是相关法学学科的问题，或者是写作学、逻辑学、修辞学甚至社会学的问题，怎么会是法律文书学的问题？仅仅从上面的角度去理解法律文书，虽说不无道理，却难免失于偏颇。虽然上述学科都能跟法律文书扯上联系，但只是涉及法律文书学的局部问题，而不可能研究所有的法律文书类别和法律文书整体，也不可能研究法律文书学的方法论问题。

法律文书学方法论，是指在一定的认识论（世界观）指引下，以法律文书学研究中运用的各种方法及其所组成的方法体系为研究对象，探索法律文书学理论规范与法律文书发展一般途径的理论。对法律文书学方法论的理解，具体涉及以下几个方面：

首先，应该区分法律文书学方法与法律文书学方法论。法律文书是连接法律过程与处理结论之间的必要环节，这里的过程不仅限于司法的过程。这种连接是需要方法的，即法律文书方法。法律文书学具有交叉学科的属性，但就其本质来说，属于应用法学的范畴，是一门法学学科。研究法律文书学也是需要方法的，有关法律文书学方法的学说便是法律文书学方法论。像事实与法律、叙事与说理、反映实体与反映程序等，只是写作法律文书或研究法律文书（学）的手段，只是方法，这些方法其他学科也会使用；而关于法律文书表达方式的理论、法律文书结构的理论、法律文书学科体系的理论、法律文书反映法律精神的理论等，则是属于认识法律文书学的根本理论，这些根本理论体现了法律文书学的特色，属于方法论的范畴。

---

[*] 赵朝琴，河南财经政法大学教授，法学博士。

其次,应该在相同的意义上看待法律文书学方法论与法律文书方法论。学界已经形成一种认识,即法律方法与法学方法应当视为两个等同的范畴。① 分析可以发现,法律文书方法论具有实践指向的性质,主要是立足于法律文书本身,以考查法律文书的实际制作与实际运用为主要任务;而法律文书学方法论具有理论指向的性质,主要是立足于法律文书之外,以探索法律文书的本体论、认识论为主要任务。但是在实际的研究中,法律文书学方法论研究与法律文书方法论研究一旦涉及主要功能时是难以完全分开的。一方面,在考查法律文书的实际制作与实际运用时,离不开法律文书本体论、认识论的指引;另一方面,在探索法律文书的本体论、认识论时,又离不开法律文书的实际制作与实际运用。本文选择的表达语境是"法律文书学方法论",其中既包含了对法律文书的实际制作、实际运用的研究,也包含了对法律文书本体论、认识论的研究。

最后,应该承认法律文书学方法论本身所体现的价值立场或价值取向。无论是否自觉,人们的所有行动都离不开作为参照的世界观。法律文书学方法论必然要受到研究主体的认识论或世界观的制约和影响,必然要反映研究主体的分析认知能力和逻辑思维模式。不同的法学方法论本身可能带有某种特定的、先行的"价值立场",包括"价值无涉"这种空白的"价值立场"。② 法律文书学方法论也是如此,虽然可以仁者见仁、智者见智,可以有不同的追求目标,但是共性的、通识的方法还是有的,还是需要尊重的。③

研究法律文书学方法论具有重要的意义。④ 包括法律文书学在内的所有学科都应该既有属于一般学科共有的研究方法,也有属于各自学科专有的研究方法。研究法律文书学的人士无论是不是自觉,都在运用一定的方法。我们的任务是发现和总结适合法律文书学的研究方法,这一过程当然离不开一般研究方法的指引,但更重要的使命是找到和总结出适合法律文书学学科特色的研究方法。⑤ 笔者认为,这一努力是有意义的,它可以指导法律文书的实际制作和实际运用,可以服务于法律文书的司法考试实践,可以引领法律文书学向着更加科学的道路上迈进,还可以丰富法学方法论研究的一般研究方法的内容。本文试图从多维的视角对法律文书学方法论的研究进路进行粗浅的梳理,以求教于方家。

---

① 参见赵玉增:《法律方法与法学方法概念辨析》,载法律方法与法律思维网。
② 参见林来梵、郑磊:《法律学方法论辩说》,载《法学》2004年第2期,第3—10页。
③ 社会科学领域对相同范畴的社会现象的解释,"主义"丛生,学派林立,很大程度上是基于方法论上的差别。参见郭道晖:《从解析一个学派探究法学思维方法的可贵尝试》,载《法学》2005年第5期。
④ 有关方法论的作用,虽不否定有多个方面,但最主要的作用表现在它具有独特的导向功能。这种导向功能为法学理论的形成提供了坚实的基础,为法学理论的发展指引着前进方向,促成法学学科新分支和新理论的萌生、成长和结果。参见刘水林:《法学方法论研究》,载《法学研究》2001年第3期,第42—54页。
⑤ 法官判决之作成,以及法律意见在法学文献中之贯彻,显然均须通过讨论。因此,容易认为,法律说理乃是一些论证形态及一系列的论证。相对于此,"方法论"比较是为从事法学研究、提供专家鉴定意见以及说明判决理由的程序而设计的,是为了寻求正当的、合价值的表达处理过程和处理结论的方式。参见〔德〕卡尔·拉伦茨:《法学方法论》,陈爱娥译,商务印书馆2003年版,第31页。

一、共性与个性——结构分析的进路

关于法律文书的结构,存在一个不小的误解,具体讲就是把法律文书的结构仅仅看做是一个死板、僵化、要素固定、无研究意义的形式。实际上,法律文书(主要是指叙议类法律文书)[①]不仅有着统一的外观、固定的形式,还有着丰富多变的具体内容,是一个极具张力的复杂系统。这一结构系统的主要构成元素有两个,一个是"格式",一个是"章法"。

"格式"作为法律文书结构的外在形式,的确限定了法律文书的外部边界,设计了具体法律文书的写作内容和写作次序。这就好比体育比赛时,运动员只能在足球场内、在体育规则的许可范围内踢球一样,而不可逾越场地和规则的限制。正是由于这些限制,法律文书才成其为法律文书。"格式"是法律文书共性内容及其表述方式在法律文书中的体现。从实际效果来看,格式有助于法律文书的规范表述,有助于提高法律文书的写作效率。

"章法"作为法律文书结构的另一构成元素,体现的是法律文书灵活多变的内部世界。法律文书写作除了需要依仗固定的格式反映共性的内容之外,还需要运用灵活的"章法"反映具体案件的个性化内容。就刑事案件而言,一人一次犯一罪、一人数次犯一罪、数人数次犯一罪、数人数次犯数罪的复杂程度依次递增,法律文书的谋篇布局肯定各不相同。"章法"体现的是法律文书结构的个性特征。从实际效果来看,"章法"有助于叙事说理,有助于展示司法公正。

"格式"是法律文书结构中具有共性特征的元素,"章法"是法律文书结构中具有个性特征的元素,这里的共性体现了法律文书结构的外在特征,这里的个性体现了法律文书结构的内在张力,两者的有机结合形成了法律文书的结构。法律文书学方法论的研究不仅要关注格式、章法在法律文书结构中的地位和体现,还要关注共性格式与个性章法之间的内在关系。表面上看,格式与章法是互相矛盾的,实则有着互相补充、相辅相成的有机联系。

格式体现原则性,章法体现灵活性,章法运用受格式的制约。在格式与章法的关系中,格式通常表现为静态的,章法通常表现为动态的。不同章法的运用不仅受案情的影响,更受文书格式的制约。法律文书各种章法的运用不能超越其格

[①] 按写作的繁简、难易程度的不同,可以把法律文书从易到难依次分为三类:表格类、填空类、叙议类。表格类法律文书写作方法简单,只要依照案情实际和法定格式,把有关内容填进印制好的表格中即可。填空类法律文书写作方法也比较简单,除了要像表格类法律文书那样填写固定表格外,还要根据需要,简单地进行叙述和分析。叙议类法律文书,是指需要在法律文书中进行具体的叙述、议论、说明的法律文书,又称打印类或拟制式文书。这类文书的内容无法完全用格式固定下来,格式只是为这些法律文书规定了框架,至于如何叙事、说理和说明,则要依案件的不同情况来具体把握。因而,这类法律文书写作的难度最大,成为法律文书研究和学习的重点。参见杜福磊、赵朝琴:《法律文书写作教程》,高等教育出版社2006年版,第14、15页。

式规定的界限。从结构的外部形态来讲,首部、正文、尾部三部分使文书结构有了一个统一的、规范的外观。在写作文书时不能只顾选材、论理而不顾首尾完整、首尾照应。从结构规定的内容来看,无论什么章法的运用,都不能任意增加和减少有关要素。不同章法的运用,只能根据不同案件采用不同的谋篇布局方法,而不能随意取舍格式规定的必备要素。

法律文书可分为首部、正文和尾部三大部分,这也是现在学界和实务部门比较一致的认识。各部分的基本要素也比较固定,分述如下:

(1)首部。首部中的共性要素包括文书标题、文书编号、当事人的基本情况、辩护人、诉讼或非诉讼代理人的基本情况、案由等内容。

(2)正文。正文是法律文书的主体部分,一般包括案件事实、证据、理由和结论等要素。其中,"案件事实"是法律文书的基础要素;"证据"是大多数叙议类法律文书的重要组成部分;"理由"被称作法律文书的"灵魂",是集中体现法律文书法律属性的部分;"结论"是法律文书的主题[①],法律文书的结论一般位于正文的最后,但也有少数法律文书的结论是前置的,诉状就是如此。

(3)尾部。法律文书的尾部具有明显的固定化、程式化特色,许多法律文书尾部的主要内容,都由相关程序法予以规范,以充分显示文书的法律效力。[②] 法律文书尾部是程序法相关规定的直接反映,国外一些诉讼法的规定也证明了这一点。[③] 法律文书的尾部一般由以下要素组成:说明的事项(如法律效力、上诉事项等)、署名、日期、用印、附项。

法律文书的行文章法多种多样。填空类、表格类法律文书由于其内容简单,程式化用语占主导地位,在行文章法上没有多大的灵活性。多样化的章法主要体现在叙议类法律文书中,如起诉书、判决书、诉状、辩护词等。下面是法律文书中几种常见的行文章法:

(1)由事而理,依理而断。这里的事,是指案件事实;理,是指事理和法理;断,是指处理决定。"事→理→断"的章法反映着人们认识案情的一般规律和法律的

[①] 参见周道鸾:《法律文书教程》,法律出版社2003年版,第17页。
[②] 《中华人民共和国民事诉讼法》(以下简称《民事诉讼法》)第154条第3款就是关于民事裁定书尾部相关事项的规定:"……裁定书由审判人员、书记员署名,加盖人民法院印章。"《中华人民共和国刑事诉讼法》(以下简称《刑事诉讼法》)第197条规定:"判决书应当由审判人员和书记员署名,并且写明上诉的期限和上诉的法院。"《刑事诉讼法》第201条是关于法庭笔录的规定:"法庭审判的全部活动,应当由书记员写成笔录,经审判长审阅后,由审判长和书记员签名。法庭笔录中的证人证言部分,应当当庭宣读或者交给证人阅读。证人在承认没有错误后,应当签名或者盖章。法庭笔录应当交给当事人阅读或者向他宣读。当事人认为记载有遗漏或者差错的,可以请求补正或者改正。当事人承认没有错误后,应当签名或者盖章。"
[③] 《法国刑事诉讼法》第378条等规定,法庭书记员应当在判决作成之后3日内写就庭审笔录,并且要求书记员与法庭庭长都在笔录上签字。(参见〔法〕卡斯东·斯特法尼、乔治·勒瓦索、瓦尔纳·布洛克:《法国刑事诉讼法精义》,罗结珍译,中国政法大学出版社1998年版,第781页)《日本民事诉讼法》第799条第1款规定:"仲裁裁决应当记载的年月日,并由仲裁员签名盖章。"(参见《日本新民事诉讼法》,白绿铉译,中国法制出版社2000年版,第141页)

有关规定,是法律文书中最常见的章法。

(2)突出主罪(主犯),兼顾次罪(从犯)。适用于犯罪嫌疑人、被告人犯有多种罪名或多起罪行的刑事法律文书。具体方法是,把主要犯罪事实放在事实叙述之首,并依先重后轻的顺序依次排列。详细写明主要犯罪事实和关键情节,略写次要犯罪事实;对于情节基本相同的犯罪事实,应用具体叙述与概括叙述相结合的方式安排章法结构。理由、证据部分的章法特征也是如此,这样安排的根本原因是定罪量刑的需要。

(3)揭露矛盾,明确焦点。法院民事、行政和刑事法律文书的事实部分,都必须写清各方当事人争议的意见,写作主体站在人民法院的角度,综合案情实际,揭示争执各方的矛盾,明确争执的焦点问题。这样安排,加强了针对性,为人民法院查明事实、明确责任、阐明判决理由立好了靶子,提供了评断的对象。

(4)分析说理,彰显个性。在叙议类法律文书中,这一特点十分突出,诸如辩护词、代理词、判决书、抗诉书、法律意见书等,论述性的内容占有相当大的比例,文书质量的高低往往取决于说理的效果。在安排具体的章法布局时,需以法律关系、构成要件为指导,根据案件的具体情况,有时需要对具体案件的事实要素进行高度概括和必要分析,有时需要对各方关于认定事实、适用法律方面的不同意见进行分析认定,有时需要分析说明法院认证的具体理由。

正是有了规范的格式和灵活的章法,使法律文书结构既具有相对固定的形式,又具有多变的内在张力。法律文书学研究,不能只关注法律文书固定的形式,而忽视其结构上的张力。法律文书结构上的张力来自一个既受到限制又相对灵活的空间,这个空间是在格式与章法相互补充、相辅相成的作用下产生的。在这个空间里,格式是规范,章法是手段。这个空间在满足法律文书规范化结构模式的同时,也展现了个性化法律文书结构上的千变万化。在这个空间里,无论是什么类型的案件,也无论是多么复杂的案件,都可以找到发挥功能、展示个性的舞台。正是格式与章法在法律文书结构中的这种相互作用和有机组合,构建出一个个具体的法律文书结构类型,展示了具体法律文书结构的规范化特征和个性化魅力,也为法律文书研究提供了丰富的研究资源。

当然,格式的规制现状不一定尽善尽美,章法的具体运用也永远无法穷尽。但是,透过"格式的外在制约与章法的内在张力相结合"这一研究视角,应该有助于全面把握法律文书的结构特征,在共性格式与个性章法的结合上找到研究的方向。

对于法律文书学方法论研究而言,法律文书结构是一个颇具特色的研究对象,虽说构成法律文书结构的基本要素在其他法学学科中也存在,但是其他学科往往着重就其中一个或者几个方面进行研究(实体法的研究、程序法的研究或者单纯的写作理论研究),而不会把实体内容与程序内容放在法律文书中进行综合性研究,也不会把事实、证据、法律及其相互联系的具体表述方法放在文书格式中进行整体性研究。与此同时,也不能教条式地理解法律文书结构。在法律文书固定的结构框架中,还蕴藏着多样化的章法。个性化的章法在具体法律文书中的表现异彩纷呈,也使得法律文书实例成为法律文书学方法论研究的另一极具特色的研究对象。奥地利法学家埃里希最早提出了"活法"的概念,指出"活法"包括了国家法,但又不限于国家法,甚至主要不是国家法。① 法律人类学家把"活法"具体化为诸多类法律(包括判例),并加强了对国家法和类法律之间关系的研究。从上述分析的意义上讲,所有的裁判文书、公安检察文书、监狱文书、笔录文书、律师文书等都属于"行动中的法"。遗憾的是,关于这些内容,虽然在理论上已经被归入"活法"的范畴,虽然我国也开始了案例指导制度的实践,目前却很少有人对我们的法律文书实例展开更加深入的研究,包括如何增强法律文书的社会效果、发挥法律文书的重要作用等宏观的课题和如何叙事、如何说理、如何反映法律精神等具体的问题都还没有引起应有的重视。

二、直接与间接——反映法律精神的进路

法律精神是法律文书的实质和灵魂,法律文书的内容与所有的实体法、程序法等法律、法规均有着极为密切的依存关系,并且其基本内容也随着实体法、程序法的变化而变化。

实体法决定着法律文书的实体性内容。一方面,刑事、民事、经济和行政各类法律文书中,对案件的定罪或定性必须有相应的实体法作为依据,在理由部分必须引用有关的实体法条文甚至需要论证适用法律的具体理由,这是对法律精神的直接反映。如故意杀人罪的判决书,理由部分在定性时必须引用《中华人民共和国刑法》(以下简称《刑法》)第 232 条,同时也要论证适用该条文的具体理由。另一方面,实体法条文又以间接的方式作用于法律文书,法律精神并不直接在文书中明示,但是却潜在地决定和影响着法律文书的事实等内容的写作,这是对法律精神的间接反映。

程序法决定着法律文书的程序性内容。依照程序的规定制作法律文书具体体现在以下方面:法律文书的适用范围、文书效力、制作条件等,均要与程序法的相关规定相一致。比如制作民事调解书,必须符合两个制作条件,即自愿与合法,必须与《民事诉讼法》第 96 条的规定保持一致。一般来说,程序法律精神会通过法律文书的格式予以体现,而法律文书格式大都由相关部门制定,并成为全国通用的规范样本,要求统一使用。同法律文书对实体法律精神的反映方式一样,法

---

① 参见王蓓:《法律社会学"活法"理论评析》,载《兰州大学学报》2004 年第 9 期,第 80—84 页。

律文书对程序法律精神的反映也有直接与间接两种方式。

需要说明的是,从反映的方式来看,对程序法律精神的反映主要体现出法律文书的共性特征,其内容多会由全国统一的法律文书格式固定下来。法律文书对实体法律精神的反映则往往比较复杂多变,主要体现出法律文书的个性特征。由于后面还会专门分析法律文书的制度设计问题,下面主要是从反映实体法律精神的方面进行分析。

法律文书反映实体法律精神有直接和间接两种方式。言及直接反映法律精神,离不开对法律文书中"法律理由"(或称"法律依据")的考察。直接反映法律精神并非不需要方法,因为法官和律师在处理个案时,并没有与个案完全吻合的现成法律。[1] 即便是法官简单地确认适用哪几条法律本身,也是法律发现的过程,而这个过程在法律文书中是需要解释的,解释的内容就是法律文书的"法律理由"。换句话说,要在法律文书中直接反映法律精神,就应该在法律文书中明示和解释法律规范的具体内容,就应该分析清楚具体案件事实与相关法律规定之间的关系。在法律文书中,实体法律精神也是连接个案事实与最终处理结论的纽带,如何在法律文书中表述这个连接的过程也是需要方法的。

法律推理是反映实体法律精神的重要方法。有关法律推理[2],陈金钊教授认为,并非所有的推理都是法律推理,法律推理并不是指任何推理在法律领域中的运用,它仅意味着只要是法律推理,其大前提就应当是法律。并非三段论式的演绎推理都可以称为法律推理,但法律推理只能是三段论式的演绎推理,实际上许多法学家在思维方法上总是坚持三段论式的推理方法。

法官无论是通过什么方式发现的法律,他所进行的法律发现的过程和结论都会在裁判文书中体现出来。既然是在裁判文书中体现出来,裁判文书法律理由的论述也是需要进行法律推理的,也是需要论述裁判结论形成过程的。因而,三段论式的法律推理在法律文书"法律理由"部分的表述上不仅十分重要,而且是绕不过去、无可替代、必须使用的方法。因为法律文书尤其是裁判文书必须以法律规范作为大前提、以案件事实作为小前提进行法律推理,进而论证判决结果的合法性。

在对待法律推理的问题上,需要注意两个方面的问题:一是要肯定三段论式的法律推理的正确性,在法律文书中运用好这种推理方式。在"直接"反映法律精神的问题上,法律文书的"法律理由"起着关键作用;在"法律理由"的表述问题上,"法律推理"起着关键作用;在"法律推理"的方式问题上,"三段论式"的法律

---

[1] 法官等处理案件,在弄清事实的基础上,必须针对个案的法律发现,哪怕是进行简单的部门法识别、法规识别,其实也是进行法律发现的过程。即使是法官在搞清事实的基础上,马上就能找到处理案件的条文,这本身也是一种法律发现。因为在现代社会,立法机关所创设的法律很多,但从没有哪一个法律规定在某一案件中适用哪几条法律。参见陈金钊:《司法过程中的法律方法论》,载《法制与社会发展》2006年第4期,第24—36页。

[2] 参见陈金钊:《司法过程中的法律方法论》,载《法制与社会发展》2006年第4期,第24—36页。

推理起着关键作用。因为"三段论式"的法律推理属于演绎式的法律推理,而演绎推理的大、小前提之间是一种包容、涵盖的逻辑关系,只要大、小前提正确,结论就不可能有什么问题。同样,当判决书的判决结论出现问题的时候,应该求证的是大、小前提即法律规范的适用、案件事实的确认是否正确,而不是三段论式的演绎推理是否正确——因为三段论式的演绎推理本身是合逻辑的。二是要看到三段论式的法律推理具有机械性,要研究在法律文书写作中如何克服机械性。法律解释、法律论证、法律的漏洞补充以及价值衡量是克服法律推理形式僵化的有效工具。但是一定要明确,克服法律推理形式的僵化不能靠改变法律推理的内涵。无论是法律发现、法律解释、法律论证、价值衡量等,在很大程度上都是建构法律推理大前提的活动,属于相对独立性的法律方法,意在探寻法律推理的大前提以及大、小前提之间的逻辑关系。①

间接反映法律精神的情况,大多出现在法律文书的事实部分(这里专指案件事实即实体事实),指的是通过叙述事实来反映法律精神。不同法律文书中的事实各不相同,区别的根源就在于法律精神。比如,对刑事法律文书中犯罪事实的叙述,特别是那些复杂、典型、重大的刑事案件,表面上看似乎叙述的技巧比内容的法律性更加重要,原因是案卷材料浩繁,要理清案情的来龙去脉、轻重主次,属于写作理论的范畴。实际上正好相反,作者在制作法律文书时,头脑中首先要明确的是罪与非罪的界限,需要结合犯罪构成的基本理论对案件材料进行认真分析取舍,而后才会考虑具体的叙述方法和技巧。即便在具体写作时,也要以犯罪事实的基本要素为对象,来具体叙述犯罪事实的内容。在这里,制作者需以叙述犯罪事实要素为外部表现形式,而将实体法律精神的内容蕴含在法律文书叙事的字里行间,以反映法律精神对案件事实的决定作用,这与其他文体对犯罪事实的写作有着本质的区别。

拉伦茨认为,所有经过法律判断的案件事实都有类似的结构,都不仅是单纯事实的陈述,毋宁是考量法律上的重要性,对事实所作的某些选择、解释及联结的结果。② 法律文书间接反映法律精神的核心问题是"事实"与"法律"在法律文书中的缠结问题。因为法律文书中的事实要素③与相关实体法有着密切的联系,不可能撇开实体法的规定去理解法律文书的事实要素。事实判定中借用叙事的高明之处就在于在事实认定者所建构的故事版本的前文描述中就已经为案件的真相埋下了伏笔。④ 这也正是事实叙述在法律文书中要实现的终极目标。无论是法官、检察官还是律师,在各自的文书中展开他们的叙事之前早已为案情故事定下

---

① 参见陈金钊、焦宝乾:《中国法律方法论研究学术报告》,载《山东大学学报》2005年第1期,第10—22页。
② 参见〔德〕卡尔·拉伦茨:《法学方法论》,陈爱娥译,商务印书馆2005年版,第160—163页。
③ 在这里仅指案件的实体事实,程序事实与法律也存在缠结现象,不过远不如实体事实那么复杂,而且程序事实在法律文书中往往已经被统一的格式固定下来,比较便于研究。
④ 参见栗峥:《超越事实——多重视角的后现代证据哲学》,法律出版社2007年版,第113页。

了基调,这种基调既是叙事所围绕的中心,也为叙事策略选择划定了范围,这就是法律文书的法律精神对法律文书叙事的决定作用(虽然是间接作用)所致。从根本上讲,这是对法律文书法律属性的一种必然反映。

不难发现,无论是认知事实还是发现法律,表述在法律文书中的案件事实与相关的法律规范之间并不是一种简单的对应关系,即认知事实需要进行法律判断,而发现法律需要联结事实,事实与法律之间存在一种彼此渗透、互相缠结的现象。正因为在现实中,事实与规范之间不一定就是对应的,就需要解决法律判断的大前提与小前提之间相适应的问题,需要在"大前提与生活事实间之目光的往返流转",或者"在确认事实的行为与对之作出法律评断的行为间相互穿梭",于是未经加工的事实才能逐渐转化为最终的案件事实,而(未加工的)规范条文也转化为足够具体而适宜判断案件事实的规范形式。①

在法律文书中,间接反映法律精神虽然没有具体的量化标准,但是有可以遵循的规律性。就刑事案件来说,在叙述案件事实时要考虑对犯罪构成要件的充分反映,使案件事实写作蕴含本案涉及犯罪的具体构成要件。这样的话,虽然没有在事实部分明示具体的构成要件是什么,但是已经把构成要件的特征隐藏在了事实叙述的字里行间。

显然,在法律精神和事实叙述之间实际上存在一个空间——对事实进行认知的空间,研究这个空间即事实认知是需要方法的。虽然人们对事实的认知不可能不带有主观色彩,但是关于对诉讼、非诉讼法律案件中事实的认知又无法脱离开法律而单独存在。正是在这个意义上,主张事实与法律具有截然分界的二元方法论遭遇了无法跨越的障碍,而承认事实与法律在法律文书中的缠结现象则是一个明智的选择。

在法律文书结构中存在着一种耐人寻味的次序,探究这一次序同样可以发现事实与法律在法律文书中的缠结现象。就刑事判决书而言,原初的事实首先变成了控辩双方主张的事实,并且通过格式的规范被固定在了刑事判决书的特定位置。为了避免因判断者个人经验、社会经验等可能导致的事实认知的偏差,我国现行的刑事判决书格式还要求在判决书上显示证明事实的证据,具体要求就是要再现举证、质证和法院认证的过程,从而提高事实的真实性,说明最终确认的案件事实具备法律的构成要素。再以民事判决书为例,其事实部分的具体内容与写作次序如下所示:

  原告起诉主张的事实及举证内容——→被告答辩主张的事实及举证内容——→被告对原告所举证据的质证意见——→原告对被告所举证据的质证意见——→法院认证意见——→法院查明的事实

---

① 参见王林清、李安:《法律判断形成的事实认知》,载《政法论丛》2005年第4期,第16—19页。

这一确认案件事实的过程一直都没有离开法律观念的指引和法律构成要件的指导，法律精神在此潜在地发挥着决定性的作用，并且一直与事实的认知过程相伴相随。在适用范围上，不仅复杂的案件需要这样，即便是十分简单的案件同样需要这样。道理很明显，一方面，法律文书反映事实的形成过程必须依赖法律精神的指引；另一方面，法律精神需要借助案件事实这个介质才能得以具体体现，必须与具体案件事实相联系才有现实意义。

在法律文书中选择事实材料、进行事实认知、表述案件事实时，要注意不能矫枉过正，不能让事实"变形"。虽然事实和法律之间存在缠结，虽然案件事实叙述要间接反映法律精神，但是不能因此就把案件事实生搬硬套进某一个法律规范中去，这种削足适履的做法危害的恰恰是法律精神。因此，只能使案件事实变"精"，而不能使案件事实变"形"。①

什么样的认知范式决定什么样的对象呈现，进而决定什么样的理论样态，叙事和分析其实也都是运思语言的不同形式，无所谓高下之分。② 就法律文书而言，叙述事实始终没有离开过对案件事实的法律评断，始终没有离开写作主体对案件性质的明确认定。法律文书中叙事的背后有"法律精神"这只"看不见的手"在起作用，只不过是用一种以过程、情节和场景"自然而然"编排而演示出来的形式来隐藏写作主体对案件的分析和判定。不可能有脱离法律规定、法律推理、法律分析而存在的法律文书叙事，只不过在表面上看来，法律文书中好的叙事方法就是尽可能少插入介入性理论，让案件事实自身来展示结果。

对法律文书学方法论来说，存在为叙事方法呼吁的必要。法律文书的叙事要在法律空间内进行，要避免研究方法的庸俗化倾向，不能片面地把叙事看做一般的写作问题。与此同时，要使研究方法的理论与中国的法律实践相结合，要把研究的目光投向实践特别是基层法律实践，重视事实认知过程和叙事方法的研究，拿起叙述的武器去关注格式化分析可能无能为力的基层法律文书，再构和理解我们关于法律文书叙事的方法。

在法律文书中，直接反映法律精神与间接反映法律精神是两种不同的反映方式。直接反映法律精神具体体现为法律文书的法律评断部分，间接反映法律精神具体体现为法律文书的案件事实部分。恩吉施曾提及"在大前提与生活事实间之目光的往返流转"，朔伊尔德则说："在确认事实的行为与对之作出法律评断的行为间的相互穿透。"它们都指称我们所熟悉的法律评断与案件事实相互解明的过

---

① 参见王林清、李安：《法律判断形成的事实认知》，载《政法论丛》2005年第4期，第16—19页。
② 吴毅教授认为，叙述不是新近才有的后现代做作，叙述至少与文明史同样久远，不要说中国的《史记》，还有那些比它更早的知识典籍皆借叙述以立身，就是在被冠以科学之名的西方学术中，叙述也从来都是与分析（为了与叙事相区别，有人称分析为"范式性认知"，其特点是倚重逻辑的推理和演绎）相并存的认识和表述知识的法则之一。参见吴毅：《为何叙述》，载三农中国网，2007年11月12日。

程,一种"诠释学意义上的循环"现象。① 案件事实的认定离不开证据,事实的确认又离不开法律,证据、事实、法律在法律程序中就这样反复纠缠、往返关照、彼此流连地缠结在一起,并作为一个不可分离的整体体现在法律文书中,最后形成法律文书的结论。②

三、过程与结果——价值取向的进路

是重视反映案件的最终处理结果,还是重视反映案件的处理过程,是法律文书学方法论研究必须回答的一个带有价值取向的问题。对这一问题的回答必然涉及法律文书的正义价值问题。法律文书的正义价值既包括实体正义价值,又包括程序正义价值。实体正义属于法律文书的外在价值,程序正义属于法律文书的内在价值。

法律文书的结果正义或称实体正义(又称实体公正),是指实体个别正义,而不包括实体一般正义。法律文书的实体正义是体现在法律文书中的关于当事人实体性权利与义务的正义,具体表现为法律文书的案件事实及其法律依据和处理结果(也称结论),最终体现为一种结果正义。

法律文书中的案件事实是一种"法律事实",而非"客观事实",这是首先需要明确的。因为基于人的认识的局限性,以及程序法对诉讼期限和程序空间的要求,要想充分、完整地再现已经发生过的案件事实,是一件不可能的事情。

法律文书中的事实是由证据证明的"法律事实",只能要求最大限度地接近客观事实,而不可能再现客观事实。法律明确规定,已经发生过的案件事实,需要通过确实充分的证据来证明,否则就不能作为定案的依据。法律文书特别是裁判文书非常强调证据部分的写作,在设计文书结构时都把证据作为必要事项,明确要求写明证据。只是不同国家、不同时期、不同写作主体关于证据的写作有着不同的规定和要求。我国改革开放以来,法律文书证据的内容设置和具体写作要求,经历了从无到有、从笼统到具体、从与案件事实相脱节到有机衔接的发展过程。

从结果正义的角度考查,法律文书在叙述案件事实时必须依照相关实体法的规定进行,实体正义价值在法律文书中应该得到具体的体现。例如起诉书中叙述盗窃罪犯罪事实的时候,写作主体不能不去考虑刑事实体法关于盗窃罪的构成要

---

① 我们不能把案件事实与法条间的"目光之往返流转"想象为:只是判断者目光方向的转变,其毋宁是一种思想过程,于是,"未经加工的案件事实"逐渐转化为最终的(作为陈述的)案件事实,而(未经加工的)规范条文也转化为足够具体而适宜判断案件事实的规范形式。这个程序以提出法律问题始,并可以对此问题作终局的(肯定或否定的)答复终。参见[德]卡尔·拉伦茨:《法学方法论》,陈爱娥译,商务印书馆2005年版,第160—163页。
② 参见赵朝琴:《司法裁判的现实表达》,法律出版社2010年版,第146页。

件,包括盗窃罪的主体、客体、主观方面和客观方面。在具体写作时,应该以此为依据安排案件事实的写作要素和写作方法,充分反映盗窃罪的特征。如果做不到这些,就无法满足法律文书结果正义的基本要求,即便写作主体的文笔再好、技巧再高,也是徒劳的。无论写作主体是否意识到,案件处理结果都对案件事实写作具有不容置疑的决定作用,法律文书中的案件事实是对实体法的一种被动反映。

法律文书写作必然要适用法律。法律文书中适用法律,就是将抽象、普遍的法律规范运用到具体、特殊的案件中,实现个别案件的公正处理,体现法律文书的实体正义价值。事实上,不管承认与否,无论是英美法系国家还是大陆法系国家,法官的作用都不是被动的,在适用法律时都不可避免地要进行自由裁量和法律解释,这些情况都会反映到法律文书写作中。而判断法官能动性认知的一个重要标准就是他在适用法律的过程中有没有实现结果正义。有没有实现结果正义,会在法律文书写作中得到具体反映。而抽象的法律规定是很难与具体案件在法律文书中实现对接的。从古到今,法律适用问题既是一个重大的理论问题,也是棘手的实践问题。[①] 但无论如何,只有法律适用准确,才能确保法律文书价值的实现。

"结论"是集中体现法律文书实体正义价值的部分,结论的正确性是法律文书的重要价值目标。当然,结论的正确性是相对的,实践中也有结论不正确的情况,如需要经过二审甚至再审才能作出正确结论,但是这种情况的存在并不能够成为否定"结论正确"作为法律文书实体正义价值目标的理由。无论是诉讼类法律文书还是非诉讼类法律文书,都必然要有"结论"这一必备要素,也必然要由此体现法律文书的结果正义价值。

由于程序的本质特点是过程性和交涉性,因此法律文书的程序正义在本质上是一种"过程价值",它主要体现在程序的运作过程即法律文书结论的产生过程中。法律文书的过程正义即程序正义,是指法律文书的那些来自于程序本身的、使人感到满意的东西。[②] 法律文书的程序正义价值取决于法律文书相关制度规范、法律文书具体内容和要求的内在品质,是一种内在的"善"。这种内在的"善"是程序事实清楚、程序事项完备、再现举证质证和认证过程、充分分析说理等具体价值目标的综合体。上述法律文书的程序正义价值是独立于法律文书结论的价值,其存在并不依赖于结论,只要求产生处理结论的过程要有正当性。

程序事实是法律文书的重要组成部分,法律文书中的程序事实是指案件的具体处理经过,往往需要从案由、案件来源写起,直到交代清楚案件所经历的法律程序和案情处理的整个过程。就刑事案件来说,程序事实包括:①对某些犯罪嫌疑人、被告人是否应当采取某种强制措施的事实。②有关回避方面的事实。③关于

---

① 参见樊崇义:《诉讼原理》,法律出版社2003年版,第181页。
② 参见〔美〕贝勒斯:《法律的原则》,张文显等译,中国大百科全书出版社1996年版,第32页。

是否超越法律规定的诉讼期限的事实。④证据合法性的事实。⑤侵犯诉讼权利的事实。⑥其他违反法定程序的事实。① 程序事实的内容具有规定性,是法律文书写作可以遵循的共性规范。另一方面,在不同的法律文书中,在同类法律文书的不同情况下,程序事实的内容并不完全一致,又反映出程序事实写作的个性特点,具体写作法律文书时应当注意反映这种个性特点。

除了程序事实外,法律文书中还有一些需要写明的程序事项,诸如诉讼费用、文书效力、告知事项、附项、署名等。虽然这些事项写在法律文书中往往不需要太多的文字,写作方法也比较简单。但是,这些程序事项的法律地位不容忽视,其所反映的程序价值更需要慎重对待。

需要指出的是,程序要素及其具体写作方法往往已经被法律文书格式固定下来,成为统一的写作模式,并会在相当范围内或者是全国范围内产生普遍的影响。也正是由于这种统一性和普适性的存在,一旦这种写作模式存在问题,将会对法律文书价值的实现产生普遍的负面影响。这就要求法律文书格式的制定者要有足够的警惕,要从程序正义价值的高度去认识程序事实及程序事项的重要意义,科学合理地设计其具体要素和写作模式。同时,在具体写作法律文书时,也不能忽视程序事实和程序事项的作用,要注意按照要求写清程序事实和程序事项,反映法律文书的程序正义价值。

在法律文书(主要是裁判文书)中确立"再现举证、质证和认证过程"的价值观,意味着对传统方法的更新。因为"再现举证、质证和认证过程"必然导致对法律文书中"事实"与"证据"要素的重新认识,进而得出法律文书先有证据后有事实的必然结论。体现在裁判文书上,就必然要反映为"证据"是如何证明"事实"的基本写作原则。这个原则虽然与传统的写作理念有差异,但却与审判方式改革精神相协调,是符合程序正义基本原则的,也正是法律文书写作必须遵循的基本原则。总之,法律文书的改革与完善必须要有证据的加盟。因此必须强调以下观点:法律文书中的事实是一种由证据推演出来的"法律事实",证据是法律文书的重要内容,再现举证、质证和认证过程是法律文书证据写作的内在要求,是实现法律文书程序正义价值的重要目标。

法律文书的说理,包括写作主体如何认定案件事实、如何确定案件性质、如何分清是非(或如何定罪量刑)、如何进行法律推理等内容。在法律文书中,说理的内容被称为法律文书的"理由"。不同国家对说理有不同的表述,但是所反映的说理特征是相同的,包括:①要害性;②映证性;③贯穿性;④权力性;⑤时限性。②说理的详细与否不一定意味着国家法律制度人治与法治色彩的区分,背后蕴含的是价值观的不同。例如法律文书说理的概括性问题。我国民间广为流传的古代

---

① 参见张建伟:《刑事诉讼法》,高等教育出版社2004年版,第246、247页。
② 此部分内容参见唐文:《法官判案如何讲理》,人民法院出版社2000年版。

一字判词,在寡妇所写的"翁壮叔大,瓜田李下,嫁与不嫁?"的诉状上,县官只批了一个"嫁"字,并没有进行说理。法国的判决书也是以简短为传统的,不重视说理的充分性。同为大陆法系国家的德国则喜欢像写论文那样进行充分说理。而英美国家则普遍崇尚不厌其烦地进行说理。近些年来,两大法系有逐渐靠拢的趋势,开始相互借鉴。我国在改革开放以后先是借鉴大陆法系传统,继而又借鉴英美法系传统,从总的发展趋势上看是越来越重视说理的充分性。

法律文书尤其是裁判文书中进行充分说理具有重要意义。对当事人而言,充分说理体现出"以人为本"的负责态度,体现着对人权的尊重;对法官而言,充分说理要求法官要公正司法,要具有较高的专业水平;对社会而言,那些既具浓厚美学韵味、又蕴含深刻法理、还兼容艺术特性的法律文书会引发人们的法理思考,使社会公众更愿意关注、赏读法律文书,久而久之,会形成对法律文书的好感和信任,会相信司法的公正性,从而起到强化人们的法律信仰、促进依法治国进程的重要作用,也即实现了法律文书的程序正义价值。

从某种意义上讲,离开了程序正义,实体正义便无从体现,法律文书(主要是叙议类法律文书)仅仅表述案件处理结论是不够的,还需要表述结论的产生过程。法律文书中体现结果正义的价值毋庸置疑,还需要重视体现过程正义的价值。在法律文书学方法论研究中,目前迫切需要强调的是过程正义的重要意义与实际价值。法律文书不仅应当在结论上体现公正性,而且应当通过透彻的说理使当事人知道、理解该裁决为什么是公正的。如果裁判文书只是写明了法院认定的事实和所列举的证据,就直接引用法律规定得出裁判结果,是难以达到使人信服的目的的。因为在这样的文书中,一看不出证据是怎样证明事实的,是证明哪些事实的;二看不出该案中的事实与最后确定的案件性质之间是什么关系;三看不出法院是如何分清是非责任或如何定罪量刑的;四看不出法院的处理结论与法律规定之间的内在联系,人们对不充分说理的裁判结果产生怀疑就不难理解了。

四、繁芜与简约——制度设计的进路

法律文书的形式是法律文书学方法论研究的一个重要领域,法律文书格式是我们在此要重点关注的对象。目前的问题,并非法律文书没有固定的形式,甚至大部分法律文书都有了规范的格式;问题是这些格式本身是不是符合法律文书的内容需要,这些形式距离科学的法律文书制度还有多少距离?

不可否认,多年来,实际部门和理论界对法律文书进行了许多研究与探索,特别是公安、检察、审判和司法行政部门,陆续颁布和出台了相应的法律文书样式,成为各部门制作、理论界研究的样本,对法律的实施和执行起着重要作用。但是,与此同时,这些格式也存在不少问题,有历史问题,也有现实的局限。原因很复

杂,有主观原因,也有客观原因。主要表现为以下几方面:

一是部门利益倾向比较严重。以诉讼文书为例,我国现行的诉讼文书分为三大类,即刑事诉讼文书、民事诉讼文书、行政诉讼文书,公、检、法、司各机关依照各自的职能,制定属于自己管辖范围内的诉讼文书样式并在全国范围内使用。相对于某一个机关而言,所制定的诉讼文书样式是规范的、统一的,具有很强的实用性;但从另一方面看,由于制定诉讼文书的司法机关大多级别相同或相近,不存在隶属关系,各自根据自己部门的情况制定文书样式,对诉讼文书的内容设置与方法要求各有尺度(这里当然不包括诉讼文书之间的客观差异的因素),从而影响了诉讼文书的整体性与统一性,因此只能称之为"小规范"。

二是现行法律中有关法律文书的规定比较分散和笼统,不利于实际操作。这种以零敲碎打的方式对法律文书的个别种类作局部处理和规范的做法,与法律文书在执法活动中的重要地位与作用极不相称。法律活动如诉讼活动的每一过程,乃至每一细小环节,都必须依靠不同的诉讼文书来体现,而诉讼法根本无法满足这个需要。由于法律法规不可避免地变化、更新,会需要新的法律文书形式去承载执法活动的内容,使得法律文书的制度规范无法及时适应新的变化,具有滞后性和被动性,给法律的实施带来诸多不便。

三是程序法中不宜对法律文书进行全面、系统而又具体地规范。从法律文书与程序法的关系分析,程序法的规定是制作法律文书的依据;同时,法律文书对程序法具有反作用。这一关系在程序法中很难协调。因为法律文书对程序法的反作用与法律文书的写作理念息息相关,但法律文书的写作理念问题并非程序法的规范范畴,又确是法律文书的重要属性,程序法显然是无法对这一重要属性进行规范的。再者,法律文书中不仅要引用程序法,也要引用实体法,也不能因此把法律文书与实体法混为一谈。

四是缺乏规范与监督机制。从法律文书的整体上分析,各机关制定的法律文书样式存在相互抵触和不协调现象的根本原因在于缺乏必要的协调与监督,以至于无论是在某些事项的细节问题的规范(如"文书编号""被告人"与"被告"的称谓),还是对一些重要内容和原则问题(如"理由"与"证据")的理解与掌握上,都存在很大差异,有碍于司法的统一性与公正性。到目前为止,还没有一个相对超脱的,能够从公、检、法、司等法律活动整体角度对法律文书进行规范的机构,也是导致法律文书"地方保护"现状的重要原因。法律文书的质量仅仅靠内部自律来保证,将会导致部门保护主义愈来愈严重,问题越积越多,造成更加严重的负面影响。

笔者以为,法律文书的制度设计不能局限于部门规范,不能局限于单一设计的层次。在法律文书的制度设计方面,应当考虑以下三个层面:

第一个层面是程序法中关于法律文书形式的原则规定,这些规定相对于法律文书而言,是较稳定的、具有原则性和权威性的规定,又是程序法的密不可分的有机组成部分,如关于法律文书语言文字的规定、涉外法律文书的有关规定、法律文书的效力的规定,等等。这些规定往往与程序法联系在一起,成为程序法如刑事诉讼法的有机组成部分。

第二个层面是由超脱于公、检、法、司的部门如全国人民代表大会制定的法律文书形式规范。一方面,这些规范受程序法的制约,为程序服务;另一方面,这些规范又决定着各制作主体制定法律文书具体规范的基本原则和精神,起着承上启下的作用。如关于提请批准逮捕书、起诉意见书、起诉书、判决书、辩护词、代理词等文书,全国人民代表大会的法律规范中并不作出具体规定,而只是确立基本的框架和制作原则,只是对法律文书形式进行必要的分类和综合,就其中的共性进行规范,给法律文书个性的张扬圈定范围,在全国形成统一的法律文书规范体系。

第三个层面就是在全国人大的授权和监督之下,由各有关主管部门(如最高人民法院、最高人民检察院、公安部、司法部等)对本部门的文书形式一一进行规范,包括每一种文书的具体格式、适用范围、具体事项、制作内容、制作方法、制作要求等方面,直接为正确理解法律文书形式和运用法律文书形式实际制作法律文书服务。① 具体讲,如对判决书,让法官明确应该在文书中反映质证、认证的过程,明确应该如何突出"争点";对提请批准逮捕书,应该让公安人员知道如何在文书中写作事实和证据,才能体现文书特征;对起诉书,应该让检察官知道如何论述起诉的事实理由和法律理由,才能符合起诉的基本条件;等等。

这三个层面是相互制约和相互作用的关系。程序法中的规定是第一个层面,法律文书专门立法是第二个层面,法律文书具体规范是第三个层面。上一层面决定着下一层面,越往下走规范得越具体,但无论是哪一个层面,都不可能穷尽法律文书中的千变万化,而只是一定程度上的基础性的规范。这些制度规范有助于限制部门保护主义,也给张扬法律文书个性、体现具体案件特征留下空间,这个空间也是反映文书制作者自身素质的空间,是法律文书发展、完善的空间。

从根本上说,这三个层面的存在,也是司法制度的需要使然。2002年国家司法考试制度的施行,被称为司法制度改革的重要成果。司法考试制度中明确了法律文书是必考的内容,必然要求法律文书的制作原则和基本要求应该有一个统一的标准,诸如理由部分的问题、证据写作的问题、格式进一步规范的问题等,都将在统一的司法考试中显得更加突出,如何使各类法律文书的形式统一在程序法的精神与旗帜下,切实为促进司法公正服务,是一个亟待解决的重要问题。

在制度的具体设计上,法律文书格式是繁芜好还是简约好,不能一概而论。

---

① 《文书格式》作为英国民事诉讼法律体系(开放式立法体系)的一个组成部分,其所处的地位说明了法律文书在英国诉讼法中的重要性。英国的新《民事诉讼规则》是以规则为主体的一整套法律文件所组成的,主要包括《司法大臣致词》《民事诉讼规则》《诉讼指引》《术语表》《附表》《诉前议定书》《文书格式》和《索引》。参见徐昕:《英国民事诉讼规则》,中国法制出版社2001年版。

当人们将德国、法国两国法院的判决书加以比较时,可以发现明显的差异。德国最高法院在表述判决理由时,旁征博引,有如教科书;而法国最高法院的判决书却仿佛碑文一般惜墨如金,只用个"鉴于"句式便完事。① 从经济分析角度看,对于实体问题较小的案件,减少直接成本是合理的。② 现实地看,并非所有的案件都是复杂的,如同审判程序中有简易程序一样,写作法律文书也需要区分普通程序与简易程序,而不能一概采用繁杂的模式去规制法律文书写作。该繁则繁,当简则简,通过繁简分流可以实现法律文书写作成本的科学分配,在不增加甚至减少写作成本的情况下达到提高法律文书收益的目的。③

程式化是法律文书制度设计的另一重要原则。遵循程式化原则可以固化法律文书的共性内容,再借助信息技术手段将这些内容设计成程序,法律文书写作一旦需要这些内容就可以直接拿来使用,可以有效节约人力、物力、财力和时间资源,产生普遍的收益。"程式化原则"的典型代表是法律文书格式。法律文书格式的制定都要经过一定的程序,并要求在全国范围内统一实施,其规范性和普适性是毋庸置疑的,也使得通过规范格式实现法律文书效益价值成为可能。

在进行法律文书的制度设计时,还要关注法律文书结构及其构成要素间的相互关系。法律文书的结构是一个有机的整体,各要素之间有着内在的联系,与法律内容息息相关。保持法律文书各要素之间关系的合理性是增强法律文书逻辑性、实现法律文书效益最大化的重要前提。结论是法律文书结构的核心,事实、证据、理由的写作都是为结论服务的。从逻辑关系上讲,法律文书的事实、证据、理由、结论之间,应该在内容上保持一致,对各要素的关系和具体要求要进行合理的设计。例如,依照控辩式审判方式的要求,在刑事判决书的结构中应该平衡设置"控方意见"和"辩方意见",体现控辩双方平等对抗的现代诉讼理念。如果在具体写作时只是片面强调控方意见,而忽视辩方意见,则会引起辩方的不满乃至上诉、申诉,将会影响判决书效益价值的实现。

过去,人们曾一度认为,求证于先例的普通法主要是归纳式的,而必须适用法典和法规的大陆法法官则与演绎法相联系,因此也导致了两者在制作司法判决方面的差异。今天,在普通法国家,提交到法院最重要的争议也必须根据制定的法令、行政条例和类似的成文法来判决。另一方面,大陆法国家的法官也经常必须留心以前判决的案件。④ 他山之石,可以攻玉。国外的经验和做法都可以为我们的法律文书制度设计提供借鉴。

---

① 参见〔德〕K. 茨威格特、H. 克茨:《比较法总论》,潘汉典、米健、高鸿钧等译,法律出版社2003年版,第199页。
② 参见〔美〕迈克尔·D. 贝勒斯:《法律的原则》,张文显等译,中国大百科全书出版社1996年版,第31页。
③ 参见王鑫、付冬琦:《该繁则繁、当简则简——成都法院裁判文书简化制作调查》,载《人民法院报》2005年12月27日。
④ 参见〔美〕H. W. 埃尔曼:《比较法律文化》,贺卫方、高鸿钧译,清华大学出版社2002年版,第176页。

基于法律制度体系、法律教育体制、法律人才选拔机制等的不同,不同法系、不同国家、不同地区的法律从业人员的素质之间甚至会存在很大的差异,故而不能将法律文书质量与人的素质简单挂钩。① 从裁判文书的角度进行透视,似乎英美法系的法官素质要高一些,因为他们制作的裁判文书甚至被称为"学术论文",其价值之高可以想见;而大陆法系的法官素质则要低一些,因为他们制作的裁判文书甚至被称为"一段话文书",其价值之低也可以想见;至于中国的法官,则认为由于更多地受到大陆法系的影响,裁判文书过于简单、笼统,法官素质亟待提高。如果真像上述分析的那样就好了,所有的问题就可以迎刃而解,就是只需要照搬英美法系的传统经验就可以了,情况当然没有这么简单。总是听到有人说,裁判文书写作的简单化、公式化等问题影响到了审判方式改革和司法公正。那么,为什么不考虑把裁判文书本身的完善与提高裁判文书的制作质量作为一个系统工程来完成?为什么不考虑把裁判文书的价值实现与审判方式改革、司法改革放在一起进行统筹考虑,并在诉讼法等相关立法改革中予以体现呢?

当然,人的主观意识、主观能动性和具体制作水平又对法律文书具有反作用(包括积极和消极两方面)。我们可以在法律制度、考试制度、教育制度等方面借鉴他人经验,采取措施提高人的素质。例如,在法学教育制度方面,美国大部分法学院要求获得法学学位的基础课程包括了"法律写作和研究",要求上课60小时。作为法学院学生的必修课,"法律写作和研究"的学分比重约占必修课程的1/9多一些。② 再看我国,国家司法考试制度也规定要考试"法律文书写作"的内容,表明法律制度已经反映出对法律文书的重视程度,但是在很多法学院校,并没有把法律文书作为必修课或者是限制选修课,法律文书只是一门无足轻重、可有可无的选修课。因此,尽管最高人民法院三令五申裁判文书如何重要,实际中裁判文书的质量仍然问题多多,甚至还有不少抵触情绪,法学教育改革没有适时跟进恐怕也是一个重要的原因。

有必要强调的是,将法律文书质量低下归咎于人的素质,实际上是一个本末倒置的观点。人的素质包括法官的素质,首先取决于其所处的经济、政治、文化和历史环境,然后才是在此基础上法官素质的差异。简单地类比两大法系法官的素

---

① 苏力教授在《判决书的背后》一文中所表达的观点,使笔者深受启发。苏力教授认为,重要的是要创造一个制度和一个制度环境,使得绝大多数法官有动力撰写理由论说充分的司法判决书,从而产生相当数量的(不是偶尔的、少数的)优秀的判决书。制度的差异会在判决书撰写上给法官带来相当不同的激励。对于英美法的法官来说,一个有良好法律推理和解释的司法判决,具有长久的法律的力量;这意味着自己工作的影响扩大和伸展。除了具体的制度外,影响司法判决书之撰写的还有更大的政治制度环境和社会制度环境。强调制度的重要性,而不是简单地指责法官的个人职业道德或责任心,将判决书论证之缺乏归咎于其知识的缺乏和技术的低劣。参见苏力:《判决书的背后》,载《法学研究》2001年第3期,第3—18页。

② 美国大部分法学院要求获得法学学位的基础课程包括合同法/商法(7学时)、民事侵权行为法(4学时)、财产法(5学时)、商业组织与公司法(4学时)、刑法与刑事诉讼法(5学时)、民事诉讼法学(3学时)、宪法(4学时)、法律伦理和职业责任(2学时)、法律写作和研究(4学时)(1学时相当于上课15小时)。参见沈宗灵:《比较法研究》,北京大学出版社1999年版,第312页。

质,或者简单地类比中外法官的素质,都没有太多的理论价值和现实意义。因为从总体上说,裁判文书的翔实与简约,往往不是法官所能左右的,而是有另外的因素在起作用。诸如诉讼法关于裁判文书的规定是概括的还是详细的、审判方式是当事人主义的还是职权主义的、裁判文书的格式和制作要求是追求翔实还是追求简单,等等,反倒对法官素质有着决定性的影响,这是第一个层次。至于法官自身素质的高低,只是在第二个层次——即在同质的、具有可比性的环境之下——才有作用。否则,法官的写作能力再强,但诉讼法、审判方式、文书格式的条件不支持,法官也不可能有详写事实、证据或者判决理由的空间和机会。

至于提高法律文书的制作水平,不妨尝试制度的进路,并从以下方面入手:一是要建立程度适当的处罚机制。例如,应该使法官认识到,如果不尊重裁判文书的规律性,只是一味地想节约时间,甚至通过裁判文书妨碍司法公正的话,法官所承受的处罚将稍大于其想从中谋取的私利,这样既可以有效制止不合格裁判文书的出笼,又不至于过于苛刻,将处罚框定在合理的限度之内。二是从制度上提高处罚的可能性。可以有多种途径,如完善立法、提高制作效率、改革教育制度、抬高法律人门槛等方面。如果我们的诉讼法中明确规定了判决书的内容,在判决书格式中明确了判决书的具体制作要求,当法官在制作文书违背上述规定时,对之施以处罚也就有了依据,这无疑会促使法官重视判决书的制作,并为判决书质量的提高提供有力保障。三是激发制作优秀法律文书的自觉性。使法官在为提升自身价值而努力制作裁判文书的同时能得到适当的鼓舞和奖励,也明确地意识到自己的行为正在为司法公正的最终实现创造社会效益,这种激励或者疏导机制还会对法律文书价值的全面实现和质量的整体提升产生长期的积极影响。

影响法律微观发展的最终还是理性人,理性人做出任何行为选择都会考虑成本与效益,即进行自觉与不自觉的效率分析。法官、检察官、律师也会去考虑成本与效率。制度对法官、检察官、律师素质的影响,当然需要依靠正面的教育与宣传,包括提高职业道德素质等内容。从效率的角度分析,则主要在于加大法官、检察官、律师不规范制作法律文书的成本,使他们自觉放弃对草率制作裁判文书的选择。用美国经济学家哈罗德-德姆塞茨的话来讲,"在成本大于收益时,利润标准就使资源停止使用"。

五、法学与其他学科——交叉学科教研方法的进路

正如陈金钊教授所言的那样:"法官如果没有理解法律的能力根本就谈不上对法律的忠诚。"[①]法律专业的学生和法律执业者如果没有理解法律文书的能力

---

① 陈金钊:《法官如何表达对法律的忠诚》,载《法学》2001年第12期,第17—23页。

也根本谈不上通过制作法律文书实现法律的公平和正义。人们之所以不重视法律文书,在很大程度上就是缺乏对法律文书的了解所致。正是因为法律文书学交叉学科的属性,给法律文书学方法论研究带来了一定的难度。因为研究者可以从不同的视角和知识体系研究法律文书问题,并得出不同的结论,而对同一个法律文书问题的研究所达成的共识并不多,这无疑会影响法律文书学方法论研究的科学性和增加对话的难度,要想使法律文书学研究形成自由的主流范式恐怕还要经过艰苦的努力和探索的过程。在这个过程中,法律文书的教学训练和研究方法则可能发挥基础性的作用。

笔者认为,法律文书教学活动中,职业训练的核心问题是"教学联结点"的确认。法律文书学交叉学科的特征,往往会使初学者(包括一些刚刚从事法律文书教学的教师)走入两个误区:一是误把法律文书的学习当成是对相关法学理论、相关实体法和程序法的再学习,感觉没有必要。二是误把法律文书的学习当成是对写作理论、语言学、修辞学等的再学习,感觉没有意思。其实,法律文书的教学虽然涉及相关法学理论、相关实体法和程序法等法学知识,虽然涉及写作学理论、语言学、修辞学等学科知识,但是法律文书的教学如果仅仅停留在这两个层面就完全错了。因为,对于法律文书教学来说,相关法学理论、实体法和程序法等法学知识也好,相关写作学理论、语言学、修辞学等学科知识也罢,都不过是为了进行法律文书教学所作的前期准备,法律文书教学的重心并不在这两个方面,也不可能在这两个方面,如果真是这样的话,法律文书学真的就没有存在的意义和价值了。

对于法律文书课的教师来说,尤其需要注意的是,既不能把法律文书课讲成实体法或程序法课,也不能把法律文书课讲成写作课或逻辑课等课程。在教学实践中,只要稍稍留意就可以发现,上述两个方面的问题都不同程度地存在着,问题的关键就在于没有找到法律文书教学的联结点。法律文书教学内容的联结点究竟在哪里呢?就在法学与其他学科交叉区域内的法律文书之上。法学知识和其他学科知识通过法律文书的媒介相互作用、融合、贯通,最终凝结成法律文书的一个个研究对象。法学与其他学科知识只是法律文书作为交叉学科在教学活动中离不开的基础材料,而不是法律文书教学的对象,这是必须要区分清楚的。

法律文书中那一个个融贯法学与其他学科内容,而且体现法律文书交叉学科属性的联结点才是法律文书教学的研究对象。在法律文书的教学活动中,教师只有把法律文书(而不是法学或写作学等)作为教学的对象,才能找到属于法律文书特有的教学联结点。具体说来,当进行理论教学时,应当以法律文书交叉学科的双重属性和特征为主要联结点,并以此统领概念、价值、作用、表达方式、写作方法、语言特征等理论教学内容;当进行实践教学时,应当以法律文书如何反映案件事实、证据和进行法律分析为主要联结点,并以此统领具体文书的结构模式、格式、内容、写作要点等实践教学内容。

对法律文书教学联结点的理解可以从两个层面进行把握。一是在法律文书学科层面上的宏观把握。法律文书教学的联结点就是如何运用法学学科知识和写作学等学科知识去理解法律文书学的学科属性,其目的在于从宏观上理解法律文书学的特征,其核心是把握法律文书学的交叉学科属性,其手段是综合运用法学和其他学科知识。二是在具体法律文书层面上的微观认识。法律文书教学的联结点就是如何运用具体写作学、语言学等知识去反映具体法律文书的实体法精神和程序法精神,其目的在于从微观上理解法律文书的写作条件,其核心是把握具体法律文书应该反映的法律内容及其表达方式,其手段是运用写作学等知识为反映法律文书的法律精神(实体法精神和程序法精神)服务。

举例来说,在公安机关提请批准逮捕书的教学中,首先,要明确提请批准逮捕书的写作条件,有关写作条件的内容一般都会与程序法的规定有关联。这时候就要引导学生理解以下条件——有证据证明有犯罪事实、可能判处有期徒刑以上刑罚、有逮捕必要;进而把教学的重心放在如何把这些条件在提请批准逮捕书上表述出来。如果教师只是介绍了批捕条件,而没有引导学生思考和理解如何在文书上体现这三个条件,这时的教学内容就与程序法教学没有区分了,这是应当避免的。其次,应该通过具体的案例分析引导学生思考如何具体写作提请批准逮捕书。包括如何把握具体犯罪行为及其性质,如何选择事实、证据、法律材料,如何运用叙事、说理、说明、描写等方法反映法律内容等,让学生逐渐理解这样一个基本的原则:无论在什么情况下,反映法律精神都是法律文书写作的目的,具体的表达方式、写作方法都仅仅是手段,手段是为目的服务的。

法律文书学具有双重属性,即法律属性与写作属性。[①] 法律文书学以法律属性(也即法律精神)为实质,以写作属性(也即写作理念)为指导。其中法律属性中既有实体法的因素,也有程序法的因素;写作属性中包含写作规范、表述方法、写作方法、语法修辞、逻辑结构等因素。从属性上分析,法律文书学属于交叉学科。法律文书学方法论研究应从以下几个方面反映法律文书学交叉学科的特征:

其一,从研究方法的综合性角度进行反映。单纯从法律文书出发去研究法律文书,往往会陷入"不识庐山真面目,只缘身在此山中"的困境。对法律文书进行研究,必须首先把握研究的方向。否则,要么会把法律文书当成写作学的一个分支,只是研究其写作规律等技术或技巧性问题,而容易忽视法律文书"实施法律载体"的终极使命;要么会把法律文书当成是反映执法活动的一种简单"工具",只是关注法律文书对实施和执行法律结果的反映,而忽视对产生这种结果的过程或程序的反映。这两种研究思路往往把法律文书想象得很简单、很单纯,认为法律

---

① 参见杜福磊、赵朝琴:《法律文书写作教程》,高等教育出版社2013年版,第7页。

文书不过如此,没有什么可以值得研究的难题和重点。

长期以来,在一些人心里形成这么一种习惯,总是认为,只要案件办得出色,就足以证明自身的素质和水平。然而现实又一次次地发出告诫:不能忽视法律文书的自身功能和价值。发生在2003年的刘涌案就是一个典型。这个案件可圈可点之处很多,从法律文书的角度讲,在对刘涌改判死缓的二审判决书中,由于只是概括、笼统地写了一句"不能从根本上排除公安机关在侦查过程中存在刑讯逼供情况",而没有作进一步的解释,导致全国范围内的批评和指责。单从法律文书角度考查,这样的写作方法已严重违反了判决书的法律属性和写作属性,不仅没有说清审判人员对案件处理的具体理由,也无法证明二审判决结果的公正性。

强调研究方法的综合性,意味着法律文书学研究必须以宽广的知识结构为背景,广泛涉猎多学科知识,把握相关领域的前沿问题。需要注意的是,在强调研究方法的综合性时,必须明确一点,这就是法律文书学研究无论从哪个角度、采用什么方法,都不能脱离法律文书的根本属性,只有这样,才能找准法律文书学的正确定位。同时,还要注意把研究成果放到法律实践的大环境中去进行,从宏观和整体上把握法律文书学的方法论问题。

其二,从研究价值独立性的角度进行反映。法律文书学研究固然需要同法学和其他学科相联系才能进行,但这并不等于说法律文书没有独立存在的价值。无论是法学,还是写作学,都是从一个侧面反映法律文书学的特征,无法也不可能全面包容法律文书学的所有内容。正是法律文书学的交叉属性,才使法律文书学科体现出存在的必要性和独立价值。因为法律文书学的诸多研究对象只有在法律文书学科之下,才具有全面、完整、科学研究的可能性。即便是诉讼法学这一与法律文书学联系极为密切的学科,也难以包容法律文书学的写作属性和实体法精神等重要内容,诉讼法本身根本无法解决法律文书学的整体性、系统性、综合性等问题。因此,需要审视法律文书学的独立性、完整性,审视法律文书学的独立研究价值,探索法律文书学的研究内容和研究方法,不断完善法律文书学学科体系,使法律文书学不仅能够担负应有的历史使命,也能以交叉学科的身份丰富和完善法律学科的构成。

其三,从方法论体系的角度进行反映。法律文书学方法论体系应该具有开放性和可变性的特征。① 同时需要指出,法律文书学方法论体系在一定时间、空间和条件下又是相对稳定的。法律文书学方法论体系的可变性是一种宏观的现象,指的是诸如法律文书结构的变迁、写作方法的详略等宏观问题,而不是具体案件的变化。不能因为法律文书方法论体系的可变性就认为方法论一无是处,毕竟方法

---

① 没有一种体系可以演绎式地支配全部问题,体系必须维持其开放性;法律原则并非一律适用绝无例外,也不可以将法律原则想象为非历史性的、静止不动的。其中,体系的开放性为"本质上所固然",体系的可变性则"宁为例外"。参见〔德〕卡尔·拉伦茨:《法学方法论》,陈爱娥译,商务印书馆2003年版,第45—47页。

论提供了解决问题的可能,至少可以避免盲目性、增加必要的共同理解。①

结　语

单纯地依据某一种方法都不能使法学成为真正的科学,而必须接受一种法律科学的多元方法论。② 笔者把法律文书本身所具有的表面上矛盾对立、实际上相辅相成的几组关系作为研究的主要方向,主要体现为以下内容:从共性与个性的结合中探寻法律文书结构的规范外观和内部张力,从直接与间接的方式上观察法律文书对法律精神的不同反映以及事实和法律在法律文书中的缠结现象,从过程与结果的侧重上判断法律文书的价值取向,从繁芜与简约的形式上分析法律文书的制度设计,从法学与其他学科的交叉关系中辨识法律文书学的教学联结点和具体研究进路。

有两点需要说明:其一,研究法律文书学方法论当然需要依赖既有的一般研究方法,尤其对于法律文书学这样缺少具体研究方法论指引的交叉学科来说,借鉴其他学科方法如社会学方法以解决法律文书学方法论的问题是十分有意义的。其二,研究法律文书学的方法体系,同样也是法律文书学方法论研究的重要内容。已有学者尝试按照方法应用范围的大小和抽象程度的高低,把方法分为哲学方法、一般科学方法、专门科学方法。③ 本文所进行的研究主要是就法律文书学方法论研究的多维视角在"专门科学方法"层面所进行的粗浅、初步的分析,包括上述两个方面内容在内的法律文书学方法论的许多内容还有待进行更深入的探索,这也是笔者未来努力的方向。

文章的写作即将告一段落,但是笔者的心情并不轻松。基于法律文书学交叉学科的属性,对于大多数从事法律文书学研究的人而言,掌握法学以及其他学科知识是必须的,然而要掌握实体法、程序法、写作学、语言学、逻辑学、修辞学等众多学科的基本理论并非一件容易的事情。退一步讲,如果仅仅是掌握这些学科的基本理论的话,问题还不算太复杂。关键在于,不仅要掌握这些学科的基本理论,还要能够运用这些基本理论去解决法律文书学的具体问题,进而形成法律文书学

---

① 对法律工作者而言,对方法的忠诚起着自我监督的作用。当法律适用的精神和目标毫无约束地专行时,方法就发挥着报警器的作用,反之,如果赋予法律适用自身以单独的精神,那么已经意味着踏上了非理性的道路。参见〔德〕魏德士:《法理学》,丁晓春、吴越译,法律出版社2005年版,第286页。
② 参见李其瑞:《论法学研究方法的多元化趋向》,载《法律科学》2004年第4期,第16—22页。
③ 这种分类实际上是把方法分为哲学方法和科学方法两大类,进而又把科学方法分为一般科学方法和专门科学方法,以确定各类科学研究共同适用的方法,以及在某些专门科学上具体适用的方法。作者进一步指出,哲学方法包括主观与客观相统一的方法、矛盾分析方法、因果关系分析方法等;一般科学方法主要包括逻辑方法、经验方法、横断学科方法等;专门科学方法是指在某些具体学科领域所运用的方法,如语言学方法、考古学方法、力学分析方法、经济分析方法、政策分析方法、社会分析方法等。参见张守文:《经济法学方法论问题刍议》,载《北京大学学报》2004年第4期,第70—77页。

的基本理论。这种难上加难的研究条件是由法律文书学交叉学科属性所决定的一种客观实在,是研究法律文书学科必须面对的现实环境。也正是因为这个原因,为法律文书学方法论研究提供了单一学科没有的多维视角,促成了法律文书学方法论研究的辩证思维方式。当然,研究者必须要学习更多的知识,阅读更多的文献,进行更多的综合比较,才能逐步实现知识体系的融合与联结,逐步做到研究视角的多元和辩证,逐步构建法律文书学的共同话语体系和主流研究范式,以不断满足法律文书学发展的内在需求。

民事裁判公开与司法公信力建设

肖 晗 罗 漂*

随着社会民主与法制观念不断深入人心,"司法"逐渐被大众认为是解决纠纷与争议最为和平、有效的方式,而对于这种方式处理的最终结果需要取得人们的普遍接受与自觉服从就势必要求司法具有公信力。"良好的司法公信力是司法权威的重要标志,也是现代法治建设的重要目标。司法公信力本质上是司法机关以其公正、有效的司法行为在普通民众中引发的对司法权、司法机关信任、尊重和认同等积极的心理反应。"[①]民事裁判公开作为司法公开的渠道之一,在树立与提升司法公信力方面起着举足轻重的作用。

一、建设司法公信力需要民事裁判的适度公开

1. 适度公开民事裁判有利于我国建设司法公信力之政治目标的实现

近年来,面对司法公信力逐渐缺失的危机,司法公信力建设引起了社会的广泛关注,如何建设司法公信力因此显得尤为重要。我国亦将司法公信力建设上升到政治目标的高度。党的十八大报告提出了"司法公信力不断提高"的目标,为此要求"推进权力运行公开化、规范化,完善……司法公开",意即要充分发挥司法公开对于建设司法公信力的作用。十八届三中全会通过的中共中央《关于全面深化改革若干重大问题的决定》要求"推进审判公开……增强法律文书说理性,推动公开法院生效裁判文书"。最高人民法院在《关于切实践行司法为民大力加强公正司法不断提高司法公信力的若干意见》中提出了"坚持以公开促公正""稳妥有序地推进司法公开,坚持不懈地提高司法透明度,逐步完善司法公开的制度机制"。而以司法公开促进司法公正、以司法公正树立司法公信,最突出的表现就是司法裁判的公开。

---

* 肖晗,湖南师范大学法学院教授、硕士生导师,法学博士,主要研究方向为民事诉讼法学、证据法学、法律文书学。罗漂,湖南师范大学法学院硕士研究生,主要研习诉讼法学。

① 邹晓玫:《在与民意的良性互动中提升司法公信力》,载《人民法院报》2013年4月18日。

2. 适度公开民事裁判有利于增强当事人及社会公众对民事裁判的理解与接受

司法公信力的提升,有赖于民众对司法裁判的接受与认同。民事裁判是司法裁判中不可或缺的一部分,同时也是司法公信力建设至关重要的一环。民事裁判的公开不仅要求裁判结果的公开,而且要求整个裁判过程、裁判事项、裁判依据及理由等都能以透明的方式置于社会大众的视野之下,以接受广大群众的监督,切实保障人民群众的知情权、参与权与监督权的实现。当然,这一切的公开必须要求建立在法律框架之内,是在法律允许的前提下进行的公开。"正义不但要被实现,而且必须以看得见的方式实现。"①要让人民大众对民事裁判产生信任与尊重并自觉履行,务必让其清晰地了解民事司法权是如何行使的,当事人的诉讼权利是如何实现的,以及裁判者是如何进行心证的(即裁判结果是如何形成的),等等。

3. 适度公开民事裁判有利于防止法官武断与司法腐败行为

阳光是最好的防腐剂。党的十八大报告指出,要"让人民监督权力,让权力在阳光下运行"。民事裁判是民事司法权运行的结果。通过裁判文书这种载体的公开传递,可以有效遏制裁判者的恣意裁判行为与裁判过程中的贪腐现象,从而最大限度地实现民事裁判的公正,减少民众对裁判结果的不满情绪,进一步提升司法公信力。

二、民事裁判公开中的问题对司法公信力建设的影响

1. 裁判过程公开不足对司法公信力的影响

民事裁判过程是由立案与受理、审前准备程序、庭审程序(含法庭调查、法庭辩论、评议与宣判)等一系列环节所构成的。裁判过程的公开,有助于全面展示程序的公正。任何没有对大众完全公开的程序,都不免会引起人们的怀疑与猜测,因此裁判过程公开时的遗漏与缺失都会影响司法公信力建设。比如法院如果不公开民事案件的庭审过程和对案件作出决定的过程,那么公民对于裁判者是如何对纠纷进行裁判、当事人是如何进行庭审、法官是如何评议案件、审判委员会是如何讨论并决定案件处理等关键性问题都将无从得知。如此情形之下,司法公信力何以建立?应当说,裁判过程的公开越完整,司法的透明度就越高,只有在保障了公民之司法知情权的前提下,才能使他们从内心信任司法,司法公信力也才能在此基础上得以确立。

2. 裁判依据和理由公开不足对司法公信力的影响

目前,在我国司法实践中,民事判决书的制作普遍存在这样一个问题:判决书的绝大部分是案件事实的描述和审理过程的记述,对于关键部分的法律适用及判

---

① 洪瑶:《论司法公信力与裁判文书》,载《四川师范大学学报》2008 年第 6 期。

决理由部分,往往是几笔带过,极显简略。① 这种现象的存在,让人们对于裁判结果难免疑窦丛生,产生不信任与不服从的心理,这也成为当前我国民事上诉案件量一直居高不下的一个重要因素。要让人们对案件的裁判结论产生胜败皆服的效果,务必对裁判的依据和理由进行详尽的展示与论证,使民众在充分的说理与评判中体会到司法公正,让司法的公正保障司法的公信力。

3. 裁判公开范围不足对司法公信力的影响

从各国的法律规定来看,裁判应向诉讼参与人公开已是通例,但裁判公开的范围并不仅限于此,在法律允许的前提下,裁判还应当向社会公开,以便能调动人民群众参与司法的积极性,让司法接受广大群众的监督。然而,司法实务中,大多数案件的裁判仅面向诉讼参与人,并未及时公之于众。而且有的法院对案件采取选择性公开,例如,出于防止舆论、民意的压力的考虑,把某些自认为比较"敏感"而可能引起社会强烈反应但并不属于国家秘密、个人隐私或商业秘密等法定不公开情形的案件不予公开。这严重减损了裁判的公开性,削弱了人们对司法的信赖。作为向社会展示司法公正的民事裁判,理应及时向社会公开,争取做到让人民群众在每一个案件中都能感受到公平正义,从而提高司法的公信力。

4. 裁判事项不当公开对司法公信力的影响

根据《民事诉讼法》第134条的规定:"人民法院审理民事案件,除涉及国家秘密、个人隐私或者法律另有规定的以外,应当公开进行。离婚案件,涉及商业秘密的案件,当事人申请不公开审理的,可以不公开审理。"由此可知,民事裁判的审理过程以公开审理为原则,不公开审理为例外。目前,我国依旧存在一些漠视法律规定的法院,对于法律要求的不能或者依当事人申请的不适宜公开审理的案件公开审理,引发了当事人对法院的不满甚至是愤懑,社会大众也因此丧失了对法院的信任与尊重,以致不愿将此类案件诉诸法院来寻求救济。因此,人民法院在审理民事案件时,必须严格遵守法律的规定,对于不能公开的特殊案件,一律实行不公开审理,对于当事人申请的不适宜公开审理的案件依当事人的申请不公开审理,以树立司法的公信力。

三、强化民事裁判公开的制度化规范化建设以提升司法公信力

为了贯彻党在十八届三中全会上提出的"司法公开"精神,最高人民法院在其颁布的《关于推进司法公开三大平台建设的若干意见》中提出了全面推进审判流程公开、裁判文书公开、执行信息公开三大平台建设,增进公众对司法的了解、信赖和监督。民事裁判公开是司法公开的基本要求之一,强化民事裁判公开的制

---

① 参见周立、李晓东:《以公开促公正,以公正树公信》,载《人民司法》2013年第9期。

度化、规范化建设必须借助这三大平台的全面推进。

1. 强化民事审判流程公开,以提升司法公信力

民事审判流程是人们了解民事案件是否得以公正处理与解决的窗口,强化民事审判流程公开首先要求民事立案的公开。首先,人民法院对于民事案件的立案条件、立案流程、诉讼文书格式以及诉讼费用的缴纳等都应通过法院网站、微博或者法院设立的电子屏、公开栏等进行公布,以方便人民群众及时进行查阅和监督。其次,法院应注重网络建设,全面开展审判流程管理,案件立案、分案、排期、送达、审判、结案、执行等各个环节的审判信息都要按要求输入电脑[1],公布在法院的门户网站上,增加法院司法的透明度。

民事审判流程公开的第一个重点是庭审的公开。全面推进庭审的公开,首先应着重落实旁听制度,除法律规定的特殊案件外,民事案件一律实行公开审理,法院应在合理的时间内将开庭公告进行公布,为人民群众的旁听与新闻媒体的采访报道提供便利,遇到有重大社会影响的案件,还可主动邀请人大代表、政协委员参加旁听。同时,法院须积极地创建数字化法庭,通过现代信息化技术对庭审的全过程进行录制,甚至可以通过网络完成全程的同步直播。通过这种公开,防止法官在裁判过程中的恣意而为。

民事审判流程公开的第二个重点是,在案件审理和裁判过程中,有无向上级法院或者领导机关或领导人就如何处理案件进行过请示或汇报,案件的处理结论是否由本院审判委员会讨论决定。

将民事审判流程公开展示在大众视野之下,有效地保障了人民群众充分参与到案件的审判过程中来,行使其司法监督权以督促法院公正司法,彰显正义,让民众在见证司法公正的基础上,增加对司法的信赖度。

2. 强化民事裁判文书公开,以提升司法公信力

民事裁判文书作为民事审判权运行的最终结果,反映了司法的权威与公正,理应强化其公开。民事裁判文书不仅应当向诉讼参与人公开,重要的是应当在法律允许的条件下向社会全面公开。"网晒"裁判文书是当下强化裁判文书公开颇为流行的一种方式,人民法院应当将本院的民事裁判文书公开在法院的门户网站或者微博上,并通过对案件类型进行分类,在网站建立检索系统,以供人们随时查阅。人民法院还可以根据当地的具体情况采取广播、设置民事裁判文书公开栏等形式及时公布法院的民事裁判文书。人民法院不能因为案件类型或者裁判文书的质量问题而进行选择性地公开,除法律禁止公开的外,人民法院都应当将民事裁判形成的过程、依据和理由向社会进行公开。

民事裁判文书实行公开制度,有利于增强法官的自制力,提高法官处理案件

---

[1] 参见王金秀:《深化司法公开,提升司法公信力》,载 http://www.qhnews.com,2013 年 2 月 25 日。

的能力。让人民群众在裁判文书的说理与论证中真实地感受到公平与正义,消除对案件的疑虑,从而使司法公信力得到人们的认可。

3. 强化民事执行信息公开,以提升司法公信力

民事裁判"执行难"是当前困扰法院的一个亟待解决的问题。为了增强执行工作的透明度,加大群众对执行的监督,强化民事执行信息公开必不可少。法院首先应建立专门的执行信息平台,建立检索系统,公开执行案件的立案标准、执行程序、执行费用等;对于已启动执行程序的案件,及时公布执行过程的传票、通知、财产的查封、扣押等执行程序的进展情况;公开失信被执行人的名单,充分发挥对他们的惩戒功能。其次,建立短信与语音平台,方便当事人对案件执行过程中出现的违法行为进行举报。针对重大的执行案件,法院还可以邀请人大代表或者政协委员到场监督或者对执行的过程进行同步的录音录像,依当事人申请查阅。

民事案件的执行能否顺利完成,象征着民事争议是否最终得以解决。民事执行信息的公开,确保了人民群众对民事案件全方位的监督,遏制了法院在执行过程中可能产生的贪污腐败行为,阳光下运行的司法才能真正满足公众看见和接近正义的需求,这种需求一旦得到了满足,司法的公信力自然也就得以提升。

形式公开与文意公开

——论我国裁判文书公开的改革思路

侯兴宇[*]

一、裁判文书公开的形式意义与局限

（一）形式公开的意义

2013年7月2日，最高人民法院《裁判文书上网公布暂行办法》开始实施。按照该办法，除涉及隐私和国家秘密等例外情况，最高人民法院生效裁判文书全部在中国裁判文书网上公布，开始了裁判文书的全面公开。最高人民法院2013年11月28日在深圳召开新闻发布会，发布了《关于人民法院在互联网公布裁判文书的规定》，要求从2014年1月1日起，符合条件的法院生效裁判文书应当在互联网全面公布。规定明确，中国裁判文书网作为各级人民法院文书上网的统一平台。这一规定对裁判文书公开具有里程碑式的划时代意义，也是形式公开的具体标志与具体体现。

裁判文书形式公开有庭上公开、网上公开、庭审直击等多种形式，而网上公开是最重要、最主要的形式，裁决文书上网公布是推进司法公开的关键一步，网上"晒判决"是司法透明的第一步。"裁判文书上网可以规范和限制法官的自由裁量权，抵制各种不当的干预。"最高人民法院司改办主任贺小荣说，一个案子怎么判决，当事人的诉请是什么、证据是什么、法官如何来认定等都应当呈现出来。裁量权公开了，就可以接受全社会的监督，使得不当干预没有途径。最高人民法院新闻发言人孙军工表示，这将有助于满足公众对司法的知情权，接受公众对司法的监督。

裁判文书形式公开的意义主要表现在：一是审判权本质的要求。审判权本质上具有人民性和社会性，作为公众参与审判权运作的重要载体，裁判文书不仅应当公开，而且应以最快捷、最方便的方式公开，此语境下，没有网络形式的公开，有

---

[*] 侯兴宇，贵州警官学院法律系副主任、法学教授，西南师大文学学士、贵州大学法律硕士，主攻法律文书、诉讼法学。

时与不公开没有任何区别。二是人权保障的要求。作为公共信息载体的裁判文书,理应为公众所知晓并受公众监督。三是司法公正的要求。司法公正是社会公正的最终保障,若无司法公正,社会公正无从谈起。司法公正不仅要实现,而且应以看得见的方式实现。

(二)形式公开的局限性

作为审判活动的忠实记载,裁判文书不可避免地涉及当事人的隐私权、个人信息资料权或其他私权利。虽然根据最高人民法院的规定,"涉及国家秘密、个人隐私的""涉及未成年人违法犯罪的""以调解方式结案的""其他不宜在互联网公布的"司法裁判文书不在网络上公开,规定还明确对婚姻家庭、继承纠纷案件中的当事人及其法定代理人,刑事案件中被害人及其法定代理人、证人等要进行匿名处理。同时还要对自然人的家庭住址、通讯方式等个人信息,未成年人的相关信息,商业秘密等内容进行删除处理。这也是大家担心与争议的问题,这种选择性公开当然就成了形式公开本身的局限性之一。

形式公开并不等于内容公开,就是形式公开的最大局限性。比如合议庭不同意见、审判委员会不同意见,这在我国目前是不能公开的。纽伦堡国际军事法庭审判德国首要战犯判决书是公开了合议庭的不同意见,如国际军事法庭苏联国籍法官、司法少将伊·特·尼基钦科就法庭对于被告人沙赫特、巴本、弗里切、赫斯及被告组织德国内阁、参谋本部及国防军最高统帅部的判决书提出的不同意见是予以公布的。整个判决书298页,不同意见在第263—298页,占35页。不同意见得到完整表述。

再就是法官说理内容的意见程度能公开多少?虽然在人民法院裁判文书样式规定中有明确的要求,但实际判例中裁判文书说理公开又能实现多少。形式公开并不等于内容公开,就是形式公开的最大局限。所以说形式公开只是结果并非过程就是局限的局限。

二、裁判文书公开应以"文意为主"

(一)"文意为主"是裁判文书公开的主体

2013年11月12日党的十八届三中全会对全面深化改革作出重大部署,明确要求推动公开法院生效裁判文书,增强法律文书的说理性。从立意而言,说的就是裁判文书文意的公开。说具体些就是司法公开的核心是裁判文书的公开,裁判文书公开的核心又是说理的公开,说理的公开的核心是文意的公开。

与形式公开相对应的是内容公开,从写作规律言,与内容公开相一致的是"以意为主"。文本同而末异,裁判文书虽然有自身特点,但终究还是文章,离不开文章的写作规律。"以意为主"语出宋范晔《狱中与诸甥侄书》:"尝谓情志所托,故当以意为主,以文传意。"晚唐杜牧上承范说,进一步提出"以意为主,以气为辅,以辞采章句为兵卫"(《答庄充书》)的主张,立说比较全面,并使与"意"相对的"文"的涵义具体化。文章贵在立意,所谓立意,指的就是确定文章的主题。作者动笔写作之前,必须明白自己要提倡什么、反对什么、歌颂什么、贬斥什么,然后才能确定材料的选择,结构的安排,语言的表达。

裁判文书内容公开首先是法官"意"的公开。

裁判文书的公开首先就法官反对什么、歌颂什么、贬斥什么的态度的公开,具体说就是法官对事实、法律的认识和争议事实、争议法律的再认识。其具体过程天津市高级人民法院周恺法官将其表述为:材料—内心—结果。其反映了审判运行的过程,即是各种材料(包括卷宗及其证据、法律、审理过程等)进入法官的内心,在经过法官内心的处理后产生出裁判结果的过程。在这三个环节中,材料是固定的,结果是固定的,唯独法官的内心世界是不为人所知的。这是整个审判过程中最隐秘、最重要的一环。公开裁判的"意"就是公开法官裁判的内心世界。而这种"意"的公开、这种法官的内心世界的公开才是裁判文书公开的主体。

(二)"文意为主"是裁判文书公开的价值所在

"文意为主"是裁判文书公开的主体,"文意为主"更是裁判文书公开的价值所在。

裁判的"意"是法官裁判的内心世界,法官的内心世界如何表现就是"表意"。"表意"的过程就是法官反对什么、歌颂什么、贬斥什么的过程,也是法官对事实、法律的认识和争议事实、争议法律的再认识的过程。这种内心世界认识过程的实现就是法官内在秉公执法的人格魅力与外在形象的自我塑造的实现。这种实现就是"文意为主"是裁判文书公开的价值所在。

在人民法院裁判文书样式中有明确规定:

"首先写明经庭审查明的事实;其次写明经举证、质证定案的证据及其来源;最后对控辩双方有异议的事实、证据进行分析、认证。"

"控辩双方关于适用法律方面的意见,应当有分析地表示是否予以采纳,并阐明理由。"

在实践中,法官在具体审理案件时,首先是查清案件事实真相,也就是说认识所要处理的事实。一般而言,这是审理案件中最基础的工作。因为只有事实查清楚了,才会找到所适用的法律。或者说在认识事实的过程中法官已对此案如何解决形成了初步的看法,而这个意见是在听取双方当事人及其辩护人的辩论中,在接触各种主体对这个案件的看法和认真掂量各种处理办法的利与弊的基础上逐渐形成的。开始时法官可能全无主见,其对事实认识的观点,是在将当事人对立的观点加以比较和综合的基础上形成的。由此看来,案件的事实认识清楚了,事实背后的道理发现了,适用的法律找到了,处理意见就形成了。这就是裁判的过程,得出的处理意见就是裁判的结果。而公正裁判是指裁判的过程和裁判的结果要公正。在处理意见形成过程中,法官内心的价值观念和社会经验无疑对此意见的形成起很大作用,但对之起决定作用的仍然是当事人对事实认识的观点。因为法官的观点是在综合当事人对事实认识的观点后才形成的。那么,法官的观点是否公正,就要看法官在多种价值之间作出的权衡和选择是否更忠于法律。所以,公正裁判是塑造法官形象的基本要素。一般而言,法官在裁判文书中塑造法官自我的形象,主要表现在两个方面:事实的认识与争议事实的评判和理由的认识与争议理由的评判。这种法官认识与评判的公开,就是"文意为主"裁判文书公开的价值所在。

三、形式公开应形成制度机制,文意公开是本质追求

(一) 形式公开应形成制度机制

1. 形式公开的多样性

裁判文书网上公开是当下形式公开最热点、最重要、最主要的形式。而裁判文书形式公开有庭上公开、网上公开、庭审直击等多种形式。庭上公开指的是在法庭上公开判决,不管是当庭判决或者是择日判决,都应当在法庭公开宣读,这是我国诉讼制度的原则。网上公开是近年来才开始与规范的,是通过网络向全民公布,其公开的范围扩大,公开的力度强化,是裁判文书形式公开的核心与关键。庭审直击就是采用影像同步直播庭审过程,让大众目击整个庭审,了解整个庭审阶段。

2. 形式公开应形成制度机制

裁判文书形式公开应形成制度机制,如最高人民法院发布了《关于推进司法公开三大平台建设的若干意见》,对全面推进审判流程公开、裁判文书公开、执行信息公开进行了全面部署。而审判流程公开、裁判文书公开、执行信息公开这三大平台若能实现,形式公开也就基本形成制度、形成机制。目前,尽管对网上公开裁判文书评议很多,但是毕竟做到了内容选择性公开和范围普遍性公开。在此情形下,趁势而为,扩大形式公开全面性,让形式公开形成真正的制度机制。

（二）文意公开是本质追求,统领一切形式公开

1. 裁判文书的形成过程

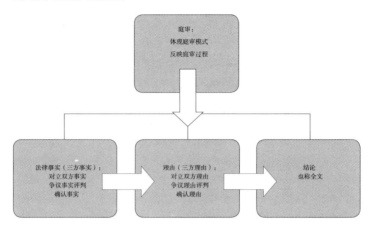

在这一基础上加上首部与尾部就形成了一篇裁判文书。简单表示为:首部+事—理—断+尾部。事指事实,即三方事实;理指理由,即三方理由;断指结论也称主文。事、理、断称内部结构,首部、尾部称外部结构。由庭审得出事实,由事实得出理由,由理由得出结论就是裁判文书的形成过程。因此,可以说裁判文书的形成过程就是形式与文意结合的过程。

2. 形式规范文意,形式公开是文意公开的前提

"形式"这里主要指的是格式,裁判文书格式很多,特别是1993年开始施行的《法院诉讼文书样式(试行)》,1999年发布施行的《法院刑事诉讼文书样式》共9类164种,(其中判决书15种,裁定书28种,调解书2种)。它是裁判文书改革的标志,也是审判方式改革的体现。它规范了法官这一制作者群体文意的表达,即裁判文书的写法。1993年《法院诉讼文书样式(试行)》的施行标志着1951年《诉讼用纸格式》和1980年《诉讼文书样式》的废止,同时表达了法院独审阶段的结束,法院审判透明阶段的开始。具体说就是庭审方式的变革,即职权主义过渡为当事人主义,庭审模式的线形结构、三角形结构过渡为等腰三角形结构。通过这一形式规范体现了国家的改革意志,规范了法官制判的具体写法。1999年《法院刑事诉讼文书样式》的发布施行标志着1993年《法院诉讼文书样式(试行)》刑事部分样式的废止,同时也表明了法院审判由审判透明阶段转变为突出控辩庭审阶段和法官论说评判阶段。这一阶段的裁判格式规范了当代意义的法官文意,裁判已不仅是一种结果,更是一个过程。是法官对案件法律认知的过程,是法官心灵体验的过程,是法律人实现的过程,是法治发展的过程,是公平与正义塑造的过程。所以说形式规范文意,具体而言就是格式规范文意。没有格式的存在就没有

文意的表现,形式存在是文意存在的前提条件。

"形式公开"是指裁判文书审判流程公开、裁判文书网上公开、执法信息公开等,是裁判文书文意公开的前提,没有这些形式公开,裁判文意再多、再好,法官内心世界、法官人格魅力、司法公正内涵都无从表现。所以说形式公开是文意公开的前提。

3. 文意公开是形式公开的本质追求

形式公开可以独立,这是司法公正的需求。但形式公开的目的在于让大众、让社会了解文意。形式具有共性,即国家意志,文意具有个性,即法官自由裁量权。若形式公开是公开的第一层面(表面),那么文意公开才是公开的第二层面,(也即深层层面)。没有第一层面的存在,当然就无从探研第二层面的存在。文意公开代表制判者即法官自由裁量权的公开,为什么这么判?这种裁判结果是怎样形成的?这个形成过程是一个逐步认识的过程,换言之,也是法官内心世界敞开的过程。从司法公正言,就是法官塑造自我形象、自我价值和内在的秉公执法精神的表现。因此,裁判文书公开的本质就是文意公开,文意公开是一切形式公开的本质追求。没有文意公开,一切形式的公开都没有实际的意义。

四、裁判公开的社会效果与裁判文书价值追求一致

(一)裁判公开社会效果的正负效应

1. 裁判公开社会效果的正面效应

不管是形式公开或是文意公开,裁判公开总是产生一定的社会效果。每份裁判文书都是公共产品和公共资源的重要组成部分,肩负着实现社会正义、维系社会价值体系和规范秩序的使命。作为公共信息载体的裁判文书,理应为公众所知晓并受公众监督。它能产生如下几方面的正效应。

从公众角度来看,裁判文书完全公开为公众获得公正司法裁判和有效参与平台提供了多种渠道。一是提升获得公正裁判的几率。公正性是公众对法院审判工作最基本的要求。裁判文书公开要求法官要正身律己、提升素能、端正思想,有利于实现公正司法。二是获得规范行为的导引。让法律变得可观、可感,降低了公众的守法成本,益于公众主动学法、守法、遵法、用法。三是强化了公众在司法领域的存在。如裁判文书网上公开使公众获得了发表意见的机会和参与司法构建。

从法院角度来看,裁判文书全面公开能提升法官素能、防止司法腐败、树立司法权威、维护司法独立。一是监督、激励法官提升司法能力。裁判文书是法官专业素养、文字功底、职业道德和执业经验的全面体现。为了维护自身形象,法官自然要提升裁判文书质量和自身素能。二是防范司法不端及腐败。裁判文书的公

开有助于遏制人情案、关系案、金钱案等的产生。三是保障法院独立行使审判权。如裁判文书网上公开赋予了法院防范外来干涉的利器，有望缓解法外裁判、规避法律、变通适用法律的现象。四是推动司法公信力的提升。如裁判文书网上公开能够实现法院与公众的公开交流、理性对话，最大限度地赢得共识与信任。

从社会角度来看，裁判文书公开对于实现法律效果与社会效果的统一有很强的促进作用。就构建社会诚信体系而言，裁判文书全面公开是法院对公正、高效、权威司法的庄严承诺，也是法院不断强化司法自信、提促司法共信和增进司法公信的重要举措。作为维护社会诚信的终极屏障，法院对其司法诚信品格的践履，为建设社会诚信体系提供了保障。此外，通过对刑事犯罪案件和民事侵权案件裁判文书的公开，提高了从事不诚信行为的成本，有利于构建常态化威慑机制，改善社会风气。就维护法律整体性而言，整体性是法律的内在道德，要求在同一法律体内部，同类案件的裁判要相对统一，且不同法院的裁判文书要质量相当。裁判文书网上公开对于发挥最高人民法院及上级法院裁判文书的模范作用，统一法律适用标准和裁判尺度，改变不同法院之间裁判文书质量良莠不齐的现状具有重要意义。

2. 裁判公开社会效果的负面效应

一是作为审判活动的忠实记载，裁判文书不可避免地涉及当事人的隐私权、个人信息资料权或其他私权利。最高人民法院《关于人民法院在互联网公布裁判文书的规定》（2013年）对裁判文书上网作出严格的规范，以试图平衡保密和公开的关系。如规定指出，"涉及国家秘密、个人隐私的""涉及未成年人违法犯罪的""以调解方式结案的""其他不宜在互联网公布的"司法裁判文书不上网，但是在具体处理上总是有出错的地方。

二是媒体舆情有时会直接影响法官裁判。法官是正义者的化身，同时也是生活中的人，多少会受到媒体大众舆情的影响。作为国家意志和个体自由裁量权载体的裁判文书不能保证不受外界因素的干扰。

三是裁判不同意见的表述与公开带来的影响。目前我国裁判文书还不存在这一问题，但不代表以后不存在。

(二) 裁判文书价值与裁判文书公开的"和谐性"

裁判文书公开的社会效果虽然有正负两方面的效应，但是把这种效应与裁判文书价值和谐起来，追求一致，就是我们构建的司法和谐。裁判文书文意是法官对事实、法律的认识和争议事实、争议法律的再认识的表达。这种内心世界认识过程的实现就是法官内在的秉公执法人格魅力与外在形象的自我塑造的实现。这种裁判文意的公开与裁判形式公开达到一致时，就能实现裁判文书的真正价值。一篇裁判文书从庭审到形成再到公开公布的过程，就是国家意志——法官自由裁量权——当事人——社会公众的传播过程。因此，裁判文书价值与裁判文书公开的"和谐性"就是司法和谐的本质。

参考文献

1. 周道鸾编:《最新刑事裁判文书样式和实例评析》,人民法院出版社2000年版。
2. 最高人民法院办公厅编:《法院刑事诉讼文书样式(样本)》,人民法院出版社1999年版。
3. 吴宝庆:《裁判的理念与方法》,人民法院出版社2004年版。
4. 赵朝琴主编:《法律文书通论》,郑州大学出版社2004年版。
5. 宁致远主编:《新编中国法律文书范本》,知识产权出版社2002年版。
6. 彭海青:《刑事裁判权研究》,中国人民公安大学出版社2007年版。
7. 李安:《刑事裁判思维模式研究》,法律出版社2007年版。
8. 唐文:《法官判案如何说理》,人民法院出版社2000年版。
9. 王在魁:《法官裁量权研究——以刑事司法为视角》,法律出版社2006年版。
10. 王明辉:《裁判文书上网公开的三重理据》,载《人民法院报》2014年3月23日。

论裁判文书公开的根据及运行完善

石先钰[*]

裁判文书公开是公开审判的重要内容。公开审判是指人民法院在审理和裁判案件时,除涉及国家秘密、个人隐私和法律另有规定之外,一律公开进行。我国宪法以及三大诉讼法对此都作出了明确规定。以《民事诉讼法》为例,该法第10条规定:"人民法院审理民事案件,依照法律规定实行合议、回避、公开审判和两审终审制度。"第134条第1款规定:"人民法院审理民事案件,除涉及国家秘密、个人隐私或者法律另有规定的以外,应当公开进行。"第148条第1款规定:"人民法院对公开审理或者不公开审理的案件,一律公开宣告判决。"第49条规定:"当事人有权委托代理人,提出回避申请,收集、提供证据,进行辩论,请求调解,提起上诉,申请执行。当事人可以查阅本案有关材料,并可以复制本案有关材料和法律文书。查阅、复制本案有关材料的范围和办法由最高人民法院规定。"所以,裁判文书公开具有充分的法律依据。

一、裁判文书公开的制度基础与根据

裁判文书公开的制度基础与根据,可以从如下几个方面加以确证:

第一,裁判文书公开是建设法治中国的生动体现,是社会主义民主与法制的要求。党的十八届三中全会通过的中共中央《关于全面深化改革若干重大问题的决定》大力推进法治中国建设,指出:建设法治中国,必须坚持依法治国、依法执政、依法行政共同推进,坚持法治国家、法治政府、法治社会一体建设。深化司法体制改革,加快建设公正高效权威的社会主义司法制度,维护人民权益,让人民群众在每一个司法案件中都感受到公平正义。基于现代民主法制的要求,诉讼中法官的"暗箱操作"应当为法律所杜绝和为社会所抛弃。审判行为应该是一种"阳光下的行为"。公开审判在当今世界各国诉讼制度中都得到了确认,成为现代诉讼制度文明、民主、科学的重要标志。公开审判是一个国家民主化的体现,是司法公正的基本保证和前提,人们常说"阳光是最好的防腐剂",公开审判使审判活动

---

[*] 石先钰,华中师范大学法学院教授,法学博士。

置于全社会的监督之下,使人民群众既可以了解审判活动的程序是否公正,也可以透过程序了解实体是否公正;既可以消除人们对法官是否清廉的疑虑,也可以树立法官公正裁判的形象。① 我国是人民民主专政的国家,人民当家做主。对审判活动进行监督,旁听审判,了解审判情况,是当家做主的生动体现。裁判文书公开是便利和保障国民对国家审判机关活动的知情权实现的一种有效途径。因此,裁判文书公开是社会主义民主与法制的基本要求。

第二,从公开与公正的关系来看,公开裁判文书是实现诉讼公正的重要途径。公开审判是实现诉讼公正的突破口。司法公开性的目的之一就是将法院的审判活动置于当事人、律师和公众的监督之下,防止司法不公。一位法官说过:公开性是公正的灵魂。它是摒除邪恶最可靠的手段。它在法官审理案件过程中也制约着法官自己。与其他国家机关相比,法律对司法机关的公开程度也是要求最高的。正是基于这些理由,我国已把公开审判作为一项宪法原则纳入宪法之中。② 审判程序的公开性越强,其公正的程度也就越高。裁判文书公开所承载的最大希望还在于"以公开促公正"。法院上网公示裁判文书,将法官审理案件、认定证据、分析法律的过程充分展现出来,让公平正义为更多人所看到,能够起到延伸司法效果的作用。一方面,司法裁判文书的核心价值主要体现在说理部分,论理是否充分、是否令人信服,直接影响到人民群众对案件公正与否的判断;另一方面,裁判文书公开制度将个案说理的受众从当事人扩展至社会公众,加强了对法官辨法析理的监督,提高了对法官法律推理的标准,拓展了普法教育平台。③ 裁判文书公开,可以消除当事人对司法过程和审判结果的不安定感和不信任感,可以使整个司法过程置于当事人和社会公众的监督之下,从而促使法官增强责任感和公正心,确保审判程序的公正。

第三,裁判文书公开是提高执法水平,提高法官素质,搞好队伍建设的需要。从提高执法水平看,裁判文书公开,就使裁判文书置于群众的监督之下,审判过程中的一些不到位、不规范、不公正的情况,就会被发现、被揭露。法官的责任心、注意力就会大大提高。从提高法官素质搞好队伍建设来看,裁判文书公开对法官来说是一种考验和检验。一个法官的个人修养、个人魅力、语言表达能力、庭审组织能力等,一览无余,这种压力迫使法官提高自身素质,适应审判工作的需要。通过裁判文书上网,使公众对法院审判工作有了更多的了解,同时也使每一份裁判文书置于人民大众的视野之内,一方面使得法官要更严谨地办案,制作高质量的裁判文书,另一方面也让法院与公众有了更广泛的交流与沟通,对公众提出的意见、建议要认真对待研究;对公众提出的质疑、批评等进行及时的疏导,对确实存在问

---

① 参见景汉朝:《传媒监督与司法独立的冲突与契合》,载《现代法学》2002 年第 1 期。
② 参见肖扬:《法院、法官与司法改革》,载《法学家》2003 年第 1 期。
③ 参见吴学安:《裁判文书公开成司法公正助推器》,载《人民法院报》2014 年 2 月 10 日。

题的,要积极启动司法程序,改正错误。①

第四,裁判文书公开是国际上的通行做法。遍考世界各国和地区立法及国际组织文件,公开审判原则早已得到了国际上的认可。几乎所有国家和地区的宪法都对公开审判原则作了规定,各国和地区宪法、法律也有相应的体现。如《日本宪法》第 82 条规定:"法院的审讯及判决在公开法庭进行。如经全体法官一致决定认为有碍公共秩序或善良风俗之虞时,法院得进行不公开审判。"从国际组织文件看,1948 年联合国大会通过的《世界人权宣言》第 10 条规定:"人人完全平等地有权由一个独立而无偏倚的法庭进行公正的和公开的审讯,以确定他的权利和义务并判定对他提出的任何指控。"该组织于 1966 年通过的《公民权利和政治权利国际公约》中进一步规定:"所有的人在法庭和裁判所面前一律平等。在判定对任何人提出的任何刑事指控或确定他在一件诉讼案中的权利和义务时,人人有资格由一个依法设立的合格的、独立的和无偏倚的法庭进行公正的和公开的审讯。"裁判文书上网公布是国际司法领域的惯例。美国联邦最高法院裁决的案件宣判之后,判决书都须上传至官方网站。英国最高法院除在官方网站公布裁判文书外,还通过官方微博同步发布判决名称和判决书网络链接。韩国修改后的刑事诉讼法和民事诉讼法明确规定,裁判文书生效之后必须在互联网上发布。我国香港特别行政区终审法院的判决也都已实现全部上网。② 在我国,随着司法改革的深入,"没有公开则没有公正""阳光是最好的防腐剂",审判应当公开,裁判文书公开已经成为我国司法界乃至全社会的共识。

第五,裁判文书公开是信息时代的必然选择,而且能够促进学术研究。法院借助互联网将裁判文书公开适应了信息化的要求,有利于扩大公开的覆盖面,而且具有技术简单、成本低的优点。在互联网公开的裁判文书应当分门别类,并设计方便实用的检索功能。不具备条件的法院可以将裁判文书报送上级法院上网公开。为突出时效性,裁判文书应当于每月初上载,对于大要案、社会各界普遍关注的案件,还应当在宣判当日或次日就把裁判文书上网。从长远来看,应当由国家设立专业的全国性的大型法律信息数据库网站,集中公开法院的裁判文书,以利于同国际接轨。③ 裁判文书上网公开有利于学术研究的发展以及与司法过程的互动。法学本质上是一种实践的学问。裁判文书网络公开化,具有快速、多样、全面的特点,使得法学研究实践问题更为便利,促进了理论与实践的结合。④

---

① 参见姚弟文:《裁判文书上网的几个问题》,载《人民法院报》2011 年 11 月 11 日。
② 参见吴学安:《裁判文书公开成司法公正助推器》,载《人民法院报》2014 年 2 月 10 日。
③ 参见谭炜杰:《裁判文书公开的程度、方式及范围》,载《人民法院报》2011 年 11 月 11 日。
④ 参见孙万怀:《公开固然重要说理更显公正——"公开三大平台"中刑事裁判文书公开之局限》,载《现代法学》2014 年第 2 期。

二、裁判文书公开中存在的问题及其解决

裁判文书公开在司法实践中存在很多问题,主要表现在:一是选择性公布,所谓选择性公布就是没有公布全部应当公布的裁判文书,选择性地公布了部分裁判文书。二是隐私保护不够。三是说理性不强。所谓说理性不强,就是法理分析不够,主文和理由之间逻辑联系不够紧密。

在裁判文书公开中应当注意如下问题:

1. 明确裁判文书公开中的例外情形

贯彻原则上一律公布,不公布由相关规定明确,杜绝随意性。人民法院的生效裁判文书应当在互联网公布,但涉及国家秘密、个人隐私、涉及未成年人违法犯罪、以调解方式结案的等不宜在互联网公布的情形除外。

2. 注意隐私保护

要注意对当事人及相关利害关系人的隐私保护。如姓名等信息的保护。我国《刑事诉讼法》第62条规定:"对于危害国家安全犯罪、恐怖活动犯罪、黑社会性质的组织犯罪、毒品犯罪等案件,证人、鉴定人、被害人因在诉讼中作证,本人或者其近亲属的人身安全面临危险的,人民法院、人民检察院和公安机关应当采取以下一项或者多项保护措施:(一)不公开真实姓名、住址和工作单位等个人信息;(二)采取不暴露外貌、真实声音等出庭作证措施;(三)禁止特定的人员接触证人、鉴定人、被害人及其近亲属;(四)对人身和住宅采取专门性保护措施;(五)其他必要的保护措施。证人、鉴定人、被害人认为因在诉讼中作证,本人或者其近亲属的人身安全面临危险的,可以向人民法院、人民检察院、公安机关请求予以保护。人民法院、人民检察院、公安机关依法采取保护措施,有关单位和个人应当配合。"第109条规定:"报案、控告、举报可以用书面或者口头提出。接受口头报案、控告、举报的工作人员,应当写成笔录,经宣读无误后,由报案人、控告人、举报人签名或者盖章。接受控告、举报的工作人员,应当向控告人、举报人说明诬告应负的法律责任。但是,只要不是捏造事实,伪造证据,即使控告、举报的事实有出入,甚至是错告的,也要和诬告严格加以区别。公安机关、人民检察院或者人民法院应当保障报案人、控告人、举报人及其近亲属的安全。报案人、控告人、举报人如果不愿公开自己的姓名和报案、控告、举报的行为,应当为他保守秘密。"

由于裁判文书的内容往往涉及当事人及其他人员或组织的隐私和不宜公开的秘密,因此,对于裁判文书内容要进行适当的技术处理。上网公布的裁判文书如涉及当事人身份信息、家庭情况、通讯地址和企业代码,以及证人姓名的,人民法院应当进行酌情删除。当然,经过技术处理的裁判文书应当保证文书内容的连

续性和完整性。① 人民法院在互联网公布裁判文书时,应当保留当事人的姓名或者名称等真实信息,但必须采取符号替代方式对下列当事人及诉讼参与人的姓名进行匿名处理:①婚姻家庭、继承纠纷案件中的当事人及其法定代理人;②刑事案件中被害人及其法定代理人、证人、鉴定人;③被判处 3 年有期徒刑以下刑罚以及免予刑事处罚,且不属于累犯或者惯犯的被告人。人民法院在互联网公布裁判文书时,应当删除下列信息:①自然人的家庭住址、通讯方式、身份证号码、银行账号、健康状况等个人信息;②未成年人的相关信息;③法人以及其他组织的银行账号;④商业秘密等不宜公开的内容。在互联网公布的裁判文书,除依照要求进行技术处理的以外,应当与送达当事人的裁判文书一致。人民法院对送达当事人的裁判文书进行补正的,应当及时在互联网公布补正裁定。人民法院在互联网公布的裁判文书,除因网络传输故障导致与送达当事人的裁判文书不一致的以外,不得修改或者更换;确因法定理由或者其他特殊原因需要撤回的,应当由高级人民法院以上负责互联网公布裁判文书的专门机构审查决定,并在中国裁判文书网办理撤回及登记备案手续。

3. 增强裁判文书的说理性

首先,要分析事实和证据,写明查证、质证、认证的情况,形成证据体系。以第一审刑事判决书为例,首先写明经法庭审理查明的事实;其次写明举证、质证定案的证据及其来源;最后对控辩双方有异议的事实、证据进行分析、认证。以第一审民事判决书为例,事实部分应写明当事人的诉讼请求、争议的事实和理由,法院认定的事实和证据。当事人的诉讼请求以及争议的事实和理由,主要是通过原告和第三人的陈述来表述的。民事判决书的事实部分所以要写明这些内容,一是为了体现尊重当事人的诉讼权利,二是为了集中反映当事人的真实意思表示,明确纠纷的焦点,做到与以后各部分的叙事、说理及判决结果紧密联系,前后照应。对于这些内容的叙述,文句要简练,内容要概括,切忌冗长和不必要的重复。如果当事人在诉讼过程中有增加或者变更诉讼请求,或者提出反诉的,应当一并写明。法院认定的事实主要包括:①当事人之间的法律关系,发生法律关系的时间、地点及法律关系的内容;②产生纠纷的原因、经过、情节和后果。法院认定的事实,必须是经过法庭审理查证属实。叙述的方法一般应按照时间顺序,客观、全面、真实地反映案情,同时要抓住重点,详述主要情节和因果关系;认定事实的证据要有分析地进行列举,既可以在叙述纠纷过程中一并分析列举,也可以单独分段分析列举。叙述事实和列举证据时都要注意保守国家机密,保护当事人的声誉,隐私情节不作描述。

其次,要进行法理分析。以第一审刑事判决书为例,根据查证属实的事实、证

---

① 参见刘青莲:《裁判文书上网程序问题研究》,载《人民法院报》2011 年 11 月 11 日。

据和有关法律规定,论证公诉机关指控的犯罪是否成立,被告人的行为是否构成犯罪,犯的什么罪,应否从轻、减轻、免除处罚或者从重处罚。对于控辩双方关于适用法律方面的意见,应当有分析地表示是否予以采纳,并阐明理由。以第一审民事判决书为例,要根据认定的事实和有关法律、法规和政策,来阐明法院对纠纷的性质、当事人的责任以及如何解决纠纷的看法。说理要有针对性,要根据不同案件的具体情况,针对当事人的争执和诉讼请求,摆事实、讲法律、讲道理,分清是非责任。诉讼请求合法有理的予以支持。对违法的民事行为应当严肃指明,必要时给予适当批驳,做到以理服人。

再次,增强判决的说理性要准确引用法律、法规、司法解释。以第一审刑事判决书为例,在引用法律条文时,应当注意:要准确、完整、具体。准确,就是要恰如其分地符合判决结果;完整,就是要把据以定性处理的法律规定和司法解释全部引用;具体,就是要引用法律依据条文外延最小的规定,即凡条下分款分项的,应写明第几条第几款第几项;有的条文只分项不分款的,则写明第几条第几项;要有一定的条理和顺序。一份裁判文书应当引用两条以上的法律条文的,应当先引用有关定罪与确定量刑幅度的条文,后引用从轻、减轻、免除处罚或者从重处罚的条文;判决结果既有主刑又有附加刑内容的,应当先引用适用主刑的条文,后引用适用附加刑的条文;某种犯罪需要援引其他条款的法定刑处罚(即援引法定刑)的,应当先引用本条条文,再按本条的规定,引用相应的他罪条文;一人犯数罪的,应当逐罪引用法律条文;共同犯罪的,既可集中引用有关的法律条文,也可逐人逐罪引用有关的法律条文;引用的法律依据中,既有法律规定又有司法解释规定的,应当先引用法律规定,再引用相关的司法解释;同时适用修订前后的刑法的,对修订前的刑法,称"1979年《中华人民共和国刑法》",对修订后的刑法,称"《中华人民共和国刑法》"。民事判决所依据的法律、法规,在引用时也应当准确、全面、具体。

总之,公开和透明能够促进司法的理性和文明,裁判文书公开是一项"阳光工程",最高人民法院在互联网设立了中国裁判文书网,统一公布各级人民法院的生效裁判文书。这对保护当事人及广大公民的知情权,提高裁判文书的质量,促进司法公正,建设法治中国都有重要而深远的意义。

裁判公开与裁判可接受性问题探析

卓朝君[*]

关于裁判公开的问题,也不是什么新的话题。近十几年来,伴随司法公正和效率问题的探讨,公众的知情权问题已日益受到重视。裁判文书是否应该公开、公开的价值取向、公开的渠道或路径选择等问题已逐渐明晰。裁判文书公开作为司法公开的核心要素之一,在促进司法公正、规范司法行为、减少司法腐败、增加裁判的可接受性等方面的意义是有目共睹的。2013年11月28日,最高人民法院发布了《关于人民法院在互联网公布裁判文书的规定》,在推进裁判文书上网公开之路上又迈出了较大的一步。裁判文书是上网了,但裁判文书公开后关涉司法正义的一些话题仍然存在。本文特就相关问题作如下探讨。

一、裁判公开的内涵及意义

(一) 裁判公开的内涵

裁判公开,字面意义是指裁判文书的对外公布,表面看来只是一种形式而已,但实质上,裁判公开应该是审判公开的一个重要内容,而审判公开又是程序公开的一个重要方面。因此,裁判公开不仅是文书公开的一种形式,更重要的是程序正义的一种表达方式。裁判文书的公开包括形式公开和实质公开,形式公开的本意是指无论是否开庭审理的案件,其判决都应当公开宣告。伴随着公众知情权的日益受到重视,裁判公开出现了新的形式,即裁判上网、发布案例指导制度、文书自由查阅及文书汇编等多种方式。实质公开是指裁判文书的事实证据公开、裁判理由公开、适用法律公开以及裁判结果等内容的公开。

1. 裁判事实证据的公开

裁判事实包括诉辩事实、法院查明事实,这些事实应当全部、完整地公开。证据公开包括诉辩举证及法院查明认定的证据,同时也包括对证据的质疑、证明指向、是否采纳及使用的证据规则等都应该公开。

---

[*] 卓朝君,中南财经政法大学。

2. 裁判理由的公开

裁判理由是指承办案件的法官作出裁判结论时所依据的理由。就一般意义而言,裁判理由具有以下内容:一是指裁判文书所根据的事实、法律以及事实认定和法律适用的根据;二是指支撑裁判认定的事实和所适用的法律理由;三是对裁判文书中所适用的法律原则和规则的论证。可见,裁判理由主要是法官认定案件事实适用法律的推理过程。

3. 适用法律的公开

裁判文书所适用的法律要公开,通常来说就是要公开裁判文书所适用的具体的法律规范,而不是笼统地说根据某某法律的相关规定。裁判文书所适用的法律要公开,既是现代司法依法判决原则的内在要求,又是司法公开的内在要求。只有裁判文书适用的法律公开,当事人才可能在对适用的法律不服时提起上诉。

4. 裁判结果的公开

裁判结果是法官在综合全案证据以及正确适用法律的基础上对当事人之间发生争议的实体法律关系所作的具体裁决,裁判结果公开是判决公开的固有内容。

(二) 裁判公开的意义

1. 有利于增强裁判的可接受性

司法裁判的可接受性,正是司法制度与公众内心信念在实践中的契合。当司法裁判具有可接受性时,无疑会使公众从内心对法律表示尊重与信服,认为法律是自然正义所应达到的一种实然状态,从而真正使公众相信法律、信仰法律并自觉遵守法律。法律必须得到大多数人的尊重和信仰,其潜能才会发挥作用,才能具有调整现实社会关系的生机和活力。没有信仰的法律将退化为僵死的教条,尊重和信仰的前提就是公开司法程序、司法行为及司法结论,让每一次的裁判都具有可接受性。

2. 有利于预防和减少司法腐败

裁判文书的内容是人们评价司法公正与否的直接对象。裁判只有公开了,才能听到公众对司法的评价及监督意见。因为,一方面,公开裁判文书可以起到让未实际参与案件审理的公众监督法官司法的过程。裁判文书记载的程序事项和实体事项可以再现庭审过程,反映程序的正当与否。公众强大的力量更易发现程序的疏漏或不公以及实体处理的不当,形成有效的司法监督。另一方面,公开最终的裁判结果可以督促法院在具体的审判活动中进一步规范司法行为,树立法院在民众中的公正形象。因为裁判的生成具有很强的逻辑性,三段论的逻辑推理形式就决定了决断者如果在裁决时考虑其他不当因素,其最终得到的结论必然偏离正果。裁判公开使得司法行为透明,避免了暗箱操作和不正当因素的干扰,迫使裁决者规范自身的行为,有助于预防和减少司法腐败,树立司法公正的形象。

3. 有利于实现司法与民意的良性互动

法治社会的形成离不开广大民众对法律生活的积极参与。没有民众的参与,整个社会就不可能产生对法律的信任。一份优秀的裁判文书可以完整而精确地描绘出整个诉讼过程的真实状况,公众可以通过自我判断和感知获得对裁判结论的合法性和合理性认识,进而对司法程序有更深入的了解。而要做到这一点,法院只有将裁判文书公之于众,才能满足公众看见和接近正义的需求。只有司法结果的公开方能保障公众知情权、表达权和监督权的有效行使,让法院与公众开展有效的沟通,正确回应公众对司法的建议和意见,促成司法与民意的良性互动,使得公众以信服的心态接受和认可裁判结论,从而提升公众对司法的认知能力,增强公众对司法的信赖,赢得司法公信。

4. 有利于法律适用的统一并树立司法权威

法院裁判一经制作产生效力即具有既判力,法院不得再作出与已生效的判决相矛盾的裁判。公开裁判文书才能让公众知晓裁判内容,有效避免冲突,维护司法统一和权威。受我国目前立法现状、职业者能力等因素的影响,同案不同判的司法适用不统一现象还较为严重,使得司法权威和司法公信力受到质疑。为此,理论和实务界尝试构建案例指导制度。该制度的前提即是各级各地法院法官的裁判结果能够被其他裁判者知悉,这必然需要公开裁判文书。已决案例,可为法官在审理类似案件时提供借鉴和指导,在适用法律以及裁量幅度上,都可参照相关案件进行裁判,以达到同案同判的司法效果,从而维护法院司法适用的统一性,树立司法权威并提升司法公信力。

5. 有利于提高法官的职业素养

裁判文书的制作主体是审理案件的法官,因此裁判文书的质量直观反映出法官的法律素养、业务技能和职业道德水平。当事人及公众对裁判结果的信服程度及其对裁判文书内容的评价,也是对法官个人能力的评价。错误百出、逻辑不强、说理不清的文书必然塑造出一个专业不精、经验不足、能力较差的法官形象,长期如此的话,这样的法官公众也难免怀疑其办案质量,从而对结果的公正产生怀疑,对法官执业队伍的整体形象及法院公正的形象产生怀疑。出于职业地位及个人形象和尊严的维护,制作文书的法官必然会通过不断强化学习,提高自己各方面的能力,以接受公众的考验和评价。这种压力是持续性的,长此以往,必然会达到法官们整体业务素质提高和裁判文书制作水平提升的结果。因此,裁判文书的公开有助于培养一支高素质的执业队伍,为司法公信打造坚固的基石。①

---

① 参见段新瑞:《论裁判文书的公开与司法公信力的提升》,载新疆法院网,2013年11月15日。

二、裁判可接受性及基本要求

1. 裁判可接受性概述

"接受",在《现代汉语词典》中的解释为:"对事物容纳而不拒绝。"英文中,作为"接受"的"accept"的含义可以表述为"to take or receive (something offered or given)"。根据以上两种定义,所谓"接受"即对某种事物的容纳和接受,不反对或者拒绝。这里,接受可以有两种理解,首先是对事物的主动接受,正如希拉里·普特南所说的,"合理的可接受性是我们的诸信念之间、我们的信念同我们的经验之间的某种理想的融贯(因为那些经验本身在我们信念系统中得到了表征),而不是我们的信念同不依赖于心灵或不依赖话语的'事态'之间的符合"。[1] 这里,接受意味着是一种心理预期与现实结果之间的契合。此外,虽然对事物容纳和不反对、拒绝,表示"接受"一词也包含了被动的因素。从法学视角看,则意味着在法律裁判的接受中,既有因为对裁判的理由和结果表示满意,主动尊重和服从裁判结果的情况,也包含了虽然对裁判结果感到不满,但不愿再去改变或者没有能力尝试改变裁判结果从而被动接受的情况。造成被动接受裁判结果的原因有很多,比如诉讼成本过高、法律知识欠缺等因素。基于此,可接受性可理解为某种事物或者情形具有能够被主动容纳而不被拒绝的属性。从法律的角度看,裁判的可接受性就是指裁判获得了当事人的认可、服从和社会公众的普遍尊重的事实。一般来说,合法的裁判应该是被普遍接受的,可事实上,表面合乎法律规定,程序上似乎也颇具正当性的裁判却不能被公众接受的现实普遍存在。因此,裁判的可接受性与裁判的合法性这两个概念并不能等同。

2. 裁判可接受性与合理性的关系

合法性的英文表述为"legality"和"legitimacy",中文"合法性"一词便集结了两种主要含义:第一种是"合乎法律规定的性质",与其相对应的英文为 legality,意指一个行为或者一个事物的存在符合法律的规定,在最广义上则可以指法律的存在及行为者对法律的服从和遵守。第二种是"正当性""合理性""正统性",与其相对应的英文为 legitimacy,这两个貌似的概念背后其实暗含着不同的价值判断:前者表达的是一种事物的实然状态,具有较强的外在形式特点,立法的实际内容决定了它的内在价值;后者则侧重于内在的价值评价,单独形成价值判断。表征一个行为或者一个事物的存在符合人们某种实体或程序的价值准则,以及其他非强制的原因,而为人们所认可或赞同,进而自愿接受或服从。基于上述简要论述可以看出,合法性与可接受性之间并不具有必然的联系,在合法性的第一种意

---

[1] 〔美〕希拉里·普特南:《理性、真理与历史》,童世骏、李光程译,上海译文出版社 1997 年版,第 55 页。

义当中,合法性就如分析法学派的创始人约翰·奥斯汀所提出的"恶法亦法"理论所描述的,实在法是主权者以制裁作为后盾或威胁的强制命令,与道德无关,或至少两者不存在必然的联系。法律即使是不道德的或不正义的,但只要是合法地制定的,仍应具有法律效力。曾经有一个真实的例子①,在某个小山村,该村村民希望能够修通一条公路来摆脱贫困的境遇,但审批上遇到困难,始终得不到上级政府的财政资助,最终,该村村民决定共同集资自建一条7公里长的公路。为了节省开支,在炸山时自行制作炸药。整个修路过程中,村民们共自制炸药800多公斤。最终公路得到成功修建,但带头修路的村干部被公安机关以非法制造爆炸物为由逮捕,因其行为违反了最高人民法院出台的司法解释,该解释规定了非法制造爆炸物罪追究刑事责任的情形,即非法制造炸药1 000克以上。同时规定,非法制造爆炸物5倍于最低标准数量即5 000克以上的,属于情节严重的情形,应该对其处以10年以上有期徒刑、无期徒刑或死刑的刑罚。若单独来看该案的判决,无疑是符合法律规定的,其证据确实充分,法律适用也没有任何错误。但村干部带头修路而带领村民制造爆炸物,是出于为村民谋利的心理,并且在炸药制造、使用过程中,没有造成人员伤亡。因此该判决令人难以接受。它违背了民众对于正义和法律的朴素期待,所以自然很难称得上具备可接受性。

与之相比较,第二种意义的合法性与可接受性的含义更为接近,但是也存在着细微差别,因为合法性的表述更多地代表了一种客观性的立场,独立于判断者的个人价值取向而存在;而可接受性则是以裁判受众为表达的主体,其中存在更多的主观因素,不同的裁判受众基于自身原因,对同一案件的看法可能截然相反。所以,使用裁判的可接受性概念来表述显然更为合适,一是由于裁判的合法性含有多重含义,使用裁判的可接受性可以避免歧义;二是可接受性的词义带有一定的主观色彩,从而可以突出裁判形成过程中受众的主体性价值色彩,表述显然更为精确和合理。

3. 裁判可接受性的基本要求

裁判可接受性概念实际上就是将公众意见与裁判文书联系起来,于是关于裁判可接受性问题就可以相应地细化为如下三个方面:一是裁判理由的可接受性,即公众意见对于裁判理由的认同问题;二是法律事实的可接受性,即公众意见对于法律事实的认同问题;三是裁判结果的可接受性,即公众意见对于裁判结果的认同问题。①

裁判是否具有可接受性,不仅取决于其前提是否具有正当性、合理性、真实性、充分性,而且还取决于从前提推论出结论的论证方式是否有效,能否将大小前提的可接受性完整地传递给判决结论,能否为司法裁判提供一些不可挑战的充分理由。在构建裁判结论的法律论证活动中,不论是进行内部证成还是进行外部证

---

① 参见锁楠:《陈忠林:"恶法亦法"误尽法治》,载《检察日报》2010年8月23日,第8版。
① 参见陈景辉:《裁判可接受性概念的反省》,载《法学研究》2009年第4期。

成,都必须遵循法律论证的逻辑规则,否则将导致形式谬误或实质谬误,存在形式谬误或实质谬误的法律论证建构的裁判结论是不具有可接受性的。概言之,可接受性的裁判必须满足的条件有如下几方面:一是程序合法;二是论证合理;三是逻辑严谨;四是实践合理。① 只有全部符合这几个方面的要求,才可能达到和满足可接受性的要求。

三、裁判公开与裁判可接受性的关系

1. 裁判公开是裁判可接受性的基础,可接受性是裁判公开的升华

任何两个以上的事物之间总会存在这样或者那样的联系,这种联系即关系。裁判公开与裁判的可接受性之间也存在着密切的关系,要想裁判被受众所接受,并且按照裁判调整的法律关系及结果去生活,就必须让受众了解、知悉并且接受裁判的内容及结果。因此看来,裁判公开是一个基本的前提,可接受性是裁判公开的一种升华,裁判不公开,裁判的结果则难以让人们接受。

2. 裁判公开是形式,可接受性才是实质。

裁判公开只是一种形式,通过裁判公开的方式来达到让公众接受,通过公众的接受来体现司法的权威,以实现司法正义的实质。

3. 裁判公开是手段,裁判的可接受性才是公开的目的

手段和目的是人类自觉的对象性活动中两个互相联系的因素。目的是活动主体在观念上事先建立的活动的未来结果,它必须通过主体运用手段改造客体的对象性活动来实现。目的同时也是引起、指导、控制、调节活动的自觉的动因。它作为规律决定着主体活动的方式和性质。手段是实现目的的方法、途径,是在有目的的对象性活动中介于主体和客体之间的一切中介的总和。裁判公开作为一种手段,是为可接受性服务的,只有裁判得到公众认可,法律的正义才可能实现。

四、裁判公开应追求的目标

一般而言,目标是某个人、某部门或某组织所期望的成果,它是前进的一个方向,有目的地去做某事。有时也是把梦想、理想作为大目标的另一称呼。目的与目标不完全相同,目标是先前设定的,而目的则是先前设定与后来变化的结合。裁判公开作为司法过程的应有的内容,也应该有追求的目标。

(一) 裁判公开的价值追求

裁判文书作为司法程序过程的最终"产品",它是司法价值的忠实体现。由

---

① 参见张继成:《可能生活的证成与接受》,载《法学研究》2008年第5期。

于司法价值的多元性也决定了裁判文书价值的多元性。从价值论的角度来看,任何良好的法律都要通过正当的程序才能体现其应有的价值。因此,司法以正确地适用法律、裁决纠纷为宗旨,司法过程乃是准确地适用法律的过程。裁判文书是正当司法程序的体现,司法程序所具有的价值当然蕴含于裁判文书之中。裁判文书是程序法和实体法共同作用的一个"场"。因此,实体法和程序法的某些价值追求在裁判文书中可以说是一个集中的体现。因此,裁判文书的价值也只有通过裁判公开才能表现出来。

1. 裁判公开的程序公正价值

诉讼程序具有的价值是裁判文书的首要价值追求。那么,诉讼程序的价值有哪些呢?一般而言,程序的价值包括公正和效率。裁判公开的价值追求必须体现公正的价值。追求正义的法律程序必然是公开的、透明的。增强审判活动的公开性和透明度,明确任何人不得搞"暗箱操作",将审判活动置于广大群众和新闻媒体的监督之下,是确保司法公正的重要内容。程序的公开性、透明化首先要求落实公开审判制度,当事人的证据、理由必须当庭提出,并在公开程序中进行辩论和质证。这些程序内容在文书中必须有清楚的表述。

2. 裁判公开的实体公正价值

裁判文书的实体公正是司法实体公正在个案中的具体体现。一般说来,立法较注重一般的公正,而司法则更注重个别的公正,一般公正和个别公正是联系在一起的。尽管个案的裁判不公正,不一定会对一般公正产生重大影响,但过多的裁判不公正,也必然会影响到整体的一般公正。因此,裁判文书的实体公正是司法公正的根本追求。各种诉讼之所以提起是基于人们对实体正义的一种预期。人们并不是基于得到程序上的尊重而介入诉讼,这说明实体公正是人们对诉讼公正追求的根本动因。离开了实体公正的司法则不是公正的司法。

3. 裁判公开的效率价值

在价值的界定上,法律经济学将效率观念全面导入了法律之中,所有的法律活动说到底都应该以有效地应用自然资源和最大限度地增加社会财富为目的。依此观之,制作与公开裁判文书是法律活动的一个组成部分,裁判文书亦应具有效率价值的蕴涵。效率的本来含义是投入与产出的比例。那么,裁判文书的制作与公开中是否应当具有效率呢?笔者认为,裁判文书的公开也应当具有效率价值的因素,这表现在如下几方面:第一,裁判的公正与否,涉及诉讼投入的多少。如果裁判缺乏必要的理性,那么势必引起当事人的不满,导致上诉、申诉的增加,既造成私人投入的扩大,又造成国家投入的增加。裁判的公正有利于减少当事人的上诉和申诉,既可减轻当事人讼累,又可节省国家有限司法资源。所以,制作公正的裁判本身就是效率的体现。第二,伦理性投入越多,效率越高。法官制作裁判文书,不仅需要时间的投入,更多地需要伦理的投入。法官的道德责任感越是强烈,制作裁判文书的责任心就越强,那么裁判文书所体现的公正则会越充分,错案的概率就会大大减少。因此,强调裁判制作主体的伦理责任,也是提高裁判效率的一个重要方面。第三,裁判文书模式的设计和内容的长短,也是效率价值体现的一个因素。当然,我们必须明确,裁判文书不是越简短就越有效率,也不是越长就越没有效率。效率的因素主要取决于裁判的公正是否得以充分体现。以此观之,裁判文书的模式及制作,应依具体情况作不同的安排。

4. 裁判公开的秩序价值

裁判文书公开的秩序价值追求实际上是法律的秩序价值在个案裁判上的具体体现,它是法律的普遍规则与个案事实进行有机整合进而形成的一种合理的、有序的、稳定的状态。因此,裁判文书在秩序价值追求方面应体现如下三个方面的内容:第一,必须具备合理性。任何一种秩序的形成都具有合理的成分,如我国封建社会的专制等级秩序,它适应了小农经济和宗族伦理化的需求。但我们认为的合理性秩序是指在这种秩序的形成过程中具有自由、平等、人权等价值内容的秩序,也就是说这种秩序才是正当的法治秩序。第二,必须具备稳定性。稳定性体现的是人们对于过去经验的重复。裁判文书的稳定性是由于法律的稳定性所决定的。法律的稳定性则决定了人们对法律的可预测性。人们选择司法救济就在于对司法的安全和预测的信赖。如裁判文书所确定的结果经常处于变动之中,缺少必要的稳定性,那么依法律而建立的秩序则无法形成。不断地上诉、申诉和改判,既会使当事人处于一种不安定的状态,同时,又不利于社会秩序的稳定。因此,秩序的稳定性必然要求裁判文书具有合理性,只有合理的裁判,才能形成有秩序的裁判。第三,具有有序性。裁判文书的秩序是在一定有序的规则下形成的,程序规则的条理性是裁判文书秩序形成的前提,裁判文书所确定的个体规则必须依法律的普通规则而确立。因此,我们可以认为,没有法律规则的有序性就不可能形成有条理的裁判,没有有条理的裁判就不可能形成个体的秩序规则乃至整个的社会秩序。

(二) 裁判公开的制度追求

裁判公开作为一项程序性制度在我国立法和司法解释中有一些相应规定,但不够完善。

从制度的角度看,还必须进一步规范。公开制度的完善应该遵循的基本原则是:一是合法原则。首先要求有明确的法律依据;其次才是依法予以公开;再次就是完善相关配套制度,如人员配备、物质保障等。二是全面原则。就是要求对生效的裁判全部予以公开,不能选择性、"钓鱼式"地公开。目前有资料显示,法院公布裁判的数据统计最高不过80%,有些法院根本就没有公开的实践。也就是说,还有大量的裁判没有公开,不符合全面公开的要求。三是实质原则。就是要求对事实证据采纳的依据、裁判的实质理由及适用的法律规则或者相关规则都要予以公开,而不仅仅是裁判结果的公开。四是及时原则。对生效的裁判应该在合理的时间内迅速、及时予以公开。五是规范原则。就是强调公开的程序制度及相关制度,不能有随意性和选择性。完善公开制度的具体途径:一是立法层面应该强化;二是梳理现有的司法解释,对不合理的予以废除;三是完善相关配套制度。

(三) 裁判公开的现实追求

裁判公开在我国也实行几年了,多种公开的方式和途径都做过一些尝试,但广大受众对裁判的可接受性或者满意度并不高。出现这种格局,问题很多,原因也很复杂。具体而言,存在如下问题:一是公开的裁判不全面;二是公开的裁判过于形式;三是公开的裁判普遍质量不高;四是公开的途径不一致。出现这些问题的原因:一是立法不够完善统一;二是存在不当干扰;三是裁判人员素质不高;四是司法腐败现象还客观存在。[①] 要实现裁判公开的价值目标,笔者认为,问题的核心还在于以公开促公正,以论证促公正,进一步提高裁判文书的质量,否则裁判公开会流于形式。而要提高裁判质量,笔者以为应该从如下几方面下工夫:

第一,裁判文书所认定的证据必须客观、准确,认定的事实必须符合真实的标准。因为事实是裁判的前提和基础,如果事实认定不准,那么,依此事实所作出的裁判则不可能公正。努力发现案件事实的真实情况是裁判文书实现公正的基本前提。

第二,裁判文书中的实体法的运用必须严格、准确。司法人员裁判案件、制作裁判文书必须有法可依,而任何裁判必须依据实体法作出。这就要求司法人员必须严格遵循"法律面前人人平等"的原则,对诉辩双方的合法权益予以平等地保护,违法者必须受到追究,犯罪者应当受到惩罚。如果法律的公正原则不能在裁判文书中体现出来,那么法律将会形同虚设。裁判文书中对实体法的追求还体现在法官对法律漏洞的填补上面。因为,法官运用法律对个案进行处理并不是"自动售货机式"地作出裁判。因法律本身具有发展变化的特点,因而在一定程度上表现为滞后性和不完善性,法律漏洞是在所难免的,这就要求法官在裁判时必须根据法律的精神和原则,对具体案件进行仔细分析,以填补法律的漏洞,实现司法的实体公正。

第三,裁判文书中的实体公正还表现在裁判文书的结果公正上面。结果的公正是指裁判人员对事实进行准确分析、正确适用法律、作出不偏不倚的裁判结论。结果的公正是裁判文书主体对裁判文书应有的要求和期望。虽然有时候基于主体价值观的不同,对结果公正的认识很难确定。结果的公正往往又与程序的公正、形式的公正等紧密联系在一起。因此,结果公正的确定与否,必须以程序公正和形式公正作为参照。因此,只有裁判文书本身体现了法律的公平和正义,裁判公开的价值才能真正实现。

---

① 限于篇幅,笔者只能采取要素式的列举。

法律文书公开的依据、功能及实践原则

郑 雷　徐俊驰[*]

将法律文书纳入司法公开的范畴,是司法权的本质要求,并得到了司法改革顶层设计的确认。[①] 法律文书作为对人民法院、人民检察院处理个案的过程、结论及其理由的书面反映,有关公开的基础原理应当具有系统性,不仅包括内在依据和外部功能的分析,还需要对实践中存在的主要风险和误区作出提示。

一、法律文书公开的内在依据

法律文书在内容上是人民法院、人民检察院的个案判断以及对判断的论证,是司法权运行的记录。因此,法律文书公开的实质是司法权运行的过程、结论的公开。司法权的属性及运行规律是"为何公开"的内在依据,也为相关目标和效果的实现提供了根本条件。

(一) 司法权的本质要求

司法权是对个案纠纷、争议的判断权,其动态过程具有亲历性、被动性、终局性,在静态上通常采纳了对审兼听的三角构造,体现中立性。基于实现司法权以上属性的需要,宪法明确了司法权运行的独立性:人民法院、人民检察院依照法律规定独立行使审判权、检察权,不受行政机关、社会团体和个人的干涉。但是,绝对权力具有扩张性、腐蚀性,司法权的现实运行是否符合法治的精神和要求,必须有相应制度加以约束。因此,宪法要求人民法院、人民检察院向国家权力机关报告工作,接受其监督,还规定了"人民法院审理案件,除法律规定的特殊情况外,一律公开进行"的原则,这些都包含了司法权运行的过程、结论应当公开的内涵。

司法权还具有鲜明的程序性,而程序正义的价值包括了程序的可参与性。可

---

[*] 郑雷,法学硕士,四川省人民检察院案件管理办公室主任、检察员,主要研究领域为刑事诉讼法学、检察理论。徐俊驰,法学博士,四川省人民检察院案件管理办公室主任科员、助理检察员,主要研究领域为刑法学、检察理论。

[①] 根据通常的界定,法律文书是相关主体制作的具有法律效力(法律意义)的文书。结合司法改革和司法公开的语境,在本文中仅指人民法院、人民检察院依职权制发的法律文书。

参与性在这里不仅是就个案的诉讼程序而言,更多的是联系到法律秩序的整体实现。在法治的环境下,权力要影响社会成员的生活,就要公开化,为其提供参与的资格和条件并接受监督。从系统的观点看,可参与性是对资源输入、结果输出及其流程的控制因素。其广度和深度是评价程序设置的重要依据,进而最大限度地保证司法权运行之具体结果具有正义性。

(二) 与司法公信的同构性

主张法律文书公开是司法权的本质要求,还可以从司法公信的角度理解。概念上,司法公信是司法权自身信用与社会公众对司法权信任的统一,而司法公信力是其度量指标。在现阶段,司法公信不足的问题突出表现为群众"信访不信法"以及司法权解决纠纷、提供规则的机能弱化。"主要原因在于司法机关对当事人和社会公众的信用不够,司法公信力的重构关键也在于司法机关。"[1] "司法公信最终体现为社会公众对司法的信任,这有赖于司法的普遍公正的实现。"[2] 而普遍公正则是由个案公正累积形成的。法律文书作为司法权运行过程、结论的主要载体,是当事人、社会公众了解、评价个案公正和普遍公正的基本信息源。所以说,法律文书公开的过程也是司法公信的重构过程。期间,又因为法律文书公开本身是显见的,当事人、社会公众的认知更容易统一,有条件成为重构的突破口,具有策略上的优越性。

二、法律文书公开的外部功能

外部功能是法律文书公开预期达到的目标和取得的效果,反映了制度实践的合目的性。其中,民意沟通是法律文书公开的基本功能,这与司法公信的同构性原理相通。像有的意见列举的"发展法律解释,规范法律适用,促进法官、检察官职业化"等则是其衍生功能。衍生功能具有积极但非核心的意义,借用经济学的概念,是法律文书公开的溢出效应。

(一) 民意沟通的功能

法律文书公开的直接作用,就是个案信息向社会公众的传播,主动参与民意的形成。从这个意义上讲,所谓公开实际是个动态的、交互的概念。个案信息被传播的过程就是知情权被满足的过程,满足知情权是民意沟通的基本内容,也是落实监督的前提。民意是不特定多数的社会成员对司法权认知的整体。就个案自发形成的民意,往往具有朴素性、跟随性、情绪化、分裂化、极端化甚至是"娱乐

---

[1] 李旭明:《论我国司法公信力不足的表现及成因》,载《伦理学研究》2013 年第 4 期。
[2] 公丕祥:《概念与机制:司法公信的价值分析》,载《法律适用》2012 年第 11 期。

化"的特征。① 而非理性倾向的出现,很多是因为民意中缺少对司法权的普遍认同,以及缺少对个案信息的正确占有。消除"信息乱流"以及由此发生的猜忌、臆测、不负责任言论,是法律文书公开的意义所在。要通过个案公正的累积,引导形成对普遍公正的肯定以及对司法权权威性的服膺和信任。

强调沟通的另一理由,是社会公众与当事人的角色既密切联系又有所区别。当事人是社会公众的当然成员,对个案公正的期待与社会公众对普遍公正的期待有趋近性,也实际作用于民意的跟随性倾向。但是,社会公众作为整体,也更可能摆脱当事人角色的预设立场,通过稀释当事人因利益冲突产生的非理性情绪,维持自身的有序性。这在具有对抗性的司法领域尤为突出。

(二) 其他的溢出效应

除了基本功能,经公开的法律文书作为可获取的文献资源,还进一步具有指导(模仿效应)、辩论(竞争效应)、教育(激励效应)、研究(交流效应)等意义。以指导和辩论作用为例,法律文书披露了特定争议的分析过程及结论,如果该意见具有说服力,就可能得到后续的类似案件参照;如果被认为是错误的处理,或者当时的政策和法律依据发生了变化,那么,就会受到其他案件的批评或者是忽视。在某种意义上,这与案例指导制度的思路有相通性。当然,法律文书公开本身没有设置内容筛选机制,也不承认个案意见的普遍拘束力,因此,与主张"同案同判"的案例指导制度仍有很大区别。② 这也说明法律文书公开的溢出效应具有非正式性和不确定性。

三、选择性风险与全面性原则

划定法律文书公开的范围,作为"如何公开"的首要问题,是由司法权的属性与运行规律决定的。实践中"想公开就公开,怕公开就不公开"的选择倾向比较突出,应当根据全面性原则予以厘清和纠正。

(一) 基本外延的界定

法律文书公开的全面性原则认为,凡是体现司法权作为判断权之本质的法律文书,原则上都要公开。但什么是"体现司法权作为判断权之本质",概念上并不清楚。法律文书公开包括了裁判文书的公开与检察文书的公开。与审判权相比,检察文书的公开具有相对的特殊性。究其原因,是检察权自身的复杂性所致。检

---

① 参见孙笑侠:《公案的民意、主题与信息对称》,载《中国法学》2010年第3期。
② 通说认为,案例指导制度的基本功能是统一法律适用和实现"同案同判",必须明确指导性案例的效力。参见刘作翔、徐景和:《案例指导制度的理论基础》,载《法学研究》2006年第3期。

察权作为国家的法律监督权,具有行政与司法的双重属性,包括了职务犯罪侦查、审查逮捕、审查起诉、诉讼监督等多种权能①,实践中使用的法律文书更是类型繁多,性质不一。依据检察权具体权能的判断性特征,首先能排除仅具有执行性的侦查文书、工作手续。其次,结合诉讼程序的构造,基本可以确定审查起诉阶段的结论性文书(如起诉书、不起诉书)、诉讼监督阶段的结论性文书(如抗诉书、申诉复查决定书)应当纳入公开范围。②

(二) 基于法定事由的限制

根据司法权的属性和运行规律,法律文书以公开为原则,以不公开为例外。只是例外情形必须有法定事由作为依据,并保证在实践中不动摇"最大限度公开"的要求。举例来讲,《保守国家秘密法》对国家机关应保守国家秘密的义务规定适用于法律文书公开。个案处理的结论形成时,法律文书的具体内容仍具有秘密性的,须规定不得公开。又如《刑事诉讼法》规定了未成年人犯罪记录封存制度,限定了信息的知悉范围、查询办法,也构成法律文书公开的例外。

(三) 基于利益权衡的限制

值得注意的是,有将审判公开原则的例外与法律文书公开的例外直接画等号的观点,认为如果案情涉及商业秘密、个人隐私的,也不公开法律文书。这其实是混淆了庭审过程与法律文书在内容披露上的差异。根据诉讼法的规定,涉及商业秘密、个人隐私的案件,即便是不公开庭审过程,也要公开宣判。何况涉及商业秘密、个案隐私的信息虽然在庭审过程中必须出示,但未必要在法律文书中作详细陈述。③ 所以,商业秘密、个人隐私(包括被害人、证人情况)仅是基于私权与知情权的权衡考量而限制公开方式的理由,但不是限制公开范围的理由。对法律文书中不宜公开的内容,应通过隐匿、替换、遮挡等方式作技术处理(不影响基本内容的完整性、连贯性)后公开,而不是拒绝公开。

四、形式化风险与说理性原则

"如何公开"的又一问题,是法律文书公开的内容标准,主要针对当前法律文书普遍说理不足,致使公开"走形式"的现象。只有司法权运行的公正性得到充分说明,公开才有意义,而"没有过程的结果"仅是坐实了对司法权武断、专横的印象。

---

① 参见谢鹏程:《论检察权的性质》,载《法学》2000年第2期。
② 根据本文的思路,审查逮捕无疑具有典型的司法权性质,其结论性文书也应当公开。
③ 有观点即提醒,案情涉及当事人隐私、国家秘密、商业秘密的,裁判文书在叙述事实和列举证据时应注意保密。参见高洪宾、黄旭能:《裁判文书改革与司法公正》,载《政治与法律》2002年第3期。

进一步讲,说理的本质是心证的开示,以及对内心确信和裁量的论证。法条的语言具有"开放结构"和抽象性,人对事实的回溯认知有不确定性。为了获得判断的可接受性,离不了法律的解释以及对证据的辨析、事实的建构。可接受性,即"被容纳而不被拒绝的属性"①,与司法公信的界定相通。论点的可接受性在根本上取决于论据和论证的可接受性,主要是用来描述法律文书说理的标准。

(一) 结构的逻辑性

在法律方法论中,逻辑因素具有优先性。通常认为,直言推理是司法判断的基本结构(法律三段论),目标是建立法律条文、案件事实、处理结果间的涵摄关系。但是,法律三段论本身并不提供大前提(法律前提)和小前提(事实前提)的真实性,所以,对法律的把握需要契合解释技术,对事实的回溯要符合认识规律。又因为法律问题与事实问题有时候难以机械分割,就需要"目光的往返流转",还包括合理使用归纳、类比、辩证等思维方法。

(二) 表达的修辞性

法律文书的修辞不到位,有法无情,也是当前存在的突出问题,根本上是因为对法言法语与群众语言间的关系持机械的观点。理论上,还存在"谁是说理的对象"的疑问。易言之,在法律文书公开的语境下,怎样说理才能够达到沟通的目的?说理的直接受众无疑是当事人,让当事人接受判决,案结事了,是司法权的纠纷解决机能决定的。但是,因为诉讼的对抗性以及当事人自身修养的限制,让所有人满意在很多情况下是过苛的要求。作为补充的策略就要考虑:在内容上坚持职业认同的标准;在说理的表达上,尽可能适应社会公众的理解能力。

(三) 程序的商谈性

说理不充分的又一表现是刑事案件的法律文书对辩护意见缺少回应,缺少程序关照和商谈色彩。很多是因为诉讼程序(特别是在审前程序)没有给当事人提供发表意见的机会,或者是不重视当事人发表的意见(主要在庭审环节)。重视说理的商谈性,是法治理性的要求,对程序正义和可参与性提供了保障。

(四) 对经济性的考量

尽管当前说理不足的情况比较普遍,但也要避免片面强调法律文书篇幅的倾向。法律文书的作用是确定法律关系和当事人权利义务,在说理上必须考虑经济性,做到"当长则长、当短则短、繁简适度"。这不仅是整体上合理配置司法资源

---

① 参见余素青:《判决书叙事修辞的可接受性分析》,载《当代修辞学》2013年第3期。

的选择,在适用轻微刑事案件快速办理机制的语境下,简化法律文书本身是提高诉讼效率,落实相关刑事政策目标的要求。

五、结语

"司法依赖于民众的信赖而生存,任何司法的公正性,在客观性与可撤销性方面的价值观,决不能与司法的信任相悖。"① 法律文书公开正是这样一种旨在构筑民众信赖的制度实践,通过开示(也是限制)内心确信和裁量的具体过程,保障社会成员对法治的实质参与。法律文书的公开,应当是对法理、情理、文理的全面公开。无论是制度设计还是个案处理,各级人民法院、人民检察院都被期望承担起更大的责任。

---

① 〔德〕拉德布鲁赫:《法学导论》,米健、朱林译,中国大百科全书出版社1997年版,第119页。

判决书及其上网的法治思维和法治方式

薛 峰[*]

法治思维就是按照法治的理念、原则、精神和逻辑对所遇到的问题进行分析、综合、判断和推理等认识活动的过程的思维方式,是一种以法律规范为基准的逻辑化的理性思考方式。法治方式是运用法律思维处理和解决问题的行为方式,就是在法治思维的基础上,按照法律规定和法律程序处理和解决问题的过程和工作方式。法治思维和法治方式是内在和外在的关系。法治思维内在地影响和决定着法治方式,法治方式是法治思维作用于人的行为的外在表现。当前,我国正处于全面建成小康社会的决定性阶段,改革发展稳定任务繁重艰巨,新情况、新问题层出不穷,利益关系更加复杂,各种矛盾碰头叠加。只有运用法治思维和法治方式,才能深化改革、推动发展、化解矛盾。

党的十八大报告提出,更加注重发挥法治在国家治理和社会管理中的重要作用,提高领导干部运用法治思维和法治方式深化改革、化解矛盾、推动发展、维护稳定能力。党的十八届三中全会决定明确提出加强法治保障,运用法治思维和法治方式化解社会矛盾。这体现了党在新时期对执政规律的认识和把握,对实现"两个一百年"奋斗目标和中华民族伟大复兴的中国梦意义重大而深远。运用法治思维和法治方式化解社会矛盾,对司法机关和司法行为虽然是应有之意,但却是更高、更严的挑战,要求司法机关运用法治思维和法治方式重新审视司法行为,转变旧有的、非法治思维和法治方式的做法。作为人民法院审判案件的载体,判决书直接体现正义,是人们感受正义的媒介,完成了"立法"到"司法"的过程。运用法治思维和法治方式重新审视现行判决书及其上网的实践意义重大,是全面深化改革的重要环节之一。

一、判决书及其上网具有相对独立性

判决书是对人民法院行使国家审判权,按照民事诉讼法、刑事诉讼法和行政诉讼法有关审理程序的规定,审理终结所受理的民事、刑事和行政案件,依照有关

---

[*] 薛峰,法学博士,北京市东城区人民法院党组成员、副院长。

法律、法规和司法解释的规定,作出的解决案件实体问题或程序问题的具有法律效力的处理决定及相关过程的反映。一份人民法院的判决书大可剥夺人的生命,小可调处民事邻里纠纷,制约当事人的行为,是司法公正的最终载体和最终体现。对社会而言,判决书应起到定分止争、扶正祛邪的作用;对当事人而言,判决书应起到使之知法、明理、服判的作用;对法官而言,判决书则应起到促进公正司法的作用。判决书是对法院审理案件及其过程这一客观现实的再现,本质上是主观对客观的反映,既可以客观、全面地反映案件裁判的合法性,增加法院审判的权威性、严肃性和可信服性;也可以片面地反映审理情况,减损司法审判的权威性、严肃性和可信服性;甚至可以出现与审判背道而驰的现象,严重损害司法形象。因此,判决书是完全可以独立于审判而存在的。例如,一个法院审判同一个案件出具的"阴阳"不同的判决书。又如,有的案件,一审判决书支持原告5项诉讼请求中的3项请求,驳回了"其他诉讼请求",二审判决书判决主文在维持原判的同时,又加判支持原判已驳回的部分内容。

判决书的独立性具体表现在以下几个方面:一是判决书的任务可以与审判的任务不同;二是判决书的结构顺序在一定程度上可以与案件审理过程不同;三是判决书的具体内容可以与案件审理过程的具体内容不同;四是判决书的表述可以与判决的正当性不同。但是实践中,人们由于对判决书的独立性认识不清,简单地认为增加判决书的内容就是按照诉讼进程进行写作,导致判决书内容繁杂、资料堆积、缺乏逻辑推理等弊病,严重地影响了判决书的质量。

决定判决书独立于审判的因素很多,归纳起来主要是人类的主观因素和语言因素的作用。既可以是主观因素,也可以是语言因素,还可以是二者的结合造成判决书的表述与审判相背离。

正义不但要实现,而且要以人们看得见的方式实现。判决书的相对独立性是世界各国重视判决书的原因之一。前最高人民法院院长肖扬指出:"判决书千案一面,缺乏认证断理,看不出判决结果的形成过程,缺乏说服力,严重影响了司法公正形象。"美国联邦法官中心《法官写作手册》中指出:"书面文字连接法院和公众。除了很少例外情况,法院是通过司法判决同当事人、律师、其他法院和整个社会联系和沟通的。不管法院的法定和宪法地位如何,最终的书面文字是法院权威的源泉和衡量标准。因此,判决正确还是不够的——它还必须是公正的、合理的、容易让人理解的。司法判决的任务是向整个社会解释、说明该判决是根据原则作出的、好的判决,并说服整个社会,使公众满意。法院所说的以及它怎么说的同法院判决结果一样重要。"在法国,最高法院想方设法使判决书的内容缜密而紧凑,尤其是法国的判决书便具有了"文字精练、表达清晰、风格优雅"的特征。在日本,"作为法官向当事人表明自己如何形成判断的重要渠道以及说服当事人接受这种判断的说理及论证手段,判决书就成为对抗性的诉讼结构所能允许并要求法官表达自身判断的基本形式,而判决书能否发挥那样重大的作用,取决于其具有的样式及结构"。

判决书的上网是将判决书放置于互联网上,任由公众查阅。判决书的上网是随着网络时代的发展而产生的,其目的在于实现司法公开、接受社会监督和保证司法统一。传统意义上的司法审判和司法公开不含有判决书上网的内容。判决书上网与案件审理公正与否不具有直接的联系,属于传统司法行为之外的延伸行为,在我国主要缘起于通过社会监督倒逼司法公正。故判决书上网具有相对独立性。

二、判决书及其上网具有法定性和司法性

客观地说,在当下的中国,判决书及其上网具有法定性和司法性,是中国特色社会主义法律制度决定的。

众所周知,判决书分为民事判决书、刑事判决书和行政判决书三大类。与之相应,在我国《民事诉讼法》《刑事诉讼法》和《行政诉讼法》三大诉讼法及相关的司法解释中对判决书的内容等进行了规定。例如,《民事诉讼法》第152条规定:"判决书应当写明判决结果和作出该判决的理由。判决书内容包括:(一)案由、诉讼请求、争议的事实和理由;(二)判决认定的事实和理由、适用的法律和理由;(三)判决结果和诉讼费用的负担;(四)上诉期间和上诉的法院。判决书由审判人员、书记员署名,加盖人民法院印章。"《刑事诉讼法》第197条规定:"判决书应当由审判人员和书记员署名,并且写明上诉的期限和上诉的法院。"《中华人民共和国行政诉讼法》(以下简称《行政诉讼法》)中虽然没有直接对判决书的内容等进行规定,但是最高人民法院《关于执行〈中华人民共和国行政诉讼法〉若干问题的解释》第97条却作出了明确规定,该条规定:"人民法院审理行政案件,除依照行政诉讼法和本解释外,可以参照民事诉讼的有关规定。"也就是说,有关行政判决书的内容等参照民事诉讼法的有关规定。另外,最高人民法院还出台了《法院诉讼文书样式(试行)》《关于印发〈一审行政判决书样式(试行)〉的通知》等。可见,我国的法律和司法解释对判决书的内容、程序等在一定程度上进行了明确规定。也就是说,判决书的内容具有法定性,必须依法制作判决书。制作判决书具有司法性,属于司法行为的一部分。这种认识和行为体现了判决书方面的法治思维与法治方式。

判决书上网的法定性和司法性是我国对人类社会法治建设进程的一大贡献,其标志是2013年11月13日通过的《关于人民法院在互联网公布裁判文书的规定》(法释〔2013〕26号)。该规定第1条明确规定:"人民法院在互联网公布裁判文书,应当遵循依法、及时、规范、真实的原则。"该规定初衷在于实现司法公开;满

足公众对司法的知情权，接受公众对司法的监督；通过裁判文书公开的倒逼机制，不断提升法官的能力和水平，加快法官职业化进程，促进司法公正；通过上网公布真实的裁判文书，推动全社会的诚信体系建设，切实履行司法的社会责任；等等。由于该规定属于司法解释，具有法律效力，其开创性地规定了裁判文书上网的法律制度，即司法机关在司法时负有将判决书上网的义务，而不仅仅是宣判了之。也就是说，传统意义上的司法之内涵与外延发生了变化。审判一件案件，不仅仅是先前的审与判，而是审与判之后，还要将判决书上网。目前，将裁判文书上网作为倒逼司法公开的三大手段之一，意义重大，效果很好。值得注意的是，实践中，对广大法官而言，由于对判决书上网的法定性和司法性认识不到位，判决书上网被视为一种管理手段，而不是审判案件应然的司法行为，进而认为判决书上网增加了法官负担，法官只能是被动地、消极地应对。要想使倒逼的效果制度化，成为常态，就必须运用法治思维充分认识判决书上网的司法性，即判决书上网属于审理案件司法行为之一部分；运用法治方式要求判决书上网，即判决书上网与否事关合法与违法问题。只有明确判决书上网是司法行为的一部分，才能在判决书上网方面调动法官的积极性和主动性，保证判决书上网工作的质量，这是法治思维与法治方式的应然，体现了有关判决书的法治思维和法治方式。

马克思主义哲学告诉我们，内因决定外因。如果对判决书及其上网的法定性和司法性没有明确的认识，将判决书及其上网视为审判的附属，那么，判决书及其上网的质量难以保证和提升。

三、法治思维和法治方式下审视判决书及其上网

（1）修改诉讼法中对判决书的规定，增加适应不同程序的有关判决书内容的规定或授权最高人民法院通过司法解释完善有关判决书的规定。如前所述，判决书具有法定性和司法性，其所包含的内容和格式不宜随便删减和改革。实践中，部分法院随意"改革"判决书的内容和格式是与法治思维和法治方式的要求不相符的。但是现行诉讼法中有关判决书的规定过于简单，不符合实践发展需要。以民事诉讼法为例，民事诉讼法规定了普通程序、简易程序、特别程序、小额诉讼程序、第三人撤销之诉，等等，但在判决书内容方面，仅有《民事诉讼法》第 152 条的规定，且该规定仅针对普通程序的判决书。那么，在法治思维和法治方式下，按照其他程序审判案件，制作出被简化了的判决书，由于其内容不符合《民事诉讼法》第 152 条的规定，该判决书的合法性值得怀疑。建议立法机关贯彻法治思维和法治方式的要求：一是在诉讼法中，增加与各种诉讼程序相应的判决书的规定；二是在诉讼法中有关判决书规定部分留下空间，以最高人民法院司法解释的方式满足实践的需要。

(2)最高人民法院及时出台具有法律效力的有关判决书内容及格式样本的司法解释。改革开放以来,我国经济社会高速发展,法治建设进展迅速,《民事诉讼法》《刑事诉讼法》数次修改,《行政诉讼法》(2014年11月1日已修改——编者注)正在修改之中。目前,有关判决书的规范性文件具有以下特点:一是效力不一。有的是以司法解释的形式出现的,有的是以通知的形式出现的。这些规定法律效力不一,有的位阶过低。二是内容零散。有的是在司法解释中规定若干条款,有的是以格式样本形式出现。三是内容陈旧,更新缓慢。由于判决书及其上网具有法定性和司法性,不宜由各地方法院在司法改革中过多地探索,建议最高人民法院运用法治思维和法治方式,全面思考和处理判决书及其上网工作,及时出台具有法律效力、适应各种不同诉讼程序的有关判决书内容、制作程序及格式样本的司法解释。

(3)审判管理方面,将判决书的上网作为审判管理中案件审结的终端节点。目前,实践中,在传统思维指导下,审判管理考核的案件审结节点仍然定位于向双方当事人送达。这种做法有悖于最高人民法院《关于人民法院在互联网公布判决书的规定》的规定,应当在法治思维和法治方式指导下迅速予以纠正,以判决书的送达及上网为案件审结节点。值得注意的是,在这种改革中,应当尽量避免给法官增加过多的非审判工作的义务,保证法官有足够的精力用于审判案件。

(4)大力宣传判决书及其上网的法定性和司法性,使广大法官及工作人员将此观念内化于心,外化于行为。这样才能调动法官处理判决书上网的积极性,切实实现判决书上网制度的倒逼初衷,保证让人民群众在每一件司法案件中感受公平和正义。

"庄、达、信"

——裁判文书制作的基本追求

叶建平[*]

裁判文书是司法活动最权威的终结性载体,最主要的公开性载体。现代裁判文书是立体式司法内容的平面化体现,是将"纸面上的法律"激活为解决现实纠纷的"活的法律"的过程展示[①],是裁判者无形心路的有形公开,是其他司法公开内容的再公开,是评判者接受评判的形式,故可称之为最核心的司法公开。2014年开始,全国法院实行了裁判文书全面公开上网,人称公正司法的全民检阅[②],在此形势要求下,了解现状,针对强化,制作规范的、高质量的裁判文书具有更加迫切的现实意义。

一、当前裁判文书存在的主要问题

随着社会发展、文明进步和司法改革的深入,随着各级人民法院对裁判文书制作要求的不断重视,我国法官的裁判文书制作水平有了很大的提高,但由于历史和现实的原因,当前的裁判文书制作中仍存在着诸多不尽如人意的问题。概括起来,主要表现在形式、内容以及精神层面三个方面的不足。

(1) 形式观感方面"不够庄"。表现为制作的裁判文书形式不得体,不符合基本样式规范。一些裁判文书制作粗糙,页面设置混乱,信息要素缺漏,格式不规范,版面不庄重,使用方言土语等不规范的语言文字,存在文字语法修辞低级差错,用语失范,文风不正,印章颠倒,校对不严,装帧随意,甚至出现"鸳鸯判决"的奇事。

(2) 内容表现方面"不能达"。表现为制作的裁判文书表达不恰当,不符合功能和发展的要求。我国法院现在使用的裁判文书样式设计上存在较为僵化及不合理的问题,难以满足全面适应不同状况的需要,实际使用中出现对审判过程的信息表述不适当简化,对当事人主张高度简略,对论证分析武断简单,重实体轻程

---

[*] 叶建平,温州市市委人大法工委办公室主任。
[①] 参见鲍雷、刘玉民编:《法院诉讼文书样式样本》(最新版),人民法院出版社2009年版,前言。
[②] 参见李阳:《裁判文书上网:公正司法的全民检阅》,载《人民法院报》2014年10月15日,第1版。

序,重职权轻诉权,重描述轻论证等问题时有出现,以致不能充分地体现司法活动过程,不能完整准确地表述当事人的诉辩意见,不能准确把握法官中立被动的角色特征。

(3)分析论证方面"不可信"。表现为制作的裁判文书没有充分展开分析论证,结论不能让人充分信服,出现"没有过程的结果,没有论证的结论"[1],现实效果不好。引用证据的写作模式过于简单,认证、说理不到位,尤其是依法裁断的论证、论理显得空洞乏力,甚至存在逻辑瑕疵和推理缺陷。过多使用模式化套话,没有针对当事人的主张进行分析和论证,没有结合个案事实反映诉争焦点,使论理公式化、概念化,缺乏针对性,"裁判文书千案一面,缺乏认证断理,看不出判决结果的形成过程,缺乏说服力,严重影响司法公正的形象"。[2]

二、"庄、达、信"——裁判文书制作的基本追求

从实践视角看,一份规范、得体、令人望而生信的裁判文书,其总体要求不外乎:格式规范、结构合理、叙事清楚、逻辑严密、论证充分、说理透彻、程序合法、处理正确、繁简得当、层次清晰、修辞贴切、行文流畅、没有存在明显瑕疵、能够体现司法理念。从系统上讲,应当符合相互关联、相互递进的"庄""达""信"三方面的要求,"庄"是裁判文书的基本特点,"达"是裁判文书制作的基本方法,"信"是裁判文书的基本目标。

(一)"庄"——制作裁判文书的基本特点

"庄"是裁判文书的基本特点,就是裁判文书表面形式和文本规范程度要符合人民群众的社会心理需要和司法权威要求。端庄、大方、得体是司法公文最基本的特点,而以裁判文书为最。落实以下要求,即能做到首先给人以"庄"的感受,又能从形式上体现法官职业的专业素养和敬业精神。

(1)要素齐备。在所有国家,司法判决都包含最低限度的内容或要素。衡量最低限度的一种标准是,一个受过法律训练但不熟悉案情的人能够无须求助书面判决以外的材料而评估判决在法律上的正确性。[3] 文书虽有详略之分,但应有信息点不能遗漏。

(2)格式规范。裁判文书是所有诉讼文书中最规范、最严肃、最权威的一种文书,有统一的格式规范和技术规范,以体现高度的规范化和形式理性化。通过

---

[1] 唐仲清:《判决书的制作应确定判决理由的法律地位》,载《现代法学》1999年第1期,第89页。
[2] 肖扬:《全面推进人民法院各项工作,为改革、发展、稳定提供有力的司法保障》,载《最高人民法院公报》1999年第1期,第16页。
[3] 参见张志铭:《司法判决的结构和风格——对域外实践的比较研究》,载《法学》1998年第10期,第25页。

判决书的内容和格式制作使司法推理更容易为公众获知。① 没有规矩不成方圆，要充分运用样式规范，使裁判信息编排内在统一、规范有序。

(3)版面大方。与裁判文书的权威性相适应，既要符合公文规范，也要符合技术规范，既不过分包装，也不"蓬头垢面"，要注意用纸选择、页面设置、行文体例、用印装帧，表面统一规整，形式庄重大方，表现适当的气度。

(4)用语严谨。正如有人指出的，"法学其实不过是一门法律语言学"②，"在法律领域选用词语时，如果所要指称的对象，所要表示的概念具有相应的法律词语，那么必须选用法律词语，不允许改用其他词语，包括法律词语的同义词。""否则，必然影响法律表述的准确性、严谨性、庄重性，必然有损于法律内容的权威性。"③因此，裁判文书用语应力求准确、规范、中性、平和。

(5)文风端正。文风是文书的风格偏向，如同一个人的性格气质，要与裁判文书的特点相适应，不但要体现司法伦理，还要确立法律文书写作伦理。要注重文辞浅白，朴素大方，通俗易懂，不用深奥术语，不用方言俚语，不故弄玄虚，不模糊搪塞，客观理性，不使用情绪化话语表达，做到内容上的准确性，形式上的庄重性，文字上的简约性。

(6)校印严格。严格校核责任，严防出现低级的表面差错，防止"带病出门"。上网文书要防止格式变化，编排错乱，纸质文书要注意装订规范，装帧美观。

(二)"达"——制作裁判文书的方法要求

"达"是裁判文书制作的基本方法，就是要恰当地表达司法理念、审判模式、法官角色的要求，通旨达意，通情达理，通权达变，文实相符，恰如其分。

(1)通达司法理念。现代司法理念的内涵是现代法治原则的结晶，是法律文化的积累，是司法客观规律的集中反映。它虽然不包括具体的法律制度，不同于普通的司法理论，但这些理念支配着人们建立制度、运用制度、改造制度的一切行动。当前的司法改革，首先就是理念的改革，其核心是摆正司法的位置，在裁判文书中就要不偏不倚地表现司法者的客观立场和中立地位。

(2)通达裁判角色。从司法的特点看，司法具有被动性，法官的角色定位应当是裁判者，其基本的职能应当是居中裁判。法官应当始终以超然的态度，把被动性原则和中立性原则作为履行职务行为的基本出发点，在文书表达上应当体现对请求权基础和当事人意见的尊重。

(3)通达诉讼模式。要求尊重诉权，平等对待，围绕讼争，依法处理。忠实于

---

① 参见〔澳〕斯贝格尔曼：《人权法治与判决书推理》，载《人民法院报》2003年11月24日。
② See Dietrich Busse, *Juristische Semantik*, Berlin, 1993, S. 14; Neil MacCormick, H. L. A. 哈特(1981年)，第12页。另参见贾俊花、王丽芳：《法律文书语言规范化探讨》，载《现代语文》2006年第3期。
③ 姜剑云：《论法律领域词语选用的规范性》，转引自汤啸宇：《写好"讲理"的裁判文书》，载《法学评论》2000年第4期。

当事人的全面主张,在文书叙述手法上实现由传统的高度概括向恰当表述的转变,甚至可设定条件要求由当事人撰写,或概括后由当事人核认,在文书表达上体现诉讼模式由职权主义向当事人主义的转变。以往对当事人的意见归纳得过于简单,抽象、笼统叙述诉辩内容,反映不出争议焦点,特别是对庭审中当事人增加的诉讼请求、陈述的理由以及法庭辩论的综合意见,不能全面反映,这些实践中的通病,在裁判文书改革时,有必要予以关注与强化。尤其需要重视的是,应当在表述方式上实现从"轻诉辩—重查明"传统模式到"重诉辩—简认定"模式的转变,从"查明—说明"传统模式到"认定—评判"模式的转变,从"规则—结论"传统模式到"说理—论证"模式的转变。

(4)通达准确意旨。事实可能真伪难辨,但文书表述不能模棱两可,模糊不清,而要对事实认定与否、理由采纳与否、请求支持与否表达明确的意见,尤其裁判主文应当确定无疑,适于执行。

(5)通达灵活空间。裁判文书虽有格式,但并不是绝对的、僵化的,要注意以争点为主线,以充分表达为原则,以适当的方法,庄以达变,灵活运用,对相关要素信息实行合理整合。

(6)通达实践效果。现代裁判基本上是经由合理对话而生成,体现了对主体自由意志、人格尊严的尊重,由对话形成的共识吸收了部分甚至全体当事人的不满,可使裁判变得容易为失望者所接受。[①] 围绕请求权基础和诉辩争点,区别对待,繁简得当,无过不及,恰到好处,让诉讼各方以及社会公众能够以平和心态理性接受,以实现定分止争的诉讼目的。

(三)"信"——制作裁判文书的基本目标

司法公信是社会公众普遍地对司法权的运行及运行结果具有信任和心理认同感,自觉地服从并尊重司法权的运行及运行结果的一种状态和社会现象。"信"是裁判文书的基本目标要求,应当在程序、事实、理由、结论等方面做到诚实无欺、确信无疑,并可使用其他增信方法,全面确立公信,服务社会。正如澳大利亚联邦大法官凯瑟琳·布兰森所言:"书写判决书的一个目的在于服务社会,而另一个目的在于对法官加以约束——对其逻辑和品格的约束。"[②]一份制作欠佳的裁判文书,足以让公众对法官的责任、水平、良知产生怀疑,进而影响对司法的信任和信赖。

(1)程序示信。裁判文书作为审判程序的载体,应充分展示程序公正。要使公众对司法产生信任和信赖,必须将公正司法的过程展示出来。通过记录诉讼的

---

① 参见陈国辉、程春华:《我国裁判制度的观察与思考》,转引自郑洪明、龚凌:《现代司法理念与裁判文书创新》,载中国民商法律网(http://www.civillaw.com.cn/article/default.asp? id = 27149)。
② 〔澳〕凯瑟琳·布兰森:《判决书的结构和内容》,载《人民法院报》2003 年 12 月 8 日,第 B3 版。

全过程,全面表述司法裁判的相关要素,向公众传递裁判结论的合法性信息。通过裁判文书的内容,可以清楚地了解到当事人的诉讼权利是否得到充分保障,审判人员是否正当地运用职权。

(2)事实证信。裁判文书作为审判结果的载体,应充分展示裁判理性。裁判认定的事实乃是一种法律事实,并不等于客观事实本身,它必须依赖于证据,这就决定了判决书中认定的事实与采信证据之间的密切联系,既不能离开证据说事实,也不能离开事实谈证据。诉辩争议的相应事实均须根据具体情况,在证据分析的基础上依法作出采信与否的认定。通过可信的材料、可信的证据,做到采信证据与认定事实的对应,客观分析,合理认证,努力让当事人以及公众感觉真实可信。

(3)理由确信。"理由是判决的灵魂,是将事实与判决结果有机联系在一起的纽带。"①同时"陈述判决理由是公平的精髓"。②"强调法官在裁判中充分说理,既是法官应尽的义务,也是社会监督法官的有效方式,有助于限制法官的自由裁量,保障裁判的公正,并促进裁判的执行。"③裁判文书宜以案件事实、基本争点为主线,在认定事实、法律适用方面中立客观,分析全面,辨法析理,透彻服人,做到事理可信,逻辑圆满。

(4)结论公信。裁判文书是通过"公开法官被说服的过程,包括公开各种影响法官心证的主观、客观因素——常识、经验、演绎、推理、反证等,表明法官在认定事实方面的自由裁量受证据规则的约束,从而使裁判获得正当性"。④裁判结果是法院针对当事人纠纷作出的裁决,是对诉辩主张肯定与否定的结论意见,受制于认定的事实和援引的法律依据。实践中,裁判结果与援引的法律条文、认定的事实脱节的现象屡见不鲜。应在正确认定事实、充分论证说理的基础上,正确适用法律,并运用社会理性对法律作出适当的解释,公开法官心证过程⑤,从而使得结论可信,并促进裁判确定的义务得到最大限度的自觉履行。

(5)附告增信。通过在裁判文书后用附页、附告的办法,附列条文、附注说明、附加告知,甚至附语劝谕,可以增加裁判文书的亲和力和可信度。裁判文书说理部分一般只列出所适用法律的条款,没有指明条款的具体内容,有时会有当事人看不明白、想不清楚,甚至心存疑虑或者产生误解。有时一些当事人在领取裁判

---

① 周道鸾:《法院刑事诉讼文书样式的修改与完善》,载《人民司法》1999年第7期,第8页。
② 〔美〕彼得·斯坦、约翰·香德:《西方社会的法律价值》,王献平译,中国人民公安大学出版社1990年版,第99页。
③ 王利明:《司法改革研究》,法律出版社2000年版,第347—348页。
④ 傅郁林:《民事裁判文书的功能与风格》,载《中国社会科学》2000年第4期。
⑤ 根据最高人民法院《关于司法公开的六项规定》的意见,司法公开主要包括立案公开、庭审公开、执行公开、听证公开、文书公开、审务公开,但从实质意义上讲,切实公开裁判结论的真实形成过程,才是司法公开的根本所在,才是真正意义上的司法公开,而其他公开内容并不揭示法官理念、不开示心证过程、不提示实质影响、不显示裁判结果,相对而言都仅是形式化表面性公开。

文书之后,疏忽了一些判决之后的规范和要求,对诸如上诉交费的规定、诉讼费用的结算、裁判生效的时间、拒不履行的后果、申请执行的期限等相关事项不知情、不注意,造成一些不必要的损失或其他后果。判决书附上判决适用的法律条文内容及当事人应知的判后相关事项,当事人可以自我对照,看得明白,想得清楚,能够增进信任,增强权威,能够消除一些不必要的怀疑,也可以避免由于疏忽而造成不必要的损失。判后附告,既以人为本加强了判后管理,又便利当事人判后安排,还能促进当事人自觉履行裁判义务。

三、如何实现裁判文书的"庄、达、信"

实现裁判文书的"庄、达、信"与法官的职业化建设和司法改革的进程紧密联系,自然也应当从这些方面着手落实。

(1)确立现代司法理念是制作高质量裁判文书的基础。围绕裁判文书改革而进行的制度构建、制作技术、文书风格,等等,其目标应是充分实现裁判文书应然的价值。[①] 此种法律价值的定位最终归结于现代司法理念的树立。没有现代司法理念指引的司法是盲目的,没有现代司法理念指引的裁判文书无法体现现代司法精神,没有相对成熟、系统的司法理念作为指引的司法改革也难以真正奏效。要将司法理念内化于道德血液,外化于公正裁判,物化于裁判文书。要在正确的司法理念指导下,保障当事人的人格尊严和意思自由得到充分实现,使程序得以运行、事实得以查明、权益得以救济、正义得以维护,在此基础上制作的裁判文书,能让与裁判结果有利害关系的主体从情感上接受裁判结果,而认可其正当性。

(2)良好的程序设计是制作高质量裁判文书的前提。公正程序乃赋予裁判权威性的重要根据之一。公正的程序机制使社会公众能够诚服地选择民事诉讼程序解决纠纷,并接受裁判结果的约束,依赖结果产生的公正性,进而依赖结果内容的公正性,维护和保障裁判结果的权威性。"诉讼制度的历史发展表明,自从理性的阳光驱散了笼罩着诉讼领域愚昧与专制的黑雾,诉讼程序的公平正义与简便迅速就始终成为各国法律工作者追求的目标。"[②]诉讼法是在我国受关注最多、执行最良好的法律,也是修订较多、内容较科学的法律,但诉讼活动、庭审程序、裁判文书只繁不简,叠床架屋,非但严重影响司法效率,而且足以妨碍司法公正。社会活动包括司法活动也应当讲究社会成本,不仅仅因为资源是有限的,而且因为成本低廉影响了社会行为的不良选择和不良效果。现有的诉讼制度构造,造就了一些人无节制地滥用司法资源,造就了轻慢司法权威,轻慢社会规则的社会恶果,在漫天诉讼大潮之下,无差别、无规制的司法行为(包括所有案件都需要开庭审判和

---

① 参见刘建远、王颖:《裁判文书的法律价值与改革》,载《法律适用》2002 年第 9 期。
② 李浩:《民事举证责任研究》,中国政法大学出版社 1993 年版,前言。

制发裁判文书)①,有可能扼杀本真的法官,扼杀本真的裁判质量,扼杀本真的司法正义,因而极有必要进一步改良诉讼制度规范,以保障法院有条件生产优质的裁判文书产品。

(3)高素质的法官是制作高质量裁判文书的条件。裁判文书的质量取决于法官的职业素养,这种素养是全方位的综合素质,既包括法官的法律水准、语言功底、逻辑能力、社会阅历,也包括法官的敬业精神和审判作风。裁判文书是对法官的知识和审判能力的全面考量。如果法官作出的裁判文书,叙述事实清楚、周详,分析说理充分、透彻,逻辑思维严谨、周密,就足以说明该法官是一个称职的好法官。"法律推理是一种独特的纠纷解决办法,它部分是科学,部分是艺术。与科学探究一样,法律推理按照规定的规则和程序,根据仔细地观察和精心的证据权衡而尽力理性地获得结论,然而,与艺术一样,法律推理的结果亦反映了'艺术家'——即法官的裁量选择。法官的选择和艺术家的选择一样,反映了个人的偏见、恐惧、渴望和公共政策的偏好。"②

(4)成功的庭审是制作高质量裁判文书的保证。庭审是当事人直接对垒、文明决战的舞台,是公开审判、接受监督的主要场所,是法官展现形象、揭示正义、宣传法律的主要平台,是审判行为的集中体现,是直观的、基础性的、形成裁判的司法过程。成功的庭审,可充分发挥庭审查明事实、辨明道理、生成裁判结论的功能,是制作高质量裁判文书的保证,也是实现司法公正与权威的保证。

2014年开始,全国法院已经全面实施生效裁判文书全面上网,当前的法院正迎来司法改革的最有利时期,我们期待与司法改革相适应,不断规范和提高裁判文书的制作质量,以实现公正、文明、高效、权威的审判职能。

---

① 如有资料表明的美国司法制度状况,2008年时,只有1%的民事案件经由审判结案;而同一年经由审判的刑事案件只占总数的4%,实际上需要制作裁判文书的案件更少。参见方鲲鹏:《金玉其外败絮其中的美国司法制度》,载《经济导刊》2014年第7期。

② 〔美〕布瑞安·保图语,参见解兴权:《通向正义之路——法律推理的方法论研究》,中国政法大学出版社2000年版,第31页。转引自李秀清主编:《法律格言的精神》,中国政法大学出版社2003年版,第236页。

论法律文书与司法裁判公正

高壮华[*]

关注并深入研究现实社会法律实践中的问题,是促进法律完善、保障人民福祉的不竭动力源泉。党的十八大强化对宪法法律的遵守,坚持依法治国的总方针,如果把党中央明确提出"把权力关进笼子"视为依法治国的"净化天空",为真正树立和强化法律在规范社会生活中的作用,提供了强大的政治保障和组织保障;而近一年多来在全国范围内群众路线教育实践活动的深入开展,则可视为法律实践活动的"接地气","净化天空"和"接地气"为我国的法治建设真正撑起了一片蓝天,涵养一方沃土。法律要实现对人民福祉的关爱,必须具备三个条件:法律内部规范的协调和网格化的细密;法律紧跟社会发展的实际需求,为适应社会发展的需要适时修改完善;执法和守法主体善意的理解和执行法律。然而,所有这些都必须有一个确定无疑的权威性的载体——解决争议问题的终局结论——司法裁判文书来具体表达和呈现。本文针对的是法律文书公开后所了解的问题,而引发的思考。

比如笔者接触到一份法院裁判文书反映出这样一些值得思考的问题:原告一审败诉,在上诉中能以撤回上诉的名义撤回一审起诉吗?如果允许二审中撤回一审起诉需要符合什么条件?二审撤回一审起诉后产生何种法律效果?

具体案情简介如下:

原告×建材公司诉李某梅、李某虎及第三人张某勋合同纠纷一案,因原告一审所举证据不能支持其诉讼请求,被一审法院判决败诉。一审原告不服提起上诉,在上诉审理期间,上诉人提出撤诉申请,其请求撤诉的内容是要求撤回一审起诉。

法院裁判书显示:经本院审查认为,当事人有权处分自己的诉讼权利,×建材公司撤回对李某梅、李某虎的起诉系其真实意思表示,该申请符合法律规定,应予准许。因×建材公司作为原审原告撤回起诉,致使一审判决失去裁判的前提,故原审判决应予撤销,一审案件受理费减半

---

[*] 高壮华,河南财经政法大学。

收取。依照《中华人民共和国民事诉讼法》第一百七十四条、第一百四十五条之规定,裁定如下:

(1)撤销 Z 市 R 区人民法院(2012)R 民二初字第 1220 号民事判决;

(2)准许×建材公司撤回对李某梅、李某虎及张某勋的起诉。

一审案件受理费减半收取,二审受理费免予收取。

本裁定为终审裁定。①

要对该法院上述裁决书作出适当评判,并回答上述问题却不是件容易的事。它涉及民事诉讼基本理论中诉权与审判权的内容和相互关系、审级制度的基本理论和在不同审级当事人应享有的诉讼权利、双方当事人各自所享有的诉讼权利及相互关系、该准许二审撤回一审起诉的裁定应当产生何种法律效力。

一、诉权与审判权的相互关系

在我们基本的思维逻辑中,诉权是诉的前提,享有诉权才可以向国家提起诉讼要求给予司法审判保护,诉权是为诉的提起、解决民事纠纷服务的;审判权是被诉权启动和为实现诉权服务的。所以才有:诉是当事人通过法院向对方当事人提出的具体权利请求,诉权是当事人通过法院向对方当事人提出的具体权利请求的权利之说。从权利性质来看,诉权是国家赋予的当民事权利受到侵害或者与他人发生争议时,寻求司法救济的权利;而审判权是国家主权的组成部分,是国家职权的重要体现。根据《中华人民共和国宪法》(以下简称《宪法》)的规定,人民法院是国家的审判机关,代表国家依照法律规定独立行使审判权,不受行政机关、社会团体和个人的干涉。② 正因为现代社会国家垄断暴力,赋予当事人寻求司法救济的诉权,当事人行使诉权提起诉讼才可以启动审判权,使国家公权力介入当事人之间的私权纠纷的解决,民事诉讼法律关系才具有了公法性质,而不再仅仅是当事人之间的私人事务(尽管双方争议的法律问题的性质并未发生改变),当事人行使诉权要受到审判权的监督制约,要按照诉讼程序的相关制度规定行使诉讼权利,才可能产生预期的法律效果。国家行使审判权介入私权纠纷解决的目的主要有两个方面:一是公正合理地解决纠纷,实现公平正义;二是消化吸收社会矛盾,防止纠纷扩大升级引发暴力冲突,维护正常的社会生活秩序。

我们设想,由于民事诉讼法学理论研究的深入、立法技术的改进、法律规范科

---

① 参见 2014 年 4 月 16 日河南省郑州市中级人民法院民事裁定书(2014)郑民三终字第 499 号裁决的相关内容。

② 我国《宪法》第 123 条规定:"中华人民共和国人民法院是国家的审判机关。"第 126 条规定:"人民法院依照法律规定独立行使审判权,不受行政机关、社会团体和个人的干涉。"

学性的提高、法官善意理解执行法律、当事人具有较强的诉讼行为能力并有效地保障其诉讼权利的行使,最终使案件事实得以查清、权利得到维护、法律正义得到实现(当然,大多数案件的审理结果也应当达到这种结果)。不过,在法律实践中诉权与审判权的结合,并不是纸上谈兵或在真空中运行,会面临各种复杂的问题和挑战。一个十分棘手的问题是,由于多种因素的影响和条件的限制,致使案件的争议事实在审判终结时仍然处于真伪不明状态,司法审判讲求公正与效率的结合,法官不能拒绝裁判。在此情况下,诉讼程序和法律规范除了要求法官认真履行职责行使释明权外,只能作出接近公正的选择,即通过诉讼程序,设置一种"机制",将存在可能性大的事实主张拟制为真,而将存在可能性小的事实主张拟制为假作出裁判。这种裁判的正确性只能是一个概率问题,无法保证每个案件裁判的实体结果都符合公平正义的要求。这种诉讼机制设置的合理性在于:承认作为裁判主体的法官认识能力的有限性,法官负有查证案件事实的职责,而不负举证证明案件事实的责任,因为法官无法亲临现场、知悉所有案件事实;民事案件争议内容的私权性,表明当事人对所争议的权利享有处分权,根据民法基本理论,当事人被认为是自己利益的最佳维护者,当事人应当对其在诉讼中所主张的案件事实真伪不明的不利裁判结果负责。所以,诉权与审判权的关系可以体现为,在诉讼中当事人与法院法官之间行使权利(力)的相互作用关系:第一,他们行使权利(力)的形式,分别表现为具体的诉讼权利和诉讼义务、具体的审判职责和权限。第二,行使权利(力)的内容分别是提出诉讼请求、主张事实、举出证据予以证明或者反驳对方的事实证据和诉讼主张;而法官则是审查证据、查证事实、适用法律作出裁判。第三,两者行使权利(力)的责任分别是,当事人对提供证据证明案件事实和主张成立负责,并对其所主张的事实不能得到证明承担不利的裁判后果;审判权的行使要保障当事人诉讼权利的实现,负责在查明事实的基础上正确适用法律作出裁判,但不对案件事实最终无法查明负责,而仅对法律适用错误负责。第四,两种权利(力)行使分别受到不同角度法律规范的限制和制约。从主体方面看,审判权的行使要受到双方当事人诉权的限制和制约,诉权的行使要得到审判权的保障,同时受到审判权的约束和规制。从程序方面讲,审判权的行使要严格遵守程序规范,既受到不同审级制度的制约,也受到具体程序阶段法律规范的制约;当事人行使诉权也同样受到程序、不同审级制度的制约,受到具体程序阶段法律规范的制约。也即不同的主体行使权利(力)既要受到相互之间的制约,又要受到审级制度和具体诉讼阶段的程序的制约。

二、上诉审的审理范围

(一) 审级职能

无论是哪种审级制度,首先要确定的是各审级法院的职能划分。审级职能是指不同级别的法院对民事案件所具有受理和审理的职责权限。[1] 不同级别的法院具有不同的审级职能。尽管世界各国法院体制中,每一级别法院的具体职能不尽相同,但所反映的基本理念是一致的。

初审法院(在我国称为基层法院)的职能。初审法院的职能是指对一般民事案件具有管辖权的法院,其基本职能是对民事案件进行初次事实审理。许多国家为了使案件都能得到及时解决,通过简繁分流措施,将案件归入不同的渠道,因此初审法院的职能也进一步在不同的初审法院细化,形成初审法院的多样化。

中级上诉法院的职能。[2] 中级上诉法院是具有上诉管辖权的法院,其行使对上诉案件的管辖权。上诉法院的职能主要体现在两个方面:一是纠正错误的职能;二是指导和发展法律的职能。中级上诉法院的具体职能在于通过审查初审法院对民事案件的审理情况,纠正初审法院作出的事实认定上的错误,以及适用法律错误,维护当事人的合法权益和法律适用的统一。由于不同国家设立中级上诉法院的目的不同,中级上诉法院的职能也有差异。一般来说,中级上诉法院的设立分为两种模式:第一种模式为中级上诉法院既是上诉审法院,同时又是初审法院,不仅享有对初审案件的上诉审管辖权,而且享有对部分民事案件的初审权。因此,这种中级上诉法院的职能就体现为双重性和独立性的特点。双重性表现为上诉管辖权和初审权同时具有,不可或缺;独立性即指上诉管辖权和初审权互不依赖、互不交叉,彼此独立发挥作用。[3] 第二种模式为中级上诉法院只是上诉审法院,仅有权对已经过初审的民事案件进行复审,而无权审理初审案件。这种模式的特点为中级上诉法院职能的唯一性或单一性,即复审民事案件以纠正初审中的错误和达到法律适用的统一是中级上诉法院职能的全部内涵。

最高法院的职能。最高法院是法院体系中具有最高级别的法院,享有最高的审判权和最终的裁判权。从各国的法律规定来看,最高法院的职能主要体现在两个方面:第一,最高法院作为上诉法院,具有中级上诉法院的上诉管辖之职能,以纠正下级法院所作出的错误裁判,特别是对法律的不正确适用,维护法律适用的统一。第二,最高法院通过作出并发布司法解释明确法律规定的意义,统一法律的适用。

(二) 上诉审的审理范围

关于上诉审的审理范围,上诉审之审理范围基于上诉级别的不同而有本质区别:一次上诉即第二审上诉程序是一审程序的继续,案件的事实问题和法律适用问题将得到再次审理。但在具体审理中,存在着三种结构:复审主义、续审主义和

---

[1] 参见杨荣馨主编:《民事诉讼原理》,法律出版社2003年版,第327页。
[2] 这里的中级上诉法院并不是指某一上诉法院,而是指除最高法院以外的所有具有上诉管辖职能的法院。如我国的中级人民法院和高级人民法院。
[3] 参见杨荣馨主编:《民事诉讼原理》,法律出版社2003年版,第329页。

事后审查制。① 无论采取何种主义,经过向第二审法院的上诉,对于事实认定的第二次判决即为终局判决,当事人不得上诉,第二审法院也称为事实终审法院。二次上诉即第三审上诉只限于法律审,不再对事实问题进行复审,这在世界范围内是通行的做法。美国最高法院作为第三审法院,同样不决定事实问题。如果事实曾是由陪审团作出决定的,宪法第七修正案是排除最高法院对事实问题复审的依据。②

三、裁判文书要准确对待民事诉讼中的撤诉

(一)民事诉讼中撤诉的基本内涵

民事诉讼中的撤诉,各种教科书给出的概念大同小异:"撤诉是原告自动撤回自己的起诉,或者由于原告的某种行为,人民法院按撤诉处理的诉讼行为。"③"撤诉,又称诉之撤回,是原告向人民法院撤回起诉,不再要求人民法院对案件进行审理的行为。"④根据法国民事诉讼撤诉制度的规定,"撤诉,即原告在诉讼中撤回向法院提出的诉讼请求,使诉讼程序消灭"。⑤ 根据日本学者兼子一、竹下守夫的观点:"撤诉是原告在诉讼中途撤回以起诉要求审判请求的行为,使起诉回到最初开始没有提出起诉的状态。撤回上诉虽然招致基于上诉的上级审程序终了,但终了的结果,使该诉讼的原审作出的终局判决被确定。"⑥而德国学者奥特马·尧厄尼希认为:"诉之撤回是原告针对法院表达的、他放弃诉讼的意思表示。在该撤回中不对请求是否有理由或者无理由作表示。这一点可以区别诉之撤回和诉之放弃……诉的撤回导致权利争议终止、诉讼系属被取消、诉讼无法院实体裁判而结束。"⑦综合上述学说,笔者认为,所谓撤诉就是原告将已经开始的诉讼向法院撤回其诉讼请求的意思表示,或者因其某种行为被视为撤回诉讼请求的意思表示。撤诉将使诉讼回到未起诉的原点,但撤回上诉则使该诉讼的原审作出的终局判决被确定。根据不同标准,撤诉可分为:依是否由当事人提出申请分为申请撤诉与

---

① 复审主义是第二次的一审,即认为二审与一审的审理无关,应从头重新进行审理。续审主义是以第一审提出的资料为基础,在允许当事人追加新资料的前提下继续进行审理。事后审查制则是以第一审判决所作出的判断为基础,不允许当事人在第二审中提出新的诉讼资料,由二审法官审查一审法官所作出的判决是否适当。参见杨荣馨主编:《民事诉讼原理》,法律出版社2003年版,第333页。

② 然而美国最高法院曾巧妙地解释何为事实问题,即对事实争执作出的决定。按照最高法院作出的判例,在下述情况下,对州法院的事实裁决将进行复查。由于缺乏证据的支持而作出的事实决定否定了一项联邦项下的权利,或者对一项联邦法项下的权利作出的法律结论与事实争执的结论联系过于紧密,为了在联邦法问题上作出结论必须分析事实。参见沈达明主编:《比较民事诉讼法初论》,中信出版社1991年版,第287—288页。

③ 杨荣新主编:《民事诉讼法教程》,中国政法大学出版社1991年版,第282页。
④ 柴发邦主编:《民事诉讼法学新编》,法律出版社1992年版,第323页。
⑤ 张卫平、陈刚编著:《法国民事诉讼法导论》,中国政法大学出版社1997年版,第120页。
⑥ 〔日〕兼子一、竹下守夫:《民事诉讼法》(新版),白绿铉译,法律出版社1995年版,第133页。
⑦ 〔德〕奥特马·尧厄尼希:《民事诉讼法》(第27版),周翠译,法律出版社2003年版,第227页。

按撤诉处理;依撤诉的主体分为撤回本诉与撤回反诉;依撤诉的审级分为撤回起诉与撤回上诉。

(二) 撤诉的条件及法律后果

1. 撤诉的条件

申请撤诉应当符合以下条件:①撤诉的主体只能是原告;②撤诉要有具体的行为;③申请撤诉必须是原告自愿的行为;④申请撤诉的目的必须正当合法;⑤原告申请撤诉必须在受诉法院宣判前提出。①

关于撤诉的条件,有些国家规定,在被告进行实质答辩后原告撤诉,应当征得被告的同意,以体现当事人诉讼地位平等、诉讼权利对等原则。② 按照《德国民事诉讼法》第 269 条第 1 款的规定:"诉之撤回需要被告的批准,如果他已在第一次言词辩论中对主诉——即不仅对诉讼问题,特别是对诉讼要件——进行了辩论(第 269 条第 1 款)。批准是适宜的,因为诉讼不经裁判——从被告立场出发:不经诉的实体驳回——就结束了,因而可能会减少对被告的权利保护。"③

2. 撤诉的法律后果

撤诉的法律后果为:①结束本案的诉讼程序,法院裁定准许撤诉后,本案诉讼程序结束,当事人不能再要求法院按原诉讼程序进行审理,法院也无须对本案继续行使审判权;②诉讼视同未曾提起,撤诉只表明当事人对诉讼权利进行处分,并未涉及实体权利,法院也并未对当事人的实体权利义务关系进行确认,因此,当事人撤诉后还可以就同一诉讼请求再次提起诉讼;③诉讼时效重新计算,自人民法院裁定准许撤诉之日起,诉讼时效期间重新计算。④

但是,人们在论述撤诉时虽然是将撤回上诉包括在内,不过,把重点却是放在撤回起诉上,而对撤回上诉关注和研究不够,因此,对二审撤回上诉请求的内容中是否可以包含撤回一审起诉,并没有给予明确回答。其实,按照诉权与审判权的关系以及诉权行使与审级关系的基本理论,审判权为诉权行使提供条件,为保障诉讼权利顺利实现提供服务;但诉权的行使同时要受到审判权的规范和制约,诉权行使在不同的审级中表现为具有不同性质的诉讼权利,并产生相应的法律后果。我们知道,当事人提起上诉的前提是一审法院已经作出裁判,当事人认为该裁判在认定事实或适用法律方面存在错误,使其遭受了不利判决,而寻求上级法院的审判救济。一审法院判决的存在是一个不能回避的法律问题。如果提出上诉一方当事人要求撤回上诉,则首先表明该当事人接受一审判决结果的法律态

---

① 参见谭兵主编:《民事诉讼法学》,法律出版社 2004 年版,第 327—328 页。
② 参见江伟主编:《民事诉讼法》(第 6 版),中国人民大学出版社 2013 年版,第 288 页。
③ 〔德〕奥特马·尧厄尼希:《民事诉讼法》(第 27 版),周翠译,法律出版社 2003 年版,第 228 页。
④ 参见江伟主编:《民事诉讼法》(第 6 版),中国人民大学出版社 2013 年版,第 288 页。

度,被二审法院裁定准许撤诉后,一审判决将成为生效裁判,对方当事人便得到了具有既判效力的一审胜诉判决;根据一事不再理的原则,获得胜诉的一方当事人可以从此脱离诉讼,免受因该已经解决过的争议再次受到诉讼打扰。而如果允许败诉的原审原告以撤回上诉的名义包含撤回一审起诉的内容,则存在如下问题:第一,这与上诉审程序为纠正一审认定事实、适用法律错误的立法目的相违背,与上诉人通过上级法院审理获得司法救济的上诉目的相背离。第二,这对获得一审胜诉的一方当事人不公,是对其利益的一种侵害,使其因此失去一事不再理诉讼原则的保护。第三,根据《民事诉讼法》第170条的规定,对上诉案件行使审判权的具体权限和内容,均不包括允许上诉人在申请撤回上诉时请求撤回一审起诉。第四,司法程序的进行就是为了解决纠纷维护秩序的,它是维护和稳定社会秩序的最后防线,它本身更加强调司法的有序性和法的安定性[①],而不允许由于权利的不当行使,导致已被确定的法律秩序的紊乱。

(三) 对我国民事诉讼法相关规定的理解

2012年修订的《民事诉讼法》第145条第1款规定:"宣判前,原告申请撤诉的,是否准许,由人民法院裁定。"第174条规定:"第二审人民法院审理上诉案件,除依照本章规定外,适用第一审普通程序。"1992年最高人民法院发布《关于适用〈中华人民共和国民事诉讼法〉若干问题的意见》(以下简称《民诉意见》)(已失效)第190条规定:"在第二审程序中,当事人申请撤回上诉,人民法院经审查认为一审判决确有错误,或者双方当事人串通损害国家和集体利益、社会公共利益及他人合法权益的,不应准许。"第191条规定:"当事人在二审中达成和解协议的,人民法院可以根据当事人的请求,对双方达成的和解协议进行审查并制作调解书送达当事人;因和解而申请撤诉,经审查符合撤诉条件的,人民法院应予准许。"《民事诉讼法》第172条规定:"第二审人民法院审理上诉案件,可以进行调解。调解达成协议,应当制作调解书,由审判人员、书记员署名,加盖人民法院印章。调解书送达后,原审人民法院的判决视为撤销。"

上述法律规定及司法解释明确规定了当事人在一、二审程序中申请撤诉权利行使的条件及时间界限,同时也规定了法院在一、二审中行使审判权的职权范围的限度。第一,申请撤诉与提起诉讼一样是当事人的一种权利,法院保障当事人正当行使诉讼权利;但并未直接提及当事人可以在二审中申请撤回一审起诉,使一审已经作出的裁决失去原有的裁判对象。第二,对当事人在第二审程序申请撤回上诉,法院要履行审查职权,认为一审判决确有错误,或者双方当事人串通损害国家和集体利益、社会公共利益的,则裁定不准许。第三,根据《民诉意见》第191

---

① 参见〔德〕奥特马·尧厄尼希:《民事诉讼法》(第27版),周翠译,法律出版社2003年版,第321页。

条的规定,当事人在二审程序中达成和解协议的,经人民法院审查同意的可以有两种结果:法院根据和解协议制作调解书送达双方当事人后,即具有生效裁判的法律效力;上诉人持和解协议向法院申请撤诉(撤回上诉),当事人手中分别持有具有合同效力的和解协议和具有强制执行效力第一审法院判决,两者的关系是:由法院判决保障和解协议的履行,义务一方不履行和解协议,权利方将申请法院强制执行一审判决。其实,该司法解释并未明确界定,当当事人以二审所达成的和解协议申请撤回上诉,二审裁定准许撤诉后一审判决的法律地位。不过,这一漏洞为《民事诉讼法》第172条"调解书送达后,原审人民法院的判决视为撤销"的规定予以弥补。但该条也明显地将上诉人以申请撤回上诉的名义行撤回一审起诉之实的路径予以封堵。即上诉后,要么接受二审法院的裁判;要么双方达成和解由法院制作调解书送达后,一审判决被视为撤销;要么上诉人撤回上诉,一审法院判决生效。第四,如果非要对上述法律规定和司法解释作扩大理解,认为法律并未禁止上诉人在上诉中以申请撤回上诉的名义请求撤回一审起诉,并以息事宁人、案结事了的社会主义和谐司法理念为其正当性支撑,那也只能在保证对双方当事人诉讼权利的平等尊重、保证程序公正和维护法的安定性及效率基础上进行。那将预示着:如果以申请撤回上诉的名义行撤回一审起诉之实的,法院在作出裁定前,应当征得相对方当事人的同意,无法征得同意,应当作出判决;征得同意,法院作出裁定准许二审中撤回一审起诉的,对该申请以撤回上诉的名义撤回一审起诉的行为,应当有一个法律上的界定,即这种撤诉行为所放弃的不仅仅只是现在不行使诉讼上的权利,而是对今后行使诉讼权利的放弃①,以此来维护诉讼效率、法的安定性以及对方当事人的利益平衡的法律价值。

四、对该案法院裁判文书的评析

对于本文开始提出的,涉及民事诉讼基本理论中诉权与审判权的内容和相互关系、审级制度的基本理论和在不同审级当事人应享有的诉讼权利、双方当事人各自所享有的诉讼权利及相互关系、原告一审败诉在上诉中是否可以撤回上诉的名义撤回一审起诉,如果允许二审中撤回一审起诉需要符合什么条件,准许二审撤回一审起诉的裁定应当产生何种法律效力等问题,上文已基本作了回答。下面要分析的是,文中显示的法院裁定存在哪些问题,为什么会出现这些问题,笔者想从以下几个方面分析:

(1)该裁定对诉权行使与审级关系的认识和理解错误。诉权行使在不同的审级中表现为具有不同性质的诉讼权利,并产生相应的法律后果。而法律并未规

---

① 参见〔德〕奥特马·尧厄尼希:《民事诉讼法》(第27版),周翠译,法律出版社2003年版,第227页。

定原审原告可以在上诉中申请撤回一审起诉;同样道理,根据诉讼权利对等原则,若原审被告上诉,在二审中原审原告是否也可以申请撤回一审起诉呢?显然是不能的。二审程序的前提是一审法院已经作出裁判,当事人不服而寻求上级法院的审判救济。诉权的行使及审判权的行使都是围绕这一主题展开和进行的,正常情况下是不包括上诉人以上诉的名义请求撤回一审起诉的内容的。

(2)该裁定没有正确理解和区分刑事撤诉与民事撤诉的不同法律后果。首先,为了限制公权力的滥用对公民权利的侵害,刑事诉讼中撤诉后,非有新的事实和证据,是不能再次起诉的,这构成对刑事起诉权的限制;而民事诉讼一般并无此限制,民事诉讼中的撤诉一般理解为是对诉权的暂时中断行使,而法院将结束现有的诉讼程序,使诉讼无果而终,并不意味着对实体权利的放弃和行使诉讼权利的放弃,原告仍然享有再次提起诉讼的权利。其次,刑事诉讼采取的是存疑作有利于被告人的裁决,同时,刑事诉讼的目的在于澄清和追究被告人的刑事责任。因此,根据大多德国刑事诉讼的观点,"被错误指控的(或无法证明是正确的指控)被指控人没有要求程序继续进行直至无罪判决的请求权,因为刑事诉讼不具有恢复名誉的功能"。① 在撤回刑事指控时,并不认为被告人遭受了不利益,所以被指控人对此不能提出异议;而民事诉讼却并非如此,民事被告方处于完全平等的诉讼地位,被告方不仅有权进行应诉答辩反驳原告的诉讼请求,还有权提起反诉等各种诉讼权利来遏制对方的滥用诉权行为,以维护自己的合法权益。所以,应严格区分刑事撤诉与民事撤诉的区别,不能混淆两者的法律意义和法律后果。

(3)没有平等地对待双方的诉讼权利和诉讼利益。允许原审原告上诉后申请撤回一审起诉,而使诉讼无果而终,损害了相对方已经获得的一审胜诉裁判利益和二审获得终审判决支持的诉讼利益,使对方仍然面临因此事被再次诉讼打扰的风险。这对对方是不公平、不公正的。

(4)没有分清撤诉与放弃诉讼的差异。撤诉是使本次诉讼现在无果而终。在传统的理解上,撤诉并不丧失今后再次起诉的权利;而放弃诉讼是指对该争议放弃诉讼解决,今后也不能再次提起诉讼(不过并不影响其自愿履行、抵销等以其他方式实现权利)。本案问题在于,一审判决已经作出,并非没有结果,而是无视这种结果;本案的撤诉并非放弃诉讼,原审原告可再次起诉,重起纷争,损害对方的正当利益。

(5)没有区别撤回起诉与撤回上诉不同法律意义对双方的不同影响。撤回起诉是原告撤回本次对被告的诉讼请求,不要求法院作出实体裁判结果;撤回对实体问题的上诉(与撤回对程序问题的上诉相区别),是有一审法院实体判决存

---

① 《德国刑事诉讼法》,宗玉琨译注,知识产权出版社2013年版,第5页。

在的前提，被准许后，一审判决将成为生效裁判。两种诉讼行为行使的审级和法律意义都有明显不同。两者本无直接的相同之处，是无法在不同审级中相互替代的。

（6）该裁定对法律依据作错误的实用化理解（对法律作便于为自己倾向化裁判目的服务的方向理解）。从其所引用的法律条文来看，存在错误理解、偷换概念问题。第一，引用《民事诉讼法》第174条："第二审人民法院审理上诉案件，除依照本章规定外，适用第一审普通程序。"该条规定清楚地表明适用法律规定的先后顺序，即二审程序首先适用二审程序的法律规定，没有规定者才适用第一审普通程序。《民事诉讼法》第173条规定："第二审人民法院判决宣告前，上诉人申请撤诉的，是否准许，由第二审人民法院裁定。"该条明确规定是上诉人申请撤回上诉，而并未提及以撤回上诉的名义撤回一审起诉，也即民事诉讼法律关系是公法关系，当事人行使诉讼权利必须有法律依据，这一点是缺乏的。第二，机械地理解二审程序没有规定的才适用第一审普通程序的规定。因为这毕竟是两个不同审判级别的程序，是无法不加区别地照搬的。比如，撤回起诉与撤回上诉是具有不同审级的诉讼权利，两者具有不同的法律意义和法律后果，是无法混淆的。第三，以《民事诉讼法》第174规定为依据，适用《民事诉讼法》第145条的规定，是在偷换概念。是将二审判决视为一审判决，或者不认为一审判决的存在影响了判决前的适用条件，而仅将二审判决前视为判决前，这在逻辑上是存在严重问题的。至于为什么会存在对法律规定错误理解和偷换概念的现象，这又是一个存在很大疑问的问题，当然，这不是本文讨论的议题。

五、结论

根据以上分析论证，就本案法律文书制作所涉及的问题，可以明确以下几点：

（1）诉权与审判权的关系。诉权是为诉的提起、解决民事纠纷服务的；审判权是被诉权启动和为实现诉权服务的；当事人行使诉权要受到审判权的监督制约，要按照诉讼程序的相关制度规定行使诉讼权利，才可能产生预期的法律效果。

（2）诉权行使与审级制度关系。诉权行使在不同的审级中表现为具有不同性质的诉讼权利，并产生相应的法律后果。诉权的行使要受审级制度的限制和制约。

（3）诉权的行使之间存在相互制约关系。虽然诉讼法律关系属于公法关系，它不以双方当事人合意为成立要件，但诉权行使是在严格规范条件下进行的。为保证诉讼各方当事人诉讼地位平等、诉讼权利义务对等，当事人行使诉权，在表达为具体的诉讼权利时，要受对方诉权行使的制约，尊重对方的意愿和权利。比如调解、和解。同样,在被告方已作实体应诉答辩后,原告撤诉,就应当征得被告方的同意,以保障被告方的诉讼权利行使;同时,促使各方当事人慎重行使诉权启动审判权。

(4)最高人民法院《民诉意见》第191条规定:"当事人在二审中达成和解协议的……因和解而申请撤诉,经审查符合撤诉条件的,人民法院应予准许。"其中的"撤诉"应仅理解为撤回上诉,不应当包括在二审中还可以撤回一审起诉,撤回上诉的法律后果是一审判决生效。如果界定为在二审中还可以撤回一审起诉,一定要明确:第一,其前提是达成和解协议或者是经对方同意。第二,明确和解协议与一审判决的组合关系,一审判决保障和解协议执行;和解协议履行完毕,一审判决不再执行。第三,这种撤诉的性质是原告放弃本案诉权,今后亦不能再行使。

司法文书修辞的研究方法

张陆庆[*]

讲究修辞,是解决司法文书言语效果欠佳的根本途径。修辞就是为了增强表达效果而对语言材料的选择、加工和调整。[①] 由此看来,司法文书的起草、修改、审核,乃至校对都离不开修辞。

一、从修辞定义来看司法文书的制作

对修辞的理解,有宽有窄。最窄的恐怕要算把修辞当做使用比喻、夸张、比拟、借代、设问和反问等辞格,最宽的当算把写作的全过程,包括立意、措辞、组织等,都看做修辞。持前一种看法者认为制作司法文书不需要修辞;持后一种观点者则认为制作司法文书的全过程,甚至包括样式规范,都增强逻辑性。二者都是走极端的。

为了弄清修辞的含义,我们先看看语言学家对修辞的定义或论述。

修辞不过是调整语辞使达意传情能够适切的一种努力。[②] 一个内容可以有几种具体表达方法,修辞要研究的,就是这些具体的表达方法。[③]

修辞就是在运用语言的时候,根据一定的目的精心选择语言材料的工作过程。[④]

修辞就是使我们能够最有效地运用语言,使语言有说服力的一种艺术或规范的科学。[⑤]

关于什么是修辞,各家有不同的说法,但基本精神大同小异。修辞的对象是言语材料,修辞有两层含义:其一,是指一种语言中加强表达效果的所有方法和手段;其二,是指人们在语言实践中对各种加强言语表达效果的方法和手段的运用,而制作司法文书正是在语言实践中对各种语言形式的运用,其过程是对语言材料

---

[*] 张陆庆,中国政法大学教授,研究生导师。
[①] 参见濮侃:《现代汉语·修辞篇》,华东师范大学出版社1985年版。
[②] 参见张志公:《修辞是一个选择过程》,载《当代修辞学》1982年第1期。
[③] 参见陈望道:《陈望道语文论集》,上海教育出版社1997年版,第599页。
[④] 参见陈望道:《陈望道文集》(第2卷),上海人民出版社1980年版,第237页。
[⑤] 参见高明凯:《普通语言学》(下),第80页。

进行选择运用的过程,也可以说是修辞的过程。只不过选择运用有好坏之别而已。好的司法文书必定是通过修辞选用了恰当的语言材料。因此,司法文书的制作与修辞如影随形,要想离开修辞来制作司法文书,是很不现实的。

二、修改司法文书也离不开修辞

人们常说的"琢磨""推敲""锤炼""调整",都是指对语言材料的一次又一次精心选择和反复修改。何其芳说:"客观事物不是一下子就能够认识清楚认识完全,多一次修改就是多一次认识。表达我们的认识的文字也不是一下子就能够选择适当,多一次修改就是多一次选择。"①老舍说:"字要改,句要改,连标点都要改。毫不留情。"②凡是严肃认真的作家,文章写了后都仔细琢磨,精益求精地加以修改,而严肃认真的司法工作人员在修改司法文书时也是如此。

不论是文艺作品的修改,还是司法文书的修改,其过程都是对语言材料又一次进行精心选择的过程,也可以说是又一次修辞的过程。修改司法文书与修辞在材料、方法、目的等方面都有相通、相同之处。因此,我们有充足的理由认为修改司法文书也离不开修辞。

三、修辞是探求司法文书言语美质的必由之路

当代语言学家谭永祥先生将修辞与美学结合起来研究,取得了修辞界公认的成果。谭先生在其《汉语修辞美学》中指出:"修辞是具有审美价值的言语艺术,是言语和美学相互渗透的产物。"笔者赞同该观点,在下文详细地阐述了美学功能——使司法文书言语增添多种美质,即规范与创新、精当与流畅、庄严与生动、简洁与反复、质朴与文雅。下文大量的言语事实足以说明,离开了修辞谈司法文书的言语美,别无选择。谭先生根据最富有情趣和魅力的辞格和辞趣论述了修辞是美学的一个重要侧面;而笔者主要依靠非辞格和非辞趣的言语事实,论述了司法文书修辞是美学的"新生儿"。

自古以来,我国法治没有全面系统地论述司法文书修辞;改革开放以来,仍没有司法文书修辞方面的专著,不过涉及司法文书修辞的著述颇多。

司法文书修辞要自立门户,需要申报"户口"的资格,其资格有三:其一,当今司法文书言语表达效果方面存在的问题,使用传统的"修辞疗法"即号称"两大分野"的消极修辞和积极修辞,缺乏针对性,急需切合症状的专门药方——实用的司法文书修辞。其二,近些年关于司法文书修辞的研究散见于一些论著中,尽管涉

---

① 何其芳:《谈修改文章》,载何其芳:《西苑集》,人民文学出版社1952年版。
② 老舍:《我怎样学习语言》,载《解放军文艺》1951年第1卷第3期。

及该课题的不同层次与不同侧面,但总的来看,缺乏足够的声势和威力。为了改变这种状况,很有必要组建一个比"游击队"组织严密、装备精良的"集团军",来攻克司法文书言语表达效果方面的一系列问题。其三,加强应用修辞的研究是当代修辞学领域的呼唤。随着市场经济的发展,应用修辞日益显示出其独立性和重要性,并引起不少语言学家、修辞学家的关注。

(一) 以汉语为基础研究司法文书言语

我国当代的司法文书语言系统以汉语为基础,不是什么独立的系统,而仅仅是根据公文事务交往特点的要求而使用全民语言材料以及表现方法在功能上发生分化的结果。第一,它并没有独立的语音系统,这很显然。第二,它并没有独立的词汇系统:一方面司法文书语言大部分是属于基本的和通用的汉语语言;司法文书语言中"那些专业的语汇成员,有的是以民族共同语中原有的词素和词为基本的语言单位,经过创新或经过改造而组成新的专业术语;有的改变原有词汇成员的意义而赋予其专业化法律内涵。这些现象都说明法律语言的形成以民族共同语为基础"。[①]另一方面,即使有些司法文书言语色彩明显,有人称之为"封闭性"的语词,如"法律关系""投案自首""诉讼标的",它们的构成材料和构造方法同样受全民共同法的制约,而且在一定的语言环境下,它们同样可以进入其语体之中。第三,它也没有独立的语法结构系统。虽然在句式的运用上、词语的选择上可能表现出这样或那样的特点,但这些特点无非是根据词法语言形式表现特点的要求,而对全民语言的语法系统中的句法、词法进行选择的结果,他同样没有超越全民语言的语法体系。第四,它没有超越汉语修辞基本规律的修辞系统。司法文书修辞追求言语美有其独特规律,但仍然要遵循现代汉语修辞的一般规律,如言语适应题旨情境和遵循消极修辞等原则,这也是司法文书言语能力为全民所理解的前提。

(二) 以公民语体为视角揭示司法文书语体特征

语体,亦称言语的体式,是根据言语风格的异同划分出来的类别。以语言交际功能为依据而建立的言语风格类型,是适应不同交际目的、内容、范围需要运用全民语言所形成的语言功能变体;具体表现为由一定交际目的、内容等因素决定有意识地选择词语、句式、语音手段、修辞格等语言材料、表达手段并加以适当组合而形成的言语特点系列。语体随着历史的发展而发展变化,但在某一历史时期则具有相对的稳定性,制约着人们语言交际活动,因而成为这一时期在相应交际领域中人们语言运用上的一种共性。

[①] 华尔赓、孙懿华、周广然:《法律语言概论》,中国政法大学出版社1995年版,第15页。

1. 规范性

准确是司法文书第一位的要求。要做到这一点,就必须在表达上做到言语合乎规范,从而体现司法文书要单一解释的言语特点。司法文书言语只有做到单一性解释,才能有效地付诸实施,不致因语意含混不清而影响文书的效力。

第一,法律专业术语运用上的规范。法律专业术语一般是指法律条文中有规定的法律概念,任何一个法律概念都有其法律条文所赋予的特定的内涵和外延,它的特点是含义单一而具体,不能随意而用。

第二,一般用语运用上的规范。包括不使用方言词语、不滥用外来词、不生造词语等。我国地域广阔,方言众多。有的词语为某地方言所独有,其他地区的人就不理解;有的词语为某些方言所共有,但是含义、用法却不相同。这些情况显然与司法文书的准确性相矛盾。例如,上海人把"洗"说成"汰",东北人把"肮脏"说成"埋汰",类似的方言词如果写进司法文书,对非本地当事人就缺乏明确性。

滥用外来词有碍于司法文书功能的发挥,也有损语言的纯洁,能用汉语固有的语素组成的词语而把意思表达得准确、清楚的,就不用外来词。

第三,语法结构上讲究规范。司法文书如果违背了这条原则,就会病句百出,不仅有失法律文书的尊严,也无法看懂,法律就无从实施。

2. 庄严性

诉讼活动是极其严肃的,它要求准确无误地使用法律词语和一般用语叙述案情,说明司法机关的认识和意见,因此它的言语必须是十分庄严的。庄严性包括避免对隐私、阴私等可能产生副作用的情节的露骨叙述,摒弃个人感情色彩浓厚的词语,克服简称的滑稽性,等等。司法文书的内容涉及社会的阴暗面,反映奸情、流氓、犯罪方法等类型案件时,应着力克服叙述可能给社会带来的副作用;刑事被告人低级、下流的言语,如果对于定罪量刑有影响的,也应以概述为宜,要尽量避免原始引用。对此,早在清朝乾隆中期著名办案专家王又槐的代表作《办案要略·叙供》中有言,清朝法学家李渔在《资政新书》中也有同样的观点。

司法文书应当写得简洁,但不能影响庄严性。

3. 质朴性

司法文书是用以办案、解决问题、讲求效用的公文。为了保障司法文书充分发挥法律的种种效能,司法文书必须明确无误地分清是非责任,告诉诉讼参加人的权利和义务等。司法文书语体对"明确性"的要求特别高,因此派生出其语体另一特征"质朴性"。"质朴性"要求司法文书排斥夸张、比喻等修辞格或曲折含蓄的表达方法,同时禁用生僻词语,也忌滥用文言文等。比喻、夸张、比拟、借代、反复等修辞格,是言语艺术化的重要手段,显然不符合司法文书质朴性的要求。"血肉横飞""流氓成性""七窍流血""脑浆四溅""面目全毁""悲惨死去"等描绘或曲折含蓄的词语,尽管看起来华美,但有损司法文书的"明确性",也不宜使用。

综上所述,明确性、简要性、规范性、庄严性、质朴性是司法文书的五个语体特征。

四、以司法文书语体特征为核心研究司法文书修辞

前面研究了司法文书的语体特征,为什么要研究语体呢?概而言之,语体也是修辞学研究的对象,它不是研究个别的用词确切或精炼的问题,而是研究从词到句式乃至整个篇章是否适应某种文体的风格特点。写文章(当然包括制作司法文书)而不明语体,也不遵守语体的规律,那就会无的放矢,笑话百出。宋代倪思说:"文章以体制为先,精工次之。失其体制,虽浮声切响,抽黄对白,极其精工,不可谓之文矣。"①意思是说,文章的体式是作文的头等大事,其次才是声律和辞藻;倘若文章的语体不对,即使文字音韵极其精彩,也谈不上是好文章。比如制作裁判文书,却用了不少比喻和夸张;制作调解书,却大加抒情或描写,这就不合司法文书的"体制",结果收不到应有的表达效果。

修辞是人们运用语言材料以求完善地表达特定思想内容的手段,任何修辞手段都离不开语体,都必须放在具体言语环境中加以考察,才能评判其优劣,笼统地谈修辞,是一种形式主义的研究方法。从语体来研究司法文书修辞,就是为了克服形式主义的修辞研究方法,使修辞的研究能为制作司法文书实践提供切合实际的指南。修辞与语体从很大程度上讲,是内容与形式的关系,语体决定修辞方式的运用,语体特征是修辞方式选择的很重要的标准,离开语体来研究修辞,就会南辕北辙,收不到应有的研究成果。因此,研究司法文书修辞必须围绕司法文书五大语体特征——明确性、简要性、规范性、庄严性、质朴性来进行。这是笔者研究司法文书的基本理论依据。

以司法文书语体特征为核心来研究司法文书修辞,为的是增强针对性和实用性。司法文书的各种修辞手段都应当是与其语体特征一致的,并且为它服务。这里基本要求是一致性,进一步的要求是服务性。

五、以矛盾观点分析司法文书的修辞现象

矛盾无处不在,司法文书修辞活动中也充满了矛盾,因此,司法文书修辞研究也要坚持马克思主义唯物辩证法。

修辞方法分析的独立性和运用的统一性就是矛盾的体现。

司法文书言语变革中的骈散演变问题是一对矛盾,应当以矛盾的观点来对

---

① 吴讷:《文章辨体序说》,人民文学出版社1982年版,第11页。

待。"语必骈俪,文必四六"的骈体判,苛求整齐的形式,以致因文害意,当然不可取。然而,由骈体发展而来的当代散体司法文书,如果像"一盘散沙","散"过了头,无疑也是弊病。所以说,绝对的整齐,绝对的参差,都应摒弃,这才是处理骈散问题科学的办法。

语音和语义也是司法文书修辞中常见的矛盾。言语是语音和语义相结合的信息,语音是形式,语义是内容。从内容着眼,遣词造句要考虑的是语义的组合。

准确与模糊的矛盾在司法文书修辞中不可避免,这对矛盾的妥善处理,是提高言语表达效果的一个重要方面。人们往往强调准确是司法文书言语的生命,而对模糊却注意不够。殊不知,在言语表达中,因语言本身具有模糊性,模糊是不可避免的;就是在力求准确的司法文书中,绝对的准确是没有的,也是做不到的。与准确和模糊这对矛盾密切相关的是模糊词语的选用,进而达到相对准确的效能。

浅析司法文书的言语沿革

闫博慧*

中国法治的历史悠久,沿革清晰,特点鲜明。从古代的司法与行政合一,司法从属于行政;到近代司法与行政分离;再到当代的社会主义司法,可以清晰地看到司法文书也相应地分为古代判词、近代司法文书和当代司法文书。与此相应,其言语有三种类型。

一、古代判词的言语特征

古代断案之语就是判,也称"判词""判牍",清末以来改称"判决书"。鉴于古代司法与行政合一,司法从属行政。古时没有像现在提起公诉的检察机关,提起诉讼的是当事人,而当事人的诉状只是古代司法文书的"杂牌军",判词才是"正规军"。故以判词作为古代司法文书的代表。

唐代以前虽有关于理狱断案的记载,但在这一历史阶段,"判"尚未发展成为一种公认的文体。因此,南齐刘勰"体大思精"的文体论专著《文心雕龙》,就没有论及"判"这种文体。

判词在唐代得到了很大的发展。唐朝"以判为贵",把"试判"作为选拔官吏考试的内容之一,将"文理优长"与否视为判词优劣的标准。按照唐朝的取士选人制度,要做官必须参加吏部的考试。吏部考选,分宏辞、拔萃二科,宏辞试文,拔萃试判。"选未满而试文三篇,谓之'宏辞';试判三条。谓之'拔萃'。中者即授官。"①陆贽以书判拔萃而补渭南尉就是一例。唐朝"以判取士"的制度,促进了判词写作的发展,使当时的文人对判"无不习熟",这在司法文书的发展史上是一个非常重要的事件。

唐判都是骈文,即所谓"语必骈俪,文必四六",其言语四六对句,注重声韵,讲究辞藻,爱用典故。这样的判词。我们称之为骈体判。唐判中,流传至今而最为著名的代表性作品有张鷟的《龙筋凤髓判》和白居易的《甲乙判》。因唐判深受

---

* 闫博慧,廊坊师范学院副教授。
① 《旧唐书·选举志》。

南北朝骈文的影响,有一个共同的弱点:即文采有余,朴实不足,不太切合实用。不过,需指出的是,白居易的判词虽讲究形式的华美,但言语简练,说理质实明畅,用典也不生僻,堪称唐判的上品。

五代和宋代的判词,均沿袭唐代骈体判,科举试判之词,要求以"文采俪偶为工"。至北宋中后期,骈体判因不能适应社会发展的要求,开始向散体转化。哲宗元符年间,福建仙游人王回突破了骈体模式,"脱去四六,纯用古文",即用散体写作判词,使受骈体"拘禁"四百多年的判词获得了"自由",确系判词发展史上一件具有革命性质的大事。自此开始,散体判的写作逐渐流行。南宋末期名儒大臣写的《名公书判清明集》,现存判词116篇,都是用通俗明畅的散文写成,这是散体判快速发展的明证。散体判的产生和发展离不开当时的历史背景。我们知道,唐宋时代的古文运动,发展到北宋中期已成新的高潮,"唐宋八大家"中的六家都盛名于这个时期。古文运动声势之大,不能不影响判词的写作。然而,由于根深蒂固、积重难返,骈体判仍在官场、文坛流行,与散体判"争分秋色",直至清代仍然可见。

明清时,是我国古代判词发展的鼎盛时期,当称古代判词的成熟阶段。

明代设科举考,"第二朝有判语,以律条为题,其文亦用四六,而以'简当为贵'"。① 明代试判虽然也要求用骈体,但已从唐判的"文理优长"、宋判的"文采俪偶为工"发展到"简当为贵"。"简"即文理清楚,文字简约;"当"即以律为据,判决公允。

清代的判词骈散并行,以散为主。清代与明代一样,骈体判仍被用于科场与官场:既是士子应试之体,也为法官断案所用。不过,在明清的司法实践中,骈体判并不盛行。明清传世之作,多数散体判。如晓明、拓夫编的《绝妙判决书》②所收清代判词263篇,没有一篇纯粹的骈体判,大多数是散中有骈,且以散为主。

明代提出的"简当为贵",到清代得到了充实和发展,并在此基础上初步形成了一套制判理论。乾隆中期著名办案专家王又槐在其《办案要略·叙供》中说:

> 供(相当于现在的审理报告)不可多。多则眉目不清,荆棘丛生。若蔓衍支离,重叠缠扰,无不干驳。苟遇紧要关键处所,必须多句而始道得透彻者,则不妨多叙。

> 供固宜简,必简而赅,方得其当。若词不达意,与不中肯,枯窘疏漏者病也。③

光绪年间,吏部尚书刚毅、幕僚葛世达所撰的《审看略论》,从理论上较详细地总结了制判经验。此外,清人无名氏的《居官资治录》,对制判也有精当的论述。

明清"简当为贵"的见解或理论,直接促进了判词的发展并使之走向成熟。

---

① 吴讷:《文章辨体序说》,人民文学出版社1962年版。
② 海南国际新闻出版中心1993年版。
③ 参见《绝妙判决书》,海南国际新闻出版中心1993年版,第251页。

因此,这一时期判词的制作大多摒弃了文学语言与手法,能根据公文语体的要求去遣词造句。

研究古代判词言语特征,目的在于给当今司法文书的制作提供参考。古代判词值得我们今天借鉴的至少有以下几点:

(一) 高度重视判词写作的态度

自唐代"以判为贵"以来,古代官场文坛以判词的优劣衡量才能的高下,奉行"观其判而知其才"的原则。执法官吏为了写好判词,一方面要熟悉经法,博览群书,苦练基本功;另一方面要使判词"字字超群,句句脱俗","下语如铸",使人折服。高度重视的态度是写好司法文书的关键。当今,部分司法机关和司法人员远不如古代官府和执法者重视司法文书的写作,以致有些司法文书的质量得不到应有的提高,有学习古人制判"一词不苟"的态度之必要。

(二) 行文流畅,朗朗上口

这一点在骈体判上表现得尤为突出。避开骈体判拘于形式而伤害内容的弊端来看,骈体判四六相间为句,句式整齐,节奏明显,铿锵有声,顺口悦耳,便于宣读。古代散体判也是流畅的,它散中有骈,读起来不感到拗口,这可从本义抄录的三则散体判中感觉出来。然而,当今的很多司法文书注重了句子是否通顺,而不大考虑行文流畅不流畅。我们知道,句子符合语法即通,但不等于流畅。所以,我们有必要借鉴古代判词追求流畅的经验。

(三) 简当为贵,言语凝练

许多古代优秀的判词惜墨如金,词句简练精当,是值得我们克服司法文书行文冗长平庸的毛病时学习的。

提出以上借鉴意见,绝非厚古薄今。理由是,我们今天的司法文书尽管在结构的科学性、严谨性等方面,都比古代判词优越,但是在言语表达效果方面却有不少问题,亟须解决。

二、近代司法文书言语特征

清末,以"参考古今,博辑中外,模范列强"为宗旨的"变法修律",仿效西方资本主义的法律和司法制度,使中华法系解体,司法文书发生变革。清末到新中国成立这一时期的司法文书与古代司法文书迥异,主要是:

(一) 格式规范化

宣统年间,由奕劻、沈家本编纂的《考试法官必要》,对民刑判决书格式作了统一规定,这是前所未有的,对其后的司法文书产生了深远的影响。该格式为民国所沿袭和发展,判决书形成"主文—事实—理由"的三段论模式。格式对一些内容的表述规定了程式化言语,如关于当事人的身份事项,民事原、被告和刑事被告人均应载明:姓名、性别、年龄、籍贯、职业、住所或居所等项。

（二）散体判成熟化

明清的散体判都是散中有骈,作者时时不忘造些骈句来追求朗朗上口的效果,所以那时的散体判中骈句还是很常见的。近代司法文书不仅排斥了骈体,而且行文根据内容需要来安排句子,通常不刻意追求句式整齐,偶尔用排比句和对偶句也是内容表达的需要。因此,近代司法文书的散体是比较纯粹的,标志着散体司法文书已成熟。

（三）言语平实化

近代的司法文书受到了声势浩大的"五·四运动"的影响,也提倡白话文。现在看来,当时的司法文书言语文白夹杂,但只用浅显文言,且叙事说理不雕饰,在当时是难能可贵的,也应归于平实之列。

近代司法文书颇具代表性的是民国时期的司法文书。例如,抗日战争时国共合作期间,陕甘宁边区法院按国民党旧法院判决书的格式等要求的文书样式制作的一份民事判决书,足以反映近代司法文书言语的特点,现将原文照录如下:

陕甘宁边区高等法院民事判决书[①]

上诉人常维×(常兰),男,三十五岁,米脂白家塌村。农。

被上诉人高申氏,女,三十二岁,米脂城内马巷圪台。

当事人因债务涉讼案,上诉人不服米脂县政务委员会于一九四二年九月十六日所为第一审判决提起上诉,本院判决如左:

主文

原判变更

常维×返还高申氏边币八百元

事实

常维×于一九三三年借得高申氏银币三十元,至今十一年,高申氏迭索债款,常维×又不返还。因报诉于米脂县政务委员会判决常维×停息返还高申氏本银三十元,按米脂边区银行分行牌示时价每块银元合边币五十元,应返还边币一千五百元整。常维×以三十元银币折合边币一

---

① 参见《司法文书与公文写作》1985年第3期。

千五百元为数甚巨，无力返还，来院上诉，请求酌量减免。本院传讯各当事人，被上诉人高申氏以贫病交加，不能来院，上诉人常维×亦受传不到，事实已明了。有原审卷宗及当事人诉状备查。

理由

常维×借高申氏银币三十元。已自认负返还之责，高申氏亦自愿不要利息只要本金，上诉人仅对银币三十元折合边币一千五百元部分表示不服。是此案争点在于银币折价多寡一节，至债权债务本身已无争论。此项银币折合边币之市价在抗战时期变动无常难做标准，自应斟酌双方实际生计情况以为处断，其查上诉人虽非富户，然依目前经济实况尚可勉为筹措，着返还高申氏边币八百元，以期息讼，基上论结，故判决如主文。

一九四三年一月廿五日
民事法庭
庭　长　任扶中
推　事　王怀安
书记员　海　心

三、当代司法文书言语问题

新中国成立之后至今的司法文书发展虽遭挫折，但发展速度较快。

早在新中国成立初期的1951年，中央人民政府司法部就制定了《诉讼用纸格式》，也就是诉讼文书样式。1956年又制定了一套《公证文书格式》。这些格式大多沿用或参照民国时期和革命根据地的样式。后来，我国学习苏联司法工作的经验，判决书的正文逐步演变为事实—理由—主文的三段论式。新中国成立初期的司法文书，多数质量较好，言语朴实，说理简要，还能令人信服。

从1957年"反右运动"起，法律虚无主义盛行，导致司法文书质量大为下降。60年代初，最高人民法院下发了《关于改进审判文书的文风问题》的指示，就审判文书提出了如下具体要求："叙述事实简明清楚，特别是把关键问题交代清楚；判断事实的观点正确，态度鲜明，理由充分，引用政策法律恰当；使用语言文字确切精炼，通俗易懂（不用方言土语），标点符号也用得正确，使识字的人一看就懂，读起来也能使不识字的人听懂。"该指示及时发布，又具有很强的针对性，因而使司法文书的质量有所提高。然而，到"十年动乱"期间，随着"砸烂公检法"的狂潮，司法文书也遭到了践踏，变得面目全非。那时的司法组或办案组使用的判决书等文书，首先都要写上"最高指示"，言语僵化，理由唱高调，等等。"四人帮"垮台后,随着民主和法治建设的进程,司法文书得到了少有的重视和发展。

至今,各司法机关陆续修订了本系统的文书格式。最高人民法院经调查研究,在原有诉讼文书样式的基础上进行了修订,于1992年6月制定下发了《法院诉讼文书样式(试行)》,计14类314种,自1993年1月1日起试行。为配合新样式的试行,最高人民法院要求人民法院的司法文书除形式和内容要准确无误外,表述内容的言语也要准确无误。也就是说,意思要清楚、明确,不能语意含糊不清,模棱两可;也不能渲染铺陈或夸大与缩小,尤其是归纳概括时不能走样、歪曲,而使事实、情节不符其实,改变了性质;遣词造句要精确,只能做单一解释,不能有多义解释而生歧义;语言要庄重、严肃,褒贬恰当,立场和观点鲜明,并应切忌援用罪犯的"黑话""秽语"或者使用方言土语;使用的每一个字和每一个标点符号都要精确,不应有错别字和乱点标点符号,以免产生歧义。[1] 这些要求切中要害,非常正确,对公、检、法、司等执法机关的司法文书制作都有重要的指导意义,也是我们研究司法文书修辞的重要依据。

司法文书发展到今天的散体白话文,其质量应当是好的或比较好的。当代司法文书有些是优秀的,这是事实。然而,由于制作者文化素质水平差异或重视不够,当今有些司法文书质量的状况是:样式规范性尚好,言语表达效果堪忧;言语表达效果方面存在的问题已成为影响司法文书质量的突出问题。这不是危言耸听,法院系统的司法文书质量状况就能说明问题。1987年6月14日,时任最高人民法院院长郑天翔在全国法院工作会议上的报告中指出:现在有些司法文书,包括最高人民法院的一些司法文书,水平不高。有的文理不通,甚至有错别字;对事实的叙述逻辑不清,层次不明;对适用法律的理由表达不充分,有的不准,有的甚至出现严重差错。这里所指出的"水平不高"主要指司法文书言语表达效果方面的问题。最高人民法院办公厅秘书处经调查于1992年夏指出,法院诉讼文书质量不高,有的结构不清,层次不明,内容要素不齐全,叙事语意含糊或者语意未尽却又转移了话题,遣词造句和使用概念不准确,不合文法或者冗长、繁琐;有的不成文体,并且方言土语混用,甚至援用罪犯的"秽言黑话",很不严肃;等等。

虽然,当前司法部门就各自的司法文书都制定了样式,但没有也不大可能就言语表达作出具体的规范。因此,当代司法文书质量不高的问题主要不是合不合样式的问题,而是言语表达效果方面存在的问题。

---

[1] 参见最高人民法院办公厅秘书处编:《法院诉讼文书讲义》,第27页。

裁判文书互联网公开发布若干问题研究

浦 晔[*]

生效判决书作为司法程序的最终成果,具有法律效力。从2014年1月1日起,按照最高人民法院《关于人民法院在互联网公布裁判文书的规定》的规定,"人民法院的生效裁判文书应当在互联网公布",此一措施符合公开审理的案件判决书应公开发布的世界性司法理念。20年来,众多国家都利用互联网作为公开裁判文书的平台,对我国而言这是值得肯定并应持续发展下去的举措。

首先,人民法院的生效裁判文书在互联网公布,一方面有助于提高司法透明度、保障公众知情权、强化司法监督、扩大司法公开的覆盖面;另一方面当事人、关心案件的人、法律研究者等能切实地、不受时间和地域限制地进行搜索和阅读,及时发现和反映问题,对司法予以监督,有效避免各种人情案、关系案、金钱案现象的发生,保证司法的公正性。

其次,这种做法有助于增强法官的责任心,促进法官提升业务素质。若每一份文书都将接受公众的检查和评论,法官就必须更加谨慎地对待每一个案件的审判,主动提高业务水平,积极提升裁判文书的制作能力,使长久呼吁、强调的强化裁判文书说理性成为法官的自觉与习惯。裁判文书上网更为法官、律师等法律工作者研究案例提供方便,从而起到案例指导、统一裁判标准的作用,有利于促进全国法院法律适用和裁判尺度的统一。

最后,人民法院的生效裁判文书在互联网公布对于法制宣传、法学研究也具有重要意义。裁判文书上网方便公众查阅,对于普及法律知识、宣传法制、提升公民的法律素养有着显著作用。网上公开裁判文书可以为学者的学术研究提供可靠、及时、便捷的素材,从而进一步促进法制的发展。

中国裁判文书网是最高人民法院在2013年建成的用于统一公布各地裁判文书的网络平台,在该网站上,任何人都可以以任意两个汉字以上的关键词,对网站上的所有裁判文书进行全文检索,其他各级法院也不同程度地公开裁判类文书。上网文书包括一审判决书、二审判决书、再审判决书;裁定类文书包括:维持原判的刑事裁定,不予受理的裁定,驳回起诉、申诉的裁定,执行异议的裁定,执行复议

---

[*] 浦晔,中国政法大学讲师。

的裁定和决定。对于未成年人犯罪案件、涉及国家秘密、商业秘密、个人隐私案件的裁判文书，调解结案、已撤诉案件裁判文书，死刑案件、国家赔偿案件的裁判文书不予上网。另外，一方或双方当事人明确请求不上网公布其裁判文书的，经过严格的审批程序，该案件的裁判文书可以不上网公布。一方或双方当事人明确请求不上网公布其裁判文书的正当理由一般包括裁判文书涉及的内容可能会给当事人或者其他人造成精神压力或不利影响，涉及名誉权、相邻权、离婚、赡养、继承纠纷等案件的裁判文书上网后可能激化矛盾等。

应当说明上网文书的筛选标准，并在法院网站上予以公布，可增强司法透明度。

在裁判文书全国性公布于互联网的过程中，国家机关、司法部门、法律职业者、当事人及社会公众对法律实施的公开性、公平性、权威性更加认同，也与世界先进国家和地区在法律实施方面更加趋同，比如美国、英国、韩国、欧盟各国及我国台湾地区、香港特别行政区。我国裁判文书全国性公布于互联网目前积累了很多有益的经验，但也存在一些需要注意的问题。

一、裁判文书制作的规范化问题

在中国裁判文书网上，有的判决书在判决当事人一方承担民事赔偿责任后，又用括号注明"包括合理费用"，这种表述有画蛇添足之嫌。有的裁判文书将案由写成"某某某诉某某离婚一案"，极易理解为某某要离婚，是案件的原告，如不想产生歧义应表述为"某某某与某某离婚一案"。

裁判文书的语言要准确，每一份文书都要解决诉讼中的具体问题，裁判文书的语言"对每一个人都要唤起同一个观念"。法院裁判文书发表于互联网要接受公众的监督，因此制作文书要字斟句酌，防止出现歧义。我们能看到法官的努力，也看到他们将压力变成动力，对上网文书一次次进行修改，其实，不妨办案法官集体进行修改或互相帮助修改，这样更容易发现问题，及时改正。

有些法院不按照法律文书格式制作裁判文书导致说理不足的问题也不鲜见。在当前依法治国、追求司法公正的形势下，规范制作裁判文书尤为重要，裁判文书在互联网上公开，法官必须要增强责任心。

另外，如果每份上网裁判文书都能附上为快速浏览而归纳的裁判摘要，则更能方便阅读。

二、维护裁判文书网络安全问题

法院裁判文书是处理程序问题和实体问题的重要司法文书，或者关乎公民或法人重要的民事权利，或者关乎公民的人身权利，都是至关重要的权利。当法院把文书呈现在公众面前的时候，法院也有责任维护网站安全，防止以各种手段对网络的攻击，比如更改生效文书判决结果，把本应隐藏的国家秘密、商业秘密公开，公开当事人的具体住址、身份证号码、电话号码、银行账号等其他信息。对于刑事案件被害人、证人、被告人家属的姓名等个人信息也应隐去，因为个人信息与公共利益无关，一旦上网公开，可能会给相关人员的合法权益带来某种损害。有鉴于此，有必要确立全国统一的裁判文书上网平台（也可以就是中国裁判文书网），解决当前各级法院都会将裁判文书上传网络的问题，也有必要在不久的将来再增设一条法律，规范这种行为，比如攻击裁判文书网络罪。

三、网络联动问题

裁判文书上网是为提高司法透明度、保障公众知情权、强化司法监督，公众仅能查阅裁判文书还不够，条件成熟的时候还应当与检察院的网络联动，使公众能够查阅同一案件的检察机关文书，如起诉书、公诉意见书、抗诉书。目前，检察机关也在做文书上网工作，如果再将同一案件的辩护词、起诉状、答辩状、上诉状、代理词也在裁判文书网上公布，无疑是对案件如何处理、法官如何得出结论的全过程的呈现。只有这样才可使在互联网公布裁判文书提高司法透明度、保障公众知情权、强化司法监督的目的最终得以实现。

四、上网文书期限问题

裁判文书上网公布是为满足公众的知情权、对法律实施进行监督，这对司法公正具有重要意义。在互联网日益影响人们生活的今天，将公民、法人的信息公布于互联网可能会对他们的生活带来负面影响，司法文书对格式的严格要求也会给网络维护带来负担。所以裁判文书不应长时间于互联网上公布，规定一个固定的期限是必要的。

五、关于上网裁判文书的合理利用问题

裁判文书属于公文，不存在著作权保护问题。公开既是司法公开的要求，也是法制宣传、法学研究、案例指导、统一裁判标准的需要。现在，许多法院上网的裁判文书不能存储和下载，给分析、使用裁判文书带来不便，不利于公众对公开的裁判文书提出反馈意见，不利于法学研究的发展。因此，建议最高人民法院出台文件，改变、打消当前法院的顾虑，为在互联网公开的裁判文书提供存储和下载功

能,为最终推动审判工作提供便利。

综上,裁判文书上网是新生事物,没有成熟的经验和完善的模式可供借鉴,实践中还存在不少问题和困难,但它的重要性要求我们应不断完善相关规定和制度,切实保障裁判文书上网工作取得实效,并长期持续下去。

互联网时代裁判文书上网公开的
价值取向及追求目标

李 琴[*]

我们早已进入互联网时代,根据《第33次中国互联网络发展状况统计报告》,截至2013年12月,中国的网民规模达到了6.18亿人,互联网普及率为45.8%。[①] 网民们通过互联网获取自己想要的信息更为便捷快速。面对这样的形势,人民法院公开裁判文书的方式的进一步完善势在必行,上网公开裁判文书成为一种趋势,它是司法改革的关键举措。

一、传统公开方式的利弊

在互联网普及之前,传统的公开裁判文书的方式主要有以下几种:

(一) 通过公开审判的方式公开裁判文书

这种方式主要惠及的对象是法庭公开审理时在场的人员,其受众范围非常有限,对社会的影响明显较小。

(二) 通过案例指导制度公开

《最高人民法院公报》从1985年开始刊载大量典型案例,随后,各地人民法院也积极推动案例指导制度。案例指导制度使得裁判文书公开的范围和影响力在原有基础上都得到了拓展,但是这种方式的主要受众是各级人民法院。因为案例指导制度推行的目的主要在于指导人民法院的审判工作,所以其选择公开的案例具有典型性或较为复杂疑难的案件,或是新类型的案件,社会公众很难获取具体完整的裁判文书。

(三) 通过新闻媒体报道公开裁判文书

这种方式公开面虽然较广,但由于新闻媒体自身的特点,其对裁判文书往往

---

[*] 李琴,华东政法大学副教授。
[①] 参见《第33次中国互联网络发展状况统计报告》,中国互联网信息中心2014年1月发布。

不能够全文公布。并且被法院认可的刊载裁判文书的报刊均为《人民日报》《法制日报》《人民法院报》等官方的报刊。2000年最高人民法院公布的《裁判文书公布管理办法》中规定,裁判文书公布的五种渠道中有两种是借助新闻媒体:一是对有重大影响的案件的裁判文书,商请《人民日报》《法制日报》等报刊予以公布;二是对具有典型意义、有一定指导作用的案件的裁判文书,不定期地在《人民法院报》《最高人民法院公报》公布。① 基于上述原因,通过新闻媒体公开裁判文书的方式受众面固然大大增加,但在实效上必然受到限制。

(四) 通过申请查询的方式公开裁判文书

最高人民法院公布的《裁判文书公布管理办法》第2条第4款规定:所有公布的裁判文书可装订成册,放在指定部门供各界人士查阅。目前先考虑放在出版社的读者服务部,同时设置一部触摸式电脑将公布的裁判文书输入,供查阅。如当事人需要索取的,可收取成本费。② 这种方式看似受众面广,但是申请程序不便,落实情况较差,很难起到应有的实际效果。

(五) 通过出版成书的方式公开裁判文书

这种方式虽然切实可行,也很可靠,但是无论从公开方还是从受众方看,其公开裁判文书的成本和获取裁判文书的成本都很高,因此实际效果明显受到影响。

综观上述传统的公开裁判文书的方式,虽然各具优点,但其弊端也非常突出。所以,当今时代,借助网络的助推公开裁判文书已经成为一种必然的选择。

二、上网公开的价值取向

上网公开裁判文书在我国经历了相当长时间的探索。我国最高人民法院早在2000年6月15日发布的《裁判文书公布管理办法》中提出"有选择地向社会公布裁判文书"。2007年6月4日,最高人民法院印发了《关于加强人民法院审判公开工作的若干意见》,要求"各高级人民法院应当根据本辖区内的情况制定通过出版物、局域网、互联网等方式公布生效裁判文书的具体办法,逐步加大生效裁判文书公开的力度"。2009年2月13日,最高人民法院出台《关于进一步加强司法便民工作的若干意见》,要求逐步建立裁判文书查询制度,有条件的人民法院可以建立在网上依法公开案件裁判文书的制度。同年12月,最高人民法院再次出台《关于司法公开的六项规定》,第一次将文书公开作为单独的内容加以规定。2010年11月21日,最高人民法院发布《关于人民法院在互联网公布裁判文书的

---

① 《裁判文书公布管理办法》,最高人民法院2000年6月15日公布。
② 同上注。

规定》,专门对裁判文书的网上公开作出具体细致的规定。在最高人民法院的推动下,全国不同地区、不同级别的法院纷纷推出裁判文书上网的改革措施,大部分法院的门户网站都已建立裁判文书专栏。据中国社科院法治指数实验室对 26 个省、直辖市的高级人民法院和 43 个较大的市的中级人民法院的调查,88.5% 的高级人民法院和 81.2% 的中级人民法院都在网站上设立了有效的裁判文书栏目。2013 年 7 月,最高人民法院《裁判文书上网公开公布暂行办法》正式开始实施,明确生效裁判文书"全部公开"。2014 年 1 月 1 日,最高人民法院《关于人民法院在互联网公布裁判文书的规定》正式生效。

从上述一系列规定和司法实践中对这些规定的落实情况不难看出,我们越来越意识到上网公开裁判文书的价值所在。

首先,上网公开裁判文书有助于司法公正的实现。裁判文书通过网络公开大大提高了受众范围,保障了公众的知情权,提高了我国司法的透明度,也强化了对司法的监督力度。正如英国丹宁勋爵所说,"正义不仅要实现,而且要以看得见的方式实现"。当裁判文书上网公开之后,更多的人可以看到人民法院裁判结果的得出过程,并对此进行监督,使司法公正以公众看得见、摸得着、感受得到的方式实现。通过这样的方式,可以更有效地避免人情案、关系案、金钱案等现象发生。

其次,上网公开裁判文书可以促进法官素质的提高。"自从法官出现以后,就有两个问题伴随左右。一个是法官可能因腐败而致使司法失去公正;第二个是法官在忠于法律和创造法律之间进行选择。"[1]正因为如此,为了防止司法权力的滥用,需要有其他权力对其行使予以制约和监督。将裁判文书上网公开暴露于阳光之下,无疑对法官综合素质的提高具有促进作用。它可以强化法官的责任心,使法官们不断提高自身业务水平,完善整体修养,从而进一步促进法官职业化进程。

再次,上网公开裁判文书有利于统一法律的适用。司法实践中常常出现同案不同判的现象,使司法的权威性受到了影响,司法的公信力备受质疑。上网公开裁判文书,不仅可以展示法官的法律功底和职业素养,还能够敦促法官们互相学习,彼此借鉴,扬长避短。尽量做到同案同判,树立司法权威,提高司法公信力。

最后,上网公开裁判文书也给立法者、司法者、学者和普通公民提供了一个良好的学习互动平台,有利于立法者更好地立法、司法者更好地执法、学者更好地研究法律,也有利于对公众进行法律宣传和普法教育。

三、以形式公开促进内容的公开

虽然利用网络优势是互联网时代公开裁判文书的最佳方式,但上网毕竟仅仅

---

[1] 吴庆宝:《裁判的理念与方法》,人民法院出版社 2004 年版。

是一种手段和措施,其最终目的应该是为了促进裁判文书内容的公开。上网不是作秀,不能只满足于告诉大家裁判文书上网了,更重要的是要通过网络告诉公众裁判文书的质量是过硬的,并愿意接受大家的监督,不断完善,从而更好地促进司法改革。真正意义的公开是要让公众了解裁判结果形成的过程,裁判结果得出的理由和依据。具体而言,上网公开的裁判文书应当充分展示以下几方面的内容:

(一) 客观反映诉辩观点,准确归纳争议焦点

争议焦点是整个案件矛盾的交锋点,是需要法官公正裁判的核心问题。无论什么性质的案件,诉辩焦点或控辩关键都是引领案件审理的主线和枢纽,而对争议焦点的准确把握则有赖于法官对案情的熟悉程度,有赖于法官能够客观反映诉辩观点,做到不偏不倚。以民事裁判文书制作为例,目前司法实践中民事案件争议焦点的归纳是一个比较突出的薄弱环节。主要表现在:争议焦点的归纳完全依赖于审判人员个人的感觉和经验,普遍存在笼统、不具体、不准确或者失之于零乱,缺乏内在逻辑联系的现象;有的纯属为了有争议焦点这一环节而归纳争议焦点,结果使争议焦点完全失去了引领整个案件审理的应有作用。[①] 虽然对上述现象存在的原因大家说法不一,但有一点是肯定的,那就是法官的主观性。因为法官往往是根据自己的感觉和经验归纳争议焦点。正因为如此,所以裁判文书制作中更应该强调对诉辩意见的客观反映,必须完整无误地将诉辩或控辩双方的意见表述清楚。这里所说的诉辩意见或控辩意见不仅仅是指当事人的意见,也包括他们的辩护人或代理人的意见,尤其是律师作为当事人的辩护人或代理人时发表的意见,判决书中应当充分、完整地予以反映。只有这样,才能够体现真正的公开、公平。

(二) 真实体现举证、质证情况,加强对证据采纳的分析

裁判文书不仅仅要真实体现诉辩双方举证、质证的具体情况,更重要的是必须详细反映法官对于证据的采信意见以及分析认证意见。目前实践中裁判文书普遍存在的问题是,对证据表述重在概括而缺乏针对性,更缺乏对有争议证据的逻辑分析。以第一审刑事判决书制作为例,一般对控方举证表述大概有三种情形:第一种表述为"检察机关针对指控的上述事实,向本院移送了书证、物证照片、证人证言、鉴定结论书、被告人供述等证据材料"。第二种表述为"为证明指控的事实,公诉机关以被告人的供述、证人陈某等的证言、增值税发票、付款凭证、支票、汇票等书证为指控依据"。第三种表述为"公诉机关当庭宣读和出示了下列证据:(1)被害人某某、某某指证被告人砍伤了自己;(2)目击证人某某证实了被

[①] 参见雷新勇:《关于民商事案件争议焦点的归纳》,载 http://www.jsfy.gov.cn/llyj/xslw/2012/12/28075413216.html,访问日期:2014年9月20日。

告砍伤被害人某某、砍死被害人某某的事情经过;(3)证人某某证实被告手里拿着菜刀的情节;(4)现场勘查笔录证实作案现场血迹分布情况;(5)尸体检验报告证实被害人死于锐器致严重颅脑损伤"。① 对辩方举证的表述也大体如此。乃至到法院"审理查明"部分,判决书也一味地重复举证情况或对举证情况稍加细化,其引导句式往往是"以上事实有××人民检察院提交的以下证据证实:……"最后再加一句:"上述证据均经庭审质证,本院予以确认。"或干脆表述为:"以上证据内容来源合法,内容客观、真实,本院予以确认。"这种证据表述模式使我们看到的是裁判文书用大量篇幅去罗列控辩双方没有争议的事实证据,而对辩护方有异议的事实证据却轻描淡写,甚至一笔带过。这样的裁判文书上网公开是经不起社会大众推敲的。

(三) 重视裁判理由的阐述及逻辑推理

我们的裁判文书说理性一直不够,随便拿一份裁判文书就不难发现理由阐述是裁判文书制作最薄弱的部分。随着裁判文书的上网公开,对裁判理由阐述及逻辑推理的重视也成为必然趋势。司法实践中许多裁判文书理由部分往往只有一些结论性的表述和相关法律依据的罗列,有的判决书理由部分甚至只有几句口号式的文字。裁判结果的得出缺乏严密的逻辑推理,是当前裁判义书理由阐述存在的最大问题。以李昌奎故意杀人、强奸一案为例,第一审人民法院判处被告人李昌奎死刑,其理由是:"本院认为,公诉机关指控被告人李昌奎的犯罪事实清楚,证据来源合法,证明内容客观真实,与案件事实相关联,具有证明力,证据确实充分,本院予以确认。被告人李昌奎报复杀害王家飞、王家红,其间强奸王家飞的行为,已分别构成了故意杀人罪、强奸罪,对被告人李昌奎应实行数罪并罚。被告人李昌奎所犯故意杀人罪,犯罪手段特别残忍,情节特别恶劣,后果特别严重,其罪行特别严重,社会危害极大,应依法严惩,虽李昌奎有自首情节,但依法不足以对其从轻处罚。被告人李昌奎及其辩护人均提出李昌奎并非报复杀人的辩解与本案查明的事实不符,被告人李昌奎及其辩护人请求从轻处罚的辩护意见不能成立,本院不予采纳。"②其中既没有对定性的分析也没有对量刑的分析,尤其对被告人及辩护人意见不予采信的部分缺乏逻辑分析,只有粗暴的结论表述。本案第二审人民法院对一审认定事实及证据均予以确认,只是量刑部分改判被告人李昌奎死刑,缓期二年执行。但在第二审刑事判决书中,法官却仍然用大量文字反映该案事实和证据,其理由部分则阐述道:"本院认为,上诉人李昌奎目无国法,将王家飞掐致昏迷后对其实施奸淫,而后又将王家飞、王家红姐弟杀害的行为,分别构成强

---

① 周瑞平:《前轮优秀刑事裁判文书的制作》,载 http://www.ahcourt.gov.cn/sitecn/zh/51339.html,访问日期:2014年9月25日。
② 云南省昭通市中级人民法院(2010)昭中刑一初字第52号刑事附带民事判决书。

奸罪、故意杀人罪,应依法严惩。被告人李昌奎在犯罪后到公安机关投案,并如实供述其犯罪事实,属自首;在归案后认罪、悔罪态度好;并赔偿了被害人家属部分经济损失,故上诉人李昌奎及其辩护人所提被告人具有自首情节、认罪、悔罪态度好,积极赔偿被害人家属的上诉理由和辩护意见属实,本院予以采纳。鉴于此,对李昌奎应当判处死刑,但可以不立即执行。综上所述,原判认定事实清楚,定罪准确,审批程序合法。但对被告人李昌奎量刑失重。检察机关针对李昌奎的量刑意见,本院不予支持。"显然,这份二审判决书并没有针对一审的量刑进行分析,也没有具体阐明二审改判的理由及逻辑推理。只是文字上作简单调整就对一个死刑判决案进行改判,这无疑是很难说服社会大众的。

  笔者以为,在互联网时代上网公开裁判文书是一种必然趋势,是司法改革的关键一步。但上网公开不能仅仅流于形式,而必须通过上网公开促进裁判文书的内容公开,真正达到以公开促公平的效果,从而实现司法的正义。

论检察法律文书公开面临的现实困境及机制完善

甘泽阳*

习近平总书记指出,要努力让人民群众在每一个司法案件中都感受到公平正义,进一步加大司法公开力度,回应人民群众对司法公正公开的关注和期待。目前,全国检察机关案件信息公开系统已全面部署使用。各级人民检察院通过这个统一的平台,向社会公开法律文书等重要案件信息,以此主动积极回应人民群众对司法公开和公信力的期待。

一份论证严谨充分的检察法律文书,不仅是呈现检察工作成效的优质"窗口",更是体现检察机关公信力和权威性的重要载体。但是,当前无论是从观念到制度,从资源到技术,从形式到内容,检察法律文书的公开都存在着诸多需克服的问题。本文试图从基层检察院法律文书公开的实践探索入手,分析当前检察机关法律文书公开的法理基础、现实困难和应对路径,以期为完善检察机关法律文书公开的机制建设提供参考。

一、检察机关法律文书公开的法理基础

(一)是检察机关树立执法公信力的需要

与侦查、审判系统不同,检察权的行使更多的是在司法系统内部进行运作,如批准逮捕、提起公诉等,公众参与度相对较小,即便是自侦案件,也是针对少数群体,社会公开性较弱,社会公众很难直接接触和了解。因此执法公信力对于检察机关而言,更多地意味着社会对其执法流程的认可,而非仅对裁决的评判。社会公众对检察公信力的疑虑和诘问,本质上仍然来源于对检察权非阳光运行部分的不信任感,因此要从根本上解决这个问题,需要公开的不仅仅是检察政务,更应该是检察业务。通过检察机关自觉开放检察文书这一检察业务载体,有利于消除公众对于执法权滥用的疑惑。[①]

---

* 甘泽阳,福建省泉州市洛江区人民检察院原检察长,现任福建省晋江市人民检察院检察长。
① 参见赵剑、薛舒平:《检务公开不妨试试"晒文书"》,载《检察日报》2013年6月21日。

（二）是检察机关终结性法律文书的司法性需要

作为一种程序性裁判文书,检察机关在某些情况下往往充当着"司法裁判者的角色",所作的具有终局效力的终结性法律文书与人民法院所作的裁判文书相同,都具有司法裁判属性,决定了终结性法律文书不仅应当向相关当事人公开,还应当向社会公开。①

（三）是检察机关接受社会公众监督的需要

从权力制衡理论来分析,检察法律文书公开有利于社会公众监督检察权。孟德斯鸠指出:"一切有权力的人都容易滥用权力。"对权力进行制约和监督,一是通过权力制约权力,二是通过权利制衡权力,三是通过法律制衡权力。② 同其他任何一种公权力一样,检察权也存在着被滥用的危险和可能。而身为法律监督机关,"谁来监督监督者"更是一个热门话题。阳光是最好的防腐剂。法律文书上网公开就是通过公众知情权实施对检察权的监督、遏制、预防腐败,促使检察官严谨慎重、依法公正地办理每一件案件,保障公平正义的实现。

二、检察机关法律文书公开面临的现实困境

自 2014 年 10 月 1 日起,案件信息公开系统正式在人民检察院案件信息公开网上线运行。虽然仅有短短的一段时日,但笔者仍从中梳理了不少法律文书公开值得重视的问题。

问题一:对法律文书公开的重要性认识不足。有些承办人对法律文书上网公开表示不满,认为案多人少,文书上网会极大地增加工作量,且需承担风险,"多一事不如少一事",消极对待法律文书公开问题。

问题二:对文书质量与执法公信力的内在关联性认识不到位。从法律文书中低级的文字错误到法律文书引用法律条款错误,再到法律文书中说理不透、说理不通,会让社会公众怀疑检察官队伍的素质和能力,让当事人质疑检察官办案的公正和公平,引发网络舆情、上访甚至缠访。

问题三:公开的法律文书无统一格式。从全国检察机关公开的法律文书看,格式不尽相同。如有的检察院未隐去被告人姓名,有的将案件承办人姓名隐去,有的起诉书引用法律条文表达不规范。检察机关应自上而下统一法律文书格式,特别是应统一上网公开的几种法律文书格式。

问题四:法律文书释法说理不足。主要表现在:一是证据的取舍随意,对证据

---

① 参见高一飞、吴鹏:《论检察机关终结性法律文书向社会公开》,载《中国刑事法杂志》2014 年第 3 期。
② 参见龙飞:《裁判文书上网的价值取向与路径选择》,载《人民司法》2011 年第 13 期。

的采信缺乏分析论证。有的法律文书只是罗列证据名称，笼统概括证据的内容，证据能够证明哪些事实和情节，它们之间有什么内在联系，却是讳莫如深。二是对事实的认定缺乏证据的支撑。案件事实是一种法律事实，是检察官通过诉讼中的证据取舍认定而达到的对过去事件的认识，应具有充分的证据和逻辑根据，而有的法律文书并没有阐明这种认识过程和认识依据。三是结论武断，对结论理由缺乏解释和说明，常常简单地以"事实清楚、证据确凿"来代替说理，内容空洞，千案一理，使人们不知案件结论是如何得出的。四是法律引用随意，对适用的法律缺乏解释。五是释法说理的意识和技术欠缺，决定缺乏说服力。①

问题五：信息化平台开发滞后。人民检察院案件信息公开网中公开的法律文书均来自检察机关统一业务应用系统，由各地案件管理中心工作人员每天从系统中导出数据上传至人民检察院案件信息公开网。而系统应对法律文书上网公开的技术研发尚未到位，如屏蔽法律文书案件当事人及诉讼参与人姓名和个人信息等的插件到目前为止仍未投入使用，各地检察院只能通过承办人手动操作屏蔽，极大增加了工作量。此外，人民检察院案件信息公开网仍不是很稳定，个别法律文书点击后出现"您访问的网页不存在"的提示。

问题六：法律文书公开对象狭隘。目前的检察机关法律文书公开仅仅依托信息化建设载体，这主要是针对能够使用网络设备的网民。而刑事案件的当事人及其近亲属等有相当一部分从未接触过网络或者不善于使用网络。检察机关在运用信息化设备推进检察法律文书公开的同时，必须注重方式的多样化，避免陷入高科技、低效益的误区。

三、检察机关法律文书公开的应对路径

（一）开的途径应丰富多元

检察法律文书应通过多种渠道向社会公开，方便当事人和公众采取不同方式查阅和监督。在公开的途径选择上可以采取网上和网下两种方式并行，一方面依托人民检察院案件信息公开网、微博、微信等基于互联网技术的新媒体，将可公开的文书全部上网公布，并建立统一、开放的检索数据库，方便公众随时检索。另一方面可以利用设置于公共场所的检务公开栏、电子显示屏、触摸屏等实体平台，向公众滚动播放近期公开的文书；同时，还可以完善检察档案查阅制度，公民如有需要，可凭有效证件到检察机关档案室查阅已公开的法律文书。

---

① 参见高权：《检察法律文书释法说理不足的表现、原因及建议——以刑事法律文书为视角》，载《大庆社会科学》2009年第5期。

(二) 公开的内容应标准规范

公开的检察法律文书的质量和水平直接体现了检察机关的形象,其形式必须符合最高人民检察院规定的样式标准,其内容表述必须准确、规范。法律文书在公开前要严格把关审核,凡是涉及国家秘密、商业秘密、个人隐私、未成年人犯罪的,一律不得公开;凡是可能会给刑事案件的被害人造成二次伤害,或者可能会对案件当事人、诉讼参与人的合法权益造成损害的内容(如未成年人当事人和证人的姓名、地址、身份证号等),在公开时要进行适当处理。

(三) 释法说理工作要同步

检察法律文书释法说理不足的原因有多种。既有长期以来与诉讼中重实体、轻程序有关,也与我国现行检察制度行政化有关,使得检察官们不习惯释法和说理。此外,各地基层检察院长期以来案多人少的矛盾突出,使得检察官在制作文书上的时间和精力投入不足,影响了检察法律文书制作的质量。现行的法律文书多为填充格式,承办人员只需援引法条,填写当事人概况、案件性质等要素即可制作完成,无须作任何分析论证,虽有利于法律适用的统一,但也存在无法反映法律事实发生的全部过程,禁锢了检察官的判断力和主观能动性。将法律文书由填充式改革成说理式也许是当前适应司法实践需要,寻求统一规范操作与灵活个性发展的最佳平衡点。当事人知悉了检察院办案的依据和理由,便不再会反复找办案人员要求解释,不再怀疑办案人员处理案件的随意性和暗箱操作,既减少了有关部门上访的压力,减少了社会的不稳定因素,同时也提高了检察机关的公信力。同时,检察机关还需考虑不同群体公众的接受能力,积极延伸释法说理工作链条,利用检察开放日、巡回法制宣传、检察服务窗口等工作平台,面对面为群众答疑解惑,引导群众作出正确的价值判断,不断提高检察工作的亲和力。

(四) 检察官素质亟须提高

审查案件、撰写法律文书的过程既是一个归纳分析推理的思辨过程,又是一个发现证据缺陷、事实模糊以及定性不准等问题的过程。检察官需要具备缜密的法律思维和文字功底,才能将论证讲理的方式在法律文书中条理清楚地表达出来,以显示"看得见的公正"。一个文字表达能力不强,或者法律素养不高的检察官是不可能写出令人满意的法律文书的,而一份份法律文书,将是我国法制建设的一面镜子,真实反映我国法制建设的进程。所以,只有提高检察官的司法实务水平和法律职业素质,才能适应法律文书公开的需要。当前正在推行的检察官责任制改革,为法律文书的公开提供了一个良好的历史契机。

（五）舆情应对处置要及时

公开后的法律文书将接受社会公众全方位的"检阅"和评议，即使其中一个小小的错漏，都可能会因网络炒作而被无限放大。面对法律文书公开后随时可能"发酵"的涉检舆情，检察机关要提前制定应对与处置预案，及时收集处理并答复当事人或者社会公众的质疑或异议。必要时，可以通过召开新闻发布会、情况介绍会等形式，公开回应公众关切的问题。

信息化对司法公开影响的实证研究

蔡远涛*

引　言

在中国三十多年的司法改革进程中,司法公开始终是其关键性一环。自20世纪80年代起,我国司法公开先后历经了庭审公开、有限公开和全面公开三个阶段。[①] 在今天这样一个更加开放和高效的信息化时代,微信、微博、门户网站、无纸化办公的普及,不仅改变了以往信息传播的方式和途径,而且深刻地影响了包括司法活动在内的国家活动的方式甚至内容。这使我们意识到,信息化可能给司法公开领域带来的前所未有的变革。

一直以来,中国司法实务界和法学界为实现透明的中国司法进行了不懈的努力。2009—2013年间,最高人民法院先后印发了《关于司法公开的六项规定》(以下简称《六项规定》)、《关于人民法院接受新闻媒体舆论监督的若干规定》《司法公开示范法院标准》和《关于推进司法公开三大平台建设的若干意见》等一系列文件[②],引发了广泛的思考和争议。尤其是《六项规定》的颁布,确立了以立案公开、庭审公开、执行公开、听证公开、文书公开、审务公开为内容的司法公开体系,堪称中国司法公开进程中的纲领性指导文件。也正是从2009年《六项规定》时起,理论界对于司法公开的探讨逐渐趋热,并产出了相当一批成果。其中不乏基于中国视域对司法公开一般问题的理论探讨[③],亦

---

* 蔡远涛,厦门航空有限公司。

① 关于中国司法公开发展之沿革及相关内容或略或详的梳理和研究,参见张莉:《中国司法公开制度的发展》,载《中国司法》2011年第9期;高一飞:《走向透明的中国司法——兼评中国司法公开改革》,载《中州学刊》2012年第6期;高一飞、龙飞等:《司法公开基本原理》,法律出版社2012年版;陆幸福:《知情权的中国实践》,法律出版社2012年版;孙午生:《当代司法公开研究》,南开大学出版社2013年版,在相关章节中,对司法公开的历史沿革,亦有诸多梳理和研究。

② 具体可参见沈德咏、景汉朝主编:《司法公开规范总览》,中国法制出版社2012版。该书收录了关于司法公开的宪法法律规定,以及最高人民法院近年来出台的规范性文件,还有全国100个司法公开示范法院开展司法公开工作总结出来的规范性文件。

③ 其中较具有影响力的有刘敏:《论司法公开的扩张与限制》,载《法学评论》2001年第5期;蒋惠岭:《扫除司法公开的十大障碍》,载《中国审判》2010年第5期;谭世贵:《论司法信息公开》,载《北方法学》2012年第3期;龙宗智:《"内忧外患"中的审判公开——主要从刑事诉讼的视角分析》,载《当代法学》2013年第6期;谭世贵:《我国法院司法信息公开的实践、问题与对策》,载《法治研究》2014年第4期。倪寿明:《司法公开问题研究》(中国政法大学2011年博士学位论文),是笔者检获之近年来对司法公开一般理论问题考述较为详备者,亦

不乏对媒体与司法公开之关系的多维度考察①,作为补充,亦有实务界对司法公开现状的述评。②但既有之成果主要着眼于理论层面的解释展开,然于实证路径的探索研究,则置喙甚少。且囿于著者之研究取向,加之受专业路径的影响,殊少有学者对信息化与司法公开之关系进行过深层次的考量。近年来,虽有学者对这一问题予以撰文探讨③,但笔者认为远没有穷尽的迹象。

正义不仅要实现,而且要以人们看得见的方式实现。④虽然受限于事物的发展规律,信息化不可能一劳永逸地解决司法活动中的公正、廉洁等问题,但毋庸置疑,以信息化促进全面司法公开可以更有效、务实地解决司法领域的权力寻租和暗箱操作等问题。事实上,西方法治发达国家在探讨如何在信息化时代进行司法公开上已经走在前列,并且付诸实践,如美国在远程信息化司法公开领域的探索、英国微博庭审直播的兴起等。由于信息化时代的晚至,在法治国家,带有信息化因素的司法公开举措并不罕见。在我国,信息化的时代虽然已经到来,并已深刻改变了国家、组织的沟通方式、工作方式,但信息化对我国的影响整体上还是渐进并相对有限的。⑤就整体的法治环境而言,司法公开信息化转型道路上的障碍仍然很多,而随着时代的变迁,社会对于司法公开的诉求和呼声却日渐高涨。从近年来的李天一案、薄熙来案等影响力较大、关注度较高的案件来看,旧式的司法公开模式已经受到了较大的冲击,不能很好地应对现有情形。而与此同时,一些新

---

① 代表性的有最高人民法院司法改革领导小组 2012 年编制的《司法公开理论问题》一书中刊载的 15 篇文章,其中详细探讨了包括司法与媒体的监督的"二律悖反"、良性互动以及冲突平衡等问题。另可参见贺卫方:《传媒与司法三题》,载《法学研究》1998 年第 6 期;王建林:《媒体对司法的监督》,载《河北法学》2004 年第 6 期;程竹汝:《传媒的公共问责功能与司法独立》,载《政治与法律》2002 年第 3 期;栗峥:《传媒与司法的偏差——以 2009 十大影响性诉讼案例为例》,载《政法论坛》2010 年第 5 期;李雨峰:《权利是如何实现的——纠纷解决过程中的行动策略、传媒与司法》,载《中国法学》2007 年第 5 期。另参见高一飞:《媒体与司法关系研究》,中国人民公安大学出版社 2010 版;姚广宜:《中国媒体监督与司法公正关系问题研究》,中国政法大学出版社 2013 年版;陈婴虹:《网络舆论与司法》,知识产权出版社 2013 年版,是近年来媒体与司法关系较新研究成果的系统阐述。

② 参见沈德咏、景汉朝主编:《司法公开实践探索》,中国法制出版社 2012 版。该书汇集了全国 100 个司法公开示范法院开展司法公开的工作情况、经验介绍及有益探索,并记录了对司法公开工作的进一步开展提出积极的意见和建议。其他文献主要来自各级法院的课题组及研究室,散见于报端及刊物。如北京市第一中级人民法院课题组:《关于加强司法公开建设的调研报告》,载《人民司法》2009 年第 5 期;龙飞、赵昕:《各地法院司法公开之探索与实践》,载《中国审判》2010 年第 5 期;《山东审判》编辑部:《司法公开的山东实践》,载《山东审判》2013 年第 5 期。

③ 对司法公开与信息化问题的探讨,只有零星涉及,罕见系统性的研究和论述。参见田禾主编:《司法透明国际比较》,社会科学文献出版社 2013 年版;朱苏力:《谨慎,但不是拒绝——对判决书全部上网的一个显然保守的分析》,载《法律适用》2010 年第 1 期;贺卫方:《判决书上网难在何处》,载《法制日报》2005 年 12 月 15 日,第 9 版;梁冰:《网络时代下人民法院司法公开》,吉林大学 2013 年硕士学位论文;常君:《司法公开理论及实证研究》,中国社会科学院 2012 年硕士学位论文。另参见左卫民:《信息化与我国司法——基于四川省各级人民法院审判管理创新的解读》,载《清华法学》2011 年第 4 期,该文虽然主要着眼于对信息化与审判管理的研究,但对信息化与司法公开的研究也非常具有参考和借鉴价值。

④ 参见[英]丹宁勋爵:《法律的正当程序》,李克强、杨百揆、刘庸安译,法律出版社 2011 年版,第 23 页。

⑤ 参见左卫民:《信息化与我国司法——基于四川省各级人民法院审判管理创新的解读》,载《清华法学》2011 年第 4 期,第 142 页。

兴媒介的非凡魅力却得以展现,它们在整个司法信息传递过程中所表现出的务实、便捷和高效,得到了广大民众的普遍认同。近年来,最高人民法院接连提出了科技法庭、三大平台等崭新概念,积极探索和构建信息化的司法公开模式,其作为司法改革的一项新尝试,日益引人注目。

　　本文旨在结合信息化时代背景,揭示信息化对司法公开产生的深刻影响,并力图以一种全新的视角探视信息化给司法公开领域带来的变革,以此引发更多人的关注,并促使他们参与到信息化与司法公开的研究中来。同时,笔者也认为,为了避免理论与实践的脱节,对于司法公开的论述,更多的应当从实践意义上展开,正是基于这种研究理念,笔者在文中坚持使用了实证研究的方法,以背景、现状、成效、问题四个维度对信息化司法公开进行一个多层次的递进考察,从理论和实践上为其正本清源。这种学术努力,或可为明晰以致消解信息化司法公开实施争议提供若干可行的路径。

一、司法公开信息化转型的背景

(一)"传统司法公开模式"与"信息化司法公开"之争

　　人类社会在经历了漫长的原始社会、农业社会、工业社会后,于20世纪末逐步过渡到信息社会。[①] 与此同时,伴随着社会生产力的发展,信息的传递方式也发生了巨大的改变。以计算机技术、通信技术和网络技术为基础的互联网络的普及,极大地改变了传统信息的传播模式,这种变化是深刻的,它不仅拓宽了传统传播方式下信息的受众面,更提升了信息的使用效率,加大了信息的传播总量。我们将这种在社会生活中普遍采用信息技术和信息资源,以及逐渐建立与之相应的社会行为模式、社会结构和社会规范体系的过程称为"信息化"。[②]

　　思想与表达载体的不同深刻影响到包括司法活动在内的国家活动的方式甚至内容,致使国家与司法活动呈现差异颇大的样态。[③] 基于此,传统司法公开模式和信息化司法公开之争不可避免。在传统司法公开模式下,司法公开主要依赖于纸质的传播载体,譬如我们日常所见的影印在纸质传播载体上之布告、公告、审判流程表、裁判文书等。这种依赖于传统信息传播方式的司法公开模式在信息化时代到来之前,发挥了非常重要的作用。作为一条纽带,它紧紧地将当事人和法院、普通民众和司法活动联结在一起;通过这种方式,司法公开得以践行。不能否认,

---

[①] 参见靖继鹏、吴正荆主编:《信息社会学》,科学出版社2004年版,第1页。
[②] 参见王雅林、何明升主编:《信息化生存与超越》,黑龙江人民出版社2004年版,第28页。信息化可以从多个角度来理解,这里仅从社会学的角度来理解并对其进行定义。
[③] 参见左卫民:《信息化与我国司法——基于四川省各级人民法院审判管理创新的解读》,载《清华法学》2011年第4期,第142页。

纸质传播方式在诸多方面有其优势,譬如制作简单方便,白纸黑字,不易更改等。职是之故,传统的司法公开模式在当下依然占据主导地位。进入信息化社会后,纸质载体的弱点和积弊开始凸显。要而言之,司法公开信息量的急剧增长受到纸质载体的贮藏空间及其本身一些缺陷的限制。就保存而言,纸质载体易变质或老化,其内容的复制需耗费大量人力和时间。从检索和利用来看,因其公开之内容依附大量纸质载体,检索和利用之不利毋庸赘述。① 退而言之,这种盛行了几十年依托于纸质载体的传统司法公开模式的受众面亦极其有限,其传播之速度,殊难称疾迅。在司法实践中,存在诸多不便,违背了司法公开的应有之义。

在传统司法公开模式不能很好地应对现状的同时,依托于科学技术之发展,新兴媒介的广泛使用带来了一种全新的司法公开模式,即信息化司法公开,它主要指人民法院综合利用微博、微信、门户网站等新兴媒介,进行立案公开、庭审公开、执行公开、听证公开、文书公开、审务公开活动,以此增进公众对司法的了解、信赖和监督。实践中,对是否以信息化司法公开替代传统司法公开模式,抑或将传统司法公开模式和信息化司法公开兼施并重,理论界和实务界还存在不少争议,此盖因我国法院信息化建设不足②以及对司法公开价值取向之偏离所致。较之于传统司法公开模式,借助于新兴媒介的信息化司法公开具有以下优点:一是拓宽了信息之受众面;二是提升了信息之传播速度;三是极大地丰富了司法公开之内容。信息化司法公开的三个特点,正好与司法公开自身的内在要求相互契合,并弥补了传统司法公开模式之不足,最大限度实现了司法的公开公正、便捷透明。

(二)"有限公开"与"无限公开"之争

"没有公开则无所谓正义。"③"公开是正义的灵魂。它是对努力工作的最有利的鞭策,是对不当行为最有效地抵制,它使法官在审判时保持法官的形象。"④但即便因应于此,司法公开亦有其限度。信息化引入司法公开后,关于司法公开之度的探讨又重新趋热。有学者追问,司法公开信息化是否使得司法信息趋向无限透明?"有限公开"与"无限公开"之争,是司法公开扩张与限制问题的延伸,但归根结底亦是司法公开之度的问题。质言之,其也是各种利益相互博弈、互相权衡的结果。司法公开之度不仅涉及司法公开之内容,而且关系司法公开之对象。

---

① 参见朱宁:《中国文献载体演进过程述略》,载《图书与情报》2001年第1期,第32页。
② 中国的信息化建设起步较早,始于20世纪80年代初,大致经历了准备、启动、展开、发展四个阶段,同时为了进一步加强对推进我国信息化建设和维护国家信息安全工作的领导,2001年8月由中共中央、国务院重新组建成立了国家信息化领导小组,负责审议国家信息化的发展战略、宏观规划、有关章、草案和重大的决策,综合协调信息化和信息安全的工作。但从法院的信息化建设来看,由于起步较晚,故大多局限于内网和库存档案的数字化建设。总体而言,法院的信息化建设水平不高,绝大多数法院公开信息还依赖于报纸、布告栏等传统手段。
③ 〔美〕伯尔曼:《法律与宗教》,梁治平译,三联书店1990年版,第48页。
④ 宋冰:《程序、正义与现代化:外国法学家在华演讲录》,中国政法大学出版社1998年版,第288页。

从深层次看,其关键在于解决公民之隐私权、弱势群体之利益、社会公共之利益、国家利益之保护与司法实践中公民之知情权、参与权和表达权发生冲突时,应优先保护哪一种或哪一类权利的问题。长期以来,我国在制度设计上对司法公开度的表述甚为笼统①,在整个司法改革过程中,各地法院在司法公开上的实践标准不一②,法学理论界和司法实务界对司法公开范围的厘定亦存在争议。在这种情况下,信息化的引入或使司法公开原有之度有所扩张,总的来看,就司法公开度之把握问题,至少存在以下三种不同的观点:

第一,强调对不同法益的保护。即保护的法益中涉及国家安全、个人隐私、公共秩序、未成年人的不予公开,其他情形应当公开。③

第二,强调对特殊诉讼程序的区别对待。即考虑到刑事诉讼程序的特殊性,对某些公开后可能有碍审判、造成不良影响或社会舆论压力的内容不予公开。④

第三,强调司法公开的无限透明。即将合议庭、审判委员会的少数意见、内部规定等一律公开,放开法庭限制,允许社会公众、新闻媒体拍照、录音、摄像等。⑤

经过梳理各家之议,笔者认为以上三种观点皆存在缺陷,无论是强调对不同法益之保护,还是强调对特殊诉讼程序之区别对待,这些限制因素都不能完全涵盖司法公开实践中可能出现的不应公开之情形。而强调司法公开的无限透明亦存在损害司法权威和当事人隐私之危险,同时不利于社会公众之利益、国家利益之保护,更不用说与现行司法制度之设计根本无法衔接。笔者认为,司法公开,特别是信息化司法公开之发展趋势应是最大限度之公开,而放眼世界,无论是大陆法系还是英美法系国家,在现有法治水平下,都不能允许无限公开之存在。对司法公开进行例外规定已成国际惯例。在我国,三大诉讼法均对

---

① 在我国现有立法和司法解释中,只有关于司法公开的基本规则框架,而缺乏具体规定,如《民事诉讼法》(2012年)第134条规定:"人民法院审理民事案件,除涉及国家秘密、个人隐私或者法律另有规定的以外,应当公开进行。离婚案件,涉及商业秘密的案件,当事人申请不公开审理的,可以不公开审理。"《刑事诉讼法》(2012年)第183条规定:"人民法院审判第一审案件应当公开进行。但是有关国家秘密或者个人隐私的案件,不公开审理;涉及商业秘密的案件,当事人申请不公开审理的,可以不公开审理。"不公开审理的案件,应当当庭宣布不公开审理的理由。《人民法院组织法》《行政诉讼法》中也有类似规定,但对于什么是国家秘密、商业秘密,只能参照《保守国家秘密法》和《反不正当竞争法》等法律进行确定,个人隐私的界定在实践中绝大多数依靠法官的自由心证。
② 2009年最高人民法院《六项规定》出台以来,各地法院先后制定了辖区范围内适用的司法公开举措,如上海市高级人民法院制定了《上海法院着力推进司法公开的实施意见》、浙江省高级人民法院制定了《浙江法院阳光司法实施标准》、深圳市中级人民法院制定了《关于进一步推进司法公开工作的实施意见》、莆田市中级人民法院制定了《莆田市中级人民法院司法公开工作方案》等。
③ 具体可参见高一飞、龙飞等:《司法公开基本原理》,中国法制出版社2012年版,第59—212页;倪寿明:《司法公开问题研究》,中国政法大学2011年博士学位论文。
④ 具体可参见陈婴虹:《网络舆论与司法》,知识产权出版社2013年版,第214—216页;姚广宜主编:《中国媒体监督与司法公正关系问题研究》,中国政法大学出版社2013年版,第295—296页。
⑤ 对司法公开无限透明的诉求主要来自当事人和新闻媒体。对合议庭、审判委员会少数意见公开的学者主张,具体可参见常怡:《公开审判》,载江伟、杨荣新主编:《民事诉讼机制的变革》,人民法院出版社1998年版,第84、97、100页。

不公开作了规定,《宪法》第125条也规定:"人民法院审理案件,除法律规定的特别情况外,一律公开进行……"据此我们可以推断,司法活动应以公开为原则,不公开为例外。在个案中除综合考虑弱势群体之利益、社会公共之利益、国家利益之保护外,为了保护公民之隐私权,还应给予当事人选择不公开之权利,盖因法律不可穷尽实践中所有不应公开之情形,而隐私本就为相对概念。但为避免这种权利被滥用,最终之决定权仍应由法院掌控。即在国家安全、个人隐私、公共秩序、未成年人特殊保护司法公开例外之基础上,宜由双方当事人之任意一方向法院申请不公开,由法院审查决定是否公开,在特殊情形下[①],甚至可以由法院主动调查决定是否公开。这样既合理保护了当事人之隐私权,亦有利于实践中司法公开工作之推行和开展,同时兼顾各方之利益。然为区别有限公开和无限公开,笔者以为,现阶段我们宜用"全面公开"[②]的表述较为准确,亦最能体现现时司法公开之价值和目标。

(三)"司法公开"与"司法独立"之争

"审判应当公开,犯罪的证据应当公开,以便使或许是社会唯一制约手段的舆论能够约束强力和欲望。这样,人民就会说:我们不是奴隶,我们受到保护。"[③] 2003年起,网络舆论、社会媒体对司法权之干预有愈演愈烈之势[④],已经严重影响了司法权的中立。追根溯源,舆论之产生首先是由分散的、彼此没有发生联系或很少联系的个人意见开始,表现为个人对现实问题的看法[⑤],个人意见的多样化必然导致个人意见的交融,造成某种意见赞同人数骤增的趋势,此时舆论由个人意见向社会意见转化。[⑥] 最终,个人意见转化为广泛的社会舆论,进而对司法产生巨大冲击。这种冲击主要通过直接和间接两种渠道得以实现:其一,直接对经办案件的法官产生巨大压力,使其无法保持情感中立;其二,借助舆论压力,引起对司法机关具有影响力之上级领导的关注,批示案件,引导案件走向。在此种背景下,信息化司法公开是否会进一步影响司法独立?司法公开的信息化与司法独立之间是否存在冲突和矛盾?引发了广泛的争议。

"司法独立"概念舶自西方。"人人完全平等地有权利由一个独立无偏倚的法庭进行公正的和公开的审讯,以确定他的权利和义务并判定对他提出的任何刑

---

① 这种特殊情形是指,在除了国家安全、个人隐私、公共秩序、未成年人特殊保护外,仍然具有的不能公开的情形,但当事人双方均没有申请,或者当事人一方因不可抗力而不能申请的。
② 在最高人民法院颁布的各种司法公开规定文件中,都使用了"全面公开"这一表述。
③ 〔意〕贝卡里亚:《论犯罪与刑罚》,黄风译,中国方正出版社2004年版,第32页。
④ 近年来舆论干预司法的案件不断增多,具有代表性的有:2003年孙志刚案、刘涌案、李思怡案、黄静案;2006年许霆案、彭宇案;2009年邓玉娇案、杭州"5·7"飙车案、罗彩霞案、李昌奎案、吴英案、夏俊峰案;2010年药家鑫案、李启铭案、唐慧案、郑民生案;2013年李天一案、吴虹飞案、冀中星案、韩磊案等。
⑤ 参见刘建明:《基础舆论学》,中国人民大学出版社1988年版,第97页。
⑥ 同上书,第100页。

事指控。"① "在法官作出判决的瞬间,被别的观点,或者被任何形式的外部权势或压力控制或影响,法官就不复存在了。法院必须摆脱胁迫,不受任何控制和影响,否则他们便不再是法院了。"② 这些关于司法独立的著名论断,均来自西方法学论著。近代以来,随着法学的发展,关于司法独立之论文亦不少,此类探讨相对集中且更为深入,在此不再赘述,然至于"司法公开"与"司法独立"之争,如前所述,笔者不揣浅陋,窃以为司法权乃特殊权力,倘若其应当受到社会舆论之监督,其性质亦决定了其必须保持超然之中立,不必受任何外界因素的影响,此是毋庸置疑的。反观舆论与司法之不同,舆论代表民意,其追求的是司法之实体正义,发表的意见尚不具专业性,更有甚者偏向非理性。而司法代表国家之意志,追求的是司法之程序正义,必须具有专业性。然即便如是,也并非所有舆论皆可对司法产生冲击。人人皆知,法律乃道德之最低标准,盖因在一定程度而言,法律是社会价值观之综合表现,其与大众的一般认知在总体上亦是相互趋近的,只有那些非理性的、富有情感之舆论才可对司法产生冲击。此外,就产生的整个过程而言,舆论皆具导向性,只要赋予其正确的引导,即能将那些偏激的、非理性的个人意见遏制在萌芽中。

综上,我们可以看出,司法独立受制于舆论的落脚点或就在于没有一条通畅的渠道将民意和司法相连。许霆案、邓玉娇案是两件极其典型的司法引发舆论、舆论进而影响司法的案件。事实证明,司法越是封闭,就越容易引发那些极端的、非理性的、片面的言论,舆论越容易对司法产生高压态势;司法越是公开,民意就越趋于理性和全面,越不易干涉司法。舆论对司法的监督作用本无须赘述,但倘若由监督滑向介入,则未免得不偿失,而在信息化的公开环境下,司法信息若能通过高效、便捷的渠道顺畅地向社会大众公布,或可弥补传统司法公开被动和谨慎之不足,合理控制舆论的倾向性解读。以 2013 年薄熙来案为例,在长达 5 天的庭审中,济南市中级人民法院借助新浪微博进行全程图文直播,这种方便、直接、简洁,传播范围广、互动性强的公开方式,社会影响非常大。如前所述,"司法公开"与"司法独立"间并非存在矛盾,在及时、有效的司法公开环境下,即便网络舆论蓄意、非法、强势地影响司法,由于司法之公信力,对司法独立产生之影响亦是十分有限的。

二、我国信息化司法公开现状:基于实证研究的路径探索

(一) 信息化对司法公开影响初现端倪

信息化对司法公开之反映主要体现在法院网站建设、微博微信新平台的涌现

---

① 《世界人权宣言》第 10 条。
② 〔英〕罗杰·科特威尔:《法律社会学导论》,潘大松、刘丽君、林燕萍等译,华夏出版社 1989 年版,第 236—237 页。

和其他各种形态的信息化司法公开活动三个层面。下面分述如次：

1. 法院网站

(1) 法院门户网站

信息化对司法公开的影响,最早反映在法院的门户网站建设上。据不完全统计,全国31个省、自治区、直辖市的高级人民法院已全部建有网站,43个较大的市的中级人民法院中仅有一个网站无有效链接,中、高级人民法院的门户网站覆盖率总体达到98.6%。① 其彻底改变了过往法院信息化水平不高,公开信息过分依赖布告栏、报纸的情况,司法透明程度、司法公开效果得到极大改善。

2010年,最高人民法院下发了《关于确定司法公开示范法院的决定》,确定北京市第一中级人民法院等100个法院为"司法公开示范法院"(其中高级人民法院11个、中级人民法院33个、专门法院1个、基层人民法院55个)。2012年,最高人民法院又再次确定北京市东城区人民法院等100个法院为全国第二批"司法公开示范法院"。笔者对近200个示范法院已开通的门户网站进行了详细的浏览查看,发现不同于早期的法院内网的数字化建设,随着司法公开工作的推进,从法院的建设板块来看,诉讼须知、网上立案、执行公开、庭审直播甚至三公经费等板块的出现,表明法院网站建设的宗旨已经由"宣传"转为"公开",法院网站的角色定位由"新闻媒体"转为"政务网站",成为融服务性和实用性为一体的重要司法公开平台。② 部分发达地区的示范法院甚至已经实现了网上诉讼服务、网上立案、网上材料收转、网上审判流程查询、网上公告送达、网上执行公开等完整的数字化流程建设。下面笔者将以上海市第二中级人民法院门户网站为例,对其相关细节进行具体介绍。

上海市第二中级人民法院网站的首页包括了解法院、诉讼服务、审判研究、队伍建设等几个基本板块,总体而言较为简洁明了,其中最具有人性化的服务是网站为了方便手机用户浏览,在右上角提供了手机版的首页服务,同时为了节约时间,在网站首页还提供了站内搜索栏,突出了便捷性的特点。

位于首页的上海市第二中级人民法院网上办事大厅,是最具有便民特色的信息化司法公开服务。通过网上办事大厅,当事人可以查询到开庭公告、执行公告、公告送达、案件审理进度等情况,同时可以办理网上立案、阅档预约等,对于符合条件的网上立案申请,可以直接予以立案受理,当事人可以通过网络自行下载电子版的案件受理通知书、诉讼费缴纳通知书、举证通知书和送达回证等诉讼文书,

---

① 笔者利用百度搜索引擎,对31个省、自治区、直辖市的高级人民法院和43个较大的市的中级人民法院进行了搜索,除西藏法院网公告正在改版、宁夏自治区高级人民法院网站显示 NOT FOUND,但通过百度快照可以查看到宁夏自治区高级人民法院早期网站,并且网站上的最新文章的显示时间为2014年,可视为有效链接,淄博市中级人民法院无法找到网站,其余均为有效链接(检索时间:2014年4月19日)。

② 参见《中国司法透明度年度报告(2012)》,该年度报告是中国社会科学院法学所法治国情调研组,继2011年度报告之后第二次发布。测评范围为26个省、直辖市(自治区除外)的高级人民法院和43个较大的市的中级人民法院。测评对象为上述法院官方网站的信息公开情况。

无须再为办理立案手续往返奔波,极大地提高了工作效率,方便了人民群众。① 网上信访和联系法官栏目则拉近了法院与民众的距离。

裁判文书和庭审公开更有利于法院的规范操作,更好地接受大众监督。同时对一些具有一定社会影响或法制宣传意义的案件,通过图文、视频等形式全方位、立体式地公开,能取得良好成效,如境外的(英国)雷茨饭店有限公司高级管理层通过网络直播观看上海市第二中级人民法院审理的原告(英国)雷茨饭店有限公司与被告上海黄浦丽池休闲健身有限公司商标侵权纠纷案庭审后,专门来函盛赞中国的司法民主、审判公开透明。②

滚动的开庭公告栏与以往纸质的布告栏相比,其信息传播更加高效、快捷,网站上所公布的联系方式、立案工作时间等最大限度地方便了当事人,一些特色服务也十分人性化,如在来院路线中详细公布了法院的地址以及各种交通路线,在志愿者窗口中,详细公布了法学专家、学者、法律院校师生、律师、法律工作者等专业人士担任法律志愿者为来访群众、诉讼当事人免费提供法律咨询、代拟诉状等法律服务的时间。法律法规链接的设计则更为到位,点击后可以直接链接到中国法律法规检索系统,通过标题、主题、正文的关键字、发布单位、时效性、实施日期、颁布日期等都可以查询到相关的法律法规、司法解释,即使是各地的地方性法规规章也能轻松找到。

(2)各类法院信息网站

法院网站是法院形象在网络上最直接的展示,是司法公开的窗口,而各类法院信息网站的建设,则最大限度地丰富了司法公开的内容。这里的法院信息网,指的是文档格式规范的、分类准确的全国统一信息查询平台。笔者检索到的各类法院信息网站有中国法院视频网(2014年2月23日开通)、中国裁判文书网(2013年7月1日开通)、中国法院庭审直播网(2013年12月11日开通)、中国法律法规信息查询系统。

以上平台的出现,不仅方便了当事人的直接查询,普通大众也可以不受区域、时间等制约查询到那些影响广泛、具有一定特点的案件,信息网络轻松查阅,同时涵盖声音、图像、文字的特点,又使得即使是没有经过任何培训的人员,都可以轻松地使用、查询。

2. 微博、微信新平台

微博、微信是Web3.0时代新兴的一类互联社交服务平台,这些新平台在司法公开中的应用,颇为引人瞩目。2013年4月底深圳市罗湖区人民法院开通全国法院系统首家实名认证的官方微信公众平台。2013年11月21日,最高人民法院

---

① 参见"推陈出新做到极致积极探索司法公开新举措"——上海市第二中级人民法院司法公开经验材料,载沈德咏、景汉朝主编:《司法公开实践探索》,中国法制出版社2012年版,第125页。

② 同上书,第126页。

微博、微信账号开通,全国法院微博发布厅正式上线。此后各地法院纷纷仿效。这种全新的司法公开方式,改变了以往司法公开只能单向传递的局面,实现了法院和民众之间的互动。并且通过"微"时代简洁、高效、随时随地的特点,网友只需要通过手机登录微博的广场搜索功能、二维码扫描功能或者在微信公众账号中搜索,就可以通过微信或者微博与法院进行"点对点、面对面"的沟通。尤其是微信平台在实践中的推广,甚至可以向关注者定期推送特定消息,提供特定服务,具有非常高的应用前景和使用价值。虽然在现阶段这类新的司法公开方式还未普及,但是可以预见,这种信息化司法公开的新渠道在信息时代将会发挥越来越重要的作用,越来越受到人们的青睐。

微博、微信平台的出现,使得普通民众通过这些十分简单、方便的手机软件,就可轻易获取重要的司法公开信息。从立案到执行,服务平台提供的是全方位的司法公开。根据当事人的切身需要,这种服务亦可细致到诉讼费的计算、电话查询等,为当事人带来了实实在在的便利。

3. 其他各种形态的信息化司法公开活动

信息时代的到来,使得其他各种形态的信息化司法公开活动也蓬勃发展起来。各地法院开始启用QQ网上交流平台,利用QQ软件,不用面对面就能进行即时的文字交流,有效地进行案件调解,缓和当事人之间的矛盾,同时向一些特定的受众群体提供特殊服务,如建立专门针对微小企业的QQ群,为其提供法律咨询服务等。除此之外,新型的司法公开活动还包括利用信息化网络定期向指定群体推送法院电子刊物,在立案大厅开通信息化触摸屏、设置大型信息化电子滚动显示屏等新型司法公开举措,其中较具有影响力的是"12368"司法信息公益服务系统和淘宝司法拍卖。

(1)"12368"司法信息公益服务系统

"12368"是最高人民法院确定的、全国法院系统通用的司法信息公益服务号码。中国"12368"司法服务热线首个试点单位——北京法院"12368"司法服务热线于2009年1月7日正式开通。福建省法院系统也于2010年12月22日正式开通"12368"司法信息公益服务系统,社会公众和诉讼参与人只要拨通"12368"电话,即可选择收听相关的司法信息、诉讼知识等信息,目前在福建省通过拨打"12368"已能够查询到法院地址、诉讼指南、案件进展情况[①]、审判流程、庭审程序等。这是福建省法院系统运用通信技术手段,加强"阳光司法"的重要举措之一。当前,"12368"司法信息公益服务系统还在不断完善中。

(2)淘宝司法拍卖

淘宝司法拍卖是指单由法院和纯粹的技术平台合作处置诉讼资产的模式,即

---

① 通过"12368"热线已能够查询到福建省全省法院的案件进展情况,但需要提供查询编号和密码。

人民法院在民事案件强制执行程序中,按程序自行进行或委托拍卖公司公开处理债务人的资产,以清偿债权人债权。① 2012年6月27日,浙江省高级人民法院和淘宝网联合推出网络司法拍卖平台,同年7月10日,浙江省高级人民法院与淘宝网合作开通的"司法拍卖平台"完成首拍,在浙江省高级人民法院首试淘宝网司法拍卖成功后,根据财新网的民意调查,超过94%的网民对此持肯定态度。② 相比于传统拍卖行,网络司法拍卖采用的是零佣金的方式,而且透明度高、暗箱操作少,竞拍人不受地域限制,能够有效地降低流拍率,并且有利于标的物拍卖价格的最大化,保护当事人双方的合法权益。但是,淘宝司法拍卖目前还未在全国推广,仅在浙江省试行。③

(二) 实践中的探索:三大平台建设

司法改革重在全面推动司法公开,由于司法公开的信息化转型在全国范围内都处于起步阶段,因此不仅仅是司法公开示范法院,各地法院、各级法院都在实践中展开探索。一方面,通过改革,使得司法公开的理念深入人心,特别是使得司法公开工作深入到一线工作人员中去。另一方面,通过改革,使得信息化司法公开的内容不断丰富,信息化司法公开的方式得以不断创新,在实践中总结经验,在实践中完善实践。同时,由于最高人民法院在2013年11月21日向全国各级人民法院印发了《关于推进司法公开三大平台建设的若干意见》(以下简称《意见》)的通知,因此各地的实践、探索又主要围绕着三大平台的建设展开。

1. 审判流程公开平台建设

按照《意见》的要求,审判流程公开平台应当向公众公开以下信息:①法院地址、交通图示、联系方式、管辖范围、下辖法院、内设部门及其职能、投诉渠道等机构信息;②审判委员会组成人员、审判人员的姓名、职务、法官等级等人员信息;③审判流程、裁判文书和执行信息的公开范围和查询方法等司法公开指南信息;④立案条件、申请再审、申诉条件及要求、诉讼流程、诉讼文书样式、诉讼费用标准、缓减免交诉讼费用的程序和条件、诉讼风险提示、可供选择的非诉讼纠纷解决方式等诉讼指南信息;⑤审判业务文件、指导性案例、参考性案例等审判指导文件

---

① 根据淘宝网络拍卖平台的规则,有意向的竞拍者在开拍之前,不仅可以通过电话咨询,还可自行前往标的所在地看样。整个司法拍卖流程包括报名交纳保证金、出价竞拍、支付拍卖成交款三个环节,并且竞买人的支付宝必须通过实名认证,否则无法参与竞拍。
② 参见《北仑法院回应:淘宝网司法拍卖扣准了司法改革的时代脉搏》,载法制网(http://www.legaldaily.com.cn/index_article/content/2012-08/16/content_3774082.htm? node=5955),访问日期:2014年4月23日。
③ 完全放开网络拍卖无疑将对传统司法拍卖造成巨大的冲击,淘宝司法拍卖目前还存在质疑,质疑主要来自传统的拍卖行业,同时也有专家质疑最高人民法院已于2012年2月开通了全国法院统一司法拍卖网络平台"人民法院诉讼资产网",是否仍有必要启用淘宝司法拍卖。笔者认为,作为网络商品交易的平台,淘宝本身就具有非常成熟的技术支持,能够提供非常完善和安全的服务,同时淘宝拥有巨大的影响力和号召力,而借助于淘宝这一独立于司法系统的纯粹的技术平台,不仅可以吸引更多的普通竞拍者参与其中,而且可以最大限度地避免权力寻租。

信息;⑥开庭公告、听证公告等庭审信息;⑦人民陪审员名册、特邀调解组织和特邀调解员名册、评估、拍卖及其他社会中介入选机构名册等名册信息。目前,在实践中,各地法院利用政务网站、"12368"电话语音系统、手机短信平台、电子公告屏和触摸屏等现代信息技术已经可以较好地实现上述①、③、④、⑥项,而对于②、⑤、⑦项则较少涉及。据笔者分析,主要是受限于信息化的发展,依靠信息化手段公开的内容还在不断地丰富和完善,审判业务文件、指导性案例、人民陪审员名册等内容还主要依赖于传统的司法公开模式进行公开,如最高人民法院每月发行的纸质《最高人民法院公报》就刊载了重要的司法文件、案例等。此外,由于陪审员和拍卖机构在实践中均是随机选取,具有很大的不确定性,实务界普遍认为没有公开的必要和意义,对实体审判的效果影响不大。

2. 裁判文书公开平台建设

裁判文书公开平台的建设,在目前实践中已经取得了一定的成效。按照最高人民法院《关于人民法院在互联网公布裁判文书的规定》,在裁判文书生效后7日内,法院要将其传送至中国裁判文书网公布。因此,通过中国裁判文书网已经可以查看到全国各高级、中级、基层人民法院的裁判文书。裁判文书公开平台的建设在技术上已经实现,在实践中却加大了审判人员的压力:一是审判人员必须努力提升文书质量,既要避免出现裁判文书中错字、漏字、语句不通顺的现象,又要对裁判的理由进行详细阐述,即针对当事人的请求和主张,为什么支持,为什么不支持,理由是什么,依据在哪里。二是裁判文书上网后将直接受到当事人和群众对案件的监督,一旦裁判文书发生重大疏漏,有关人员将直接被追责。

3. 执行信息公开平台建设

实践中执行信息公开平台的建设主要分为两方面:一方面是向公众公开的信息,具体包括:①执行案件的立案标准、启动程序、执行收费标准和根据、执行费缓减免的条件和程序;②执行风险提示;③悬赏公告、拍卖公告等。另一方面是当事人必须凭密码从执行信息公开平台获取的信息,具体包括:①执行立案信息;②执行人员信息;③执行程序变更信息;④执行措施信息;⑤执行财产处置信息;⑥执行裁决信息;⑦执行结案信息;⑧执行款项分配信息;⑨暂缓执行、中止执行、终结执行信息等。面向公众公开的执行信息方面,因各地法院有统一的标准,只需配备信息化的载体即可实现,因此做得较好。而对于当事人必须凭密码从执行信息公开平台获取的信息则挑战较大,一是对技术要求较高,在一些基层法院较难实现;二是对时效性要求高,执行人员必须将执行信息进行反馈。同时,有些法院还在实践中积极落实听证公开制度,对一些影响较大的案件组织公开听证,邀请廉政执法人员、人大代表、政协委员和新闻记者现场监督。但是应该看到,在执行公开的一些方面还十分薄弱,比如在"老赖"的曝光力度和措施上,在中国法院网全国被执行人信息查询系统能了解到的信息有限,在具体个案的执行公开上仍然需要相关部门的配合,很多配套制度、措施需要进一步完善。

三、我国司法公开信息化的成效及其存在的问题

信息化司法公开建设伊始,不少专家、学者甚至实务界人士对此提出质疑,认为其最终将流于形式,成为形象工程。信息化时代的晚至,是法学界、实务界对信息化认识普遍不足,对信息化能否对司法公开产生实效存在疑问的主要原因。但随着司法改革的推进,各地法院实践的深入,以信息化促全面司法公开积累了丰富的经验,在实践中也取得了较好的成效。但我们亦要认识到,任何改革皆是长期实践、总结的过程,信息化司法公开之进程不可能一蹴而就,要真正实现司法公开的信息化转型仍然任重道远,在理论上还需更为深入的研究为其提供智力支持,在实践中仍有很多问题需要妥善解决。

(一) 我国司法公开信息化所取得之成效

1. 司法公信力正逐步提升

只有公开审判,没有"内部"司法。[①] 司法透明度对司法公信力起决定性影响。信息化引入司法公开后,可以看到,司法公信力正在逐步提升。较之于2013年,2014年新一轮司法改革元年,最高人民法院赞成票大幅度提升。[②] 信息化催生了新的司法公开方式,而这种新的司法公开方式的最鲜明体现就是使得整个司法的操作流程愈加透明,在这种信息化的司法公开环境下,当事人可以以一种更为低成本、省时间的信息化方式获取与自己相关的信息,社会群众、媒体可以通过各种信息化渠道对法院的工作进行监督,从而形成了"愈公开,愈透明;愈透明,愈可信"的局面。此外,信息化的司法公开还促进了实体审判效果的改进,最大限度地避免了权力寻租和暗箱操作。以裁判文书上网为例,裁判文书是案件审理结果的最终体现,实体正义大多依赖于裁判文书的内容才得以实现,没有哪个法官敢将枉法裁判、没有任何证据支持的裁判文书公之于众,因为任何文字,只要是拿给别人看的,作者都希望经得起挑剔,甚或希望得到更多的认可。[③] 日积月累,司法公信力将逐步提升,事实上,这也正是司法公开信息化的巨大影响所在。

---

① 参见蒋惠岭:《只有公开审判,没有"内部"司法》,载蒋惠岭主编:《司法公开理论问题》,中国法制出版社2012年版,第23页。
② 2013年3月17日第十二届全国人民代表大会第一次会议通过《最高人民法院工作报告》,其中2218票赞成,605票反对,弃权120票,(赞成率:75.36%)。2014年3月13日十二届全国人大二次会议通过《最高人民法院工作报告》,其中2425票赞成,378票反对,弃权95票,(赞成率:83.33%),相比于2013年《最高人民法院工作报告》,2014年《最高人民法院工作报告》用专章形式大篇幅阐述了法院深化司法公开的做法和成效,尤其是以信息化促全面司法公开。
③ 参见朱苏力:《谨慎,但不是拒绝——对判决书全部上网的一个显然保守的分析》,载《法律适用》2010年第1期,第50页。

2. 司法效率实现"质"的飞跃

"迟到的公正就是不公正。"最高人民法院原院长肖扬在谈及"海南省临高县人民法院事件"①时对司法效率作了深刻的强调。传统法经济学理论坚持效益应被看做法律的首要价值目标。依据该理论,司法活动亦至少要符合法经济学的基础原理,即效率是公平的实践目的,公平是实现和保障效率的社会条件,公平与效率之间呈现统一互动的关系。简言之,法经济学本质包含了效率与公平相统一的精神。② 而这点在司法公开实践中体现尤甚,也是司法公开活动和其他司法活动的区别所在。"一切立法和司法以及整个法律制度事实上是在发挥着分配稀缺资源的作用——即以社会效益的极大化为目的,所有的法律活动都可以用经济学的方法来分析和指导。"③

在司法公开实践中,应当特别重视效率的实现,因为公开的信息及不及时,这在绝大多数案例中关系到当事人自身权益的保障,将法经济学的哲理运用到司法公开中,就要求司法公开在注重公平的同时必须兼顾到效率,而信息化与司法公开的结合从某种程度上而言既能够保障公平又能够引导效率的有效飞跃。目前在各地法院的实践中,尽管还缺乏详尽的统计数据佐证,但是可以想象到,信息的传播载体的改变必然加速了信息的传播速度,这不仅表现在信息自身的传播速度上,也表现在信息的转手率上。此外,依托于信息技术,司法审判的信息化也使得审判管理效果得到了显著改善。以时间控制为例,信息化载体的运用,使时间受到严格监控。而在过去不管是审判委员会、院长、庭长,甚至连办案人员本人可能也做不到。④

3. 司法公开的内容日渐丰富

司法公开的内容从广义上看既包括司法公开的信息量、司法公开的受众以及获取司法公开信息的渠道,还包括司法公开的传播方式。从司法公开的信息量来看,媒介领域的信息化使得信息传播形式和交流方式发生变革,司法公开的信息容量陡然增大,信息技术发展给司法公开带来了极大的方便,借助信息化的平台,无论是司法公开的宽度、广度还是深度都得到了极大的拓展。10 年前司法公开的内容仅限于庭审公开,当事人能够获取的司法公开信息不过是与庭审相关的一

---

① 海南省临高县发生的 19 年未审结的案件是一起宅基地侵权纠纷案。1987 年 6 月 13 日,原告向临高县人民法院新盈法庭起诉,新盈法庭于同年 9 月 11 日受理。此后两年多,该案一直没有得到处理。1990 年 5 月 21 日,原告再次递交诉状,法庭又一次立案,但仍没有审理。1991 年,临高县人民法院组织人员到新盈法庭清理积案,该案于 1991 年 6 月 11 日开庭后,又无人过问,也未结案。2003 年,原告的父亲向临高县人民法院以及有关部门反映此事,但此案仍然没有引起临高县人民法院的高度重视。2006 年 7 月 27 日,最高人民法院就此事件向全国法院发出通报。通报认定这是一起典型的严重失职渎职事件,并对相关人员进行了追责。
② 参见宋冬临主编:《法经济学热点问题论集》,法律出版社 2010 年版,第 33 页。
③ 陈光中等:《中国司法制度的基础理论问题研究》,经济科学出版社 2010 年版,第 576 页。
④ 参见左卫民:《信息化与我国司法——基于四川省各级人民法院审判管理创新的解读》,载《清华法学》2011 年第 4 期,第 151 页。

些纸质材料而已。而10年后借助于信息化,当事人已能够获取包括立案、庭审、执行、听证、文书、审务在内的丰富信息,这些信息同时涵盖了文字、声音以及视频。从司法公开的受众来看,信息化使得司法公开的受众变得宽泛,不再局限于当事人,社会上的一切法律工作者、法学研究者,甚至是普罗大众都是司法公开信息的受众;从获取司法公开信息的渠道来看,受益于信息化建设,微博、微信、网站等各种交互方式都可以成为获取司法公开信息的渠道;从司法公开的传播方式来看,由于信息化传播载体的改变,司法公开第一次发生了由单向向互动的改变。以执行公开为例,司法公开的受众可以通过信息化平台向法院提供执行线索,同时在信息化平台上,通常是受众先发出一个指令,平台再根据这些指令将其需要的信息反馈出来,实现了"我给你的,就是你想要的",改变了以往由司法公开主体公开大量信息,再由受众从中寻找相关信息的模式,避免了信息的浪费,节省了时间。互动的司法公开模式是信息化时代的一大创举。

(二) 我国司法公开信息化存在的主要问题

1. 信息化司法公开价值取向出现偏离

"法律价值不仅仅是用于揭示和认识独立于人之外的法律制度和法律现象所蕴涵的价值因素和价值属性,而且应当按照一定的价值观念对法律制度和法律现象内含的价值取向进行解读,并在此基础上对现有的法律制度进行富有价值内涵的改造,以期实现人们努力追求的价值目标。"[①]信息化司法公开价值取向的偏离,不是简单的"是与非""高与低"的问题,而是在长期的司法实践中积累下来的一些错误的思想。这种错误的价值取向主要表现在四个方面:一是淡化了信息化在司法公开中的价值,仅仅强调司法公开自身的价值;二是对信息化司法公开价值模式的理解不全面,仍然只注重公正、公信、监督的司法公开价值,而忽略了信息化的效率价值;三是错误地把信息化司法公开的价值仅仅理解为如何实现与媒体良性互动的价值;四是信息化司法公开的悖论,即在信息化司法公开中越公开反而越闭塞,该公开的不公开,不需要公开的反而公开了。造成这种价值取向偏离的原因,有观念上的障碍,有制度上的缺陷,也有操作层面上的问题。从2009年起,最高人民法院虽然陆续下发了《关于司法公开的六项规定》《关于人民法院在互联网公布裁判文书的规定》《关于人民法院直播录播庭审活动的规定》《关于推进司法公开三大平台建设的若干意见》等改革文件,但是由于价值取向很大程度上应归属于学理性的研究范围,因此在这些文件中都缺乏对信息化司法公开价值系统、全面的阐述,大多都局限于"提高司法民主水平,规范司法行为,促进司法公正落实公开审判的宪法原则"[②]等宽泛性的表述,而学理上对信息化的研究又

---

① 沈宗灵主编:《法理学》,高等教育出版社1994年版,第46页。
② 有关表述摘自《关于司法公开的六项规定》。

从属于不同的学科分类,法学界对司法公开信息化的学理研究重视不够,因此在实践中很容易滋生出对信息化司法公开的错误价值取向。

2. 信息化司法公开的普遍化和实效化欠缺

普遍化和实效化的欠缺是目前信息化司法公开建设中的最大问题。信息化司法公开在我国没有达到普遍化,在全国还未形成一定的规模效应。示范法院和非示范法院之间、东南沿海地区与中西部地区之间信息化程度相差很大,即便是同一地区的不同法院在信息化司法公开上也不能做到步调一致,不少贫困地区的法院在信息化司法公开上只能做到裁判文书上网,信息化司法公开的普遍化明显欠缺。这主要是由于法院去地方化改革迟迟没有展开①,法院经费供应主要由地方财政保障,因此各地财政状况的巨大差异也清晰地投射到了法院的基础建设、装备购置上。富庶的东南沿海地区与落后的中西部地区相比,其经济发展水平的差距,甚至可以 10 年、20 年计②,即使是同一区域的不同地区,经济发展水平也参差不齐。以福建省为例,2013 年,厦门、福州、泉州的人均 GDP 分别为 13 278.87、10 390.99、10 163.29(元),而莆田、宁德、南平的人均 GDP 则分别为 7 716.30、7 042.71、6 789.12(元)。③ 相应的,法院的经费保障也必然因此拉开差距。再以南方某市中级人民法院(省会城市)、南方某市中级人民法院(欠发达区域)、南方某市人民法院(欠发达区域)、南方某县人民法院(不发达区域)为例,2009 年时它们的法院实际经费支出情况分别为 15 302.30、1 848、493.5、949.3(万元)④,彼此间相差巨大。不难想象,信息化建设在初期的投入是非常巨大的,尤其是在硬件设备的购置上需要非常庞大的支出,并且这种支出是一个长久持续的投入过程,如软件的开发、管理与维护、信息化操作人员的培训等都需要长期的投入。根据四川省各级人民法院相关同志的介绍,信息化管理系统的基础设施费用,中级人民法院大约需要 300—400 万元,基层人民法院大约 200 多万元。而在信息化建设做得较好的四川省资中县人民法院在此方面的投入,目前已经达到了 320 万元。⑤在这种情况下,虽然全国法院经费规模不断扩大(已从 2001 年的 170 多亿元增加

---

① 法院去地方化改革,主要是指对人民法院的人、财、物等司法资源的配置和管理,宜采取上下一体式的纵向垂直管理模式,全部由中央统筹作出安排,去除当前由中央和地方纵向条块分割、条块分治的法院管理体制。参见郝银钟:《司法权去地方化的制度设想》,载《人民法院报》2013 年 6 月 25 日,第 2 版。
② 参见卢旭光:《浅议法院经费保障改革》,载《人民司法》2009 年第 23 期,第 94 页。
③ 数据来源于福建省各设区市统计局网站。
④ 参见张霖:《改革我国法院经费保障体制的探索:南方某市中级法院及基层法院经费保障情况调研报告》,西南政法大学 2010 年在职硕士学位论文。作者在法院工作十几年,并先后在法院审判业务部门和后勤保障部门工作,在从事法院后勤保障工作中亲历很多法院经费保障方面的问题,其一共选取了 4 个法院作为调研报告的对象,其中 2 个为中级人民法院,另 2 个为基层人民法院。4 个法院均属南方某省,该省属于我国南方经济发达省份,但该省同时存在经济欠发达区域、经济不发达区域及贫困县,通过调查问卷、电话访谈、座谈方式,历时 4 个多月的时间,对上述法院的经费保障进行了调查。
⑤ 参见左卫民:《信息化与我国司法——基于四川省各级人民法院审判管理创新的解读》,载《清华法学》2011 年第 4 期,第 150 页。

到2011年的570多亿元,10年增加了400亿元①),但是在一些经济欠发达地区,基层法院要在原本就极为拮据的经费中拿出资金用于长期的信息化建设仍然存在相当大的困难。而法院的信息化建设是一个非常长久的过程,在这个过程中如果缺乏资金保障,很有可能使得一些信息化项目的建设流于形式或者陷于停滞。因此,仅仅依靠各级法院自身的力量而没有专项财政资金的支持进行信息化司法公开的建设,对大部分法院而言显然负担过重。这是信息化司法公开难以做到普遍化的最主要原因。

目前,仅就各级示范法院的反馈结果来看,信息化司法公开的效果尚属理想。但是就全国来看,信息化司法公开的实效仍然有欠缺。一方面,受制于信息化司法公开普遍化的欠缺,要实现当事人通过信息化手段获取司法公开信息的观念上的转变异常困难;另一方面,公开的信息只有做到对公众有用且公众可获取,信息化司法公开才算真正落到实处。目前不少法院网站充斥大量新闻报道,真正有用的司法信息被淹没其中,信息摆放杂乱无章、信息链接无效问题突出,给公众查阅造成很大不便。② 网上立案、网上文书送达等真正便民事项只有在极少数法院才能做到。总的来看,司法公开工作的示范法院仅有200个,而全国共有基层法院3 117个、中级人民法院409个、高级人民法院31个(不含解放军军事法院)。③ 信息化司法公开究竟能不能在这么多的法院中取得效果,200个示范法院在实践中总结的经验和做法到底能不能在全国这么多法院中得以推广,使信息化司法公开既完成普遍化又具有实效化? 笔者认为,信息化的司法公开只有在这3 557个法院中真正取得效果才具有现实意义。同时在司法公开信息化建设过程中我们不得不面临的另一个严峻问题是中国法院案多人少的现状愈加严峻,法院一线工作人员不足,受理案件数量却逐年持续增长④,其日常任务已不堪重负。而信息化的司法公开对法官的素质要求较高,如庭审公开,就要求法官必须严格依照三大诉讼法的规定进行整个庭审流程,但现阶段又不可能在短时间内改变法官素质这一现状,只能是主审法官为了满足信息化司法公开的需要,在整个审判流程中付出更多的时间和精力。长此以往,一线法官应接不暇,疲于应付,裁判文书公开和庭审公开的效果难以得到保障,信息化司法公开的实效性亦大打折扣。

---

① 参见唐虎梅:《加快人民法院经费保障与财务管理长效工作机制建设》,载《人民司法》2013年第13期,第54页。
② 参见田禾主编:《司法透明国际比较》,社会科学文献出版社2013年版,第337—338页。
③ 数据来源最高人民法院门户网站人民法院简介栏。
④ 2013年最高人民法院工作报告显示,2008年以来,最高人民法院共受理案件50 773件,审结49 863件,分别比前五年上升174%和191%,地方各级人民法院受理案件5 610.5万件,审结、执结5 525.9万件,结案标的额8.17万亿元,同比分别上升29.3%、29.8%和47.1%,审限内结案率98.8%。2014年最高人民法院工作报告显示,最高人民法院受理案件11 016件,审结9 716件,比2012年分别上升3.2%和1.6%;地方各级人民法院受理案件1 421.7万件,审结、执结1 294.7万件,同比分别上升7.4%和4.4%。

3. 实践中缺乏具体和长效性的工作机制

现有的司法公开改革文件中既缺乏统一的强制性规定,也缺乏可操作性的细则,大多都是宽泛的、指导性的文件,由于缺乏统一的实践层面操作的指导,各地法院都是根据实际工作中的过往经验和自身实际情况进行探索、摸索,各地信息化司法公开的尺度不一、举措各异,各地规定的标准也不尽相同,有的甚至超出了最高人民法院规定的司法公开范畴。2009年《关于司法公开的六项规定》出台时就因为内容过于模糊、宽泛、缺乏强制性而饱受专家、学者的质疑。① 曾有学者谈到,2014年或是新一轮司法改革的启动年。② 事实上,从20世纪80年代起,我们进行司法改革的步伐就一直没有停止过。从历史上来看,司法制度的恢复和重建,用了将近5年左右的时间;改革司法体制与制度,建立具有中国特色的社会主义司法体制与制度的司法改革第一个发展阶段,用了大约10年左右的时间;提出依法治国、建设社会主义法治国家并从制度上保障司法机关依法独立行使审判权和检察权的司法改革第二个发展阶段又用了大约5年左右的时间。③ 在某种程度上看,落实之难要比顶层设计更能检验制度的生命力,信息化司法公开的生命在于建立一个具体和长效性的工作机制。而法院的信息化司法公开建设,从提出到实践时间非常短暂,而且需要完善大量的配套制度和设施。应当认识到,在现有条件下,信息化司法公开的建设并非一朝一夕就能完成,这是一个非常具体和漫长的过程,可能需要5年、10年、20年去实践、去实现,在这个漫长的建设过程中,必须建立起一个具体和长效性的工作机制。

4. 信息化司法公开没有救济渠道

"法律应予公布属于主观意识的权利,同样,法律在特殊事件中的实现,即外部手续的历程以及法律理由等也应有理由使人获悉,因为这种历程是自在地在历史上普遍有效的,又因为个别事件就其特殊内容来说诚然只涉及当事人的利益,但其普遍内容即其中的法和它的裁判是与一切人有利害关系的。这就是审判公开原则。"④这是黑格尔从法哲学角度对审判公开的内涵和价值的阐述,然综观之,我国目前仅对审判公开有所救济。从上位概念观之,信息化司法公开的救济从属于司法公开的救济,仅就司法公开而言,根据《关于司法公开的六项规定》,

---

① 中国政法大学王建勋副教授指出,《关于司法公开的六项规定》可能会沦为"一纸空文",他认为,《关于司法公开的六项规定》中提到的六项公开,对于实现司法公正是很重要的,但是因为这一规定并没有对法院违反司法公开的行为建立起一个追责机制,因而"实际意义"大打折扣,难有实效。《关于司法公开的六项规定》实际操作层面"意义不大"。

② 国家行政学院杨伟东教授在接受南都记者采访时指出:"2014年,会是中国司法体制改革的启动年。"他同时还指出十八届三中全会对政法工作提出了一些具体要求,如推动省级以下地方法院和检察院人、财、物统一管理、探索建立与行政区划适当分离的司法管辖制度等。这些具体要求都需要时间落实。

③ 参见公丕祥:《中国司法改革的时代进程》(上),载《光明日报》2008年12月15日,第9版;《中国司法改革的时代进程》(中),载《光明日报》2008年12月22日,第9版;《中国司法改革的时代进程》(下),载《光明日报》2008年12月30日,第12版。

④ 〔德〕黑格尔:《法哲学原理》,范扬、张企泰译,商务印书馆1982年版,第232页。

司法公开的内容包括立案公开、庭审公开、执行公开、听证公开、文书公开、审务公开六项,而根据现行三大诉讼法的规定,除了庭审公开外其余五项司法公开内容没有任何救济途径。① "无救济,则无权利。"在我国,司法信息公开的救济机制首先是缺乏权利基础,司法信息公开,保障了公民的知情权,司法信息不公开,首先,受到侵犯的就是公民的知情权。然而我国宪法中并没有将知情权规定为公民的基本权利,作为公民获得一切可公开的公共信息的权利基础,它至多只是一项宪法上的推定权利,公民不可能基于这种宪法上的推定权利要求司法信息公开。其次,司法信息公开的救济机制没有法律依据。②《中华人民共和国政府信息公开条例》(以下简称《政府信息公开条例》)已于 2008 年 5 月 1 日起施行,但是司法公开信息并非政府信息,《政府信息公开条例》也只适用于行政机关,法院并不适用。③ 目前可寻的司法公开文件有很多,如《关于司法公开的六项规定》《关于推进司法公开三大平台建设的若干意见》《关于人民法院在互联网公布裁判文书的规定》,等等,但是这些文件不具有强制力,大多是指导性规定,不能作为法律依据;此外,这些文件对司法公开的救济基本不涉及。因此,除了三大诉讼法对庭审公开提供了一定的救济外,在现有法律规范中,找不到其他法律依据可以作为司法公开信息的救济依据。

四、我国司法公开信息化新构想

(一) 司法公开价值构造之重塑

价值问题是司法公开制度建设和实施中的核心和前置性问题。价值构造关系到司法公开理论和实践的走向。美国法学家庞德曾指出:"在法律史的各个经典时期,无论在古代或近代世界里,对价值准则的论证、批判或合乎逻辑的适用,都曾是法学家的主要活动。"④同样,制度价值也是制度评价的标准之一。司法公开的思想、理念和制度,在其渐进发展的历程中展现出丰富的政治和法治的理性精神,体现了多重价值取向。⑤ 传统司法公开制度的价值最主要表现在公正和秩

---

① 以《刑事诉讼法》的规定为例,只涉及了审判公开原则。《刑事诉讼法》第 11 条规定:"人民法院审判案件,除本法另有规定的以外,一律公开进行……"第 227 条规定:"第二审人民法院发现第一审人民法院的审理有下列违反法律规定的诉讼程序的情形之一的,应当裁定撤销原判,发回原审人民法院重新审判:(一)违反本法有关公开审判的规定的;(二)违反回避制度的;(三)剥夺或者限制了当事人的法定诉讼权利,可能影响公正审判的;(四)审判组织的组成不合法的;(五)其他违反法律规定的诉讼程序,可能影响公正审判的。"第 11 条、第 227 条可以视为刑事诉讼中对庭审公开的救济。
② 参见高一飞、龙飞等:《司法公开基本原理》,中国法制出版社 2012 年版,第 219、225—227 页。
③ 《政府信息公开条例》第 2 条规定:"本条例所称政府信息,是指行政机关在履行职责过程中制作或者获取的,以一定形式记录、保存的信息。"由此可见,司法机关非适格主体。
④ 〔美〕庞德:《通过法律的社会控制》,沈宗灵译,商务印书馆 2010 年版,第 62 页。
⑤ 参见倪寿明:《司法公开问题研究》,中国政法大学 2011 年博士学位论文。

序两个方面①,司法公开本身作为一项程序性的制度是保障程序公正进而实现司法公正这一价值目标的必然选择和直接体现,司法公开制度的建立为充分贯彻辩论原则、直接言辞原则奠定了坚实的基础,为回避制度作用的充分发挥提供了条件②,其在一定程度上可弥补实体公正的不足。同时司法公开制度促进了司法的透明,使得各项司法活动都必须在法律规范的约束下进行,这也维护了秩序的价值观念。但在信息化引入司法公开后,在经济理性的作用下,司法公开的效率价值开始显现。换言之,司法公开制度本身就是建立在综合评估了诉讼成本与收益,从社会总效益的角度制定的。③ 司法公开的信息化转型,司法公开信息载体的变化,使得效率在司法公开活动各个方面得以体现,效率价值得到了最大化。

笔者认为,在我国整个司法公开改革的进程中,尤其是在信息化引入司法公开后,司法公开的价值先后顺序发生了变化,此时对司法公开多元化价值的重新审视和构造尤为重要。从法理学上来看,一种制度、一种法律可以有多种价值取向并存,并且多元化的价值一直处在竞争和融合的矛盾运动中,但是在这一种或多种价值取向中必须要有优先顺位的价值存在,即在多种价值发生矛盾冲突时,哪种价值应处于优先保护的地位。因此,从价值层面正本清源,不失为明晰乃至化解司法公开实施争议的一条可行路径。这也是对司法公开制度价值构造进行梳理和论证的价值所在。④ 司法公开价值构造之重塑,并非是对传统司法公开价值的摒弃,而是要在原有公正、秩序两大价值的基石上,将被忽视的效率价值重新纳入考量范围。使得效率价值与传统司法公开制度的公正价值、秩序价值处于一种"三驾马车"并驾齐驱的状态。概而言之,信息化引入司法公开后,司法公开制度的效率价值、公正价值、秩序价值处于价值体系中的同一顺位。至于公正和效率谁先谁后,经济学界有"效率优先,兼顾公平"的观点,也有"公平优先,兼顾效率"的观点。⑤ 笔者认为,还是应当兼顾公正和效率,至少在司法公开问题上,公正和效率应当是相辅相成、双重互补的,"迟到的正义就不是正义",这说明效率从本质上而言也是一种公正的体现,同时效率也是司法公开制度自身要求的体现。如果在实践中忽略了司法公开的效率价值,就很可能造成这种情况,即当事人按照法律规定最终获取了相关的司法公开信息,但是由于时效性,这些司法公开信息对其可能没有任何价值。因此,司法公开的效率价值是不可忽视的,尤其是在信息化引入司法公开后,司法公开价值构造的重塑,能够更好地指导实践中司法公开的操作。公正、效率、秩序的价值构造,也有助于发挥司法公开制度的最

---

① 除此之外,一些学者认为司法公开还具有民主价值、廉洁价值、公信价值等。
② 参见吕继东:《司法公开的价值与配套制度》,载《甘肃政法成人教育学院学报》2003年第2期,第87页。
③ 参见张碧茵:《网络时代背景下的司法公开制度研究——以33个中级人民法院的司法公开为样本》,南京大学2013年法律硕士学位论文。
④ 参见叶卫平:《反垄断法的价值构造》,载《中国法学》2012年第3期,第135页。
⑤ 参见钱弘道:《论司法效率》,载《中国法学》2002年第4期,第53页。

大实效。但司法公开价值构造学理上的重塑,并不能完全解决信息化司法公开实践中的价值取向偏离问题,追根溯源,还是要重视信息化在司法公开中的价值。当然,信息化司法公开的价值也并不见得等同于司法与信息化媒体良性互动的价值,信息化司法公开价值应属于一个更上位的概念,它的范畴更广,它还包含了司法机关自身利用信息化媒介进行司法公开活动的价值。同时,在实践中还应走出司法公开的悖论,不能陷入越公开越闭塞的困境,信息化司法公开的价值取向并非是公开的信息越多越好,而是信息公开的受众能尽可能地以高效率、低成本获取其需要的信息。

(二) 中国模式的司法公开:专设信息化司法管理机构

当前,我国现有的司法能力相当有限,有限的司法能力与无限的司法需求之间关系紧张。如何缓解这一紧张关系,是目前司法改革的根本任务。① 反映在司法公开的信息化转型上,由于世界各国面临的现实状况各异,如英美法系和大陆法系国家庭审制度不同、各国的信息化程度不同等,改革的具体措施不可能一致,也不具有可以直接借鉴移植的经验。以中国、美国两国为例,中国案多人少的现象非常严峻,全国90%以上的案件都集中在基层人民法院,2007年全国地方各级人民法院受理的案件是965万多件,2009年增加到了1137万多件,与2007年的收案数比较,2009年收案数增长了17.8%。而从法官队伍的情况来看,从2007年到2009年,全国地方各级人民法院法官人数从189 413人增长到190 216人,仅增加了803人,增长幅度仅为0.42%,明显与案件增长速度不成比例。而美国在优化司法资源的配置方面则要好得多,以刑事案件为例,美国实行的是plea bargaining②,其具有结案快、效率高等优点,有利于解决案件严重积压问题以及能够减轻对刑事司法系统的巨大压力,美国每年大约90%的刑事案件都可以通过辩诉交易结案。③

综上,既然没有一套放之四海而皆准的改革模式,那么要在全国3 557个法院进行信息化的司法公开建设,就必须结合实际情况,提出一种既立足于国情,又不同于国外的中国模式的司法公开。笔者认为,现阶段要在全国范围内实现信息化司法公开的普遍化和实效化,可以尝试在各级法院内部专设信息化司法管理机构,在机构初设、人员甫定、编制稀缺的制度初创期,可参照各级法院目前已有的审判管理办公室进行规范化运作,形成"院长宏观决策管理——信息化司法管理

---

① 参见侯猛:《中国的司法模式:传统与改革》,载《法商研究》2009年第6期,第58页。
② 辩诉交易是基于美国高犯罪率、刑事积案加剧的现实以及审判程序繁琐且耗费巨大的弊端,为了提高诉讼效率、节约司法投入而出现的一项不同于法庭审判程序的制度,但目前无论案件工作量大小的司法区都很盛行。
③ 参见陈卫东:《从建立被告人有罪答辩制度到引入辩诉交易——论美国辩诉交易制度的借鉴意义》,载《政法论坛》2002年第6期,第8页。

机构中观综合管理——庭长、审判长微观个案管理——法官自主管理"的常态机制,进而全面承担起信息化司法公开的工作。同时信息化司法管理的主体可分为院、信息化司法管理机构、庭室及法官个体四个层级,其中信息化司法管理机构作为专门机构位处"院下庭上";信息化司法的管理对象为信息化司法公开活动和法院其他信息化行为,作用对象的特定性是信息化司法管理区别于政务管理、人事管理最为重要的特征。① 信息化司法管理机构的职能定位在于保障法院信息化工作的正常进行,推动法院信息化工作的进一步开展。这样做,一是在案多人少的情况下,可极大地减轻一线审判人员的工作负担,使其只要做好本职工作,严格把关庭审和裁判文书质量,其余工作包括裁判文书的细节性处理等均可交由信息化司法管理机构统一执行;二是利于监督,分工明确可避免信息化司法公开的责任在相关部门之间进行推诿的现象,真正做到权责一致;三是信息化是技术性很强的工作,日常的维护处理都需要由专人负责,经费也需要专款拨发,将信息化司法管理机构从一线审判机构中独立出来,能够保证信息化司法公开建设的正常进行,便于上级法院的统一指导和管理;四是从长远来看,不仅仅是信息化司法公开,信息化审判管理②等工作也在进行,信息化司法管理机构的设立将使法院的信息化建设进入更深入的阶段,随时为法院各项工作进入信息化时代做好准备。

(三) 以信息化促全面司法公开:实现彻底信息化转型

在这里,笔者用的是"转型"而非"深化",目的就是强调彻底的改革、革新。司法公开领域的改革决定了人们是否能从旧式司法公开模式的观念走出,向信息化司法公开模式的观念转变。因为在信息化的司法公开模式下,人们是根据需要主动地通过各种信息化媒介获取司法公开的信息,而非一味被动地接受。长期以来,旧有的司法公开方式根深蒂固,对当事人、律师而言,绝大多数已经习惯于通过这种旧有方式获取司法公开信息;对法院而言,在长期的实践中也形成了一套固定的工作模式。要破除这些现有观念、工作模式的束缚和制约,尤需在推进信息化过程中更进一步,实现彻底转型。概括而言,其具体举措如下:

第一,以信息化促全面司法公开的建设是长久的,在这个过程中必须建立起一套有效、具体的长效工作机制。长效工作机制的建立能够保证信息化司法公开的长期正常运行,并使其发挥预期功能。同时信息化司法公开建设的长效机制不可能是一劳永逸、一成不变的,它必须随着时间、条件的变化而不断丰富、发展和

---

① 参见钱锡青、凌淑蓉、李兴魁等:《基层法院审判管理办公室规范化运作三题——价值定位、机构编排及功能解构》,载万鄂湘主编:《探索社会主义司法规律与完善民商事法律制度研究——全国法院第 23 届学术讨论会获奖论文集(上)》,人民法院出版社 2011 年版,第 308—311 页。

② 在 2010 年 8 月举行的全国大法官审判管理专题研讨班上,最高人民法院原党组书记、院长王胜俊强调,要加强信息化审判管理建设,创新和加强审判质量管理、审判效率管理、审判流程管理、审判层级管理和审判绩效管理。

完善。

第二,剔除现有信息化司法公开中的无用信息,加快信息媒介的更新速度,同时加强对一些重要系统的研发和维护。首先,信息载体的变化使得信息容量变大,这其中也增加了很多没有公开必要的信息,司法公开的信息应当侧重于针对特定当事人的服务性,尽量减少法院自身的新闻性报道。因为就对社会进行公开而言,一个不争的事实是,除当事人以外,大部分普通人因具体个案与自己切身利益无关,不会对法院的每一项公开内容、每一个公开措施予以关注。[①] 因此,信息化的司法公开要想取得成效,首先要满足的是特定当事人的需求,然后要考虑的才是当事人以外的社会大众的关注。其次,加快信息媒介的更新速度,改变无网站、网站运行不稳定、网站有栏目而无内容、微博几周一更新等现象。形同虚设的网站、微博没有任何意义,信息化媒介的优势在于关注度和浏览量,而内容建设越差、越陈旧,浏览量、关注度就越低,浏览量、关注度越低,就越来越不被人们所重视。最后,还必须对一些重要系统进行持续的研发和维护,尤其是案件进程查询系统和微信等互动式软件,要在保证使用效果的同时使其更人性化。

第三,加大信息化建设的专项资金投入。专项资金投入信息化建设,从短期来看,在初期的建设中必定会在人力、物力方面加重法院的负担。但是从长期来看,日积月累,法院形成新的工作模式后,成本将降低,效率将提升,更重要的是,司法公信力的提高,将使得法院的各项工作能够更加顺利地开展。

(四) 构建信息化司法公开多层次救济模式的初步设想

前已述及,当前我国司法公开救济的实际渠道非常有限,除庭审公开外几乎没有任何救济措施,但专家、学者理论上的探讨、设想却并不少见,基本上只要是对司法公开进行系统研究的,或多或少都会涉及司法公开的保障、救济与监督问题。不少学者在借鉴域外先进经验之外,还会将其与政府信息公开进行比较。但是由于信息化司法公开刚刚起步,全国法院都在实践摸索中,而较之传统司法公开的内容,信息化司法公开又有非常大的区别,信息化司法公开由于其受众非常广泛,除部分信息是针对特定当事人,如网上立案、个案进度查询等,还有相当一部分信息是针对所有受众的,如网上信访、诉讼指南、文书公开、庭审公开等,这就使得在实践中受制于制度、机构、事物发展等因素,既没有一套现行有效的救济措施,也没有系统的理论上的研究和探讨,在法院系统司法公开改革经验的材料和反馈中也基本不涉及此方面的内容。[②] 笔者认为,在信息化司法公开刚刚起步的

[①] 参见侯旭:《论司法公开的范围厘定——以对象分析为视角》,载蒋惠岭主编:《司法公开理论问题》,中国法制出版社 2012 年版,第 278 页。

[②] 《司法公开实践探索》一书总结了各示范法院推进司法公开工作的有效措施及先进经验,同时反映了司法公开工作中的一些问题,最高人民法院司法公开领导小组办公室对这些经验材料进行了汇总和编辑。

当下,这种情况是可以理解的,毕竟连建设都在探索总结中,更别谈救济了。但是凡事贵在谋划,从前瞻性的角度出发,须对其做一些准备,铢积寸累,对信息化司法公开的救济总应有所裨益。但倘若我们对该问题细加检视,又可隐约发现,信息化司法公开救济的前提是必须有司法信息公开的目录明确应公开、可公开可不公开、不可公开的范围。然细加检索,我国目前尚没有一部法律对司法公开的目录进行详细而系统的说明。"他山之石,可以攻玉。"笔者借鉴国外解决类似问题之经验与做法,同时结合我国司法工作之实际,对信息化司法公开的多层次救济模式进行一些初步设想。

第一层次的救济——司法公开主体内部纠错机制。司法公开主体内部纠错机制,指的是司法公开的主体法院的自我纠错。信息化司法公开主要依赖于信息化的载体进行,而法院的自我纠错也可以通过信息化的载体实现,如在法院网站中如果发现司法公开错误或者对司法公开的内容存在异议,或发现页面内容错误,可以在页面中用鼠标选择出错或异议的内容片断,然后同时按下一些特殊的键位组合,如"CTRL"与"ENTER"键,便可以将错误和异议内容及时通知给法院,由法院在一定期限内对此作出回应,这种纠错方式主要针对的是那些不针对特定当事人的司法公开信息,并且在技术上已经可以完全做到。而对于一些针对特定当事人的司法公开信息的异议,可以通过微博、微信平台进行留言,或者直接通过这些平台与在线工作人员进行联系,由工作人员进行解决或者回答疑问,当然也不排除可以通过其他方式向法院进行反馈,由法院自身对信息化司法公开信息进行纠正。

第二层次的救济——监督机关救济。由于在现阶段信息化司法公开的内容一般不太可能影响到当事人的实体诉讼,只是在条件允许的情况下为当事人提供更加便捷的诉讼服务,同时提高法院的工作效率。因此,像美国一些国家那样通过程序上的制裁和提起诉讼的方式进行救济不太可能。[①] 但是不适宜通过诉讼方式获得救济,并不表示上级法院不能对此进行指导和监督,因为信息化司法公开活动从本质而言仍然是法院的司法活动,从实践中看,上级法院可以对下级法院的工作进行监督和指导,这当然也就包括了信息化司法公开活动,如果对法院的自我救济不满,有关人员可以向上级人民法院申请复议。徒法不足以自行,对信息化司法公开而言,转型本已不易,践行当更艰难,要让信息化司法公开从纸面走向地面,从自律走向他律,必须依靠外部监督,特别是依靠检察机关的监督。而检察机关对信息化司法公开的监督可以视为对诉讼活动的监督,因为信息化司法公开中的很多内容都与诉讼活动息息相关。但检察机关应以何种方式介入还值得探讨。

[①] 在美国,公众的司法信息公开权受到侵害时,可以通过程序上的制裁和提起诉讼的方式进行救济,但我国受"重实体、轻程序"观念的影响,根深蒂固,现阶段不太可能做到。

第三层次的救济——规范性文件救济。制定规范性文件之目的是使信息化司法公开的救济有据可依。但首先应解决的问题在于厘清现有之制度框架,解决制度衔接之困境,此亦是破解实务难题的理论之基。2008年5月1日起《政府信息公开条例》正式施行,这是现有唯一一部正式表达我国信息公开制度的法规,但在制度层面仍显不足。《政府信息公开条例》第1条规定:"为了保障公民、法人和其他组织依法获取政府信息,提高政府工作的透明度,促进依法行政,充分发挥政府信息对人民群众生产、生活和经济社会活动的服务作用,制定本条例。"其中却未对知情权的相关表述,不由令人困惑。此外,在实践中,条例现有的38个条文只是对信息公开制度进行了初步构建,很多重要内容,特别是信息公开的范围尚规定得过于含糊、原则,给实际操作带来了很大困难。[①] 这些都是我们探讨司法信息与我国现行信息公开制度如何对接时无法回避的问题。同时一些不同位阶的法律,如《宪法》《民事诉讼法》《刑事诉讼法》《行政诉讼法》《人民法院组织法》等都有涉及司法公开的规定,只不过措意甚少。最高人民法院、最高人民检察院也有大量司法信息公开文件,如最高人民法院《关于严格执行公开审判制度的若干规定》、最高人民法院《关于加强人民法院审判公开工作的若干意见》、最高人民法院《关于人民法院接受新闻媒体舆论监督的若干规定》、最高人民法院《关于司法公开的六项规定》、最高人民法院《关于庭审活动录音录像的若干规定》、最高人民法院《关于进一步加强司法便民工作的若干意见》等。[②] 制度上的问题,只能由制度进行解决,信息化司法公开的救济如何与这些现有制度框架进行衔接,值得深入探索。从世界上几个主要发达国家和地区的信息公开立法模式来看,大致可分为两种。瑞典、英国、俄罗斯联邦、中国台湾地区、韩国采用的是"大公开"模式,即政府信息和司法信息统一规定于一部信息公开法律,不再进行区分。而美国、日本、德国、意大利采用的是"小公开"模式,它们的信息公开法律规定的是政府信息公开却不包括司法方面的公开。[③] 综述之,笔者认为,"大公开"的立法模式由于各种信息公开由一部统一的法律约束,有其系统、统一的特点;而"小公开"的立法模式,将司法信息从政府信息中独立出来,有利于区分政府信息和司法信息的不同。但无论是何种立法方式,其在实践中的效果究竟如何,究竟哪一种更适合我国的国情,还缺乏更为深入和细致的数据和研究来佐证,但可以确信的是,倘若信息化司法公开的救济立法能在法律框架内与现有制度顺利衔接,就能在一定程度上保护公民的司法知情权、参与权和表达权,推动民主法治的进步。

[①] 参见陈仪:《政府信息公开为何屡遇"玻璃门"——评〈政府信息公开条例〉第一案》,载《法学》2008年第7期,第75页。
[②] 参见姚广宜主编:《中国媒体监督与司法公正关系问题研究》,中国政法大学出版社2013年版,第188页。
[③] 参见高一飞、龙飞等:《司法公开基本原理》,中国法制出版社2012年版,第241—242页。

五、结语

本文探讨了司法公开信息化转型的复杂背景,应用实证方法描述了我国信息化司法公开的现状,从一个相对理性的角度,对信息化司法公开的成效和问题进行了初步评述,并提出了自己对于信息化司法公开的一些新的构想。

信息化给司法公开领域带来了前所未有的变革。信息化司法公开和传统司法公开模式各有优劣。但总体而言,信息化司法公开无疑更符合信息化时代的要求。应当认识到信息化司法公开既不同于有限公开,也不同于无限公开,在度的把握方面,应给予当事人申请不公开的权利,现阶段宜用全面公开的表述最为准确。一般说来,司法公开并不会影响司法独立,尤其是在及时、有效的司法公开环境下,其对司法独立产生的影响是非常有限的。信息化对司法公开的影响已经初现端倪,这主要表现在网站、微博和微信上,实践中的信息化司法公开主要围绕三大平台的建设展开。理性地看待我国司法公开信息化建设,可见其在取得一定成效的同时,仍然存在着很多问题,有观念上的障碍,有制度上的缺陷,也有操作层面上的问题。因此,在信息化司法公开建设上,还有很多需要完善的地方,如司法公开价值构造的重塑、信息化司法公开救济模式的设计、建立一套中国模式的司法公开制度等来最终实现信息化司法公开的预期利益。

时代在变迁,一个不同于传统社会以金属器皿作为信息载体、近代以来以纸质作为信息载体的信息化时代已经到来。而伴随着信息化时代的到来,信息化时代高效、便捷的特点为我国司法公开提供了一种崭新的思路。科学技术的发展推动了这些新兴媒介的兴起,而借助于这些新兴媒介,司法公开将走进一个全新的时代。对信息化与司法公开的研究,一是能够起到抛砖引玉的作用,引起更多人对信息化司法公开的重视,并参与到研究和实践中去;二是能揭示信息化对司法公开所产生的深刻影响,从更深层次的意义来说,以司法公开的信息化建设为起点推动司法改革的前进,进而探视司法领域自身的变革规律;三是全国法院对信息化司法公开的建设都在探索之中,理论上的研究如果能够联系实际,就能为实践探索提供理论层面上的支持,同时能解决一些实际问题,对实践起到一定的指导和借鉴作用。

司法公开从广义来说,至少是应当包括法院公开和检察公开两个方面的内容,但本文的论述仅着眼于法院公开。近年来,媒体大量刊载了各地法院进行信息化司法公开活动的情况,成为衡量司法民主实现程度的基本标准。[①] 但无论报道如何铺天盖地,对信息化司法公开建设,我们始终应当秉持着理性的态度,多一

[①] 参见乔溪:《阴凉下的光明追求》,载蒋惠岭主编:《司法公开理论问题》,中国法制出版社2012年版,第85页。

些冷静思考,少一些刻意夸大,尤其要尊重事物的客观发展规律,注意脚踏实地地建设。杜甫诗云:"文章千古事,得失寸心知。"不可避免,本文的研究也存在一定缺陷,如研究的深度和广度还需要拓展,一些构想还非常粗糙,全文虽然耗费了大量时间,采用了实证研究的方法,但受限于人力、物力、时间、精力以及司法数据的保密性和不公开性,不少数据只能援引自网络和其他书籍、期刊,不能与其一手来源进行细致的比照,而且也很难找到2013年、2014年的最新司法统计数据。从大的环境来看,司法公开的发展趋势是最大限度公开,信息化司法公开不能损害到法律的威严,同时整个民主法治环境也是问题。站在公民的立场,要更多地参与其中才能使信息化司法公开真正落到实处。如果裁判文书上网后无人理睬,庭审公开上网后不闻不问,就起不到监督作用,信息化司法公开建设的效果就会大打折扣。

信息化司法公开建设只是法院信息化建设诸多环节中的一环,信息化审判管理、信息化远程审理的建设都在探索中,可以预见,一个司法大数据时代即将到来。

论检察法律文书公开制度的完善

闫俊瑛　刘丽娜　温　军[*]

　　检察法律文书是指检察机关在履行法律职责的过程中依法制作的具有法律效力的文书。它不仅是检察机关依法履职的书面凭证，也是当事人知悉权利义务的重要来源。"阳光是最好的防腐剂"，近年来，检察机关深入推进检务公开，党的十八届三中全会决定更是提出"推进检务公开，增强法律文书说理性"的改革任务。法律文书公开不仅可以有效保障诉讼参与人和社会公众行使法律赋予的知情权、监督权，更能促使检察权依法规范执法，实现看得见的正义。然而长期以来，法律及相关规定对于法律文书公开的程度、对象、范围、内容等都缺少明确要求，导致实践中出现了释法说理不足、公开形式混乱、公开渠道过窄等问题。本文旨在立足我国国情的基础上，厘清理论层面的几个关系，并对法律文书公开制度的构建提出浅见。

一、法律文书公开制度的历史沿革

　　检察法律文书公开属于检务公开的一部分，是指检察机关依法向社会和诉讼参与人公开检察机关依职权制作的具有法律效力的文书及对该文书进行说明的活动。为适应我国国情和司法改革发展大局，需要回溯法律文书公开的历史，保障制度的延续性与改革的渐进性。

　　一是初步建立阶段。以1998年10月25日最高人民检察院颁布的《关于在全国检察机关实行"检务公开"的决定》和《人民检察院"检务十公开"》为标志，以职权职责、受案范围、立案标准、诉讼参与人的权利义务以及举报申诉须知等为主要内容的检务公开制度在全国检察机关普遍建立。其中涉及法律文书公开的内容包括：在侦查、审查起诉阶段犯罪嫌疑人的权利和义务，在侦查、审查起诉阶段被害人的权利和义务、证人的权利和义务等两个方面。

　　二是逐步规范阶段。以1999年1月4日最高人民检察院《关于〈检务公开〉具体实施办法》的颁布为标志，以明确公开方式、公开途径、重点环节等程序规定

---

[*] 闫俊瑛，北京市人民检察院。刘丽娜，北京市人民检察院。温军，北京市人民检察院。

为重点,全国检察机关检务公开工作逐步规范。办法提出:要采取定期或不定期地召开新闻发布会或情况通报会等形式向社会团体公布检察机关履行法律监督职责的情况等内容;要对具有较大社会影响、公众关注的重大刑事案件、职务犯罪案件的查办情况,在逮捕或提起公诉后,适时予以报道。办法对于接待群众来信来访,出庭支持公诉,讯问犯罪嫌疑人、询问证人、被害人,接受当面举报,采取侦查措施和协助执行强制措施等重点环节和诉讼活动中,检察人员履行告知义务及当事人对于检察人员未履行告知义务的投诉、纠正处理等作出规定。

三是日趋完善阶段。以2006年6月26日最高人民检察院颁布《关于进一步深化人民检察院"检务公开"的意见》为标志,全国检察机关检务公开工作日趋完善。意见补充完善了保障律师依法知悉检察法律文书内容、不起诉案件公开审查等内容。还对推广电子检务公开,拓宽公开渠道,严格执行权利告知制度,健全主动公开和依申请公开制度,完善定期通报和新闻发言人制度,建立责任追究制度和监督保障机制,充分发挥人民监督员和专家咨询委员作用等作出规定。

从检察法律文书公开制度近16年的发展变迁中,可以看出法律文书公开制度不断发展健全。首先,公开的对象不仅包括社会大众,而且包括诉讼参与人。其次,公开的范围不仅包括静态的权利义务告知书,而且包括动态的法律文书制作过程;公开的范围还因公开对象的不同有所区别,如有关办案的执法流程法律文书一般仅对涉案当事人公开,而不对社会大众公开等。再次,公开的方式既包括新闻通报、检察开放等主动的方式,还包括依当事人申请等被动的方式。最后,检务公开保障机制不断建立完善,如建立当事人投诉机制,出台法律文书释法说理工作意见等。

二、当前检察法律文书公开存在的主要问题

(一) 公开内容层面——释法说理欠缺

检察法律文书在形式上可以划分为填充式检察法律文书和叙述式检察法律文书。对于填充式检察法律文书,存在个别字句错误、引用法条不准确等不规范问题。而在叙述式检察法律文书中释法说理问题比较突出。释法说理是指检察机关在法律文书中,将案件处理决定的理由和依据,向当事人、其他诉讼参与人以及有关单位和人员进行解释和说明的所有活动。不仅包括文书说理,还包括一切解释说明活动,首在释"法",重在说"理",既涉及抽象的法理,又涉及具体的事理和情理。检察法律文书得出的结论,应该要经过严密的论证,如果通过阅读法律文书无法通过逻辑推理得出结论,当事人将难以信服检察机关作出的决定。

当前检察法律文书释法说理不足主要体现在:一是部分检察法律文书说理过于简单。存在证据列举形式化、适用法律格式化、处理结论简单化的问题。如批

捕决定书中仅列明涉嫌罪名,不说明"逮捕必要性"问题;相对不起诉决定书中仅说明不起诉的理由,不说明证明犯罪的证据情况。二是部分检察法律文书说理缺乏专业性和逻辑性。存在地方口语书面化、叙述语言感情化、内容与对象缺乏关联性、说理与结论相互矛盾等问题。如批准逮捕决定书中不引用相关法条,而是把"民事赔偿问题尚未解决,被害人情绪激动,犯罪嫌疑人道德败坏"等具有主观评价的语言作为批准逮捕的依据。

(二) 公开形式层面——规范性不足

我国是成文法国家,法律文书的书写要有明确的法律依据,法律文书用语应当注重对法律适用条款的分析,然而部分检察法律文书存在日期错误、表述随意、适用罪名不准确等情况。如有的文不对题,自相矛盾,将 A 罪名写成 B 罪名,严重影响法律文书的严肃性。

还有部分检察机关在法律文书公开过程中缺乏程序意识和形式审查意识。有的交付当事人或对外的法律文书存在大量缺页缺项现象;有的法律文书制作不规范,存在送达回证缺少送达时间,没有送达人、收件人签名,法律文书未加盖公章等问题。这些问题都直接影响到执法行为的合法性和有效性,甚至引起当事人的怀疑,造成信访缠诉。

而在检察法律文书公开的程序审批、技术性处理等方面更是欠缺规定,实践中操作混乱。不少承办人将尚未终结的案件法律文书向媒体公开,提前向社会输入先入为主的观念,甚至随意泄露当事人姓名、隐私;还有的检察机关内部审批职责不清,只要承办业务主管领导签批后,宣传部门即不再进行实质性审查,更不会采取技术性处理。

(三) 公开载体层面——渠道仍然过窄

在开展"检务公开"的过程中,往往容易产生认识上的误区,即把"公开等同于宣传"。检察机关在进行检务公开时,如长期只采取发放宣传册、设置专栏、召开发布会等形式,会使公开的效果衰减,容易产生形式大于实质等弊端。学术界或者实务界在对检务公开进行研究时,很少将法律文书公开作为核心。特别是由于对"检务公开"的实质和重要意义的认识出现偏差,目前一些为了"公开"而进行的宣传报道,多关注查办职务犯罪案件或出庭公诉,并没有完全反映检察机关的职能特点,没有从法律监督的角度来宣传、解读检察机关职能,使相当多的人民群众对检察机关的了解仅局限于部分职责,对检察机关是"法律监督机关"的性质不能全面认识。

三、推进法律文书公开应处理好的几个关系

目前社会各界对于法律文书公开的范围、对象、方式等莫衷一是,争议较大。比如,有学者以"侦查不公开"这一国际惯例为理由质疑检务公开的范围;有人对如何处理检察机关该公开不公开表示忧虑等。笔者认为,应当顺应社会对司法公开透明的热切期盼,遵循司法规律,妥善处理好以下关系,科学推进检务公开工作,积极回应和打消外界的种种疑虑。

(一)程序公开与我国检察权特色之间的关系

程序公开是世界各国和地区普遍认可的诉讼原则,在联合国文件和各国和地区刑事诉讼法中均有体现。联合国《世界人权宣言》第10条规定:"人人完全平等地有权由一个独立而无偏倚的法庭进行公正和公开的审讯,以确定他的权利和义务并判定对他提出的任何刑事指控。"许多国家和地区的刑事诉讼法律也都规定了程序公开,基本包括三方面的内容:公开审判、裁判文书上网、审判流程公开。不难看出,在国际公约及各国和地区诉讼制度视野中,程序公开更多的是指审判公开,包括检察在内的审前程序则秉承"侦查不公开"原理,一般不予公开。笔者认为,应当立足我国检察制度实际,充分认识检察环节程序公开的正当性和合理性。首先,我国检察机关属于司法机关,检察权具有司法属性,检察权的运行方式具有司法权的特征。在我国,检察机关享有职务犯罪侦查、审查逮捕、公诉以及诉讼监督权,既有与西方类似的侦查权(仅限职务犯罪)、公诉权,也有完全有别于西方的审查逮捕与诉讼监督权。检察机关依法行使审查逮捕、公诉和诉讼监督职权,依法必须全面听取公安机关、犯罪嫌疑人、辩护人、证人、被害人等的意见和建议,特别是2012年《刑事诉讼法》修改增加规定了审查逮捕讯问嫌疑人、听取辩护意见等制度,增强审查逮捕、公诉、诉讼监督工作的诉讼品质,改变了过去书面审查、片面听取等做法,使得"兼听""言词"这些司法属性更加突出和明显。但西方国家的检察权则没有这些品质。西方检察官作为侦查权的主体,有权指挥和领导侦查,不具有独立于侦查主体之外的诉讼身份,无法做到"兼听"。因此,其检察机关通常属于行政机关,检察权同样属于行政权,不具备司法的属性。更为重要的是,我国检察机关作出的不批捕、不起诉、不予提起抗诉等决定,具有与审判裁判一样的终局性。由此可见,"兼听""言词""终局"这些司法权品质都被我国检察权所拥有,而这也正是程序公开的内在要求。因此,检察机关依法公开终局性执法决定和办案过程,有利于吸纳社会公众的意见和建议,增强说服力,不仅能够保障检察权公正行使,而且有利于深化执法效果,树立良好形象。特别是在修订后的《刑事诉讼法》提高了证明标准,法院严格贯彻无罪推定与疑罪从无原则的

形势下,加强对不立案、不批捕、不起诉、不予提起抗诉等活动的监督,有利于防止实践中可能出现的该诉不诉等"消极公诉"现象。而且检察机关的侦查特殊性与检务公开两者并不矛盾,公安机关管辖的普通刑事案件可以做到法定的公开,同理,检察机关管辖的职务犯罪案件也可以依法公开。在此问题上,一定要破除检察神秘主义。

(二) 文书公开与依法独立公正行使检察权之间的关系

法律文书公开犹如一把双刃剑,公开适当能够充分发挥公民权利的监督作用,促进检察权公正行使;公开失当则会导致舆论"先决"案件,侵犯当事人权利,妨碍检察权独立行使。为合理处理公民表达自由与司法独立二者的关系,1994年签署的《关于媒体与司法独立关系的马德里准则》(以下简称《马德里准则》)第4条规定:本基本原则(表达自由)不排斥在司法调查程序阶段对法律秘密的保守。秘密保守的目的主要是为了实现对被怀疑和被控告的个人的无罪推定的实现。《马德里准则》确认的侦查不公开原则被普遍适用在各国和地区刑事诉讼法律当中。如我国台湾地区"刑事诉讼法"第245条规定:"侦查,不公开之。检察官、司法警察、辩护人、告诉代理人或其他于侦查程序依法执行之人员,除依法令或为维护公共利益或保护合法权益有必要者外,不得公开揭露侦查中因执行职务知悉之事项。"《法国刑事诉讼法典》第11条规定:"除法律另有规定外,且不损及辩护方之权利,调查与预审过程中,程序保密。"《日本刑事诉讼法》第196条规定:检察官、检察事务官和司法警察职员以及辩护人或者其他在职务上与侦查有关之人员,应当注意不要损害被疑人或者其他人之名誉,并且应注意避免妨碍侦查。我国检察机关享有特定案件的侦查权,且审查起诉的功能在某种程度上相当于其他国家和地区的侦查权:审查起诉在其他国家和地区不作为一个独立的诉讼环节,融在侦查活动当中,提起公诉只是检察官侦查终结以后根据案件情况所作的一个决定。鉴于我国检察权的上述情况,笔者建议遵循司法规律,将"侦查不公开"作为妥善处理检务公开与依法独立公正行使检察权之间关系的关键,合理确定好检务公开的范围与对象。一是对检察环节的执法流程信息和不具有终局性的执法决定,包括侦查、逮捕、起诉案件进度和立案、批捕、起诉等执法决定,应严格将公开的对象限定为涉案当事人及其他诉讼参与人,原则上不得向社会公开。主要考虑到案件尚处于审前诉讼环节,事实、证据尚未完全查明,贸然向社会公开执法流程信息,不仅可能影响和干扰侦查取证行为,而且会侵犯嫌疑人的名誉权,特别是后来被法院判决无罪的嫌疑人。但向诉讼参与人公开则是法律赋予检察机关的义务,是保障诉讼参与人依法行使权利的保证。二是对于社会关注的重大案件,可以在案件侦查终结后,以及逮捕、起诉决定作出后,通过新闻通报、新闻发言人制度等,适时向社会公布情况,及时回应媒体关注,引导舆论导向。

（三）妥善处理好公开与保密之间的关系

在"能够"公开的内容中，检务公开的范围也应当有所限制，建议将限制情形确定为以下两种情况：一是涉及国家秘密、商业秘密和当事人隐私等案件。二是未成年人特殊群体案件。2012年《刑事诉讼法》修改新增了未成年人轻罪记录封存制度，对可能判处5年有期徒刑以下刑罚的案件，犯罪记录应当封存，不得对外公开。如果将涉及未成年人的终局性司法决定、法律文书、执法过程等予以公开，无疑违背了"轻罪记录封存"的立法本意。

四、完善法律文书公开制度的具体建议

按照中央司法体制改革部署和最高人民检察院深化检察体制改革的精神，法律文书公开成为当前和今后检务公开的重点，是检察工作成效的直接展示与法律监督质量的重要反映。立足实际，检察机关应当秉持"依法有序推进改革"的理念，以依法、及时、规范为原则，逐步拓宽公开范围和渠道，保障人民群众对检察机关履职行为的知情权、参与权和监督权。

（一）明确向社会公开的法律文书种类

检察机关的法律文书种类繁多，仅中国检察出版社于2013年出版的《人民检察院刑事诉讼法律文书适用指南》中明确的制式法律文书就多达238种。从上述几个关系的角度衡量，对所有法律文书都进行公开，既不切合实际，也浪费司法资源。为此，应当明确应当公开、可以公开和不可以公开的文书种类。

1. 应当公开的检察法律文书

第一类是检察机关作出的具有诉讼终结性的法律文书，以公开为主、不公开为例外。检察机关终结性法律文书种类繁多，据粗略统计，具体包括24项，如：不立案、不逮捕、不起诉、不予提起抗诉决定书，撤销案件决定书，复议、复核维持原不捕决定书，向公安机关发出的立案或撤销案件通知书，释放或变更强制措施建议书，不提出没收非法所得申请决定书，不提出强制医疗申请决定书，民事行政申诉案件不支持监督申请决定书，刑事申诉不再立案复查决定书，刑事申诉审查结果通知书，终止复查决定，复查终结不支持请求通知，信访案件终结决定书，刑事赔偿决定书，刑事赔偿复议决定书，赔偿监督申请审查结果通知书等。并非所有的检察机关终结性法律文书都应该公开，对于释法说理类的检察法律文书，一般情况下应当公开。而对于普通案件的填充式文书没有公开的必要。这类文书信息量非常少，不具有释法说理性，按照保密的要求进行匿名处理后，信息量微乎其微，公开意义不大。而且从法院文书公开的情形来看，其公开的也是体现实体裁

判的各类判决书。但是对于具有重大社会影响的案件,从保障社会公众利益角度考虑,有必要公开涉案人员具体处理情况的,则应当公开。

第二类是与终结性案件所对应的节点性的法律文书和其他具有诉讼监督性质的法律文书。主要包括人民法院已经生效判决案件的起诉书、刑事抗诉书、已经发生法律效力的刑事赔偿决定书、民事行政诉讼监督案件抗诉决定书、再审检察建议书、检察建议、纠正违法通知书、立案监督书等。这类文书覆盖主要检察业务环节,能够反映检察机关不同诉讼阶段的履职行为,有利于检察机关和其他执法或司法机关接受外部监督,倒逼他们严格规范执法。

需要说明的是,最高人民检察院在2014年10月17日发布的《人民检察院案件信息公开工作规定(试行)》中明确限定了对社会公开的法律文书种类,仅包括人民法院所作判决、裁定已生效的刑事案件起诉书、抗诉书;不起诉决定书;刑事申诉复查决定书;最高人民检察院认为应当在该系统发布的其他法律文书。从当前检察工作发展阶段来看,将对社会公开的法律文书种类限定于这几种是合理的,但是从长远来看,将来检察法律文书的公开范围将越来越宽泛,对于释法说理类的上述检察法律文书,一般情况下都应当公开。

2. 可以公开的法律文书

对于有较大社会影响、群众关注度高的案件的法律文书,主要包括侦查终结后的法律文书、逮捕或不逮捕决定书、起诉与不起诉决定书等,检察机关可以依法公开。但是对于反映职务犯罪侦查情况、逮捕以外的强制措施情况、证据情况等文书除外。对于检察机关直接受理案件不立案、不起诉、撤销案件决定书等终结性法律文书,以及决定撤销案件和不起诉案件查封、扣押、冻结等涉案款物处理情况的公开,当事人主动申请或明确表示不同意公开,对于经过评估认为可能激化矛盾、影响社会稳定或者公开后负面影响较大的终结性法律文书和处理结果,可以不予公开。

3. 不能公开的法律文书

检察法律文书公开不能侵犯公民的合法权益,因此,对于涉及国家秘密、商业秘密、个人隐私、未成年人犯罪等情形的法律文书,采取技术性处理后没有实质性意义或者仍不可避免地侵犯公民合法权益的,即不能向社会发布,只能依据法律规定向诉讼参与人送达。如性侵类案件、侵犯商业秘密案件、未成年人案件的法律文书即很可能存在上述情况。

(二) 明确对社会公开的法律文书的技术性处理方式

基于平衡公众知情权与保护个人隐私权之间关系的考虑,对社会公开的检察法律文书,应当对有关事项进行屏蔽和匿名处理。《人民检察院案件信息公开工作规定(试行)》对此也有明确规定。应当屏蔽的信息具体包括:自然人的家庭住址、通讯方式、身份证号码、银行账号、健康状况等个人信息;未成年人的相关信息;法人以及其他组织的银行账号;涉及国家秘密、商业秘密、检察工作秘密、个人隐私的信息;根据文书表述的内容可以直接推理或符合逻辑地推理出属于需要删除的信息的;其他检察机关认为不宜公开的事项。此外,在案件信息公开系统上发布法律文书,还应当采取符号替代等方式对部分当事人及诉讼参与人的姓名作匿名处理,具体包括刑事案件的被害人及其法定代理人、证人、鉴定人身份信息;不起诉决定书的被不起诉人;同时,基于宽严相济刑事政策,对于被判处 3 年有期徒刑以下刑罚以及免予刑事处罚,且不属于累犯或者惯犯的被告人的姓名也应当进行匿名处理,避免因"犯罪标签"受到社会歧视。

但是如果当事人或诉讼参与人出于消除影响、澄清自身的角度考虑,主动要求公开本人姓名的,在经过本人书面申请后,检察机关经过承办人核实、案件办理部门负责人审核、分管副检察长批准后,可以不作相应的匿名处理。

(三) 明确主动向当事人及诉讼参与人公开相关检察法律文书

最高人民检察院要求"进一步依托信息网络拓宽公开的途径和方式,实现当事人通过网络实时查询举报、控告、申诉的受理、流转和办案流程信息"。办案流程信息既包括案件进度,也包括检察机关所作的执法决定。如对职务犯罪案件查封、扣押、冻结等涉案款物的处理情况,对久押不决、超期羁押的监督纠正情况等。在公开这部分信息时,应当注意:

公开的方式既包括主动公开,也包括依申请公开。

主动公开是指人民检察院制作法律文书,依照法律规定及时向当事人、其他诉讼参与人和有关单位送达、宣布、解释,同时将各节点的检察法律文书录入检察机关案件管理系统,涉案当事人可以通过查询获得文书。下一步可以研究在防止办案信息泄密的前提下,依托互联网进行公开,确保当事人"足不出户"进行查询。

应当严格落实法定告知职责,防止该告知不告知、告知不清楚、告知不规范等问题。为了保障告知的实质效果,建议全面推行口头和书面"双告知",使每一次告知过程都成为检务公开、密切联系群众的过程。

依申请公开是指检察机关根据当事人或其他诉讼参与人的申请依法进行释法说理工作。由于法律文书表述空间有限,而检察机关信息网络录入的信息也有限,对于检察机关作出的各种具有法律效力的决定存有疑惑的,当事人都可以向检察机关申请要求说明理由,这也是保证其行使权利的重要途径。

(四) 明确检察法律文书公开的渠道和审批程序

根据《人民检察院案件信息公开工作规定(试行)》第 21 条的规定:"案件承办人应当在案件办结后或者在收到人民法院生效判决、裁定后十日内,依照规定,对需要公开的法律文书做出保密审查和技术处理,报部门负责人审核。分管副检察长或者检察长批准后,提交案件管理部门复核、发布。对需要报上级人民检察院备案审查的法律文书,应当在备案审查后十日以内,依照前款规定办理法律文书发布手续。"

对于公开的方式,则因公开文书的内容和对象而有所区别。对于终结性检察法律文书的公开,应采取主动公开的方式,依托案件信息系统平台、检察门户网站、检务接待、案件查询系统等,向社会公众公开。对于节点性检察法律文书的公开,应当采取主动公开和依申请公开相结合的方式,依托案件信息系统、检察网、检务接待大厅、统一举报电话和专门案件查询系统等平台,主动向案件当事人、诉讼参与人、代理人、辩护律师及相关单位提供查询服务,同时,通过检务接待大厅和案件管理办公室接受当事人、诉讼参与人、代理人或辩护人的申请予以公开。

(五) 强化检察法律文书内容的说理性和规范性

公开终结性法律文书需要同步加强检察机关法律文书的释法说理性,因为社会群众关注的不仅仅是一个简单的执法决定,更重要的是决定背后的依据和理由。最高人民检察院曾经制定《关于加强检察法律文书说理工作的意见(试行)》,北京等地均开展过优秀释法说理法律文书评选工作。建议进一步加大力度,要求承办人在案件审查过程中,应充分听取诉讼参与人及申诉人的意见,在作出结论后,应当详细说明作出结论的依据和理由,做到有问必答、逐条解析,并耐心做好政策宣传、思想疏导工作,消除文书说理的盲区和弱点,确保公开取得实效。

检察法律文书公开的前提是严格规范执法,所以要通过加强案件管理、改变考核风向、健全责任追究机制、健全人民监督员工作等措施,规范办案流程、严格证据标准,督促承办人全面、客观、细致地收集、审查和运用证据,提高规范制作法律文书的意识。同时,还要加强公开审查、公开听证制度建设,对案件事实、适用法律方面存在较大争议或有较大社会影响的不批捕、不起诉、羁押必要性审查、申诉案件进行公开听证、公开答复,邀请案件当事人、侦查人员、人大代表、政协委员参与,既倒逼检察机关严格规范、理性平和执法,又让相关参与人听得清楚、听得明白、听得信服。

庭审中心主义与裁判文书动态写作

——以司法公开与司法改革视域下法官助理和书记员职业技能为题

杨 凯[*]

引 子

随着实行法官员额制司法改革进程的推进,法官助理和书记员作为法官的助手,在民商事审判实践中几乎每天都要和裁判文书打交道,裁判文书的写作与校对是司法改革后法官助理和书记员的一项重要工作内容。因此,法官助理和书记员必须具备辅助主审法官制作各类民商事裁判文书的司法技能。事实上,裁判文书的制作不仅仅是法官的工作,从某种程度上讲也是法官助理和书记员的重要辅助工作内容之一。

从司法程序功能的视角来看,裁判文书制作是一个动态的程序记录过程,法官助理和书记员在审判中所做的许多工作实际上都是与裁判文书制作相关的内容,裁判文书上的许多话语实际上也都来源于法官助理和书记员的司法辅助工作。笔者认为,法官助理和书记员在审前准备程序中的送达、调查、归纳整理案件争点、固定证据、庭前调解等工作,以及庭审中的记录工作,实际上都是在辅助法官制作裁判文书,只不过我们没有意识到也没有深化这项辅助工作和技能。

民商事裁判文书的制作不是在案件庭审之后或合议庭评议后才开始的,而是应当贯穿于审判活动的全过程,每完结一个程序就应当同时制作完成裁判文书的一部分内容。例如,民事案件审理中,完成立案和审前送达程序性辅助工作之后,就可以写出审理报告中"当事人和其他诉讼参加人的基本情况";完成归纳整理案件争点和组织进行证据交换程序性辅助工作之后,就可以写出审理报告中"当事人的诉讼请求、争议的事实及其理由";完成庭审记录和参与相关调查审核程序性工作之后,就可以写出审理报告中"事实和证据的分析与认定"。

在民商事审判实践中,笔者观察,有经验的法官或书记员写审理报告和裁判

---

[*] 杨凯,华中师范大学法学院教授。

文书是在司法审判程序运行的动态过程中完成的。一般是庭审完毕或合议庭评议完毕后,很快就可以出文书了,有的简单案件甚至当庭即可完成审理报告和裁判文书。结合这种动态的阶段性的写作方法,可以将法官助理和书记员裁判文书动态写作与校对也总结归纳为不同的辅助写作阶段。本文主要论证法官助理和书记员辅助法官动态写作民商事裁判文书的写作方法。

大家都知道审理报告就是裁判文书的"前身",是写作裁判文书的基础。在审判实践中,人们的思想观念经常会存在两个误区:一是认为案件审理报告应当是在案件基本审结后才开始写作,然后在此基础上经合议庭评议或审委会讨论决定后再写作判决书(或裁定书);二是认为裁判文书的制作完全是法官应当干的活儿,是法官的职责。实际上审理报告的写作完全可以根据审判活动的进程分阶段完成,同理,裁判文书的部分内容初稿就可以分阶段完成。

法官助理除了负责审前准备程序之外,还有一个重要的任务就是辅助法官制作裁判文书。裁判文书应当是法官与法官的助手们合作的产品。实践中有两个极端:要么完全依赖法官助理或书记员代写文书,有的法院甚至还专门将法官助理分为程序助理和文书助理,文书助理专门负责协助写作文书;要么完全不要法官助理或书记员辅助制作文书,而由法官自己撰写法律文书。完全依赖法官助理和书记员来代替法官制作文书肯定是不对的,而完全不要法官助理和书记员的辅助也是机械的、教条的、不切实际的。法官助理完全可以在审判过程中阶段性地辅助法官制作审理报告和裁判文书的部分内容。

一、案件的由来和当事人的基本情况

在立案审查和完成审前准备程序中的送达事务性工作之后,对于案件的由来、当事人和其他诉讼参加人的基本情况应当基本查清,除了审理经过未完全完成暂时不能注明之外,可以写审理报告中的第一部分"案件的由来"和第二部分"当事人和其他诉讼参加人的基本情况"的主要内容。与此相对应的就是判决书的首部的主要内容。这部分写作内容既是审前准备程序中法官助理和书记员进行诉答与送达程序的审查和判断,也是对法官助理和书记员完成上述事务性辅助审判工作的如实记载,是对审前准备程序的阶段性总结。这一阶段的事务性的辅助审判工作完成了,审理报告和裁判文书中相对应的部分就应当同步制作出来。这就印证了审判实践中有经验的法官常说的一句话:"判决书上的每一句话都应当有相应的证据或程序性工作来印证。"通过审查立案审查登记表以及送达后诉状与答辩状的主要内容,对于初步确定的案由、排定的案号、当事人及其他诉讼参加人的基本身份情况及委托代理情况、合议庭组成人员及主审法官的确定等事项,基本上能够查清,也就能够制作出判决书首部的基本内容。

1. 标题中的法院名称

一般均与院印一致,涉外案件应冠以"中华人民共和国"字样。

2. 案号

一般由年度、制作法院简称、案件性质、审判程序的代字、案件的顺序号组成。例如××市中级人民法院2014年受理的第00689号民事二审案件,可写为"(2014)××民终字第00689号"。

3. 当事人的身份情况

《法院诉讼文书样式(试行)》对于身份情况的载明有固定的格式要求,同时也是查明当事人身份情况的具体审查要求。身份情况其实也就是对当事人主体资格的审查结果。写清当事人身份事项的目的在于明确和固定主体资格,避免主体资格上的错误和主体不适格的情况发生。

民商事案件和行政案件的当事人是自然人的,应写明姓名、性别、出生年月日、民族、职业或工作单位和职务、住址(包括户籍登记住址、经常居住地地址)、身份证号码。当事人是法人的,应写明法人单位的全称、所在地址、法定代表人或负责人的姓名及职务。对于不具备法人资格的单位、组织或个人合伙,应写明单位或组织名称的全称及所在地址,代表人或负责人的姓名、性别、职务和身份证号码。对于民事案件中提出反诉的,应当注明当事人在诉讼中的反诉地位。此外,对被告人的身份证号码也应当写明,每个人的身份证号码均不相同,这是固定当事人身份的最重要的证据之一。

4. 代理人的身份情况

民商事案件当事人有法定代理人或指定代理人的,应当写明代理人的姓名、性别、年龄、民族、职业或工作单位及职务、住址、身份证号码。如果法定或指定代理人与当事人之间有近亲属关系,还应在姓名后括注其与当事人的关系;如果指定代理人系律师或法律工作者,应写明姓名、律师事务所或法律服务机构的名称及职务。有委托代理人的,应当写明姓名、性别、年龄、民族、职业或工作单位及职务、住址、身份证号码。如果委托代理人系当事人的近亲属的,应在其姓名后括注其与当事人的关系。如委托代理人是律师或法律工作者,应当写明姓名、律师事务所或法律服务机构的名称及职务。

当事人及其诉讼参与人身份情况也即是对主体资格的审查,应当与审理报告和裁判文书相对应的部分的写作相结合,包括追加第三人参加诉讼的内容,都应在审前准备程序中同步制作完成。这样既有利于全面审理查明事实、提高文书制作质量和水平,又有利于提高诉讼效率,使法官能够把主要的精力用在审理报告和裁判文书的核心环节,即证据认定和论理部分。"一些裁判文书在表述当事人的基本情况时,如从内容上粗看没有任何问题,但往往或多或少地遗漏样式规定的基本要素,故应严格依照样式要求加以补充完整。"①能够严格按照样式的规范要求写明当事人及其他诉讼参加人的身份情况,一般也就证明对诉讼主体资格的审查达到了基本的规范性标准的要求,当然也是对法官助理和书记员的审前准备工作的一种文本式的记载和肯定。审理报告和裁判文书部分内容的阶段性同步辅助制作可以让法官只是审查即可,而不必过多地将精力耗费在事务性、程序性的繁杂事务中,可集中精力考虑法律解释与适用问题。

5. 当事人及其他诉讼参加人排列的顺序

在裁判文书中,当事人及其他诉讼参加人各项的排列顺序也有固定的规范性要求:有主动与被动关系的,主动的表述在前,被动的在后。如原告、上诉人在前,被告、被上诉人在后,无独立请求权第三人放更后。有主体与依存关系的,诉讼主体表述在前,依存于诉讼主体的表述在后。如当事人在前,其代理人或辩护人在后。

二、当事人的诉辩主张、争议事实及其理由

法官助理在审前准备程序中整理争点,组织进行证据交换并固定证据的审前准备工作实际上就是与审理报告中的这部分内容完全相对应的。以民事一审判决书为例,也就是"原告诉称""被告辩称"和"第三人述称"的内容。当事人的诉讼请求以及争议的事实和理由部分的内容虽然主要是通过原告、被告和第三人的陈述来表述的,但不能照抄搬起诉状和答辩状的内容,而必须根据法官助理对案件争执焦点的归纳整理来进行必要的总结归纳和提炼;要求集中反映当事人的真实意思表示,明确纠纷的焦点,使之能够与文书后部分的审查查明的事实、论理和裁判结果形成严密的逻辑体系,前后呼应,相互印证。审理报告中的内容可以写得详细具体一些,但裁判文书中的叙述应当简练。审理报告中的内容可由法官助理完成,而裁判文书中的这部分内容可由法官在审理报告内容的基础上更进一步进行精简和提炼后来写作。

"裁判文书的写作是一个非常周密严谨的法律思维、法律论证过程和法律适用过程。"②法官助理对案件争点的整理实际上也是一个周密严谨的法律思维和法律论证过程,需要法官助理具备准确的分析判断和归纳总结提炼的职业技能,而这种职业技能的培养如果与裁判文书的写作相结合,则更有利于其职业技能的提高和规范。对争点的整理水平只有从裁判文书的制作上才能真正体现出来。"司法权本质上就是一种判断权。"③从司法的过程视角来定义,"司法是将所有的个人与团

---

① 乔宪志等:《法官素养与能力培训读本》,法律出版社 2003 年版,第 163 页。
② 刘瑞川:《人民法庭审判实务与办案技巧》,人民法院出版社 2002 年版,第 62 页。
③ 同上注。

体置于平等对待的地位,并仅依照透明、公正的规则与理性作出妥当与否之判断的行为"。① 对争点的整理实际上也就是对当事人之间法律关系的审查判断。

"司法审判的过程,实际上就是针对案件审理过程中的真与假、是与非、曲与直等问题,根据特定的证据(或事实)以及既定的法律和法理,通过一定的程序进行认识,并作出判断的过程。"② 对于案件争点的整理实际上是法官助理对当事人之间法律关系产生、变更及其内容的理性分析、判断过程,这一过程也是审判思路的形成过程,其分析、判断的技能水平对案件的审理方向和裁判文书的写作起着至关重要的作用,是立案后整个后续审判活动过程的出发点和方向标。因此,能够高度概括和提纲挈领地归纳总结并撰写出原告、被告及第三人的诉辩意见及述称意见,本身就是法官助理整理固定争点技能水平的体现。通过审理报告和裁判文书此部分内容的写作也是对整理固定争点准备工作的文字固定记载及质量的评判。

此外,在审理报告中还应当对双方当事人就事实理由所列举的所有证据项目进行分析式的列举,便于法官下一步对证据进行分析判断。此部分写作应当形成对当事人诉辩主张、事实理由及举证的初步审查判断的结果。

三、对案件事实和证据的分析与认定

法官助理在审前准备程序中组织进行整理争点和证据交换的工作其实就是本部分内容的前提和基础,如果法官助理参与庭审听审,则可以辅助法官更加全面地写好本部分的内容。本部分内容与裁判文书相对应的就是"经审理查明"部分的内容。具体辅助写作的要求包括如下几个方面:

一是应当写明当事人之间的法律关系,法律关系产生、变更的时间、地点,以及法律关系的具体内容。

二是应当写明当事人之间法律关系产生纠纷的原因、经过、现实情况及后果。法院经审理查明的事实,应当是经过法庭审理查明的事实。叙述的方法一般应按照案件发生的时间顺序,客观、全面、真实地反映整个案件情况,同时要根据争点抓住纠纷的重点和关键内容,详述主要的纠纷产生原因和情节,以及因果关系。前"事实分为案件事实和证据事实两部分,是判决、裁定的前提和基础,是裁判理由和裁判结果的根据。"③ "裁判文书对叙写事实的总要求是:以法律事实为依据叙述事实。"④ "法院确认的案件事实,是在双方当事人举证、质证的基础上,通过法院的认证活动获得的事实。"⑤

---

① 胡夏冰:《司法权:性质与构成的分析》,人民法院出版社 2003 年版,第 197—198 页。
② 刘瑞川:《人民法庭审判实务与办案技巧》,人民法院出版社 2002 年版,第 629 页。
③ 乔宪志等:《法官素养与能力培训读本》,法律出版社 2003 年版,第 167 页。
④ 同上注。
⑤ 刘瑞川:《人民法庭审判实务与办案技巧》,人民法院出版社 2002 年版,第 633 页。

三是应当列举写明据以认定案件事实的证据。列举的方式包括统一列举式、逐一列举式和内容证明式等多种列举方式。① "证据的写法多种多样,要因案而异。如案件简单或者当事人没有异议的,可以集中表述;案件复杂或当事人双方有异议、分歧较多的,应选用分别逐一列举式,并进行分析、论证;案情特别复杂的,以先概括叙述简要案情再分别列举有争议的事实证据为妥。"②叙述事实和证据时应当注意保守国家机密、商业秘密和当事人的个人隐私,注意保护当事人及其他诉讼参加人、证人的声誉和安全。

事实和证据部分内容的写作因为涉及审前准备程序中的证据交换和证据固定的内容,法官助理辅助法官写作此部分内容的过程也是学习法官对证据进行审查判断相结合、学习写作对证据的分析论证和评价、体会和感悟法官心证形成的过程,参与辅助制作法律文书,可以逐渐熟悉民事诉讼证据规则的运用和证据审查判断的技巧与方法。

此部分的写作实际上是对审前证据交换与证据固定技能的延伸性学习和拓展性的训练,由此可以从深层次提升审前准备工作的职业技能,更好地辅助法官做好审前准备工作;同时,也能为法官写作裁判文书提供初始性和原创性的辅助;还可以从旁观者和辅助者的视角协助法官更加全面和直观地审查判断证据,避免证据审查判断过程中可能出现的偏见和错误,真正起到法官助手的作用。就人的思维弱点来分析,"智者千虑,必有一失","愚者千虑,必有一得",如果能将二者有机地结合起来,则更加有利于审判结果的正确与恰当,而裁判文书的辅助制作就是二者最好的契合点。

法官助理辅助制作裁判文书技能的提升能够从一定层面辅助法官提升裁判文书的制作质量和效率。法官与法官助理对于审判工作相互配合的合力的效果肯定胜过法官单独的力量和智慧。从写作的经验的视角来看,"好的文章是改出来的,而不是写出来的",由法官助理根据审前准备程序的直观感受和审查判断的理性思考而起草的对证据审查判断的初稿,无论对于法官庭审前拟定庭审提纲,还是对于法官庭审后拟写事实证据的审查判断,都是一个良好的基础和成功的前奏。法官在法官助理撰写的初稿基础上再根据庭审的实际情况及合议庭的评议情况来修改和写作,将更有利于提高裁判文书的制作水平和效率。

四、重视需要说明的问题

在案件的审前准备程序以及整个审理过程中,可能会牵扯或涉及很多相关案件背景和社会影响的情况,比如,有的案件当事人有些特殊情况;有的案件存

---

① 参见乔宪志等:《法官素养与能力培训读本》,法律出版社2003年版,第171页。
② 同上注。

在深层次的社会问题;有的案件有深刻的社会背景;有的案件当事人之间存在矛盾激化的隐患;有的案件涉及整体社群或利益集团的利益;有的案件涉及社会稳定问题;有的案件涉及本辖区的民生问题;等等,这些情况都是记录和写作的内容。

审理报告固定写作模式中专门列有一项"需要说明的问题"。法官助理和书记员要培养善于及时捕捉和获取审判活动中各种相关信息的能力。这种能力体现在裁判文书的辅助制作中,就是对于审理报告中"需要说明的问题"部分的撰写技能水平。

审判实践的社会复杂性告诉我们,每一起案件都是社会矛盾与纠纷的集中体现,案件的背后可能隐藏着深层次的社会问题,也可能存在这样或那样的矛盾隐患,这就需要办案法官、法官助理和书记员具有一双"慧眼",及时发现问题和矛盾隐患,不仅仅是就案办案,而是运用法律的精神真正化解矛盾和纠纷,达到"案结事了"的最佳效果。审理报告中"需要说明的问题"部分的撰写水平从某种程度上也反映了法官助理和书记员在案件审理的全过程中辅助法官审判的水平。是否善于发现问题,是否善于归纳和总结问题,是运用司法手段和技术妥善解决社会矛盾纠纷能力的具体体现。

司法审判辅助职业技能的培养包括及时发现和总结分析问题能力的培养。这一部分的写作水平就是考察法官助理和书记员在辅助过程中是否是一个有心人的标尺。本部分内容的具体的写作方法应当结合审判工作中的实际情况来撰写。具体包括如下几个方面:

一是列举写明案件审前准备程序中所获取的有关部门、单位和人民群众对案件的性质、是非曲直的评价、处理结果和适用法律的意见、看法和建议;

二是列举写明案件审前准备程序中所了解的案件相关社会背景和可能存在矛盾激化的隐患问题;

三是列举写明案件审理过程中当事人可能存在的各种特殊情况;

四是列举写明与其他案件审理相关联的情况;

五是列举写明关于案件审理的社会舆论评价、新闻传播报道评价以及民意调查反映的相关内容;

六是列举写明案件所涉及的其他相关问题。

五、关注判决的理由

法官助理的辅助作用在裁判文书说理部分的辅助制作中还体现为对涉及案件可能适用相关法律的收集与整理,这也是辅助主审法官写好裁判文书论理部分的前提和基础。以民事案件为例,审理报告中最重要的一部分就是"解决纠纷的意见和理由",此部分实际上也就是裁判文书的说理部分。按理说裁判文书的说理部分应当是主审法官关心的事,与法官助理职业技能没什么关系,实际上这也是一种偏见和片面的理解。

法官助理的辅助作用在此部分内容的撰写中同样也很重要,一方面,法官助理实际上是法官人才的储备力量,今后有可能成长为法官,法官是一种实践性、经验性很强的职业,与医生需要临床经验一样,成为一名合格的职业法官需要长期的审判实践经验的培养,而裁判文书的说理部分的写作是法官职业技能的关键所在,实践中,很多法官都是在辅助写作的锻炼中成长起来的。另一方面,协助配合写作说理部分对于法官助理的职业技能也是一种全面的培训与提升,对说理部分的思考与实际操作将会更加有利于法律思维习惯的养成,更有利于综合素质和审判业务素质的提高,从而使法官助理的审前准备技能更加精湛和全面。法官助理参与案件审理的审前准备程序,对于案件的诉辩主张和事实、理由有直观的感受和一定程度的判断和认识,以此为基点的辅助写作工作将会有助于法官将说理部分写得更加清楚和有说服力。动态写作的具体方法主要有如下几个方面:

1. 辅助法官"找法"

法官助理辅助法官写作首先是辅助法官"找法",还是以民事案件的审判为例,在审前准备程序中,当事人可能会对适用法律问题提出各自的意见和建议,并同时提供相应的法律依据的文本,这是一个"找法"的线索和方向;在整理案件争点时,根据案件法律关系和争执焦点也会指向一定的法律条文,这也是"找法"的线索和方向。法官助理可以根据这两条路径先行找寻可能适用的法律及具体的法律条文。对于行政案件而言,作出被诉具体行政行为所依据的法律、法规、规章都是作为行政诉讼证据一并提交的,这同样也为"找法"提供了线索和方向。目前,法律、法规和相关司法解释的查询条件都非常便捷,因此,法官助理先行及时、准确、全面寻找可能涉及案件处理的所有相关法律、法规、司法解释、批复,等等,是法官助理辅助法官写好说理部分的第一步。

2. 辅助法官"释法"

找到相关的可能适用的法律,并非就是案件处理最终真正适用的法律。法官助理还可以进一步辅助法官来解释法律。解释法律的前提是先理解法律,法律不仅仅只是法律条文,相类似的案例其实也是法律的一部分。这就要求法官助理应当辅助法官共同寻找和分析参考相关、相似的所有典型案例。虽然我国并不实行判例法制度,但典型案例的指导与指引功能对于正确适用法律还是非常有用的,案例的参考价值应当发挥在"释法"的过程中。此外,国内外关于涉案法律适用问题的理论法学与应用法学学术研究成果也是"释法"的重要参考依据。法官助理应当具备收集、整理相关指导性案例和法学学术研究成果的前沿问题的能力,这一技能对于法官正确解释法律将有极大的辅助作用。

3. 辅助法官"造法"

法律适用可能会遇到不同法律之间及法律条文之间有冲突或法律有漏洞的情况,也可能遇到因立法空白而没有可适用法律的情况。这就需要法官助理能够辅助法官"造法",要求法官助理具有一定的应用法学学术研究的科研能力。

4. 辅助法官"用法"

裁判文书写作规范对于法律条文的引用有明确的要求,法官助理在此部分的辅助作用是协助法官准确、完整、具体和有理有序地引用法律条文。辅助法官制作裁判文书对于法官助理提高写作能力很有裨益,辅助的过程也就是训练写作能力的过程。裁判文书的写作实际上是对所审理案件审理思路、法律事实认定和法律解释与适用的书面表达,而实际的动态审判过程转化成文辞精美、言简意赅、逻辑严密、论理充分的优美判文,还是需要一定的思维与写作能力的。在辅助法官动态制作裁判文书的过程中,法官助理的写作能力将会得到磨砺和提升。古代选用司法辅助人员讲究"身、言、书、判",其中"书"是指记录能力,"判"即指裁判文书写作能力。古代将司法审判辅助职业称之为"刀笔吏",就是将这一职业与写作紧紧地联结在一起,记录和写作同样也应当成为现代司法审判辅助职业的重要职业技能,并且应当比古代司法辅助职业有更进一步的拓展和新意。

六、重视文书的修饰、校对与整理

法官助理和书记员在审判过程中还有一项重要的辅助工作,就是辅助法官对裁判文书进行修饰、校对与整理。裁判文书的修饰、校对与整理是法官助理和书记员司法辅助工作的一个重要组成部分。修饰、校对与整理等辅助制作裁判文书工作的职业技能水平直接影响着人民法院裁判文书的制作质量和水平,同时也关系到人民法院的司法公正形象和裁判的权威与公信力。所谓修饰、校对与整理,不仅仅是"指在文书印制过程中,以原稿核对校样,对校样中文字、标点等差错及时改正。对原稿中明显的语病或失误可向撰稿人提出,以确保文书正本(副本)不出差错"①,还包括对裁判文书的修辞、逻辑、文风、文理等诸多写作内容的辅助修改和矫正。现代意义上的"校对"应当是对裁判文书的修辞、逻辑、文理、风格、是非、异同的全方面修饰、校对与整理,是裁判文书的最后一道"关口",对法官助理和书记员的职业技能提出了较高的要求。

1. 校异同

所谓校异同,主要是指审查核对原稿与文书的差异,法律文书的撰写到印制成精美的裁判文书,有一个排版印制的文字内容转换过程,在这个转换过程中可

---

① 李国光:《怎样做好书记员工作》,人民法院出版社1992年版,第119页。

能会出现各种各样的细小的差错;写作过程中也可能会存在错字、标点符号错误、数据错误等疏漏之处,这些都在所难免,但通过认真核对完全可以杜绝这些细小的差错。再者,法律文书有严格的审查签批和用印手续,还必须确保印制出的文书与经过审批的原稿完全一致,这也是裁判文书上必须由书记员校对后加盖"本件与原件核对无异"印章的原因所在。具体"校异同"的方法有:

一是点校。由法官助理或书记员一人对照原稿审核校对裁判文书印制校样的校对方法。一般是将原稿与校样平行放置进行对比,"左手点原稿字句,右手执笔点着校样,默读文字,手随之移动,逐字逐句校对"。① 既可同步点校,亦可先阅读原稿,再点校校样,还可先点校校样,再阅读原稿进行比较。点校方法可根据各人的习惯和爱好来选择适用。

二是读校。读校需要二人配合进行,"即一人读原稿,其他人核对校样的校对方法。读原稿的人要以记录速度把原稿字、词、句和标点符号读清楚、读准确。对文中出现的空行、提行、另面、另页、着重点、数字、符号或特殊格式等都应读出或说明,对容易混淆的同音字或生僻字亦应说明"。② "看校样的人注意力则应高度集中,根据所读原稿,看阅校样是否一致。如果发现差错,应即以校对符号标出,提请文印人员更正。"③读校最好是交叉进行,即读校一遍后,读与校的两人进行交换,这样的效果会更好。此外,还可以将读校与点校相结合,以确保裁判文书百分之百准确。

三是复校。"即指将最后一次的校样与经更正差错印出的清样相校对、复核的一种方法。"④在校对过程中难免会有遗漏的地方,特别是有时将错误校对出来了,但在输入电脑时可能漏掉了,也可能在改的过程中又出现了新的错误,这就需要进行复校来确保杜绝差错。复校的方法可以分别采取点校或读校的方法,也可以采取二者相结合的方法。此外,裁判文书的制作有严格的规范性格式要求,复校时还应仔细核对格式要求的所有细节。

2. 校是非

所谓"是非","是一种通俗的说法,概括起来的意思大致就是文书所要阐述的、案件本身的事实以及相应的法律依据。我们如今针对文书的校对不能单单局限于查找文书中的错别字和错标点符号,还应更深层次地介入到裁判文书整体的写作和内容的把握之中,法官助理和书记员在核对文书时不能仅是就校对文书而看文书,还要学会查阅卷宗,针对卷宗材料来仔细审阅核对裁判文书中的对应内容"。⑤ 如今对于裁判文书的制作质量要求越来越高,很多裁判文书是要求上网

---

① 李国光:《怎样做好书记员工作》,人民法院出版社1992年版,第121页。
② 同上书,第120页。
③ 同上注。
④ 同上书,第121页。
⑤ 郝琳:《说说裁判文书的校对》,载北京市第二中级人民法院编:《新法苑》2006年第2期,第26页。

公开的,因此,过去简单的"校异同"已经不能适应时代发展的需要了,而必须运用"校是非"的方法来辅助法官制作出高质量的裁判文书。"校是非"的新要求明显对于法官助理和书记员的职业技能提出了更高的要求,这就需要法官助理和书记员要培养勤奋学习、善于积累的良好习惯,把校对工作与审前准备程序和审判笔录等日常工作结合起来,对裁判文书进行全方位的审核。具体方法包括:

一是与查阅案卷材料相结合来判断"是非"。在校对时,发现疑点时应及时审阅案卷中的相关材料,对照案卷材料进行校对,避免裁判文书写作中可能存在的各种错误或疏漏。

二是与查阅相关资料和法条相结合来判断"是非"。现代案件的审理工作中所涉及的各种专业知识非常繁杂,法官、法官助理和书记员都不可能是一个精通百业的"杂家"。比如,行政审判可能涉及行政管理领域多达 60 多个,可能涉及的法规、规章有 1 万多种。哪一个专家教授或法官都不敢说通晓各个领域的知识。再比如,知识产权案件的审判所涉及的各种专有技术和自然科学知识也非常广泛,法官及其助手们也不可能全部熟悉和了解。裁判文书中可能会出现其他学科知识的"盲点",也可能会出现引用法律条文的错误。这就需要法官助理和书记员在校对时遇有疑问要及时查阅相关资料和法条,确保准确无误,消除"盲点"和误区。

三是与多角度思考与分析相结合来判断"是非"。审判工作是社会的审判,与社会复杂性紧密相连,单一的法律思维必须与政治思维、经济思维、道德思维、文化思维、社会思维相结合才是全面的思维。裁判文书的写作应当与社情、民情、国情相符合,应当与政策和经济发展相符合,应当与国际国内形势相结合。这就要求在校对时能够从不同的视角来全面思考、分析和判断"是非"。

四是与交流沟通相结合来判断"是非"。"一般我们所校对的文书已是基本成形的版本,已经过多道把关,遗留差错不是太多,但遗留的差错往往都隐藏得比较深,发现起来难度较大,处理往往又比较棘手。"[①]法官助理和书记员应当学会通过交流与沟通的办法来判断"是非"。"质疑也是一种交流",法官助理和书记员参与了案件的审理过程;有一定的直观感受和体验,但也有可能会存在疑问,通过向审判员或其他法官助理、书记员提出质疑,可以及时地发现错漏之处,很好地避免失误。即使质疑错了,也弄懂了不懂的问题,学到了新的知识,开阔了视野。

3. **校修辞逻辑**

讲究修辞与逻辑,既是制作裁判文书的基本要求,又是评价裁判文书质量水平高低的标准。就审判实践的现实情况而言,法官助理和书记员的知识结构新、写作能力强、修辞与逻辑水平高,可以很好地发挥其特长来辅助法官制作裁判文

---

① 郝琳:《说说裁判文书的校对》,载北京市第二中级人民法院编:《新法苑》2006 年第 2 期,第 27 页。

书,从修辞与逻辑两个层面校对来杜绝裁判文书可能存在的不足之处,确保裁判文书的高质量、高水平。

4. 校文理风格

文风对于裁判文书来讲也很重要,文风优美的裁判文书,读起来引人入胜,赏心悦目,能够真正起到"教化"的引导作用。优秀的裁判文书之所以能够流传后世,就是因为其文理与风格的优美和神韵。每当读到说理透彻、分析精辟、叙事精妙、论证严谨、语言洗练、情理圆融、情理法交融的精美判文时,我们都会为之动心、为之动容、为之动情。裁判文书不仅是法律精神的诠释,也是法律文化的传播。这对于法官的写作能力提出了较高的要求,法官助理和书记员的辅助制作和校对,其实也可以辅助法官改进文风,使之达到文理通顺、风格优美的境界。校对中对于文风也应当有所修饰与整理。具体包括如下三个方面:

一是尽量辅助法官制作裁判文书达到如行云流水、法理盎然、优美雅致、线条清晰明快、法言法语精确的水平,能够把法官的审判思路方式与方法流畅圆满地表达出来。

二是提倡审美艺术的运用。裁判文书的语感要优美,倡导一种抑扬顿挫的语感,在美的感召下,使裁判文书的文风充满诗意与哲理,使判文充盈真善美与幸福的内涵,令人更加赏心悦目,爱恋不已。

三是提倡法律文化底蕴。裁判文书说到底也还是一种法律文化的表现,对文理与风格的修饰、整理应当以传统的法律文化和先进的西方法治文化作底蕴,有文化底蕴的判词才有生命力,才会流传久远。

检务公开视阈下
未检法律文书的设计与思考

鲍俊红[*]

法律文书可谓是窥视"大法治"的"显微镜",通过一份格式规范、论证严谨、表达精准的法律文书,既可反映出执法水平的高低,又可显现出执法效果的好坏,尤其在"检务公开"大背景下,检察案件信息工作的公开步伐加快,必然要求检察文书更加严谨、规范和统一。"检察文书"作为提升检察公信力的重要载体,愈加引起高度重视,这是检务公开深化改革的必然趋势。虽然,检察文书中涉及未成年人犯罪信息的文书(以下简称"未检法律文书")仍依法不被公开,但就未检法律文书目前的状况而言,笔者认为,"检务公开"视阈下的未检法律文书应当以"检务公开"为契机,加大改革力度,完善文书内容,凸显法律文书的公信力。

一、"检务公开"背景下"法律文书"的价值追求

(一) 要全力实现"法律文书"自身存在的价值

1. "法律文书"是诉讼程序的"启动键"

法律文书是司法机关履行职责,进行诉讼活动必不可缺的法律工具,是代表法律效力产生的客观载体。一份生效的"法律文书"意味着启动下一个诉讼环节,同一案件的连续数份"法律文书"依次排列出诉讼程序的流向。

2. "法律文书"是评判正义的"显示器"

法律追求正义,"法律文书"则是体现追求正义的方式和过程,既体现形式正义,也体现实质正义,是形式正义和实质正义的结合体。一方面,法律文书的格式是否符合规定的样式、法律文书的使用是否准确无误、法律文书的记载事项是否全面合法等是法律文书"形式正义"的体现;另一方面,法律文书的内容是否合法、法律文书的决定是否公正、法律文书的事实认定是否正确等是法律文书"实质正义"的体现。通过审查法律文书的形式和内容,即可评判出这份法律文书追求

---

[*] 鲍俊红,河北省人民检察院。

正义的程度。

3. "法律文书"是理性执法的"刻度尺"

人的认识活动离不开感性参与,即使在执法过程中难免掺杂有感性认识,可以说完全排除人的感性存在是不现实的,但可以将"感性"控制在一定范围之内,更大限度地扩充"理性"的分量。那么,如何掌握理性刻度尺?一是看是否严格遵循法律文书的格式和结构;二是看是否保证法律文书来源的材料真实客观;三是看是否确保法律文书用语的专业准确、客观中立;四是看是否体现法律文书主体风格的庄重朴实、简洁明了。综上几方面可以判定出执法的理性程度。

(二) 要严格规范"法律文书"的制作过程

1. "法律文书"的公开使内外监督力度加大

通常法律文书在以下三个方面会受到监督:一是法律文书的制作是否准确,包括文书的内容、适用的样式、文字的表达等。二是法律文书的制作是否符合法定程序,适用正确的法律依据。三是法律文书的制作是否及时,是否在法定期限内完成,是否有拖累诉讼的现象。法律文书公开的范围越大,其受到监督的力度越大。

2. "法律文书"的公开使业务能力要求更高

要想完成一份优秀的法律文书,不仅要有较高的法律专业水平和文字功底,还要有一定的政策理论水平、有关社会知识及一定的工作经验,建立在吃透案情的基础之上,具备较强的法律分析和判断能力。高质量的法律文书势必对综合业务能力提出更高的要求,促使承办人员不断提高自己制作法律文书的能力。

3. "法律文书"的公开使办案的责任意识增强

法律文书的公开对办案的责任意识产生了一定的倒逼作用,促使承办人员对制作的每一份法律文书都会尽心、用心、专心。为了保证法律文书不出现笔误和差错,从文书的起草阶段就抓细、从严开始,最后认真校阅,严格把关,经过反复修改和推敲再定稿。

(三) 要充分利用"法律文书"提升检察公信力

1. 公开"法律文书"是赢得民众信任的重要途径

曹建明检察长在江苏调研时指出,"在信息化时代,检察工作越公开就越有公信力,越是及时主动公开,就越能促进公正执法、赢得群众信赖"。[①] "法律文书"如同在民众与检察机关之间架起的一座桥梁,"法律文书"越公开,民众走近检察机关的桥梁就越多,信服检察机关的可能性就越大。

---

① 2014年5月22日至23日,曹建明检察长在江苏检察机关专题调研深化检务公开改革时的讲话。

2. 公开"法律文书"是展示检察机关的首要窗口

作为国家法律监督机关的检察机关,不仅要参与到诉讼当中,而且向前延伸监督侦查行为、向后延伸监督审判行为,在程序上衔接了公安和法院两个部门,尤其是"不批准逮捕文书""抗诉书"等法律文书充分展示了检察机关依法监督其他司法部门,"强化法律监督,维护公平正义"的形象。

3. 公开"法律文书"是宣传检察工作的主要平台

每个诉讼程序和环节都有相应法律文书的制作和使用,整个诉讼流程中的所有法律文书最终形成完整的诉讼案卷,这些诉讼案卷忠实记载了办理案件的全过程,通过法律文书反映的情况,不仅了解了具体案件事实,更重要的是熟悉并掌握了检察机关的职权职责和职能范围,是检察工作得到宣传的主要平台。

未检法律文书伴随着未检专门机构的设置应运而生,它自然属于检察法律文书不可分割的一部分。笔者以上论述了"检务公开"下所有法律文书的价值追求和重大意义,自然也包括未检法律文书,笔者以检察法律文书的共性为出发点,首先阐述检务公开对全部检察法律文书的影响,当然涵盖未检法律文书。以下两部分,笔者从个性的角度出发,仅就未检法律文书不同于普通检察文书之处,进一步阐述"检务公开"下未检法律文书受到的影响及应对方式。

二、"未检法律文书"在"检务公开"视阈下的释解

(一)"检务公开"不断深化改革的影响

1. 从广度来讲,检务公开的对象更宽泛

检察法律文书经历了由向特定主体(诉讼参与人)公开到向不特定主体(社会公众)公开的过程。最高人民检察院在1999年颁发的《关于"检务公开"具体实施办法》第11条规定:"各级人民检察院在办理案件过程中制作的有关诉讼文书如拘传证、搜查证、拘留通知书、逮捕通知书等,依法需要出示、送达的,要对有关当事人公开,送达有关当事人及其家属或者其所在单位……"其实,向特定主体公开法律文书不仅是检务公开的重要举措,更是对《刑事诉讼法》中保障人权理念的强调。最高人民检察院在2014年通过的《人民检察院案件信息公开工作规定(试行)》中对法律文书的公开作出了三个层次的规定:一是"向当事人、其他诉讼参与人和有关单位送达、宣布"[1];二是"可以通过在本院设立电子触摸显示屏等方式提供查阅"[2];三是"应当在人民检察院案件信息公开系统上发布"[3]。可

---

[1]《人民检察院案件信息公开工作规定(试行)》第16条。
[2]《人民检察院案件信息公开工作规定(试行)》第17条。
[3]《人民检察院案件信息公开工作规定(试行)》第18条。

见,能够接触到法律文书的对象不再局限于涉案当事人,而是扩大为全体公众,随着公开对象范围的变化,法律文书公开的途径和形式也更为多样化。

2. 从深度来说,检务公开的内容更透彻

检察法律文书的内容也实现了从公开共同性法律文书(相关人员的权利义务告知书)向公开具体个案法律文书(终结性法律文书)的转变。最高人民检察院在1998年印发的《人民检察院"检务十公开"》中除了规定公开检察院的职权职责、受案范围、诉讼流程之外,仅强调了要公开相关诉讼参与人的"权利义务告知书"。最高人民检察院在2014年通过的《人民检察院案件信息公开工作规定(试行)》中明确规定四类法律文书应当在人民检察院案件信息公开系统上公布,涉及起诉书、抗诉书、不起诉决定书、刑事申诉复查决定书。① 这几类终结性法律文书在案件信息公开系统上的发布,使检察法律文书内容的公开更为透彻和到位。

通过以上说明可知,未检法律文书始终不能超出"检务公开"视阈而单独存在,只是未检法律文书被公开的对象及途径并没有随着"检务公开"的不断深化而扩大,这是基于未成年人这一特殊群体应受法律保护所决定的,同时也是遵循"检务公开"应优先保护个体利益原则的体现,当社会、公众知情权和个体隐私保护权相冲突时,应当以充分保护个体权利为上。

(二) 正确理解未检法律文书的不公开

1. 未检法律文书只是不向社会公众公开

《人民检察院案件信息公开工作规定(试行)》第4条规定,人民检察院对"未成年人犯罪的案件信息"不得公开,意味着未检法律文书被排除在人民检察院案件信息公开系统之外。但这只说明未检法律文书不能被公众随意查询,其仍然要依法向相关诉讼参与者公开。

2. 未检法律文书只是不被传送上网公开

人民检察院案件信息公开系统是依托国家电子政务网络建立的,未检法律文书不在该系统上公开仅说明其不会出现在互联网上,并不会影响向相关诉讼参与人的送达和宣布,对案件当事人仍要公开,这是必须履行的法定义务,也是检察人员应尽的职责。

3. 未检法律文书依然追求"公开"的价值

通过前述分析可知,未检法律文书并非绝对的不"公开"。未检法律文书虽然仅针对特定的主体、局限于特定的方式"公开",但依然追求法律文书"公开"的价值,推进新的诉讼节点,严格各环节执法行为,实现公信力的提升。

---

① 《人民检察院案件信息公开工作规定(试行)》第18条。

(三) 未检法律文书的现状及问题剖析

意识到未检法律文书在"检务公开"背景下仍要追求法律文书"公开"的价值的同时,还要认识到目前未检法律文书的现状不容乐观,存在一些不足和不完善的地方,主要体现在以下几个方面:首先,就全国各地检察机关未检法律文书的种类和范围而言,未检法律文书存在范围不一、各类不同的情况。其次,就某一种具体的未检法律文书而言,不同的检察机关可能使用的文书格式不尽相同。最后,还有许多检察机关并没有未检法律文书,仍在合并使用侦监和公诉部门的法律文书。

之所以出现上述状况,笔者归纳出以下几点原因:首先,未检法律文书缺少顶层统一设计。2012年最高人民检察院印发的《人民检察院刑事诉讼法律文书格式样本》中有关未成年人特别程序的文书有6种,并未涵盖全部的未检法律文书,而覆盖未检业务全过程的所有法律文书并没有在全国范围内进行统一的整理。其次,未检机构设置缺乏强制性要求。截至目前,全国大部分检察机关都没有成立独立的未检部门,许多省级检察院还没有成立专门的未检处,没有硬件保障的未检工作尚且不能实现未检队伍专业化建设,更无从谈起未检法律文书的专业化发展。再次,未检工作特殊执法理念的培养缺失,进而导致从事未检工作的人员缺乏对未检法律文书思考的热情,缺乏检讨司法实践中未检法律文书存在问题的主动性,甚至还存在"反正未检法律文书不在上网公开的范围之内,不需要改革和完善"的错误认识。

三、未检法律文书的设计构想

(一)"未检文书"应突出未检部门的独立性

越来越多的检察院设立了未检机构,独立于侦监和公诉部门,相应的未检法律文书也应当区别于侦监和公诉部门的编号,在原有编号基础上加"未"字,进行单独编号,突出未检部门的独立性。在文书落款的印章位置也应当规范地更改为未检处(科),体现法律文书的严谨性。对于分案起诉的案件编号不宜分为两个起诉书号,否则容易导致案件统计与实际办案数量产生偏差,应将针对未成年人的起诉书号后加"—1",针对成年人的起诉书后加"—2",较为专业地进行未检法律文书的特有文书编号。

(二)"未检文书"应体现工作机制一体化

"捕、诉、监、防"一体化的未检机制使得未检部门基本履行了未成年人刑事案件在检察环节的所有职责,审查逮捕和审查起诉期间会出现许多重复的法律文书,比如诉讼权利义务告知书,以及委托社会调查报告和申请法律援助的函等。因为文书的制作部门均是未检部门,没有必要根据诉讼环节再加上"捕"或"诉"的字样,而分别进行编号。对于在两个诉讼环节重复出现的法律文书,只要依次进行编号即可,这样既遵循了"一体化机制"的运行,又方便易行,能够较为科学地统计出未检工作总量。

(三)"未检文书"应覆盖未检业务全过程

未成年人刑事案件特别程序作为修订后的《刑事诉讼法》的一大亮点,增设了几项新的诉讼制度,与之相伴的法律文书也应尽快诞生。由于目前全国还没有统一的未检法律文书格式,使得现有未检法律文书种类不尽健全。附条件不起诉决定书在检察实践中还需要设置与之配套的相关文书,比如帮教协议书、被附条件不起诉人保证书等。而与犯罪记录封存制度有关的法律文书更是处于空白状态,犯罪记录封存决定的内部审批文书、申请查询犯罪记录的文书等还没有统一的制式文书。社会调查报告的格式也没有被顶层有效规制,使得司法实践中的社会调查报告五花八门、形式各样。未检业务中可能涉及"亲情会见""不捕(诉)听证会""回访记录""听取相关人员意见"等,都应当有相应的文书。未检法律文书应覆盖未检业务全过程,在全国范围内应保证新增法律文书样式、格式、内容的统一性,不失法律文书的严肃和权威。

(四)"未检文书"注重未检执法细节处

讲求未检工作要独立,是基于未检工作面对的是未成年人这一特殊群体,体现了国家和法律对未成年人的特殊保护,而"保护"贯彻检察执法始终,尤其是在容易忽视的细枝末节更要引起重视。笔者总结办案经验,发现以下几点应当特别注意:一是在分案起诉的成年人起诉书中采取一定的保护措施,隐匿未成年人的真实信息,但应当将该情况在未成年人起诉书中注明,使两份起诉书的信息能够匹配对应。二是对于犯罪记录可能会被封存的未成年人,其"起诉书"中的"前科情况"应当慎重表述,不要背离最终"犯罪记录封存"的本意。三是在"起诉书"中不宜详细叙述未成年人"法定代理人、合适成年人、辩护人"的情况,因为检察机关向法院提起公诉后至开庭审理前,法院会有较长的审理期限,可能会出现未成年被告人改变法定代理人,更换合适成年人或辩护人的情况,一旦出现这种情况,起诉书面临是否需要更改的难题。四是在两份内部工作文书中突出未检工作的特点,无论是"审查逮捕意见书"还是"审查报告",应当在现有模板基础之上,将各项未检工作特有的过程予以体现。

(五)"未检文书"应凸显未检工作的特殊性

"教育为主、惩罚为辅"原则和"教育、感化、挽救"方针决定了未检工作的特殊之处在于最大限度地"教育"未成年人,将"教育"贯穿未检工作始终,而向未成年人送达"法律文书"的过程正是一次"法制教育"的深化,所以未检法律文书的说理性显得尤为重要。一方面,对于未成年人的"批准逮捕决定书""起诉书"等法律文书加强说理,是为了帮助涉案未成年人正视自己的违法犯罪行为,真正理解法律,信服判决;另一方面,对于未成年人的"不批准逮捕决定书""不起诉决定书""附条件不起诉决定书"等法律文书加强说理,是为了促使对方当事人理解法律对未成年人的特殊保护,能够及时化解社会矛盾,减少不必要的误会。另外,除了在法律文书中增加说理性内容之外,检察实践中还出现对未检法律文书的说理性"补充附加件"。例如对"公诉意见书"中法制教育内容另行书写一份"教育词",更为深入、有针对性地帮助未成年人剖析犯罪成因,指明今后的努力方向等;又如对"不起诉决定书"另附的"检察官寄语"(类似于"教育词"),让每一名走上歧途的未成年人都能从法、情、理各个方面受到教育,回归正路。这种"补充附加件"虽不能算严格意义上的法律文书,但也应当加盖检察机关印章。

检察文书公开的价值定位与实证分析

穆 彤 李坡山[*]

检务公开即检察机关信息公开,既包括执法依据、执法程序、办案过程的公开,也包括检察机关法律文书的公开。为了确保公民知情权、程序参与权及监督权的有效实现,检察机关在新的一轮司法体制改革中积极开展检务公开活动,不断拓展检务公开新形式、新内容。最高人民检察院在2006年6月26日制定的《关于进一步深化人民检察院"检务公开"的意见》中提出,检务公开是指检察机关依法向社会和诉讼参与人公开与检察职权相关的不涉及国家秘密和个人隐私等有关活动和事项,并要求"就依法可以公开的诉讼程序、诉讼期限、办案流程、案件处理情况、法律文书、办案纪律等信息,要主动予以公开"。

就检察文书的公开而言,由于其数量繁多,内容庞杂,有些法律文书内容涉及个人或者国家秘密,因此检察法律文书往往以不公开或者选择性公开的方式出现。2012年修订的《刑事诉讼法》强化了诉讼参与人的知情权,要求检察机关履行其告知义务,在一定程度上保障了检察文书的公开。但是,这种只针对特定对象公开的"狭义的检务公开"并不能满足当前司法改革和公众法律监督的要求。检察法律文书由向特定对象公开转向对社会公开,是检务公开深入、全面发展的必然结果。因此,为进一步推进检务公开,有必要对检察文书公开的价值定位及现状进行梳理,对检察文书公开原则、范围及实施策略进行完善。

一、检察文书公开的价值定位

价值是关涉一切可以成为目的、理想以及爱好、欲望、兴趣之对象的东西。它具有广泛的现实意义,任何社会制度都无法回避价值的考量。[①] 检察文书公开既体现诉讼程序的公开,又体现诉讼实体的公开,检察文书公开的价值与诉讼价值

---

[*] 穆彤,天津市红桥区人民检察院法律研究室原主任。李坡山,天津市红桥区人民检察院侦查监督科干警。

[①] 参见倪瑞平、倪铁:《论经济犯罪侦查公开性的价值——兼论侦查程序公开的制度构建》,载《犯罪研究》2004年第5期。

密切联系。因而,检察文书公开与权利、秩序、平等、公正等价值有关。同时,检察文书公开作为检务公开的一种形式,体现其主动接受公民监督的法律价值。因此,在检察文书的价值定位方面,应该着力体现其权利保障、司法公正及司法效率的价值。

(一) 权利保障价值

权利是人类社会发展的一项终极价值目标,也是检察文书公开的必然价值取向。检察机关信息公开的根本立足点就在于保障涉案当事人的人身财产权利以及社会公众的知情权。对诉讼当事人而言,在诉讼过程中,要参与到诉讼的前提是要对涉案信息及诉讼进程有所知情。检察文书公开,通过高度透明的程序,以主动告知的方式向诉讼当事人传达诉讼进程及案件基本信息,从而体现程序公开对诉讼参与人的权利维护的价值。例如,检察机关对犯罪嫌疑人的权利义务告知、逮捕等强制措施的告知等义务,表明检察机关主动向诉讼当事人传达案件信息,便于诉讼当事人参与或者聘请律师参与诉讼程序,以维护其实体权利。对社会公众而言,检察文书公开,一方面体现为公民对检察机关司法行为的知情权价值,另一方面检察文书公布的个案信息向社会传达,为公众趋利避害,作出正确的行为,防止社会危害发生提供了有利的价值引导。

(二) 司法公正价值

我国刑事诉讼模式是以纠问式为主的职权主义诉讼模式:公、检、法在诉讼的顶层,而辩方在诉讼底层,从而形成一个倒三角形。这就意味着司法程序在诉讼主体的权利配置上存在不平等性。为了保障司法公正的价值,就必须在权利配置上更多地向辩方倾斜,对控方及侦查机关进行权力限制,以追求控辩双方的"程序平等"。检察文书公开,一方面可以为诉讼当事人提供程序性事项以及涉案信息,使辩方理性选择恰当的诉讼行为。例如,检察机关在审查逮捕阶段告知犯罪嫌疑人聘请律师的权利、其涉嫌的罪名等,犯罪嫌疑人就可以就涉案法律问题咨询律师,也可以向检察机关提出辩解或者通过律师提出意见。另一方面通过透明的程序约束检察机关的公权力,保障权力遵循平等有序规则运行。"阳光是最好的消毒剂,电光是最好的警察。"①我国检察机关的职权包括职务犯罪侦查权、侦查活动监督权、公诉权及审判监督权等,其中侦查权属于行政属性,监督权与公诉权属于司法属性。检察机关在多重属性下履行职权难免出现权力的扩张,过分追求打击犯罪职能而忽视人权保障与法律监督职能,因此,通过检察文书公开,一定程度上使检察机关的诉讼行为置于公众的监督之下,确保司法公正。

---

① 王名扬:《美国行政法》,中国法制出版社1995年版,第433页。

(三) 司法效率价值

检察文书公开追求的是一种司法程序公正与权利保障的实质性平衡,但是"正义的第二种内涵——也是最普通的涵义——是效率"。[①] 当前,我国刑事诉讼程序的不透明及法律文书不公开的最大弊端就是,司法权威和司法公信力较低,涉诉上访、闹访的事件增多。在对个案的处理上,由于缺乏对案件处理情况、办案流程及法律文书的公开,涉案当事人对案件司法处理的公正性产生怀疑,转而不断上访、上诉,拖长诉讼期限,浪费司法资源。迟来的正义非正义,程序不公开导致的诉讼程序被无意义的延长,即使达到诉讼当事人满意的效果,对树立司法权威、保障诉讼当事人合法权益也于事无补。另外,检察文书公开的过程也必须追求司法效率的价值取向,科学配备司法资源,根据权利保障的程度,遵循差序格局原则,针对不同对象进行不同程度的公开。检察机关在个案处理时,对未终结的法律文书,除涉密外应该向诉讼当事人公开,对终结性的法律文书如起诉书、逮捕决定书、不捕理由说明书等可以向社会公开。

二、检察文书公开的现状分析

(一) 检察文书公开的实证调查

2012 年《刑事诉讼法》修改以后,最高人民检察院于 2012 年印发的《人民检察院刑事诉讼法律文书格式样本》,列明人民检察院在实际工作中涉及的法律文书共有 223 种,其中需要向相关对象公开的共有 31 种。[②] 2013 年 12 月 10 日最高人民检察院又公布了《2014—2018 年基层人民检察院建设规划》,要求深化检察环节司法公开,完善办案信息查询系统,建立检察机关终结性法律文书向社会公开制度,增强司法公开的主动性、及时性。[③] 当前,《刑事诉讼法》及《人民检察院刑事诉讼规则》在保障诉讼当事人知情权方面作出了明确的规定,因而对涉及诉讼当事人利益的法律文书原则上都应当向诉讼当事人公开。检察文书向社会公开方面,2014 年年初,广东、上海、江苏等地检察机关分别对终结性法律文书向社会公开进行了试点,试点公开的检察文书主要包括不批捕、不起诉、不抗诉,以及羁押必要性、刑事和解、申诉案件等法律文书。[④] 在此基础上,最高人民检察院于

[①] 〔美〕理查德·A.波斯纳:《法律的经济分析》(上),蒋兆康译,中国大百科全书出版社 1997 年版,第 31—32 页。
[②] 参见侯磊:《检务公开论》,中国检察出版社 2004 年版,第 111 页。
[③] 参见最高人民检察院:《建立检察机关终结性法律文书向社会公开制度》,载海外网(http://china.haiwainet.cn/2014lianghui/zhitongche/n/2014/0310/c456246—20385959.html),访问日期:2014 年 10 月 4 日。
[④] 参见高一飞、吴鹏:《论检察机关终结性法律文书向社会公开》,载《中国刑事法杂志》2014 年第 3 期。

2014年8月29日下发《人民检察院案件信息公开工作规定(试行)》,规定检察机关向社会公开的法律文书包括人民法院所作判决、裁定已生效的刑事案件起诉书、抗诉书,不起诉决定书,刑事申诉复查决定书等。之后,最高人民检察院在其门户网站人民检察院案件信息公开网陆续公布了2014年8月以来的全国各地检察法律文书,其中起诉书9 889份,不起书决定书345份,抗诉书0份,刑事申诉复查决定书39份。

(二) 检察文书公开的特点分析

分析最高人民检察院门户网站公布的检察文书,结合最高人民检察院下发的《人民检察院案件信息公开工作规定(试行)》的内容,可以看出我国当前检察文书公开的特点:

第一,公开的检察文书类型极为有限。最高人民检察院公布的检察文书仅包括起诉书、不起诉书、抗诉书及刑事申诉复查决定书四种文书,其内容只涉及检察机关的公诉和控申职权,对审查逮捕、职务犯罪侦查及民行检察监督等职权并无涉及。

第二,公开的检察文书性质多样。在最高人民检察院下发《人民检察院案件信息公开工作规定(试行)》之前,各地试点公开的法律文书并不统一,对法律文书的性质认识也不完全一致,但基本上只是公布了不批捕、不起诉、不抗诉等终结性法律文书,对起诉书、逮捕决定书等非终结性法律文书并不涉及。最高人民检察院统一认识以后,要求各地在门户网站发布的检察文书既包括不起诉决定书、刑事申诉复查决定书等终结性法律文书,又包括起诉书、抗诉书等非终结性法律文书。

第三,公开的检察文书内容注重保密事项。根据《人民检察院案件信息公开工作规定(试行)》的要求,对涉及商业秘密、个人隐私及国家秘密的案件不予公开,已经公布的检察文书,对案件中出现的自然人、单位等基本情况做了保密的技术处理。由此可见,最高人民检察院对检察文书的公开是以"公开"为原则,"保密"为例外。

(三) 检察文书公开存在的不足

从最高人民检察院已经公开的法律文书来看,当前检察文书公开还处于检务公开的初级阶段,最高人民检察院基于多种因素的考量,对检察文书的公开相对保守,与最高人民检察院2013年作出的规划及最大限度公开原则还存在很大差距。此次公开检察文书主要存在以下不足:

第一,检察文书公开缺乏原则性规定。最高人民检察院在检务公开过程中首创检察文书公开,但是过于追求检察文书向社会公开的效果,没有考虑检察文书公开所需要遵循的原则,因而导致公开的步伐缓慢。

第二,检察文书公开的范围过窄。此次检察文书公开的文书类型极为有限,涉及的检察职能部门只有公诉和控申部门,难以体现检察文书公开的价值取向。

第三,检察文书公开的方式单一。最高人民检察院下发的《人民检察院案件信息公开工作规定(试行)》要求检察文书只在案件信息公开系统上发布,这种方式只能满足部分公众对案件的知情权,因而公开方式过于单一。

第四,检察文书公开缺少延伸环节。目前,检察机关的法律文书上网公布仅仅停留于向社会公开,但是对公开后公众的质询和异议如何处理却没有进一步的行动,因而只是在形式上满足公众的知情权,而没有在实质上符合权利保障的价值取向。

三、检察文书公开的实施策略

检察文书公开制度顺应了检务公开的要求,增强了检察执法的透明度和社会公信力,提升了检察执法规范化水平。但是,检察文书公开制度处于刚刚起步阶段,还需要不断地探索,存在诸多需要完善的地方。通过上述对检察文书公开现状的分析可见,我国检察文书公开还存在公开原则不明确、公开文书不全、公开方式单一、公开的答复机制缺失等问题。为进一步深化检察文书公开,需要对其实施一定的改进和完善措施。

(一) 明确检察文书公开原则

有学者认为,"检务公开的程序运作形成了独具特色的差序状态,从不同的分析视角去透视格局,就会呈现不同的检务公开差序格局"。[①] 检察文书公开作为检务公开的形式也应当遵循差序格局的原则,即针对诉讼当事人应当主动依法公开与当事人诉讼权利相关的法律文书,如果未按规定依法公开的,应当承担不利后果;针对刑事诉讼其他机关应当以信息交流为必要进行公开,如检察机关对公安机关的不捕理由说明等;针对社会公众的公开应当限于终结性的法律文书,由于检察文书公开的价值取向是以保障权利为目标,对一般个案的信息公开时,应以依申请公开为原则,但是对涉及公众利益的重大案件或影响性诉讼个案[②],应当依法公开。

(二) 确定检察文书向社会公开的范围

根据差序格局原则,与诉讼当事人利益有关的法律文书都应当依法向当事人公开,因此需要明确的是,哪些法律文书可以向社会公开。笔者认为,检察文书向

---

① 叶莹:《检务公开的差序格局》,载《犯罪学研究》2010 年第 3 期。
② 影响性个案是指案件价值超越本案当事人,能够对类似案件的判决、对立法、司法完善和社会管理进行改进,对人们法律理念的培植或转变产生较大作用的诉讼案件。参见邓路遥:《论影响性诉讼个案的法律价值》,载《西部法学评论》2010 年第 5 期。

社会公开应当限于终结性法律文书,其主要包括不立案通知书、不批准逮捕决定书、不起诉决定书、起诉书、撤回抗诉决定书、终止审查决定书、不提出没收违法所得申请决定书、不提出强制医疗申请决定书、刑事申诉复查决定书、民事行政检察不支持监督申请决定书、终结申诉复查决定书等。

(三) 扩展检察文书公开的方式

在门户网站公开检察机关法律文书是各检察机关适用的最为普遍的公开方式。随着网络科技的发展,人们交流和获取信息的渠道走向多元化。检察文书公开要适应社会的发展,就需要不断拓展公开方式,满足多元化人群的需要。在自媒体网络信息时代,各地检察机关纷纷开通微博、微信等宣传工具,在公开检察文书时可以利用这些自媒体工具宣传法律,引导公众对法律的认知,满足公众的知情权。同时,考虑到不同层次的公众需求,通过报纸、期刊、电视以及宣传栏公告等形式进行检察文书公开更容易为社会大众信服,有利于树立司法权威。

(四) 开展检察文书公开的延伸工作

检察文书公开使得公众知情权得以保障,但是异议答复的空白却导致公众监督付之阙如。检察机关不能一公开了之,在检务公开过程中,不仅要完善检察文书公开制度,更要积极建立民意吸纳反馈机制,通过与民众的交流,了解民众的诉求,积极回应,及时救济,从而化解社会矛盾。

论诉讼档案的公开

马宏俊　黄思成　吴　琪[*]

十八届三中全会公布的中共中央《关于全面深化改革若干重大问题的决定》(以下简称"十八届三中全会《决定》")中规定,"推进审判公开、检务公开,录制并保留全程庭审资料。增强法律文书说理性,推动公开法院生效裁判文书"。可见,新一轮的司法体制改革强调以审判公开和检务公开为主的司法公开,尤以裁判文书上网作为突破口。"司法公开是现代民主法治的基本理念,是对司法权进行民主监督的一种制度安排,其核心是把司法权置于阳光下,让司法裁判经得起检验、推敲与评判,从而达到以公开促公正、以公正促公信的良性循环。"[①]所以,笔者以为,以司法公开"倒逼"司法体制改革正是此轮司法体制改革题中应有之义。

法律文书的制作是司法工作的关键步骤,法律文书是进行各项法律活动和处理法律事务的产物,所以法律文书的公开应当是司法公开的重要环节。根据目前最高人民法院、北京市高级人民法院和最高人民检察院发布的文件[②],人民法院作出的裁判文书和人民检察院作出的执法依据、执法程序、办案过程和检察机关终结性法律文书一律向社会公开。然而,对于这种程度的公开是否恰当、法律文书的公开范围究竟为何等问题的答案,人们不得而知。笔者通过访问美国联邦最高法院网站,发现其大量公开诉讼档案。显然按照美国标准,中国的司法公开,特别是法律文书公开范围相当狭窄。然而,中国因此就应仿效美国联邦最高法院做法,立即公开所有诉讼档案吗?笔者带着上述问题,通过对比中美法院网站法律文书公开,并结合我国国情,尝试作出回答。

---

[*] 马宏俊,中国政法大学教授,中国法律文书学研究会会长。黄思成,中国政法大学法学院宪法学与行政法学2013级硕士研究生。吴琪,苏州大学王健法学院法学理论2012级硕士研究生。

① 倪寿明:《司法公开问题研究》,中国政法大学2011年博士论文。

② 最高人民法院作出的有:《关于司法公开的六项规定》《关于人民法院接受新闻媒体舆论监督的若干规定》《关于人民法院在互联网公布裁判文书的规定》《关于人民法院直播录播庭审活动的规定》《关于推进司法公开三大平台建设的若干意见》《关于进一步加强司法便民工作的若干意见》《关于在中国裁判文书网站平台公布的裁判文书的格式要求及技术处理规范》。北京市高级人民法院作出的有:《关于人民法院在互联网公布裁判文书规定的实施细则(试行)》。最高人民检察院主要有《2014—2018年基层人民检察院建设规划》和最高人民检察院检察长曹建明在其向十二届全国人大二次会议作的《最高人民检察院2014年工作报告》。

一、中美法院网站法律文书公开比较

美国联邦最高法院网站(网址为 http://www.supremecourt.gov/)有六大一级菜单①。

(1)判决意见书(Opinions)。包括最近判决意见单行本、针对判决的意见、法官在办公室讨论的意见、更早的判决意见单行本、被准许在最高法院出庭的律师名单、已装订案件、媒体意见七个二级菜单。

(2)法庭辩论(Oral Arguments)。包括美国联邦最高法院 2014 年 10 月工作日历(PDF 格式)、美国联邦最高法院 2013 年 10 月工作日历(PDF 格式)、美国联邦最高法院 2012 年 10 月工作日历(PDF 格式)、辩论日历、听证列表、法庭辩论参观者指南、辩论文字整理稿、辩论录音八个二级菜单。

(3)案件文件(Case Documents)。包括档案检索、网上诉状(答辩状)、哪里可以找到诉状(答辩状)、2014 年美国联邦最高法院的裁决令、更早的裁决令、巡回法院的裁决令、已决或者著名的案件目录、法庭日记、特别指派案件调查员报告。

(4)诉讼规则与指南(Rules & Guidance)。包括法庭规则、律师指南、美国联邦最高法院律师资格、美国联邦最高法院案件分配时间表、弃权声明书、巡回法院法官指派命令、巡回法院一览图七个二级菜单。

(5)新媒体(New Media)。包括新闻发布、媒体通告、演讲、记者申请指南、首席大法官关于联邦司法的年终报告五个二级菜单。

(6)关于美国联邦最高法院(About the Court)。包括美国联邦最高法院简介、现任大法官的个人简介、1789 年至今的所有大法官、美国联邦最高法院大楼、宪法五个二级菜单。

除上述六大一级菜单外,美国联邦最高法院网站还专门设置了法院工作日历、最近判决及法院庭审文字记录和录音三大板块,方便公民查询最需要的信息。

中国目前有关审判公开的网站有:中华人民共和国最高人民法院网、中国裁判文书网、中国知识产权裁判文书网、中国法院庭审直播网、中国执行信息公开网、中国审判流程信息公开网。② 通过访问上述网站我们不难发现,中国法院网络信息公开内容主要有以下几种:①裁判文书;②法院庭审;③失信被执行人名单信息;④审判流程等。

比较中美主要法院网站公开的信息,仅在法律文书公开方面,可得出以下重要结论:

---

① 访问日期为 2014 年 10 月 15 日。
② 访问日期为 2014 年 10 月 15 日。

（1）有关裁判文书,中国网站仅将裁判文书公布,针对裁判文书形成过程中审判法官的不同意见、审判委员会的决定都不予公布。美国网站不仅公布裁判文书,还将法官不同的意见、法官在办公室讨论的意见、媒体意见以及所有案件代理律师列表等均予以公布。

（2）有关诉讼档案(Docket),中国网站几乎不予公布,但根据《中华人民共和国刑事诉讼法》《中华人民共和国民事诉讼法》《中华人民共和国行政诉讼法》《中华人民共和国律师法》等相关法律法规、司法解释,诉讼代理人、律师有相应的案件阅卷权,但也仅针对特定的诉讼参与人才予以公布,而且设置了限制。美国联邦最高法院在"案件文件"(Case Documents)一级菜单里向社会大众公布的有关诉讼档案的重要内容有:①诉状/答辩状(Merits Briefs),包括如何投递和检索诉状和答辩状,并提供美国律师协会网站的链接(http://www.americanbar.org),免费查看美国联邦最高法院几乎所有的诉状和答辩状数据库。②特别指派案件调查员报告(Special Master Reports),"特别指派案件调查员是由法院特别指派的调查员,对案件进行调查和运用现有法律进行分析并写出报告。特别指派案件调查员一般是从法官中选派"。[1] ③法庭日记(Journal),美国联邦最高法院自1993年以来所有的法庭日记PDF版本,以供下载。法庭日记内容通常包括有关案件的处置结果,列出了被复查的下级法院名称、当天通过法庭辩论的案件及其律师,当天的各种通知公告,被准许在最高法院出庭的律师名单等。[2] 更为重要的是,在此一级菜单下,美国联邦最高法院网站设置了档案检索功能(Docket Search),作为二级菜单,通过案件名称检索,可以查询到几乎所有的有关诉讼档案:①各类命令(Orders),包括授权令(Grant Order)、Amicus法庭委任令(Appointment Order)和判词摘要目录(Briefing Schedule);②卷宗(Case Filings),包括申请调卷令(Petition for Writ of Certiorari)、答辩状(Brief in Opposition)、诉状(Brief of Petitioner)、辩护词(Brief of Respondents)、补充诉状(Reply Brief of Petitioner)、补充辩护词(Reply Brief of Respondents);③根据案件编号的具体诉讼档案材料(Docket),里面记载了上诉人、被上诉人和第三人的姓名、住址以及联系方式等;④诉状/答辩状(Merits Briefs)和特别指派案件调查员报告(Special Master Reports),这两类档案也可以在"案件文件"(Case Documents)的下拉二级菜单中查到。

二、诉讼档案的内涵与外延

通过中美法院网站法律文书公开的比较,可以得出中美法院在法律文书公开的内容和形式上有极大的差别。美国法院完备的司法公开体系让与案卷有关的

---

[1] 田建设、罗伟:《中外司法网站的比较分析》,载《法律文献信息与研究》2012年第3/4期(合刊)。
[2] 同上注。

所有法律文书都能轻松地在网上查询到,原因主要有二:第一,美国是普通法系国家,遵循"先例"原则,以判例作为主要法律渊源;第二,体现了司法公开透明化,审判需接受纳税人监督的要求。程序正义是法律文书的内在价值①,在此方面,法律文书与司法公开极度契合。

法律文书公开既要有便捷且人性化的形式,更要有完整且真实的内容,而当前我国法律文书的公开主要限定于裁判文书的公开上,与裁判相关、影响司法裁判的诉讼档案在公开制度上仍属于空白之地。美国是当今世界公认的法治国家,完备的司法公开体系毫无疑问为其作出不小贡献。我们不禁生疑,在新一届政府全面深化改革,逐步推进司法公开的历史背景下,基于现有制度设计,诉讼档案是否也应该公开?究竟是什么原因促使最高人民法院在制定相关规则时将诉讼档案排除在公开范围之外?笔者认为,为了系统地回答上述问题,首先应对诉讼档案的内涵与外延进行界定。

(一)诉讼档案的内涵

作为人民法院审判活动的真实记录,诉讼档案无疑是司法实务以及理论研究的重点,它指的是在案件审结后所形成的诉讼证据、文书及其他相关材料的集合体。②

(二)诉讼档案的外延

诉讼档案按照诉讼类别可以分为民事、刑事和行政诉讼档案,按照审级可以分为一审、二审和再审诉讼档案。出于实践状况和便于研究的角度,本文对诉讼档案外延的界定以法律规定为准。即 1991 年 12 月 24 日,最高人民法院发布了《人民法院诉讼文书立卷归档办法》,其中第 4 条规定:"人民法院的各类诉讼文书,应按照利于保密、方便利用的原则,分别立为正卷和副卷。"此后,最高人民法院办公厅对诉讼档案作了更细致的规定,根据《诉讼档案收集、整理、立卷、归档、借阅的操作程序》的规定:诉讼档案在立卷上包括分立正卷和副卷、卷宗封面、卷内目录、备考表的填写及装订。

三、最高人民法院关于诉讼档案的规定

应全面审查最高人民法院出台的关于诉讼档案的相关规定。

---

① 参见马宏俊主编:《法律文书制作》,北京大学出版社 2008 年版,第 21 页。
② 参见高一飞、龙飞等:《司法公开基本原理》,中国法制出版社 2012 年版,第 461 页。

(一) 最高人民法院关于诉讼档案的规定

截至目前,最高人民法院出台的关于诉讼档案的规定如下①:
1. 关于正、副卷内容的规定

根据最高人民法院《关于保守审判工作秘密的规定》(1990年9月5日颁布)的规定:"案件材料的归类、装订、立卷必须内外有别,按规定立正、副卷。案件的请示、批复,领导的批示,有关单位的意见,合议庭评议案件的记录,审判委员会讨论案件的记录,案情报告以及向有关法院、有关单位征询对案件的处理意见等书面材料,必须装订在副卷内。副卷的材料非因工作需要,又未经本院领导批准,任何单位和个人不得查阅。"1991年12月24日,最高人民法院发布了《人民法院诉讼文书立卷归档办法》,其中第21条规定:"各类案件副卷诉讼文书材料的排列顺序:(1)卷宗封面;(2)卷内目录;(3)阅卷笔录;(4)案件承办人的审查报告;(5)承办人与有关部门内部交换意见的材料或笔录;(6)有关本案的内部请示及批复;(7)合议庭评议案件笔录;(8)审判庭研究、汇报案件记录;(9)审判委员会讨论记录;(10)案情综合报告原、正本;(11)判决书、裁定书原本;(12)审判监督表或发回重审意见书;(13)其他不宜对外公开的材料;(14)备考表;(15)卷底。"
2. 关于正、副卷区别公开的规定

关于正卷的公开规定,最高人民法院《关于诉讼代理人查阅民事案件材料的规定》(法释〔2002〕39号)第5条规定:"诉讼代理人在诉讼中查阅案件材料限于案件审判卷和执行卷的正卷,包括起诉书、答辩书、庭审笔录及各种证据材料等。案件审理终结后,可以查阅案件审判卷的正卷。"关于副卷的不公开规定,2011年2月15日最高人民法院发布了《关于在审判工作中防止法院内部人员干扰办案的若干规定》,其中第7条规定:"案件承办人应当将人民法院领导干部和上级人民法院工作人员提出指导性意见的批示、函文、记录等文字材料存入案件副卷备查,并在审判组织评议和讨论案件时作出说明。"

(二) 现有诉讼档案公开的特点

从现行的规定来看,裁判文书以外的属于诉讼档案的法律文书,其公开具有以下特点:①正卷是可以公开的,且主要是起诉书、答辩书、庭审笔录及各种证据材料等。②公开的对象仅限于当事人及其诉讼代理人。③副卷是不能公开的,副卷中主要包括合议庭、审判委员会对具体案件处理的讨论意见,人民法院领导干部和上级人民法院工作人员提出指导性意见的批示、函文、记录等文字材料以及有关单位

---

① 张治金先生对诉讼档案副卷材料做了法条梳理,具体可见张治金:《公开诉讼档案副卷材料强化司法外部监督力度——关于建立人民法院诉讼档案对当事人全部公开制度的思考》,载中国法院网(http://blog.chinacourt.org/wp‐profile1.php? p=429595&author=144),访问日期:2014年9月4日。

领导、党委的意见。副卷里有当事人及社会公众看不到的影响司法判决的材料。

四、诉讼档案公开及其方式

诉讼档案的正卷公开已有最高人民法院的司法解释作为依据,但诉讼档案副卷的公开却始终处于不清不楚的境地。笔者认为,凡是与当事人诉讼利益相关的诉讼文件都应当公开,诉讼档案正卷的公开对象应该是社会大众,而不仅限于当事人及其诉讼代理人。作为可能影响案件实质判决的副卷更应当公开,当然,鉴于转型时期司法权威及其公正面临的社会压力,可以暂时不向社会大众公开,但必须向当事人及其诉讼代理人公开。

(一) 诉讼档案副卷公开之理

诉讼档案副卷的公开无论是从法理上看还是从司法解释的依据来看,都符合司法公开以及司法公正的价值取向,更是在"司法公开三大平台建设"之后的方向。

1. 法理依据

(1)司法公开的目的在于司法公正。裁判文书的公开就是以一种制度的力量来敦促司法公正,那么从司法公正的角度而言,与裁判活动有关的诉讼文件必须公开。首先,副卷中影响司法判决的实质性意见存在某些不合理,与司法公正的目标背离,必须以公开的方式接受社会大众的检验。如前所述,副卷主要包括合议庭、审判委员会对具体案件处理的讨论意见,人民法院领导干部和上级人民法院工作人员提出指导性意见的批示、函文、记录等文字材料以及有关单位领导、党委的意见。这里有当事人及社会公众看不到的材料,这就意味着副卷中的材料可能对司法结果产生了实质性影响,而我国《刑事诉讼法》《民事诉讼法》和《行政诉讼法》都规定,人民法院审理行政案件,以事实为根据,以法律为准绳。这就说明:既然只确定法律作为唯一的审判标准,那么其他影响案件判决的标准都是不合法的。所以,审判委员会的意见、上级法院的指示都是不合法的,更不应该存在。因为审判依据只能是法律,老百姓可以相信案件依据法律得到公正判决,这是法律权威的基础。其次,退一步说,既然作为审判依据的法律是公开的,那么与之相关的材料也应当公开。"公开审判的案件,案件证据及文书在审判过程中已经公开,所以向社会公开诉讼档案是公开审判的延伸;如果将诉讼档案的管理视为与审判工作相关的管理活动,则向社会公开诉讼档案又是审务公开的问题。"①现实中,很多重大敏感案件的处理最后往往以"维稳"的社会效果消解了"公平正

---

① 高一飞、龙飞等:《司法公开基本原理》,中国法制出版社2012年版,第461页。

义"的法律效果,背后有法律之外的因素在干涉司法,而当事人因此产生对法院及其法官的仇视,对法律权威的蔑视。为了减少此类事件,通过公开司法材料,可以形成外在监督,进而倒逼司法公正。

(2)司法公开不仅是法院的义务,更是当事人的诉讼权利。在一个现代化的社会中,信息公开对于公民不仅是一项公权利,同时也是一项私权。司法判决与诉讼当事人利害相关,当事人有权知道法院的裁判是否围绕着法律、证据和论证说理。"当事人作为诉讼参与人员,有权利知道影响其权利义务的诉讼过程和诉讼结果,有权利把自己受到公平对待或者没有受到对待的情况公之于众。"①十八届三中全会决定要求"推进审判公开、检务公开,录制并保留全程庭审资料。增强法律文书说理性,推动公开法院生效裁判文书。严格规范减刑、假释、保外就医程序,强化监督制度。广泛实行人民陪审员、人民监督员制度,拓宽人民群众有序参与司法渠道"。诉讼档案公开,一是可以减少影响司法判决以外的因素;二是通过外在监督,提升司法公信力,进而消解民意对司法的干预。通过确信自己在行使自身的权利,有利于老百姓消除对法官的抵触情绪,进而转向相信法院及其主审法官的公正判决,让民意保持对司法结果的克制。

(3)推动诉讼档案副卷公开有利于扩大司法权,加强司法对立法和行政的监督,在"三权分立"层面平衡权利能量,维护政治体制稳定。诉讼档案是诉讼活动的记载,除了生效的裁判文书之外,其他与案件程序和实体有关的法律文书必须公开。副卷中影响案件实质性判决的各种"意见""指示"不公开,可能会助长干预裁判的氛围,冲淡法律的权威。然而,在现有体制下,司法独立在政治体制及人事、财政等制度上暂时无法实现,笔者建议推动诉讼档案尤其是副卷的公开,可以从外部造就监督力量,无形之中增加了行政机关等的违法成本,减少非法因素对裁判的影响,扩大法院在法律及其解释上的权限,遏止司法"由他人做主"的现象。只有司法权足够权威,足够强大,司法才能真正独立,进而在"三权分立"层面限制立法和行政的能力。

2. 司法解释及其精神

(1)最高人民法院《关于进一步加强司法便民工作的若干意见》(法发〔2009〕6号)第10条规定:"人民法院应当逐步建立裁判文书和诉讼档案公开查询制度。有条件的人民法院可以在网上依法公开案件裁判文书和执行案件信息。"如果把裁判文书作狭义理解,那么裁判文书之外的诉讼文件就可归类于诉讼档案,而根据该司法解释,诉讼档案是可以公开查询的。

(2)最高人民法院《关于司法公开的六项规定》提出了立案公开、庭审公开、执行公开、听证公开、文书公开、审务公开六个方面。从司法解释的制定背景和立

---

① 蒋惠岭:《扫除司法公开的十大障碍》,载《中国审判》2010年第5期。

意上,司法公开是从外部监督司法,促进司法公正,从而提升司法公信力,即司法活动不应当是神秘的,而是可以见得阳光的,可以被外界监督的。所以司法公开应该贯穿司法工作的始终,司法工作全面公开,"立案公开、庭审公开、执行公开、听证公开、文书公开、审务公开"不能更不应该割裂开来。只要不涉及"国家秘密、商业秘密和个人隐私的内容",且对当事人的个人信息做技术化处理,应全面、完整地公开人民法院司法工作各个重要环节的相关信息,切实保障人民群众对法院工作的知情权、参与权、表达权和监督权。所有与案件有关,影响判决的法律文书都要公开。正如张卫平教授所言:"虽然判决书、裁定书是记载诉讼结果的终局性法律文件,但诉讼是一个程序过程,记载和反映诉讼程序进行情况的各项诉讼文件,不仅是了解当事人在诉讼中的各种实体主张和请求的渠道,也是了解诉讼程序运行过程的载体。"①

此外就诉讼档案公开,地方法院开始有更为深入的尝试,例如广东省高级人民法院《关于推进诉讼档案公开的实施办法》、梅州市中级人民法院《关于推进诉讼档案公开的实施办法》、马山县人民法院《关于推进诉讼档案公开的实施办法(试行)》都对诉讼档案公开做了探索。

(二) 诉讼档案公开方式

(1)司法公开的下一步,应该是公开诉讼档案的正卷,公开对象应为一般社会大众。在目前法院严重轻视判决说理的情形下,诉讼档案正卷作为有限的公众/媒体通过公开和了解之后即能增加对判决的认可度的材料,应当予以公布。相对于欠缺说理的裁判文书,诉讼档案的正卷更有利于公众/媒体接受法院的判决。

(2)循序渐进公开诉讼档案副卷,将深度监督法院审判的权利暂时仅交予当事人及其诉讼代理人。由于副卷中主要包括合议庭、审判委员会对具体案件处理的讨论意见,人民法院领导干部和上级人民法院工作人员提出指导性意见的批示、函文、记录等文字材料以及有关单位领导、党委的意见,副卷的公开必然会遭到相关部门的强烈反对。从司法公正、监督司法权的角度来看,诉讼档案副卷必须公开。在现有体制下,司法独立在政治体制及人事、财政等制度上暂时无法实现,司法面临着法律权威不足、司法公信力下降,司法与民众的矛盾容易激化,而且"司法并非越公开越好,碍于物质技术、理念及其他相关社会制度等条件的限制,有时过度公开的成本会过高"②,当事人、公众/媒体与法院三方关系始终应处于一种平衡状态,任何一方影响的增强都不利于该平衡的保持和对其他两方利益

---

① 张卫平主编:《新民事诉讼法专题讲座》,中国法制出版社 2012 年版,第 200—201 页。
② 徐小飞:《司法公开的维度和限度》,载《法庭内外》2014 年第 2 期。作者引用美国经济学家托马斯关于"边际效益"的观点来论证:托马斯认为,几乎所有决策的最适度条件都发生在边际费用等于边际效益的点上。司法公开度也是如此,司法公开提高到一定程度后,边际成本递增,边际效益递减,当边际成本等于边际效益时,就是司法公开的最佳程度,此时,司法公开达到了均衡状态。

的维护。因此,在现有制度背景下,循序渐进地增强公众/媒体的影响力,即在司法公开上采取循序渐进的步骤更有利于司法体制改革。等到法院审判机制更加规范、司法权威足够、法治环境改善之时,再向社会大众全面开放。

基于以上考虑,一方面我们应强调诉讼档案副卷公开,另一方面在公开方式上要有所限定,遵循循序渐进的方法:第一,公开的原则,应当以申请公开为原则;第二,公开的对象,当事人及其诉讼代理人可申请公开,即规定"诉讼代理人在诉讼终结后,可以查阅与案件有关的一切诉讼档案"。将深度监督法院审判的权利暂时仅交予当事人及其诉讼代理人。

结　语

当前法律文书公开的范围主要局限于裁判文书,对于更能与裁判相关、影响司法裁判的诉讼档案却置之不理。司法公开的下一步,应该是诉讼档案的公开。通过访问美国联邦最高法院网站,发现美国早已采行此做法。但学习西方不能完全照搬而不顾中国的特殊国情。转型时期法院内部改革面临重重困难,诉讼档案副卷的公开必然遭到守旧势力的强烈反对,一味地强调司法公开在内容、程度和方式上的扩张,使得改革成本加大,实际上不利于司法体制改革的整体事业。将深度监督法院审判的权利暂时仅交予当事人及其诉讼代理人的方案,符合中国国情,容易保持当事人、公众/媒体与法院三方平衡关系,易于为社会接纳。

检务公开视野下终结性法律文书制作

——结合不起诉决定书制作来说

李兴友 肖 衡[*]

引 言

检察法律文书是检察机关履行法律职能中依法制作的具有法律效力的文书,它不仅是各级人民检察院行使检察权的重要文字凭证,也是核查案件和改进工作的重要依据,它的质量如何在一定程度上直接反映了检察机关的工作能力和水平。随着检察机关工作任务和执法标准的发展,尤其是检务公开制度的建立和健全,对检察机关终结性法律文书的制作水平也有了更高的要求。早在2006年6月26日,最高人民检察院在《关于进一步深化人民检察院"检务公开"的意见》中就提出"就依法可以公开的诉讼程序、诉讼期限、办案流程、案件处理情况、法律文书、办案纪律等信息,要主动予以公开"。最高人民检察院在《检察改革三年实施意见》中也明确要求,要增强检察法律文书的说理性,强化对证据、案件事实的分析论证,以提高检察法律文书的制作质量。因此,应当对所制作的包括终结性检察法律文书在内的各类文书加以研究、改进和规范,使其满足现代诉讼尤其是检务公开的时代要求。

一、检察机关终结性法律文书向社会公开的依据和意义

除了引言中提到的最高人民检察院的相关要求外,《宪法》第41条规定,公民对任何国家机关和国家工作人员享有监督权。检察机关作为我国的法律监督机关,理应受到人民的监督,人民有对其工作情况的知情权、参与权和监督权。最高人民检察院于2014年6月20日通过的《人民检察院案件信息公开工作规定(试行)》很好地体现了这一原则要求。该规定明确,检务公开的目的是"为了保障人民群众对检察工作的知情权、参与权和监督权,进一步深化检务公开,增强检察机

---

[*] 李兴友,原河北省人民检察院法律政策研究室主任。肖衡,河北省人民检察院反贪局综合处副处长。

关执法办案的透明度,规范司法办案行为,促进公正执法"。

"阳光是最好的防腐剂",只有在检察机关信息公开之后,社会公众了解检察机关的执法过程,权力制约和监督才有基础和实现的可能性,人民群众才能有效地行使社会监督权。从刑事诉讼的角度讲,检察机关作为刑事诉讼活动的参与者,不同于其他司法机关的一个显著特点是,检察机关不仅承担着侦查犯罪和提起公诉的职责,还承担着法律监督职责。检察机关监督别人,谁来监督检察机关?这是长期困扰理论界和实务界的一个重大课题,也事关检察机关的发展和生存,因为不受制约监督的权力必然产生腐败和被滥用。而要解决这一难题和症结,检务公开不失为一个很好的途径。检务公开的价值和功能,主要在于通过将检务工作置于阳光之下,解决"暗箱操作"和公民不知晓和无人监督的问题。

二、检察机关终结性法律文书向社会公开时应当注意的问题

最高人民检察院公布的《人民检察院案件信息公开工作规定(试行)》第2条明确规定:"人民检察院公开案件信息,应当遵循依法、便民、及时、规范、安全的原则。"其中,"依法"是前提,"便民、及时"是根本,"规范、安全"是保障。根据规定的精神,我们在公开检察机关终结性法律文书时应做到以下几点:

1. 公开的途径应当丰富多元

检察机关终结性法律文书应通过多种渠道向社会公开,方便当事人和公众采取不同的方式查阅和监督,包括检察机关在互联网上建立的门户网站以及检务公开大厅中的自助触摸查询机等。

2. 公开的内容应当标准规范

公开的检察机关法律文书的质量和水平直接体现了检察机关的形象,其形式必须符合最高人民检察院规定的文书样式标准,包括项目齐全,内容表述也必须准确、规范。检察机关终结性法律文书在公开前要严格把关审核,凡是涉及国家秘密、商业秘密、个人隐私和未成年人犯罪的,一律不得公开。

3. 释法说理工作要同步

检察机关要重视终结性法律文书的释法说理,要用老百姓看得懂的语言,结合事实和法律规定,详细阐明案件事实、处理过程、作出决定的理由和法律依据等。

4. 舆情应对处置要及时

公开后的法律文书将接受社会公众的全方位"检阅"和评议,对于发现的问题要及时解决和改正,并及时处理和答复当事人或社会公众的质疑和异议。

三、不起诉决定书释法说理的标准和要求

不起诉决定①是指检察机关在审查刑事案件过程中,在法律规定的范围内,对一些问题可以自由酌情作出裁量的一种司法行为。其法律依据为《刑事诉讼法》第173条第2款规定:"对于犯罪情节轻微,依照刑法规定不需要判处刑罚或者免除刑罚的,人民检察院可以作出不起诉决定。"

不起诉决定是办案人员依据专业知识作出的终结性结论,是案件诉讼环节在检察机关的终止。涉案人在押的,要依法立即释放。这就要求检察官在制作文书时,无论是法律事实的叙述,还是法律规范的引用解释,抑或不起诉结论的得出,都要前后一致。比如,因防卫过当作出不起诉决定的,就需要从理论上进行阐释,只有把理论运用到个案中,才能彰显不起诉决定书的说服力。俗话说"以理服人",没有理由的不起诉决定书,就会显得生硬、霸道和武断,也有悖严格执法的本意。不起诉决定,除了要对引用的法律规定进行说理外,还需要对事实依据的关联性证据进行分析、判断。如果只有事实没有证据,或者只有证据没有分析,让人很难理解和支持。

1. 要用法律规定和司法解释来释法说理

不起诉决定的作出来源于事实和法律规定,必须把适用的法律引全、引对,因为有关案件的情节、不需要追究刑事责任的情形、从轻免予处罚的规定,还包含在一些司法解释中,如果只是抽象性地引用法条,就做不到清晰明了。不起诉决定的"释法说理",相当一部分需要引用相关的司法解释才能说清楚。

2. 要用人情事理和相关道理来说理

不起诉案件往往牵涉道德与伦理、常识与情感、民意与舆情,如亲属之间的盗窃涉及亲情伦理、见义勇为中的行为失当涉及情法冲突、未成年人犯罪涉及家庭情感,等等。在作出不起诉决定时,有必要兼顾这些法外人情事理,注意运用社会良知常识,有时比单纯引用法条更有说服力。在文明社会,一个良好的法律应当是法与情的统一,应当是社会良知常识与人类美好追求的统一。

总之,加强不起诉决定书的释法说理性牵涉方方面面,不是简单地掌握几个法律条文就能解决的,需要丰富的社会阅历和对知识的掌握和运用。制作一份好的不起诉决定书,既是满足人民群众知情权、参与权和监督权的需要,也是回应人民群众对司法解释和司法改革新期待的需要。这样,可以减少公众对不起诉决定的质疑,增强公民对法律的崇尚意识,实现公正司法和公民守法,更好地提升检察机关的司法公信力,其对科学立法也有促进作用。

---

① 本文的不起诉仅指酌定不起诉,法定不起诉和存疑不起诉不作论述。——作者注

四、目前制作不起诉决定书时存在的一些问题

（一）案件事实表述不清，犯罪情节凸显不够

如 2014 年某检察机关制作的一份不起诉决定书："经本院依法审查查明：被不起诉人李某甲于 2014 年 2 月 28 日 22 时许，在某铁路局某某站保洁人员更衣室外，因保洁工具的归属问题与被害人董某发生争执，随后在保洁人员更衣室内与被害人董某发生相互厮打，致被害人董某的右眼受伤。以上事实有一系列证据证实。"

从对案件事实部分的描述来看，该不起诉决定书存在以下问题：

一是犯罪要素叙述不全。一份翔实的不起诉决定书，应该具备犯罪的基本要素，包括时间、地点、原因、手段等，而在这份不起诉决定书中却看不到具体的伤害结果，是轻伤还是重伤？还有"一系列证据"都是什么证据、法医鉴定如何等，都没有叙述清楚。一份伤情结果和证据不匹配的不起诉决定书，很难让公众了解案件的真相，这会让社会公众对司法机关产生不信任感。

二是犯罪情节轻描淡写，且用语也不准确。在案件事实部分，应凸显犯罪的具体情节，以便为作出不起诉决定奠定事实基础，但该不起诉决定书仅仅用"相互厮打"四字概括了全部情节，对犯罪人如何实施暴力和达到何种程度没有描述。同时，对犯罪造成的结果用"右眼受伤"代替，并未指出具体的伤情，很难让人直接得出被害人的伤情为轻伤或重伤的结论。

（二）证据列举和分析不够

经笔者阅卷，该案的事实证据有：被害人董某的陈述；证人李某乙、王某等人的证言；到案经过、医院病历、身份证明材料等书证；法医学人体损伤程度鉴定书；犯罪嫌疑人李某甲的供述。然而，在不起诉决定书中，却用"以上事实有一系列证据证实"一语概括，太简单了，不能服众。笔者曾查阅某检察院案件信息公开网上的十几篇不起诉决定书，在证据部分大都是用类似的一句话进行概括，更有甚者，有的对证据部分只字不提。证据是证明犯罪事实的关键所在，任何一份检察法律文书中证据部分的叙写和分析都是不可缺少的重要内容，不起诉决定书更应如此。缺乏证据支持的不起诉决定书，不仅让公众觉得检察机关在认定犯罪事实时缺乏严谨性，也难以让案件当事人信服。

从调研和检查的情况来看，目前不起诉决定书在证据叙述方面存在的问题体现在两个方面：

一是不起诉决定书中证据部分仅限于证据种类的简单罗列，而对被害人陈述、书证、物证没有相应的证据分析，证据的证明内容及证明力未能详细阐述，不

能充分反映检察机关作出不起诉决定的理由。

二是缺乏"犯罪情节轻微"或者"犯罪情节较轻"的证据叙述和分析。不起诉的前提是行为人的行为已经构成犯罪,单薄的证据罗列容易使定罪依据看起来不够充分,缺乏严谨性;而情节轻微的证据的缺失,又无法反映检察机关作出不起诉决定的事实依据,很难让案件的当事人心服口服。

(三) 释法说理不够,不起诉决定缺少理性特点

对于案件的双方当事人而言,结论如何无疑是最为关注的。有些不起诉决定书的结论部分往往只是在援引对应刑法罪名条款、刑事诉讼法中关于不起诉的法律依据等寥寥数语后,就直接得出结论,而没有对作出不起诉决定的理由进行阐述,缺乏推理过程。例如一份不起诉决定书写道:"本院认为,被不起诉人李某某实施了《中华人民共和国刑法》第二百三十四条第一款规定的故意伤害他人身体致一人轻伤的行为,已经构成故意伤害罪。但鉴于其犯罪情节轻微,根据《中华人民共和国刑法》第三十七条的规定,不需要判处刑罚。依据《中华人民共和国刑事诉讼法》第一百七十三条第二款的规定,决定对李某某不起诉。"这样过于简略的结论,对于非法律专业人士的当事人而言,无疑是晦涩难懂的,由此产生的不理解也容易导致对不起诉决定的申诉、复议,从而降低诉讼效率,浪费诉讼成本。

五、如何制作不起诉决定书

(一) 案件事实部分

第一,描述要全面、客观、真实。不起诉决定书中案件事实部分的描述要尊重案件的客观事实,忠于案件的真相。对一个案件作出不起诉决定是以被不起诉人构成犯罪为前提的,因此,案件事实部分必须要全面、客观地反映被不起诉人构成犯罪的基本要件。再有,犯罪的法定从宽和酌定从宽情节要叙述清楚。案件的法定从宽情节和酌定从宽情节都是作出不起诉决定的依据,在叙述时要加以详细说明。

第二,用语要准确,叙述规范;详略得当,逻辑清晰。案件的事实部分的叙写,要做到言简意赅,切忌啰唆重复。在言简意赅的同时,也要做到逻辑清晰。对于犯罪事实部分的描述,应严格按照最高人民检察院下发的《人民检察院法律文书格式》的规定。

(二) 证据部分

要改变以往只对证据进行简单罗列或者简要说明的方式。鉴于不起诉决定书具有裁定书的特定属性,一定要对证据进行说明;同时,还要相应增加对认定犯

罪情节轻微的证据列举和分析。该部分的证据列举和分析,是检察机关作出不起诉决定的主要理由之一,在不起诉决定书上是不可或缺的内容。

(三) 结论部分

检察机关作出不起诉决定是对案件审查的结果,鉴于其在程序上具有相对终止诉讼的作用,在实体上具有对涉案被告人权利作出裁判的性质,因此不起诉决定结论必须是在事实理由充分和法律依据准确的前提下作出。在撰写结论部分时,要更多地体现作出不起诉决定的整个逻辑推理过程。也就是说,一定要在事实和证据的基础上,再加上现有的法律规定和司法解释,包括人情事理和公序良知等,进而一环紧扣一环,确保论点明确、论据充分、论证有力、逻辑严密。总之,不起诉决定的作出要做到:事实证据确凿无疑,法条引用和释法说理无误,体现严格执法和公正司法。一句话,就是坚持"以事实为根据,以法律为准绳"的原则,就事论法,就法说事,体现法律的尊严,使公民守法。

结　语

一份检察文书的制作不仅要求制作者要熟谙法律,还要研究和掌握法律文书制作过程中的语言规范化要求,提高书面表达能力。只有严谨规范的法律语言与思维逻辑,才能制作出准确、权威的法律文书,才能适应当代包括检务公开在内的司法公开的要求。事实与证据,法律与事理,都是检察法律文书的灵魂。检察法律文书中的释法说理性不仅体现了检察人员的业务素质,也是强化法律监督,维护公平正义的需求。检察机关通过强化终结性法律文书的释法说理,将有利于提高检察工作的公信力与权威性,推进我国依法治国的进程。

司法公开的程序合法化控制

——以庭审公开规则的规范化设计为中心

石东洋　刘万里[*]

引　言

当前,我们要面对的问题不是庭审是否要公开,而是庭审如何公开。美国著名法官弗兰克法特曾经说过,司法不仅在实质上必须公正,而且在"外观上的公正"也是需要的。[①] 庭审公开实践表明,唯有进一步完善当下的庭审公开程序机制,方能架起人民法院与社会公众之间的对话与交流、沟通与联络的桥梁,从而提升法院的司法公信力,实现司法民主和司法公正。

一、现状描摹:庭审公开问题之类型化归纳

"法律之设,目的在于规范社会生活。但因社会生活不断发生变化而法律条文有限,欲以一次立法而解决所有法律问题,实属不能。"[②]庭审公开作为一项程序制度,亦是难以一次性完善,实践中尚存诸多问题。

（一）成绩展现:庭审公开改革之成效

随着信息技术的进步发展,为社会公众进一步扩大知情权、表达权、监督权提供了前所未有的条件。依据司法权运行的特点和规律,不断拓展庭审公开的广度和深度,已成为司法改革不可逆转的潮流。近年来,最高人民法院先后发布《关于加强人民法院审判公开工作的若干意见》(2007 年)、《关于人民法院接受新闻媒体舆论监督的若干规定》(2009 年)、《关于司法公开的六项规定》(2009 年)、《关

---

[*] 石东洋,法学硕士,法官。2009 年 10 月至今在山东省阳谷县人民法院研究室工作,从事裁判方法与审判理论研究。在《中国审判》《人民司法》《法律适用》《法治论丛》《法律方法》《法治论坛》《山东审判》《福建法学》《海南法学》《人民法院报》《医学与法学》《福建行政学院学报》等刊物发表论文多篇。刘万里,2011 年 9 月至今在山东省阳谷县人民法院工作。

[①] 参见龙宗智:《刑事庭审制度研究》,中国政法大学出版社 2001 年版,第 25 页。

[②] 梁慧星:《民法解释学》,中国政法大学出版社 1995 年版,第 247 页。

于推进司法公开三大平台建设的若干意见》(2013年)等司法文件,将庭审公开的多项措施予以细化。

各级人民法院按照最高人民法院出台的系列司法文件,相继推出了庭审观摩、法院开放日、电子显示屏直播、网络庭审直播等多种形式,取得了积极的社会效果。一些地方法院也制定了庭审公开的实施细则,进一步规范了该地区的庭审公开工作。据《最高人民法院工作报告(2014)》显示,2013年已建成中国法院庭审直播网,各级法院直播案件庭审4.5万次。对社会公众而言,并没有太大的意愿去参与与自身没有关系的一般性案件,而对于一些影响重大、媒体报道的案件,却表现出极强的参与热情。[1] 最高人民法院通过多种媒体直播社会关注案件的庭审情况,其中,济南市中级人民法院通过微博全程直播薄熙来案庭审情况,取得良好效果。

(二) 问题呈现:庭审公开运行之现状描摹

1. 庭审公开现状之案例检视

案例:S省Y县人民法院某基层法庭在公开开庭审理原告王某诉被告张某等民间借贷纠纷时,实行庭审现场同步直播。作为一方申请出庭的证人李某在等待法庭传唤的过程中,却通过电话、手机聊天等方式,清楚地了解到庭审现场的具体情形,以至于证人因旁听案件而无法再出庭作证。而庭审进行时,旁听席上的当事人双方的亲友却公然吵骂起来,甚至动起手来,致使庭审无法继续进行。而此时庭审现场情况正在法院大屏幕上播放,一时间庭审成了名副其实的电视剧情景。尽管值班法警、审判人员、书记员及时制止了双方的吵打行为,并依法给予相关人员相应的处罚,然而庭审闹剧却已然传播出去。

2. 庭审公开运行问题之类型化归纳

以上案例是司法实践中庭审公开中存在的问题的缩影和直观体现,可以对庭审公开存在的现实问题予以类型化归纳:

(1)意识、理念方面。一些法院对于庭审公开意识不足,其理念和意识仍然停留在应付上级法院的制度考核,缺乏庭审公开的信心,习惯于关门办案,对庭审公开存在敷衍应付之嫌。

一些法官庭审驾驭能力不强,对自身能力缺乏自信,不敢将庭审过程置于公开状态,害怕出现疏漏与错误,担心被公众"挑刺"。主要表现为庭审秩序混乱,司法礼仪欠缺,庭审程序引导能力不足,庭审控制、应变能力较差。如一方当事人就某一程序性问题提出异议时,法官往往无所适从。

一些当事人不愿意公开庭审,认为打官司是件不光彩的事情,担心庭审过程

---

[1] 参见高一飞、贺红强:《庭审旁听权及其实现机制》,载《社会科学研究》2013年第1期。

录音、录像后传到网上或者是其他媒体上。个别当事人在网上看到庭审视频后，认为其隐私被曝光，名誉权受到侵犯，于是找到法院，要求对其恢复名誉。

（2）制度、规则方面。案件公开选择范围随意性较大。对于案件公开的范围缺乏制度规范，导致司法实践中有的法院对某些案件想公开就公开，不想公开就不公开，多数应当公开审理的案件未能公开审理，而不适宜公开审理的案件却公开审理。对于公众较为关注的一些案件未能公开，或者公开程度不够。

庭审公开程度不足。庭审过程对社会公众和新闻媒体公开不够，与媒体未能形成良性合作关系。一些公众关注的案件，未能及时全面公开，甚至常常限制媒体记者的采访和报道，以至于部分媒体往往"断章取义"报道失实，而对于产生一定影响的报道，法院则不得已要花费更大人力、物力、财力做案件事实澄清工作。

（3）科技、设施方面。庭审公开形式单调。部分法院技术设备落后，庭审公开的传播渠道和传播载体单一，没有安装电子显示屏等先进传播工具，更没能运用新媒体如微信、微博等直播庭审现场，仍局限于仅仅允许社会公众旁听，甚至因为旁听席有限，多数案件往往只是当事人的亲友参与旁听。

部分法院尤其是基层法庭办公设施不完善，未设置专门的证人等待区，导致证人在等待庭审传唤时，存在事先了解案件庭审内容的可能，甚至导致证据失权之后果。

二、效度分析：庭审公开运行问题之成因辨析

"对法律制度通常是从内在标准和外在标准两个角度来进行评价的。对于前者，人们通常称为正义标准，即法律制度本身的内在品质；而对于后者，人们则称为功利性标准，即法律制度在达到某一外在价值目标方面的有用性。"[①]即一项制度本身应当具有正当性和工具性双重价值。庭审公开的正当性价值正是以程序正当理论为依据，是实现实体公正的基础和条件。司法公正是庭审公开最核心的目标价值，庭审公开是保障实现司法公正的一种手段，是其工具属性的最直接体现。而作为实现司法公正的一种工具，首先应当保障其自身运行的正当性和规范性，庭审公开缺少了正当性和规范性，也就不会产生当事人及公众信赖的司法产品。

（一）理念效度：庭审公开的价值认识单一化

多数法院和法官对于庭审公开的价值的认识往往局限于司法监督功能，即庭

---

① 陈瑞华：《论程序正义价值的独立性》，载《法商研究》1998 年第 2 期。

审公开可以有效地遏制司法不公和司法腐败。单纯的自律不足以有效遏制司法不公与司法腐败,实现司法公正、司法廉洁的重要环节是权利受到规则的有效制约①,而司法权力受制约的最好途径是司法公开,即阳光审判。

最高人民法院出台的《关于司法公开的六项规定》对于司法公开的目的阐述为"保障人民群众对人民法院工作的知情权、参与权、表达权和监督权,维护当事人的合法权益,提升司法民主水平,规范司法行为,促进司法公正"。不难看出,最高人民法院对于司法公开的价值主要归纳为:保障社会公众对法院的监督权,提升司法民主水平;促进司法公正,维护公众合法权益;规范司法行为,提高司法公信力。

司法权在国家政治结构中的弱势地位是法治欠发达国家的普遍状况,理论上看,这似乎是由司法权本身的性质和功能设置决定的。② 而司法公开的另一重要价值恰恰体现在司法权的强化上。正如有的学者所论,从更一般的意义上,司法、媒体、公众之间主要是一种正向关系——司法公开的目标则是培养这种正向关系:通过司法公开的策略强化司法权。③ 即将审判活动置于公众的监督之下,以从程序和实体方面减少外部因素如权力、人情对法官的影响,为法官办理案件提供有利的办案环境,进而达到强化司法权的目的。

当然,试图通过司法公开与司法权强化之间发生正向化学反应,还需要法院以司法公信力为根基,而司法公开的一个重要功能即提高司法公信力。因此,从强化司法权这一理念来理解庭审公开的价值,法院和法官则应当主动适用庭审公开程序。

(二) 制度效度:庭审公开缺乏程序化控制

"规则和秩序本身是一种生产方式的社会固定形式,因而使它相对地摆脱了单纯偶然性和单纯任意性的形式。"④庭审公开程序必须以制度固定下来才能形成长效机制。近年来,最高人民法院先后出台了系列文件,为庭审公开明确了改革思路和原则,但该些文件也存在些许不足(见表1)。

---

① 参见王名扬:《美国行政法》,中国法制出版社1995年版,第443页。
② 参见〔法〕托克维尔:《美国的民主》(上),董果良译,商务印书馆1988年版,第110页。
③ 参见钱弘道、姜斌:《司法公开的价值重估——建立司法公开与司法权力的关系模型》,载《政法论坛》2013年第4期。
④ 中央编译局:《马克思恩格斯全集》(第23卷),人民出版社1974年版,第894页。

表1　2007—2013 年最高人民法院发布的相关文件

时间	文件名称	改革思路	不足之处
2007 年	《关于加强人民法院审判公开工作的若干意见》	各级人民法院要通过深化审判公开,保障当事人诉权,积极、主动接受当事人监督、人大及其常委会的工作监督、新闻媒体的舆论监督。	关于审判公开的具体程序未作规范性规定。
2009 年	《关于人民法院接受新闻媒体舆论监督的若干规定》	规范人民法院接受新闻媒体舆论监督工作,妥善处理法院与媒体的关系,保障公众的知情权、参与权、表达权和监督权,提高司法公信。	关于媒体何时介入、如何介入以及介入庭审程度规定较为宽泛。
2009 年	《关于司法公开的六项规定》	制定关于立案、庭审、执行、听证、文书、审务六方面公开的原则性规定。	关于庭审公开程序方面规定较为原则。
2013 年	《关于推进司法公开三大平台建设的若干意见》	深化司法公开,依托现代信息技术,打造阳光司法工程,全面推进审判流程公开、裁判文书公开、执行信息公开三大平台建设。	关于审判公开的程序未作规定。

当前,我国法院系统已经在多个层面建立起庭审公开制度,其基本框架已经架构,但是,还有不少地方有待细化。如关于庭审公开案件范围缺乏制度性规定,三大诉讼法中均有关于"涉及国家秘密和个人隐私的案件不公开审理"的类似规定,但是尚没有关于"涉及国家秘密和个人隐私"的具体认定标准,导致司法实践中庭审公开范围不尽统一。另外,能否赋予当事人关于庭审公开的程序选择权,即是否允许当事人合意决定不公开审理,也没有相应的法律文件予以明确。

(三) 科技效度:庭审公开的硬件设施有待提高

新媒体时代的今天,特别是微博、微信等自媒体的出现,能为庭审公开提供更加丰富的传播渠道和载体,使信息无孔不入。这种技术革命将消除所有形式的等级,无论政治的、经济的还是社会的。① 然而,一些法院没有设置庭审公开的即时直播设备,如没有安装电子屏,没有开通微博、微信、新闻客户端等,未能通过新媒体方式尽早传播真相,导致法院在一些案件上丧失了把握舆论引导的主动权。如邓玉娇案、刘涌案等,事实真相相对简单,但是社会认识却存在较大分歧,原因不外乎法院没能第一时间公布真相,掌握舆论发言权。

---

① 参见〔美〕弗朗西斯·福山:《信任——社会美德与创造经济繁荣》,彭志华译,海南出版社 2001 年版,第 27 页。

一些法院没有设置专门的证人等待室,这种情况在基层法庭尤其严重。一般情况下,证人到审判庭之前不会被要求将手机等通讯工具上交,因此,就有可能存在证人证言丧失客观性的情形。如前述案例中,证人在被传唤进入审判庭之前能够通过多种渠道了解案件的庭审情况。

三、制度兼容:庭审公开的多维保障

任何制度创制都是归纳的选择,而非演绎的结果。也就是说,制度的选择只能是更好的选择而不是最好的选择。[①] 庭审公开制度的完善也不可能是一蹴而就的,而是需要与当前司法背景相结合并适度修正,从理念更新、技术保障、范围限制、媒体如何参与等多方面予以考量,以达到解决当前庭审公开现实问题之目的。正如达玛什卡所述:"改革的成败主要取决于新规则与某一国家的特定管理模式所根植于其中的文化与制度背景的兼容性。"[②]

(一) 意识维度:庭审公开之观念转变

从思想上和工作理念上认识庭审公开的重要性和必要性,是庭审公开顺利进行之关键。转变理念要求法院和法官在对待庭审公开的态度上不是消极应付,而是积极主动。转变理念则要求法院和法官能够认识到庭审公开的功能,并且自觉地提高自身能力,以达到庭审公开之要求。

(1)裁判者作为法院的主体,应当明确庭审公开并不是对法官审理案件的干涉,而是对依法独立行使审判权的强力保障。法官对庭审公开必须充满自信,克服排斥、抵触心理,切实尊重当事人的主体地位,充分保障社会公众知情权与监督权,方能树立司法权威。

庭审公开程序的良好运转,离不开一支高素质的法官队伍,因此,法官必须全面认识庭审公开之功能,自觉树立庭审公开意识,改变过去埋头办案的习惯,敢于主动接受公众的监督。而这种勇气和信心源自于法官自觉提高业务素养、驾驭庭审的能力,以及紧急情况下的应急处置能力。

(2)法院应当转变观念,实现法院权力本位向公众权力本位过渡。法院作为庭审公开的主体,必须从理念和意识上重视并认真落实庭审公开制度,改变过去的关门办案思维,不能仅仅停留于将其作为上级考核的一项指标,使审判公开流于形式。法院应当通过转变庭审观念,达到以公开增强公正之目的。

(3)加大人才培养力度,提升公开成效。法院应当提高认识,着力培养法官的公开意识。法官指挥之道在于合法、及时、恰当、清晰、果断,为诉辩者搭建公平

---

① 参见王申:《科层行政化管理下的司法独立》,载《法学》2012年第11期。
② 唐力:《辩论主义的嬗变与协同主义的兴起》,载《现代法学》2005年第6期。

高效的竞争平台,合理分配机会均等的攻防利益。① 其一,省、市级法官培训学院应当定期组织一线法官开展培训,培训的内容则应侧重于法官庭审的指挥之道,即通过培训达到提升法官驾驭庭审能力之目的,以满足庭审公开之需求。培训可以采取由庭审经验丰富的法官讲课以及观摩庭审等方式。其二,法院内部可以定期举行庭审评比活动,对于庭审效果较好的法官,可以给予适当的物质奖励,而对于庭审控制较差的法官,则应提出批评建议,并针对问题要求其限期纠正,杜绝类似问题的重复出现。

(二) 科技维度:庭审公开之物质保障

技术的进步为庭审公开提供了更加丰富的载体和渠道,为公众获取司法信息提供了更多便利条件。为此,法院应当更加积极地推进信息化建设,运用先进技术手段,形成庭审公开的系统保障。

(1)加大物质投入,建立科技法庭,并充分发挥其效能。科技法庭能够打破时间和空间因素对庭审活动的限制,最大限度地满足庭审过程公开、公正、高效、真实、透明的要求。② 科技法庭作为庭审公开的一种新型技术手段,具备同步录音录像、同步记录、同步显示庭审记录的功能,在最高人民法院的推行下,一经出现即受到各级法院的重视,但是在使用过程中仍存在各种问题,如录音质量较差、自动化程度相对较低、法院之间信息暂时还无法共享,这些问题都极大地影响着科技法庭的功能。因此,应当通过各方努力,加大物质投入和技术支持,进一步落实并完善科技法庭之于庭审公开的效能。法院系统应当建立科技法庭设施的使用率考核机制,以鼓励和督促各级法院提高科技法庭的使用效率。

(2)紧跟时代步伐,创新庭审公开方式。随着庭审公开的全面深入,传统的庭审公开方式已经不能满足公众对于司法信息的需求,创新庭审公开方式成为必经之路。尤其是新媒体时代,人人拥有"麦克风",信息的传播、意见的表达和情绪的宣泄变得空前容易。③ 新媒体日益成为庭审公开的重要传播渠道,深刻把握社会公众的信息需求规律,创造并利用好多元化的庭审公开新型载体日趋重要。最高人民法院已经率先垂范:2013年《人民法院报》官方微博和最高人民法院官方微博先后开通,"全国法院微博发布厅"亮相新浪。2013年年底,最高人民法院又在腾讯开通微信,最高人民法院网入驻搜狐新闻客户端。而济南市中级人民法院通过微博发布薄熙来案庭审现场及具体细节,更是将庭审公开推向新的高潮。建立法院官方网站,并通过其传播庭审情况亦成为一种新的传播形式。另外,法

---

① 参见孙斌荣:《论司法的艺术——法官司法能力建设的最高境界追求》,载万鄂湘主编:《司法能力建设与司法体制改革问题研究——司法能力建设与诉讼制度改革》(上),人民法院出版社2006年版,第87页。
② 参见蒋惠岭、龙飞:《香港澳门的司法公开制度与启示》,载《法律适用》2013年第4期。
③ 参见张守增:《简论人民法院新媒体的功能定位》,载《人民法院报》2014年5月7日,第5版。

庭外应当设置专门的证人休息室,避免证人旁听审讯和串供。

(三) 媒体维度:庭审公开之范围拓展

随着庭审公开改革的全面深入,新闻媒体日益成为庭审公开的重要途径,以新闻报道、庭审直播等方式满足和保障社会公众的知情权。法院应当主动敞开大门,摒弃司法神秘主义,保障新闻媒体的监督。司法独立与新闻自由两种理念看似基本价值冲突,实则完全可以通过完善相关立法实现司法与媒体的良好合作关系。

(1)完善媒体关于案件报道的相关法律制度。允许媒体报道案件相关情况是新闻自由价值的体现,亦是司法民主化的彰显,但是,立法必须为媒体的报道划定严格的界限。其一,新闻媒体应当指定具有一定法律素养的专门人员从事案件的播报工作,避免对司法活动的"断章取义",造成不必要的误解,防止可能影响司法独立的报道流出;其二,规范新闻媒体介入司法过程的时间,建立"禁止对正在进行的审判加以评论"的规则;其三,新闻媒体应当加强自律,扫除有偿新闻等腐败现象,坚持客观公正的原则对案件进行评论,如实报道,避免带有倾向性的预测。① 媒体不能试图通过舆论报道影响法官的判决,否则,将要承担刑事责任。

(2)法院应当为媒体的自由报道创造便利,主动放下身段与媒体"交朋友",显示出司法对媒体报道的尊重与开放。其一,建立案件新闻发布中心,制定新闻发言官制度。法院应当主动发布案件相关信息,抢占话语权,避免对案件的评价偏颇。其二,设立媒体专席或者媒体工作室,为其报道提供相关案件材料,但禁止媒体在法庭内拍照、录音和录像。

四、程序控制:庭审公开规范运行之制度设计

没有公开就无所谓正义②,作为正义的裁判者,司法活动应当将公开作为亘古不变的底线。全面公开已经成为司法公开的一项原则,公众对于司法公开的重视程度越来越高,庭审公开的范围也在不断扩大,司法机关与社会各界已经将推进司法公开作为共识和着力方向,这无疑是社会法治化发展之必然趋势。然而,坚持庭审公开的原则并不意味着毫无保留地公开,庭审公开的限制性因素不能忽略。庭审公开的范围应当在多大程度上受到限制,是实现庭审公开的程序化控制不能回避的话题。

(一) 当事人因素:程序选择权之限制

一项法律程序是否具有程序正义所要求的价值,应当看那些受程序结果影响

---

① 参见江西省高级人民法院课题组:《公开审判制度的调查报告》,载《法律适用》2007 年第 7 期。
② 参见[美]伯尔曼:《法律与宗教》,梁治平译,商务印书馆 2012 年版,第 48 页。

的人们是否得到了应有的待遇,而不是看它能否产生好的结果。这种程序上的正义是一种"过程价值",它体现在程序的运作过程中,是程序本身正义性的价值标准。① 庭审公开与否的程序选择权是在诉讼活动中允许当事人双方决定案件的具体审理程序是否适用庭审公开程序,即允许当事人合意决定案件是否公开审理。

关于能否允许当事人双方合意决定庭审程序,即赋予当事人庭审公开与否的选择权,邱联恭先生认为,依程序选择权之法理,在不特别有害于公益的范围内,应当允许当事人合意选择不公开审理方式;日本学者上原敏夫、竹下守夫的观点虽然不是基于选择权之法理,但是在结论上也认为应允许当事人合意放弃公开审理。② 我国法律对于当事人合意决定庭审程序尚没有明确的规定,但在《民事诉讼法》第157条第2款却作出当事人双方可以约定适用简易程序的规定,在一定程度上赋予了当事人程序选择权。

正如梅因所述:社会的需要和社会的意见常常是或多或少地走在法律的前面,我们可能非常接近地达到它们之间缺口的接合处,但永远存在的趋向是要把这缺口重新打开来。因为法律是稳定的,而我们谈到的社会是前进的。③ 当前,国家在制度层面上确立司法公开原则有着特殊的社会意义,通过司法公开可以起到法治宣传教育,增强公众法律意识的作用,同时,还可以通过保障公众的知情权创造公众对司法活动进行民主监督的条件。而从尊重当事人程序主体地位的层面上考量,司法公开是当事人程序请求权的一项重要内容,系私权范畴。在诉讼法学由职权主义向当事人主义侧重的今天,立法层面上确有必要赋予当事人基于自身利益之考虑行使程序选择权。

正如哈贝马斯所述,社会的合理性问题要通过人的行为的合理性来解决,主要是通过人的交往行为的合理性来解决。④ 在考虑完善我国关于当事人合意决定庭审程序时,应当允许当事人协议不公开审理,而又要对当事人协议不公开审理的范围予以限制,否则将会影响司法公开制度发挥其应然功能。对于当事人庭审程序选择权的范围予以限制,是由程序法本身之属性决定的,因为在程序的适用上除了关系当事人的私人利益以外,还关系社会的公共利益和国家利益。可以参照现行《民事诉讼法》第十三章的相关规定,对适用简易程序审理的部分案件如小额诉讼案件,原则上应当允许当事人合意决定不公开审理。

(二) 公众因素:案件公开范围之限定

"现阶段研究中国的司法权问题,必须且不能不将司法权的监督和制约问题

---

① 参见陈瑞华:《刑事审判理论》,北京大学出版社1997年版,第54页。
② 参见邱联恭:《程序制度机能论》,台北三民书局1996年版,第243页。
③ 参见〔英〕梅因:《古代法》,沈景一译,商务印书馆1997年版,第25页。
④ 参见任岳鹏:《哈贝马斯:协商对话的法律》,黑龙江大学出版社2009年版,第55页。

摆在中心位置。"①庭审公开的最大功能在于实现社会公众对司法权的监督和制约。而对于一些涉私密案件,在满足公众知情权的过程中侵害个人隐私、商业秘密以及国家秘密的风险会骤然增大,因此,在实现庭审公开功能与私权保护之间寻找平衡点成为必然。

庭审公开的直接对象应当是当事人,司法公正与否决定着其正当权益能否得到有效保护。庭审公开制度的设立初衷是保障当事人受到法院的公正对待,对社会公众公开也应当是围绕维护当事人的程序性权利和实体权利这一原则。因此,在强调庭审需要面向社会公众公开以达到司法监督、教育引导等目的的同时,还应当注意保护当事人的隐私、商业秘密和国家秘密。庭审过程总会出现当事人的通讯方式、身体状况、财产状况等大量隐私,而庭审公开则会导致当事人的隐私遭到泄露,隐私泄露可能导致当事人的人格尊严和社会形象受损。涉及国家秘密的案件,一般事关国家安全、经济安全、社会稳定和国家利益,一旦泄露国家利益即有可能遭受损害。《民事诉讼法》第134条也作出了将涉及个人隐私和国家秘密的案件排除于庭审公开范围的规定。

在设置庭审公开程序时,应当将涉及个人隐私及国家秘密的案件排除于庭审公开范围,且两者的审理程序又应当有所区别。其一,对于涉及隐私的案件,应当依据庭审程序之正当性原理,通过法院行使释明权并权衡当事人陈述意见的方式,决定庭审是否公开。其二,对于涉及国家秘密的案件,应当对相关信息予以屏蔽,确保国家秘密不被泄露。

(三) 裁判者因素:司法权威受损之救济

将现场直播请进法庭,使得法官在接受监督的同时,也就变成了一幕幕戏剧的演员,司法的权威性换言之就是司法的脱俗性,如果司法成了戏剧舞台,法官成了民众的谈资,司法也就无权威性可言了。② 现阶段,我国法官素质参差不齐,将所有法官承办的案件均实行庭审公开,将会因部分法官对于庭审驾驭能力的欠缺导致庭审秩序混乱,甚至失控,致使司法权威严重受损。

当庭审公开导致司法权威受损时,必须有所取舍,抑或是价值衡量。是等到法官整体素质全部提高时再实行庭审公开,还是通过付出可能出现的司法权威受损之代价来换取司法公正的尽快实现,现有的司法政策已经给出了明确的答案。因为庭审公开有能力提升之功能,即庭审公开将有利于形成更为直接、有效的倒逼机制,促使法官在实践中更加注重提升自己的庭审驾驭能力、事实认定能力、法律适用能力,接受社会公众的审视和监督,以更高的司法水准适应庭审公开的

---

① 葛洪义:《司法权的"中国"问题》,载《法律科学》2008年第1期。
② 参见徐显明、齐延平:《"权利"进入,抑或"权力"进入——对"现场直播进法庭"的学理评析》,载《现代法学》2001年第8期。

需求。

然而,针对现阶段部分法官的司法水平难以达到庭审公开的要求问题,可以通过有针对性的培训予以解决。而对于个别庭审现场确实出现混乱场面,如前述案例所述,可以通过技术手段如切换电子显示屏或者法庭屏蔽科技等方式,以减少司法权威受损之影响。而对于行为人存在扰乱庭审秩序、哄闹法庭等行为的,则可以通过官方网站、微信、微博、新闻客户端信息发布等方式及时向社会公众公布处理结果。

结　语

"作为社会系统的组成部分,任何社会设置都必定是要发挥其特定功能,从而使得社会系统均衡有效地运行"[①],庭审公开制度亦是如此。庭审公开的价值从来不仅仅体现在个案的程序正义之中,更体现在对整个社会的法治观念传递上,即通过庭审公开让公众作出司法活动文明与否、公正与否的直观感受与判断。庭审公开的程度是一个国家是否是民主法治国家的重要标志,是现有诉讼构架的重要组成部分。庭审公开是攻克司法改革一大难题即提升司法公信力的关键,因此,我们应当从解决并完善庭审公开现有机制的诸多问题出发,构建一种具有正当性的程序规则,以实现司法正义。

---

① 参见〔美〕戴维·波普诺:《社会学》,李强等译,中国人民大学出版社1999年版,第18页。

论我国裁判文书公开的检视与完善

李 巍[*]

没有公开就没有正义,公开是正义的灵魂。司法公开是实现司法公正、维护司法权威、提升司法公信力、遏制司法腐败和保障公民知情权的重要手段,是衡量一个国家民主和法制是否健全的重要价值标准,是现代法治社会普遍遵循的一项重要司法原则。随着我国司法改革的进一步深化,对司法运作过程中的公开,无论从内涵程度和方式上都有着更高的要求。只有将司法活动置于监督之下,才可以增强法官的工作责任心,提高办案质量,避免人情案、关系案、金钱案等司法腐败现象的发生,使当事人及其他公众了解司法活动的内容和结果,促进司法公正的实现。

一、司法公开的涵义

法学家格雷认为:"即使是由于立法机关颁布的制定法也不是法律,而仅仅是法的渊源,因为法律的意义及其效力,只有在法院审理案件中才能最终确定,司法判决构成了法律本身。"[①]近年来,司法公开制度改革一直伴随着人民法院司法改革的全过程。最高人民法院在 2009 年 12 月出台了《关于司法公开的六项规定》,这是首次在正式文件中使用"司法公开"这一概念,为司法公开界定了一个基本的范围,即立案公开、庭审公开、执行公开、听证公开、文书公开、审务公开。2010 年 10 月又出台了《司法公开示范法院标准》,但并未对司法公开给出一个清晰明确的概念。《法治蓝皮书》中将司法公开定义为,司法公开是指除涉及国家秘密、有关当事人商业秘密或者个人隐私以及可能影响法院正常审判秩序的事项外,法院的各项审判活动以及与审判活动有关的各类信息,均应向案件当事人和社会公众公开。[②]倪寿明在其研究中认为,这里所说的司法公开的内涵与审判公开一致,

---

[*] 李巍,海南政法职业学院法务技术系副主任、副教授,研究方向为法学理论、法律文化。
[①] 〔美〕科特威尔:《法律社会学导论》,潘大松译,华夏出版社 1989 年版,第 234 页。
[②] 参见法治国情调研组:《中国司法透明度年度报告(2011)——以法院网站信息公开为视角》,载《法治蓝皮书》,社会科学文献出版社 2012 年版,第 255 页。

是指与秘密审判相对的概念。① 谭世贵认为,司法公开是司法行为的公开、个案的公开、依职权主动的公开,是与秘密审判相对应的概念。② 可见,多数学者把司法公开等同于审判公开,认为司法公开就是审判活动的公开在审判程序上的体现。目前我国还没有关于司法公开的专门性法律规定。司法公开仅可以从《宪法》和三大诉讼法以及《人民法院组织法》中找到相关依据,并且基本都是与审判公开有关的规定。目前我国绝大多数法院对推进司法公开工作比较重视,各级法院通过新闻媒体和法院网站等形式不断地扩大司法信息的公开渠道、公开力度和公开范围。

因此,司法公开并不仅限于审判公开,较之审判公开,其外延更广,司法公开更强调整个司法运作过程的公开。审判公开仅是司法公开的一个环节,它侧重于审判过程的公开。而目前司法公开已由过去单纯的旁听庭审到巡回审判、法院开放日、庭审直播、判决书上网等新的公开形式,已经变成一种司法信息全方位的公开。司法公开既包括司法机关普遍适用的法定职权和法定程序,也包括司法机关运用法律解决个案纠纷,将法律适用于个案的过程,即从一个案件的开始立案到开庭审理、裁判的宣告,再到生效,包括上诉审程序、再审程序等,甚至如果把执行程序也看做审判程序的延续的话,再到执行程序,直至执行终结。③ 这样一个案件的全部运行过程,都应当是公开的、透明的、阳光的。

笔者以为,司法公开应当是指司法过程及司法活动面向社会全面公开、全程公开,包括个案文书的公开、规范性文件的公开、案件的公开、执行的公开及司法信息的公开,不仅通知当事人和其他诉讼参与人到场或到庭,而且允许公民旁听,允许新闻媒体采访和报道。不仅要单方公开,还要建立与公众互动的反馈机制。

二、裁判文书公开的意义

裁判文书,是指人民法院代表国家行使审判权,对审理终结的诉讼案件,就其实体问题或程序问题作出的具有法律效力的书面结论。裁判文书记载了人民法院审理案件的过程和裁判结果,是诉讼活动结果的重要载体,是审判活动全面客观的反映。裁判文书不仅是人民法院行使国家审判权的体现,而且是司法公正与司法权威的载体,也是审判公开不可或缺的环节。它不仅是对当事人权利义务关系的确定,更体现了法律的权威、法院的公正及法官的形象,是法院的审判质量、审判水平与审判能力的直接展现。裁判文书公开是司法公开的应有之义,是司法公开的必然延伸,是实现司法公信力的重要关卡。2009年最高人民法院出台了

---

① 参见倪寿明:《司法公开问题研究》,中国政法大学2011年博士论文。
② 参见谭世贵:《论司法信息公开》,载《北方法学》2012年第3期。
③ 参见倪寿明:《司法公开问题研究》,中国政法大学2011年博士论文。

《关于进一步加强司法便民工作的若干意见》,该规定明确:"人民法院应当逐步建立裁判文书和诉讼档案公开查询制度。有条件的人民法院可以在网上依法公开案件裁判文书和执行案件信息。"只有让当事人知悉和社会公众查阅,才能公开接受当事人及社会公众的监督,达到以公开促公正的实际效果。

长期以来,无论是学术界还是实务界均认为,人民法院的裁判文书千案一面,缺乏认证断理,看不出判决结果的形成过程,缺乏说服力,严重影响了公正司法形象。目前,我国法院裁判文书制作中存在不少需要改进的地方:裁判文书格式不统一,甚至有五花八门的现象;说理性不强,重证据罗列,轻证据和法理分析,说理不透彻;语法用词出错,制作粗糙,文字、标点符号错漏。2010年11月《南方周末》发表了一篇题为《法官的低级错误》的文章,指出一份7页的判决书上出现了18处低级差错[1];另一份判决书将受害人写成"判处有期徒刑3年";还有一份判决书把活人写成死人。[2] 这样的裁判文书显然不足以使公众信服,会让公众对法院的权威产生质疑,影响法院的威严和司法的公信力。因此,规范裁判文书的制作,提高裁判文书写作水平,制作出高质量、优秀的裁判文书,具有极其重要的意义。

(一) 裁判文书的公开有利于增加司法透明度

审判公开是各国普遍奉行的司法原则,主要指公开审理案件和公开宣告判决。根据《宪法》第125条的规定:"人民法院审理案件,除法律规定的特别情况外,一律公开进行……"目前法院公开审理的方式主要包括:允许公众旁听庭审、允许新闻媒介进行报道及庭审直播等方式。随着自媒体的兴起,微博直播成为审判公开的新途径。公正作为司法追求的主要目标和价值,当然意味着司法的公开透明,只有公开透明才能保证其公正性。裁判文书是法院对案件审理认定的重要部分,是司法过程的最终载体。马克思指出:"如果审判程序只归结为一种毫无内容的形式,那么这种空洞形式就没有任何价值了。"[3]裁判文书的公开是审判公开的延续,是落实审判公开必不可少的环节,对司法公正起到保证或促进作用。只有通过裁判文书公开才能保障庭审过程的公开,才能真正实现司法过程透明、公正,将其置于当事人和社会监督之下,实现"阳光下的司法"。阳光是最好的防腐剂,这对审判公开有着决定性的意义,有利于实现司法过程透明、公正。

(二) 裁判文书的公开有利于接受社会监督、遏制司法腐败

在现代民主制国家中,知情权是公民的一项基本权利,它包括行政知情权、司

---

[1] 参见许懿:《法官的低级错误》,载《南方周末》2010年10月8日,第3版。
[2] 参见曲昌荣:《审判权运行在阳光下》,载《人民日报》2009年8月22日,第1版。
[3] 《马克思恩格斯全集》(第1卷),人民出版社1995年版,第178页。

法知情权、社会知情权以及个人信息知情权。司法公开的最终目的是为了实现司法公正和满足公众的知情权。裁判文书是传递司法信息的重要形式之一,裁判文书公开后,当事人和广大公众都能够了解裁判的整个过程和结果,可以让司法权力运行更加透明并受到社会公众的监督。公众可以查阅到裁判文书,可以遏制和防止个别法官的徇私枉法、滥用职权等行为,从而减少司法腐败的发生。通过裁判文书的公开,使公众能够全面及时地了解法院开展的各项重要工作,充分保障当事人的知情权,进而帮助实现公众参与权、表达权和监督权,提高司法公信力。

(三) 裁判文书的公开有利于行为引导、推进案例指导

近年来,我国在审理案件中存在大量的"同案不同判"问题,导致当事人甚至公众对司法权威产生质疑,影响了司法权威及司法公信力。有些案件的情节和事实大致一样,但最终的裁判结果却大相径庭,容易引发当事人和不明真相的社会公众的公愤,甚而引发一些激烈的群体性事件,激化社会矛盾。裁判文书的公开,则可以使得不同地方的人民法院可以查看到其他法院类似案件的审理情况及判决结果,对自己的审理工作可以起到参考和借鉴作用。通过法院在网站开设案例指导专栏,借助司法文书公开的力量推进案例指导功能,使不同法院之间可以相互借鉴和学习办案经验。

(四) 裁判文书的公开有利于提高文书的制作质量

裁判文书记载了法院整个审判过程、审判环节等程序问题,同时包含了对纠纷的处理结论等审判实体问题。裁判文书公开的推进,促使各级人民法院不同程度地公开生效裁判文书,民众能够随时查询案件的审判情况及判决内容,可以更好地促进审判程序合法、规范地开展,减少与杜绝"三案"的产生。同时,裁判文书的公开也会对法官产生很大的压力,使得法官在审理案件时增强工作责任心,对自己的审判文书负责,确保公开的裁判文书条理顺畅、用字准确,法律适用规范、翔实,裁判结果合理、合法,促使法官不断提高其审判水平。

(五) 裁判文书的公开有利于推动法官职业化

裁判文书公开使法院裁判文书接受当事人和社会公众的"检视"。公开的裁判文书如果存在错别字连篇、逻辑混淆、适用法律不当等问题,制作该裁判文书的法官将会受到当事人和公众的诘问,对其审判是否公正及审判水平产生质疑,继而有可能对其职业产生巨大影响。一旦裁判文书全面公开,对法院和法官来说都是一个严峻的挑战,裁判文书的公开将"迫使"法院法官不断提升自身的法学理论水平。目前司法改革将优化法官队伍,逐步实现法官专业化、职业化,裁判文书的公开既可以实现不同地方司法资源的共享和利用,更有利于法官办案的规范、

统一,推动法官职业化进程的步伐。

三、我国裁判文书公开面临的困境

2013年,通过中国裁判文书网公开的最高人民法院及地方各级人民法院生效裁判文书超过了160万份。①《关于人民法院在互联网公布裁判文书的规定》已于2014年1月1日起生效,目前已有15个省、市、自治区实现了辖区内三级法院生效裁判文书均在该网公开。可见裁判文书公开的程度和范围在不断扩大,但在实践中仍然存在不少问题。

(一) 立法层面:法律依据不系统

根据《宪法》第125条的规定:"人民法院审理案件,除法律规定的特别情况外,一律公开进行……"《刑事诉讼法》第196条第1款规定:"宣告判决,一律公开进行。"2012年修订的《民事诉讼法》新增加了第156条的规定:"公众可以查阅发生法律效力的判决书、裁定书,但涉及国家秘密、商业秘密和个人隐私的内容除外。"可以说,本条对于民事裁判文书公开的范围作出了规定,首次在法律层面明确提出裁判文书的公民查阅权。但这一规定仍不够详细,只是规定了社会公众可以查询生效的裁判文书,如何具体操作没有作出明确的规定。

最高人民法院《关于人民法院在互联网公布裁判文书的规定》(2010年,已废止)第8条规定:"人民法院应当在法院互联网站公布裁判文书,并设置必要的技术安全措施。最高人民法院建立全国统一的裁判文书网站。"该条对于最高人民法院明确提出了建立统一的裁判文书网站,而对于地方各级人民法院裁判文书公开是否需建立单独网站并未提及。实践中有的法院通过法院官网在其网站上设置裁判文书专栏,有的法院在中国法院网上公开裁判文书,有的法院在其他专业性法律网站公开裁判文书,各地法院做法不统一。裁判文书公开的范围不明确会导致各地各级法院根据自己的利益、习惯去公布,这样势必会阻碍裁判文书公开、司法公开的进程。

(二) 文书本身:裁判文书"过繁""过简",质量不高

裁判文书是连接人民法院与当事人乃至整个社会的桥梁。法官通过裁判文书陈述法庭选择和适用法律的过程,向当事人和社会公众传递其裁判的最终结果。但是在司法实践中普遍存在裁判文书质量不高,内容"过简""过繁"或者堆砌法律术语。裁判文书不是文字修饰的载体,而是向公众传达审判信息的工具。

---

① 参见《司法公开:2013年生效裁判文书上网超160万份》,载 http://legal.china.com.cn/2014-03/10/content_31736964.htm,访问日期:2014年9月30日。

实践中,很多地方法院的裁判文书中裁判理由公开的力度很是欠缺,由于基层法院承担着大量的案件,案件多,人手少,因此法官的工作压力很大。而且很多案件属于事实清楚明了的简单纠纷,为了完成任务、提高效率,法官对于裁判文书中的说理无时间细心推敲、认真撰写,很多法官在制作裁判文书时为了省事仅以"无法律依据,不予采纳"来回答,还有的法官在裁判文书中对控辩、诉辩双方的意见只字不提,对采纳与否不予分析。或者是公式化、格式化,把案件事实简单陈述一下,然后把一些法条堆砌在后面,加之基层法院的一些法官整体素质、法学理论素养较低,要求其写出高水平的裁判文书也确实存在难度。

(三) 公开制度:公开范围模糊,监督机制未建立

裁判文书公开制度中哪些文书可以公开法律没有给出明确的范围。《关于人民法院在互联网公布裁判文书的规定》(2013 年)第 4 条提到,"涉及国家秘密、个人隐私""涉及未成年人违法犯罪的""以调解方式结案的"及"其他不宜在互联网公布的"情形,但这几项规定不够具体,到底什么样的情形属于"不宜在互联网公布的"极为模糊,在实践中很难操作,给了法官很大的自由裁量权。并且,不适宜上网公开的案件的审查程序,先由独任法官或者合议庭提出书面意见及理由,交由部门负责人审查后报主管副院长审定。显然这一做法对于裁判文书公开来说,给了法院很大的自由空间,法院可以按照自己的意愿任意解释,选择是否公开该裁判文书。

最高人民法院《关于进一步加强司法便民工作的若干意见》第 10 条规定:"人民法院应当逐步建立裁判文书和诉讼档案公开查询制度。有条件的人民法院可以在网上依法公开案件裁判文书和执行案件信息。"从这条规定来看,表面上公民只要需要都可以实现对裁判文书的查询,但实践操作却并不那么简单。由于我国尚未建立统一的裁判文书公开制度,法院所公布的裁判文书基本都是近两年生效的部分文书,如果想查询早年生效或者历史性的裁判文书则相当困难,并且当事人及其辩护人以外的其他人员或组织想要公开查阅法院的裁判文书仍是非常困难的一件事情。应该说真正的公开查询制度并未建立,更不要说监督机制了。如果裁判文书公开不及时、该公开的没有公开,裁判文书中出现错字漏字、语句不通、说理不清、没有说理等现象怎么办,是否有相应的责任追究机制,在法律中均没有相关规定。

四、完善我国裁判文书公开制度的路径设计

(一) 完善裁判文书公开的法律法规

任何一项制度的完善须有法律的保障。裁判文书公开作为审判公开的重要

组成部分,只有建立更加完善的法律法规体系,才能保障裁判文书公开制度有效地落实。目前《宪法》和三大诉讼法只是对公开审判作出规定或是对裁判文书公开作了较为原则性的规定,对裁判文书公开的具体且操作性较强的规定主要出现在最高人民法院发布的完善审判公开的一系列规定办法中。而 2012 年修订的《民事诉讼法》的最大一个亮点就是把裁判文书公开明确载入其具体的条款中。但裁判文书公开的另一对象是涉案的当事人,法律既要保证公众的知情权,更要保护当事人个人的隐私权。这种情况下的裁判文书如何处理,法律中并未提及。因此,应当不断完善裁判文书公开的具体法律规定,对裁判文书公开的具体操作制定统一的标准,以保证裁判文书公开能够得到真正落实。

(二) 提高法官队伍的整体素质

裁判文书制作是法官的一项创造性活动,是法官自身理论水平的综合体现。裁判文书质量的高低主要取决于法官的自身素质,尤其是主审法官。裁判文书不只是法条的简单适用过程,是情、理、法的结合,只有高素质的法官才能写出高水平、高质量的裁判文书,实现情、理、法的完美结合。一份好的裁判文书既不是晦涩的法言法语的堆砌,更不是法条的简单罗列与案情的套用,而是逻辑性强、说理充分,是能让人信服的;同时可以使当事人和社会公众通过裁判文书的适用法律、说理增强对法律的认同感,对法院权威的信服。因此,法官队伍整体素质的提高,可以减少裁判文书公开中出现文书质量差、说理不强、语言过于专业化的现象。各级法院应该提供多种条件让法官提升自己的业务素质,法官自身也应从理论上和实务上加强学习,不断提高自己的办案能力和写作水平。

(三) 建立监督问责机制

建立严格的裁判文书责任追究机制与监督机制,是裁判文书公开保持生命力的关键。各级法院内部首先要对本法院所作的裁判文书负责,自查自改,对存在问题的裁判文书及时纠正。将裁判文书公开纳入法官和法院工作绩效考核的指标。法院内部建立裁判文书公开考评体系,通过本院自查和上级法院督查的方式对裁判文书公开情况进行考核,及时发现问题和解决问题。外部可以定期邀请人大代表、政协委员和人民监督员检查裁判文书公开工作,听取意见和建议并认真加以整改。同时,将裁判文书公开与法官的工作责任感紧密联系起来,应当建立裁判文书的问责机制,对不按时公布裁判文书、裁判文书存在内容错误、未经审查擅自公布或是擅自篡改后公布的裁判文书,造成严重影响的,应追究相关人员的责任。将裁判文书作为考核法官的重要指标,与其待遇和晋升挂钩,从精神上和物质上激励唤起法官的职业责任感和自豪感。

参考文献

1. 张浩书、朱梅芳:《裁判文书网上公开问题研究》,载《金陵法律评论》2007年秋季卷。
2. 符向军:《裁判文书上网是保障司法公正的有益尝试》,载《人民法院报》2009年4月7日,第7版。
3. 梁薇:《裁判文书公开问题研究》,辽宁大学2012年硕士学位论文。
4. 刘雪华:《论裁判文书公开》,西南政法大学2012年硕士学位论文。
5. 韩清华:《裁判文书网上公开机制研究》,广东商学院2013年硕士学位论文。
6. 龙飞:《裁判文书上网的价值取向与路径选择》,载《人民司法》2011年第13期。
7. 苏洪勇:《民事裁判文书公开制度研讨》,西南政法大学2010年硕士学位论文。
8. 李有根:《裁判文书公开与当事人隐私权保护》,载《法学》2010年第5期。

裁判文书公开上网后如何防范暗箱操作之我见

罗书平*

一、裁判文书公开制度实施情况回顾

"推动公开法院生效裁判文书",是党的十八届三中全会通过的《中共中央关于全面深化改革若干重大问题的决定》对人民法院司法改革提出的明确要求,也是对我国宪法和刑事诉讼法、民事诉讼法、行政诉讼法中确立的包括公开裁判文书在内的公开审判制度的进一步重申。

2013年7月,最高人民法院发布了《人民法院第四个五年改革纲要(2014—2018)》,明确提出了"严格按照'以公开为原则,不公开为例外'的要求,实现四级人民法院依法应当公开的生效裁判文书统一在中国裁判文书网公布"。[①] 紧接着,最高人民法院于2013年年底又发布了《关于人民法院在互联网公布裁判文书的规定》,要求全国各级法院自2014年1月1日起全面执行公开生效裁判文书制度,再次强调对生效裁判文书"公开作为常态,不公开作为例外"。

然而,据了解,近一年来,这一制度的执行情况并不理想。

官方数据显示,截至2014年6月30日,上半年全国各级法院在中国裁判文书网上传裁判文书166万余份,其中刑事裁判文书41万余份,约占25%;民事裁判文书107万余份,约占64%;行政裁判文书5.3万余份,约占3%;知识产权裁判文书约占1%;执行裁判文书约占6%。从法院层级分析,最高人民法院上传了5218份,约占1%;高级人民法院约占2%;中级人民法院约占21%;基层法院约占76%。毫无疑问,这些上传的裁判文书数据与全国法院每年受理的逾千万件案件的裁判文书总数(每件案件的裁判文书通常在两份以上)相比,只是少数。

就是在已公开裁判文书的地区,发展也不平衡。浙江省全省三级法院上传裁判文书35万份,约占全国总数的20%。在北京地区,北京市高级人民法院公开比率为26.65%,北京市第一中级人民法院为37.28%,北京市海淀区人民法院为4.18%。

---

* 罗书平,中国民主法制出版社第八编辑部主任。

① 最高人民法院《人民法院第四个五年改革纲要(2014—2018)》(2014年7月19日):"3.继续加强中国裁判文书网网站建设,严格按照'以公开为原则,不公开为例外'的要求,实现四级人民法院依法应当公开的生效裁判文书统一在中国裁判文书网公布。"

过去,人们说"执行难",主要是指民商事案件的当事人由于法律意识淡薄,对生效裁判文书拒不执行甚至设置种种障碍阻挠执行,权利人的合法权益难以得到保护。

现在"执行难"则扩展到地方法院对于最高人民法院依照宪法和法律以及中央深化司法改革的决定作出的有关公开裁判文书的规定执行不力,甚至反其道而行之,把"不公开作为常态,公开作为例外",这就不可思议了。社会公众有理由质疑:人民法院连自身都存在"执行难"问题,何以去教育那些"拒不执行"的当事人?!有什么底气去制裁那些"老赖"?!

当然,之所以出现法院对裁判文书公开制度"执行难"的非正常情况,原因是多方面的,但最根本的原因恐怕还是因为主观上法律意识淡薄和客观上相关法律制度的先天不足。

主观上,不少司法人员存在"把法律视为手电筒——只照当事人不照自己"的心态,将自己置身于学法、守法之外。如个别法官在法庭上三令五申要求诉讼参与人不得随意走动和使用移动通讯工具,而自己却频繁接听手机甚至擅自离开审判庭,导致审判中断。

客观上,正如北京才良律师事务所王才亮主任和国家行政学院竹立家教授所言,"我国的立法和执法有一个致命的弱点,那就是只规定应该怎么做,没规定不做以后有何后果","没有完善相应的监督工作与问责机制"。[①]

实事求是地说,各级法院将生效裁判文书一律公开上网,的确有许多的顾虑和操作层面上的难度,如担心裁判结果不公而受到网民围攻、文书错漏百出而被内行诟病、法官徇私枉法而被当事人举报,等等。因此,最高人民法院刚刚公布《关于人民法院在互联网公布裁判文书的规定》之后,就有不少专家学者担忧法院公开判决"步子迈得太大了"。

但难度再大,顾虑再多,也不能成为"拒不执行"裁判文书公开制度的理由!它是贯彻落实我国宪法确立的公开审判制度的应有之义!因为只有做到了裁判文书的全面公开,才能实现"阳光下的公正"!才能实现"公平正义"的目标!

二、公开的裁判文书无法杜绝"暗箱操作"问题

在专题调研裁判文书公开制度实施情况的过程中,就是否存在以及如何杜绝"暗箱操作"问题,笔者收集到三个具有典型性的案例:

(一)擅自变更原告的诉讼请求

严某与重庆一家房屋开发商签订商品房认购协议书及其补充协议,约定认购

---

① 参见2014年4月《人民法治》杂志。

远洋高尔夫国际社区××栋××－×号房屋,并依约付清了全部购房款及税费、大修基金。但房屋开发商迟迟不交房,并以"逾期签约"为由向严某发函,将其已收到了近1年的购房款退还严某账户。严某认为开发商擅自退款属单方毁约,要求开发商继续履行合同被拒,诉至B区法院。本来,由于对方当事人对合同是否有效和是否应当继续履行存在原则分歧,属于"争议较大"的案件,依法不应适用简易程序。但承办法官执意适用简易程序,并以原告的诉讼请求违反"缔约自由原则"和不符合"起诉条件"为由,判决驳回其诉讼请求。上诉后,二审判决"驳回上诉,维持原判"。

明明是应该赢的官司,居然在两级法院的审判中都败诉了。原告遂请求二审法官判后答疑并要求查阅相关案卷材料,这才发现败诉的根源在于其一审程序中提出的诉讼请求被独任法官擅自变更了。原告的第一项诉讼请求是"确认原被告之间商品房买卖合同关系已经成立,被告擅自退还原告购房款,属单方毁约行为",可一审法官擅自将其变更为模棱两可的"确认一事实",并据此作出一审判决:原告诉请"确认被告退还购房款单方解约属根本性违约,系对事实确认,并非请求法院对某种民事法律关系的存在或存在范围的肯定或否定之诉,该诉请不符合起诉条件,应予以驳回"。

独任法官虽然变更了原告的诉讼请求,但在判决书中对"变更诉讼请求"的情节不作任何表述,以致原告在上诉时因毫不知情而无法提出异议,直至终审判决后才从二审法官的"判后答疑"中知晓,可已经晚了。由于二审法官不可能在上诉程序中发现原告诉讼请求已经"被变更"的真相,只好作出"驳回上诉,维持原判"的终审判决。

(二) 故意隐瞒被告人无罪的关键证据

川东某基层法院审理一起非法转让土地使用权的刑事案件后,判决认定被告人莫某犯非法转让土地使用权罪,判处其有期徒刑两年。判决认定的主要犯罪事实是:莫某在担任村民小组组长期间,多次组织召开社员大会,讨论将该组土地转让给开发商刘某用于修建L镇农贸市场和车站。经社员大会讨论通过后,在未经任何主管部门批准的情况下,将该组的7.65亩土地以每亩18万元的价格转让给刘某,然后将转让土地的款项平均分配给村民。

然而,在二审程序中,辩护律师通过审阅一审案卷材料发现,本案中的大量证据证明,涉案土地的转让实际上已经获得了镇、县两级人民政府及有关部门的批准:一是D县人民政府于2009年9月23日作出的《研究乡镇汽车客运站建设相关问题的会议纪要》;二是D县交通运输局于2011年9月27日向D县人民政府报送的《关于请求协调解决J乡等农村客运站建设用地问题的请示》;三是L镇人民政府于2010年9月6日《研究镇农贸市场建设相关问题的会议纪要》;四是侦查机关 2013 年 3 月 7 日对开发商刘某的《询问笔录》；五是 2011 年 1 月 17 日《D 县 L 镇人民政府关于 L 镇车站选址变更的请示》。上述证据都足以证明,涉案土地的转让不仅事实上获得了 L 镇政府的批准,实际上还获得了 D 县人民政府和 D 县国土资源局的批准。但是,一审法院却置这些对被告人极为有利的证据于不顾,甚至在判决书中只字不提公诉机关随案移送的这些证据材料,就直接作出被告人莫某"未经任何主管部门批准,签订《土地征用协议》"的认定,显然属认定事实错误,完全违背了"以事实为根据,以法律为准绳"的司法原则。2014 年 4 月 17 日,D 市中级人民法院以"二审期间发现了上诉人的辩护人在二审庭审中提交了新的证据"为由,裁定"撤销原判,发回重审"。其实,这些证据材料既不是"二审期间发现"的,更不是二审的辩护人在二审期间提交的"新的证据",而是在一审法院的案卷材料中早已有的,二审法院之所以如此表述,无非是给一审法院"面子",便于其"下台阶"而已。

（三）对案件事实未经查证即判决"经查不实"

刑事法庭上,被告人徐某对公诉人指控其盗窃价值 3 万元的奥拓汽车的事实和证据没有异议,但辩称其具有自首情节。即社区民警对其进行盘查时并不知道徐某实施了盗窃行为,而是在巡查小区时,有小区居民反映徐某在小区住宅内使用的音响噪声太大影响邻居休息,遂到徐某家中做一般性了解和询问。其间,社区民警发现徐某家里的茶几上放着一本崭新的汽车使用说明书,随意问道"这是哪里来的？"徐某顿时心虚,以为盗窃汽车的事被发觉,警察是专门前来调查盗窃案件的,遂如实交代了整个作案过程,并主动将汽车钥匙交给社区民警,告诉汽车就停在小区停车场内。为此,此案告破。

按说这个情节足以证明徐某是因形迹可疑被盘查时主动向公安人员供述其犯罪事实的,依照法律和相关司法解释的规定应当认定为自首。然而,徐某在法庭上提供的这个情节,未引起法官的重视,也未进行调查核实,于是就在对徐某定罪判刑的判决书中写道："徐某提出其具有自首情节的辩解,经查不实,不予采纳。"

三、将诉辩主张纳入裁判文书公开范围的构想

应当肯定,推行裁判文书公开制度是司法改革的重大举措,它为实现"让人民群众在每一个司法案件中都能感受到公平正义"的目标提供了极为重要的平台。但人民法院裁判文书公开,是否就做到了"司法公开"？是否就意味着其他司法机关的法律文书无须公开？对公开的裁判文书的内涵与外延应当如何界定？是否仅仅包括各级人民法院制作的判决书、裁定书、调解书？是否应将诉讼参与人

的诉辩主张、案件的证据材料纳入其中？有必要进行理性的思考。

事实上，在绝大多数的诉讼案件中，在控辩双方当事人及其代理人提交的诉讼文书中都有不少涉及事实和证据的细节和有关法律适用方面的观点，而在人民法院的裁判文书中必然对这些细节和观点进行"高度浓缩"甚至被"忽略不计"，势必就会出现这样的情况：法官在裁判文书中要么滔滔不绝、振振有词甚至下笔千言、离题万里，要么随意取舍、丢三落四甚至暗箱操作、徇私舞弊。因此，这样的裁判文书与起诉状、答辩状、代理词以及关键的证据材料一经对照、仔细推敲，就会发现裁判文书中据以定案的事实和证据存在不少问题，如对诉讼请求的概括（"原告诉称"与"被告辩称"）与当事人的实际诉求大相径庭，其中舍本逐末、严重遗漏甚至断章取义的问题十分突出，"本院认为"的内容不讲道理、千篇一律，套话、空话连篇，裁判文书的观点也未必能站得住脚。而这些问题的出现仅仅靠公开裁判文书的形式是不可能解决的。前述三个案例就足以说明这个问题是客观存在的，而且也是很普遍的。

最高人民法院《关于人民法院在互联网公布裁判文书的规定》公布后，官方和社会公众都给予了充分肯定。如最高人民法院司改办主任贺小荣高度评价裁判文书公开上网"可以大大规范和限制法官的自由裁量权。一个案子怎么判决，当事人的诉请是什么、证据是什么、法官如何来认定，都应当呈现出来。裁量权公开了，就可以接受全社会的监督"。①

然而，我们对裁判文书公开制度的赞赏是应当附有前提条件的，即法官在裁判文书中对"当事人的诉求、证据"以及法官"如何认定"的内容和过程，"都应当呈现出来"。换言之，如果主审和制作裁判文书的法官一开始就"先入为主"，压根就只想"帮"一方当事人的"忙"，那么，就完全可能像前述案例中的独任法官那样，从归纳当事人双方的诉讼请求、取舍控辩双方的证据材料到主持庭审、作出判决的全过程，都"做了手脚"，从而为其最后"依法判决"并防止二审和再审改判打下了基础、埋下伏笔。显然，这样的裁判文书公开也好，不公开也罢，都是没有任何意义的。

解决这个问题的途径可以说是考虑在公开裁判文书的时候，应当将当事人的诉辩主张以及提交的证据材料一并公开，从而防止法官为枉法裁判而随意取舍、断章取义、隐瞒真相等"暗箱操作"问题的发生。至于公开的形式可以采取"附件"或"链接"的方式。既可以避免裁判文书的冗长，又对承办法官在行使审判权的时候有一种心理上的制约。

对此，美国的做法值得借鉴。根据美国《电子政务法》第 205 条的规定，所有联邦法院必须建立独立的网站，公开以下基础信息：①法院的联系方式和地址；

---

① 《人民日报》2013 年 11 月 29 日。

②法院诉讼规则和条例;③法院的内部规定;④所有案件的流程信息;⑤与案件有关的全部实质性书面意见(包括判决书、律师诉状、第三方提交的法律意见);⑥法院必须提供多种电子下载格式。①

他山之石,值得借鉴。笔者建议,如果我国目前来不及制定类似"电子政务法"之类的法律的话,那么,完全可以通过修订刑事诉讼法、民事诉讼法、行政诉讼法的形式,对其中有关裁判文书内容的条款进行修改完善。如在《民事诉讼法》有关公众可以查阅裁判文书的条文之后增加一款作为第 2 款:"人民法院对前款规定的判决书、裁定书应当上网公布。对有关控辩双方的实质性的诉讼文书,也应当一并公布。"至于对这些诉讼文书发布的具体形式,则可由最高人民法院通过制定司法解释等司法规范性文件的方式加以解决。

---

① 参见最高人民法院司改办编译:《裁判文书公开的域外经验》,载《人民法院报》2013 年 11 月 22 日。

检察机关终结性法律文书公开制度研析

刘东平　曲海舰[*]

检察机关终结性法律文书由向特定对象的公开发展到如今的向社会公开，是新一轮司法体制改革的重要内容，是检察机关不断加强和规范自身执法行为的重要体现。检察机关作为专门的法律监督机关，其机构性质和地位的特殊性决定了检察机关信息公开的独特性，也决定了检察机关终结性法律文书公开具有不同于其他部门文书公开的特殊性。因此，有必要对检察机关为何要向社会公开终结性法律文书、终结性法律文书向社会公开的运行现状以及终结性法律文书向社会公开的发展和完善进行探讨。

一、检察机关终结性法律文书公开制度的法理依据

终结性法律文书的定义和范围，目前尚无权威界定。笔者认为，检察机关终结性法律文书是检察机关依法对特定犯罪嫌疑人终结诉讼程序的一类文书，一般应具有否定性，包括撤案决定书、不起诉决定书、无罪不批捕决定书、不支持监督申请刑事复查决定书、不提出没收违法所得申请决定书、不提出强制医疗申请决定书、民事行政不支持监督申请决定书等文书。终结性法律文书向社会公开顺应了公民知情权的要求，其所具有的司法裁判属性决定了其向社会公开的可能性。

（一）文书公开是践行群众路线的有效途径

《宪法》第2条第1、2款规定："中华人民共和国的一切权力属于人民。人民行使国家权力的机关是全国人民代表大会和各级人民代表大会。"第129条规定："中华人民共和国人民检察院是国家的法律监督机关。"第133条规定："最高人民检察院对全国人民代表大会和全国人民代表大会常务委员会负责。地方各级人民检察院对产生它的国家权力机关和上级人民检察院负责。"人民代表大会制度是我国的根本政治制度，检察机关作为国家机关的一部分，由人民代表大会产生并对其负责。检察机关应当受到人民的监督，公众对检察权的运行具有知情

---

[*] 刘东平，山东省菏泽市人民检察院副检察长。曲海舰，山东省菏泽市人民检察院研究室副主任。

权。随着新兴传播媒介的快速发展,信息传播格局、社会舆论生态、公众参与方式发生重大变化,对检务公开提出了新的更高要求。检察机关将终结性法律文书全面地向社会展示,可以有效扩大人民群众对检察工作的知情范围,拓宽人民群众参与和监督检察工作的渠道。

(二)终结性法律文书公开由其裁判属性决定

终结性法律文书是检察机关在审查批捕、审查起诉、办理申诉后形成的,文书制作的过程需要进行司法审查,所作的具有终局效力的终结性法律文书与人民法院通过相关形式所作的裁判文书相同,都具有司法裁判属性。[①] 终结性法律文书向社会公开,将检察办案结果纳入公众的约束之下,实际上是给当事人、诉讼参与人、公众一个合法的论证,证明自己的判断和决定是依法并公正作出的。[②] 检察机关终结性法律文书向社会公开能够提高检察机关办案的透明度,既增强了检察活动的民主性,又有利于民众的监督,能够有效促进终结性法律文书制作的规范化。

(三)文书公开是促进司法公正的重要保障

终结性法律文书是检察机关所作的具有终局性的法律文书,往往不涉及对检察机关办案过程的信息泄露,理应在检务公开的过程中实现最大限度公开。习近平总书记在中央政法工作会议上强调,阳光是最好的防腐剂。探究近年来出现的司法腐败个案诱因,既有个别司法人员党性不强、宗旨意识淡薄,又有司法过程不公开、不透明,导致"暗箱操作"、监督不力。通过法律文书公开,将检察权行使的过程和方式公开化,形成有效的倒逼机制,促使检察机关及时发现和更正在自身执法中可能出现的问题,有助于提高司法公正水平。

二、检察机关终结性法律文书公开制度的运行现状

2013年12月,最高人民检察院印发《2014—2018年基层人民检察院建设规划》,首次以文件的形式对检察机关终结性法律文书向社会公开作出了规定,要求除法律规定需要保密的以外,检察机关终结性法律文书一律向社会公开。2014年6月,最高人民检察院印发《关于深化检察改革的意见(2013—2017年工作规划)》,再次明确建立终结性法律文书公开制度,要求2014年全面推开,完成此项改革任务。笔者于2014年10月8日访问了人民检察院案件信息公开网,经统计,网上已公开检察机关终结性法律文书383份,其中不起诉决定书344份,不支持申请刑事申诉申请复查决定书39份。公开主体包括北京、广东、山东、四川、浙

---

① 参见高一飞、吴鹏:《论检察机关终结性法律文书向社会公开》,载《中国刑事法杂志》2014年第3期。
② 参见葛洪义:《司法权的中国问题》,载《法律科学》2008年第1期。

江、江苏、湖南、福建等多省、直辖市的基层检察院。公开文书中涉及人物姓名、出生日期、身份证号码、住址、案发地址、抓捕地址等细节部分，均以"某某""×"代替或直接遮黑，没有公开。终结性法律文书公开制度渐渐覆盖到各级检察院，取得了一定经验，同时也存在一些问题。

（一）法律基础薄弱

目前文书公开的具体操作仍然是根据司法机关内部细则要求。《宪法》《刑事诉讼法》《行政诉讼法》等法律中均没有提及文书公开问题。2012 年 8 月修订的《民事诉讼法》新增加第 156 条明确规定："公众可以查阅发生法律效力的判决书、裁定书，但涉及国家秘密、商业秘密和个人隐私的内容除外。"但也只是简单地规定可以查询生效的裁判文书，对文书公开的具体操作也没有作出系统明确的规定。[①] 相比，司法政策和内部规定位阶不够，公众往往难以了解和主张查阅法律文书的权利。

（二）释法说理不足

部分文书对案件事实、证据采信、当事人的诉讼请求、法律适用等表述过于简化，使文书无法全面地反映案件事实和审查情况。笔者从人民检察院案件信息公开网随机抽取部分文书发现，多数文书在证据采信方面针对性不足，什么事实有什么证据证明，阐述不详细、不具体，一般是在所认定的事实之后，笼统地表述为："上述事实，有证人证言、被告人供述、被害人陈述……等相关证据予以证实。"如隆检公诉刑不诉(2014)93 号对聂某某涉嫌故意伤害罪相对不起诉、武检刑诉刑不诉(2014)11 号对王某涉嫌交通肇事罪相对不起诉、新检控申刑申复决(2014)4 号对张某涉嫌盗窃一案维持不批捕决定等文书没有列明认定案件事实的证据。龙新检公刑不诉(2014)1028 号不起诉决定书对李某某涉嫌销售假冒注册商标的商品罪存疑不起诉的理由是"主观上明知的证据不足，不符合起诉条件"，至于案件有哪些证据、为何主观证据不足没有说明。穗检公一刑不诉(2014)11 号对黄某某涉嫌运输毒品罪存疑不起诉，至于为何侦查机关认定案件事实不清、为何证据不足没有说明。秦检复决(2014)1 号对申诉人靳某某请求不予支持，认为原判认定事实清楚，适用法律正确，证据之间可以相互印证，至于原案认定事实有哪些证据未予说明。

（三）缺少回应机制

回应才有互动，互动才有互信。网络时代，信息传播由"我说你听"模式转向

[①] 参见刘雪华：《论裁判文书公开》，西南政法大学 2012 年硕士学位论文，第 18 页。

"双向互动"模式,"一个声音喊到底"已经不再可能。笔者在人民检察院案件信息公开网并未看到有网民提问、疑问解答等类似互动栏目,检察机关内部对如何处理网络公众意见也没有规定。法律文书公开将审查案件的理由和结果置于公众的监督下,固然有利于实现民主的价值,但在法律文书说理普遍不足的情况下,若只考虑公布文书而不进行回应,将使文书公开效果大打折扣。

(四)缺乏评价机制

文书一旦公开,尤其是网上公开面对的是不特定的公众,司法人员应更加认真地对待法律文书的制作。① 目前司法机关内部规范性文件没有对文书公开设定评价激励制度,司法人员对文书公开缺乏积极性。另外,文书公开制度必须要有责任追究机制,才能够保证这一制度的有效运转。笔者发现人民检察院案件信息公开网上有多家检察机关的法律文书都无法打开链接,对文书不公开、公开不及时、公开不到位、文书出错等问题尚未建立问责机制,当事人和公众无法对负责公开法律文书的检察院进行监督,当查询法律文书遇到困难时更无法及时解决。

三、检察机关终结性法律文书公开制度的完善建议

(一)公开的途径应丰富多元

检察终结性法律文书应通过多种渠道向社会公开,方便当事人和公众采取不同方式查阅和监督。在公开的途径选择上可以采取网上和网下两种方式并行,一方面利用设置于公共场所的检务公开栏、电子显示屏、触摸屏等实体平台,向公众滚动播放近期公开的法律文书;另一方面依托检察门户网站、微博、微信等基于互联网技术的新媒体,将可公开的文书全部上网公布,并建立统一、开放的检索数据库,方便公众随时检索。②

(二)增加案件信息索引系统

终结性法律文书数量庞大,不加分类地公布这些文书,无疑让公众面临"信息过剩"的窘境。人民检察院案件信息公开网只有按照起诉书、抗诉书、不起诉书、刑事复查决定书和其他法律文书五类粗略分类和按地区分类两种分法,这两种方式都不大可能让公众有查阅文书的欲望。检察机关作为信息发布者,有责任对司法信息进行分类处理,使信息具有更强的易得性。③ 检察机关应当在文书公开时

---

① 参见张正飞:《论我国裁判文书公开》,安徽大学 2014 年硕士学位论文,第 16 页。
② 参见蔡国媛、唐俊:《检察终结性法律文书公开应注意的问题》,载《江苏法制报》2014 年 5 月 26 日,第 6 版。
③ 参见韦慰:《我国裁判文书公开问题研究》,吉林大学 2014 年硕士学位论文,第 28 页。

建立法条、案由、关键词索引。公众要了解某一类型的案件如何处理,可以通过搜索涉及同一法条或同一案由案件的法律文书来进行了解。①

(三) 释法说理工作要透彻

检察机关要重视终结性法律文书的释法说理,说理的内容必须紧紧围绕案件的证据来展开,包括对证据合法性、客观性、关联性的分析判断,强调证据基本品质的适格性,使人能充分了解案件事实和相关证据,以及作出结论的理由。重点要围绕证据矛盾和冲突的解决,准确衡量各种证据的证明力以及证据之间的关联性。② 对因受形式内容限制不能将法理、情理、事理说清说透的法律文书,公开时应另附文跟进说明。如张检诉刑不诉(2014)67号不起诉决定书附了《刑法》第133条交通肇事罪、第37条免予刑事处罚及《刑事诉讼法》第173条相对不起诉条文规定,方便公众理解。要考虑到不同群体的接受能力,积极延伸释法说理工作链条,利用检察开放日、下访巡访、派驻基层检察室等工作平台,面对面为群众答疑解惑,引导群众作出正确的价值判断。

(四) 加强舆情处置与互动

公开后的法律文书将接受社会公众的全方位评议,即使其中一个小小的错漏,都可能会因网络炒作而被无限放大。面对终结性法律文书公开后随时可能"发酵"的涉检舆情,检察机关要提前制定应对与处置预案,及时收集处理并答复当事人或者社会公众的质疑或异议。③ 必要时,可以通过召开新闻发布会、情况介绍会等形式,公开回应公众关切的问题。各级人民检察院应该在网上公开法律文书的同时设置互动专栏,解答网民对法律文书的一些疑问,才能更好地发挥文书公开的社会效益。

(五) 建立评价问责机制

要建立评价机制,将终结性法律文书公开的力度、公开的及时性、公开的范围、公开的质量纳入工作考核的指标。要建立问责机制,对于终结性法律文书公开工作不力的办案人员和单位,可以予以相应的处分。要加强终结性法律文书公开工作的督察力度,对违反规定导致不良后果的,视情节轻重追究相关人员责任,切实增强检察人员做好终结性法律文书公开工作的责任感和自觉性。

---

① 参见薛剑祥、王秀叶:《司法公开的系统构建》,载《人民法院报》2011年12月16日,第7版。
② 参见方工、冯英菊:《释法说理:检察法律文书的改进与规范》,载《人民检察》2007年第12期。
③ 参见蔡国媛、唐俊:《检察终结性法律文书公开应注意的问题》,载《江苏法制报》2014年5月26日,第6版。

浅谈新形势下的检察法律文书公开制度

——兼谈《人民检察院案件信息公开工作规定(试行)》的实施

郭赋轩　艾　阳[*]

一、检察院法律文书公开的历史沿革和现实背景

人民检察院的法律文书,简称为检察文书,是各级人民检察院为实现法律监督职能而依法制作的具有法律效力和法律意义的法律文书。[①] 检察文书并非简单地表现为一纸文字,其不仅集中体现了检察活动的过程和结果,而且包含了深刻的检察文化和司法公正的价值。检察文书公开的基本理念在于任何一种公权力都应当在阳光下运行,崇尚公正的检察权的运行直接关系到社会的公平正义和公民的切身利益,更应该接受公民的监督,以公开促进公平正义的实现。

与裁判文书的公开相比,检察文书的公开虽稍显缓慢,但也一直在不断的推进和完善中。自 1998 年 10 月最高人民检察院出台《关于在全国检察机关实行"检务公开"的决定(十条)》以来,检察机关的各项工作机制和职能开始逐步揭开神秘的面纱,进入公众的视野。其后,通过最高人民检察院 1999 年 1 月颁布的《关于"检务公开"具体实施办法》、2006 年 6 月颁布的《〈关于进一步深化人民检察院"检务公开"的意见〉的通知》等一系列的规定,不断地丰富和完善"检务公开"的内容和方式。

2013 年 10 月,最高人民检察院制定了《深化检务公开制度改革试点工作方案》,在北京、黑龙江、上海、河南、四川、甘肃 6 个省、直辖市的检察院部署开展为期 1 年的深化检务公开改革试点工作,取得了明显成效。2013 年 11 月 12 日中国共产党第十八届中央委员会第三次全体会议通过的中共中央《关于全面深化改革若干重大问题的决定》明确要求:"推进审判公开、检务公开,录制并保留全程庭审资料。增强法律文书说理性,推动公开法院生效裁判文书。"2013 年 12 月,最高人民检察院公布了《2014—2018 年基层人民检察院建设规划》,要求细化执法

---

[*] 郭赋轩,北京市房山区人民检察院公诉部。艾阳,北京市房山区人民检察院公诉部。
[①] 参见宁致远:《法律文书教程》,中央广播电视大学出版社 2001 年版。

办案公开的内容、对象、时机、方式和要求,健全主动公开和依申请公开制度。除法律规定需要保密的以外,执法依据、执法程序、办案过程和检察机关终结性法律文书一律向社会公开。

2014年是深化司法改革的关键一年,最高人民检察院在工作报告中提出:"推进法律文书公开,建立不逮捕、不起诉、不予提起抗诉等终结性文书公开制度。"检察文书公开成为新形势下检察院工作的一个重要课题。2014年10月1日,人民检察院案件信息公开网正式上线,2014年8月29日,最高人民检察院发布《人民检察院案件信息公开工作规定(试行)》,这一规定的出台,不仅是顺应新一轮司法体制改革要求,深化"检务公开"工作的重要举措,而且为检察文书的公开提供了可操作性的依据,标志着检察文书公开进入实质性阶段。

第一,明确了法律文书公开的责任人。责任主体的明确是开展检察文书公开工作的前提,《人民检察院案件信息公开工作规定(试行)》规定了案件的承办人为检察文书公开的责任主体,案件的承办人需要对公开的法律文书做出保密审查和技术处理后报部门负责人审核。① 案件的承办人作为检察文书公开工作的责任人,使得文书公开工作理所应当地成为办案活动中的一个不可缺少的环节,同时也能够提高文书公开工作的效率,节约司法成本。

第二,确保了检察文书公开的及时性。《人民检察院案件信息公开工作规定(试行)》中明确规定了检察文书公开的时间为收到人民法院生效判决、裁判后10日以内。及时高效地公开检察文书,可以有效排除公众的疑虑和猜测,赢得民众对检察业务的理解和认同,避免一些谣言的产生,从而提高检察机关的公信力。

第三,规范了检察文书公开的尺度。尽管检察文书公开具有重大意义,但是公开并不是毫无限制地幅度越大越好,在利益多元化的今天,诉讼中还存在着其他一些价值需要维护,在特殊情形下,完全公开反而不利于司法公正高效的实现。② 《人民检察院案件信息公开工作规定(试行)》中明确罗列了发布的法律文书中应当屏蔽的内容。③ 此外,还规定了不得发布检察系统内部工作性文书。相对有限度的公开原则有效防止了公开"绝对化",平衡了司法公开与国家秘密、公众利益、个人权利之间的关系。

---

① 《人民检察院案件信息公开工作规定(试行)》第21条第1款规定:"案件承办人应当在案件办结后或者在收到人民法院生效判决、裁定后十日以内,依照本规定,对需要公开的法律文书做出保密审查和技术处理,报部门负责人审核,分管副检察长或者检察长批准后,提交案件管理部门复核、发布。"
② 参见李健:《检务公开的理论思考与实践探索》,载《中国检察官》2012年第12期。
③ 《人民检察院案件信息公开工作规定(试行)》第20条规定:"人民检察院在案件信息公开系统上发布法律文书,应当屏蔽下列内容:(一)自然人的家庭住址、通讯方式、身份证号码、银行账号、健康状况等个人信息;(二)未成年人的相关信息;(三)法人以及其他组织的银行账号;(四)涉及国家秘密、商业秘密、个人隐私的信息;(五)根据文书表述的内容可以直接推理或者符合逻辑地推理出属于需要屏蔽的信息;(六)其他不宜公开的内容。"

二、检察文书公开的重要意义

1. 检察文书公开有助于司法公开工作踏上一个新的台阶

在我国当前的司法体制中,检察机关与审判机关同被列为司法机关,同时检察机关还拥有不同于审判机关的侦查权、批捕权、控诉权以及监督法律实施的权力,从而使得我国检察机关在司法运行中获得了巨大的权力和能动性。因此,在司法公开中,检务公开的改革有着举足轻重的地位。

一方面,检察文书公开是司法公开的题中之义。司法改革已经进入深水区,裁判文书已经先一步公开,检察法律文书公开是必然之举。检察文书公开不仅是新一轮司法体制改革的重要内容,也是进一步深化检务公开、促进检察机关严格规范执法的重要举措。

另一方面,检察文书的公开推动司法公开向纵深发展。虽然检察文书并不像裁判性文书一样具有终局性意义,但不可否认的是,检察文书的程序价值是法的程序价值的有机组成部分,检察文书的公开是实现程序正义的重要体现。正如西方法谚所云:正义必须得到实现,而且必须要以人们看得见的方式得到实现。因此,检察文书的公开承载着司法公开中的程序公开的价值,进一步推动了司法公开的进程。

2. 检察文书公开有助于检察机关的公信力的提升

随着法治理念的逐步深入,社会民众开始充分重视对自身权利的保护,对检察机关执法办案活动也有了新的要求和新的期待,不仅要求检察机关执法办案结果公正,还期待执法办案过程公开透明;不仅要求对检察机关执法办案活动有知情权,还期待对检察机关执法办案活动有参与权和监督权。

在法律越来越完善的今天,检察机关的每一步程序都有相关的法律法规依据,而检察程序的运行结果,都应当以检察文书的方式体现出来,并形成相应的法律效力。检察文书作为检察活动的忠实记录和有效工具,承载着一定的检察文化。法律文书公开是公众了解检察工作和检察职能的良好途径,有利于增进公众对检察工作和职能的了解和理解,破除长期以来我国存在的司法神秘主义,提高检察官在公众心目中的威信和地位,从而提升检察机关的公信力。

3. 检察文书公开有助于检察人员业务素质的提高

检察文书看似简单,但是要制作一份高质量的检察文书却不是一件容易的事,尤其是检察人员在案件数量多的办案压力下,不仅要求检察人员具有高度的责任意识和娴熟的法律知识,而且还要有较强的综合分析能力、逻辑思维能力和语言表达能力。

检察文书公开的原则是"谁办案谁审核、谁把关谁负责",检察文书公开后对案件的承办人会提出更高的要求，这种要求对于承办人来说，既是压力，也是动力。事实的认定、证据的采信、法律的适用都将暴露在"玻璃窗"的透明状态之下，能够形成有效的倒逼机制，促使办案人员把精力放在改进办案质量和法律文书的释法说理上，通过提高办案能力来提升整个检察机关的工作成效。

总之，将检察文书向社会公开，使检察机关的执法办案活动置于全社会的监督之下，不仅确保了执法活动更加透明、办案结果更容易被接受，还能够产生倒逼机制，促使检察官严格依法办案，自觉提高执法的能力和水平。

三、新时期检察机关应对检察文书公开的瓶颈和突破方法

1. 转变理念，变被动公开为主动公开

目前，各级检察院都在积极进行一些落实检察文书公开制度的配套改革，但发展很不平衡，很多检察机关对于检察文书的公开依然比较保守，存在犹抱琵琶半遮面的现象。造成这一现象的原因，一方面，来自于传统司法理念的思维惯性，认为检察工作具有一定的保密性，无论是审查批捕刑事犯罪嫌疑人，还是对腐败犯罪的侦查，都事关办案秘密不宜向社会公开。另一方面，在目前的情况下，检察文书在制作中还存在很多问题，而这些问题一旦公开，必然会影响到检察机关的公信力。检察人员在思想上不愿意更不会主动将自己的办案活动公之于众，受到民众的监督。

检察人员思想上的被动和对检察文书公开的抵触情绪无疑成为检察文书公开的障碍。实际上，检察工作的特殊性与检察文书公开两者并不矛盾。检察文书公开，不仅会使民众增强对检察人员的信心，树立人民检察官公平正义的形象，同时也可以公开挤压司法权力寻租的空间，无论是对检察人员自身的发展还是对检察队伍的职业化建设都至关重要。

因此，检察机关要通过多渠道、多形式的学习教育活动，进一步引导检察人员树立规范的执法理念，主动接受群众监督，消除开展文书公开工作会增加工作负担、会有损检察权威等种种顾虑。检察人员一定要自觉更新司法理念，强化自己的责任意识，积极面对检察文书公开工作，通过检察文书公开提高自己的办案能力，使经手的案件经得起法律、社会民众和时间的监督和考验。

2. 提高质量，增强法律文书的说理性

在检察院具体工作中涉及的法律文书，其中90%以上为填充式文书，承办人只需援引法条，填写当事人概况即可。填充式文书自然是可以统一规范文书的格式，减轻承办人的工作量，但是却过于简单，不能够体现每个案件的特殊性，会在文书中出现不同案件结果相同，或者同种案件结果不同的表面现象，给案件的当事人造成巨大的困扰，不利于释法说理。同时，检察人员保密性强的职业特点，使

得在制作检察文书时时刻警醒自己言多必失,语言多言简意赅。法律文书中的事实部分往往以当事人供述的基础得出结论;对证据的采信原因和依据也没有相应的说明,一般只表述为"上述事实有证人证言、物证、书证等证据证实等";案件定性和法律适用部分尽可能简明扼要,缺乏充分的理由。

但是随着我国民众法治观念和维权意识的增强,对涉及其自身利益的问题要知其然,更要知其所以然,检察文书中过于简单的表述并不能达到案结息诉的目的,这也是引起涉检上访的重要源头。因此,如果没有高质量的检察文书作为支撑,检察文书公开制度也只能是形式上完成任务,达不到实质上的效果。为了顺应今后检察文书的公开工作,文书的制作应当做到如下几点改变:

第一,改变检察文书千案一面、千篇一律的制作方法,加强对证据采信过程的分析、判断与论证,根据不同的案件类型有针对性地给予不同的说理。

第二,改变以往叙事、定性量刑时语言笼统、不深刻、不透彻的弊病,融会贯通事理、情理、法理,增强文书的说理性,真正做到以理服人,提高民众的接受度和相关单位的采纳率。

第三,改变以往适用法律时简单引用法律条文的习惯性做法,加强对法律条文和司法解释的精解和分析,在充分体现释法说理的同时起到宣传法律的作用。

3. 完善法律文书公开的配套制度

检察文书公开不是目的,而是手段,其目的在于进一步保障人民群众对检察工作的知情权、参与权和监督权,深化检务公开工作,增强检察机关执法办案的透明度,规范检察人员的办案行为,促进公正执法。因此,仅仅局限于检察文书公开工作是远远不够的,要从宏观到具体、从部署到考核,构建一套完整的检察文书公开制度。

一方面要完善救济措施,保障公开。完善因检察文书公开而可能引起舆论的答复和听证制度,做好文书公开后的风险研判,通过建立舆情动态跟踪和突发情况处置机制,确保检察文书公开的法律效果和社会效果相统一。

另一方面要建立监督机制,落实公开。完善相关的法律文书质量的评定标准,对法律文书的合法化、规范化、准确化等进行评定。并且建立和完善检察书激励制度,将检察文书公开与绩效考核结合起来,推动检察文书公开工作的落实。

四、结语

检察文书公开是今后司法公开工作的重点和亮点,《人民检察院案件信息公开工作规定(试行)》的出台也标志着检察文书公开工作进入实质性阶段。同时,我们也应该看到，检察文书公开工作依然任重道远，也并非靠办案部门的一己之力可以完成，必须整合案管部门、控审部门和技术部门等多部门的力量，加强多部门的协作和配合，在日常的检察工作中不断摸索和总结。只有这样，才能真正将检察文书公开工作落到实处，进而逐步促进司法公开制度的日臻完善。

论预防职务犯罪检察建议的规范与公开

马济林　徐化成[*]

检察建议是检察机关强化法律监督职能的有效载体、服务经济社会发展的有力抓手、参与社会管理创新的重要形式。当前,预防职务犯罪检察建议法律文书仍然存在制作不规范、文书质量不高、发案单位重视不够、回复率较低等问题。结合检察机关司法文书公开工作改革,将职务犯罪检察建议纳入法律文书的公开范围,进一步提升检察建议的制作质量,完善检察建议的运行机制,对于预防职务犯罪、化解社会矛盾、维护社会稳定具有重要的理论和现实意义。

一、强化主动意识,注重检察建议质量

检察机关通过检察建议书的形式,向发案单位正式指出其在管理规章、财务制度、监督制约措施等方面存在的突出问题,进而帮助其树立正确的法治观念,制定合理的整改措施,从而减少和杜绝违法犯罪行为的发生,对于促进预防职务犯罪工作深入开展无疑会起到积极的促进作用,因此,必须大力提升制作检察建议的文书质量。

1. 要主动调查研究

检察建议旨在解决发案单位乃至整个行业存在的问题,办案人员理当秉承高度负责的态度和实事求是的精神,深入开展调查研究,查找发案单位存在的问题,找准问题的性质,做到有的放矢。要在通过办案掌握第一手资料的基础上增加调查研究的主动性,有意识地拓展范围,依据法律法规开展调查研究;通过与发案单位的领导、中层干部、一般职工以及相关部门的负责同志座谈走访,深入剖析问题原因,虚心向相关专家咨询特定行业的专门问题。通过各种行之有效的途径和方式,全面掌握情况、探究原因,使检察建议的内容契合法律原则的精神和内涵。

2. 要找准问题的"症结"

在全面掌握情况的基础上,认真加以分析辨别,抓住问题的主要矛盾和次要

---

[*] 马济林,湖北省随州市人民检察院检察委员会专职委员。徐化成,湖北省随州市人民检察院研究室原主任,现任行政检察处长。

矛盾,找准问题的症结,做到"有的放矢",突出检察建议的针对性,明确击中要害,防止"眉毛胡子一把抓",含糊其辞、不分主次、不明缓急。要针对有关部门和单位在机制、管理上存在职务犯罪隐患的薄弱环节,提出防范措施和整改意见,做到"有的放矢"。如针对属于国家工作人员法制观念淡薄的问题,要建议加强法律教育,增强法治观念;属于单位财务制度不健全、管理不严格、措施不落实、监督制约机制不到位的问题,则要针对不同问题的不同性质提出相应的检察建议。

3. 要注重检察建议的时效性

努力消除"检察建议是检察机关的附带工作""做不做好检察建议工作无所谓"的错误观念,切实改变基层办案单位普遍存在的应付考评的消极态度和拖拉、敷衍的工作作风,明确规定办理案件和提出检察建议要同步进行,以达事半功倍之效。对初查结果显示该单位尚未发案,但确实在制度上存在漏洞或管理上存在隐患的,规定在初查结案时,及时针对漏洞和隐患提出检察建议,帮助发案单位建章立制,堵塞漏洞,起到积极的预防作用;对出现职务犯罪的发案单位,要求在查获犯罪嫌疑人罪证的同时,注意发现发案单位在制度管理上存在的漏洞和监督机制上存在的缺陷,待案件侦结后,则应腾出较大精力,积极研究预防对策,及时发出检察建议,达到"办理一案,教育一片,治理一方"之目的;对党委、政府和人民群众普遍关心的重点问题、事关广大职工切身利益的热点问题以及专项预防、系统预防中存在的重大缺陷或普遍问题,由预防部门及时深入调查研究,及时制作预防检察建议,督促落实整改,将问题和矛盾遏制在萌芽状态。

二、健全运行机制,达成检察建议实效

检察建议是检察机关履行法律监督职能的重要载体,高质量的检察建议能够引起被建议单位的高度重视,并通过及时整改,能够起到消除犯罪隐患、预防犯罪的积极作用,需要采取一系列切实可行的措施积极推进。

1. 要积极提升检察建议的地位

当前由于部分检察建议行文不规范,内容空洞、泛泛而谈,缺乏说理,分析不透彻,导致被建议单位束之高阁;有的甚至将检察建议作为一种查处结论,只是搞形式、走过场,严重削弱了检察建议的法律地位,影响检察建议的职能发挥。因而,应当积极采取有效措施强化检察建议的法律地位,真正将检察建议与办案单位的目标量化考核内容、与干警个人业绩评定考核挂钩,实行量化管理,对社会影响大、效益明显的建议大力推介,并实行重奖;需要将检察建议的制作质量作为检验、考核干警办案能力、业务水平的重要标尺,将其纳入干警工作成绩考评的重要内容。

2. 要高度重视检察建议的管理

要改变当前存在的检察建议书制作的松散型、随意性问题,促进制作检察建

议程序化、规范化。一是加强流程规范化管理。实行登记制度，严格审签程序，防止滥发、错发等现象的发生。由办公室进行专门登记，详细、系统地记载检察建议的制发时间、整改的时限和落实整改效果，负责文书的归档和管理。加强对发放的检察建议的备案统计工作，定期进行数量统计和质量分析，调查分析结果应及时向院领导和检察委员会汇报。积极维护检察机关的权威，体现非诉讼法律文书的严肃性。二是建立检察建议立项制度。由办案组指定专人撰写，然后由科长审稿，再由分管检察长审核签发。预防部门负责收集整理检察建议、被建议单位的基本情况、回访及建议落实情况、联系方式等材料，详细记载检察建议的时间、内容，以及要求整改的时限和整改效果，统一归档、备案，对发出的检察建议做到有据可查。三是检察建议送达制度。检察建议拟好后，指定专人送达，及时听取发案单位的意见，交换看法，尽可能达成一致认识。

3. 要完善跟踪落实制度，务求取得实效

要建立定期反馈制度，明确被建议单位应当在一定期限内及时向发出建议的检察机关作出信息反馈。被建议单位如认为检察建议不恰当而提出异议，发出检察建议的制作部门应对有关问题重新核实。实行定期回访制度，采取不定期考察与抽样检查相结合的方式，及时了解检察建议的质量、被建议单位的领导对检察建议是否重视、是否加以研究并整改、整改的效果如何、被建议单位建立反腐的长效机制情况、还需继续改进的问题，等等，以便随时调整预防措施。对检察建议不重视、敷衍塞责的，会同其主管部门共同对被建议单位进行回访，共同做好预防职务犯罪工作。对于通过检察建议取得明显成效且具有普遍性的单位，积极向行业系统推广。通过加强对被建议单位的适时回访，确保检察建议不停留在纸面上、口头上，使之取得实实在在的成效。

三、推行检察建议公开，提升检察建议的社会效果

应当说，检察建议作为检察机关行使法律监督职能的重要载体之一，系检察机关实现办案的法律效果和社会效果的完美对接。但执法办案实践中往往会出现检察建议不被接受、束之高阁甚至检察机关束手无策的虚无化的尴尬境地。为避免检察建议被虚化，应当做到：

1. 强化宣传，增加检察建议的权威性

要让社会公众就"检察建议"是落实检察机关法律监督职责的重要方式达成共识，通过社会力量来推动检察建议的价值实现。当前，检察机关推行法律文书公开仅仅是诉讼类法律文书的公开，对于非诉讼类法律文书的公开还需要经过论证、认同和接受过程，特别是职务犯罪预防检察建议，将被建议单位的制度和管理漏洞完全暴露在社会公众面前，可能会遭受巨大的阻力和障碍。应当看到，扩大

社会公众的知情权、保障社会公众积极行使监督权是推进法治政府、法治社会建设的必由路径,会促进国家机关及其工作人员理性面对社会公众的监督与质疑,其对促进检察建议取得良好社会效果的作用是显而易见的。故而在当前,我们要在"依法""准确""妥善"的基础上,运用多种、多层级的媒体将宣传检察机关的法律监督地位与宣传检察建议的监督方式相结合,逐渐增加检察建议的权威性。

2. 要建立抄报通报制度,增强执行力

由于现行法律对检察建议的地位、作用无明确规定。因此,检察机关不仅要从法律层面,更要从执行层面来提高检察建议的执行力。检察建议书除送达被建议单位外,应同时将副本抄报上级检察院,对涉及同级领导班子和主要领导犯罪的,还应通报被建议单位的上级主管部门。办案机关的上级检察院要加强与被建议单位的上级主管部门的沟通,取得其理解和支持。通过采取与被建议单位的上级主管部门会签文件等形式,明确被建议单位落实整改措施,增强检察建议的执行力。

3. 推行检察建议公开,增强检察建议影响力

一是要对被建议单位群众公开。针对发案单位重业务、轻思想教育,干部职工法制观念不强等问题,在提出检察建议的同时,通过上门讲授法制课、开座谈会、赠送法制宣传材料等形式,主动送法上门,让被建议单位的全体人员意识到职务犯罪的危害,增强抵御腐败的自觉性。二是要对上级公开,充分发挥检察建议在预防职务犯罪中的作用。将检察建议以及被建议单位落实检察建议的情况向其上级通报,使检察建议的效能向行业辐射,确保办案与预防工作有机结合起来。三是要运用检察案件公开系统向社会公开,以督促被建议单位的接受意识、整改意识、监督意识,防止敷衍塞责其对检察建议的认可度和执行力。

应当看到,当前检察建议因缺乏法定性、程序性、职权性、约束性等法律属性,其在执法办案实践中缺乏行之有效的社会认同和监督制约的强制执行力。完善相关法律法规,积极提供有效的制度支撑是必不可少的,需要将检察建议纳入检察机关的法定职权范围,阐明检察建议的性质、地位等问题,并出台一系列指导性和操作性强的司法解释,完善其适用范围、实施方法、程序保障等具体问题,如此可从基本法律制度上保障其强制约束力,增强其权威性。诚然,这些内容超出了本文的承载范围,有待于进一步去研究和深化。

论裁判文书上网制度的落实机制

瞿桂东[*]

一、裁判文书上网制度的建立

裁判文书上网指的是各级人民法院在最高人民法院设立的中国裁判文书网上公布各自生效的裁判文书,以全面公开为原则、不公开为例外。裁判文书在互联网公布是我国《宪法》及三大诉讼法规定的审判公开原则的重要体现,更是我国加入并已生效的国际条约《关税与贸易总协定》及《与贸易有关的知识产权协定》的直接规定。

裁判文书全面上网公布法律制度的建立经历了一个相对漫长的过程。2000年6月15日,最高人民法院通过的《裁判文书公布管理办法》作出原则性规定,日常的裁判文书可随时在网上公布,这是公布的一种主要形式。2002年1月1日,中国涉外商事海事审判网开通并发布涉外商事海事案件裁判文书。2006年3月10日,中国知识产权裁判文书网开通,全面公开全国法院知识产权类裁判文书。2007年6月4日,最高人民法院印发《关于加强人民法院审判公开工作的若干意见》,要求各地高级人民法院制定公布生效裁判文书的具体办法。2010年11月21日,最高人民法院印发的《关于人民法院在互联网公布裁判文书的规定》规定,裁判文书在网上公布应履行审核程序,生效之日起30日内应在中国裁判文书网上公布。如果当事人明确请求不在网上公布的,法院经审核认为理由正当的,不应公布。2013年7月1日,《最高人民法院裁判文书上网公布暂行办法》正式开始实施,明确生效裁判文书生效后7日内上网公布,且不公开的裁判文书须报主管副院长审定。关于裁判文书在互联网上全面公开的法律制度至此基本确立。[①]

在互联网上公布裁判文书是一项简易可行的方式,方便个人随时、随地查询,在技术上早已成熟,为何裁判文书迟迟难以上网?一个原因是法官本能抵触和自

---

[*] 瞿桂东,2009年7月毕业于吉林大学法学院,2010年12月进入武汉市汉阳区人民法院工作至今,现在武汉大学法学院就读刑法专业在职研究生。

[①] 参见杨建文、陈东升:《人民法院网上公布裁判文书过程揭秘》,载《法制日报》2014年1月8日,第4版。

我保护心理。以前裁判文书只给当事人及代理人,外界很难知晓,现要求生效裁判文书都要上网公布,法官就好像一下子被推到了大庭广众之下被众人监督,裁判文书中的错别字、计算错误、表述不当、引用法条有误等种种瑕疵及部分"关系案、人情案、金钱案",都是承办法官不愿意公开的,害怕网络的放大和炒作,让"地球人都知道",影响其职务的稳定和升迁。另外一个客观原因就是在"案多人少"的情形下,法院受理案件逐年上升,办案人才却不断外流,且程序要求越来越严格,法官工作日益繁重,难免顾此失彼,要求裁判文书全面上网使法官的工作更加繁重和琐碎,裁判文书难以全面上网,也在情理中。①

推动裁判文书全面上网公布有多方面的原因。一是外部压力。2001年我国加入世贸组织后,批准并生效的《关税与贸易总协定》第10条及《与贸易有关的知识产权协定》第63条均规定,所有缔约方的裁判文书及行政决定,均应迅速公布,以使各国政府和贸易商熟悉,若另一缔约方书面要求时,应提供上述资料。在实际中我国的对外贸易量及摩擦逐年增加,知识产权保护及司法公正问题成为国际贸易争端的重要焦点。司法透明度不高,法官自由裁量空间较大,知识产权审判工作的公开公正问题日益引起欧美发达国家强烈关注与不满。在这种背景下,将相关裁判文书上网公开,既实现了与国际惯例接轨,取信于人,也是建立公开、透明、公正的审判运行机制的重要组成部分。② 二是内部司法改革的推动。2013年11月12日中国共产党第十八届中央委员会第三次全体会议通过了中共中央《关于全面深化改革若干重大问题的决定》,关于司法改革明确规定,"推进审判公开","推动公开法院生效裁判文书"。中央要求司法工作人员"努力让人民群众在每一个司法案件中都感受到公平正义",要求司法权力在阳光下行使,不仅使公平实现,且要以人民群众看得见的方式实现,满足人民群众对司法公正的需求和期待,促进社会的和谐稳定和长治久安。

二、裁判文书上网的意义与实践中存在的问题

法院的审判关系公民的生命、自由、财产和名誉,其公正行使至关重要。一方面掌握审判权的法官也是平凡的个人而非圣贤,人性深处私欲被牵引,权力易被滥用。在市场经济负面影响下更是如此,金钱至上,享乐至上,个别法官将司法权力异化为谋私利的资源。另一方面司法不透明,缺乏监督和公信力,民众对法官缺乏信任,普遍心理是"有了关系和熟人好办事","案件一进门,双方都托人",到法院"打官司"变成"打关系",当事人千方百计亲近拉拢法官,使得秉公办案变得

---

① 参见卢祖新:《裁判文书上网需冲破几重门》,载《人民法院报》2014年1月21日,第2版。
② 参见江俊涛、郭宏鹏、倪晓:《知识产权裁判文书上网公开增强审判透明度》,载 http://www.china.com.cn/chinese/law/1037128.htm,访问日期:2014年5月6日。

更困难①,加强对司法权的监督显得日益迫切,而监督以知情为前提,裁判文书在互联网上全面公开是司法信息公开最重要的形式,因为裁判文书是全面反映司法过程和司法结果的载体。

裁判文书上网意义重大:

一是强化司法监督,促进司法公正。裁判文书全面公开后,便于民众、媒体及有关单位监督司法活动,打压暗箱操作和权力寻租的空间,有效减少了"人情案、关系案、金钱案"等现象的发生,使司法公正以人们看得见、摸得着、感受得到的方式得到实现。

二是倒逼法官慎用自由裁量权,提升司法公信力。裁判文书中稍有瑕疵、错误或不合理、不公正的地方,便有可能在网络上被炒作放大,给法官的名誉及升迁带来恶劣影响,情势逼着法官必须严格按程序办案,认真仔细撰写裁判文书,确保案件质量经得起全社会的检验。

三是有助于全国法院适用法律的统一,减少"同案不同判"现象,推动案例指导制度的建立落实。当事人可随时随地查询到该地区其他法院、该法院甚至该承办法官之前裁判的相似案件,倘若最后结果相差很大,"同案不同判"可能引发当事人及其家属上诉、上访或投诉,甚至引发媒体社会的争议,使得法官裁判不敢过于主观随意。

四是有助于法制宣传。网上大量的裁判文书中明确裁判了各类行为的法律后果和处罚方式,使得民众对违法成本和行为后果有明确预期,更懂得如何用法律手段维护合法权益。

五是有助于社会征信体系的建构。现在我们很大的问题就是一些人缺乏诚信,为利益不择手段。各类裁判文书上网全面公开,将个人、公司和其他单位的各类违约、违法行为及执行情况公之于众,使失信违法者在社会难于立足。

六是促进法律的教学和研究。如美国大法官霍姆斯所言,法律的生命在于经验而非逻辑。网上公布的各式各样的裁判文书,将为法律教学与研究提供真实又丰富的素材,促进理论与实践的有效结合,为司法改革提供有力支撑。②

在最高人民法院的重视和推动下,各地方法院裁判文书上网工作开展起来,截至2014年2月底,最高人民法院公布生效裁判文书3 858份,地方各级法院上网公布生效裁判文书164.6万份。③ 然而裁判文书全面上网制度在我国毕竟刚刚建立,尚处于探索完善阶段,各地发展仍不平衡,在实践中出现了以下一些问题:

---

① 参见陈霖:《对审判工作中的"关系案、人情案、金钱案"若干问题思考》,载《公安与司法研究》1999年第1期,第42页。
② 参见王炜、黄晓云:《直面社会监督 强化司法公信——最高人民法院审判管理办公室主任周建平就裁判文书上网答记者问》,载《中国审判》2013年总第90期,第18页。
③ 参见周强:《最高人民法院工作报告》,载 http://www.court.gov.cn/xwzx/fyxw/zgrmfyxw/,访问日期:2014年5月8日。

一是部分法院的裁判文书上网存在随意性、"选择式上网",上网率不高,更新严重滞后。裁判文书涉及面广,特别是涉及地方官员利益的裁判文书公开的阻力不小。比如,深圳市龙岗区某某街道统战部副主任莫某某,曾因涉嫌犯危险驾驶罪被提起公诉,深圳市龙岗区人民法院对其作出免予刑事处罚的判决。当要求公开该判决书时,该法院以"涉密"为由拒绝。① 多数法院所承诺的"全部裁判文书上网"并未实现,优秀裁判文书公开成为主流。这反映出法院对这项司法改革措施的重大意义认识不到位、内在动力和信心不足。② 只有36%的高级人民法院在一周之内更新过数据,一个月之内更新的数据也只占到48%,更有24%的高级人民法院一年都没有更新过数据。③

二是未明确不上网的责任和处罚制度,使裁判文书全面上网制度的执行力不强。另外,中国裁判文书网搜索功能过于简单,不便于搜索和对比,裁判文书公开后的反馈调查制度不完善,公开后发现"同案不同判",甚至裁判不公,未有明确的回馈调查程序,在实践中裁判文书上网的形式意义多于实质意义。

三、裁判文书上网制度的落实与完善

通过裁判公开进而加强司法监督,是大势所趋,我国港澳台地区及法治成熟国家早已走在前面了。我国香港特别行政区除了法律规定不公开的,所有案件的裁判文书于送达后3个工作日内在指定的网站公布,文书中并不隐去当事人的姓名,社会影响较大或公众舆论关注的案件的文书,于宣告当日可在该网站上找到。我国香港特别行政区通过司法部门网站(网址:www.judiciary.gov.hk)的"判案书及法律参考资料"资料信息库收集了大量的法律文书,包括1966年至今所宣告的裁判文书,可供市民和媒体随时查询。我国澳门特别行政区规定了上网裁判书前部必须载有一份理论性摘要,包括:案件类别、编号、审判日期、主题、摘要、审判结果、表决、法官、助审法官等内容,案件的表决结果也是公开的。当天审理的案件,一般下午就能将裁判书上传至网络。④ 2010年11月,我国台湾地区"立法院"对"法院组织法"第83条进行修正说明,指出裁判文书公开的意义及与隐私权的保护之间的平衡。公开裁判文书有助于公众监督司法活动及法学研究教育中的司法资源共享,若隐匿文书中当事人、代理律师、主审法官的姓名,不利于检索,可能导致监督目的落空,且上述人员的姓名在庭审中均已公开,之后于裁判文书中公开并未过分侵害他们的隐私权。至于他们的身份证号、家庭地址等个人信息公开

---

① 参见沈彬:《裁判文书上网不要有盲点》,载《东方早报》2013年11月29日,第A22版。
② 参见林广海、王晶:《裁判文书上网:公开•知情•监督三重奏》,载《人民司法》2013年第23期,第9页。
③ 参见晓蔚、薛雨芊:《关于裁判文书网上公开问题的思考》,载《中国人民公安大学学报》(社会科学版)2013年第6期,第131页。
④ 参见蒋惠岭、龙飞:《香港澳门的司法公开制度与启示》,载《法律适用》2013年第4期,第39页。

与否,对于上述公益目的之达成无大碍,若公开可能造成他人盗用或滥用,因此不予公开。韩国修改了刑事诉讼法和民事诉讼法,规定裁判文书生效之后须在互联网上发布,当事人、法官、检察官、律师的姓名均不得隐去。美国在网上公开的信息更全面,其《电子政务法》作出硬性规定,所有联邦法院须在网上公开与案件有关的全部实质性书面意见,包括裁判文书、当事人的诉状、第三方的法律意见。英国、欧盟也明确要求裁判文书须在网上公开。①

借助我国港澳台地区及法治成熟国家的经验,结合我国裁判文书网上公布存在的问题,我们可以尝试从以下几个方面完善裁判文书上网制度:

一是将裁判文书上网制度的规定上升到国家诉讼法,巩固这一司法改革的成果。待经验成熟后,为切实保障公民对司法的知情权、参与权、表达权、监督权,维护司法公平正义,全国人民代表大会常务委员会可参照现有的规定制定法律规范,对裁判文书网上公开的范围、时限、程序、需要技术性处理的事项、差错补正、责任追究、救济途径以及裁判文书上网公开平台的设置等方面进行进一步规范,可规定在《民事诉讼法》《刑事诉讼法》《行政诉讼法》中,使之成为一项重要的、明确的诉讼程序制度。

二是提供适当的人力和物力支持。法院尤其是基层法院"案多人少",工作繁重,维稳压力大,很多时候工作往往力不从心,要想全面推进并真正落实这项制度,投入一定的经费、物质和人员保障是必要和值得的。

三是将不公开裁判文书的案件报相关部门登记备案,作为例行重点检查案件。《最高人民法院裁判文书上网公布暂行办法》规定的不公开情形过于宽泛,使得很多本应该上网接受社会监督的文书而没有上网。即使规定了文书未上网要内部审核,然而实践证明,内部监督效果不佳。可尝试规定将所有未公开裁判文书的案号、案由、当事人及未上网的理由报上级法院、同级人大等部门备案,以此为线索依据加强对相关案件的检查力度。

四是加强裁判文书上网的考评和奖惩制度。建立并完善裁判文书上网的考评体系,考核主要以文书上网的全面性、真实性、及时性及质量等为指针。上级法院定期或不定期对所辖各级法院及本院各部门的裁判文书上网情况进行抽查检验,尤其是对上网率较低的法院进行重点检查。对上网率较高、法律文书较优秀的法官及法院进行表扬奖励,对拖延上网、审批后擅自改动后上网、有意规避上网等的法院和相关责任人,进行通报批评,造成严重影响的,追究相关人员的责任。

五是规定相应的权利救济路径,保护民众应有的知情权。目前裁判文书公开是法院的主动、单方面的行为,公民、法人或者其他组织无权申请人民法院公开相关的司法信息,可效仿政府信息公开,公民、法人或者其他组织可向法院申请公开

---

① 参见最高人民法院司改办:《裁判文书公开的域外经验》,载《人民法院报》2013年11月22日,第5版。

相关裁判文书,法院若拒绝公开,应书面回复并说明理由,申请人可向上级法院等申请复议。①

六是明确规定审批后擅自改动上网、拖延上网、有意规避上网等的责任和处罚方式,并严格执行。可与《中华人民共和国法官法》及《中华人民共和国公务员法》的处罚规定相衔接,规定给予在裁判文书上网工作中违法、违规人员警告、记过、记大过、降级、撤职、开除等处分,同时降低工资和等级。对该项考核连续两年不合格的,而依法提请免除其职务。这样就可将裁判文书上网全面公开与法官的职业及收入紧密联系起来,令人不敢懈怠。②

七是从技术上完善搜索功能,尤其注重同类型案件同一法院或同一地区裁判文书联想和对比搜索。最高人民法院可尝试与北大法意、北大法律信息网等商业性法律数据库合作,设置检索功能强大的发布平台,方便民众、律师、法学院师生、公检法工作人员等深度使用,提供案例来源、案由、案件要旨、双方争议焦点、关键词、引用的法条、承办法官及法院、立案及审结日期、审理程序、代理律师及相应的联想功能,使用者检索到需要的裁判文书后,同时可以查询到适用同样法律依据的其他案例,特别是作出该裁判的法院及法官审结的其他同类型案例,更好地满足人民群众的知情权及监督权。③

八是建立和完善回馈调查制度。案件当事人将裁判结果与网上公布的该法院、该法官之前的同类裁判文书相比较,如裁判严重失衡,可以"同案不同判"作为上诉理由或抗诉理由,除非承办法官有充分、正当、合理的理由,否则案件可能被改判或重新审理,如果发现有枉法裁判行为,应追究相关审判人员的法律责任。④

结　论

裁判文书上网全面公开是中国司法改革历程中的一朵小浪花,但无疑是美丽的。虽然有人质疑它的作用言其实,在实践中遇到的阻力和问题也不少,可笔者依然有理由相信它能为司法打开一扇窗,让清新健康的空气进入,驱赶腐化的气息,使法官更公正断案,逐渐提升民众对司法的信任和依赖,使民众的生命、财产和自由得到良好的司法保障。

---

① 参见龙飞:《从政府信息公开中获得的启示》,载《法制资讯》2009年第7期,第78页。
② 参见徐骏:《裁判文书网络公开的制度功能与技术完善》,载《内蒙古社会科学》2011年第1期,第19页。
③ 参见林广海、王晶:《裁判文书上网:公开·知情·监督三重奏》,载《人民司法》2013年第23期,第9页。
④ 参见张立勇:《裁判文书上网以公开遏制司法腐败》,载《中国纪检监察报》2009年12月18日,第3版。

论诉讼档案公开查阅与裁判文书上网发布的衔接

颜研生[*]

一、问题的提出

2013年11月21日,最高人民法院公开发布《关于人民法院在互联网公布裁判文书的规定》,自2014年1月1日起施行。生效裁判文书上网发布被誉为"司法公开改革的一次革命和中国法治建设的一项重大工程"。[①] 生效裁判文书上网可以充分满足公众对事实的知情权、对司法的监督权、提升法院的司法公信力。但随着司法改革的不断深化,公众对司法透明度的期望和要求不断提高,司法公开的内涵和外延也在不断延伸,仅仅是生效裁判文书上网发布,显然不能实现司法公开中文书公开的应有之意。笔者认为,裁判文书上网发布必须做好相关衔接工作,特别是做好诉讼档案公开查阅与生效裁判文书上网发布的衔接,这是司法公开亟须解决的问题。

二、诉讼档案公开查阅的法律价值

(一) 促进审判工作高效、快捷

诉讼档案是国家重要的专业档案,是人民法院审判活动的记录,是做好审判工作的依据和必要条件。人民法院内部各项工作特别是在审判工作中对诉讼档案的利用,如案件复查、受理、申诉或申请再审,发现错判提起再审等,以及对法院的审判活动进行监督、维护当事人的合法权益、协助相关案件的侦查、起诉和审理等审判、检察工作,促进司法公正都起到了至关重要的作用。[②] 无论是本地法院还是异地法院,在案件审理时都需要查阅诉讼档案,法院公开诉讼档案查阅能够促使审判工作高效、快捷地进行。

---

[*] 颜研生,广西政法管理干部学院讲师,主要研究方向为法律文书学。
[①] 高一飞:《裁判文书上网:法治中国建设的一项重大工程》,载《人民法院报》2013年12月6日。
[②] 参见肖建华、肖建国等:《民事证据规则与法律适用》,人民法院出版社2005年版,第235页。

(二) 满足公众的知情权和实现公众的监督权

诉讼档案不仅记录了法院的审理活动,而且还记录了诉讼过程,是诉讼过程的完整反映。较之查阅生效裁判文书,诉讼档案所体现的法律程序更为直观、完整,证据表述更为翔实,公开查阅诉讼档案可以更为全面地了解案件事实和真相,直观地感受司法程序的公正性,合法完备的法律程序可打破传言、消除疑虑,充分满足公众对案件事实的知情权。公众在查阅诉讼档案的基础上,可以对生效裁判文书作出评价,案件事实是否清楚、证据是否确实充分、法律适用是否正确、说理是否充分、法律程序是否完备、裁判结果是否公允、是否秉公办案、有无枉法裁判或偏袒现象,充分行使对司法的监督权,法院通过诉讼档案将诉讼过程置于社会公众的监督之下,实现阳光司法。有学者指出,使司法活动的每一步都被置于公众和其他权力部门的视野之下,也使司法人员的工作置于司法机关内部各组成机构的互相约束之下,所以它本身就是司法民主的体现。[1] 诉讼档案全面记录了司法过程,诉讼档案公开查阅在某种意义上可以促进司法民主。

(三) 推动法学研究和法学教育发展

诉讼档案公开查阅,其丰富的内容必能促进法学研究和法学教育。有实务人士指出,多年来可供法学研究和法学教育的案例大都是经过修饰、改动或者有意加工后的案例,其案例的针对性、目的性都在不同程度上牺牲了其真实性,导致学院的案例分析和法庭上的裁判结果相差甚远。在大数据时代,随着生效裁判文书上网发布,内容更为丰富的诉讼档案公开查阅,有利于法律职业技能的培养,必能促进法律的实证研究,缩短法学理论与司法实践的距离,推动法学的繁荣与发展。[2] 此外诉讼档案是生动的法学教材,诉讼档案公开查阅有利于普法宣传教育,在一定程度上提高公众的法律意识,促使公众对自己的行为作出合理判断,自觉规范自己的言行,促使社会稳定和谐。

三、诉讼档案公开查阅面临的问题

《中华人民共和国档案法》(以下简称《档案法》)规定,中华人民共和国公民和组织持有合法证明,可以利用已经开放的档案。因经济建设、国防建设、教学科研和其他各项工作的需要,可以按照有关规定,利用档案馆未开放的档案以及有关机关、团体、企业事业单位和其他组织保存的档案。利用未开放档案的办法,由国家档案行政管理部门和有关主管部门规定。根据修改后的《人民法院诉讼档案

---

[1] 参见葛洪义:《司法权的中国问题》,载《法律科学》2008年第1期。
[2] 参见齐奇等:《法治中国与司法公开》,方志出版社2014年版,第138页。

管理办法》的规定,案件当事人、社会公众、新闻媒体和有关单位可按相关申请查阅诉讼档案。《人民法院档案工作规定》第 32 条第 1 款规定:"人民法院档案机构应当建立档案利用制度,根据档案的保密等级确定不同的利用范围,规定不同的审批手续,并做好档案利用登记工作。"这些都是诉讼档案公开的法理依据。在诉讼档案公开查阅过程中存在以下问题:

(一) 查阅主体缺乏细化

修改后的《人民法院诉讼档案管理办法》规定社会公众可以查阅诉讼档案,但对查阅主体未能细化,社会公众包括哪些群体,如何确定查阅主体的动机和利用目的,这些问题同样不清晰。按照字面理解,"公众"含义与"群众""公民""民众"等语义较为接近。公民是《宪法》意义上的概念,根据《中华人民共和国国籍法》(以下简称《国籍法》)的规定,具备中华人民共和国国籍者方可为我国公民。《档案法》中规定"公民"可以查阅利用档案。按修改后的《人民法院诉讼档案管理办法》的规定,"公众"可阅卷。而"公众"与"公民"到底有何区别,这些问题都需要明确界定,否则将给公众阅卷带来诸多问题。

(二) 查阅范围不够清晰

按规定,涉及国家秘密、商业秘密和个人隐私的案件,社会公众不能查阅相关诉讼档案。国家秘密和商业秘密相对而言较易于辨识,但目前国内法律和司法解释对个人隐私尚未给予明确的界定,这给公开查阅诉讼档案带来诸多难题。公众因合法需要申请查阅诉讼档案时,法院可以涉及个人隐私为由拒绝公开查阅,这显然不能实现诉讼档案公开查阅的价值。按照《关于诉讼代理人查阅民事案件材料的规定》的规定,对诉讼代理人查阅案件材料的内容范围和需要提交的身份证明作了明确要求,但对公众查阅诉讼档案的范围尚未明确区分。

(三) 司法信息公开与个人隐私保护之间的困境

《人民法院诉讼档案管理办法》规定公众可以合理查阅诉讼档案,但诉讼档案中包含个人隐私信息,如何做到合理查阅与保护个人隐私之间的平衡,这是需要思考的问题。《现代汉语词典》中对"隐私"的解释是"不愿告人的或不愿公开的个人的事"。也有学者指出,隐私,又称私人生活秘密或私生活秘密,是指私人生活安宁不受他人非法干扰,私人信息不受他人非法搜集、刺探和公开[1],这表明个人对其隐私信息具有控制、不受干扰的权利。因此诉讼档案的公开查阅必须充分保护当事人的个人隐私。有学者指出,当事人之间的纠纷进入司法诉讼轨道

---

[1] 参见张新宝:《隐私权的法律保护》,群众出版社 2004 年版,第 7 页。

后,就已经演变成为公权力运行的组成部分,从而包含公共信息的色彩,其个人信息、案件事实及有关法律的适用已经独立于其个人因素成为司法权运行的素材,或者说成为一种公共资源。[①] 这种公共资源的公开应考虑个人隐私权的保护,其限度必须要加以明确。对于公开查阅诉讼档案的知情权与个人隐私权冲突如何解决,有学者指出,隐私权和知情权的冲突,在很大程度上是公权力与私权利之间的矛盾,因此在处理上必须考虑公法优先和公共利益原则。[②] 也有学者提出,按比例原则处理司法信息公开和个人隐私权保护。由于目前法律和司法解释没有对个人隐私给予明确界定,因此诉讼档案公开查阅与个人隐私保护存在诸多困境。

四、诉讼档案公开查阅的制度设计

(一) 区分查阅主体、查阅程序

实践中,应对查阅诉讼档案的"公众"进行区分,根据申请查阅人与案件关联性和查阅需求不同,可将查阅主体分为两类:密切的"公众"和非密切的"公众"。前者主要包括公安、检察、法院等机关的办案人员以及当事人及其诉讼代理人、法定代理人、近亲属等;后者主要包括其他符合查阅条件的案外人,这类查阅主体一般是关注司法公开或社会管理的热心公众,从其查阅诉讼档案的目的来看,存在三种情形:一是出于好奇心;二是出于对案件的知情、监督;三是出于学术研究的需要。由于缺乏与诉讼档案本身的密切相关性,对于这类查阅人既要给予充分满足,又要适当考虑其主客观目的,在其查阅用途、利用方式等方面进行必要审查,避免给违法犯罪分子留下可乘之机。

(二) 明确查阅范围

对于不同的查阅主体,应当设置不同的查阅范围:一方面,对出于特定职权和监督职责需要和对当事人、代理人、近亲属,基于职业约束机制或自身利益的保障,原则上应当给予全面查阅,即对诉讼档案上所载当事人信息可以不做任何技术性处理;另一方面,接受其他社会公众查阅时,应将诉讼档案的相应内容进行必要的技术处理,尤其需要将当事人的个人信息,包括姓名、住址、身份证号等内容予以修改或隐去,以确保个人信息不被泄露,在司法信息公开与个人隐私保护之间做到平衡。

---

① 参见李友根:《裁判文书公开与当事人隐私权保护》,载《法学》2010 年第 5 期。
② 参见王利明等:《人格权法》,法律出版社 1997 年版,第 15 页。

（三）搭建多种诉讼档案查阅平台

诉讼档案的查阅既要考虑本地公众的需要,也要考虑异地公众的查阅需求,这要求法院建立多样化的查阅途径和方式。传统查阅诉讼档案方式是直接去法院档案室申请查阅,而随着诉讼档案利用率的提高,传统人工方式已不能满足日益增长的阅档需要,因此法院应推行电子诉讼档案建设。可以预见的是,电子诉讼档案查阅是今后法院档案服务的主要方式。有学者指出,向社会公众开放电子诉讼档案就是落实审判公开原则的一项有力措施。[①] 法院电子诉讼档案主要包括在诉讼活动中形成的、具有保存价值且应归档保存的电子诉讼文件以及案卷归档后经数字化处理产生的纸质诉讼档案的电子版本。无论是诉讼档案还是电子诉讼档案查阅都要遵循统一管理、分级审批、区别利用的原则,查阅主体必须履行必要的手续。如查阅人应当提供本人身份证件、填写查阅审批表、声明查阅用途等,并在申请表中提示其泄露和不当使用他人个人信息造成不良后果的法律责任。法院在提供查阅服务时,应遵照查阅流程,严格审批把关,必要时可即时征询当事人意见。对于当事人明确表示不能披露的诸如姓名、住址等个人信息内容应当采取技术手段隐去,并且对涉及当事人隐私的内容不予提供查阅。

五、结语

法院诉讼档案公开查阅制度是司法公开的必然要求,彰显了司法公开的自信和决心。通过诉讼档案公开查阅,能够使法院裁判结果的公正性和正当性获得社会公众的认同,不断提升法院司法的公信力。当然,法院公开诉讼档案查阅应有一定的限度,绝不能以牺牲诉讼档案中蕴含的个人信息、个人隐私等私权利为代价。正义不但要实现,而且要以看得见的方式实现。随着法院诉讼档案公开查阅制度越来越完善,正义必将以"看得见的方式"被展示,必将实现司法便民、司法为民的法治要求。

[①] 参见叶青:《"社会公众远程查阅电子诉讼档案"的诉讼价值》,载《人民法院报》2010年4月1日。

信息化环境下推进司法公开的路径探析

付　婕[*]

一、我国司法公开的演进

我国司法公开的历程与人民法院出台三个五年改革纲要的进程相契合[①]，在信息化建设的助推下司法公开的内涵逐步明晰，公开形式呈现多样化，其演进过程大致可分为三个阶段。

1. 庭审公开阶段(2004年以前)

《宪法》第125条规定："人民法院审理案件，除法律规定的特别情况外，一律公开进行……"三大诉讼法均规定了审判公开原则，但对审判公开的具体内容仅作了简要规定。《人民法院五年改革纲要(1999—2003)》出台之前以及实施期间，司法公开主要限于庭审公开。此阶段，信息技术进入法院，主要用于电脑记录庭审、制作裁判文书等文字编辑处理。

2. 有限公开阶段

《人民法院第二个五年改革纲要(2004—2008)》提出要"采取司法公开的新措施"。这一阶段，最高人民法院出台了《关于加强人民法院审判公开工作的若干意见》等一系列文件，对司法公开的方式和范围作了新的规定，审判公开的范围扩展至涉及立案、审判、执行等诉讼环节和与审判有关的法院工作，并确立了依法、及时、全面公开原则。《人民法院第二个五年改革纲要(2004—2008)》中一并提到的还包括以信息化为基础的案件质量评估工作，该项工作作为法院内部管理的重要抓手，促进了流程信息数字化，为司法公开全面推进奠定基础。

3. 全面公开阶段(2009年至今)

《人民法院第三个五年改革纲要(2009—2013)》出台，对司法公开的范围和方式作了更加开放性的规定。《关于司法公开的六项规定》更加明确规定了人民法院立案公开、庭审公开、执行公开、听证公开、文书公开、审务公开的具体要求，

---

[*] 付婕，武汉市江汉区人民法院研究室助理审判员。曾在《人民法院报》《法制日报》《中国审判》等刊物发表调研文章。

[①] 参见高一飞:《走向透明的中国司法》，载《法学研究》2012年第6期。

我国司法进入了全面公开阶段。这一阶段,信息技术从内部管理运用于法院外部公开,各地法院通过科技手段将司法公开引向深入。[①]

我国司法公开工作不断完善,在从内部公开向外部公开、从有限公开到全面公开、从形式公开到实质公开的转变过程中,信息技术不断拓展了司法公开的广度和深度,主要表现在:

1. 促进司法信息全面披露

近年来,随着"网上办公""网上办案"在法院系统的推广,立案、审理、审批等各个流程均在网上留痕,使办案过程中的每个环节准确地对外公布成为可能。例如2001年江汉区人民法院引入审判流程管理系统,同步记录案件流程节点信息。2013年江汉区人民法院完成覆盖所有审判庭的数字法庭建设和建院以来历史诉讼档案数字化工作,录入历史档案16万卷,利用电子审签、数字审委会、电子扫描系统实现了所有审判活动的文字、音视频数字化存储。在此基础上,江汉区人民法院于2013年开通在办案件信息同步查询平台,当事人可查询审限变更、执行强制措施、庭审视频、法庭记录等80余项案件信息。

2. 拓展司法信息传播渠道

2013年5月,全国法院新闻宣传工作会议上,最高人民法院院长周强提出"要加强对传统媒体和新兴媒体的统筹运用,坚定不移地推进司法公开"。司法公开积极与新媒体结合,公开渠道从传统的纸质媒体、公告栏、现场旁听变为通过网站、微博、微信、APP等新媒体公开,受众面扩大并且突破了以往单向传播的路径,使公开工作呈现一种双向互动的局面。例如江汉区人民法院借助江汉法院外网、手机短信服务平台、江汉区政务微博等平台、全国法院执行案件信息管理系统等向社会公开发布案件信息、法院动态、裁判文书等内容。

3. 促进司法公开价值多元化

在信息技术推进下,司法公开手段与措施的不断丰富,其价值目标亦呈现多元化趋势,具体包括:①保障公众与媒体对法院的监督权;②促进司法公正,维护当事人合法权益;③规范法院活动,提高司法公信等。[②] 信息技术使案件信息完整、准确、及时地向社会传播,当事人可以对案件立、审、执各阶段,司法作风、办案质量、办案效率各层面全面监督,并形成倒逼机制,促进司法公正。公众可通过便捷的途径知晓司法运行状况,也有助于培植和加强社会公众对法律的内在认同,提升司法公信。裁判文书上网、庭审直播等公开形式,为社会诚信体系的建立提

---

① 2013年7月1日,中国裁判文书网正式开通,全国3 000多家法院的裁判文书集中传至该网公布。2013年11月21日,最高人民法院开通官方微博,当年全国法院开通官方微博660多个。2013年12月11日,"中国法院庭审直播网"正式开通,公众在家中即可"旁听"庭审。2013年全国法院庭审网络直播4.5万次。2014年2月24日,中国视频网正式开通。

② 参见钱弘道、姜斌:《司法公开的价值重估——建立司法公开与司法权力的关系模型》,载《政法论坛》2013年第4期。

供了重要信息,也为法学理论研究提供了丰富的第一手素材,促进了法学理论与司法实践的紧密结合。

4.增强司法便民功能

案件随着司法公开的推进,法院进一步把握不同受众对司法公开需求的差异性,根据不同主体的需求通过公开平台推行诉讼服务,从而增强了司法信息公开的便民功能。如上海法院2014年1月建成12368诉讼服务平台,该平台集电话、短信、传真、微信、邮件、APP、网站于一体,具有联系法官、查询案件信息、法律咨询等功能。再比如江汉法院整合诉讼事务中心服务功能,开辟8个窗口集中办理诉讼引导、咨询答疑、材料收转等70多项诉讼事务;配置大型电子引导屏、触摸屏式智能电子查询机,及时播报开庭公告、诉讼程序、院内机构设置等相关信息;开通短信服务平台,向当事人提示立案时间、承办人等相关信息,为当事人打官司提供便利。

二、司法公开面临的问题

1.相关立法有待完善

司法公开是一项系统的工程且涉及社会、当事人、法院等多方利益的保护与平衡,如果没有系统的法律规定来为公开设定明确的界限,该项工作就无法发挥出应有的效用。最高人民法院公布了一系列内部规定,对司法公开工作予以规范。如2013年11月发布了《关于人民法院在互联网公布裁判文书的规定》,对裁判文书上网作了较为详细的规定,明确了裁判文书发布的范围、时间以及具体操作方法。但对于案件流程信息公开平台、执行案件信息公开平台的建立以及庭审视频等案件相关信息的公开尚无专门的规定可寻。裁判文书是公共产品,是否公开以及如何公开并不能由当事人自由选择决定。① 与裁判文书不同的是,庭审视频是法院、当事人、诉讼代理人参加诉讼过程的记录,并不能简单地归为公共产品,且在庭审过程中常常会涉及当事人的隐私、商业秘密等内容。对于庭审视频应当以什么方式、在何种范围内公开,如何对视频中当事人的信息进行保密,如何防范对庭审视频的不当利用等问题,目前尚无统一明确的规定。再比如,案件流程是法院内部工作程序,并非所有流程信息都与当事人行使诉讼权利直接相关,因此供当事人查询的案件流程信息范围是否应当有所限制以及如何限制还有待明确。

2.相关权利需要平衡保护

司法公开需要很强的平衡艺术,要权衡公众知情权与当事人隐私权之间的平

---

① 参见贺小荣、刘树德、杨建文:《〈关于人民法院在互联网公布裁判文书的规定〉的理解与适用》,载《人民司法》2014年第1期。

衡、法院的公开权与当事人选择权之间的平衡、向当事人公开和向全社会公开之间的平衡,因此需要把握一定的维度与限度。① 隐私权是自然人享有的对个人的、与公共利益无关的个人信息、私人活动和私有领域进行支配的人格权。隐私权与我们每个人的生活息息相关,在建设法治国家的进程中对该项权利的保护显得尤为重要。诉讼过程中会出现当事人通讯方式、身体状况、住址、私生活情况、财产状况等大量隐私,司法公开容易导致当事人的隐私泄露,使当事人的尊严受到损害,社会形象受到影响。②《关于人民法院在互联网公布裁判文书的规定》明确列举四种情况下裁判文书不上网,其中包括涉及个人隐私的案件。但是我国法律上还没有明确界定隐私权的含义及范围,在庭审视频的播报中,大量案件未对非法律职业者的镜头作出处理,因此在公开的过程中如何判定并有效保护隐私权,如何平衡保护知情权、隐私权、法院公开权等相关权利需要深入研究。

3. 舆情应对机制有待健全

自媒体时代,存在传播主体多元性、传播路径无序性、传播结果上的离散性等特征,社会沟通呈现多中心主义局面。司法公开信息在传播中容易被断章取义,同一案件事实各种媒体的报道可能存在较大偏差,从而对司法工作造成负面影响。现实中,一部分人将对社会的不满情绪通过网络予以宣泄,加上网络水军的推波助澜,法院公开的信息可能成为无理性攻击的对象。并且,大量案件信息的披露易引发媒体公众对案件的讨论。媒体公众往往从道德感情出发,较少顾及司法过程理性化、程序化的要求,一旦道德意义上的结论形成,传媒和公众便会利用道德优势表达要求,甚至以道德的标准责难司法机关的合法行为。③ 社会舆论把一个相当复杂的法律和程序问题变成一个道德问题。④ 为了有效回应网络舆情,2006年最高人民法院正式建立新闻发言人发布制度,所有高级以上法院都有了新闻发言人。但大量基层法院尚未建立专门的舆情应对机制,舆情应对能力不足将使法院工作陷入被动。

4. 案件质量有待提升

司法公开有助于提升司法权威,同时对审判过程提出了更高的要求。裁判文书上网会使案件的审理质量、效率较为直观地呈现在当事人、律师、社会公众面前,一些裁判文书的瑕疵经过网络舆情的放大效应"发酵",会直接损害法官甚至法院的形象。⑤ 目前,法院面临案多人少、司法保障不足的困境,同时部分干警司

---

① 参见李卓臻:《司法公开的度量衡》,载《人民法院报》2014年1月13日。
② 在裁判文书匿名处理上,"作为惯例,几乎所有欧洲国家都会把判决书中的个人信息去后再在网上公开"。一些国家仅公开姓氏,一些国家则以英文字母代替当事人姓名。而对于庭审,大部分欧洲国家更倾向于对刑事案件庭审录音录像,禁止对民事案件庭审录音录像,有的国家要求对涉及当事人信息的部分镜头进行处理。
③ 参见顾培东:《论司法的传媒监督》,载《法学研究》1999年第6期。
④ 参见刘练军:《民粹主义司法》,载《法律科学》2013年第1期。
⑤ 参见张新宝、王伟国:《司法公开三题》,载《交大法学》2013年第4期。

法能力、司法作风有待提高,表现在不能规范、有效地驾驭庭审,裁判文书论理部分简单,还有的法院干警责任意识不够,裁判文书中存在错别字等,随着司法公开工作的推进,这些问题如果不能及时加以解决,将对司法权威造成不良影响。

5. 公开信息的共享利用机制不健全

信息的互联互通能够促进司法公开发挥最大效益。而目前,法院系统与其他管理职能部门之间的信息共享利用不足,法院的信息平台不能与政府部门建设的个人征信系统、企业信用平台等形成对接,双方资源都无法共享。此外,即使是在法院系统内部,相关案件信息也未能充分实现对接共享,信息公开效益未能最大限度发挥。

6. 司法公开将增加司法成本

司法公开是一项浩大工程,借助信息技术推进过程中,无论是硬件投入还是软件开发,都需要强有力的经费保障。一个科技法庭的投入一般需要几十万元资金,建设综合性诉讼服务平台则需要一定规模的专业团队进行支持和维护。在案多人少、司法辅助人员不足、经费有限的情况下,司法公开工作将增加司法成本,进一步加大法院以及一线法官的工作压力。

三、对策建议

1. 完善相关立法

在立法过程中要完善执行信息、案件流程信息、庭审视频等不同种类信息的公开规定,明确公开的对象、程序、范围等内容,同时兼顾社会、法院、当事人三者权利的平衡。此外,要与三大诉讼法以及《中华人民共和国保守国家秘密法》等已有的法律相衔接,根据不同的信息类别以及密级对公开方式进行规范。例如《行政诉讼法》①对于律师与当事人的查询材料的范围进行了不同的规定。《中华人民共和国保守国家秘密法实施条例》中对国家秘密的知悉范围、复制、传递的程序也作了相关规定。司法公开工作须在相关法律规定的框架内有序推进。

2. 科学有序推进

信息化建设是一项高技术含量、高资金投入的系统性工程,各法院要从自身实际条件出发,因院制宜,采取循序渐进的模式稳步推进,避免短期行为和形象工程。首先,应明确司法公开的总体目标和阶段性目标,结合法院自己的实际情况和工作特色,目标明确、总体规划。其次,要加强公开信息的利用。强化司法信息内部互通以及外部公开,既要向社会公开相关案件信息便于社会监督,也要实现

---

① 《行政诉讼法》(1989年)第30条规定:"代理诉讼的律师,可以依照规定查阅本案有关材料,可以向有关组织和公民调查,收集证据。对涉及国家秘密和个人隐私的材料,应当依照法律规定保密。经人民法院许可,当事人和其他诉讼代理人可以查阅本案庭审材料,但涉及国家秘密和个人隐私的除外。"

法院系统内部信息的交流互通,为各法院之间、法官之间学习、沟通提供便利。最后,要构建多方联动协同推进的工作格局。司法公开工作要与社会需求相结合,实现法院信息平台与政府部门建设的个人征信系统、企业信用等平台的对接,多方资源共享,最大限度地发挥公开信息效应。

3. 完善配套机制

当前,司法公开工作在全国范围内得到了各级法院的积极响应,但该项工作的顺利开展需要完备的配套机制作为保障。一是统筹协调机制。司法公开涉及司法工作的各个环节,需要法院相关部门的紧密配合,密切协作,要建立法院内部定期沟通协调机制,对司法公开过程中出现的问题及时研究,制订改进方案,促进公开工作取得实效。二是建立督办督查机制。制度的关键在于落实,要建立起定期巡查机制,加强对司法公开的检查、跟踪落实,使公开目标按期完成。三是建立科学的考评机制。要建立统一、科学的评价机制量化考评,对司法公开的效果进行检测与评估。如浙江省高级人民法院将司法公开分解为36个评估指标,通过内部、外部双重测评的方式,多角度多层面测评公开工作。四是建立民意吸纳反馈机制。注重构建与公众交流沟通的平台,使群众能够对公开内容进行评议,便于法院及时收集群众对法院各项工作的意见建议,及时做好舆情跟踪和分析研究,对不当舆论及时做好引导和解释工作。

4. 提升法官素质

一是要端正思想提高认识。司法公开是提高审判水平、增强庭审透明度、加强人民法院廉政建设和接受社会监督的有效途径,要从推进权力运行公开化、规范化,确保人民法院依法独立公正行使审判权的角度,正确认识司法公开工作。

二是要加强学习培训,提高司法能力。通过法官教法官、庭审观摩、裁判文书评比等形式加大法官培养力度,打造专业的法官队伍。不断提升庭审驾驭能力、文书写作能力、做群众工作的能力、法律思维能力。

三是要强化责任意识,改进司法作风。要强化干警责任意识、程序意识、精品意识,进一步加强廉洁司法教育,改进司法作风,避免在裁判文书上出现字词错误、歧义语句等"硬伤",杜绝金钱案、人情案,使每一个案件都经得起社会、历史的检验。

司法公开的表征之一：裁判文书说理不充分之优化

林轲亮[*]

一、裁判文书说理不充分与"缠讼"之共生

随着时代发展，司法改革的推进，司法公开的表征之一裁判文书的公开提上日程，而裁判文书的说理又成为文书公开的巨大表征，同时伴随着社会关系越发错综复杂，规范社会关系的法律条文也日渐增多，裁判文书说理也成为"不易"之事，进而导致裁判文书作出，缠讼也相伴而生。

2011年2月18日最高人民法院对民事案件案由进行修改，修改后的《民事案件案由规定》共有第一级案由10个，第二级案由43个，第三级案由424个，第四级案由367个。数百种类型的民事案由彰显了案件类型的多样性，在不要求强制律师代理的我国，当事人完全有可能迷惑于各种错综复杂的法律条文当中，而如若案件事实本身又由于各种认知偏差而存有误解，则更可能加剧当事人的"盲目"。

英国法理学家罗伯特·马加利爵士认为，"法庭上最重要的角色是将要败诉的那个当事人"。正是怀揣着一定的"盲目"进入诉讼当中，以求法院给一个"说法"的当事人，遭遇了败诉的结果，但却不能得到使他们信服的"说法"，则极有可能导致法之实施的社会效果的低效，引发当事人的不满，从而引发当事人的上诉、申诉，乃至不断信访、"喊冤"。然而，利用司法数据辩证观之，2010年，我国改判和发回重审案件（包括刑事、民商事以及行政案件）占二审结案案件的15.84%，其中改判案件只占10.04%，发回重审案件只占5.8%，一审裁判正确率高达98.35%。2010年，再审新收案件45 710件，经审判监督再审改判和发回重审案件只占当年生效裁判的0.25%，生效裁判正确率高达99.75%。2010年全国人民法院共新收刑事、民商事、行政申诉、申请再审案件112 103件，其中经审查决定再审的案件只占21.72%。[①] 显而易见，我国一审案件以及终审案件的正确率是比较

---

[*] 林轲亮，法学博士，广西大学法学院副教授。
[①] 参见《2010年全国法院审理各类案件情况》，载最高人民法院网（http://www.court.gov.cn/qwfb/sfsj/201103/t20110324_19084.htm），访问日期：2014年10月10日。

高的,甚至可以说是相当高的。在如此之高的裁判正确率下,当事人还是如此热衷于上诉、申诉乃至信访,其中的原因值得深究。

除却一部分由于当事人自身的"固执"原因而导致不断申诉的极端案件,作为市场经济活动中的"理性人",在一份说理充分、让自己信服的裁判文书的指引下,几乎是不会做出再让自己损失成本的进一步诉讼以及非诉讼的举动。然而,恰恰是由于我国的裁判文书长久以来说理不充分的诟病,导致了当事人在裁判结果出来之后,依然"盲目"的局面,进而导致缠讼的发生。

二、我国现行裁判文书说理之现状

我国现行《民事诉讼法》第 152 条规定:"判决书应当写明判决结果和作出该判决的理由。判决书内容包括:(一)案由、诉讼请求、争议的事实和理由;(二)判决认定的事实和理由、适用的法律和理由;(三)判决结果和诉讼费用的负担;(四)上诉期间和上诉的法院。判决书由审判人员、书记员署名,加盖人民法院印章。"其中"判决认定的事实和理由、适用的法律和理由"等判决书"说理"的部分,是一份判决书"应当"具备的要素,然而,或许是太多的判决书构成要素"淹没"了判决书的说理要素,导致实践中的判决书对于裁判文书的"说理"部分相当混乱,导致当事人的持续"盲目"。具体而言,我国判决书对于判决理由的缺漏主要表现在以下几个方面:

首先,判决书对事实的认定缺乏分析。相当多的判决书是采用故事性的叙述风格,在案件事实的叙述过程中为了不影响案情叙述的连续性而不对案件事实为何如此认定作具体的分析,只是在案件事实叙述完毕后,才加上"以上事实,有××证据证实"这个小尾巴。

其次,没有针对案件的具体情节阐明所适用的法规范。很多判决书在最后才总括性地列举所引用的法条,导致在整个判决理由部分几乎看不到这些法条是如何被具体适用的,法规范作为大前提,却在法律适用的分析过程中"隐而不显"。判决书"对法律适用经常闪烁其词、高深莫测,问像'根据有关法律'、'按照国家法律'……云云,究系何法何条何款,使人如坠云雾"。[①]

最后,判决书过多论述法规范及法规范辐射范围以外的事。科学的判决书应当是以法规范型判决理由为主的判决书,法规范型判决理由要求判决理由必须紧紧围绕法规范,或者至少是在法规范辐射范围以内来展开,这是法规范型判决理由的内在要求。而如果判决理由过多地阐述了情理,而不是法,以及在情理有悖

---

① 田平安:《民事审判改革探略》,载《现代法学》1996 年第 4 期,第 25 页。

于法的情况下依情理而不是依法进行裁判,均属于情理型判决理由。[①] 如果说法之阐释能够唯一的话,那么情理之表述则可谓"公说公有理婆说婆有理",不排除在调解过程中运用情理说服的方法进行利益的分配,然而对于权利指向的判决文书而言,过多的情理表述则会更加贬损判决书的权威性,毕竟,当事人对于情理之掌握,未必就逊于法官本人,甚至于其心中本身就完全是靠情理来断定是非。在一些离婚案件中,年轻的未婚法官想用情理去说服已婚多年的当事人,则更显滑稽。过多的情理灌输将导致当事人愈发"不服",以致愈发"盲目"。

判决书说理的缺漏,这是司法实践所造成的制度异变。不唯如此,对于法律本身,也存在缺漏。纵观我国《民事诉讼法》,其虽然对判决书的构成要素作了充分诠释,然而却对和判决书等量齐观、同样可以终结诉讼的裁定书的构成要素只字未提,而仅仅是对裁定书的适用范围作了列举式加兜底式的说明。立法的缺失无疑更加造就了司法的"不实践"。

三、现有优化裁判文书说理不充分之策

正是诸多的立法以及司法的不足,导致了判决书的缺憾,进而导致"案结"却不能"事了"的局面。基于这样的担忧,2011 年 10 月 29 日,全国人民代表大会常务委员会初次审议后公布的《中华人民共和国民事诉讼法修正案(草案)》修正了《民事诉讼法》第 138 条"判决书的内容"和第 140 条"裁定书的范围",更改为第 151 条:"判决书应当写明判决结果以及作出该判决的理由。判决书内容包括……"第 153 条:"裁定书应当写明裁定结果以及作出该裁定的理由。裁定适用的范围……"显而易见,立法者将判决理由作为"注意条款",予以重复规定,就是要给予司法者以警醒。但司法实践中是否能就此摆脱长久的裁判文书的诟病,仍然有待观察。

此外,还有地方采取诸如模拟审判、早期中立评估等模式,通过在进入诉讼前或进入庭审前,由专家担当中立人对当事人的案件进行专业性的"预审"或评估,通过说理让当事人对于案件有更为清晰的认知,以便决定下一步的决策。无论是模拟审判还是早期中立评估制度,无疑能够成为裁判文书说理的重要优化制度和补充制度,其将更有利于当事人明晰未来裁判文书的说理,进而真正达到定分止争的效果。

而在法院内部直接用以补充说理不充分的重要方式无疑是判后答疑制度,不少法院甚至直接在立案大厅设立判后答疑服务窗口,由值班法官甚至主审法官亲自为对裁判文书不理解、不服气、不明白的当事人提供说理服务,以使当事人真正明白裁判文书的用意,避免歧义,以便最终定分止争。但这种判后答疑的方式虽

[①] 参见肖晖:《中国判决理由的传统与现代转型——以民事判决为中心》,西南政法大学 2005 年博士论文,第 90—93 页。

然很实用,也很有必要,但更具讽刺意味。如果法官能在裁判文书中把道理阐释清楚,怎么还需要判后答疑这种方式来进行补充？这是值得怀疑和研究的。裁判文书并不只是一种宣告,更是一份让当事人看的,说服当事人、厘清纠纷、解决纠纷的文书,如果没法让当事人明白,没法充分、准确说理,则这份裁判文书只能算是一场"秀",丝毫没有起到其本应有的作用。

值得一提的是,我国司法实践中之所以不热衷于裁判文书的详细说理,除却法官自身的认知原因之外,应该仔细反省案件压力激增导致法官对于每一宗案件所投入的时间的缩减。在案件数量激增的语境下,很难让法官耐心地诠释每一份裁判文书,以达到充分说服当事人,进而定分止争,达到法之社会效果的目的。并且,对于简易程序,法律(包括司法解释)直接就"同意"裁判文书说理的简化。所以诸多因素导致裁判文书不会充分说理、不能充分说理、不愿充分说理。因而相比把裁判文书说理充分化作为常态,司法者们则更倾向于采用诸如邀请专家(大多数是律师)进行模拟审判、进行事前评估的方式,以便让法官自己从裁判文书说理不充分的诟病中得到解脱。

论刑事判决书说理之强化

张 娟[*]

引 言

增强判决书的说理性对树立司法权威、提升司法公信、提高司法公正形象,具有重要促进作用。近年来,判决书制作的总体水平明显提高,但判决书公式化、说理过于简单、缺少法律论证等问题依然存在。上述问题的根源在哪里?较有影响力的说法是,我国有些法官的法律素质较低,缺乏理论思维能力,无法撰写出高质量的判决书。这种说法不完全符合实际情况。实际上,我国法官具有的分析论证能力可能比判决书上所表现出来的要强得多。要强化判决书说理、提高判决书质量,除了提高法官的法律专业素质和说理论证能力外,更重要的是提供一个能激励法官撰写说理充分的判决书的机制和环境。

一、判决书说理之必然

判决书的功能以及司法过程的性质决定了判决书应当"讲理",说理是判决书撰写的必然要求。

(一) 判决书的功能决定其说理性

司法的首要目的是定分止争,因而判决书的首要功能便是对行为进行法律评价,相关的还有行为指引、法制宣传、道德教化等功能。当前,我国正处于社会转型和经济高速发展时期,司法过程要积极参与社会管理创新,强化参与社会公共治理,要追求实质正义与程序正义之间的平衡。司法公开要求将审判权的运行置于阳光之下,判决书作为裁判行为的作品,是司法公正的载体。判决书不仅要展示裁判结果,更要反映形成裁判结果的决策过程。一份表述清晰、论证严密的判决书,能彰显法官的裁判理性,更能增加当事人及其他社会公众对司法裁判的了解和信任。

---

[*] 张娟,法学博士,武汉市汉阳区人民法院。研究方向刑法学。

审判行为在本质上是一种判断行为,包括对案件事实、适用规则和作出裁决的判断。判决书应展现判断行为的权威性、正当性和合理性。刑事判决书的受众不仅包括检察院、当事人、辩护人、诉讼代理人等,裁判文书上网使得一切可能接触到判决书的主体都成为受众。司法行为的指引性得以使判决书通过对个案判决的说理建立起具有指导意义的一般规则。而判决书要体现司法行为与社会关注的互动,从这个角度来讲,判决书说理架起了审判的法律效果和社会效果之间的桥梁。

(二) 司法过程的性质要求判决书说理

英国著名法官丹宁勋爵关于司法过程的性质曾有个著名的比喻:法律就像是一块编织物,法官当然不可以改变编织材料;但是,当这块编织物出现皱褶时,法官可以、也应当把皱褶熨平。[①]

司法过程不是仅仅适用法律的过程,判决书也不是机械地、简单地表述事实、法律和裁判结果的文书。虽然从一定意义上可以说,法官的首要之义是服从法律。但是,如果法官审理案件只需要被动、机械地适用法律,那么司法过程便成为精准、快捷的"法律自动售货机"[②]——输入事实和法条,输出裁判。这样,法官只是作为"宣布法律的嘴巴"而存在。现实远非如此,生活是复杂的,法律也不可能"天衣无缝"。成文法所固有的不周延性、模糊性和滞后性等局限不可避免。这就决定了法官不会像法条主义者所期望的"法律自动售货机"那样司法,法官还会以"偶尔的立法者"的面貌出现。正如卡多佐所说的:"我已经渐渐懂得:司法过程的最高境界并不是发现法律,而是创造法律。"[③]

从认识论上来说,人类认识的主观差异性决定了法官在裁判时所认定的事实不可能是哲学意义上的、绝对客观的事实,一定是被认识过程所加工了的"法律事实",该事实与客观事实不一定完全符合。而法律的开放性决定了并非任何纠纷都有现成规则可遵循;即便有规则,由于语言的模糊性,法官在裁判时,还需要根据自己的理解对法律进行阐释和论证。因而,司法过程的创造性要求判决书的制作必须加强说理和论证。

二、刑事判决书说理之困境

(一) 对判决书说理的核心内容及形式尚无共识

尽管一些法院尝试进行判决书说理的改革工作,但是由于对判决书说理内涵

---

① 参见〔英〕丹宁勋爵:《法律的训诫》,杨百揆、刘庸安、丁健译,法律出版社1999年版,第12—13页。
② 参见〔德〕拉德布鲁赫:《法学导论》,米健、朱林译,中国大百科全书出版社1997年版,第105页。
③ 〔美〕本杰明·卡多佐:《司法过程的性质》,苏力译,商务印书馆1997年版,第101页。

理解的偏差,对判决书应当说什么理、如何进行说理没有达成共识,产生了各种各样的判决书说理方式:有的认为强化说理就是将法官的不同意见进行说明,如在判决书中直接将合议庭的不同意见写出来;有的认为强化说理就是对当事人进行谆谆教诲,如在判决书主文后面添加法官后语;还有的认为强化说理就是强化普法,如在判决书后添加法条附项等。

笔者认为,不可否认,判决书改革的上述有益尝试体现了对判决书说理的重视,在客观上也都取得了积极的效果。但是,这些做法或许在一定程度上能够作为判决书说理的辅助,却并非说理的内容。尽管这些尝试具有一定的说理效果,但是,毕竟未能触及法理问题,缺乏事实认定与法律适用之间的论证和解释,不是真正意义上的判决书说理。

(二) 粗放的制式判决书框架限制了说理的发挥空间

我国法院的刑事判决书在写法和样式上一般由"首部""事实""理由""法律依据""判决结果""尾部"几个部分组成,沿袭"检察院指控—被告人(辩护人)辩称—经审理查明—证据分析—本院认为—判决如下"的模式,表现出来的风格是判决书表述公式化、分析概括化、论证抽象化、行文程式化、框架模式化,缺乏个性,千案一面。各部分之间靠模板式的过渡语句衔接,文章结构不明显,尤其是不能体现裁判结果的形成过程和理由,说服力不强。

法官撰写判决书受制于整体框架,论证说理的发挥空间有限,制约了法官能动地、创造性地撰写判决书。在法律适用方面,文书撰写者一般不对法律条文进行解释,不阐明法律所蕴含的精神或法理。偶尔尝试进行分析的,多分析不透彻。在事实认定方面,撰写者或因担心言多有失,或为回避分歧,或为掩盖矛盾,对事实判断的解释过于简练,对证据分析的阐述不够充分,对争议焦点不提炼或者片面、抽象甚至歪曲归纳,对当事人及其辩护人的主张不予回应,或虽回应却言语模糊,导致证据分析、事实认定与判决结果之间衔接不顺畅甚至生硬。

(三) 格式化司法之于非格式化社会现实下的说理弱化

随着中国社会进入矛盾高发期,一方面,"维稳政治"促成司法价值观由经济本位向社会本位转变[①];另一方面,公民的维权诉求更加迫切。就中国特定的社会背景看,法官角色不能单单是纠纷的裁决者,"司法不仅需要一定的被动性,更需要一定的能动性"[②],强调审判的社会效果,提出"两个效果相统一"的司法政策。[③]

但是,对司法社会效果的追求被过度放大,形成了一种结果导向的逆向评价

---

① 参见江国华:《转型中国的司法价值观》,载《法学研究》2014年第1期。
② 江必新:《司法理念的辩证思考》,载《法学》2011年第1期。
③ 参见肖扬:《中国司法:挑战与改革》,载《人民司法》2005年第1期。

机理。为了得到一个所谓"正义的结果",可以不择手段、不问过程。社会上"信访不信法""不怕事大,就怕闹不大""闹得越大,胜算越大"的各种怪异现象,导致法官为了避免当事人申诉上访,为了"摆平"当事人,不得不关注法律之外的价值目标。在很多个案中,对结果好坏的评判标准便是当事人是否息诉服判或息访,社会效果在一定程度上被异化为束缚法院和法官的"紧箍咒"。

法官面临的现实困境是:一方面,民众期待法官法条主义式的裁判;另一方面,基于民众期待和诉求,对社会效果的追求使得法官在审判实践中更加关注解决纠纷、维护和谐稳定,有时为了"恰当"地解决某些纠纷而不得不忽略成文法规则和法官的制度角色。那些"非格式化"的社会现实问题常常让法官们无法用"格式化"的司法来解答。① 对于这样的裁判,法官在判决书中该如何说理?在这样的背景之下,判决书说理的弱化是法官尤其是基层法院法官不得不作出的一种现实选择。

(四) 外部环境理性不足促使法官注重同质分享而忽视异质论证

相较于归纳推理,三段论式的演绎推理更容易被人接受。因为其给裁判者提供了一个理所当然的大前提,这个大前提恰恰是规则运用者和大多数判决书受众都能够接受的。由于社会成员与法官在现有规则的认识和理解上一般会具有高度的同质性,在裁判时对这种规则的同质分享一般不易产生被异议或批判的道德风险。

在这样的思路下,越是有社会影响力的案件,法官就更愿意沿袭法条主义,恪守成文法的条文,对法律的字面含义机械遵循,不愿亦不敢背离逻辑三段论的推论结果——即便结果与社会公众的一般性预期相背离。但是,这些从形式上符合逻辑的结果,往往由于与社会的普遍价值观相去甚远而引发公众舆论,而法官也乐于否认自己的裁判决策中有主观性,因为"严格依照法律规定裁判"更能让民众信服。

此外,还有审判独立性不够的原因。首先,法院内部的行政色彩还比较浓厚;其次,法官和法院还受到来自于外部的各种形式、一定程度的干预。另外,中国社会目前的包容性不够。在很多时候,社会需要的是法官的表态,而不是对裁判的法律论证。对所谓的"民意"与"舆论"一味迁就,在一定程度上将司法引入了民粹主义陷阱。② 法官主动、充分说理的土壤环境还不成熟。

(五) 法学研究与法律实践脱节

有学者对中国法学研究方法进行分析后指出,从文献引证的数据上来看,与理

---

① 参见苏力:《送法下乡——中国基层司法制度研究》,北京大学出版社2011年版,第146页。
② 参见许章润:《司法民粹主义举措背离了司法改革的大方向》,载张卫平、齐树洁主编:《司法改革论评》(第11辑),厦门大学出版社2011年版,第39页。

论专著和论文相比,中国学者对司法案例的关心不够。中国法学研究者的案例只占引证文献的4.8%,然而《哈佛法律评论》的案例占文献总数的22.7%。该研究还发现了一个"尤其怪异"的现象,中国学者关注外国案例比中国案例更多。研究者进而指出,中国法学研究不注重中国的司法案例,导致理论对实务贡献并不大。①

笔者认为,中国法学研究与法律实践有巨大脱节,既有中国学者偏重于纯理论研究,对司法案例关注不足的原因,又有中国的司法实践不注重理论的原因,体现在文书上就是判决书的普遍不说理或者偶尔说理却言之泛泛。英美法系、大陆法系典型国家的法官在犯罪成立、正当化事由、罪责、犯罪形态、犯罪参与等问题上普遍擅长运用法学理论进行认定,法官在判决书中针对个案所凸显的问题进行理论上的分析,说理性强的判决书在一定程度上可以与一篇法学论文相媲美。相比之下,我国法官对案件审理不注重理论探讨,遇到疑难案件,习惯性依赖上级领导、审判委员会或上级法院,不习惯也不擅长在判决书上进行透彻的说理,法学理论研究自然难与司法实践有效结合。

三、强化刑事判决书说理之路径

中国是有注重判词说理的法律传统的。隋唐时期,中国封建法治臻于成熟和详备。统治者对官吏选拔设置了较高的标准,身、言、书、判是选择官吏的基本条件。判即裁判文书,作为科举考试的一大门类,取"文理优长"者。② 官方也注重收集判词和分析案例,并整理刊刻成书,例如宋代《名公书判清明集》。宋代判词重视对案件事实与证据的认定和分析,重视准确理解和适用法律,重视断案的"清明",还重视审理案件时的"谆谆教诲"。宋代判词注重说理的风格,后来成为中国古代判词发展的主流。有学者认为,古代判词比当今的判决书写得好,并不是因为如今的法官不如古代的官吏聪明,而是由于古代官吏有更多的表达机会。③ 那么,随着司法改革的推进,如何给法官提供更多展示智慧的机会?可以从以下几个方面进行探索:

(一)界定刑事判决书说理的核心内容

司法是动态的过程。判决书所要展示的不仅是正义的结果,更重要的是要展示裁判形成的过程。评价刑事判决书说理的标准,并非仅着眼于情理上是否谆谆教诲、修辞上是否富有文采,而应着眼于通过判决书是否能够让人清晰地看到案

---

① 参见熊谋林:《三十年中国法学研究方法回顾——基于中外顶级法学期刊引证文献的统计比较(2001—2011)》,载《政法论坛》2014年第3期。
② 参见《新唐书》志第三十五·选举志下。
③ 参见方流芳:《司法判决为何缺乏推理》,载罗强烈主编:《向我们的处境发问》,中国青年出版社2000年版,第71—73页。

情以及法律论证。其最低限度是"一个受过法律训练但不熟悉案情的人无须求助于书面判决以外的材料而评估判决在法律上的正确性"。① 笔者认为,刑事判决书说理的核心内容在于三个方面:为事实判断之形成提供论证、为模糊规则之适用提供解释、为类似案件之处理提供导引。

1. 对事实认定的分析论证

虽然三段论分析的顺序是"大前提(法律规定)——小前提(事实)——结论",但是,法官面对一个案件时首先考虑的是事实。而当事人可能缺乏法律专业知识,所以也会更关注法官对案件事实的判断,正如秋菊打官司,只为讨一个"说法"。事实认定清晰、严密的判决书有助于树立司法裁判的权威,对于有诉讼理智的当事人来说,有助于促进服判息诉,也有助于提高社会对司法活动的信任度。

《刑事诉讼法》第195条第(一)项规定的"案件事实清楚,证据确实、充分"是我国刑事诉讼的证明标准。那么,什么样的程度算是达到案件事实清楚了呢? 这就涉及"客观真实"与"法律真实"两种证明标准。前者要求刑事证明标准应达到"查明案件的真相""法院判决中所认定的案件事实与实际发生的事实完全相符"的程度。这是不切实际的。

从认识论上来说,所有认定的事实都是被"加工"了的事实,是证据与法官的感知、判断相结合的产物。一方面,案件的事实要靠证据来证明,而证据不一定与客观事实相符;另一方面,人类认识能力有限,法官的认知能力、价值观念、理论立场等会影响其对事实的认定。因而,裁判过程所认定的事实不必然是客观事实,而是被法官依法"加工"所"形成"的"法律上的真实"。这就意味着法官对自己如何认定事实的过程有必要进行详细而充分的论证。借助法官的自由裁量权,在法律规范、证据材料、论证技术的基础上,结合经验、常识、良知、理性等对刑事案件事实作出判断,在判决书上进行充分的阐述和论证,排除合理怀疑。

2. 对适用法律的解释演绎

法律需要人来理解,既然是理解必然就会有不同的理解。法官对法律理解的差异需要运用法学理论和法律原则进行恰当的解释。以《刑法》第264条"携带凶器盗窃"②为例。《刑法》第267条第2款"携带凶器抢夺"和第264条"携带凶器盗窃"都有"携带凶器"的规定,那么在刑法解释上是按照同一部法律中的术语作相同解释的一般原则,对两处"携带凶器"作相同解释,还是基于罪名本身的特殊性对二者作不同的解释? 2013年4月2日最高人民法院、最高人民检察院发布的《关于办理盗窃刑事案件适用法律若干问题的解释》与2000年11月22日最

---

① 张志铭:《司法判决的结构和风格——对域外实践的比较研究》,载《法学》1998年第10期。
② 2011年2月25日全国人民代表大会常务委员会通过的《中华人民共和国刑法修正案(八)》对盗窃罪的构成要件作了修改,携带凶器盗窃作为立法新增的盗窃罪行为方式,成为盗窃罪中与数额较大、多次盗窃、入户盗窃、扒窃并列的五种入罪标准之一。2013年4月2日最高人民法院、最高人民检察院发布的《关于办理盗窃刑事案件适用法律若干问题的解释》第3条对携带凶器盗窃的含义作出了解释。

高人民法院发布的《关于审理抢劫案件具体应用法律若干问题的解释》则采第二种态度,对两处"携带凶器"进行了不同的界定。另外,对"携带凶器盗窃"之"携带"的认定是否考虑行为人主观方面的因素?出于破除财物防护设施目的的携带与为制服被害人、抗拒抓捕而携带凶器的主观恶性显然不一样。另外,是否认定为"携带凶器盗窃"还可能关系到罪与非罪的区别:行为人买了一把弹簧刀,将刀装在背包里,其本来并未打算实施犯罪行为,经过一个路边摊时见无人看守,临时起意,顺手牵羊盗窃价值 300 元手机一部。该行为既不属于数额较大、多次盗窃,亦非入户盗窃、扒窃,是否认定为携带凶器盗窃则十分关键。

对于这种情况,强化说理便是要科学地解释法律,通过对法律规定的解释来论证对规则的适用,以最大限度地发挥现有法律的实际效果。正如法谚所云,"法律不重诵读,而重解释",应当允许并鼓励法官在适用法律时名正言顺地解释法律,通过对法律的解释将规则应用于具体的、千差万别的个案中。

3. 对创制规则的法理辨明

个案审理不仅能解决个案所涉纠纷,还可以为类似案件的处理提供指导和参考,也就是有学者所说的"为纠纷之解决提供一个合理化的证明以及在可能的情况下为后来的类似案件处理提供一种导引"。① 近年来最高人民法院的指导案例制度强调个案的指导作用,能够从一定程度上弥补成文法的局限,统一法律适用。

尽管英美法系国家采用判例法传统,但是丹宁勋爵仍然认为,"法官在审案和判案的过程中应该随着社会的变化和时代的发展创造出与生活的步调相一致的新的、公正的判案原则"。② 在成文法传统的德日大陆法系国家,判例在创制规则方面亦发挥着重要的作用。例如,"期待可能性"规则便是在 1897 年德国帝国法院对"癖马案"的判决中确定的,将过失犯罪的期待不可能性作为超法规的免责事由,该判决原则性地宣布,没有期待可能性,就不可能成立过失犯罪。③ 而"共谋共同正犯"则是日本最高裁判所在 1958 年的练马案判决中采用间接正犯类似说认定的,该判决确立了正确区分共同正犯和教唆犯以及帮助犯的规则。④ 司法在创制规则方面的功能越来越受到重视,这种功能的发挥则要求法官在判决书的制作中要注重说理。

(二) 根据案件繁简量身定制刑事判决书

除了在判决书说理的核心内容上需要达成共识之外,还应在判决书的形式上

---

① 苏力:《判决书的背后》,载《法学研究》2001 年第 3 期。
② 〔英〕丹宁勋爵:《法律的训诫》,杨百揆、刘庸安、丁健译,法律出版社 1999 年版,第 12 页。
③ 参见〔德〕《帝国法院刑事判例集》(第 30 卷),第 25—28 页(RGSt30,25 -28),1897 年 3 月 23 日——1897 年第 576 号(RG,Urt. v. 23. 3. 1897g. G. – Rep. 576/97)。转引自〔德〕克劳斯・罗克辛:《德国最高法院判例・刑法总论》,何庆仁、蔡桂生译,中国人民大学出版社 2012 年版,第 113—115 页。
④ 参见日本最高裁判所大法庭 1958 年 5 月 28 日《最高裁判所刑事判决集》第 12 卷第 8 号,第 1718 页。转引自陈家林:《外国刑法通论》,中国人民公安大学出版社 2009 年版,第 45 页。

破除格式化的模式。刑事裁判文书说理主要应阐明的内容包括:定性论证、量刑论证、控辩双方争议的焦点、裁判所依据的法律条文。在判决书格式上,可以尝试对个案判决书进行"量身定制"式的撰写,根据案件繁简不同区别对待。

对于采用速裁程序审理的轻微刑事案件①,主要是考虑到此类案件情节较轻、事实清楚、证据充分、被告人自愿认罪、当事人对适用的法律没有争议。在庭审中,被告人自愿不进行法庭调查、法庭辩论的,可不进行法庭调查、法庭辩论;符合当庭宣判条件的,可能当庭宣判。因而,判决书要力求内容"简洁明晰"、制作"简单便捷"。框架上沿用传统的"首部—正文—尾部"令状式判决书格式,正文部分的内容以"检察院指控"和被告人的"认罪答辩"为核心要素,事实认定部分不列举证据。对于其他适用简易程序以及普通程序审理的一般刑事案件,在前述轻微刑事案件判决书格式的基础上,增加辩诉意见以及证据列举。

而对于案情复杂、法律适用有争议、被告人不认罪的案件,判决书则要力求"说理透彻",在框架上可以考虑尝试根据需要将刑事判决书的写作风格论文化。采用论文风格,论理要有较强的针对性,内容上突出控辩双方的争议焦点,围绕焦点问题逐一展开说理和评述。在形式上可以引用、参考资料并注明出处;在正文中无法展开的说理可以加入注释;在结构上可以用不同层级的标题进行区分;判决书各部分的顺序可以根据写作需要进行编排,使判决书结构更加清晰、逻辑更加严密、内容更加明了。

(三) 在坚持罪刑法定原则的基础上尊重并鼓励自由裁量

刑罚的严厉性使得人们更加强调刑法的确定性,但是,司法实践中的法律并非我们期望的那么确定,法院的判决也并非总是经由以法律规范作为大前提的三段论演绎逻辑机械地推导出来。

在审判独立的趋势下,法官得以有更多的机会自由裁量。从目前我国刑法学界对刑事自由裁量权的研究来看,学者们对赋予法官刑事自由裁量权是极为谨慎的,研究内容多在于如何规制法官自由裁量权的行使。稍早几年的研究者们甚至主张法官的刑事自由裁量权只能在量刑领域行使。笔者认为,刑事法官的自由裁量权应体现在三个方面:探求法律真实,形成认定事实的内心确信;进行法律解释,对规则适用进行演绎解读;形成规则创制,用归纳推理论证特定情势的规则构建。

应当坚持罪刑法定原则基础上鼓励刑事法官在合理范围内积极行使自由裁量权,鼓励法官自由心证、解释法律、创制规则,进而不是依赖于审判委员会或上级法院,使裁判者有更多的积极性以及必要性去对所作的裁判进行说理和论证,

---

① 2014年6月27日,第十二届全国人民代表大会常务委员会第九次会议表决通过了《关于授权最高人民法院、最高人民检察院在部分地区开展刑事案件速裁程序试点工作的决定》。

让法官敢于放开手脚结合法学理论以及司法经验公开并论证自己的裁判形成过程,进而强化其裁量的正当性。

(四) 强化刑事典型案例指导

中国古代便已经形成以法典为主、以判例为辅的法律传统。既区别于英美法系,也不同于大陆法系,是中华法系法律渊源上的独具特色。以唐代为例,唐代是我国历史上成文法高度发达的时期,《贞观律》与《永徽律疏》构成了唐代法制的基本框架,在初唐时期发挥了法律依据的作用,判例的发展受到限制。至中唐以后,成文法与社会的鼎盛发展不相适应,要求有包含着深刻法理与法律精神的典型判例来弥补法典的不足以及灵活解决个案的需求。于是,形成了成文法典与单行判例并行的局面。唐代《龙筋凤髓判》[①]是我国迄今为止完整传世的最早的一部官定判例,对判例进行汇集整理,对每个判例引经据典,从律学高度加以阐释,对每个案件都提出"持之有故""言之成理"的裁判意见。司法解释与判词批语既可以使人从中理解判例中所包含的法理真谛,又可以为司法官吏解决法律条文所没有规定的疑难案件提供裁判依据。《唐律》以及《龙筋凤髓判》反映了古代中国独具特色的法律传统与法律文化。在立法上,既注重刑律的制定,也注重解释与应用;既注重判例的编纂,也注重案例的解释。在司法上,既强调罪刑法定原则,要求成文法发挥法律依据作用;又防止"法外遗奸",用典型判例来指导法典未规定的同类案件的审理,以弥补律令判案之不足。以至于到了清朝,甚至在一些有法可依的案件中,在以法律为依据进行论证后,裁判官仍多沿袭传统、借助判例加强论证,以达妙判。

近年来最高人民法院一系列指导案例的发布也意在强调个案的指导作用,凸显案例的创制规则功能。自 2010 年 11 月最高人民法院发布《关于案例指导工作的规定》至 2014 年 5 月,最高人民法院共发布 26 件指导案例,其中刑事案例 6 件。所选案例"在办案理念、裁判方法和规则塑造等方面有特色","着力解决法律适用中的新问题,统一认识,创制规则,弥补法律规定或司法解释的不足"。[②] 目前已经发布的指导案例中刑事案件数量还不够多,案例解释和补充法律的尺度也较小,应当强化指导案例的"指导功能",制定法官在裁判中援引指导案例的规则,对裁量理由、标准以及规则进行类型化。同时,还应增强法官的法律解释能力、说理能力,"没有来自于基层的一份份说理透彻的判决书,刑事案例指导制度难以真正形成"。[③] 同理,一个能调动法官判决书说理积极性的刑事案例指导制

[①] 《龙筋凤髓判》所汇集判例由具有深厚律学功底和丰富司法经验的张鷟注释加工,为流传后世的经典之作,不仅对后世的宋、元、明、清各朝代产生影响,而且对同时期的东南亚诸国具有重要影响。《唐律》以及《龙筋凤髓判》中的经典判例成为中华法系的代表作。

[②] 胡云腾:《中国特色的案例指导制度与指导性案例》,载《人民司法》2014 年第 6 期。

[③] 周光权:《判决充分说理与刑事指导案例制度》,载《法律适用》2014 年第 6 期。

度,是能够进一步促进判决书说理的良性发展的。

结　语

随着社会的发展,法官与公众在具体问题上的分歧会增多。为了实现"看得见的正义",强化判决之说理论证是必要的。随着司法改革的深入推进,判决书说理会得到进一步加强。判决书说理源于法官在认定事实时的内心确信、既有法律规则的内涵模糊以及具体案件审理中的规则缺失,不论是认定事实还是对法律进行解释抑或创制规则,都需要法官对其进行严密的论证和说理。在认定事实的过程中如何形成内心确信,在适用法律的过程中如何解释法律、创制规则,既是刑事判决书说理产生的原因,也是刑事判决书说理的归宿。

试论裁判说理的现实问题、理性规范与制度目标

杨汉平*

中国古代把裁判说理称为判词或断由,"中国古代判词产生的时间,当在殷周时代"①,至北宋时,法律就明确规定,提供裁判"断由"是判官的法定职责。② 而对于法治发达的近现代西方,"判决要说明理由的做法,在意大利从十六世纪起,在德国于十八世纪逐步确立起来;在法国只是在 1790 年,在德国只是在 1879 年才作为一项普遍义务强使法官们接受。判决必须说明理由这一原则今天是极为牢固地树立了"。③ 虽然,中国古代推行裁判说理和确立裁判说理制度大大早于西方,但"春秋决狱"和司法与行政合一之类道德化与行政化的司法制度使裁判说理并没能成为中国司法走向理性和科学的技术支撑。

在现代法治社会,"陈述判决理由是公平的精髓"。④ 近几年来发生的裁判说理不当的河南种子案、南京彭宇案⑤等案件,都成为社会公众痛责裁判无理和司法说理不公与不当的典型样本。因此,关注裁判说理技术,履行好裁判说理的司法话语权力,就成为法治时代法官提升司法能力以回应司法诉求和人民法治期盼的当务之急。

一、裁判说理虚弱的成因

(一) 权力本位与专政强势抑制司法说理

在传统社会,法律就是命令,强权无须说明。它是依靠威慑、剥夺与刑杀来维

---

* 杨汉平,法律硕士,湖北省武汉市东西湖区人民法院审判委员会专职委员。曾在《人民司法》《人民法院报》《法庭内外》及《武汉法治》等刊物发表论文二十余篇。
① 汪世荣:《中国古代判词研究》,中国政法大学出版社 1997 年版,第 36—37 页。
② 参见《宋会要·刑法》三之二八、三六至三八。
③ 〔法〕勒内·达维德:《当代主要法律体系》,漆竹生译,上海译文出版社 1984 年版,第 132 页。
④ 参见〔英〕彼德·斯坦、约翰·香德:《西方社会的法律价值》,王献平译,中国人民公安大学出版社 1990 年版,第 99 页。
⑤ 河南种子案直接否定地方法规的效力,参见许娟、许诗谊:《裁判文书说理制度的充分保障——从河南种子案说开去》,载《武汉科技学院学报》2005 年第 5 期。南京彭宇案的判决书以法官自认的常理作为一般法律推理依据,参见秦策、夏锦文:《司法的道德性与法律方法》,载《法学研究》2011 年第 4 期,第 41 页。

持其正统性和权威性的。即使是新中国成立初期,人们还形象地把司法机关称为专政的"刀把子",其意味着法院的功能重在强制性,轻于劝导和说服。对此,有学者就指出:我国法院"在司法判决中,更重要的仍然是判断,而不是论证"。① 这种法律工具主义和权力本位思想并不重视说明其权力行为与过程的合理性,而是只注重宣告裁判的结论性。随着社会的文明进步和市场经济的全面发展,在人民当家做主的法治国家,司法已经成为人民保障权利、限定权力和维护公共秩序的重要国家公器。法院和法官只能在法定授权和明确的程序内正当地依法行使司法权力。在这种社会主体利益化、社会利益多元化和利益纠纷法律化的法治模式下,权利应受到法院充分的尊重与保障,而作为维护、保障和救济权利的审判机关则必须借助裁判说理向当事人和社会公众公开其授权权力的运作过程和运行依据与理由,以证明其裁判形成的机理和结论的公正性、规范性和正当性。因此,以往无视、忽视或回避裁判说理的命令式裁判,就成为司法公信力提升的短板与障碍。

(二) 行政化的审判机制使内部审批扭曲外在说理

现行的审判机制依然是一种行政化强于专业化、内部管理强于外部约束的运作模式。法官审判必须服从于庭长、分管院长的管理权、审批权和审判委员会的决定权,而且,在案件重大疑难的情况下,还习惯于向上级法院请示汇报。因此,在法院内部和上下级法院之间,对于需要讨论议决的争议问题,习惯上形成了内部审核和请示报告的案件审理报告制度。而作为内部审批与上下级法院间的请示汇报的审理报告就成为决定裁判结论的内部说理。审理报告中的说理往往更加全面、深入地揭示了案件事实和需要说明的问题,而据此议决的结果往往比正式宣布和送达的裁判文书的说理要全面、客观。

同时,虽然裁判理由主要由独任或主审法官来思考与撰写,但是,裁判文书习惯上或制度上却要经过庭长的审批并且经由分管院长签发方能最终定稿和成形,形成裁判制作中的"行政程序代替诉讼程序"②的行政化倾向。这样,法官往往要听从长官意志,裁判文书也往往成为各方利益博弈的大杂烩或各种不同意见之"观念碎片"的混合体。这样,审理者不能独立裁判,裁判说理往往就沦落为服从行政命令及其连带进审判的"维稳"权宜与舆论压力的诉讼工具,抑制了本应独立、客观和自治的司法推敲和逻辑证成的理性发挥。

(三) 僵化的诉讼文书样式束缚了裁判说理

现行的法院裁判文书样式规定得过于简单,没有对裁判说理的结构、内容和功效有一个基本的标准化规范。这也是裁判说理无标准、难评价、不统一的非理

---

① 孙笑侠等:《法律人之治——法律职业的中国思考》,中国人民大学出版社 2005 年版,第 203 页。
② 参见龙宗智、袁坚:《深化改革背景下对司法行政化的遏制》,载《法学研究》2014 年第 1 期,第 135 页。

性乱象产生的重要原因。一般来讲,"在一个法律抗辩中(判决理由),判决主要限于根据归纳程式承载判决的法律思维过程"。① 因此,较为全面和典型的裁判说理应该包括对纠纷事实的认证说理和对查明事实进行法律评判的适法说理,其中,每一部分又包含着逻辑推理基本要素的一般规范(证据规范、裁判规则)、诉讼各方的举证与纠纷争议的诉辩主张(举证的证据和分歧的理由)和相应的论证推理结果(认定的事实和证成的结论)三个逻辑组成部分与连接它们的归类、选择与推演等。而现行裁判文书样式中的裁判说理只有简单的"本院审理认为"这一基本的逻辑起点与主体判断,没有明确具体的裁判说理的要求及相应的要素、结构、逻辑程式及司法证成的形式标准,也欠缺典型的文书样本或成例可资参酌与借鉴。特别是在实行裁判文书上网的当下,法院更应对当事人的举证、质证进行详尽的归类、评价与选择,以适切推断案件的待证事实,对当事人的诉求所依据的法律理由进行规则评判、价值取舍与利益衡量,从而得出理性公允的裁判结论。因此,仅以"当事人的举证与本案不存在直接关联""当事人的主张没有事实和法律依据"之类的套话来评价与取舍当事人的举证与诉辩,显然已与裁判说理是"对于判决的正当性进行论证的一项独立的法律制度"②的司法潮流严重背离的。

(四) 重实体轻程序的权力文化妨碍了公开说理

"刑不可知,则威不可测。"③在受到几千年封建权力统治影响的中国,人们对权利与权力的界限与相互关系向来是模糊不清的,权力的强势总是让权利成为它的附属品或"奴役"的对象。司法作为重要的统治权力,其运作总是服从和服务于国家统治与社会管理的应时需要。特别是在社会矛盾复杂、纠纷关系敏感和维稳压力不断增大的情况下,法院审判之外的内部请示与答复和外部的汇报与沟通、实用主义的政策妥善处理与功利性消化、维护眼前稳定的短视与权宜,等等,都使一些案件的处置充斥着法外因素的社会考量与讳莫如深的现实举措,而罔顾以说理来实现裁判公正的法律思维和法治方法。这种非规则化的司法倾向必然造成司法的任意化和滥用可能,形成难于公知、公信和监督的诉讼差异与司法权宜,从而走向法治的反面。因此,只注重结果不注重程序、只强调权力命令不解释权理的司法,就会退化成为一种不民主、不正当和不诚信的专权与专断。

(五) 说理责任的规范与制度的缺失弱化了裁判说理

我国目前对法官裁判不说理或不充分说理并无明确的责任规定和问责程序。

---

① 〔德〕N·霍恩:《法律科学与法哲学导论》,罗莉译,法律出版社 2005 年版,第 152 页。
② 参见胡桥:《从传统走向现代——中国判决理由的历史分析》,载何勤华主编:《法律文化史研究》(第 3 卷),商务印书馆 2007 年版,第 205 页。
③ 《左传》昭公六年(公元前 536 年)孔颖达疏语。

因此,对于在裁判文书不说理、不充分说理或者有意回避说理并无实际惩罚的规定和责任追究。由于客观上没有规范的约束和责任追究的制度设定,裁判说理就成为一种可有可无的形式或过场,或沦落为任意司法的粉饰与装潢。这些不符合司法逻辑推理或充足理由的判断与形式说理,往往使当事人产生合理怀疑或不当联想,并引发社会公众对司法的正当性、权威性和公信力的质疑与非议。司法裁判一旦脱离了说理的规则限定,就必然沦落为垄断、独断和武断的工具,衍生出乱用或滥用的恶果。

二、裁判说理的理性优化与制度调整

"判决是由联系紧密和表面上没有瑕疵的法律理由链条来支持的"。① 因此,司法裁判的本质就在于通过建立裁判说理的形式、结构、理念、环节与机制的系统模式来精细地说理,以实现司法对正义生动的发现、凝聚、表达与输送。

(一) 构建全面和理性的系统说理

"假如没有合乎逻辑的推理过程予以支持,法院判决也只不过是一堆恣意的命令而已。"②裁判说理实质上就是将规则命令寓于逻辑推理之中的系统化的理性论证与逻辑表达。它是针对诉求,围绕争点,将证据编结成法律事实,运用规则将事实区分为权利、义务与责任,以作出适当的法律评断的程序进程。在这一过程中,法官需要主持庭审,对当事人的举证进行质证、辩驳与取舍。"审判人员应当依照法定程序,全面、客观地审核证据,依据法律的规定,遵循法官职业道德,运用逻辑推理和日常生活经验,对证据有无证明力和证明力大小独立进行判断,并公开判断的理由和结果。"③同时,对诉争双方的法律理由,法院应当组织当事人进行全面、平等和充分的论辩与反驳,并依据相关的法律或者规范的法律解释,为司法推理的前提与推论作出技术的归并与对接,从而寻找到推理的逻辑起点。在此基础上,充分运用司法逻辑三段论及其他逻辑论证方法,辩证地通过多种逻辑判断和论证群组,系统、理性和全面地证成其裁判结论,使司法裁判成为比较、选择与逻辑推理的唯一恰当与适选的结论。

(二) 设定典型化的说理结构

纠纷解决主要是对诉讼争议的事实认定和法律适用的不同证据、规范理由进行证明和阐释,以促进司法理性甄别、判断与取舍的活动。因此,它主要包含对事

---

① 〔英〕尼尔·麦考密克:《法律推理与法律理论》,姜峰译,法律出版社 2005 年版,第 13 页。
② 〔美〕鲁格罗·亚狄瑟:《法律的逻辑》,唐欣伟译,法律出版社 2007 年版,第 10 页。
③ 最高人民法院《关于民事诉讼证据的若干规定》第 64 条。

实的查明和对诉求的法律评判两部分。法官要解决纠纷实现公正的裁判结论,就必须厘清事实、分清是非,这也是法官审判的基本职责和裁判的基本依据。只有查明事实才能对纠纷利益关系进行客观的权利义务判断,并进而作出符合事实真相和纠纷实际的逻辑推理和法律评断。

首先,要通过当事人的举证和法院查明的证据判断与澄清争议的事实。其具体内容是:其一,案件事实需要合法确认的证据予以证实;其二,据以认定案件事实的证据需要经过庭审质证方能够被采信并作为定案依据;其三,证据的认定需依照是否具有客观性、合法性和关联性作为取舍标准,并根据其证明力大小综合认定待证事实;其四,必须学会借助司法鉴定、评估和专家证人等科学方法与智力资源分析判断证据与待证事实之间的因果关系(定性)和原因力大小(定量)。

其次,要正确理解和适用法律作出法律评判。在对案件事实作出客观核查与认定的前提下,应针对查明的事实进行权利义务的法律分析和规范衡量,并借助法律解释和利益权衡、经验判断等法律技术,正当、合理地推导出纠纷解决的裁判结果。在完成裁判说理的事实判别与法律判断,并将二者规范地连接、过渡和有机结合在一起的情况下,裁判说理才是系统、全面、客观和有机统一的逻辑整体。在此应当强调,案件事实说理与法律适用说理具有同等重要甚或更加重要的地位。因为,案件事实是裁判正确的前提和基础。而且,在法官审理案件时,如何避免冤假错案,如何把案件办成铁案,关键就在于证据运用及其认定说理是否充分合理,这才是裁判说理的根基。

(三) 秉持科学、理性与人性化的说理理念

具体到争议的解决,纠纷需要细分和弄清的往往又有三个层面的诉讼要素,即纠纷主体涉诉的利害事实的客观情境、纠纷利益的权利义务冲突形态和纠纷主体的诉求状态。要准确把握矛盾、正确处理纠纷,就必须对纠纷有一个融合对纠纷主体所涉纠纷的争议事实与行为的客观情境查明的自然科学精神、融合纠纷利益关系正义形态的社会科学理性和融合纠纷关系主体诉求及争议心理的人性化考量。这三种司法理念促进法官形成一种具有方法论与哲学意义的理性的法律思维与司法方式。

第一,探求纠纷事实真相需要有自然科学精神。要坚持科学精神,以法律真实为标准,努力探求通过客观手段和现代科技实现案件争议事实的客观复原。要借助 DNA 技术、痕迹物证鉴定等科学手段和伤情、文检、评估等技术方法最大限度地查明案件事实,最大限度还原纠纷的事实真相。同时,要借助专家证人的分析、判断和咨询意见来分析和解读案件事实,作出客观、科学和专业化的评判,为查明案件事实及案件事实的法律影响提供客观的技术支持。

第二,裁判说理需要有对纠纷事实与利益冲突进行逻辑判断与审慎评价的社

会科学理性。社会科学是不以人的个别意志为转移的规律性知识与经验,它与自然科学的不同是,它具有认识与感知的主体性、差异性和主观上的相对不确定性。司法虽然是以法官的同质化和统一的法律与程序作为保障司法确定性和稳定性的"实践理性"。但是,它毕竟仍然是由不同的法官依据个别化的认知背景与主体行为来实现判断的,仍然具有个别性和不确定性。因此,需要我们借助社会科学规律性的理论、研究成果和主流的意识形态与法律文化来熏陶与训练法官,指导法官借助统一和同质化的法律理论与司法共识正确地认识和解决纠纷之"交往困境",通过对社会活动规律性的分析、判断与预测和个案的社会化认识与评价,以有针对性地认识矛盾、分析利害、判别是非、正当说理和公正裁判。

第三,裁判说理需要法官弄清当事人的诉求与心理,作出既符合人性特点又契合地方人文取向的人性化评判。法官审理案件必须要充分了解当事人的真实诉求和诉讼心理,要洞悉发生矛盾的成因和当事人对纠纷的感受,以发现纠纷发生的机理与对抗程度;要查明其所处生活状态下的纠纷环境与冲突状况,以为纠纷的解决提供富于人文关怀的方法路径和适选方案;要查明其诉求预期与心理动机,以为调整或修复纠纷利益关系设定好具有针对性和可接受性的裁判结果。同时,司法裁判是一种针对个案纠纷的地域化解决程式,必须考虑纠纷发生地域的民风民俗和普遍的生活模式,洞察当时当地的社会普遍的正义感情和道德认知,关照纠纷个人的特殊身心与情感需要,做到"天理、国法、人情"的兼顾与兼容,真正让司法说理成为客观、理性与人性化的制度表达。

(四) 注重裁判说理的社会化校验与修正

裁判不仅以说理承载与呈现司法权力的民主与透明,而且人们也"借助这些判决理由来了解法官的判决"。[①] 裁判的正当性和合理性不仅仅是一个逻辑判断的过程,还是一个契合于司法规律、其他制度形态和法治环境的价值导向、经验取舍、情境检验、社会回应的比较、权衡与优选的过程。

第一,价值导向。解决纠纷的方案在社会主体个别化、利益形态多元化和社会关系复杂化的今天,有着多种可能性。对这些可能性的选择应当有一定的价值标准和位阶顺序。在不同的价值判断或行为取向发生冲突或难于兼顾时,价值的比较与优选就成为不同法律选择的依据与考量标准。这种基于价值而非逻辑的选择与取舍标准,在逻辑推理的前提适选或结论取舍中就会发生理性化的优化功效,促进法律推理证成过程的理性与合理。这也是裁判说理在面临选择困境时应当充分阐释和全面说明的重要部分。

第二,经验取舍。错误能够推动反思,历练能够促进成熟。尽管我们的制度

---

① 〔英〕尼尔·麦考密克:《法律推理与法律理论》,姜峰译,法律出版社2005年版,第19页。

总希望消灭错误,杜绝冤假错案的发生。但是司法实践的历史和国内外的现实却时刻警示和昭告着真理的相对性和裁判的教训与可改进性。司法经验的得与失,能够促进法官把司法当做职业共同体共同努力的实践性融贯,在不断接近正义的个案裁判道路上,审慎关注、约束程序制度上的狭隘、缺失、粗陋与疏忽,真正站在前人的肩膀上抉择,而不重复先前的错失。并能够积极地放大既有的成功技艺与裁判范型,从而在公正产品(案件)的持续再生产中实现个案公正与制度正义的经验控制,使同类案件在司法的自洽运作中,实践通过自省、反思和得失升华下的可借鉴、可融贯和同质化的统一与均衡的正义保障。

第三,情境检验。裁判结果不应是荒谬的,这应是裁判者保持司法理性和其社会规范意义最基本的制度要求。因此,将纠纷的法律解释与可能的拟定结果主动置于发生争议的情境中进行适应性与恢复性的评价与预判,也应成为实现司法公正目标实践的重要的和具有说服力的证明依据。通过对结论的反推和与纠纷现实环境的可融合性的检验,可以排除那些不适宜的逻辑结论,从而促进法官"通过虚构将来的后果而正当化当下的法律决定"。①

第四,社会回应。社会公众对司法个案裁判的态度、意见与批评是现代法治社会人民当家做主的重要公众参与意志表达方式。法院可以通过对媒体公开案情、向专家咨询意见、向当事人生活的社区征询看法等沟通与协商方式,公开裁判的焦点、疑问与担忧,从而有针对性地征集和听取社会公众对法律朴素的感受与意见,并以理性的态度积极审慎地回应而非曲意迎合社会公众对司法的愿望与期许,在严格依法和独立审判的正当程序进程中,实现集中群众智慧、反映人民愿望、促进公众参与的人民司法的民主优势的制度性发挥。

(五) 构建说理责任制度的要素与机制

从司法体制机制的社会运行状态来看,可以从司法的人、组织、责任、制约、监督与问责五个方面对裁判说理进行规范责任与制约制度的构造。

第一,裁判主体,即法官的遴选与能力培养。设定统一司法考试制度,实现对司法职业的同质化的入门管理。通过专业化的考查与培养,实现法官裁判说理能力的职业保证,使任职的法官拥有驾驭裁判文书写作和裁判说理的职业知识和诉讼技能,从而胜任司法论证说理的理论要求。同时,通过对法官裁判说理的管理、评价与考核,促进对法官科学的奖惩与管理。

第二,审判组织。主要指独任审判员和合议庭等审判组织功能的有效发挥和系统约束。要使裁判者能够超越纠纷利益,独立、公允,不偏向任何一方,就必须要明确审判组织的权利、义务和责任,促进组织体内部的监督与制约。同时,要针

---

① 参见〔德〕尼克拉斯·卢曼:《法社会学》,上海世纪出版集团、上海人民出版社2013年版,第18页。

对审判组织运作的特点,将裁判说理的责任科学地配置给主审人员,明确其裁判说理的直接责任,保障其通过裁判说理充分表达作为多数人意见的裁判结论,同时尊重少数法官保留自己不同意见的权利,并可适当推行裁判说理中一并陈述少数人意见的做法,从而促进社会全面地认识法律的复杂性和法官独立观点的可尊重性。

第三,责任限定。法官对其错误的职权行为必将承担与其过错相应的法律责任。法官责任要求司法机制能够真正实现"让审理者裁判、让裁判者负责"的规范约束和制度保障。同时,司法又具有自身的规律性,"法官只在不影响其独立的范围内接受职务监督"。[①] 因此,其责任又有一定宽容度的约束,责任不能过度阻抑与限定法官的独立意志和行使自由裁量权。

第四,社会制约。规定裁判法官回应当事人诉求与说理竞争的义务和规范说理的程序责任。公诉人与被告人通过公诉意见和辩论与案件当事人及其律师及委托代理人的两造对抗和法官的权力运作,实现检察权和当事人诉权对法官裁判权的合理互动、限定和说理竞争,从而促进法官通过规则化的说理论证推导出具有公权制约与私权限定的理性博弈与利益博弈激荡下的公正裁判。

第五,监督与追责。应当建立规范的裁判说理标准,促进司法裁判说理的客观与规范。同时,要借助法院审判管理、案件评查和法院内设监察部门的程序管理与同步监督,对法官的裁判说理进行流程管理、节点监控与纪律规范。对说理不规范、不充分、回避说理甚至强词夺理的裁判法官,应当规定具体的责任和处罚标准,并适时启动独立、公正的问责与追责机制,以实现裁判说理的司法规范与制度监督。此外,还可以通过独立的第三方评价机制的引入实现对法官裁判说理的客观评估与辩证评价,以促进法官借助裁判说理的程序负责任地实践公正与权威的司法说理。

三、裁判说理的制度目标与社会功效

(一) 对司法规则治理公正性的个案指引与社会宣示

裁判说理是对纠纷的终局性权力调整的逻辑与法理依据,是裁判释放制度能量、形成文化影响,以获得当事人认同与协作的审判权力的正当化表现,也是法官通过规范说理实现程序正当化的程序外显。它能促进当事人诉诸以规则为根据的平等与和平的说理竞争之法律思维与法律方法,最大限度地在司法框架内解决纠纷,维护社会关系的合法、稳定与建设性共存。通过对司法个案的审判,社会纠

[①] 参见《德国法官法》第26条第1款。转引自孙笑侠等:《法律人之治——法律职业的中国思考》,中国人民大学出版社2005年版,第212页。

纷得以借助国家公权的介入,实现事实确定和权利义务的终局性整合,从而重新回到规则与秩序的法治框架中来。人们如果不服裁判及其说理,可以借助对裁判说理的异议与再救济,求得个案纠纷由说理到裁判的司法修正与矫治。同时,裁判结果通过个案解决所应用的法律原则和规则的稳定性和"类似案件类似处理"的裁判承继性的说理表达与坚守,来借助个案实现社会普遍可推理和可预见的司法预期。这种通过个别治理宣示法律普适性和维护司法"同案同判"宪政效果的司法制度,也具有对社会关系的普遍化的价值引导和模式示范作用,成为一种对法律的社会价值取向与可预见性的个案表达与公权宣告,它使"好的判决胜过好的规则"。[①] 当前对裁判文书公开和赋予公众查询权利的制度的推行,既可以实现社会对司法的了解与监督,也可让社会公众更深入地认知、理解和预见法官统一和可预见的司法定势,有效塑造司法稳定的普适功能。

(二) 对当事人诉求合理性的回应与评判

裁判是"组织社会秩序的实践性工具"[②],审判是一种以规则衡量诉求与事由的思辨过程,对当事人的纠纷理念和诉讼利益都有着判别、矫正与整合作用,这种观念与利益的整理的正当性就集中体现在裁判说理之中。针对诉求与辩驳,法官应当有客观的评判、理智的取舍。这种理性的过程是通过逻辑的推演和审慎的权衡而得出的,并且这种解释与说明是以裁判说理的法定程式记载于裁判文书之中作为裁判正当合理推演的依凭与依归。当事人对裁判的公正性的认识与评价也是从裁判说理的合法性、透明性和正当性上来作出评价的。当事人不服这样的论证,就可以通过上诉或申诉等方式对既成的裁判说理进行对抗与否定,以通过对裁判说理的修正改变既成的裁判结果,实现通过对说理的救济来救济权利。

(三) 对法官权力正当化的激励与限定

客观全面的说理是法官行使权力的正当化的能力与素养的表现,是一种人格化的职业智慧的结晶。在"让审判者裁判、由裁判者负责"的司法职业化建构进程中,法官借助个案对裁判理由的精心制作,也会成为对其个人司法理想、诉讼智慧和审判技艺的主体化展示。一份理性、精致、说理透彻的裁判文书会因为其客观、缜密、审慎和优雅的事实判断、法律推理与规则阐释而成为一件优秀的司法作品,成为其他法官办理类似案件时可比的先例和法律学者们研究、解读或发现法理创意的"富矿"与样本。这种人格化的职业自治可以激励法官通过裁判说理的深研与精推来实践其精致与精当的解决纠纷之法治目标。同时,裁判说理不仅展现了法官对个案裁判的心智与洞见,也是对其公权行使的公正、合理与正当性的

[①] 参见孔祥俊:《法律解释方法与判解研究》,人民法院出版社2004年版,第52页。
[②] 转引自〔美〕罗纳德·德沃金:《身披法袍的正义》,周林刚等译,北京大学出版社2010年版,第114页。

规范表达与技术限定,"它要求法律适用的结论与用以判决的前提之间存在一个可检验的推导关系"。① 通过裁判说理,法官、当事人和社会公众就能够形成裁判是否妥当、合理与自洽的"可检验的推导关系"。通过当事人相互的事实、理由和诉求的博弈与竞争,以及法官理性的权力说理评判,司法裁判的权威性、终局性和强制性才具有了事实、规则与推理的技术支撑。

(四) 对司法权力的民主制约与透明监督

公开审判能使当事人和法官的司法行为可见识、可评价、可救济,而真正的司法公开应当包含司法裁判理由和相关司法信息的全面公开。只有让公众充分获知当事人的诉辩竞争和法院对诉辩竞争的理性判断——说理,司法信息才能为当事人和社会公众全面认识与掌握,并据以评价法院裁判结果的公正性、合理性和正当性。只有司法成为一种逻辑的、透明的和富有建设性的权利救济程式,其程序的效果才真正是可以观察和可以评价的,人民群众对司法的民主监督才会真正成为可能。"这种就裁判形成过程和理由的事后公开,实质上是在增强司法裁判的透明度,使得社会公众对裁判结论的形成过程和理由一目了然,从而增强参与意识,加强对法院的信任。"②如此,法律才有了正当、稳定、统一和权威的表达程式,并且借助这种制度性表达建设性地推进民主司法和人民参与的法治共同体的共治、共享和共进。

---

① 舒国滢主编:《法学方法论问题研究》,中国政法大学出版社2007年版,第149页。
② 陈瑞华:《司法权的基本特征》,载《法理学阅读文献》,清华大学出版社2010年版,第474页。

论民事判决制作中的利益衡量

陶 倩 刘陈皓[*]

一、民事判决与利益衡量的关联性

首先需要说明的是,本文所使用的利益,就是能满足主体需求的客观存在。对于利益要作尽可能宽泛的理解。与法益不同,法益是法律承认并保护的利益,不法利益往往不被承认为利益。笔者认为不法利益也是利益,对利益的合法性判断,在笔者看来,首先应当置于利益冲突之下再进行,而不是置于法律条文之中,这样的判断才更加符合真实正义。

(一) 民事判决包含利益衡量

在明确利益概念的前提下,笔者认为民事判决与利益衡量具有相当之关联性,其理由如下:

1. 民事判决的目的在于解决民事纠纷

何谓民事纠纷,为什么会有民事纠纷?随着对解纷机制研究的引入,越来越多的研究开始关注如何在兼顾效率与公平的前提下,解决纠纷,或者寻找纠纷解决机制的本土或域外资源。但是民事纠纷究竟如何生成,这一重大法理问题却鲜有人论及。

考查民事纠纷的发生理由,还需要对民事纠纷进行深入考查。民事纠纷作为平等民事主体之间的争执,围绕的是同一诉讼标的,也就是民事权利与民事义务构成的法律关系。民事法律关系,是法律的高度抽象,但是还原到社会生活中,也一定有明确的指向,这就是存在于社会现实中的利益。诉讼标的就包含有一份现实利益,其归属就形成具体的民事权利。萨维尼指出,生物人处于外在世界之中,在他的这种境况中,对他而言,最为重要的要素是他与其他人的联系,这些人具有和他一样的性质和目的。如果现在在此种联系之中,自由本质应当生存,应当在其发展中相互促进而非相互妨碍,那么只有通过对以下这个不可见的界限予以承

---

[*] 陶倩,武汉经济技术开发区法院办公室科员。毕业于江汉大学政法学院法学系、武汉大学 WTO 学院商学系,双学士学位。刘陈皓,华中科技大学博士研究生。研究方向为法社会学、中国法制史。

认才可能实现,在此界限内,所有个人的存在和活动都获得了一个安全、自由的空间。据以确定上述界限和自由空间的规则就是法。① 这种相对确定的空间,具体就表现在人意志所形成的与物质世界的联系,也就是利益。

如果在这份利益上发生不同的诉求,就当然引发纠纷。所以,民事纠纷的本质依然是利益冲突。因此,民事纠纷虽然在表面上是民事权利的纷争,但就其本质而言,依旧是归属于某种权利之下的社会利益纠纷,属于利益冲突。可以说,所有民事纠纷都可以表述为一种或数种民事利益之上的数人冲突。

2. 民事判决是适法行为

在有民事法律的前提下,尤其是大陆法系国家,民事案件首先是依据法律作出的裁判,是法律适用的结果。司法活动属于法的实施这一范畴,指国家司法机关依据法定职权和法定程序,具体应用法律处理案件的专门活动。② 从定义看,司法活动是应用法律的活动,从法治内涵上看,法律之治内在地要求司法官受到法律约束,不能超脱法律之外审判。民事判决的制作,是民事诉讼结果的忠实记录,同时也是司法机关严格适用法律的过程。

《民事诉讼法》第7条规定:"人民法院审理民事案件,必须以事实为根据,以法律为准绳。"本条一般性地规定了审判活动的合法性原则,此原则也必然包含裁判结果的确认,也就是法律文书的制作。第170条规定:"第二审人民法院对上诉案件,经过审理,按照下列情形,分别处理:(一)原判决、裁定认定事实清楚,适用法律正确的,以判决、裁定方式驳回上诉,维持原判决、裁定;(二)原判决、裁定认定事实错误或者适用法律错误的,以判决、裁定方式依法改判、撤销或者变更……"该两项从法律上规定了一审民事判决应当是法律适用的结果,否则不能发生效力。

民事判决必然是依据民事法律作出的判决,理论上说,判决必然是法律适用于案件的结果。如果民事立法与利益冲突没有关系,那么民事判决也不用包含利益冲突,不需要进行利益衡量。

马克思主义认为,法的本质是统治阶级的意志。统治阶级将自己的意志,通过各种文件并将之赋予强制力,这些文件就是法律。社会主义揭示了社会本质,包含统治阶级与被统治阶级,统治阶级必然要保障本阶级利益,维持当下的经济关系。可见,在马克思主义认识下,法律就是维持一定经济关系的工具,包含了统治阶级与被统治阶级的经济关系。民事法律也如是,作为法律大概念下的小概念,也是利益冲突的一种表达。

在利益法学看来,法律制定的基础在于利益冲突,利益冲突构成了每一个法条或每一个法律诫命的基础,从这些利益冲突才产生了权威法律规定的需求,以便通过这个规定,确定而且预先可认识地界定这些利益。

---

① 参见〔德〕萨维尼:《当代罗马法体系》(第1卷),朱虎译,中国法制出版社2010年版,第257页。
② 参见张文显:《法理学》,高等教育出版社2007年版,第252页。

海克认为,每一个法律诫命都决定了一个利益冲突,每一个法律诫命都以一个互相对立的利益为基础,仿佛述说着这种利益冲突角力的结果。①

民事法律对于此理论体现最为充分。社会充满了各种利益的对抗,经济学理论告诉我们,资源具有稀缺性,任何制度安排都是对一种资源的分配。民事法律各项制度都保证了某种利益的归属,从而解决了于某一利益上可能发生的冲突。例如物权制度,通过对某一物设定物权,确定了个体与该物的联系,从而确认民事主体于该物所能享有的种种利益,并且排除他人的享有。再如合同之债,基于当事人的意志,形成确定的法律关系,法律则保证双方当事人能实现合同规定的利益。

因此,民事立法对各种利益归属进行确认。而确认的前提就是进行利益衡量,通过利益衡量,确定利益归属。既然民事法律本身包含了利益衡量,那么民事判决理所当然也包含有利益衡量。

(二) 利益衡量在民事判决中的地位

利益衡量与民事判决有相当关联性,那么这种衡量在判决尤其是制作中居于何种地位,决定了如何利用利益衡量这种方式制作文书。利益衡量过程主要隐性体现在实体法律适用过程之中,主要包含以下三层含义。

1. 利益衡量属于实体法律适用过程

我国民事判决书式样由两大部分构成:一是经审理查明(写明法院认定的事实和证据);二是本院认为(写明判决的理由,再依据……的规定作出判决)。② 这两部分分别涵盖了事实与法律适用两部分,也表明法院审理案件的一般过程:确定纠纷争议事实,并在此基础上以三段论的方式适用法律。

其中事实认定部分是各种证据的适用过程,从证据法角度理解,应当客观中立,而且事实本身不包含利益争端,只有真假判断,而不包含善恶的价值判断。这部分主要衡量各种证据及其证据力,最终确定案件的真实情况。因此,这部分不应该包含利益衡量过程,纯粹是法官以其良知与理性自由心证的结果。

但是在确定争议事实后,法律适用的过程则应当是利益衡量过程。在一定争议事实下,确定当事人的权利义务关系是一个实体法运用的过程,这一过程需要对当事人的行为进行善恶的价值评价,在此评价基础上,对利益进行取舍,最后形成判决中的权利义务关系。所以,利益衡量从属于实体法律适用过程,也就是前文所指的"本院认为"部分。

2. 利益衡量主要以隐性方式实现

所谓隐性方式,是指利益衡量并非直接体现在判决说理之中,而是隐含在法

---

① 参见吴从周:《概念法学、利益法学与价值法学》,中国法制出版社 2011 年版,第 248 页。
② 参见胡超蓉:《民事判决书理性化探讨》,载《四川大学学报》(哲学社会科学版)2001 年第 3 期。

律适用的过程之中,其理由有二:

首先,隐性方式是大陆法系的内在逻辑特征。具体考查大陆法系与英美法系在审判中的特征,英美法系由于主要不是以成文法作为审判依据,从法律渊源上说,专有衡平法这一特殊法律渊源,法官不必服从制定法,只需要服从公平正义。因此法官多运用推理的方式,以某一个价值原则推理出案件结果。

大陆法系则不同,大陆法系有明确的立法机关,法官受到立法限制,首先要服从法律。所以,相对而言,大陆法系只需要说明法律,判决结果即可实现。[1]

我国属于大陆法系模式,本身法律的制定过程就包含普遍对价值的衡量。事实上,一般案件中也都在法律规定之中,而鲜有超越法律规定的利益衡量过程。从此角度出发,则利益衡量本身就一般地包含于法律之中,当法官写"依据……的规定"时,利益衡量已经在隐性地被使用。

其次,隐性方式也是诉讼效率的内在要求。最高人民法院《关于加强民事裁判文书制作工作的通知》第1条明确要求"要根据案件的具体情况区别对待,做到简繁得当"。文书制作应体现效率原则,节约资源,不仅简易诉讼文书要简化,而且普通程序中的文书也应繁简适度。文书不是越长越好,而应当视具体案件当事人的争议情况确定文书篇幅,既要针对当事人争议的问题充分说理,又要把握好说理的限度,做到繁简得当。[2]

最高人民法院的要求,实际也体现了诉讼效率,判决书制作本身在判决诉累之中,利益衡量过程如果明示,本身需要消耗制作判决书的时间。而且过长的判决理由也不利于当事人的理解与执行。

需要说明的是,一般案件中尽管不需要说明利益衡量过程,但是面对复杂案件,依然需要显现出这种价值衡量,具体见下文分析。

3. 隐性主要体现在判决文书

尽管在大部分判决中不需要体现利益衡量过程,但是并不表示法官内心没有利益衡量过程。判决文书制作尽管是法官心证并判决的体现,是法官运用理性解决案件的文字体现,但是二者依然是两个范畴。法官的内心活动不需要全部显现,逻辑上也说明判决书所反映的内容并非法官内心全部。

因为法律本身规定了利益的归属过程,法官在适用法律时,依然要深刻理解法律规定的内涵,主动运用这种思维方式,加深对法律的理解,这样才能更好地制作判决书,体现法律的尊严。

---

[1] 参见童兆洪、范启其:《判决理由比较论》,载郭道晖主编:《岳麓法学评论》(第4卷),湖南大学出版社2003年版。

[2] 参见王松:《民事判决书的制作与执行》,载《法律适用》2011年第2期。

二、民事文书制作实证分析

本文以某区法院判决为例,说明具体在实例中如何实现利益衡量过程。某区法院的民事案件,主要以道路交通事故纠纷案件(以下简称"道交案件")、劳动争议案件以及离婚案件为主,本文即以这三种案件为类型进行分析,以典型案件说明不同案件适用价值衡量的过程。

(一)道交案件

道交案件由于前期有交通部门进行责任认定,事实较为清楚,争议多集中在与保险公司的责任分配上,案件相对简单,因此直接适用法律规定即可。

选取某区一判决为例,本案系原告高某某诉被告田某某、被告谢某某、被告北京某汽车租赁有限公司武汉分公司(以下简称"武汉分公司")、被告中国人民财产保险股份有限公司北京市分公司(以下简称"保险公司")机动车交通事故责任纠纷一案,案情简单。

2012年12月18日,被告田某某驾驶其所有的轿车搭载原告高某某、案外人孙某在武汉某区内行驶时,与被告谢某某驾驶的轿车发生交通事故,致两车相撞,被告田某某及原告高某某、另一乘坐人孙某受伤。2013年1月11日,武汉市公安局交通管理局武汉某区大队作出道路交通事故认定书,认定被告田某某承担主要责任,被告谢某某承担次要责任,原告高某某不承担责任,孙某不承担责任。由于有道路交通事故认定书等材料,因此争议情节并不多,主要集中在医疗费用等具体问题上,经过对证据材料的运用也已经证实。

因此案件判决理由为:同时投保机动车第三者责任强制保险和第三者责任商业保险的机动车发生交通事故,造成人身伤亡、财产损失的,应先由承保交强险的保险公司在责任限额范围内予以赔偿;不足部分,由承保商业三者险的保险公司根据保险合同予以赔偿;仍有不足的,依照道路交通安全法和侵权责任法的相关规定由侵权人予以赔偿。本次交通事故中,机动车驾驶人被告田某某负事故主要责任,被告谢某某负次要责任,应先由被告保险公司在交强险赔偿限额范围内承担赔偿责任;不足部分,根据被告谢某某30%的过错比例以及被告保险公司的保险条款,由被告保险公司在商业三者险及三者险不计免赔范围内进行赔付;剩余不足部分,由被告田某某、被告谢某某按过错比例承担赔偿责任。因被告谢某某诉前垫付的费用已超出其应承担的赔偿责任,故原告高某某要求被告谢某某承担赔偿责任的主张,法院不予支持。

这就是典型的简单案件直接适用法律,在法律规定中直接体现了利益衡量过程,甚至不需要说明,就可以对责任进行划分,从而实现利益衡量。

(二) 劳动案件

仲裁是劳动争议案件必经的前置程序,案件事实确定相对容易。但是仲裁无法解决的案件,必然有较大争议,这种争议必然基于对法律的理解不同,因此这种争议较大的案件,需要对法理阐述得更加详尽。

以某区法院一判决为例,此案系武汉某义齿厂诉廖某某劳动争议一案。

原告某义齿厂认为被告廖某某擅自离职对公司造成损失,请求赔偿。被告廖某某辩称自己依法解除劳动合同,不应承担责任,并要求原告某义齿厂补缴社会保险。

经审理查明:2012年5月8日,被告廖某某入职原告加工厂。2012年12月14日,原、被告签订书面劳动合同,合同期限为2012年12月12日至2013年12月11日,工资人民币5 500元/月,原告加工厂按照劳动法规定为被告廖某某购买社会保险等。同日,被告廖某某向原告加工厂书面表示自愿放弃原告加工厂为其缴纳社会保险,要求原告加工厂按人民币300元/月给予社会保险补贴。2013年1月4日,被告廖某某以原告加工厂未与其签订劳动合同和未缴纳社会保险为由申请辞职。此案已经劳动仲裁,原告不服原裁定结果提起诉讼。

本案在认定原、被告之间是否有劳动关系时,并没有以劳动合同是否签订为准,而是详细研究了《中华人民共和国劳动合同法》(以下简称《劳动合同法》)的立法精神,在判决理由中这样写道:用人单位自用工之日起超过1个月不满1年未与劳动者订立书面劳动合同,自用工之日起满1个月的次日至满1年的前一日应当依照《中华人民共和国劳动合同法》第82条的规定向劳动者支付两倍的工资;劳动者不与用人单位订立书面劳动合同的,用人单位应当书面通知劳动者终止劳动关系,并依照《中华人民共和国劳动合同法》第47条的规定支付经济补偿。若用人单位不与劳动者签订劳动合同时,用人单位应承担终止劳动关系、支付未签订劳动合同双倍工资及支付解除劳动关系经济补偿金的义务,其立法精神强调的是用人单位及时签订劳动合同的责任。

回到利益衡量的一般模式中,首先应当认识到冲突主体双方,然后再确定利益冲突,通过寻求法律规定,找到法律对利益的衡量,然后回到案件中,作出判断。

从这样一份判决理由可以看出双方的利益在于劳动合同上,如果劳动合同不成立,那么原告的利益应该被保证;反之,则被告的利益应该被保护。面对这样的利益冲突,法官分析了劳动法的立法精神,从条文出发,即《劳动合同法》第82条第1款规定:"用人单位自用工之日起超过一个月不满一年未与劳动者订立书面劳动合同的,应当向劳动者每月支付二倍的工资。"因为本款规定了用人单位未及时签订劳动合同的责任,因此其利益衡量应当偏向于劳动者,即承认劳动合同并对劳动者进行保护。回到本案,得出原、被告劳动合同存在,作出原告武汉某义齿加工厂于本判决生效之日起 15 日内支付被告廖某某未签订劳动合同的双倍工资差额人民币 32 200.9 元的判决。

(三) 离婚案件

离婚案件较为复杂,俗话说"清官难断家务事",很多案件的事实确定及举证都相对困难,但是在已确定事实的基础上,不仅需要判决,更要在判决中对当事人精神需求这一特殊利益进行彰显。

以某区法院审理的一案为例。该案为原告叶某某诉被告李某某离婚纠纷案。

原告诉称,原、被告之间夫妻感情已经完全破裂,无共同语言,原告叶某某在家中无法继续生存。但被告辩称夫妻感情没有破裂。

法院经过审理,最后判决理由如下:原告叶某某与被告李某某自由恋爱并于 1971 年登记结婚,至今已共同生活 40 余年。在结婚初期,虽生活条件艰苦,存在争执与磕碰,但双方仍携手度过。庭审过程中,原、被告及旁听家属均数次流泪,证明 40 多年的共同生活,双方已经积累了深厚的感情。原告叶某某提供的证据不足以证明原、被告间夫妻感情确已破裂且无和好可能,故原告叶某某要求离婚的诉请本院不予支持。原告叶某某的其他诉请均是建立在离婚的前提下,故本院亦不予支持。在今后的婚姻生活中,被告李某某应充分信任原告叶某某,遇事多与原告叶某某沟通,争吵不能解决问题;被告李某某为家庭、为婚姻付出了大量的时间和精力,原告叶某某亦应理解、关爱被告李某某;现原、被告儿孙满堂,正是享受天伦之时,原、被告双方更应当珍惜来之不易的幸福生活,相互关心、体谅,安度晚年。

这份判决在阐述理由时充分考量了婚姻案件中当事人的精神需求,具有社会意义,符合婚姻法的价值追求。法官在审理案件中,注意到这种价值追求,并且彰显于判决之中,能够取得较好的效果。

总结全文,民事审判是利益衡量过程,但是在民事审判中却需要区别对待,在相对简易的案件中,可以不用在判决文书中体现这一衡量过程,直接适用法律即可。而对于需要进行利益衡量的案件,则需要从法律条文中寻求立法对利益纷争的衡量,然后运用到具体案件中,作出判决。

法律文书的说理之道

赵 权[*]

法律文书公开是中央司法体制改革的重要任务,也是中共中央《关于全面深化改革若干重大问题的决定》中所明确规定的重点工作,围绕党中央关于司法体制改革的系列规定,最高人民法院、最高人民检察院相继出台了关于法律文书公开的工作规定和实施办法,并且已经进入文书上网的应用阶段,这是值得肯定的。但同时我们看到,所公开的文书在内容上还存在诸多问题,而其中法律文书缺乏说理、不规范是最大的硬伤,直接影响着法律文书公开的效果,制约着文书公开的目标实现,必须引起应有的重视。

一、法律文书说理的意义和价值

(一)法律文书说理是法律文书公开的核心

做一项工作必须要明确该工作所要达到的目的和意义,工作有了目标和指引,具体贯彻落实才不会迷失方向。法律文书公开是司法改革的重要一环,其目的是为了确保司法公正,树立司法公信力,保证整个司法过程的透明公开,保障当事人和社会公众的监督权、参与权和知情权,促进中国特色社会主义法治建设和中国特色社会主义法律体系的形成。一切法律文书公开工作都要紧紧围绕这个目标进行。文书公开本身不是最终目的,文书公开以及公开所能实现的价值和效果才是所要实现的目标。当前,我国的法律文书公开工作正在逐步展开,取得了一定的成绩。但是法律文书的实质内容却依然存在严重问题,最大的表现就是文书缺乏说理性。可以说,目前我国大部分裁判结果是适当的,符合法律规定和有关政策精神,但是,其事实认定、法律适用和裁判结果的得出却往往一笔带过,没有进行充分的说理论证。法谚有云:"正义不仅要实现,还要以看得见的方式实现。"法律文书也是如此,不仅要结果正确,更要清楚地向当事人,向社会公众展示正确的结果是如何得出的。公开的法律文书没有详细论证,不经过充分说理,当

---

[*] 赵权,黑龙江省人民检察院。

事人和社会公众就不会明白裁判结果的作出过程,特别是对于控辩双方存有争议问题的认定,如果没有写明判断取舍的理由和过程,则往往会有偏袒一方之嫌,这样的文书公开并不能给予人民群众公正的感受,也无法达到我们所期待的效果。看不到说理论证的过程就不会理解,不理解就很难对裁判结果感到信服,一个无法令人信服的裁判结果就更谈不上让人信仰,自然也就无法树立司法公信力和法律权威。所以,法律文书公开,其核心是要解决法律文书的论证说理,因为即使是制定得很好的法律,也需要社会成员的理解和支持,否则也得不到有效的执行,更不会被社会公众所信仰。法律文书的公开只是形式,这样的形式固然重要,但是徒有公开的形式也不行,具有充分说理论证的公开才能达到司法改革的目的。

(二) 法律文书说理有助于强化司法活动监督

法律文书说理就是对案件审查结果作出详细论证,明确一个裁判结果是通过怎样的思考过程和逻辑推理而得出,并最终对行为和责任作出评价。说理展现的是案件审查的完整过程,一个详细的说理论证具有可重复性和可检验性,人们依照裁判者的审查思路进行逻辑推演,可以判断结果是否正确、合理,这样的文书在网上"晾晒",可以让全社会全面、及时地了解案件的裁判过程,便于民众对案件裁判的实体和程序进行评价,便于公众从各个角度对案件的事实是否清楚,适用法律是否正确,证据认定是否确实、充分进行判断,从而形成对司法活动的有力监督。

(三) 法律文书说理有助于促进司法队伍的职业化发展

要求法律文书加强释法说理,并公布上网,裁判者的案件审查思路、裁判原因以及案件办理的诸多细节会受到来自社会各个群体的检视,这其中既有普通民众,也有理论专家;既有新闻媒体,也有司法同行。文书公开成为检验说理论证质量的试金石,说理论证质量又直接影响着司法文书公开的效果,双向的影响和作用反映出文书制作者的法律功底和判案水平,从而形成对司法执业人员办案质量和综合素质的倒逼机制,使得司法执业者不得不公正合理地处理案件,并持续提升职业技能和法律素养,不断提升释法说理的能力,从而促进司法队伍的不断发展。加强司法文书说理论证,对于自身法律素养较高、具有较强的法律功底和人文素养的司法者来说,他们制作的高水平法律文书公开,能够充分展示其运用法律法规实现个案正义和司法公正的能力,并对合法、合理的判决予以充分论证,得到公众的肯定并对其他案件具有指导意义,可以从正面激发司法执业人员加强释法说理的积极性,从而形成以点带面的形势,变被动学习为主动学习,促进学习型司法队伍的形成,从而不断推动我国司法队伍的职业化发展。

（四）法律文书说理有助于澄清事实，息诉罢访

当事人不服判，对司法审查结论不认可，对司法队伍存在偏见，认为案件审查不公正，偏袒一方，相当一部分原因是因为送达给当事人的法律文书说理论证不充分，甚至根本就没有进行释法说理，当事人在法律文书中看不到己方提出的异议或者辩护意见为何不被采信的理由，看不到为何采纳对方的意见的原因，看不到裁判结果如何作出的逻辑思考的过程，从而导致对案件裁判结果的不服。因此，强化法律文书说理论证，对于定分止争、息诉罢访具有重要意义。全面梳理案件涉及的证据，充分根据证据规则和事实经验，整合证据材料，对不同证据之间的证明力大小进行充分的论证，有理有据地说明采信哪些证据，哪些证据不采信，理由是什么，根据哪些法律法规或者法律原理进行三段论的判断，双方的异议采纳或者不采纳的理由是什么，最终判决的结论是如何作出的。法律文书说理如果能如此进行，让当事人对于裁判结果清楚明白，相信大部分案件是会得到认可的，从而有助于定分止争，再加诸公开的形式向全社会进行宣示，也会使得对于司法者的恶意揣测和无端中伤消弭于无形，有利于保护司法者，树立司法队伍的形象和法律的权威。

二、当前法律文书说理存在的问题

（一）事实认定不规范，缺少证据支持

法律裁判是立足事后的救济手段和制裁措施，根据人类文明现有的科技手段，我们没有办法完全还原案件事实的真相，法律裁判所认定的事实属于法律事实，建立在证据采信的基础之上。因此，法律文书中认定的事实不能主观臆测，也不能凭空想象，必须有客观证据的支持。目前，我国法律文书中对于案件事实的认定普遍存在说理论证不充分的情况，对于案件事实为何如此认定缺乏证据的分析论证，特别是对于控辩双方存有争议的事实，更是存在以结果代替论证过程的本末倒置的做法。法律事实是认定责任的前提，除了具有一般事实均应具有的时间、地点、人物、起因、经过、结果这六要素以外，还必须根据《刑法》分则规定的具体罪名的构成要件要素来进行归纳。犯罪构成是认定行为是否构成犯罪的唯一标准，在事实认定上对于构成要件要素所涉及的事实要详细论证并加以列明。而目前部分司法文书中，对于案件事实的认定并不规范，在事实叙述上遗漏与构成要件要素有关的事实情况，从而导致案件判断基础的缺失。

（二）法律适用缺少论证支持

法律文书中法律适用部分是说理论证的重中之重，但依然存在诸多问题亟待

解决。一是理论说理缺乏。大部分法律文书缺乏对于案件适用法理的论证,对于诸如行为与结果间是否存在因果关系、介入因素对致害结果的影响是否影响量刑、财产犯罪中非法占有目的的认定等理论问题鲜有论述,只是就事论事地发表结论意见,对于理论问题谈不深,谈不透,浅尝辄止,难以从法理上对裁判结果有充分的支持。根据有关学者的实证研究,在其所采集的文书样本中,"没有一份判决进行了理论方面的说理"[1],足以见得理论说理的缺乏。二是对于重要的情节因素缺少论证的过程。对于诸如既遂、未遂、主犯、从犯等情节因素,很多法律文书中只进行结论性阐述,而没有过程性论证。思考的过程和结论作出的理由不公开、不透明。三是不重视对辩方观点的回应。一些裁判文书中对于辩方的意见直接以"与事实不符""于法无据""没有证据支持"等简短话语一笔带过,没有充分地说明理由。根据有关学者的研究,在所采集的样本中,"没有归纳或表述辩护结论的所占据比例达到42%,没有阐述辩护理由的占到58%,甚至有33%的判决书对辩护人的辩护结论与辩护理由均没有清晰表达,控辩双方的意见在裁判文书中严重失衡"。[2]

(三) 审查结果合法不合理,缺少正义内核

法律文书审查结果的作出不能违背正义的理念,法律执业者应保有社会一般人的正义观念,以常情、常理、常识作为判断的基础,努力使裁判结果符合社会经验事实,符合正义的理念。"解释者或许难以定义正义是什么,但必须懂得什么是正义。"[3]目前,部分裁判文书的结果合法,但是用社会经验事实和正义理念来衡量则并不适当。比如量刑偏轻、偏重,虽然刑罚裁量处于刑法规定的区间幅度内,但是根据案件具体情况被告人责任的承担有失均衡。再如职务犯罪轻刑化问题、符合不起诉条件囿于案外因素而不作不起诉,等等。

(四) 文书制作不规范

法律文书制作方面的问题主要体现在以下三个方面:一是结构不严谨。法律文书的总体结构应该内容全面、逻辑顺畅、环环相扣、一脉相承,好的裁判文书必须体现制作者判断的心路历程、双方争议的焦点、对于辩方意见的回应和最终结果作出的理由。而目前大部分裁判文书结构并不均衡,对于辩方意见的归纳和回应都明显缺乏。比如,一位律师对其代理的案件进行了如下总结:"在长达12页的判决书中,能一字不落地抄起诉书与控方全部证据内容,却对上诉人及上诉人

---

[1] 参见孙万怀:《公开固然重要,说理更显公正——"公开三大平台"中刑事裁判文书公开之局限》,载《现代法学》2014年第2期。
[2] 同上注。
[3] 张明楷:《正义、规范、事实》,载北大法律信息网(http://article.chinalawinfo.com/Article_Detail.asp?ArticleID=36584),访问日期:2014年10月7日。

辩护人的质证意见与辩护意见一笔带过,共62个字总结;整个12页的判决书有10页是对起诉书与控方证据的照抄,字数达到6 720多字;相反对上诉人的辩解只有27个字的说明,对上诉人辩护人向法庭提供的11页的辩护意见以及7页的对控方证据的质证意见只有一句话的概括,共35个字。对起诉书与控方证据的概括字数是对上诉人及上诉人辩护人的质证意见与辩护意见字数的108倍,这有公正可言吗?"①可见,文书结构不规范的形式问题导致的却是对裁判结果实体公正的质疑。二是语言不规范。法律文书中的语言运用存在诸多问题,如错别字、病句、滥用文言文、方言甚至还有俚语,文字的选用不准确,容易引发歧义,其中,最严重的问题是套语滥用。如"事实清楚""证据确实充分""证据之间能够形成完整的证据链",问题在于有的案件对于与定性量刑有关的构成要件要素事实没有查清列明,就加以"事实清楚"的套话;对于有罪证据之间存在疑问和矛盾,证据的合法性和可采性存疑,证据之间的疑点不能排除,依然称之为"证据确实充分";对于据以定罪的证据之间的矛盾尚不能排除合理怀疑,证据与待证事实之间还没有必然联系,无法排除其他可能,没有充分的证据证明主张,就称"证据之间能够形成完整的证据链",这样的论证方式实质是将上述语言套话作为一种论证理由,用结论来论证结论,是一种不负责任的推脱和循环论证,是司法无能和极端不负责任的表现。三是文风晦涩生硬。有些法律文书用词艰深晦涩,叙述拖沓冗长,繁简不当,简单的事情也用复杂的词汇和语言,故作高深,令人摸不着头脑,难以读懂。有些文书用词不客观,随意加入主观感情色彩浓厚的评价性用语,如"罪大恶极""蓄谋已久""处心积虑"等。

三、法律文书说理的应然选择

(一)符合事理——案件事实的依法认定

所谓事理,是指法律文书应阐明事实的认定根据及理由。案件正确处理的基础是准确认定案件事实,此处的案件事实是法律事实,具有两个方面的含义:一是法律事实与责任承担相关,能够引起一定的法律后果,不具有这种效果的事实不被法律所关注;二是法律事实是经过规范处理后认定的事实,它的形成要有证据支持,并受到证据规则的评价,其中包括查明的事实与推断的事实。构成要件是认定犯罪的标准,因此事实的认定要以构成要件为标准,对组成事实的各要素进行构造,这属于定罪事实,同时还要注意归纳与量刑有关的情节性事实,这里面具体又包括罪重与罪轻的情节事实。在归纳上述事实的过程中,应注意每一项事实

---

① 徐晋红:《法院刑事判决没有对辩护意见的陈述实质上剥夺了被告人的辩护权——对一起刑事判决书的评价》,载法宝邦网(http://lawyer.fabao365.com/22152/article_23194),访问日期:2014年10月7日。

的认定必须要有充分的证据予以支持。在这个过程中,重点是证据规则的运用。要依据证据规则,仔细审查每项证据的证据能力和证明力,比较不同证据之间证明力的大小,对全案有罪证据和无罪证据进行综合判断。当遇到只能通过推定认定的事实,如非法占有的目的、故意的有无等,或者没有直接证据证明,只能通过间接证据进行判断时,就需要运用生活经验和常情、常理进行推断,如果证据依然不充分,那么就要根据举证责任来进行裁定,由负举证责任一方承担证据不足的法律后果。在法律文书中,将上述推理、判断的过程和理由,充分而详细地表现出来,体现出证据采信的程序公正和实体真实,就达到了法律文书事实认定说理论证的标准。

(二) 符合法理——法律适用的规范解读

所谓法理,是指法律文书中裁判结果的作出适用何种法律规范以及为何适用、如何适用、适用效果如何的理由。关于法理的证成包含三个方面:一是法律事实的评价需要适用哪些法律规范,即"找法";二是法律规范具体如何进行解释和适用,即"释法";三是案件事实和法律规范之间如何进行涵摄,即"用法"。找法的过程在具体司法实践中,往往体现为一种先果后因,追因溯源的倒置思维模式。也就是说,裁判者在看到提炼好的案件事实后,往往会根据经验和法律训练形成一种直觉判断,将案件事实的法律评价框定在一定的范围之内,然后再与案件事实进行比对,分析法律规范是否适用,逐一排查比较进而确定所适用的法律规范。"找法"是确定案件判断三段论大前提的过程。"释法"是具体解释大前提如何适用的过程。法律规范的具体体现是构成要件及其要素,对于构成要件要素需要通过法律解释予以明确。这种解释应有所依托,也就是案件事实。在这个过程中,存在说理论证的广阔空间。比如,对于刑法中"毁坏"的含义,从物理损坏、效用价值缺失再到"导致效用减少或者丧失的一切行为"①,体现的是法律规范和案件事实不断交互作用的解释过程。"用法"是根据大小前提得出结论的过程。裁判者的目光要不断往返于规范与事实之间,通过事实与规范的比对从而得出裁判意见。这里存在两种情况,如果事实情况有法律上的明确规定,那么直接适用便可以得出结论,这样的结论也是显而易见不容易发生分歧的;如果事实情况在法律上没有明确的规定,无法直接涵摄,则需要裁判者根据经验事实进行价值判断予以填补,将案件事实归入某个类型中去,即"进行评价性的归类"。② 法律文书中应全面体现上述各个环节的论证过程和具体理由,使得抽象的法律适用得以在个案中具体化。

---

① 参见张明楷:《正义、规范、事实》,载北大法律信息网,访问日期:2014年10月7日。
② 〔德〕卡尔·拉伦茨:《法学方法论》,陈爱娥译,商务印书馆2003年版,第185页。

(三) 符合情理——正义价值的信仰坚守

所谓情理,是指法律文书的事实认定、法律适用和裁判结果应当符合社会生活的常识、常情、常理,即符合经验法则、价值判断和公平公正理念。法律文书的事实认定需要符合情理,主要是指证据的采信应合理。案件审查中时常遇到对于同一待证事实存在两个证明效果截然相反的证据,如何采信,裁判者并不能随意为之,必须依据经验法则对两份证据进行细节上的剖析。以言辞证据为例,需要判断所陈述的细节是否具有生活经验上的合理性,所陈述的情况客观上是否具有实现的可能,甚至必要时还要进行有关的侦查实验对相关情况予以验证。这些都是经验法则在证据采信中的应用。对于证据采信与否,在法律文书中应予以充分说明,给出具有说服力的理由,得出的结论应当符合社会生活经验。

法律文书的法律适用需要符合情理。法律适用的实质是对法律进行解释,这种解释不能违背社会的正义理念。一个规范,如果以无法忍受的程度违反正义理念,它就是"制定法上的不法";一个规范,如果根本不以实现正义为目的,它就"并非法律"。[①] 作为司法者,要将法律文本解释得符合正义理念,要通过社会生活经验去解释法律,使得法律适用的结果和谐、合理、合乎善良人们的预期,当法律适用存在漏洞时,要创造性地发挥聪明才智,将法律的"漏洞"解释得符合生活常识和正义标准。当然,这种符合正义观感的解释还要受到诸多制约,即不能打破法律体系内的平衡,要使法律之间相协调;要符合社会的、一致的价值经验;要立足于当下的视角思考法律适用;要胸中永远充满正义的理念去进行解释和判断。比如,天价葡萄案中,几个农民随意偷摘葡萄时,无论如何,他们也想不到这些葡萄竟然价值百万元,那么对于犯罪数额的认定便不能以此天价来计算,因为这并不符合社会生活经验,换做任何一个人在行为当时都不会认为这些葡萄值这个价,所以按照普通葡萄的市场价进行计算就是合情合理的。法律文书在论证法律适用时,要体现出上述解释法律的过程,充分阐述适用的原因和思考的过程,确保法律适用符合情理。

(四) 符合文理——语言艺术的规范运用

所谓文理,是指法律文书结构、内容、措辞和文风等方面的条理。如果说事理、法理、情理是法律文书的内在实质,那么文理则是法律文书的外在形式,共同决定着法律文书的质量和效果。准确的语言运用、严谨的结构安排、通俗易懂的文风,无疑更加有利于法律适用的表达和裁判结果的接受。法律文书的结构应该严谨,要涵盖包括事实认定、法律适用、结果作出在内的整个司法裁判过程。文书

---

① 参见张明楷:《正义、规范、事实》,载北大法律信息网,访问日期:2014年10月7日。

的叙述要体现出裁判者的心路历程,合理安排控辩双方的意见和回应,详细阐述证据采信与否的理由,案件焦点要紧扣控辩双方的争议,认定的事实应有经过质证的证据支持,审查的范围不能超出争讼的范围。法律文书的语言应当准确。法律文书代表着国家意志,具有权威性和公信力。文书中必须杜绝错别字、病句等硬伤,不允许使用文言文、俚语、方言等不规范的词语,遣词造句应准确,避免出现歧义。法律文书的文风应简洁朴实、通俗易懂。法律文书的作用是定分止争,解决纠纷,彰显公平正义,它的文风应该严谨规范、朴实易懂。所谓严谨规范,是指涉及的法律术语和法言法语必须正确使用,不能作任何更改,比如正当防卫、紧急避险,等等。所谓朴实易懂,是指事实的叙述、道理的阐明必须简单明了,通俗易懂,不使用艰深晦涩的语言。

裁判文书公开与司法公正、公平

钟穗青*

一、裁判文书公开概述

(一) 裁判文书公开的概念

裁判文书公开是指法院将作出的各类法律文书通过一定的途径向社会公众公开。目前,一些国家和地区公开裁判文书的方式主要包括在法院书记室存放供查阅、定期编纂判决汇编、在政府公告以及互联网上公布等。随着我国法治建设的逐步发展,社会各界已经认识到公开裁判文书的积极作用,我国各级人民法院也将裁判文书公开作为保障司法公正的一项有力举措。

(二) 裁判文书公开的历程

正如罗尔斯指出的,"正义是社会制度的首要价值",没有公开就无所谓正义。由于司法在现代社会所具有的权威性、中立性和终结性,使其成为实现社会公平正义的有效载体和最后救济途径。①

我国早在1954年《宪法》中就确立了"公开审判"这一基本原则。1999年第一个《人民法院五年改革纲要》就将"落实审判公开原则"作为今后几年审判方式改革的一项主要内容。2005年《人民法院第二个五年改革纲要》又明确依法扩大审判公开的范围,增加法院各项工作的透明度。

2009年最高人民法院出台的《关于司法公开的六项规定》中规定,"五、文书公开。裁判文书应当充分表述当事人的诉辩意见、证据的采信理由、事实的认定、适用法律的推理与解释过程,做到说理公开"。首次提出在司法公开中对裁判文书公开的要求及裁判文书说理部分的公开。②

2007年最高人民法院印发《关于加强人民法院审判公开工作的若干意见》中规定:"人民法院裁判文书是人民法院公开审判活动、裁判理由、裁判依据和裁判结果

---

* 钟穗青,云南大学法学院。
① 参见蒋惠岭主编:《司法公开理论问题》,中国法制出版社2012年版,第401页。
② 参见田禾主编:《司法透明国际比较》,社会科学文献出版社2013年版,第303页。

的重要载体。裁判文书的制作应当符合最高人民法院颁布的裁判文书样式要求,包含裁判文书的必备要素,并按照繁简得当、易于理解的要求,清楚地反映判决过程、事实、理由和裁判依据。"该意见对人民法院裁判文书公开提出进一步要求。

2012年修正的《民事诉讼法》第156条规定:"公众可以查阅发生法律效力的判决书、裁定书,但涉及国家秘密、商业秘密和个人隐私的内容除外。"本条款系《民事诉讼法》新增加的内容,首次在法律层面上就公开裁判文书作出专门规定,对司法公开具有划时代的意义。

2013年最高人民法院则根据《刑事诉讼法》《民事诉讼法》《行政诉讼法》等相关规定制定最高人民法院《关于人民法院在互联网公布裁判文书的规定》,该规定可进一步促进裁判文书的公开和裁判文书在互联网上公开的具体要求,促进司法公开,提升司法公信力。

长期以来,我国法学理论界和司法实务界正在对司法公开进行全面的认识和了解,并进一步完善裁判文书公开,从而进一步加强司法公开,维护司法公正、公平,推进我国司法改革和法治建设。

(三) 裁判文书公开对司法公正和公平的价值

公开裁判文书是法院审判公开的一项重要内容,对于提升审判质量、增强司法公信力、提升全社会的法治水准、保障人民的诉讼权利、推进司法改革和司法为民的实践最终实现司法公正、公平都具有重大意义。

1. 裁判文书公开可以迅速提升审判质量和增强司法公信力

当前,随着社会转型期各类矛盾纠纷的不断凸显,矛盾化解难度逐渐加大,法院的审判工作面临巨大挑战,司法公信力不足的问题日益突出。裁判文书公开后,公众可以清晰地看到裁判文书中各种明显的瑕疵。因为文书将受到全社会的监督,所以法官在撰写时会更加小心谨慎、认真细致,从而有效提高审判质量。

2. 裁判文书公开有助于提升全社会的法治水准和保障人民的诉讼权利

每一份裁判文书都是来自于现实生活中,民众在阅读了判决书后可以更加准确而又深刻地理解法律。公众在看到这样一份判决书时自然会增强自己的法律意识,更加善于维护自身的合法权益和保障自身的诉讼权利。公开裁判文书也方便了学者们的学术研究,凭着大量鲜活生动的案例,学者们可以掌握最新的司法实践,更有针对性地进行学术研究;由此形成的学术著作为社会各界提供司法价值和方法论上的导引,进而提升全社会的法治水准。

3. 裁判文书公开推进司法改革和司法为民的实践

司法改革,以司法透明为先,改革当知难而进,裁判文书不能人为敏感化,密锁于司法的铁箱里,在我国司法改革的每一个时期必须进一步推进中国司法公开。然而,裁判文书公开是司法公开的首要环节及司法公正的重要环节,在进一步司法公开的同时,应进一步完善中国司法透明机制。只有推进司法公开和进一步完善裁判文书公开,才能切实满足人民群众对司法工作的知情权、参与权、表达权和监督权,这样才能满足公众对阳光司法的期待,才能承担起树立司法公信的职能。

4. 裁判文书公开,是促进司法公正、公平,实现司法公开和司法廉洁的必然要求

司法廉洁是党纪国法的要求,也是司法职业道德、职业良知的要求。司法不廉洁是对司法公信力的最大杀伤。司法公开可以促进法官自觉提高司法能力、改进工作作风,从而推动审判执行工作质量与效率的提升,促进司法公正。"法官作为法律的实施者,是法律至上代言人,是公平正义的化身,被公众视为活生生的争议"[1],而"一切有权力的人都容易滥用权力,这是万古不易的一条经验。有权力的人们使用权力一直遇到有界限的地方才休止"。因此,通过司法权在阳光下运行,有助于促进司法公正,实现司法廉洁。同时,司法公开可以减少人民群众对法院、法官不必要的误解、猜疑和偏见,提升司法公信力,对法院、法官也是一种保护。

二、裁判文书公开中的核心——裁判文书"说理"部分

(一) 裁判文书"说理"部分的概念和地位

裁判说理即裁判理由,一般包括案件事实、法律依据以及两者在法律上的逻辑关系三个方面的内容,即法官运用法律思维与方法,阐明对案件事实及证据的认定、适用的法律及判决结果之间的关系,并对涉案的诉请、抗辩、反驳等予以支持、反驳、采纳或驳回所依据的情理、法理和法律依据进行充分论证,从而使当事人"胜得清楚,败得明白"。

裁判文书的"说理"部分对于支撑裁判文书的完整性、裁判的正当性和合理性、维护司法的权威性和公正、公平有着不可或缺的地位。

首先,裁判文书的"说理"部分是裁判文书之魂。[2] 按裁判文书撰写的格式规则,"说理"是其中不可或缺的一部分,其必须立足事实,以事说理;着眼于法律,以法论理;上承事实,下接理论。因此,裁判说理公开是裁判文书公开的核心,是司法公开的应有之义。

其次,裁判文书的"说理"部分是裁判正当性和合理性的根据。裁判的正当性来源于裁判理由的正当性。何为正当性?简单地说是举出理由以说明某种主张或裁判的正当。一个案件处理的结果能否使相关当事人接受和公众认可,裁判说理尤为重要。裁判说理是连接案件事实与裁判结果的桥梁,是法官与当事人乃

---
[1] 〔古希腊〕亚里士多德:《政治学》,吴寿彭译,商务印书馆 1981 年版,第 408 页。
[2] 参见沈志先主编:《裁判文书制作》,法律出版社 2010 年版,第 60 页。

至社会公众法律沟通互动的纽带。

最后,裁判文书的"说理"部分是司法的权威、公正和公平的外在表现。萨尔蒙德指出:"一个先例……乃是本身就含有一项原则的司法判决……唯一具有司法权威性的司法原则,乃是那些与其对象直接相关的并且在范围上限制颇严的司法原则。所有其他的论据,充其量只具有说服性功效,它们并不是真正的裁判说理。"①摩根则将裁判理由定义为"司法意见中那些提出了为法院所使用的法律规则的部分,而且适用它们也是裁决当事人提出的问题所要求"。因而,裁判文书的"说理"部分是司法的权威和公正、公平的外在表现,是维护司法权威和公正、公平不可或缺的重要力量。

(二) 完善裁判文书"说理"部分的价值和意义

当前,我国正处在转型期,社会问题、社会矛盾频发。解决这些矛盾和问题,尤其离不开法治建设。而法治的基本特征在于它具有公正性、公平性和正义性。法治通过立法体现人民群众的共同意志和根本利益,通过司法保障社会成员的合法权益,实现社会正义。司法公正是社会保障的最后一道防线,在社会转型时期,有着更为特别的意义,更是社会主义法治追求的重要价值目标,是构建和谐社会的基础,是维护社会公正、社会和谐与发展的制度保障。作为司法公正、公平的重要保证——裁判文书的公开,其在实现司法公正、公平的道路上起着不可小觑的作用,而作为裁判文书之魂的裁判文书"说理"部分,更是我们当前最需要完善的地方。完善裁判文书"说理"部分是推进我国司法公开,维护司法权威,实现司法公正、公平的重要一步。

1. 完善裁判文书"说理"有利于促进司法公正、公平,最大限度行使好法官的自由裁量权,加强我国司法队伍建设

与道德、宗教相比较,法律是维护正义在社会生活中得以实现的一种更为有效、更为一般的制度化机制。为了最大限度地实现司法公正和社会正义,于是,"自由裁量权"作为一种制度化的司法权力运作方式被引入到法律生活中。但"自由裁量权"的引入不免带有"人"的因素,因此极易被滥用,必须加以规制,以符合公平公正,实现法律的终极目的。完善裁判文书"说理"的公开有利于规制法官自由裁量权的正确行使,避免"暗箱操作",推进"阳光司法",加强我国司法队伍的建设。

2. 完善裁判文书"说理"有利于促进司法公开,提高司法公信力,增强裁判的正当性和合法性

完善裁判文书"说理"部分的公开可以赋予司法公正的外观,让正义以看得见

---

① 蒋惠岭主编:《司法公开理论问题》,中国法制出版社 2012 年版,第 402 页。

的方式实现,让法院的裁判更具正当性、合法性和说服力。裁判说理的公开和完善本身是程序公正的应有之义,也是权力行使公正性的外在表现。正如法国法律学者迪德所指出的:法院不只是作判决而已,他们还必须解释其判决,解释的目的在于说明判决的正确理由如何……以证明他不是武断的看法,能使当事人心服口服,因为法官的判决是一个合理的陈述,它有充分的理由,而且显示出判决理由的相关的或逻辑的结构。① 因此,强化并公开裁判文书的"说理",有利于促进司法公开,有利于大多数人都能够接受判决,有利于裁判文书的执行力度,减少涉法涉诉信访、上访,有利于提升司法的公信力。

3. 完善裁判文书"说理"有利于形式法治与实质法治的结合,推进我国法治建设②

形式法治与实质法治在法律推理、价值偏好或法官角色等方面都有很大的差异,而裁判文书的"说理"的公开和完善恰好是形式法治与实质法治的价值偏好,即"形式正义"和"实质正义"相结合的突出的外在表现。"说理"本身是一种"实质正义",其是以合理的逻辑来阐述判决的合法性和正当性;而裁判文书"说理"的公开和完善则为一种"形式正义",以一种透明的司法模式让裁判更具公开性和说服力。通过裁判说理的公开和完善,可以在很大程度上消除当事人对司法的怀疑和不满,化解公众的疑虑,形成司法和民意之间的良性互动,有利于形式法治与实质法治的结合,推进法治建设。

4. 完善裁判文书"说理"有利于开展法制宣传,提高国民法律素养

裁判文书"说理"的过程是法院对当事人进行法制宣传、法制教育的过程,通过对双方当事人涉诉案件事实、证据认定及有关法律适用的阐释,能够使诉讼当事人和社会公众受到良好的法制教育,并确立一种规则指引,达到"判决一案,教育一片"的目的。正如朱苏力教授指出的,司法判决书的最主要的功能仍然是社会的,是要为纠纷之解决提供一个合理化的证明以及在可能的情况下为后来的类似案件处理提供一种导引。在其说理过程中,有利于提高法律知识的普及程度和国民法律素养。

三、完善裁判文书公开"说理"部分

(一) 裁判文书公开"说理"部分现存的问题

裁判文书的"说理"部分是裁判文书之魂,但在我国司法改革及推进司法公开的进程中,裁判文书的"说理"部分的不足越来越突出:

---

① 转引自王利明:《司法改革研究》,法律出版社2001年版,第350页。
② 参见何海波:《实质法治:寻求行政判决的合法性》,法律出版社2009年版,第15页。

第一,裁判文书"说理"的实质含金量不够高。在刑事裁判文书中存在比较明显的"重定罪、轻量刑""重主刑说理,附加刑完全不加以说理""重实刑说理,轻缓刑说理"和"重罪名选择说理,轻量刑幅度选择说理"等问题。裁判文书中,法官通常的做法是先通过举证、质证来分析论证案件事实,分析各犯罪构成,然后根据各个犯罪构成要件确定罪名。不难发现,定罪说理占据了判决的绝大部分篇幅,而量刑幅度、计算量刑情节对量刑幅度的调节比例、确定最终的量刑幅度的说理所占比例微乎其微。为数极少的量刑事实和证据夹杂在大量的定罪事实和证据之中,大有"万花丛中一点红"的意味。量刑心证过程未能透明化、公开化,使得量刑规范化工作的落实成效一定程度上被打了折扣。

第二,"说理"过于格式化、拘泥于形式,缺乏个案特征。无论在刑事裁判文书、民事裁判文书还是行政裁判文书中,每种类型案件的裁判文书都有其固定的格式。例如,在刑事裁判文书中,量刑情节是量刑的事实基础,不同案件的量刑情节不可能完全相同,这就决定了法官量刑因具体案情而异。而在现行的刑事裁判文书中,法官常套用相同的文字对被告人的量刑情节进行简单描述和论证,缺乏针对性,让人感觉是"千案一面"的,法官的量刑理由是"放之四海而皆准"的,缺乏说服力。以致有学者对此发出无奈的感叹:如果说传统的裁判文书制作中说理不充分的问题是一个普遍现象的话,那么,在有限的说理中对裁判的阐述过于简单更是到了难以容忍的程度。

第三,"说理"部分争议焦点的归纳不准确,与论据和说理衔接不合理。例如,对一审民事判决书争议焦点的归纳应当准确,否则案件的审理就会误入歧途,甚至产生错判。如在一起案件中,原、被告双方均无过错,被告系基于商业风险的承担对原告损失负责,争议焦点应归纳为"原告损失的责任应由谁承担",而判决书却错误地表述为"对原告的损失到底是谁的过错"。几字之差,却是本质区别。有时争议焦点虽然不存在错误,但表述要么过于抽象、宏观,要么过于繁琐,而过宽或过细都不利于组织论证或说理。有时,争议焦点的归纳还会出现重复的情况,如在一起借款合同纠纷中,归纳的争议焦点有两个:一是原告支付的款项是否属借款;二是原告支付的款项是否作为人才引进的一次性奖励。其实本案中的焦点是非此即彼的,回答一个争议必然会涉及另一个争议焦点。

第四,裁判"说理"不透彻,没有运用审判推理或推理不当。一是现阶段,有的判决书比较重视对证据的分析和争议事实的固定,对法律适用的表述往往比较简单,尤其是法官自由裁量权部分更是不作展开。二是有的裁判文书前后表述矛盾,严重影响裁判文书的说服力。三是有的裁判文书不符合推理要求,例如以"原、被告过去曾存在的借贷关系",从而推断"本案也应当认定为以存单为表现形式的借贷纠纷",不仅违反证据原理,同时也是不合逻辑的。四是有的裁判文书引用法律具有随意性,除了漏引、错引外,引用不规范比较常见。如合同纠纷案件,不引用作为特别法的《中华人民共和国合同法》,却引用作为一般法的《中华人民共和国民法通则》;有的只引用法律法规,对司法解释不加引用;有的是采取类推适用的,不引用类推的法律条文等。

(二) 思考与建议

从上述裁判文书公开"说理"部分现存的问题来看,我们对裁判文书公开"说理"部分应以全面的方式和相关的体系去完善,推进裁判文书公开和司法公开,推进我国司法改革,更好地实现司法公正、公平。

1. 推进司法体制、司法程序和司法权行使的现代化,完善司法有效的监督机制[①]

我国需要完善现有司法审判系统,使之成为一套合理有序、有利于保障司法公正的司法审判系统,同时,做到司法公正,程序上的公正不仅仅是司法公正的保障,而且是司法公正的内容,司法权行使的现代化是要求真正地按照公正裁判的要求,实现法官的独立性的审判。我国现阶段司法腐败的现象仍然存在,司法监督机制的不断完善仍是我们推进司法改革进程的重要保障,特别是在司法独立得到增强以后,需要加快完善司法监督机制。

司法体制、司法程序和司法权行使的现代化,完善司法有效的监督机制,都有利于保障法官合法权益的同时,也使法官的自由裁判权得到监督和限制,引导法官自由裁判权的合理利用,最大限度地让法官行使好自由裁量权。从而,法官在作出判决时,可以充分地把其判决理由反映在裁判文书的"说理"部分,并促进司法公开。

2. 丰富说理内容,强化说理个性,突出说理的逻辑性

(1) 在裁判文书中,无论对事实的认定情况还是对法律引用上,法官都应该加强说理的内容,并融合情理因素。应该说,裁判同时合乎事理、法理、情理,而这三者的结合才是司法裁判的常态,因为情理和法律应当是一脉相通,真正冲突到水火不相容地步的极为罕见。绝大多数情况下,问题只在于法官有无良知与足够的能力把握法律的旨意和情理之间的内在关系。情、理的通俗易懂能弥补法律的晦涩难懂,使当事人和社会更好地理解和接受裁判。在丰富说理内容时,要注意简繁适当,有争议的,围绕双方争议焦点重点进行详细的说理。

(2) 裁判文书说理要具体案情具体分析,突出个案特征。首先,深化证据分析;其次,加强法律选择适用的释明。裁判文书要逐渐改变现行的单纯列举证据种类和证据名称的做法,应在对判决有重要影响因素的事实认定方面作出详细深入的分析论证,并注重对相对裁判不利的一方的裁判进行详细说理。法官要结合已有的事实,选择适用的法律,并运用具体的部门法知识,具体论述判决,而不是

[①] 参见王利明:《司法改革研究》,法律出版社 2001 年版,第 41 页。

一句"结合本案具体情况"或"根据本案的事实、性质、情节和对社会的危害程度",使当事人和社会各界不能对法院的裁判真正信服。

(3)突出说理逻辑性。我国法官一般运用三段论式的演绎性逻辑推理方式,而其作用的重要性反映在裁判文书上,就要求裁判文书书写有条理且清楚,引用法条适当,认定事实合法有据,前后衔接紧密合理,裁判文书的整体结构必须与法官的裁判路径相符合,从控辩双方的主张和证据开始,依次往下进行,总体要求是裁判文书的书写必须体现"书写"的逻辑和理性,以确保各个部分环环相扣,没有缺失。

3. 提高法官的职业素养和职业道德,加强司法队伍的建设

通过职业培训、在职进修、经验交流等多种途径提高法官的职业素养和其综合素质,加强司法队伍建设。加强相关专职业务的培训和提高法官的执业技能,为裁判文书的编撰打好基础,提高整个法官队伍撰写裁判文书的技能。增强裁判文书制作能力,不仅要在说理上下工夫,也要兼顾当事人和社会各界的阅读水平和文化层次,尽量用简明通俗的语言论述清楚。加大法官之间经验交流的范围,法官队伍中,法官个人素质是参差不齐的,法官个体之间也存在着差异,通过法官之间的相互交流,向工作能力较强的法官吸取经验,提高法官整体的工作能力。

综上所述,在完善内、外部体制的同时,通过不断提高司法队伍的职业素质来促进司法文书说理部分的完善是必不可少的。我们只有兼顾各个方面来完善裁判文书"说理",更好地达到裁判文书公开的实质效果,推进司法公开,推进司法改革和法治建设,才能真正实现司法公正、公平。

参考文献

1. 蒋惠岭主编:《司法公开理论问题》,中国法制出版社2012年版。
2. 田禾主编:《司法透明国际比较》,社会科学文献出版社2013年版。
3. 马宏俊主编:《法律文书与司法改革》,北京大学出版社2005年版。
4. 〔古希腊〕亚里士多德:《政治学》,商务印书馆1981年版。
5. 郝振江:《裁判文书的公开是审判公开的重要内容》,载《人民法院报》2009年4月16日,第5版。
6. 沈志先主编:《裁判文书制作》,法律出版社2010年版。
7. 何海波:《实质法治:寻求行政判决的合法性》,法律出版社2009年版。
8. 王利明:《司法改革研究》,法律出版社2001年版。
9. 沈志先主编:《法官自由裁量精义》,法律出版社2011年版。
10. 宋英辉主编:《中国司法现代化研究》,知识产权出版社2011年版。

检察刑事法律文书说理机制初探

——以检察机关部分刑事法律文书个性化改革为进路

郭 彦 朱先琼 杨 宁[*]

法律文书是浓缩诉讼制度、司法制度以及构成司法制度运作环境的各种经济、政治、文化因素的载体,是窥探一国司法制度和法律文化的窗口。在不同法系、不同文化背景下,法律文书呈现出多姿多彩的风格特点,但其共性是显而易见的,那就是说理,风格多姿多彩,只不过是说理方式不同而已。当下,进一步强化法律文书说理成为深化司法工作改革的重要内容。与之相伴,强化刑事检察法律文书的说理也就成为进一步推进检察工作改革的一项重要举措。

一、刑事检察法律文书说理之法理基础

所谓检察法律文书说理,是指检察官在检察文书中对检察决定所依据的事实和法律,以及事实与法律的逻辑结合进行解释和说明。通俗地说,刑事检察法律文书说理就是承办案件的检察官在其所制作的刑事检察法律文书中,对如何认定刑事案件事实、如何确定法律依据,以及法律依据与刑事案件事实之间的逻辑关系所作的解释和说明。刑事检察法律文书是检察机关在办理刑事案件中依法制作的具有法律效力的文书。最高人民检察院要求"增强法律文书的说理性……强化对证据、案件事实的分析论证,提高检察法律文书的制作质量"。所以,刑事检察法律文书不仅是各级人民检察院行使检察权的重要文字凭证,在一定程度上也是检察机关执法办案质量的直接反映,既是总结经验和复查案件的重要依据,也是法制宣传的重要材料。

(一)强化刑事检察法律文书说理是法律文书所承载的刑罚功能的应然要求

作为国家统治者和管理者用以惩罚犯罪的强制方法即刑罚的凭证和文书载

---

[*] 郭彦,时任四川省人民检察院副检察长,现任成都市中级人民法院院长。朱先琼,四川省人民检察院检委会专委。杨宁,四川省人民检察院反渎局副局长。

体——包括刑事检察法律文书在内的所有刑事法律文书,其承载的工具性价值是为了体现国家意志,并通过惩罚犯罪进一步维护社会稳定,从而实现国家对社会的管理和调整,最终达到教育公民、宣传法制的效果。刑罚的目的除了惩罚犯罪外,还具有教育犯罪分子、安抚被害人、教育社会其他成员,以及震慑、警示潜在的危险分子的功能。这就必然要求作为刑罚凭证的刑事检察法律文书在体现法律适用的严肃性和权威性的同时,充分展示刑罚与案件事实、证据及相关法律规定之间的严密逻辑关系,即反映出刑罚适用的必要性与合理性。因此,刑事检察法律文书除了必须认定事实清楚、证据展示完整、适用法律准确外,还应做到论证逻辑严密、释法说理充分,以利于刑罚功能的全面实现。

(二) 强化刑事检察法律文书说理是推进依法治国、深化检务公开的必然要求

党的十八大再次重申了依法治国的基本方略,要求推进权力运行的公开化、规范化,完善党务公开、政务公开、司法公开和各领域办事公开制度,让人民监督权力,让权利在阳光下运行。十八届三中全会决定进一步指出,要健全司法权力运行机制,推进审判公开、检务公开。《关于深化司法体制和社会体制改革的意见》把深化检务公开作为推进司法公开的重要内容,要求2014年必须全面启动。依法治国的本质就是逐步实现社会主义民主的制度化、法律化,全国上下一体遵循宪法和法律。在依法治国的进程中,法律被信仰是关键。法律只有被信仰才能保证严格执法、公正司法、全民遵法,而严格执法、公正司法又能促进全社会对法律的信仰和遵循。刑事检察法律文书作为检察机关刑事执法活动的凭证和深入推行检务公开的一种载体,释法说理是否充分、是否能够令人信服,不但直接影响着社会对刑事检察执法活动是否公正的评判和检务公开的效果,并且对人们认识和信仰法律起着潜移默化的作用。因此,改革、完善刑事检察法律文书的结构,通过强化释法说理等方式提升刑事检察法律文书的制作质量,让人民群众透过高质量的刑事检察法律文书,感受到检察机关执法的严格和公正,体会到法律的尊严和权威,从而促进全社会信法、守法、敬法氛围的形成。

(三) 强化刑事检察法律文书说理是刑事检察法律文书形成过程的内在逻辑要求

"说理"是法律方法与法律思维中的一个核心话题。加强司法判断过程中的"说理"已成为法学理论界与法律实务界的共识。法律文书作为司法机关"说理"工作的重要载体,体现了司法实务界在如何通过职业素养的提升和工作模式的革新探求司法公正、透明的路径。法律文书的说理是为其说服目的服务的,而决定其说理质量的逻辑基础是主体对客体的认识以及法律文书建构的理性与经验。

刑事检察法律文书是检察机关在办理刑事案件中体现其司法判断而制作的法律文本,但它并非照相式地完全在客观事实的基础上自动生成,而是承办人在对案件事实、证据进行综合分析判断后所形成的说服当事人及其相关人员,以及社会公众的独白式文体,注定其必然是一种叙事说理性文书。因而,刑事检察法律文书首先要进行建构性的叙事,然后才是分析评论及决定。也就是说,案件事实在承办人甄别判断证据前并非现成存在,至少为司法语境所要求的、最终被用来当做裁判依据的事实是案件承办人通过对全案证据材料的甄别与综合分析后所建构出来的,这一建构过程将不可避免地对客观事实进行剪裁。承办人在法律文书中用客观公正的裁判语言对案件所作的判断和认定,实际上已经不着痕迹地融进了表露其情感偏向的语言,或者是运用修辞策略表现其倾向。这一认识、建构过程完全是说理必然性下的司法过程。

二、刑事检察法律文书说理现状的分析与解读

为保证检察机关正确贯彻修改后的《刑事诉讼法》,最高人民检察院对人民检察院刑事诉讼法律文书格式样本进行了全面修订,于 2012 年 12 月 31 日发布了《人民检察院刑事诉讼法律文书格式样本》,共计 223 种,比 2002 年发布的刑事诉讼法律文书增加了 90 余种。为更好地保证办案需要,根据试用情况,最高人民检察院于 2013 年印发了《人民检察院刑事诉讼法律文书格式样本(2013 版)》,共计 238 种。应该说本次刑事检察法律文书格式样本修订基本实现了"诉讼经济、增强法律文书的说理性、权威性的原则,强化对证据、案件事实的分析论证,提高检察法律文书的制作质量"的要求,但也还存在改进和完善的空间——在 238 种刑事检察法律文书中,绝大部分仍然属于填充式法律文书,叙述式法律文书不及总数的 10%,且在说理要求上或多或少存在一些不足,甚至部分司法活动没有相应的法律文书可供使用。

综观《人民检察院刑事诉讼法律文书格式样本(2013 版)》,笔者认为存在以下问题:

(一)说理形式程式化,笼统概括较多

2013 版文书格式样本中的刑事检察法律文书绝大多数为填充式法律文书,填充内容要么高度概括,要么"千案一面"。高度概括式文书使当事人难以明白案件的裁决理由,影响了当事人的知情权。另一方面,一句话式的"说理"文书说理方式过于程式化,实际上没有进行实质性说理。如《×××人民检察院不批准逮捕决定书》,该文书说理部分为"经本院审查认为_____,根据《中华人民共和国刑事诉讼法》第八十八条的规定,决定不批准逮捕犯罪嫌疑人_____"。

该文书只是写明了检察机关审查认定的事实,没有任何关于裁决理由和依据的叙述。又如《×××人民检察院批准延长侦查羁押期限决定书》,该文书说理部分为"经审查认为＿＿＿＿(延长侦查羁押期限理由),且＿＿＿＿(说明继续羁押必要性的理由、依据),确有羁押必要"。该文书貌似要求进行＿＿＿＿说理,但由于是格式化文书,填充理由处空格较小,只能简单引用法条内容,无法进行充分的说理分析,导致司法实践中几乎所有该类文书的理由阐述均为一句式"说理","千案一面"。

(二) 叙述式法律文书罗列事实较多,分析说理较少

以事实为依据,以法律为准绳是检察机关执法办案的基本原则。这一原则要求刑事检察法律文书应尽量客观、真实地叙述案件事实。所以,把事实叙述清楚是制作好检察法律文书的关键所在。但是,如前所述,案件事实是经审查后的一种法律事实,是承办人通过对证据的综合分析,对业已发生的事实的认识,它不等同于客观事实,带有承办人主观能动认识的特征。这种审查认定事实的过程不是任意的,而是以充分的证据为基础,经过严密的逻辑分析、推理得出的结论。但2013版文书格式样本中的许多叙述式检察法律文书缺少对事实与结果之间关系的逻辑分析部分,只是简单罗列证据,无须对证据的取舍作出说明,对双方有分歧的证据不要求作具体分析、认证,更没有阐明认证的理由,抑或事实与证据之间逻辑论证无力,常常以"本院认为"代替法理分析,显示出法律文书法律专业性的缺失和司法理性的不足。如《×××人民检察院通知撤销案件书》,该叙述式法律文书共计四部分,第一部分为"发往单位";第二部分为"发出《说明立案理由通知书》的时间与文号,公安机关回复的时间与文书的文号";第三部分为"公安机关立案理由不能成立的原因和应当撤销案件的事实、法律依据";第四部分为"通知公安机关撤销案件的法律依据和要求"。整个文书第一、第二、第四部分为程序性的内容,第三部分要求写明公安机关立案理由不能成立的原因和应当撤销案件的事实及法律依据,在没有反映出侦查机关立案的事实依据的情况下,因为没有"靶子",难以做到说理充分。笔者认为,为使说理顺畅,该部分应当首先写明公安机关立案所依据的事实和证据、经本院审查认定的事实和证据,再写明为什么采纳所认定的事实和证据,以及公安机关立案理由不能成立的原因和法律依据。这样的结构才能使说理部分的逻辑分析顺畅。《×××人民检察院通知立案书》也存在同样的结构性问题。

(三) 部分检察执法活动没有法律文书可供适用

《人民检察院刑事诉讼规则(试行)》第146条第3款中规定,"对担任乡、民族乡、镇的人民代表大会代表的犯罪嫌疑人批准或者决定逮捕,由县级人民检察

院报告乡、民族乡、镇的人民代表大会",但缺少如何履行报告的法律文书。又如检察机关在履行侦查活动监督职责过程中,对于情节较重的侦查活动违法行为,按照《人民检察院刑事诉讼规则(试行)》第 566 条的规定,应当向公安机关发出纠正违法通知书,但在 2013 版文书格式样本关于侦查活动监督的法律文书中,只有《×××人民检察院撤销纠正违法意见决定书》,而无对应的纠正违法通知书,导致实践中许多检察机关通过发出检察建议的形式来纠正侦查违法行为,影响了监督的刚性。同时,对于当事人关于公安机关违法侦查的投诉,人民检察院调查核实后,应作出是否监督的决定并答复当事人,但《人民检察院刑事诉讼法律文书格式样本(2013 版)》中没有相应的法律文书。

三、改革完善刑事检察法律文书之思考

刑事检察法律文书的功能和作用决定了其在检察工作中的地位和价值。"千案一面"的格式化文书虽然有利于法律适用的统一,但却限制了案件承办人的诉讼主体地位,禁锢了承办人的判断力和主观能动性,从长远来看,可能会影响检察工作的持续深入发展,削弱检察活动的公信力和权威性。笔者认为,就加强法律文书说理而言,应该从以下几个方面改革和完善刑事检察法律文书。

(一) 树立说理意识,提高说理水平

毋庸讳言,目前我国司法实践中重实体、轻程序,重打击、轻保护的观念依然不同程度地存在,不少承办人把制(写)作法律文书看成办案工作的一个附属环节,认为追求裁判正确的意义远大于对结论解释和说明的意义,因而常常在办案中忽视程序,对释法说理工作漠然处之。作为一名检察官,必须从内心深处明白为什么要强调检察法律文书说理,充分认识释法说理既是检察执法文明、公正、客观、进步、理性、民主的重要标志,也是检察官素质、修养、知识、逻辑、智慧、经验、信心的表达,更是代表国家向当事人和社会公众宣示国家法律权威的需要。为此,各级检察院尤其是案件承办人应该高度重视检察办案过程中的说理工作,切实按照中央关于深化司法体制改革的要求,把强化刑事检察法律文书说理作为实施检务公开的一个重要抓手,教育并引导各级检察机关干警自觉树立说理意识,提高说理水平。

(二) 调整法律文书分类及补充相关法律文书格式样本

目前,检察机关使用的 238 种刑事法律文书中,217 种文书属于填充式法律文书。为了加强文书说理性而将所有填充式法律文书改革为叙述式法律文书固然不符合中国司法现状和检察工作实际,应当结合案件的繁简程度、诉讼阶段以及

社会公众的实际需求,以当事人、被监督对象能够较好地了解、理解并接受检察机关对案件所作认定为考量。以此为前提,根据案件的不同情况,对简单案件和复杂案件以及案件所处不同诉讼阶段的法律文书制作确定不同的说理标准,实行繁简区别对待制度。为使简单案件和简单侦查措施(如扣押、查封等强制性侦查措施)适用的法律文书言简意赅,简洁明了,可以使用填充型法律文书,突出效率;对于疑难复杂案件及重要诉讼阶段,或者涉及案件当事人重大权利的事项,则应使用叙述型法律文书,全面阐明裁定的理由和依据。如本文前述提及的《×××人民检察院不批准逮捕决定书》《×××人民检察院批准延长侦查羁押期限决定书》均应制作成叙述型法律文书,尤其是第二次和第三次延长侦查羁押期限案件,更应当结合继续羁押必要性审查制度的落实,强化延长侦查羁押期限的必要性和可行性论证。同时,应当补充制定缺失的相关法律文书,如本文提及的对乡、民族乡、镇的人大代表采取强制措施的报告书,对公安机关情节严重的违法侦查活动的纠正违法通知书,当事人关于公安机关违法侦查投诉审查情况答复书等,以进一步规范检察机关的司法活动。

(三) 规范办案工作文书制作,奠定法律文书的说理基础

法律文书质量固然建立在对案件证据审查甄别和对事实准确认定的基础上,但与办案工作文书的质量也存在着密切关系。多年来,这种逻辑联系的重要性似乎没有引起足够的重视。文书制作规范一定程度上制约着办案工作文书的质量。因此,制定一套标准的办案工作文书制作规范,强化刑事检察办案工作文书说理要求,有利于提升刑事检察法律文书的释法说理质量。明确办案工作文书的释法说理要求及规范,在采用三段论式的逻辑分析方法下,包含对每个证据的证据能力和证明力以及证据之间的协调性研判,对案件事实与证据之间的关联性分析,对处理结论与所认定事实及所适用法律之间的逻辑性论证,借此为制作高品质的刑事检察法律文书提供坚实基础。此外,还可以借鉴英美法系法官的做法,在遵循现有裁判文书模式的前提下,附上一段情文并茂的"检察官后语",配合法律文书的正面说理,从而产生"寓教于案、法情交融"的社会效果,起到软化法律文书冷漠生硬形象的作用。

参考文献

1. 傅郁林:《民事裁判文书的功能与风格》,载《中国社会科学》2000年第4期。
2. 宁致远:《法律文书教程》,中国广播电视大学出版社2001年版。
3. 葛洪义主编:《法律方法与法律思维》(第4辑),法律出版社2007年版。

4. 陈界融:《论判决书内容中的法理分析》,载《法学》1998 年第 5 期。
5. 杜福磊、赵朝琴:《法律文书写作教程》,高等教育出版社 2006 年版。
6. 周萍主编:《法律文书学》,法律出版社 2012 年版。
7. 马明利:《法律文书的共性与个性》,载《河南社会科学》2007 年第 5 期。
8. 方工、冯英菊:《检察法律文书的改进与规范》,载《人民检察》2007 年第 12 期。
9. 鲍同义:《法治理念视野下的检察法律文书制作——浅析说理的形式及必要性》,载葛洪义主编:《法律方法与法律思维》(第 4 辑),法律出版社 2007 年版。

裁判文书说理机制改革

张映兰[*]

引 言

习近平同志在 2013 年 1 月 7 日全国政法工作电视电话会议中提出"努力让人民群众在每一个司法案件中都能感受到公平正义"这一司法改革宗旨。如何做到在每一个案件中都让人民群众感受到公平正义,裁判文书起到了至关重要的作用。正如西方法谚讲到的"正义不仅要实现,而且要让人们以看得见的方式实现"一样,作为反映审判活动的最终载体,裁判文书的内容是最直观、最立体的反映。裁判文书作为审判的表现形式是审判过程正当化的结晶,也是诉讼过程的综合记录。[①] 裁判文书说理可谓其中的灵魂部分,串联起案件的审理流程和判决结果,起到分析案件事实证据、明确查明的事实并表述判决理由的作用。法律的价值在于公平、正义,法律要给人以公平、公正,就要证明公平、公正在何处,这就要求法官承担起说理的责任,讲出令人信服的理由,而这一切都集中体现在裁判文书说理的内容中。本文试图探究我国司法实践中裁判文书说理的现状、困境及解决路径。

一、裁判文书说理的由来与重要作用

判决说理包括案件事实、法律根据以及后者在法律上的逻辑关系三个方面。其中案件事实部分的中心在于证据分析。证据是适用法律的基石,如果说说理是裁判文书的灵魂,证据分析则是裁判文书说理的精髓。如果裁判文书说理不对当事人所提供的证据进行分析,说明其可信度及其证明力,再华丽精美的判决书也只是一纸空文。[②]

说理不充分使案件存在疑惑,作为有直接利害关系的当事人自然怀疑司法不公,武断的结论甚至会激怒当事人,从而造成我国司法领域独具特色的上访多于

---

[*] 张映兰,毕业于中南财经政法大学,法学本科,现任武汉市武昌区人民法院民一庭书记员。
[①] 参见岳海龙:《民事裁判文书的说理讨论》,载《法制与经济》2010 年第 5 期,第 7 页。
[②] 参见李春林:《围绕证据 充分说理——加拿大民事裁判书中证据分析对我们的启示》,载《甘肃政法成人教育学院学报》2007 年第 5 期,第 45 页。

上诉、申诉的问题。当事人的涉诉信访影响的不仅仅是有关单位的声誉、绩效或者年终奖金,更严重损害司法权威,危害社会和谐稳定。同时当事人的投诉、信访也从另一方面影响法官的正常工作,面对投诉、信访,一线审判人员往往需要不断就同一事实反复报告、汇报、请示并参与化访工作,耗费大量时间、精力,严重影响其正常工作。由此,裁判文书说理的重要性可见一斑。

二、裁判文书说理在实践中的问题及成因分析

(一) 实践中存在的问题

1. 说理不充分

裁判文书说理通常的逻辑思维是演绎逻辑三段论[1],具体做法是以适用法为大前提,以审理查明事实为小前提,进而得出判决结果。案件事实与适用法律之间的具体联系应理解为民事诉讼法中规定的在判决中应该写明的理由。实践中,判决说理只是简单罗列事实和法条,对逻辑推理和法律解释不多加分析和推理。作为对案件事实查明起到关键作用的证据在裁判文书中往往也没有得到充分说明,在判决书中仅列举证据名称的做法相当普遍。这些判决书对证据能证明什么、证据与案件事实之间有没有内在联系、双方当事人对这些证据的意见等问题缺少分析,使得判决说理苍白无力。特别是对一些分歧较大的证据,有些法官怕麻烦或者担心言多有失,尽量避免言及为什么采用此证据而不采用彼证据,严重地削弱了当事人对判决结果的信服度及在社会上的公信力。[2]

在"经审理查明"项下,虽然分有法院认定的事实及证据两部分来反映案情,但这部分内容大多为叙事体,没有分析论证,反映的只是法官已予以认定的看似完整的静态的事实和证据。这种写作方式具有认定的事实缺乏必要的证据支持,对证据的适用不加分析,不采信证据不说明理由的明显弊端。整个庭审过程中当事人的举证、认证及法官分析证据、认定事实的经过和结果这一动态过程没有反映出来,看不到案件事实在诉讼程序中如何被过滤、被呈现、被证明的,只看到十分简单的演绎推理的证明。[3]

2. 结构僵化

裁判文书作为行使审判权的集中展示,在人们的观念中,不仅具有权威性,更具有公开性。然而在审判实践中,裁判文书普遍存在"八股式"的写作模式,使裁判文书呈现出僵化、机械的风格,诸如"于法无据,本院不予采信""本案事实清楚,证

---

[1] 参见张保生:《法律推理的理论与方法》,中国政法大学出版社 2000 年版,第 245 页。
[2] 参见李春林:《围绕证据 充分说理——加拿大民事裁判书中证据分析对我们的启示》,载《甘肃政法成人教育学院学报》2007 年第 5 期,第 45 页。
[3] 参见沈春林:《民事裁判文书改革的构想》,载《江西行政学院学报》2001 年第 4 期,第 79 页。

据确凿""根据某某法第某某条的规定,依法判决如下"等千篇一律的文字比比皆是,从中看不到严密逻辑的内涵,看不到令人信服的推理,只是使人感到一种冰冷的缺乏生气的老生常谈,使得裁判文书难以具有说服力。① 由于现行的裁判文书格式的一些制约,法官往往不会打破查明事实与本院认为的界限,导致许多复杂案件中"查明事实"部分和"本院认为"部分机械独立,既不利于法官整体逻辑思维的连贯表达,更使得当事人拿到判决后感到不知所云,无法厘清案件说理的原因。

3. 缺乏创新和针对性,较少体现人文关怀

在司法实践中,法官办案只是就案办案,一份判决书仅仅是为了了结一个案件。② 在大部分法官繁杂的审判工作中,一份判决只是给一个案件匆匆画上一个句号,完成一份工作。但是对于一些由于切身利益不得已到法院打官司的普通百姓而言,这份判决的意义绝不仅仅停留在字面上。无论胜诉或败诉,判决中的一字一句都将深深印刻在当事人心中。笔者曾遇到过一个当事人因为20年前的一份离婚判决的内容通过信访途径反映情况。经仔细沟通,我们了解到当事人作为案件被告对于离婚的结果及财产分割都不持异议,只是对于判决中原告诉称部分引用的诋毁其名誉的言论十分不满。经反复向其解释,她才理解判决中引用原告诉状的内容与法院确认的事实之间有本质差距,并不代表法院的观点。然而回过头来思考,如果在该判决书的说理部分明确表明法院立场,认为原告诉称中的部分事实因为没有法律依据法院并不认可,是否可以避免今日的尴尬?一起简单的离婚案件都能在当事人心中激荡这么多年,更何况是那些复杂的抑或关切当事人巨大利益的案件呢?尤其是面对弱势群体的诉讼,由于举证能力的欠缺和法律水平低下,裁判文书说理表达方式的简单转变可能会起到平息他们的不满及消除怀疑的神奇作用,实践中恰恰缺少这样有针对性及人物关怀的裁判文书出现。近年来已经有法院试点采取"个性化语言"完成裁判文书说理,即对文化水平较高的自然人或单位更注重运用法言法语,讲透法理;对于法律知识相对不足的普通百姓,更多运用平实易懂的语言,在遵循法律法规的基础上加强对情理、事理的解释,并考虑产生的社会效果。③

(二) 分析问题的成因

1. 司法行政化的桎梏

我国目前实行的仍是司法行政管理制度,是在中国共产党领导下的法制体系独有的特色。对案件长期实行院长、庭长审批制、审判委员会定案制,法官只负责查明案件事实,其并无真正意义上的独立审判权。④ 笔者认为,恰恰是这一制度成

---

① 参见马明利:《构建裁判文书说理的激励机制及实现条件》,载《河南社会科学》2009年第2期,第105页。
② 参见王利明:《司法改革研究》(修订本),法律出版社2001年版。
③ 参见刘吟秋:《判决书能否讲"个性话"》,载《人民法院报》2006年7月22日。
④ 参见郝家英:《浅议我国司法裁判文书改革》,载《法制与社会》2008年第25期,第148页。

为限制裁判文书充分说理的障碍之一。司法行政化的主要表现是案件裁判文书一经审判人员制作完成之后要逐级请分管庭长、院长审批,如果其中一环出现不同意见则须进一步提交庭务会讨论。如庭务会讨论后的多数意见与承办法官意见不一致的,法官又坚持己见,则还需提交审判委员会讨论。另外,各级法院自行制定的须提请审判委员会讨论案件类型中规定的几类案件,一般都是重大、疑难或涉及重要程序问题的,也需要提交审判委员会讨论决定。在这样的议事机制下,对于多数复杂案件,真正参与庭审、与当事人正面沟通接触的法官却拥有最少的话语权,而庭、院领导仅仅凭案件的书面材料却能对案件的重大问题进行抉择。实践中,也强调通过领导或审判委员会决定的内容须集中在法律适用和认定方面,而事实查明问题由承办法官全权负责,以此来减少审而不判、判而不审造成的问题。然而更多的情况是由于民事案件涉及多方因素纷繁复杂,特别是许多案件案情复杂、时间跨度长,查明事实变得异常艰难。对事实的查明依赖原、被告举证与法院依职权调取证据,涉及对双方当事人举证责任的分配以及证据效力的认定等法律问题,即提交讨论的案件内容往往无法区分事实查明和法律认定的界限,对复杂疑难案件的审理过程中这类问题更为突出。继而前述的问题在实践中仍广泛存在,承办人在自己的观点、意见不为领导或集体接受时面临必须调整审判方向的问题,但试问,对于不是自己内心确认的观点又怎能写出令人信服的说理过程呢?

2. 激励导向欠缺

2014年以来,有关基层法官待遇、晋升环境的讨论愈加热烈,突出反映了整个法官系统中工作压力与待遇的不匹配、不平衡问题。法官面临巨大的办案压力、诉讼风险,却得不到与之匹配的职业认同。更多基层法院广泛存在的问题还包括法官的晋升困境,仅笔者所在基层法院,工作30年以上的法官中还有相当大的比例因为仍是科员级别,与新招录的书记员拿着一样的工资,所享受的福利待遇除了每月的工龄工资和法官津贴外并无二致。至于针对裁判文书写作优秀的激励也只局限于一年一度的优秀裁判文书评比活动。其奖励方式多以奖金与荣誉称号为主,并不会具体体现在日常的工资或福利中。激励模式的欠缺导致法官对于裁判文书更多的是持一种得过且过的态度,案件能够顺利通过审批结案成为多数法官对裁判文书的最终追求。

三、裁判文书说理机制的境外考察

西方国家从16世纪至18世纪逐步确立了裁判文书必须说明理由的做法,如意大利宪法就有此规定,判决必须说明理由现在已经成为一项普遍的原则了。[①]

---

① 参见〔法〕勒内·达维德:《当代主要法律体系》,漆竹生译,上海译文出版社1984年版,第132页。

加拿大也明确规定,没有证据分析的裁判书无效或可能被撤销,并对此类问题文书建立了相应的问责制。① 笔者简要列举不同地域法律中对裁判文书说理的认识和做法,以此为鉴。

(一) 普通法系

在普通法系国家中,普通法本身是法官创立的,普通法的规则也主要是从法官的判决理由中体现出来的,故而普通法尤其强调判决说理的充分性。因此,普通法系国家的判决中会详细分析过去的判决先例的含义以及与审理案件的关联。同时,法官在判决时也要遵循先例,只有在详细阐述先例对审理案件的可适用性后才能推导出合法的判决结论。正是由于这种做法,普通法系国家的判决书内容极为具体,推理十分严谨,能够通过对一个案件的具体裁判阐发或者引申出一项有普遍指导意义的法律规则。

(二) 大陆法系

大陆法系国家和地区法律以成文法为基本格局,往往通过裁判文书说理体现司法能动性,通过文书说理过程中对法律的解释和适用弥补成文法适用中存在的局限性。大陆法系国家和地区采职权主义审判模式,对于案件事实的查明、证据调查及认定以及法律选择适用都是由法官完成的。文书中的法律认证较为抽象,法官在适用法律问题上有部分自由裁量权,但更多的还是严格依照成文法。

笔者日常工作涉及协助送达台湾地区司法文书,经常得以一览台湾地区文书的风范。感受最深刻的莫过于其文采飞扬的行文风格。台湾地区文书说理中论述丝丝入扣,引经据典,充满人文情怀。台湾地区的裁判文书说理常常引用很多中国传统文化精粹,具有一些法言法语之外的文学色彩。同时,台湾地区法官秉持正义之心,同时文书中亦含恻隐之情。文书中古言古语却常见柔情,不全是冷冰冰的"套话"。同时,台湾地区裁判文书说理中常见类似教科书的指导内容,有对当事人教化育人的潜在意思,将裁判文书的功能指向提升到对社会的正义导向的高度。②

四、裁判文书说理机制改革的现实路径探索

(一) 从人事制度建设角度出发

2014年2月27日,深圳召开政法工作会议,宣布正式启动法院工作人员分类管理和法官职业化改革,打破以前法院以行政级别确定法官待遇的做法,法官不

---

① 参见李春林:《围绕证据 充分说理——加拿大民事裁判书中证据分析对我们的启示》,载《甘肃政法成人教育学院学报》2007年第5期,第45页。
② 参见吴可征:《海峡两岸裁判文书说理性之研究》,郑州大学2010年硕士论文。

再走"官道"晋升:深圳市中级人民法院将设置一级高级法官至四级法官,区级法院将设置二级高级法官至五级法官。法官根据审判业务能力及任职年限,以规定程序晋升;年度考核不称职者会被降低等级。不同等级的法官之间没有行政隶属关系,各法官依法独立判案。法官的工资标准、住房保障、医疗保障及退休待遇等,都随法官等级而定。

该项改革在全国尚属首创。

以往法官被划入综合管理类公务员进行管理。为了职务晋升,一些优秀法官不得不放弃审判业务,成为科级、处级法官,或交流到其他党政部门。而因晋升通道狭窄,职业感较低,不少法院审判人员流失严重。[1]

深圳法院改革试点的消息无疑成为全国法院系统关注的焦点,也颇有为我国司法体制改革打响了第一枪的感觉。以此为契机,本着提高裁判文书说理质量的目的,笔者就裁判文书说理机制改革在人事制度建设方面的改进路径提出几点设想。

1. 独立于公务员系统的法官职业化改革

前文提到司法行政化对法官裁判文书说理的表述形成巨大障碍,通过法官职业化改革可以很好地解决这一问题,就像深圳法院试点的改革内容一样,将法官的职权确定独立出来,独任审理案件由审判员负责、合议庭审理案件由审判长负责,规范集体负责制的议事机制,严格禁止政府行政职权对司法权的干预。可以欣喜地看到,目前这样的改革政策正在全国多个省市筹备试点,相信今后的法官在获得更多尊重和认可的同时,更能意识到自己肩上的责任有多么重大。谨言慎行之中必定会认真对待每一份裁判文书的说理部分,真正做到将公平正义体现于案件裁判中。

2. 建立以裁判文书说理为导向的奖惩制度

影响法官在裁判文书中说理的因素,除了法官自身综合素质外,更重要的在于完成文书制作所需要依赖的外部制度环境。提高裁判理由的说服力,离不开裁判说理的制度保障,具体来说是需要一套完整的激励机制的支撑。这是影响法官说理的外部因素,也是促使和激励法官提高自身素质的原动力。现行的法院绩效考核系统主要就公平公正、效率、社会效果进行考核,具体到细节上是针对收案数、结案率、上诉率、调解撤诉率等关键指标数据的考核。这一评判标准将以每一个案件为单位,忽略了案件的难度、当事人的类别等因素,仅仅依据案件的实际结果机械考量。例如有些案件因为内容不适宜作出调解书确认而由法院判决结案,实际上却得到双方当事人一致认可并及时履行,得到的良好效果与调解、撤诉案件并无二致,却无法在绩效系统中取得高分。又如基层法院面临的人员断层缺口

---

[1] 参见2014年2月28日人民网。

问题严重,往往"70后""60后"法官承办的案件都是"骨头案""疑难案",而年轻新晋法官由于审判经验不足等问题,承办的多为劳力过于劳心的简单案件。这样适用同样的绩效考核指标,反倒使完成高精尖工作的法官却无法取得较好的成绩。

学者建议在绩效系统中引进对裁判文书说理的科学考评,并逐渐将这一考核作为对审判人员工作成效的主力考核依据。案件审结后,第一时间通过科学的评判机制对裁判文书说理进行评分。一方面,裁判文书说理反映了案件审理的全部过程,是承办人在当事人诉辩交锋中厘清案件的成果结晶,完全能以此评判案件审理质量的高低。另一方面,裁判文书说理的内容体现了审判人员的法律素养、业务水平,通过对裁判文书说理的评价建立起的奖惩体系能够更好地激励审判人员钻研学习理论知识。

现在基层法院对于裁判文书说理优秀的最高奖励往往也只局限于在优秀裁判文书评选中获奖取得奖金或荣誉称号。笔者建议对裁判文书说理的评判和奖励不应仅仅局限于此,可以进一步与人事晋升、任免、奖金机制挂钩,进一步提高审判人员提高裁判文书说理能力的积极性。

3. 合理规划案件人员配备,适当疏解办案法官压力

谈到裁判文书说理不足的问题不得不说到基层法院普遍面临的"案多人少"的困境。实践中,一般一名法官往往有1—2名书记员作为辅助审判人员,也有的地方法院因人员紧张可能有2—3名法官共同由一名书记员辅助的情形。法官与书记员的分工主要是,案件的送达、通知开庭、开庭笔录、整卷归档由书记员完成;开庭审理、撰写文书由法官完成;调查、财产保全、询问等事项由二人共同完成。笔者所在省会城市中心城区基层法院法官人均年结案数均在150件以上,多的则达到200余件。简单换算可以发现,一名法官几乎每两天就要审结一件案子。面对如此繁重的工作量,许多法官经常保持的工作习惯都是白天上班时间处理事务,晚上或周末的时间写判决。如何解决这样的困境?笔者认为,可以将裁判文书制作适当分工。对于许多新录用法官,在通过司法考试到正式提升审判员之间通常有两年左右的时间,在这个时间阶段,为了与日后独立审理案件做好衔接,可以制定法官助理制度。由这些"预备法官"一方面协助或者完成书记员工作,一方面为法官草拟判决书内容。其中对于当事人身份、案件审理程序、原被告诉辩观点、当事人举证质证情况这样客观的庭审记录内容可以由法官助理独立完成。这样承办人只需就案件关键事实查明问题或法律认定争议仔细梳理,完成裁判文书说理的主体部分,既节省了大量时间,又可以保证所有案件的裁判文书高质量完成,同时还锻炼了法官助理的业务水平。

另外在新老审判员之间也可以进行适当分流,将疑难、复杂案件交由审判经验丰富的审判员办理,但限制他们承办案件的数量,保证量少而精。将简单、类型

化的案件交由青年审判员办理,可以适当增加其办案数量,充分发挥青年法官年富力强的优势。

(二) 从文书制作技术规范角度出发

前文提到要将裁判文书说理的质量与对法官的奖惩制度挂钩,那么如何评判裁判文书说理的优劣呢?借鉴最高人民法院在审判绩效评估方面近几年的改革成果,虽然对于审判活动采取绩效评估的方式实践中不断遇到新问题、新挑战,机械地用各项数字及比例评估一个有机的社会活动是否妥当姑且不论,该制度出台4年来,在不断改良的过程中已逐渐为各级法院广泛使用,并在极大程度上起到了评判法院工作业绩的作用。同样的道理,在裁判文书说理方面也可以适用这样的方法。现行一系列文书格式文件对于诉讼过程中涉及的各类裁判文书格式有明确的要求,当然可以在裁判文书说理方式上更进一步。以民事案件为例,对于同一法律关系案件中共性的问题,由有关机构研究决定裁判文书说理中必须要阐明的内容,以简明的格式和语句概括并推广实行。同时对于个案可能存在不同的方面推行裁判文书评判标准,可以分别从语言、逻辑、法律阐明、推理方法等各方面作出评判标准,由各基层法院审判管理部门组织专人进行评判。同时,在案件审结宣判时征询当事人对裁判文书说理的意见,作为对裁判文书的侧面评价予以参考。

结　语

裁判文书说理的质量关系到案件审理的方方面面,其重要性不言而喻。文中提及实践中出现的裁判文书说理问题和困境多为笔者几年工作中感受和经历的体现,可能存在一定的局限性。纵观如今司法体制改革现状,对于裁判文书说理的重视程度空前,也对法官职业道路的合理改革进行着卓有成效的规划。文中谈到的改革路径既有理论上的探索,也有着一定的现实意义。本文就此陈抒陋见,以期讨论。

论民事裁判文书说理机制的完善
——以法律推理为基础

张文浩[*]

引 论

建设法治中国,必须坚持依法治国、依法执政、依法行政共同推进,坚持法治国家、法治政府、法治社会一体建设。深化司法体制改革,加快建设公正、高效、权威的社会主义司法制度,维护人民权益,让人民群众在每一个司法案件中都感受到公平正义,这是中共中央《关于全面深化改革若干重大问题的决定》中为司法改革所指明的方向。法治是文明社会的显著美德。一旦法治得以确立,每个公民的独立和尊严都有了重要保障。法律之花盛开之处,公民能知晓身处何方,能做何事,而不至于让自己卷入民事或刑事诉讼。法的确定性和安全性有着相当重要的价值,因为法的诸多规则确立框架,给公民的生活提供着合理的可预测性,并免于他人包括公权力的任意干预。

向当事人说明判决理由,向普通公民公开诉讼过程与结果,是裁判文书承载的重要功能,其必要性和正当性已有学者和法官进行阐述。[①] 而法律推理作为一种对裁判结果正当性的证明过程,通过对裁判理由的证成增强了判决结果的说理性,这与司法改革所要求的增强文书说理性具有目标上的内在契合性,也有利于确保类似案件能获得类似的处理,确保法治的确定性价值的实现。

一、法律推理推动裁判文书社会功能的实现

裁判文书对于推动整个司法改革的价值,不仅在于排解和吸附纷争,执行、阐释和创设法律,体现和培养法官素质,而且由于它浓缩了诉讼程序制度、司法制度以及构成司法制度运作环境的各种经济、政治、文化因素,因此成为窥探一国司法

---

[*] 张文浩,法学硕士。武汉市中级人民法院民事审判第二庭书记员。
[①] 参见万毅、林喜芬:《从"无理"的判决到判决书"说理"——判决书说理制度的正当性分析》,载《法学论坛》2004年第5期,第29页;胡云腾:《论裁判文书的说理》,载《法律适用》2009年第3期,第48页。

制度和法律文化的窗口。① 反之亦然,裁判文书说理机制的改革所体现的不仅是裁判文书在自身小格局内的腾挪转身,也是在诸多价值均衡下的司法制度的倾向性选择,受社会制度变迁的影响。相比之下,法律推理的逻辑方法则具有超社会形态的纯粹理性形式。法律推理的逻辑方法,更多地受到科学思想发展而不是社会制度变迁的影响。②

(一) 预期受众为当事人的裁判文书

裁判文书的最主要功能是要为纠纷的解决提供一个合理化的证明。裁判文书的撰写不是为了争奇斗巧,不是为了展示法官的才学和写作水准,不是一种纯理智的推演,而是以公认权威的身份作出对任何一方当事人都无明显偏袒的决定,是对当事人诉讼请求的回应,是对当事人涉案权利义务的直接宣告。从当事人的心理需求来看,他们最关心的是裁判结果,然后才是对这一结果的合理化证明,包括事实、理由和法律依据。尤其是对败诉的一方当事人而言,只有对当事人在程序中提出的事实问题和法律意见进行准确回应、充分进行法律推理的裁判文书,才不至于让他产生"讨一个说法"的想法。

(二) 预期受众为普通公民的裁判文书

司法改革背景下,对预期受众为非当事人的不特定公民而言,裁判文书兼具政治功能与司法功能。

从政治功能角度来看,以法律推理为基础的文书说理有利于遏制司法腐败,法律推理的逻辑性质使法官的司法活动与国家的整个法律体系取得一致性。运用法律推理,可以有效制约法官不当行使自由裁量权,降低司法腐败发生的可能性。它要求法官将说理中的法条以书面形式明白无误地列出,可以将法官在审判活动中的自由裁量行为置于法律规则的制约之下,置于社会公众的监督之下,促使其在适用法律进行逻辑推理时尽可能做到自圆其说,有效地限制和防止法官的恣意和擅断,减少司法腐败;另外,文书公开作为司法公开的重要一环,只有逻辑缜密的裁判文书,才能起到教育普通公民、树立司法权威与公信的作用。

从司法功能角度而言,一方面,法律推理是法官的实践认识工具,帮助其完成事实认定和法律适用;另一方面,法律推理是公正司法的程序保障,它对审判的确定性、一致性或一贯性具有重要制约作用。③ 在可能的情况下,为以后的类似案件处理提供一种引导,让潜在的当事人对判决结果有一种合理的预期,从而约束自己的行为。法律推理是抑制司法腐败、实现司法公正的重要方法,法律推

---

① 参见傅郁林:《民事裁判文书的功能与风格》,载《中国社会科学》2000 年第 4 期,第 123 页。
② 参见张保生:《法律推理中的法律理由和正当理由》,载《法学研究》2006 年第 6 期,第 81 页。
③ 同上注。

理通过证成裁判理由的正当性而保证了裁判结果的公正。"这种纠纷解决机制摆脱了主观任意和偶然随意的弊端,强调裁判的理由说明和正当性证明,使法律成为捍卫公平和公正的最佳选择。而这一切都需要依赖科学的法律推理才能实现。"①

二、现今裁判文书说理机制存在的问题及原因

普遍认为,裁判文书存在说理欠缺或说理不充分的问题②,主要表现在不说理、说理不当、说理不清和说理矛盾等几个方面。

(一) 作为司法制度一角的裁判文书

司法判决书的撰写是司法制度中的一个重要因素,但并非唯一的或全部的因素,甚至不是最重要的因素。因此,必须在诸多同样值得珍重的因素中保持一种平衡,争取获得司法制度总体上的最佳。③ 这是从更宏观角度对当下裁判文书说理机制的宽容,也指引着必须从更广博的角度,从整体的概念出发,对裁判文书说理机制进行改革。

提及文书说理,有一种言必称英美的倾向。普通法系的法官们以非凡的热情和技能,展现其裁判文书说理之充分、分析之缜密、知识之渊博。对比之下,我们必须承认,普通法系的法官们法律素质普遍高于我国的法官们,但我们也不难看到,普通法系的"先例原则",使其优秀的裁判文书因翔实的论证和巧妙的法律解释而在历史长河中获得长久的生命力,具有了超越当下的法律力量。这无疑是他们进行充分说理的动力。试图在本文解决作为司法制度一角的裁判文书说理问题,未免太过雄心勃勃,但笔者相信,以法律推理为基础,进行了充分说理的裁判文书,至少不会成为司法制度中薄弱的一环。

(二) 处于压力下的裁判文书

裁判文书作为审判权运行的结果,在审判权的运行过程中,有来自腐败的侵蚀,更有来自社会民情、公众舆论的压力,还有法院内部考核指标的监测。

从笔者较熟悉的民事二审审判体制来看,民事二审案件虽确定具体承办案件的法官,但仍以合议庭为单位进行审理,裁判文书联合署名,并实行少数服从多数的表决机制。在承办人意见为少数意见时,其仍要说服自己的内心确信,从多数

---

① 张传新:《论法律推理的有效性》,载谢晖、陈金钊主编:《法律方法》(第 2 卷),山东人民出版社 2003 年版,第 1 页。
② 参见雷鑫、黄文德:《当前法院裁判文书存在的问题及原因分析》,载《法律适用》2009 年第 12 期,第 97—98 页。
③ 参见苏力:《判决书的背后》,载《法学研究》2001 年第 3 期,第 5 页。

意见的角度来起草裁判文书。少数服从多数作为争端解决方式的一种,效率较高,但其隐含的前提是少数意见可能是错误的或者在修辞意义上是不雄辩的。还是要提到普通法系的裁判文书,少数意见作为附带意见是可以出现在裁判文书最后的。庞德曾言:"反对意见是历史长河中生命力的体现。"[①]但我国普遍并不采用该方式,主要是考虑到要维护裁判文书的权威性。

在公民的焦点聚集在警惕司法腐败这种因私的压力时,因公的压力,主要系社会民情和公众舆论,事实上也会对裁判文书产生影响,当然,民事案件中的这种压力远比刑事案件的压力要小。

在建设和谐社会的大前提下,能动司法、化解矛盾成为我国司法系统具有特色的一项功能。[②]案结事了也是法院内部考核的一项重要指标,当事人以缠诉闹访为尚方宝剑,毫不顾及法律和事实,意图使自己的诉讼利益最大化。而法官为了平息矛盾,也只得在法律规定的框架内最大限度地满足当事人的要求。

以上的种种因素如同达摩克利斯之剑,高悬在法官头顶,但建立在法律推理基础上的裁判文书说理不失为法官"自保"的次优选择,即通过阐明判决理由,向公众展示自己作出判决的正当性,以避免自己被不合理地追究。

(三) 与当事人一同构建的裁判文书

裁判文书的书写以当事人诉求为核心,以当事人的法律推理为基础。但出于诉讼利益最大化的需求,当事人会极力搜寻多个法律依据证明自己的诉求,甚至有时这些依据是相互矛盾的。法官为了回应这些诉求,必须逐条驳斥或予以支持,由此产生的后果是法官的文书说理也呈现出矛盾。有些不具备法律知识的当事人并不寻求专业法律人士的帮助,在举证方面难以符合法律规定,亦即在小前提的构建上存在漏洞。而出于长期以来职权主义思维的影响,当事人理所当然地认为法官能明察秋毫,还原他所认为的事实。笔者以为,以法律推理为基础,尤其是对民事裁判文书而言,法官可以选择内心确信的法律关系进行论证,如果当事人在事实方面无法举证,则应让其承担举证不能的法律后果。

三、法律推理的反对性意见

(一) 经验与逻辑

有关此反对意见的著名格言来自霍姆斯大法官——"法律的生命不在于逻辑

---

① 宋冰:《读本:美国与德国的司法制度及司法程序》,中国政法大学出版社1998年版,第449页。
② 参见刘杨萍、罗琳:《修正被"信访门"扭曲的发回重审权——"错"案非错的实证分析》,长江出版社2014年版,第10页。

而在于经验"。① 法官确实是一个需要扎实的基础知识和丰富的实践经验的职业,但霍姆斯提出该格言是有其历史背景的。当时,法律形式主义大行其道,整个法律运作过程被视为是自动贩卖机,将事实投入,则同样事实可产出同样的裁判文书。而且,霍姆斯所关注的乃是如何确定人们应当受其支配的规则的问题,而不是在讨论这样一种情况,即法官有责任按照某一明显应适用于一个诉讼案件的法律规则来审判该案件。在这种情形下,法律推理是作为平等、公正执法的重要工具而起作用的,它要求法官始终如一地和不具偏见地执行法律命令。如果我们不是完全无视道德与社会方面的考虑,不是错误地把法律推理认为是机械式的推理行为,那么我们就一定能够得出结论说,逻辑和经验在行使司法职能过程中与其说是敌人,毋宁说是盟友。从另一个角度说,法律推理所构建的确定性至多是一种受限的、可废止的确定性。②

(二) 真值与制度事实

法律推理是逻辑学这门科学在法律领域的实际运用,二者最大的不同在于法律推理的大前提即法律规范不是真值,这样其结论也不能判断为真或假。规范自身是意志行为,或是意志行为的内容,因此它们没有真值。以此为基础,有人断言规则不可能构成任何严格意义上的逻辑推理之前提。但是,在法律体系的概念结构内部,制定法规范会随着时间的失衡而保持不变,从该制定法产生的那一刻起一直到其被废止时止。在制度规范秩序中,规范存在着,因此可能存在关于这些制度规范的事实陈述。从任一特定时间点上看,它们的相关秩序或体系或真或假。

(三) 确定性与不确定性

即使法律涵盖或包括了大量规则,它也可能成为各种痛苦且旷日持久的争论之源。对法律规则的正确解释与适用,以及对和法律适用有关的事实作出证明和解释,可能是个很大的问题。语言不确定理论对法治支持者所宣告的法的确定性之可能提出了质疑。但是,承认法律领域是论证的所在地,是修辞及其全部优雅的与说明的、有时候亦是令人生疑的艺术摇篮,跟承认法治是一种政治理想一样古老。③ 法律的可争辩性可以从诉辩双方各自的完全相反的论证得以发现,这是从法治动态的角度;从更静态的角度来看,法治保证了法律的确定性和法律期望的稳定性。

---

① 转引自〔美〕E. 博登海默:《法理学——法律哲学与法律方法》,邓正来译,中国政法大学出版社2004年版,第517页。
② 参见〔美〕尼尔·麦考密克:《修辞与法治——一种法律推理理论》,程朝阳、孙光宁译,北京大学出版社2014年版,第44页。
③ 同上书,第17页。

法律不是一门精确的学科，裁判文书和法律证成推理也缺少其三段论形式结构可能赋予它们的那种证明性特征。制定法中的某些词语或所有词语将不得不得到解释，案件事实必须得到解释和评价以发现它们是否真的成立，是否真的与制定法相一致。这些属于或然逻辑而非确然逻辑。由此，为什么仍要坚持法律推理呢？因为它为其他谁能被合理地称作法律论证提供了框架。法律推理也是阻止法律在不确定性上走得更远的有效工具。

四、法律推理在具体民事裁判文书中的体现

（一）明晰案件中的法律推理运用

明晰案件，也就是案件事实的发现和法律规范的寻找比较容易的案件。不管哪一种法律渊源，都有其开放结构，且或多或少存在模糊性，但这并不是说对所有目的而言它都是不确定的。一些更为重要的价值可能从新的方向进行重新解释，但都不会偏离制定法的更明确意思。对这类案件，笔者认为可以运用演绎推理为基本方法。因为在明晰案件中，法官唯一需要做的就是将法律规则的适用条件与具体案件的事实进行程式化对照。法官在审判案件过程中，总是从一个具体的法律关系出发，用法律的方式对案件进行裁决，因此，法官总是以案件为出发点寻求相应的法律规范。在这个寻求过程中，法官并不是盲目的，而是通过对案情的研究，基于其一般的法学常识而对案件有一个初步的理解，这有助于其对法律规范的寻找和对方法论的探讨。这个规范寻找就应成为法官分析案件的重要工作步骤，而且在很多情况下，规范寻找会成为法官的一项主要工作。因此在明晰案件中，只要寻找出恰当的法律规则，一个公正判决的结果也就浮出水面了。

在明晰案件的审理过程中，法官通过对原告的起诉书和被告的答辩状或陈述的分析，就会对案件事实作出初步判断，然后预期其所要选择适用的法律规范。在这种事实清楚、有明确可援引的法律的情况下，法官只需将法律事实与法律规则进行对比，符合法律规则的构成要件就可适用，反之，则不适用，须另行选择其他法律规范。

（二）疑难案件中的法律推理运用

疑难案件可以理解为是一些与法律解释问题、分类或评价问题或者证据问题有关的疑难案件，或者在面对诉辩双方所提出的针锋相对而又强有力的论证时感到无从下手。疑难案件的判决结果的形成需要一个复杂的过程，其在法律推理过程中，大前提和小前提都很难确定或其中一个前提很难确定。尽管疑难案件或事实不清，或不能直接找到可适用的法律依据，但法官不能据此而拒绝审判。笔者认为，法官对这两类疑难案件应适用以下法律推理方法：首先，针对事实无法查清

的案件,法官应按照证据规则的要求作出处理,应承担举证责任的一方未能提供足够证据的,则应承担举证不能的法律后果。其次,针对没有明确法律依据的案件,应当运用辩证推理方法来确定或构建大前提,进而运用演绎推理三段论方法得出结论。

  本文试图论证,在裁判文书说理机制中引入法律推理,有利于实现法律的确定性,至少是类似案件可以获得类似的法律结果,这与司法改革的法治目标相契合,也能促进目前的说理机制实现功能上的优化。但法律推理有别于逻辑科学的特征以及隐藏在法治中的法律不确定性观念,又为确定性价值蒙上一层现实的阴翳。但无论如何,法官在证明裁判文书的正当合理性的时候,不得不证明他们所作出的裁判文书履行了尊重法律这一司法义务。而以法律为大前提的演绎推理,总是可以尽可能减少不确定性到某种可接受的程度。

司法公开视野下法院裁判文书说理机制改革

张东洋　周　郴[*]

当前形势下,社会矛盾突出,司法公信力亟须进一步加强和巩固,公众对于透明司法的诉求日益迫切。推进司法公开是推动司法改革、加强司法透明度、深入社会主义法制建设的必经之路。党的十八大三中全会提出进一步深化司法体制改革,提出全面推进审判流程公开、裁判文书公开、执行信息公开三大平台建设,增进公众对司法的了解、信赖和监督。而目前,我国各级法院裁判文书适用的"九二模式"也存在一定说理不充分的缺憾。因此,在裁判文书上网的背景下,在一定程度上倒逼裁判文书说理机制改革。

一、现状

书面性是司法工作的一大特征。对于法院的工作机制来说,与当事人面对面地交流是不可避免的,但在形式上,带有法院裁判效力的文字性材料更能直接客观地反映司法工作的性质。裁判文书归根结底是一项法律的阐释工作,是运用国家法律对纠纷进行裁断,代表的是国家的司法裁判,带有国家强制力,裁断的是与当事人密切相关的权利义务。实际上,文书不仅是对当事人在纠纷中的权利义务作法律上的确认,更是一种在个案中对法律的实际运用,对案件中各方当事人行为的评价,在司法公开背景下,是面向全社会的法律阐释,对所有社会主体的行为起教育、规范、指引、评价作用。[①] 因此,作出裁判文书必须小心谨慎,用词贴切,精确地表达法官的裁断,更重要的是要有充分的说理性以发挥法律的教育指引、评价作用,以引导社会主体正确地行使权利,履行义务。正如美国联邦法院法官中心编写的法官写作手册中所阐述的,书面文字连接法院和公众。除了很少的例外情况,法院是通过司法判决同当事人、律师、其他法院和整个社会联系和沟通的。不管法院的法定和宪法地位如何,最终的书面文字是法院权威的源泉和衡量标

---

[*] 张东洋,毕业于河南财经政法大学,现任职于湖北省武汉市江岸区人民法院。周郴,毕业于中南财经政法大学,现任职于湖北省武汉市江岸区人民法院。

[①] 通说认为,法律的作用具体包括规范作用和社会作用,其中规范作用包括指引、评价、预测、强制、教育等五方面。笔者认为,裁判文书是法律在现实生活中集中发挥作用的载体。

准。因此,判决正确还是不够的,它还必须是公正的、合理的、容易让人理解的。司法判决的任务是向整个社会解释、说明该判决是根据原则作出的好的判决,并说服整个社会,使公众满意。

结合实际情况来看,我国各级法院目前普遍使用的是最高人民法院于1992年6月20日印发并从1993年1月1日起在全国各级法院试行的《法院诉讼文书样式(试行)》。根据该样式,裁判文书一般分为"首部、事实、理由、主文、尾部"五个部分。首部一般阐明诉讼参加人的身份信息及审理案件的相关程序;事实部分常常分为原告诉称、被告辩称、原告举证、被告举证、原被告质证、证据确认、认定案件事实几个部分;理由部分通常是阐述法院作出裁判的理由①;主文部分即是对诉请作出的判决;尾部部分对相关上诉权利或者裁判的效力进行交代。

随着司法改革的不断深入及司法理念的革新和现代化,裁判文书的样式也有相应的探索和创新,裁判需要说理的观念也已逐渐深入人心。但是针对目前学术界的批判及实务上的反思,当前适用的裁判文书样式普遍存在以下几个问题:

1. 结构上详略不当

一般情况下,文书大部分篇幅主要是案件审理的流程及证据的罗列,即事实部分中原告诉称、被告辩称、原被告举证质证等部分占据了文书的主要部分,而当事人最关心的作出判决的理由及证据的认定等需要详细说理的部分往往粗糙简略,这在一定程度上使得裁判文书给人以头重脚轻、详略失当、逻辑感不强的感觉,难免令人失望。人民法院所承担的责任是对纠纷作出裁判,而作出相应的判断不仅需要清楚的事实予以支撑,更需要完整充分的理由来树立司法威信。并且事实上,对案件的法律解释、法律推理及相关法律的适用问题是法官作出裁断的最主要的内心思考。从常理上来说,作为案件的当事人有权知晓法官对案件作出裁判的心理过程及推理。

2. 形式上千案一面

裁判文书中的理由公式化,缺少针对性和说服力。1992年《法院诉讼文书样式(试行)》的出台,对规范法院裁判文书的制作起到了很大的推动作用。但也因拘泥于该样式,造成裁判文书雷同,对于相同类型的案件,在说理方面也形成一种公式化、填充式的格局,忽视案件的特殊性及个性,一定程度上降低了裁判文书的公信力。

3. 证据认定上公开透明度不够

证据认定实际上是法官内心确信的过程,而这样的过程是建立在应用证据规则的基础上的。然而,相当一部分法官对该部分采取消极的态度,文书中对再现法官"自由心证"的过程往往讳莫如深,且基本均是格式化的理由,使裁判文书对

---

① 该部分正是笔者认为需要改革的关键部分,实践中,理由部分常常被略写。

理由的阐述限定在一个狭小的空间,难以体现法院在权衡、取舍证据过程中的公正性,也导致大部分文书表现出僵化、空洞的特点,难以使当事人对证据的采信结果信服,因此也难以达到良好的法律效果、社会效果。

4. 语言表达上欠缺严谨性

有的文书在进行表述时缺乏正式而有逻辑的语言表达,未能掌握良好的法律语言表达能力。法律文书的写作不同于文学创作及其他文字性的表达方式,应当具有严谨而正式的表达,以体现司法的严肃性,树立司法威信,从而提高司法公信力。实践中,许多文书在文字表达上欠缺严谨性,例如普遍存在数量单位、符号的运用不统一,语言表达上有时出现前后矛盾或表述不清等问题。"实践表明,司法是否在民众中具有公信力,与法律的实施效果密切相关。裁判文书是人民法院代表国家行使审判权,就案件实体和程序问题依法制作的具有法律效力的诉讼文书。司法公信力最终要体现在司法裁判上,法律的公信力也蕴涵在司法裁判中。"①

5. 判断说理的逻辑性及针对性不强

实践中,相当一部分裁判文书在说理过程中存在教条化、概括化的问题,对个案的说理存在针对性、逻辑性不强的问题。具体来说,就是对裁判文书中裁判理由的形成过程没有详尽地说明和分析,仅仅是列举据以处理的实体法和诉讼条文,至于法条中规定的实质内容及运用该条规定的理由,未予以论证。故许多文书缺乏严谨的逻辑推理过程和对具体案件进行有针对性的论证分析。

实际上,裁判文书是运用法律针对案件事实作出法律上的判断,对适用法律的理由,更应当作出充分而有力的说明。针对案情,剖析案件的性质及法律关系,有针对性地提出定性处理的法律依据,为最后的处理决定奠定坚实的基础。

6. 小结

从本质上来说,裁判文书不仅是在对案件当事人的权利义务进行判断、说服当事人的过程,在司法公开的背景下,更是一个说服社会大众的过程。因此,裁判文书应当具有严谨而周密的逻辑推理和强有力的论证分析过程,从而达到良好的法律效果,也有利于使当事人服判息诉,达到良好的社会效果。

二、文书存在问题的原因分析

1. 司法环境是外因

目前,经过司法改革的过滤,法官的整体素质得到了很大的提高,呈现高学历、年轻化的特点,法官队伍的专业化水平得到明显提升,法制建设的努力成效明

---

① 杨炜:《我国裁判文书改革之法理思考》,载《新疆大学学报》(哲学·人文社会科学版)2009年第1期。

显,已基本形成一支高素质、职业化的法官队伍。但是,近年来,司法环境却未得到明显的改善,司法公信力有下降趋势,民众对待法律及法官有矛盾的心理,既期望于法院公正审判有效维护自己的利益,又不能充分信任法院的审理,常常对法官产生不信任感甚至发生冲突。回到裁判文书上来,法官素质得到提高,但文书的质量却没有根本的扭转,其原因可能有:①独立、创新能力有待加强。年轻的法官往往社会经验不足,对法院的内部管理不熟悉,感到神秘陌生,需要适应机关部门的工作氛围,往往选择学习、观摩的方法,学习老法官的文书写作思维,难以大胆运用学术上的创新思维进行写作。②囿于目前的法院工作机制,在此大环境下,大部分法官对待裁判文书写作的改良是一种较为消极的态度。

2. 办案压力是内因

办案压力是目前裁判文书质量普遍不高的最主要原因,案多人少也是全国法院系统普遍存在的问题。人员配备的不足导致大部分法官在案件审理过程中身兼数职,除调查、送达、接待当事人等直接办案的事务外,机关内部的调研、政治学习、案件信访压力等都分散着法官的精力。因此,对于大部分法官来说,很难保证所有案件文书的质量,也不能保证所有文书均能够有充分的说理性。实际上,实践中许多法官也注意到了这些问题,但没有得到实质性的解决,其原因是案件的压力太大,以至于使得大多数法官有心无力,即使想改变文书存在的说理不足的现状,也不能保证所有文书均能做到像优秀裁判文书那样有充分、翔实、有理有据的说理性。

3. 文书类型与形式单一

目前,全国大部分地区的法院裁判文书主要还是单一的议论文式的文书形式,即最高人民法院1992年规定的样式。在案件数量呈爆炸式增长的情况下,该文书模式无疑使法官身心俱疲,也大大增加了法官的工作量,一定程度上也不利于工作效率的提高。对于基层法院来说,适用简易程序的案件数量大大增加,小额诉讼也通过诉讼法的修改逐渐进入诉讼的视野。设立这两种程序的目的均是简化案件审理程序,提高工作效率,节约司法资源。故在文书改革上也应有相应的改革方向,对于案情简单、审理程序上相应简化的案件,在文书上也应简而行之,以提高司法工作效率,也有利于案件纠纷得到快速解决,从而快速修复受损的社会关系,使纠纷双方均能尽快步入正常的社会生活轨道,达到良好的社会效果。

4. 法官对待文书说理的态度

在司法公开裁判文书上网的背景下,一些法官对待文书在一些细节如错别字、语句通顺、用词适当等问题上比较重视,但对于说理还是存在避重就轻的问题。"一些裁判文书对当事人的诉讼请求、反驳意见都写了,但对一些较重要的内容又避开了,这就使裁判文书不能把案件需要说明的问题都说清楚。我们要全面地表述当事人的诉讼请求、被告人的答辩意见和裁判理由,不能只写其中的一个方面、忽略另一个方面,应将案件的整个审理过程全面地表述出来,充分体现公正审判。"①

三、改革的方向和构想

目前,虽不同法院、不同法官在文书说理风格上确有不同,但总体上裁判文书说理部分趋于统一、规范。随着国情社情的变迁,诉讼数量、复杂程度不断攀升,法官办案压力逐年增大,致使裁判文书整体趋于程式化,僵硬、空洞的说理难以让当事人服判息诉,因此出现了一种虽然裁判文书改革不断进行,而人民群众的不满之声却从未降温的尴尬局面。早些年有部分法院勇于尝试独特的裁判文书制作,的确出现了一些说理优秀、条理清晰的裁判文书,但总体上流于形式,很难形成完整、统一的具有推广性的裁判文书说理模式。群众路线是当前司法改革新形势下公开和透明的主题,司法工作者的工作将受到广大群众的监督,裁判文书作为司法干警工作的成果,是群众对法官工作成果最直接的感受,可以说裁判文书的质量是衡量裁判工作的硬标准。因此,对裁判文书说理进行规范化、科学化的改革迫在眉睫。

1. 应体现司法公正这一理念②

裁判文书是诉讼活动终结性的载体,公正司法的理念应当在文书中予以充分体现。在目前司法公信力不高的背景下,急需从各个角度和方面重建和强化有力的司法公信力。裁判文书便是最直接构建司法公信力及体现司法公正的诉讼载体。但是如何在文书中充分体现司法公正这一理念?笔者认为,体现司法公正应当从如下两个方面进行:①围绕争议焦点明晰法理。很多文书往往在说理中忽视了对争议焦点的论述。实际上针对争议焦点进行说理是一个直接、便捷且当事人均能够接受的说理方式。因争议焦点经过双方当事人认可,围绕争议焦点对案件事实及法律关系进行法律或法理上的分析论证,能够使双方当事人较为容易接受,也是一种温和的说理方式。②在说理中体现对当事人辩论意见的分析论证。法庭辩论是庭审的重要环节,也是许多庭审最精彩的环节。双方当事人往往在该环节中充分展示口才和辩论技巧,同时也会在辩论中充分表达自己的主张和意见,故在文书中应当对当事人的辩论意见有所回应。

2. 提高效率,因案制宜,繁简分流③

因案件数量繁多,法官办案压力巨大,虽然有案件审限的严格控制,但效率仍是案件当事人普遍反映的人民法院工作中存在的问题。提高制作裁判文书的效

---

① 曹洁:《法官谈裁判文书改革》,载《上海市政法管理干部学院学报》2000 年第 3 期。
② 参见吴作新:《现代司法理念引领下的民事裁判文书改革》,苏州大学 2006 年硕士学位论文。
③ 参见王晓霞:《裁判文书改革的思考》,吉林大学 2005 年硕士学位论文。

率必须因案制宜,繁简分流,这样也能减轻主审法官繁重的办案压力。司法实践过程中,程序法律规范规定了四级人民法院受理一审案件的条件,即以案件的性质、影响力等条件为标准划定级别管辖,就是体现繁简分流。而在司法改革进程中,小额诉讼、简易程序的出现,亦是特定案件区别对待的体现。随着我国法治进程的不断推进,案件数量和案件质量也水涨船高,程序法将案件进行分类,是提高司法行政效率、解决诉讼主体间矛盾的必然选择。据统计,目前基层法院承接的案件主要是事实清楚、权利义务明确、当事人争议较小的简易程序案件,这类案件当事人对事实部分认定清楚,需要法理来调整的权利义务相对明确,无须大篇幅赘述事实部分,而应在法律评价之外示明道德规范的说理,让当事人理得清法律关系,看得懂裁判文书,从而能够理解法律对于自己相应权利的规范。根据特定案件的案情、民情、社情,无倾向但有区分地进行裁判文书的制作,繁简结合,使得有限的司法资源与日益增长的案件数量相得益彰,将兼顾法律的效率与公平落到实处。

基层法院一审受理群体性诉讼案件,涉外、涉港澳案件中的复杂疑难案件,首例新类型案件,涉案标的额巨大案件,发回重审再审的案件,可能引起社会普遍关注的案件,因查清事实需要大量调查取证、涉及众多当事人利益、影响力大等客观因素的存在,需要在裁判文书说理中将案件的庭审过程、对事实的认定、证据的采信、相应法律规范的应用等明确表述,充分说理。对于当事人之间争议较大的核心问题,裁判文书说理中法官要将心证的过程予以阐明,"先明法再判法"。

故裁判文书的制作要有针对性,详略得当,对一些案情简单、争议不大的案件,在事实的叙述、说理、论证时应当简略,而对于重大、复杂、疑难的案件,当事人争议较大的案件,则应当详细叙述和论证。总之,在制作裁判文书时,在对证据的认证、事实的认定、理由的阐述时,要结合不同案件的特点,因案而异,不能拘泥于固定模式,也不能不管案件的难易、当事人争议的大小,一味追求长篇大论。

3. 复杂案件注重心证,明晰说理过程

2014年1月1日,最高人民法院《关于人民法院在互联网公布裁判文书的规定》正式生效,标志我国司法信息公开迈上新的台阶,其目的在于提高司法透明度、保障公众知情权、强化司法监督,同时向社会传播法律知识、培养法律信仰、提高司法的认同度。文书上网对裁判文书中援引法律是否得当、析理是否充分透彻都提出更高的要求。近年来我国裁判文书总体呈现引法适当而说理不明的现状,裁判文书的大量篇幅被用于事实的认定和证据的采信,而后就将相关法律条文与之前的内容结合给出判项,法官的说理心证部分几乎没有在裁判文书中详细叙述,当事人读不懂除了判项之外的其他裁判文书内容,只重裁判结果忽略裁判成因是当事人对待裁判文书的普遍态度,这就极大地削弱了法律的说教作用。从自身工作结果来说,这样的裁判文书送达给当事人无异于将法律规范用一种"不管你信不信,反正我是信了"的态度强加给当事人,败诉的一方往往不能服判息诉,转而进行上诉,甚至上访,造成司法资源浪费,司法公正受到质疑,司法权威性也未得到认可。因此,可以通过以下几种途径进行说理和论证:

(1)依事说理。一般来说,裁判文书是依据人民法院所查明的事实作出的。所认定的事实是进行裁判的依据,因此在一些案件中说理时,可以围绕人民法院查明的事实进行[①],利用案件查明的事实明晰当事人的权利义务。

(2)依法说理。实践中,相当一部分文书采用的是三段论的论证方法,即事实—法律—结果,该说理方法符合一般人的逻辑思维,简单易懂,对说理人的要求不高,易分析,易论证,但在对案件进行法律解释时,往往简单粗略,遇到一些复杂案件,该说理方法明显缺乏强有力的论证性。笔者认为,对于一些复杂疑难的案件,当事人对适用法律有争议时,有必要对适用的法律法规进行充分有效的解释,证明法律规定与案件事实之间的必然联系,证明适用法律的唯一性。当然这就要求法官具备较强的法律适用能力及法律解释能力,能够以自己的法学理论为基础,充分论证说明立法精神、法律规定和国家政策,作出合乎立法原则、合乎社会实际的公正判决,从而使当事人及案外人充分理解相应的法律精神、政策规定,起到良好的法制宣传、教育、引导作用。

(3)依情说理。在我国法制传统中,历来注重在案件中教化、引导、规范民众的行为,更注重以情感化解纠纷。实践中,以情说理往往会起到意想不到的效果。[②] 现代法治理念要求法官要保持中立及理智的态度,不倡导在案件中掺入个人感情。但在我国司法环境及传统的背景下,以情说理有其合理性及操作性。我国是一个重视人文情感的国家,从古至今倡导社会和谐,在裁判中适当加入情感说理成分有助于化解矛盾和纠纷,尤其是对于涉及家庭伦理的案件,感情往往是化解及平复受损家庭关系的有效媒介。因此,笔者认为,在涉及家庭伦理案件中应适当引入传统的依情说理方法。

4. 建立主审法官负责制[③],明确分工与职责

当前由于繁重的办案压力,案件的承办法官往往没有足够的精力保证所有裁判文书都经过充分的说理论证。根据目前一些法院对主审法官负责制的探索来看,主审法官负责制可以使裁判者从琐碎的事务中解放出来,明确人员的分工,由法官助理及书记员承担相应的辅助工作。这样一来,许多工作就分散开来,使得裁判者有足够的精力进行文书的写作,也真正筛选出优秀的裁判者,使裁判者真正成为受人尊敬的社会精英群体,从而有助于司法公信力的建设和改良,也有助

[①] 具体哪些案件可以使用该说理方法,根据不同案件的需要,需要法官予以甄别。
[②] 参见王长江:《论中国古代裁判文书的优良传统及其继承》,载《河南师范大学学报》(哲学社会科学版)2010年第5期。
[③] 它是指具备一定的条件和素质,有胜任审判工作的能力,通过考试、考核,由法院领导研究决定,明确其职责的一种司法体制改革的管理责任制度。主审法官经严格的选拔享有独立裁判权。

于提高裁判文书的质量。同时也可以借鉴西方的法官助手制度,由年轻、富有写作及创作热情的法官助手承担文书的写作工作。

5. 创新文书类型与形式

形式是为内容服务的,合理、科学、完整的形式更能全面、准确地反映内容。针对目前裁判文书普遍存在的繁简不分、复杂案件说理不充分、头重脚轻的问题,笔者认为,应当根据案件类型及复杂程度,改革裁判文书的类型与形式。目前,全国许多法院对裁判文书形式的改革作出了有益探索,例如深圳法院引入令状式①、要素式②及表格式③裁判文书。针对不同类型的案件使用不同类型的文书,如此一来,既能系统地划分案件,又能快速且有效地解决纠纷。从目前施行的效果来看,产生了良好的社会效果,上诉率及服判率均有所上升。

6. 完善优秀裁判文书说理的评价与奖励机制

我国是大陆法系国家,裁判文书说理的主要作用是依据事实与证据,结合现有成文法进行司法评价,确认或者重新认定双方当事人的权利义务,从这一点来看,我国的法官能够达到要求。然而随着我国司法改革的进行,尤其是裁判文书上网,对于裁判文书的作用不可避免地从让当事人服判息诉,转向对全社会公民的普法育人,文书的功能不再是单一划分案件当事人的权利义务,而是扩大到面向全社会进行法制宣传。也就是说,在制作裁判文书时,对法官在事实认定、证据采信、应用法条、心证说理等方面提出了更高的要求,优秀裁判文书的评定也应当进行相应的调整,形成长效的裁判文书说理评价机制。笔者认为,在实践中,可以强化对文书说理部分的评价,改革文书的审评机制,不能让文书的审评机制流于形式,即在主审法官负责制的基础上,明确主审法官对文书的审评职责。笔者的设想是,主审法官并不一定必须是文书的作者,文书可以由法官助理进行制作,由主审法官对文书进行最后的审评。现行的做法是由各个法院的审判监督庭对文书进行校对检验,在实践中,因案件数量庞大,该机制大多流于形式,实践中的做法也主要是承办法官及书记员对自己的案件文书进行检查和校对。故在今后的审判权运行机制改革时,应当适当考虑对文书评价机制的改革。另外,定期组织

---

① 令状式裁判文书是指只包含诉讼参与人称谓和法院裁判主文,不记载当事人诉辩主张和详细裁判理由的法律文书。

② 要素式裁判文书是指对于某些能够概括出固定要素的案件,在撰写裁判文书时不再按照传统的裁判文书格式分开陈述原告诉称、被告辩称、本院查明和本院认为部分,而是围绕具体案件要素,陈述原、被告意见及证据和法院认定的理由及依据的法律文书。

③ 表格式裁判文书是指用表格列举的方法陈述当事人诉辩主张、法院查明的事实、裁判理由和裁判主文的简易法律文书及以附表列举金钱给付项目的裁判文书。表格式裁判文书包括纯表格型的裁判文书和附表格型的裁判文书。

以上引自游春亮、惠珍:《深圳法院改革民事裁判文书开全国先河》,载法制网。

笔者认为,深圳法院所做的尝试是一种有益的大胆探索,简化了一些争议不大、需要快速进行判决和审理的案件,大大提高了案件的审理效率。但其文书改革和创新是建立在审判模式改革的基础上的。因此对裁判文书类型与形式的改革和创新也需要与审判模式改革同步,必须在审判模式改革的基础上进行探索和创新。

优秀裁判文书的评选活动,一来可以指出实践中文书存在的问题及改进的方向,二来可以激发法官的创作热情。并据此对优秀的裁判文书制作者进行嘉奖,激励法官不断提高自己的法律文书制作能力。

目前我国裁判文书说理的评价主体单一,但是标准不一,基本上是各市中级人民法院或者各省高级人民法院主持,设立不同的标准。但是总体的评价方向是,事实部分的控辩主张能够真实准确地反映出争议焦点,对质证中有争议的证据分析透彻,说理部分能够运用法律规定予以解释。笔者认为,在司法公开,裁判文书上网的背景下,同样需要明晰法官的心证,加强法律文书说理的说服力。单位内部的评价标准要从案结事了向解决矛盾转变,法院系统的评价标准要从服判息诉向普法育人的方向发展。

2014年起,我国的裁判文书不再仅仅是送达给当事人,而是通过互联网送达给每一位公民,接受公民的监督,"由公开倒逼公正"反映了社会发展的需要,而通过司法公开进行普法也是每个法官不可推卸的责任。公众的整体法律素质不如经过专业法律教育与长期司法实践的法官,但并不意味着一个事实认定准确、应用法律规范正确的法律文书能够得到公众的认可,因为对于公众来说,解释清楚艰涩的法律,分析清楚复杂的法律关系,论理清楚认定的事实证据更加重要,流畅完整的说理比讳莫如深的结论更有说服力。将公众的有效评价纳入法院体系的优秀文书评价标准,或者单独建立优秀裁判文书评价体系,激励法官提高法律文书的说理能力。

7. 统一文书样式

笔者虽提倡文书写作需富有个性,针对不同案件作详尽的裁判说理,但作为代表国家审判司法权的文书,为维护其权威性,应当具有统一而规范的文书样式。1992年文书样式出台后有效解决了文书样式不统一的问题,但在实行若干年后,司法环境、经济及社会形势均发生了不同程度的改变,故有必要对其进行相应的改革。实践中,一些法院虽在文书改革中做了许多有益探索,但也存在样式不统一的问题,故在文书改革中应当规定统一、严谨、科学的文书样式。

四、结语

对裁判文书说理机制改革的探索是当前司法改革中的重要内容,也是稳步实现司法改革目标的必经之路,是其他司法改革步骤的辅助保障。司法公开是与司法透明度联系在一起的,是司法民主在审判程序上的具体体现,它要求一切司法活动应当置于当事人和社会公众面前,不得暗箱操作。公开是当事人对案件知情权的要求,也是司法活动接受社会监督的需要。中国司法改革的根本目标是保障人民法院、人民检察院依法独立公正地行使审判权和检察权,建设公正、高效、权威的社会主义司法制度,为维护人民群众合法权益、维护社会公平正义、维护国家长治久安提供坚强可靠的司法保障。① 实现这一目标的具体步骤包括司法公开及相应的审判权运行机制的改革。裁判文书说理机制的改革只是其中的一小步。传统的裁判文书之所以常常受到当事人和社会公众的质疑,不能达到服判息诉的社会效果,其中一个很重要的原因,就是裁判文书缺乏应有的公开性,即缺乏对诉讼过程及当事人诉讼行为的客观、完整反映,同时也缺乏对证据采信、事实认定到形成判决结果这一基本逻辑过程的充分细致的论证。缺乏公开性的裁判文书,阻碍了当事人和社会公众获得裁判形成过程的完整信息,使裁判文书的说服力和解释功能缺失,也抑制了法院公正司法和司法权威形象的树立。在当前司法公开的背景下,对裁判文书改革的要求是很迫切的。

---

① 参见《中国的司法改革》白皮书。

论我国裁判文书说理中存在的问题和出路

郭思文*

裁判文书是人民法院行使国家审判权,依照法律、法规和有关司法解释审判案件、对案件的诉讼程序问题和实体问题作出的具有法律效力的书面处理决定。[①] 裁判文书能够展示裁判过程、反映法律程序,是体现现代法治社会程序公正的重要载体;通过公开法官被说服的过程,包括公开各种影响法官心证的主客观因素——常识、经验、演绎、推理、反证……表明法官在认定事实方面的自由裁量受证据规则的约束,是保障实体正义的重要手段;通过严密的逻辑推理、精准的法律适用和完整的论证演绎推导裁判结论,是检验法官理论水准、价值体系的试金石。

裁判文书是司法权威最直接的表现形式,其优劣与司法权威的树立和人民群众法律信仰的建立密切相关。重视裁判文书制作直接关系到我国司法改革的成效和进展,亦对司法公信力的构建有着重要影响。[②] 而说理作为裁判文书的灵魂,是裁判文书的主体内容,是法官依据当事人双方提供的证据,以案件事实为基础,依照法律的有关规定,通过逻辑分析和论证说明等具体方法推导出具体裁判结论的过程。

一、裁判文书说理的内涵及重要性

现代法治国家,无论是大陆法系还是英美法系,都已确立说理在案件审判过程中的重要地位。法国早在1810年就规定"不包括裁判理由的判决无效",意大利也以宪法的形式明确判决必须说明理由。而对于以判例法制度为基础的英美法系,判决理由更是特定判例具备普遍约束力的关键,英国历来有说明判决理由的传统,美国也十分强调裁判文书中应当反映法官对案情的思考,并进行清晰的文字描述,因为"法院并不力图将最终选定的结论作为接受前提的必然结果,只不过认为它比其他选择拥有更充分的理由而已"。美国联邦法院法官中心的《法官

---

* 郭思文,武汉市武昌区人民法院白沙洲庭书记员。
[①] 参见沈志先:《裁判文书制作》,法律出版社2010年版,第3页。
[②] 参见邓瑛:《说理彰显正义:从裁判文书说理的维度提升司法公信力》,载 http://sfxfy.chinacourt.org/public/detail.php? id=866,访问日期:2014年6月15日。

写作手册》中指出:"书面文字连接法院和公众。除了很少的例外情况,法院是通过司法判决同当事人、律师、其他法院和整个社会联系和沟通的。不管法院的法定和宪法地位如何,最终的书面文字是法院权威的源泉和衡量标准。因此,判决正确还是不够的,它还必须是公正的、合理的、容易让人理解的。司法判决的任务是向整个社会解释,说明该判决是根据原则作出的好的判决,并说服整个社会,使公众满意。"①说理的过程是法官"说服整个社会"的过程,正是在这一层面上裁判文书说理的好坏直接关系到一份裁判文书的优劣,也直接影响到裁判结果的社会效果和法律效果。裁判文书不仅仅是将最终裁判结果公之于众,更重要的是让公众从文字中看到法官作出此种结果的思考。我国目前裁判文书说理的不足,是导致民众对司法公正性产生质疑的重要原因之一。

二、裁判文书说理的关键

裁判文书说理应当讲究逻辑性,要严谨缜密;讲究针对性,要有的放矢;讲究完整性,要充分详尽;讲究言辞美,要明白晓畅。② 概括来说,裁判文书说理必须做到有"理"、有"法",这里的"理"既是指裁判结果必须要有相应的政策、法律支撑,也是指说理应当符合事物发展的客观规律,与人们的日常生活经验和社会常识相符,更是指裁判结果应当关注社会公众的情感预期,做到法与道德的相得益彰;而这里的"法"则是指裁判文书说理应当讲究方法,正确的裁判结果固然重要,如何保障推导过程严谨周密而又简单明了亦十分重要。

具体来说,说理要依"理",一方面指的是在法律有明确规定的情况下,说理应当以成文法规定为主,从具体事实如何符合特定法律规定的构成要素出发,分析法律适用的合理性。对于纠纷所涉特定法律关系缺乏明确法律规定或法律规定弹性较大的,法官应当从立法背景、立法目的、法律一般原则和国家现行政策精神着手分析,考量不同的价值因素在某一时期的偏重。另一方面由于法院介入纠纷解决的滞后性,法官所认定的事实是且只能是法律事实,依靠当事人自身的陈述和提交的证据,法官在还原客观真相、推导法律事实和判断是非曲直的过程中,必然离不开事物发展的基本规律,根据一般人日常的生产生活经验、社会常识对纠纷作出判断。这一判断,不仅应当是合法、合逻辑的,也应当是合情理的。

"法不强人所难",法律的制定和适用也无法脱离人情、人性独立存在。情理是指为社会大众所接受并遵循的、人与人之间交往的自然法则。③ 中华民族长久

---

① 刘莉、孙晋琪:《两大法系裁判文书说理的比较与借鉴》,载《法律适用》2002 年第 3 期。
② 参见延颜:《裁判文书中的说理》,载 http://www.chinacourt.org/article/detail/2004/12/id/141848.shtml,访问日期:2014 年 6 月 15 日。
③ 参见马海兰:《民事裁判文书说理研究》,载 http://sdfy.chinacourt.org/article/detail/2006/05/id/1031155.shtml,访问日期:2014 年 6 月 15 日。

以来坚持"礼仪治国",礼与法、道与法相辅相成,在中国古代法律中并没有严格的区分,并由此发展出乡绅与行政长官共同执法的特殊司法制度。时至今日,虽然我国的司法改革日新月异,现代法治建设逐步完善,但是不可否认,社会习俗和道德约束在某些方面仍旧发挥着比法律更强大的约束力,这种约束力虽然没有强大的国家机器作为后盾,却有着悠久的历史和庞大的舆论衍生而来的强制力。因此,在法官具备一定的社会阅历的基础上,由法入情,由情入理,在逻辑推导的前提下,恰到好处地进行情理和道德的引导,更有利于定分止争、调和矛盾,也能充分发挥法律的社会引导效用。

同时,说理要讲"法",一方面是指要讲究论证方法,推理要严谨缜密,讲究逻辑性,表述必须前后统一、概念使用准确完整、论断明确,不回避隐晦,不避重就轻;要有针对性,围绕当事人的诉辩意见有的放矢。另一方面由司法自身的语言特征所决定,裁判文书说理首先应当强调使用法言法语,但在我国目前的司法环境下,公众的法律素养有待提高,说理也应当尽量为普通民众所理解和接受,不要过分使用修辞手法,而只应以辅助论述为必要。法律的严谨性和裁判文书公文书的特征也决定了说理的语言应明白晓畅,不能晦涩难懂;措辞规范准确,不得产生歧义;语意确定无疑,经得起推敲;语言风格应平和朴素、概括简练。[1]

三、我国裁判文书说理目前存在的问题

从我国目前的司法实践来看,裁判文书的说理部分仍存在较大问题,具体而言,反映在以下几个方面:

(1)断言式说理,说理缺位。裁判文书的说理应当围绕案件的争议焦点,对当事人的诉辩意见进行辨析,给出采纳或不采纳的理由,从而论证法院判决的合理性。但是在现阶段的裁判文书说理中仍大量存在断言式说理,对当事人提出的主张简单地作出支持或不予支持的判断,不再进一步说明理由和阐明论证过程。以合同纠纷为例,在双方当事人对于合同条文的理解存在较大争议,无法协商一致的情况下,裁判文书说理往往会对原、被告双方的意见进行简单归纳,然后得出结论"原告/被告的观点更具有合理性,本院依法予以采信"。或者裁判文书仅简单引用具体法律规定判令当事人负担特定法律义务,但并未说明特定案件符合具体法律规定的因素和契合点,用逻辑学三段论的观点,即文书说理给出了大前提和结论,却并未对小前提作明确的说明,这样的文书因未证明法律适用的合理性而缺乏说服力。

(2)说理模式化、简单化,缺乏针对性。说理的模式化往往在不支持当事人

---

[1] 参见王松:《创新与规制:民事裁判文书的说理方法》,载 http://www.zwmscp.com/a/caipanwenshu/2010/0709/1315.html,访问日期:2014年6月16日。

的诉辩意见或法律规定较为模糊,法官自由裁量权较大的案件中尤为突出。许多裁判文书在说理时并未考虑具体案件的特殊性,未结合个案事实和当事人诉辩意见的不同,仅仅根据案件类型和裁判结果的类型制作裁判文书。以离婚纠纷为例,虽然不同地区法院的具体措辞上存在差异,但是对于判决不准许离婚的案件,说理部分均采取"原、被告双方感情基础较好,应珍惜夫妻感情,相互理解和体谅,加强交流。对原告的离婚请求,本院不予支持"的表述,而不会具体考量原告起诉离婚的具体理由是双方日常争执不休、对方存在家庭暴力,还是双方分居两年以上,亦不会具体阐述法院在双方当事人对于感情是否破裂存在较大争议的情况下,是基于何种价值判断、利益平衡从而最终判决不准许离婚的。

(3)说理不充分、不严谨,缺乏逻辑性。不充分指的是裁判结论缺乏必要的理论支撑;不严谨讲的是说理存在漏洞,结论并不唯一;缺乏逻辑则指的是行文结构上缺乏层次或层次模糊。以侵权纠纷为例,要想得出被告应当承担侵权责任的结论,就得按照认定损害事实的发生、侵权行为的存在、损害事实与侵权行为之间存在因果关系和侵权行为不存在免责事由的顺序逐步论述,缺少其中任何一环,结论的合法性和合理性就会受到不利影响。裁判文书的说理过程实际上是一个论证命题,通过前提推导出结论,通过事实、证据和法规进行法律义务的分配,这就对说理的层次和逻辑有较高的要求。但是我国目前很多裁判文书的说理或是天马行空,缺乏内在逻辑性,既非深入浅出,亦非逐层递进;或是文不对题,脱离案件争议焦点,顾左右而言他;或是前提和结论之间缺少必要的连接,推理脱节。

(4)说理简繁不当,缺乏凝练度。不同于表述当事人诉辩意见时应当尽量还原当事人原本的意思表示,减少改动和删除,裁判文书说理部分首先应当对案件争议焦点进行归纳,然后围绕争议焦点展开论述,对于与争议焦点直接相关的事实和观点应当充分论述,而对于在经审理查明部分和证据部分已经陈述过的部分不需要重复论述。但是在实践中,往往存在取舍不当的情况,法官无法区分论证裁判结论所必需的事实,或是眉毛胡子一把抓,长篇大论、不分主次;或是主次颠倒、简繁错位。

(5)说理措辞随意、不规范,缺少法言法语。这一问题一方面表现在裁判文书说理时大量存在错字、漏字、多字、滥用标点符号等语法错误,或文法使用前后不一致,比如在同一段论述中重复使用冒号;多层并列关系顿号、分号使用混乱、阿拉伯数字和汉字交替使用等。另一方面裁判文书说理中大量存在口语化、俚语化用语,如"谈恋爱""打工""出轨""偷东西",等等,这些用语均有对应的法言法语可以替换,"确立恋爱关系""提供劳务""未尽夫妻忠实义务""盗窃",俚语和口语虽然简便易于理解,但裁判文书属于国家公文的一种,过多使用非正式用语会影响裁判文书的专业性和严肃性。

四、裁判文书说理问题产生的原因

上述裁判文书说理问题的产生主要有以下几个方面的原因：

(1) 缺乏对于裁判文书说理的统一要求和标准。我国存在法律文书式样的统一格式，最高人民法院也陆续下发了 2006 年《关于加强民事裁判文书制作工作的通知》、2009 年《关于进一步提高裁判文书质量的通知》以及 2009 年《关于裁判文书引用法律、法规等规范性法律文件的规定》等一系列规范裁判文书制作的规定，但是除了理论界和实务界通过学术讨论的形式所作的文章和建议，至今没有任何权威机关对于裁判文书说理的标准和要求作出统一具体的规定，唯一有据可查的是 2007 年 10 月 23 日浙江省高级人民法院审判委员会第 1988 次会议讨论通过的《关于加强裁判文书说理工作的若干意见》，对于说理的内涵、要求、格式和特殊处理都进行了明确规定。在统一标准缺位的情况下，各地裁判文书说理主要是依据法官个人的习惯、判断和经验，自然也不可能做到裁判文书说理的精准和完美。

(2) 受重事实证据、轻说理的司法传统的不良影响，对于说理的重要性认识不足。一方面，现代司法对于我国而言是舶来品，受历史和时代的局限性，我国的司法传统往往是重实体，轻程序，重事实、证据，轻说理。在这种思想的指导下，法官的大量精力都集中在查明事实、收集证据上，对于说理的重要性认识不足，也就没有动力去认真进行说理工作，裁判文书说理存在瑕疵也就显而易见。另一方面，行政首脑兼任司法长官的司法传统使得法院权威主义观念根深蒂固，部分法官仍然未摆脱行政命令式的纠纷处理方式。

(3) 法官专业水平和生活阅历有限，无法有力说理。我国司法建设虽然日新月异，但是司法队伍尤其是法官队伍的建设仍然有待进一步提高。从人才选拔上，老一辈法官大部分非法学科班出身，专业素养不够，案件审理和裁判文书说理多是经验之谈；而新一代法官虽然均有专业和较高的学历，但是大多直接来自学校，短时期走上审判岗位，缺乏足够的社会阅历和生活经验。前者未经过专业的系统学习，在语言组织和说理结构上无法满足新时期对裁判文书说理的要求；后者没有与理论知识相匹配的人生阅历，导致脱离实际，说理空洞，没有针对性。这两种人占法官队伍的大多数，他们的自身能力影响着整个法官队伍的判案能力，他们的说理水平也直接影响着整个法官队伍的说理水平。从知识结构来看，为了有效说理，除了具备法学、逻辑学知识，法官还应当具备较深厚的国学功底和语言组织能力，这些都需要长期的培养和专业的培训。

(4) 考核制度、追责制度设计不合理，法官为降低办案风险，不愿意详细说理。我国目前法院系统的考核采取的是审判绩效管理制度，这一制度通过设定审判过程中的各项指标,并赋予各项指标一定的权重和得分标准,对个案进行监督和评分,评分则与法院的绩效和法官个人考核直接关联。这一制度对于保障司法公开、公正和效率起到了积极作用,但是其指标设定中存在不尽合理的地方,在一定程度上促成了裁判文书说理困境的产生。举例来说,上诉案件因事实未查清被改判或发回重审是扣分情形之一,而对于法律适用和认识分歧导致的发回重审或改判不属于扣分情形,因此在某种意义上,案件审判质量的优劣主要取决于法官认定案件事实的准确,而非对于案情的判定和法律的理解,法官也就没有动力去说理。同时,我国目前司法系统本质上实行的是法院独立,而非法官独立,且在目前的行政体系下,甚至是法院独立也无法保证,法官判案受各种因素的影响,裁判结果并非由法官个人决定,针对同样的裁判结果,多层审批制度的背后可能存在对案件处理的不同理由,说理过于详尽无法迎合所有人的观点。此外,媒体审判、舆论审判的现象层出不穷,社会舆论对于审判活动和法官个人处境的影响极大,因裁判文书说理过于详尽导致法官被推上被告席的情况时有发生,法官为降低办案风险,通过模式化、格式化的说理回避舆论的行为就不难预计。

(5)基层法院案多人少,法官疲于应付结案率,无力说理。随着法治建设的推进和普法宣传的开展,基层法院案件数量逐渐增加,但是我国基层法院办案法官队伍人数有限,案多人少的情况直接导致大量法官长期处于超负荷工作状态,在这种情况下,要求法官对每一个案件逐一说理未免强人所难。

五、改善裁判文书说理的建议

针对裁判文书说理中存在的问题,结合产生问题的原因,主要可以从以下几方面进行改革,提高裁判文书说理的质量:

(1)由最高人民法院牵头,组织制定有关裁判文书说理的具体标准和要求的规定。说理应该由具体案件的承办法官根据具体案件事实自由把握,但是在目前法官队伍建设有待提高的情况下,通过权威机构框定裁判文书说理的大体方向和基本要求,有利于规范法官的日常审判工作。

(2)进行法官选拔制度改革,提高法官队伍准入标准。裁判文书说理从本质上是承办法官思想和观点的现实化,只有从源头上提高法官自身素质,才能真正改善裁判文书的说理现状。具体来说,对于法官的选拔应该是多角度、高标准,除了要求其具备法学、逻辑学的系统知识,还应当对文书写作和语言组织能力提出较高的要求;除了完备的知识结构,还应当具备较为丰富的社会阅历和从事法律事务的经验,可以参考西方国家的法官选拔制度,从律师等其他法律职业工作者队伍中选拔法官。

(3)改革法官考核、追责制度,为法官说理提供制度保障。法官只应就是否枉法裁判、是否违反法官职业道德对社会公众负责,在法律规定范围内,对具体案件的实体处理应当属于法官的自由裁量范围,不应受任何团体、个人的不当干涉。法官在裁判文书说理过程中所表达的价值取向、利益衡量应获免责权利,不能作为考核法官的标准,尤其不应成为追责的标准。

(4)建立法官常规培训和系统培训相结合的培训体系。一方面,通过培训提高法官队伍对于裁判文书说理重要性的认识;另一方面,法官的常规培训,除了专业的法律法规和案件实体处理的培训,应当增加对于说理方法、说理技巧的培训内容,增加对司法辅助学科的知识如逻辑学、哲学、语言学等的培训,完善法官的知识结构。

(5)充分发挥司法辅助人员的能动性。法院系统中除了依法享有审判职权的法官之外,还有大量的司法辅助人员,在法官准入门槛提高、法官人数较少的情况下,应当充分调动司法辅助人员的积极性和能动性,在法律允许的范围内,减轻法官工作负荷,让法官从事务性的体力劳动中解放出来,将更多的精力放在案件的法律分析上,提高法官职业的专业性和技术性。

综上,裁判文书说理很大程度上决定着裁判文书的优劣,进而影响到当事人对于具体案件裁判结论的信服,处理失当甚至可能导致公众对整个司法系统的权威性和公正性产生质疑。针对多年司法实践所显现的裁判文书说理问题,既不能视而不见,亦不能一蹴而就,应当通过多种途径,有针对性地、自上而下、逐步深入地进行改善和提高。

论我国基层法院民商事裁判文书改革

李 路[*]

我国基层法院承担着绝大多数一审案件的审理工作,民商事裁判文书是基层人民法院审理案件最终工作成果的展示,是法官司法品格和司法技能的缩影,更是向当事人及社会公众传达法院文明、公正司法形象的重要载体。民商事裁判文书的改革是司法改革的重点之一,有利于进一步促进法院审判方式的改革。自1992年《法院诉讼文书样式(试行)》出台以来,全国各地法院围绕裁判文书"简单化、生硬化、透明度低"等问题进行了不断改革,在形式方面以及说理、论证方面有了一定的改进。但是由于受传统司法理念、思维方式和习惯做法的影响,目前裁判文书的制作现状仍不乐观:无法反映案件审理的全貌,过于格式化地罗列事实,对证据分析认证充分性的欠缺,说理简单模式化,以及援引法律不当等问题,越来越难以满足法制现代化发展的需要,不仅束缚了民商事司法前进的脚步,而且严重影响了民众对司法公正性的信任感。因此,裁判文书改革迫在眉睫。本文通过对我国民商事裁判文书目前所存在问题的列举、分析,进而探讨新形势下我国民商事裁判文书的改革。

一、现代司法理念指导下基层法院民商事裁判文书改革基本原则的确立

司法理念是指基于不同的价值观对司法功能、性质以及应然模式的系统思考,是指导司法体制、司法制度以及司法程序的理论基础和价值观。现代司法理念是指在司法实践过程中,法官认识司法客观规律所形成的价值取向和精神诉求,其能有效支配法官在司法实践过程中的思维和行为。"中立、平等、透明、公正、高效、独立、文明"是肖扬院长提出的现代司法理念,为我国现代司法理念的确立指明了方向。裁判文书作为一个国家法律文化、价值观念以及司法体制的承载者,是传递法官公正司法的传播者。随着目前司法改革的不断推进,裁判文书改革作为司法改革的重要内容,理应以现代司法理念为指导,以融入司法改革的全

---

[*] 李路,法律硕士(法学),武汉市洪山区人民法院民二庭书记员。

过程。面对改革的重任,人民法官应深刻理解现代司法理念的基本内涵,自觉遵守司法基本规律,以现代司法理念的基本要求来指导审判实践工作,不断推进包括裁判文书改革在内的各项司法改革,切实践行司法核心价值观。

(一) 以法治司法理念指导,树立"以法律为准绳"的合法原则

裁判文书的制作必须是以法律为依据,不仅应依照程序法进行制作,又要在作出裁判时正确援引实体法,做到有法可依。所以,裁判文书不论是内容上还是立意上都应以法律为立足点,且裁判文书在体例、结构、排版、格式及用语上必须规范、严谨,切忌突破样式,盲目创新。

(二) 以公正司法理念指导,坚持"以事实为根据"的说理原则

裁判文书要向当事人以及社会公众展示司法之公正,其所作出的裁判就必须是基于清晰的事实,最大限度地向当事人及社会公众明事理、析法理、讲情理,从而能让当事人服判息诉,实现社会效果与法律效果的统一。

(三) 以透明司法理念指导,践行客观公正的公开原则

裁判文书的公开是司法公开的重要方面,不仅要对案由、审判组织等形式内容进行公开,而且要对定案证据、裁判理由、适用法律、裁判结果等实质内容进行公开,即是对案件的诉讼、审理、裁判过程的一个客观、全面的公开呈现。

(四) 以中立司法理念指导,贯彻平等原则

裁判文书必须充分体现法律面前人人平等的原则,用中性的法言法语平等反映当事人地位、权利及主张,切忌带有主观偏见。

(五) 以效率司法理念指导,实行繁简分流原则

繁简分流原则要求呈现给当事人及社会一份说理透彻充分、语言表达精练、内容全面的裁判文书,其可以有效解决当前裁判文书中存在的一味追求篇幅冗长的认识偏误,有效提高司法效率。

二、我国基层法院民商事裁判文书目前存在的问题及其分析

近些年,民商事纠纷日益增多,基层法院所审理的一审民商事案件也越来越多,民商事主体对司法审判所寄予的期望也越来越高,所以,基层法院民商事裁判文书不仅单纯地被视为书面告知当事人审判结果,更是被视为向当事人及社会公

众呈现诉讼民主、程序公正、实体公正的重要载体之一。目前,在司法改革的大背景下,民商事裁判文书的改革也提上日程。笔者通过对基层法院民商事裁判文书的分析研究,发现目前我国基层法院民商事裁判文书仍存在着诸多的错误与问题,这些都直接影响着司法的权威与公信力。

(一) 案件审理的程序性事项未完整记载

案件审理的程序性事项完整地呈现,不仅可使当事人及社会公众从裁判文书中感受案件审理程序的完备、公正以及合法,而且也是实体裁判的重要依据,其通常包括起诉与受理情况、财产保全和证据保全情况、送达情况、审判组织的组成情况、案件是否公开开庭审理、是否超审限等情况。目前,民商事裁判文书对于案件审理程序的如实记录和规范表述过于简单或者忽略,例如,有的裁判文书仍存在没有记载原告起诉的时间,或在有反诉的情况下未记载被告提起反诉的时间;有的裁判文书对财产保全及证据保全的相关情况基本上未作记载;有的裁判文书未记载严重超审限的理由,等等,当然还存在其他漏记载的事项,这些都严重影响了审判工作的公开性和透明性,同时也使其合法性和公正性受到影响。

(二) 当事人之间的争议未全面客观地表述

目前,裁判文书基本是根据原告提交的起诉状、被告提交的答辩状或被告在法庭上的口头答辩内容来反映当事人之间的争议。这种表述方法并不能全面客观地反映当事人之间的争议,特别是在一些事实较为复杂的案件中,当事人之间的争议是随着诉讼的进程逐步展开的。比如在对案件事实的调查过程中,原告提出其事实主张并提供了相应的证据予以证明,而被告就可能对此提出新的抗辩意见,且提供支撑其抗辩意见的证据予以证明,原告也还可能再次提出新的事实主张……如此交错反复,直至双方不再提出新的主张以及抗辩意见,在此过程中,双方还会反复对彼此提供的证据的真实性、合法性以及关联性发表自己的观点。所以,在整个庭审调查过程中,乃至整个案件的审理过程中,各方当事人都有可能随着案件事实的变化而提出自己新的法律意见。目前我国基层法院民商事裁判文书中却很难将此过程予以完整客观地反映,而是对最终认定的案件事实予以简单陈述,这样就无法完整客观地展现当事人之间的争议。

(三) 认定事实的说理过程未完全展示

对案件事实的认定其实就是对法律的适用并以此作出裁判,是法官依据法律规范裁剪事实的结果。目前在多数裁判文书中,并未完全展示法官认定事实的说理过程,而是在"经审理查明"部分直接表述经过法官心证后认定的事实,简单罗列证据,缺乏对于证据材料的真实性、合法性以及证据与待证事实之间的关联性如何的说理过程,更缺乏对当事人存在争议的案件事实为什么是一方当事人主张的甲而不是另一方当事人主张的乙的论述。举一个简单的案例,如李四手上有一张签有张三姓名的借条,并以此借条起诉至法院要求张三还钱。在庭审过程中,张三抗辩说借条上的签名不是其本人所签,或提出借条上的张三是生活中与其同名同姓的另一"张三",或签名虽然属实,但是借条是在醉酒状态下所写,实际上李四并未将钱借给张三,或借条是变造的,等等。很多法官在通过庭审质证以及相关的司法鉴定之后,假设认定张三就是实际借款人,借条是真实的,其就会在事实查明部分表述::×××年×月×日,张三向李四借款××元,并由张三向李四出具借条一张。而关于为什么认定张三就是借款人,或张三与李四之间的借款关系为什么真实,这一判断说理的过程并未表述出来。这样写的结果就是判决理由部分几乎不需要进行论证说理,因为已在审理查明部分对真正需要说理的问题的结论予以明确。①

(四) 裁判结果适用法律的正当性未充分论证

对法律的正确援引是"以法律为准绳"的合法原则在裁判文书中的体现,在实际操作中就是将认定的事实与拟适用的法律"对号入座",即将案件事实涵摄到拟适用的法律中去,充分展现适用法律的过程。例如,首先,应对案件事实予以提炼,将其以要件事实的形式予以体现;其次,对所选择的拟使用的法律条文予以分解;最后,就是一个验证的过程,将所提炼的要件事实与所分解的法律条文要件予以逐一检验,两者所有的构成要件都被满足后,才能确定适用该法律条文,并最终得出适用该法律条文所作出的裁判结果。通过对裁判结果适用法律的正当性的充分论证,不仅可使裁判文书准确无误地援引法律条文,正确作出判决结果,也可增加当事人和社会公众对裁判文书的信服力。现在许多裁判文书在此方面仍存在很大的缺陷,缺乏对此部分的论证过程,从而导致援引法律条文不明确甚至错误,或遗漏适用的法律条文,或即使准确地适用了法律,但由于缺乏论证过程,当事人及一般公众难以明白。尤其是对疑难复杂问题的法律适用,比如需类推适用某法律条文,在将法律条文与案件事实进行对比时,发现法律条文的含义不明确,这时就应按法律解释方法对法律条文进行解释适用,而这也是目前基层民商事裁判文书中几乎没有涉及的。

(五) 裁判文书语言文字及标点符号的使用不规范

司法语言作为一种规则语言,其旨在通过特定的语言体现案件审理的整个过程。所以,裁判文书的语言文字以及标点符号的使用就应该规范、严谨、明确、得

---

① 参见杨飞:《检视与破解:裁判文书制作问题探讨——基于百份裁判文书的实证分析》,载《齐齐哈尔大学学报》(哲学社会科学版)2012年第1期。

体,切忌模棱两可或有歧义。但是,我国基层法院民商事裁判文书在使用语言文字以及标点符号方面仍存有很多问题,比如在当事人信息上出现称谓不明确、指代不准确;在正文陈述案件事实时用词不当、概念模糊、文字累赘、错字漏字或行文歧义等;对标点符号的不当使用更为多见。虽然并不是每一份裁判文书都存在所有问题,但是大部分裁判文书中都不同程度地存在上述问题。

三、我国民商事裁判文书改革路径之探究

我国民商事裁判文书所存在的问题,正是目前全国各地法院司法制度改革中的一个热门话题,且随着社会公众对阳光司法的需求以及最高人民法院深入推进裁判文书上网工作,裁判文书的改革比以往更为突出和迫切地摆在全国法院和法官面前。笔者从以下几个方面来探究我国基层法院民商事裁判文书的改革路径。

(一) 增强民商事裁判文书的公开性

民商事裁判文书的公开性应是在不违背法律规定的前提下具体包括两个方面:一方面是裁判文书内容上能公开反映整个案件的全貌和全过程;另一方面是技术层面上对裁判文书公开上网的推进。

(1)从裁判文书的内容而言,可从首部、正文及尾部来增强公开性。

首部部分应突破原有判决书首部的格式,增加公开案件审理的程序性事项,即公开说明起诉时间、立案受理情况,是否公开开庭审理以及公开(或不公开)开庭时间、次数,当事人及诉讼参与人情况,审判组织形式,与当事人实体权利和诉讼权利有关的事项,如诉讼主体的变更与追加、反诉、管辖异议、申请回避、审判程序的转换及延期审理、超审限情况、诉前或诉讼财产保全、证据保全情况等。此外,民商事裁判文书也应充分展现开庭审理过程的各环节,具体包括法庭调查、法庭辩论、当事人最后陈述以及法庭调解等程序,这样就能向当事人及社会公众完整客观地展示案件的全貌,从而有效发挥程序法对实体法的保障作用。

正文部分,一方面,应公开当事人主张的诉辩意见,主要是依据原告提交的起诉状、被告提交的答辩状或在庭审过程中发表的口头辩论意见、第三人的参诉意见进行归纳、概括,但要充分尊重当事人的原意,坚决避免漏写、少写,要客观陈述,不能带有感情偏向。且如果庭审过程中双方当事人有新的主张和事由、新的答辩意见,以及在辩论过程中发表的辩论意见,也应予以列明。另一方面,不仅要公开当事人之间举证的过程,更要充分体现当事人之间的质证过程,包括庭前证据交换以及庭审质证,充分展示举证、质证、认证等环节,如实客观反映当事人的质证观点和理由。

裁判文书的尾部应公开裁判所援引的具体法律条文以及理由,即在一份具有

信服力和法律宣传效果的法律文书中应正确援引法律条文,避免不援引法律条文、错误援引法律条文、援引法律条文不当或不完整的情况出现,同时还应充分说明援引法律条文的理由,注重案件事实要件与法律条文要件的"对号入座",进一步增强裁判文书的公信力,达到服判息诉的目的。

(2)从裁判文书的功能性来看,对民商事裁判文书进行公开上网是最高人民法院积极推进的司法改革内容之一,是将司法工作置于阳光下的举措,能有效促进民商事裁判文书的规范性,以及发挥裁判文书的普法宣传作用。因此,应由专人对裁判文书进行上网前的审核以及相关技术性操作与处理,让每一份公开上网的裁判文书发挥其功能。

(二) 增强民商事裁判文书的说理性

2012年我国《民事诉讼法》得以修订,修订后的《民事诉讼法》第152条明确规定:"判决书应当写明判决结果和作出该判决的理由……"该条的修订进一步明确了民商事裁判文书说理的重要性。民商事裁判文书应是具有较强逻辑性的专业行文,其说理性从结构上来分析,实际上就是一个三段论的推理过程。因此,关于裁判文书说理性的增强可以从三段论的结构进行分析完善。

(1)增强对小前提即案件事实部分的说理性。"以事实为根据",是指以被认定为法律事实的案件事实为根据,而案件事实要被认定为法律事实的关键就在于证据,裁判文书的说理重点也应是基于对证据的分析认定而展开。最高人民法院印发《人民法院五年改革纲要》中也明确表示"加快裁判文书的改革步伐,提高裁判文书的质量。改革的重点是加强对质证中有争议证据的分析、认证,增强判决的说理性……"因此,裁判文书应全面客观地反映原、被告举证、质证情况,既要体现举证责任的分配情况,又应体现法院依职权调取证据的情况;详细阐述对证据是否采信以及采信的理由,不仅要审查证据的形式合法性,而且要注重认定证据的实质合法性,将自由心证的过程适当展现给当事人,以此查明和认定案件事实,并作为裁判理由的基础与根据。

(2)增强大前提即法律适用情况的说理性。增强法律适用的说理性,一方面涉及对法律条文的选择问题,另一方面涉及对所选择的法律条文的解释问题。首先,经过小前提将案件事实固定为法律事实,并以法律构成要件的形式展现,接下来运用法律专业知识以及司法实践经验对其进行具体分析,选择所适用的法律条文,特别是对法律冲突情况的处理,更应在裁判文书中阐述所适用法律的理由,将其与所认定的法律事实予以一一对应。其次,选择了所适用的法律条文之后,法官应在裁判文书中对法律条文进行释理,即运用自己的学识,通过法理分析,将较为概括的、原则的法律条文具体化,阐述法律条文中所蕴涵的法理,活现于当事人争议的事实中,从而使当事人能信服于判决,达到服判息诉的效果。最后,裁判文书应注重对司法自由裁量权的法理分析。由于法律赋予法官一定程度的司法裁量权,因此对司法裁量权从法理上说出其合理性,阐述作出判决所综合考虑的因素等,可以有效避免当事人以及社会各界的误解。

(3) 增强推理过程的说理性。推理过程就是法官将一般法律规范适用于具体案件中,从而得出判决结果的思维过程。由于每个案件都有其特殊性,细微的差别都会导致适用法律的不同。因此,裁判文书应根据具体案件的特点,以及当事人的诉请、所争议的焦点问题,有针对性地从正反两方面进行论理,从而阐明法官的观点与理由,增强裁判文书的个性,让当事人从案件中体会到司法公正。

(三) 增强法律条文援引的正确性、规范性

法律条文的援引不仅是一种实践性的法庭技术操作活动,而且是一个复杂的法律逻辑思维过程①,其不仅要求所援引法律条文的正确性,且要求对所援引条文的含义与所处理的案件的可适用性作出详细的解释和说明。有关援引法律条文的范围问题,具体应包括:一是全国人民代表大会及其常务委员会制定的法律;二是国务院制定的行政法规;三是各省、直辖市人民代表大会及其常务委员会制定的与宪法、法律、行政法规不相抵触的规范性文件;四是民族自治地方的人民代表大会依照当地政治、经济和文化特点制定的自治条例和单行条例;五是最高人民法院就人民法院在审判工作中具体应用法律问题作出的司法解释。不宜直接援引情况:一是最高人民法院与最高人民检察院或其他部委联合就某一问题发出的通知或意见;二是有关国际条约;三是最高人民法院和地方高级人民法院为审理一些专门性案件而颁发的规范性文件。法律条文引用的方法问题,首先,从内容上讲,援引法律条文必须准确、全面、具体,即应具备条、款、项,不能张冠李戴;其次,从裁判结果上讲,关于实体部分,应列明裁判理由所涉及的所有法律条文,不得有遗漏,而实体未处理的案件,则必须引用相关程序法;再次,从级别上讲,应首先引用国家级的法律规范性文件,再引用地方性法律规范性文件;最后,从效力上讲,应按照先基本法后部门法的顺序引用,且在引用法律规范性文件时,必须引用基本法条款,切记不能只引用行政法规、地方性法规或司法解释。

(四) 增强基层法院民商事裁判文书格式的规范性

裁判文书具有严肃性和强制性,所以格式规范性是我国基层法院民商事裁判文书改革追求的目标之一,即要求裁判文书制作应有严格而统一的格式,并符合相关法律的要求。笔者认为,现今民商事裁判文书的规范性应从以下方面予以增强。应注重格式规范。裁判文书应有固定的格式,符合法律以及司法解释的相关

---

① 参见郭春明:《法院裁判文书中的法条引用问题研究》,载《法学杂志》2012 年第 7 期。

规定,即应分为首部、正文、尾部三部分,每个部分都应该有具体明确的要求,例如对当事人基本信息的表述要固定化;表述正文部分时应事项要素化,如时间、地点、原因、结果等必备要素应该一一写明;裁判的用语以及相关技术规范也应有一个统一的规定。裁判文书是依照法律制作的,应使用法言法语,即在使用法律专业术语时应该符合法律规定,整个文书的结构要素用语要标准,表述当事人的权利义务时用词应精准得当;且裁判文书的用语应符合普通话的语法规则以及语义结构遣词,同时也要讲究语言的质朴平实,这样才能彰显法律的严肃性。此外,裁判文书的用语还要注意繁简适当原则,简案简写,繁案精写,繁简结合,简明扼要表明案件事实。

四、结语

民商事裁判文书改革是我国司法改革的重要组成部分,笔者通过对我国民商事裁判文书目前所存在的问题进行简要阐述、分析,认真探究我国民商事裁判文书改革路径,从而使我国民商事裁判文书能在我国司法改革的进程中充分发挥其作用,充分展现司法公信的形象。

司法公开视野下如何制作裁判文书

王树全[*]

十八大会议期间,司法体制改革的话题无疑是代表们热议的话题之一。代表们说,通过司法改革,司法机关严格、公正、文明、廉洁执法的水平进一步提高,司法公正、司法为民"看得见""摸得着",老百姓的权益得到切实保障,社会更加和谐稳定。

本文将试图用司法公开的眼光透视我国裁判文书的制作,进而提出裁判文书改革是司法体制改革的重要内容。

一、裁判文书的内涵及功能

裁判文书是指人民法院为行使宪法赋予的审判权,在审理民事、刑事、行政案件过程中,就案件的实体问题和程序问题,依法制作的具有法律效力的法律文书,它在司法文书体系中处于核心的地位。通过裁判文书的规范制作,可增强裁判文书的逻辑性与说理性,体现裁判过程及内容的公平与正义。

裁判文书的基本功能,可以归纳为以下几个方面:

(一)矫正争议,平衡利益

司法活动之所以启动,是因为社会主体之间的法律关系发生争议,社会利益出现失衡,从而使法律公正的原则发生扭曲,所以要求通过司法裁判的手段来矫正争议,平衡利益。

(二)引导公众对法律的信仰

裁判文书具体展现了法院审理案件的程序和经过,记载了法官解决社会冲突的逻辑思路。因此,裁判文书向当事人送达和向社会公开,有助于人们对法院审判活动的了解,这种公开的感染力还在于培养公民的法律意识和对法律的信仰,为法治社会的实现提供基本的条件。

---

[*] 王树全,河北省崇礼县人民检察院。

(三) 增强裁判的透明度与释法说理性

裁判文书是对审判过程中核心要点的整理,裁判文书不是简单的结论,而是对法庭中出现的控辩双方不同意见、主要争议、证据采信及法律适用等的明确记载,通过裁判文书使案件当事人了解裁判的理由和裁判的过程,最大限度地向公众展示释法说理性及裁判的形成过程,是增强裁判透明度的方式,人民法院是否公正司法,要通过审判案件来体现,而案件的审判结果必须通过裁判文书反映并固定下来。法官不得拒绝裁判,而法官所制作的裁判文书,在向社会公开后,不仅对法官行使司法权形成一种无形的制约,而且有利于上级法院及检察机关通过这种文字记载的书面材料监督下级法院的审判活动,及时纠正下级法院错误的裁判。

(四) 测评法官综合业务能力的标尺

裁判文书是对法官的知识和审判能力的全面测评。如果一名法官的裁判文书叙述事实清楚,逻辑严谨、周密,证据采信不偏不倚,释法说理充分,就可以说该法官是一名业务能力优秀的法官。

二、裁判文书现状的反思及分析

从社会公众的普遍要求来看,法律和法律实践一般都具有秩序、自由、正义和效益等基本价值,裁判文书的功能以及对司法实践的意义决定了其在司法改革中的价值与分量。而我国目前的裁判文书从格式到内容均不能体现现代司法理念的基本精神。千篇一律的裁判文书,缺乏认证断理,看不出判决结果的形成过程,缺乏说服力。

(一) 裁判文书格式化的反思

我国现行裁判文书格式是最高人民法院确立的《法院诉讼文书样式(试行)》和《法院刑事诉讼文书样式》,这两份诉讼文书样式构成了现行法院裁判文书的基本格局。现行的文书样式体现了司法改革的总体方向,符合我国司法由传统的职权主义诉讼模式向当事人主义诉讼模式转变的趋势。但其缺陷也很明显,主要是限制了对审判过程和法官逻辑思维的记载,难以体现诉讼的程序价值。例如,就《法院刑事诉讼文书样式》而言,对控辩双方的意见,要求在一个自然段中表述,这就难以体现诉讼民主和控辩双方诉讼地位平等的诉讼价值取向,也难以体现对当事人诉讼权利的尊重和人民法院客观、公正裁判的形象。就民事诉讼文书样式而言,审判公开的原则要求在裁判文书中体现司法审判的全过程,而"原告诉称""被告辩称"的格式却无法反映法律事实发生的动态过程,特别是法官断案依据的"心证过程"无法在样式中找到相应的位置。

裁判文书格式化的内在缺陷就在于将当事人的诉讼主体地位和法官的司法独立地位限制在一个很小的空间,束缚裁判文书的释法说理性。

(二) 裁判文书中释法说理不充分

目前的裁判文书论理不充分是制作过程中一个普遍存在的现象。由于我国诉讼法对法官判案所依据的各种理由不要求详细说明,因而对事实的认定(经审理查明)、适用法律的判定(本院认为)在文书中简单罗列,而基于什么作出如此事实的认定和适用法律的判定,均未作出解释与说明,概括为"没有过程的结果,没有论理的结论"。目前裁判文书中释法说理性不充分主要表现在:

一是证据认证公式化。证据与案件事实之间存在天然的联系。案件事实是一种法律事实,它不同于客观事实。法官对案件事实的认定,是以充分的证据确信为前提,并经过严密的逻辑思维得出的内心确信。法官这种对证据的判断过程,即所谓自由心证。而目前裁判文书中却很少见到法官的这种心证过程,对认定事实的证据写法过于公式化,看不出对证据的罗列,或只是简单罗列,而对证据的采信与否不作说明,特别是对诉辩双方有分歧的证据不作具体的分析与论证,所谓对事实的认定是"证据确实、充分",而对如何确实、如何充分不加说明,难以令人信服。

二是断案理由概念化。理由是判决的灵魂,是将事实与判决结果有机联系在一起的纽带。在裁判文书中阐述判决理由制度,是审判制度理性化、民主化的重要标志,现行的裁判文书对理由部分的阐述概念化现象较为严重,表现为,脱离具体的案件实际,空讲套话,"千人一面"、"千案一律";只有共性,不能体现个案特征;不能根据案件事实、性质、情节,依据法律的精神,运用法律的基本原理,对判决作出法律的断定,不够重视双方就适用法律的不同意见,缺乏分析论证,削弱了裁判文书的公信力和说服力。

三是缺乏对适用法律的解释。法官在裁判文书中解释相关法律有很重要的意义。判决书是用来澄清法律内容的,是对法律的具体解释,当事人及公众会根据法院的解释来调整自己的行为,力图使自己的行为合法。法官从中立者的角度,公正地解释法律,理应是法官重要的社会责任,也是法官对法律负责的体现。这就要求法官对案件事实确认之后,就要善于从"法海"中找出规范这一案件事实的法律条文,然后就涉及本案的法律规定,通过逻辑推理到最终处理案件的结果。这其中法官必须说明根据案件事实选择所适用法律的理由,以及得出处理结果的原因,法官的这一思维过程,必须伴随着对使用法律的解释。而目前的裁判文书中,在引用法律条文后,直接进入判决主文,对适用法律的基本精神不愿做充分的解释与说明,心证的过程只存在于法官的内心,不能使当事人息诉服判,降低了裁判文书的释法说理性与裁判结果的正当性。

三、适应当代司法公开视野下的裁判文书制作

随着公平、自由逐渐深入人心,裁判文书作为司法改革的重要环节被置于显要位置,现代司法公开理念要求裁判文书反映案件审判的全过程,才能体现审判所要求的公开、独立、效率、权威等理性裁判的原则。因此,运用司法公开的理念指导裁判文书的制作,成为重中之重。

裁判文书的总体方向是:提高裁判质量,强化事实论证,增强公众监督,以释法说理为主线,突出中国特色的司法裁判文书完善发展之路。

(一) 给裁判文书解压,突出法官的自由心证

裁判文书是一种特殊的文书,拘泥于原有的样式,就会形成"千案一律"公式化的局面,限制法官对个案的独立思考。裁判文书的个性化发展,意在解放固定的思维模式,展现法官的思辨与分析过程,在包含原、被告的身份信息之后,由法官根据双方辩论的焦点,写出之所以采纳的原因、过程及根据,不仅可以增强裁判文书的说理性,又能使当事人心服口服。

(二) 强化事实论证、判决理由及法律解释等环节

裁判文书不仅仅是一个结论,核心是定分止争,为此,裁判文书要体现法官对证据的分析论证,对相冲突的证据予以分别论证,对证据采信与否的理由要加以解释,形成对案件的内心确信。在事实确认部分,应对控辩双方的不同意见分析辩驳,将案件发展过程给予法律上的定性,法官必须对结论加以论述,运用实体法的基本原理予以解释。

(三) 裁判文书折射审判过程

司法公开理念要求审判公开最好的方式是在法律文书中公开审判的全过程,即公开案件由来,说明开庭时间、次数、当事人主体变更追加情况,以规范审判程序;公开公诉意见,全面客观地归纳各方意见,不随意取舍,亦不照抄照搬;公开举证、质证,列举双方提交证据,反映质证过程,反映辩论焦点;公开心证过程,及法官采纳证据的理性判断及取舍原因,增强说服力。

(四) 民事调解书亦应作必要的释法说理

民事调解书是民事审判活动中诉辩双方就诉争的实体权利,在法官的主持下

达成一致的协议后,法院根据协议的内容作出具有法律效力的法律文书。民事调解是司法调解,具有与裁判文书同等的法律效力,为此,调解书亦应将制作的过程、法律事实及处理的结果叙述清楚,也应作必要的释法说理。面对社会纷争和利益的失衡,民事调解书需要明辨是非,明晰当事人的权利义务关系,同时,在民事调解书中作必要的释法说理,就法院而言,可以预防法官违法调解、强迫调解的现象发生,有利于增强民事调解的合法性与可信度;就当事人而言,可以实现双方之间关系的真正和谐,从而使司法调解的定分止争、创造和谐的功效真正落到实处。

综上,裁判文书是司法公平与正义的载体,实务中,理应强化法官自由心证环节,突出释法说理性,意义在于增强裁判的透明度与公信力,进而实现司法应有的公平与正义。

浅议案卷审阅

段 钢[*]

一、案卷审阅的概念

案卷审阅,是指公安机关在刑事或行政执法工作中,执法民警或具有专职责任的公安机关工作人员,对依照法定程序调取或制作的各种证据材料进行核查,并提出相关意见的内部执法监督机制。

二、对案卷审阅概念的理解

(一)案卷审阅是公安机关在刑事、行政执法工作中的一项专项执法工作

换而言之,案卷审阅是存在于刑事侦查和行政执法工作全过程之中的,是刑事侦查和行政执法工作的环节之一,是警务执法工作的重要组成部分,是公安机关保证执法工作顺利实施的内部执法监督措施,也是执法主体最基本的执法技能的体现。

(二)案卷审阅是由执法民警和具有专职责任的公安机关工作人员完成的

(1)从案卷审阅的主体而言,案卷审阅工作必须由公安机关的工作人员来完成,也就是说,案卷审阅的责任主体必须是警察,具有当然的唯一性和排他性。

这里提及的案件审阅,从刑事和行政案件材料审阅主体分工不同进行划分,可分为执法民警审阅和具有专职责任的公安机关工作人员审阅两类。

执法民警审阅分为两类:第一类是指各办案单位承办案件的民警,其自身在执法工作中对涉及该案件的材料进行的复核审查,如派出所、刑事侦查等部门的办案民警对案件材料的审阅;第二类是指基层办案单位内部设立的专职(或兼

---

[*] 段钢,北京市公安局治安总队行动支队副支队长。

职)岗位的民警对案件材料进行的审阅,如派出所、刑侦部门内部设立的专(兼)职对案件材料审核把关的民警等对案件材料的审阅。

(2)具有专职责任的公安机关工作人员的案卷审阅,是指专业部门的民警审阅案卷和公安机关的各级领导按照职责分工,依据法律程序、公安机关内部办案程序的相关规定,对案件材料的审核与批准的过程。可分为三种情况:

①专职案卷审阅部门的民警,对基层办案单位上报的刑事、行政各类案卷进行审阅,就基层单位提出的相关法律或规章的依据,以及侦查(调查)工作意见、采取的法律强制措施、行政处罚种类等执法工作是否符合法律和相关法规的规定进行审核。例如,县级以上公安机关的法制部门的民警,对县公安局所属各办案单位上报的案卷材料进行审核。这一审核既包括对其下级单位提出的意见和办案过程进行审核,也包括对其适用的法律依据(包括自由裁量权的适用)进行审核。

②基层办案单位的主管领导对本单位案件承办人呈报的案件材料进行审阅,就承办人提出的侦查(调查)工作意见、采取的法律强制措施、行政处罚种类等进行批示的过程。例如,派出所、刑事侦查等部门的领导在各类审批表上的批示和签字。

③专职部门的领导对本部门民警通过审阅案卷提出的意见、发现的问题以及解决问题的方法等提出的具体意见和批示。例如,各单位领导对法制部门阅卷民警经过案卷审阅提出的意见与建议是否予以认可的文字性表述。

(三) 对"依照法定程序调取或制作的各类证据材料进行核查"的理解

(1)依照法定程序调取或制作的各类证据材料是指在刑事案件的侦查或对行政案件的调查过程中,已经经过法定程序形成的所有相关书面材料或调取的相关音像资料。而非经法定程序获得的各类文字材料等其他相关材料不能作为证据使用,这也是审阅案卷过程中应当重点注意、发现和纠正的问题。

(2)核查,就是对现有材料进行书面形式的全面审查,要审查书面材料反映的执法工作各个细节、法定程序执行的各个环节、形成证据体系的各个链接,包括笔录等法律文书制作过程中汉语语法的使用是否得当、综合叙述是否简明准确、是否有错别字、犯罪定性是否准确等诸多细节。

(四) 对"提出相关意见"的理解

案卷审阅的目的在于审核各种法律手续的履行和证据材料的获取是否符合法定程序,是否存在矛盾和其他问题。在审阅工作中,不仅要发现问题,提出改正意见,更要通过对个案问题成因、现状的分析,采用培训、执法责任追究等手段予以解决,在此基础上促进整体执法能力的提高,这也是案卷审阅的根本目的。"提出相关意见"可从以下几个方面理解:

1. 基层办案民警经过阅卷后提出的意见和建议

(1)该意见和建议,是指基层办案民警通过自我阅卷,发现问题并进行自我完善。在这一环节体现的"提出相关意见",可以体现为侦查或预审工作提纲,还可体现为民警自我积累的办案笔记、相关的工作日志等。民警通过不断的积累、总结,进而达到提升办案能力的目的,这是民警自我提高执法能力的关键和基础。

(2)依照法律规定或内部相关要求,就案件侦查或调查等提出意见,报单位领导审批。

2. 职能部门阅卷民警经过阅卷后提出的意见和建议

职能部门阅卷民警在审阅案卷后提出的意见和建议包括以下几个方面:

(1)对相应法律和相关执法过程等未提出异议的,提出同意的意见与依据。

(2)对执法工作中存在的问题,要明确指出问题所在、与法律法规相悖的矛盾点、如何对存在的问题进行纠正、对执法过错已经产生的影响如何应对等。上述意见和建议的提出要报请主管领导予以批示,然后职能部门阅卷民警依照领导批示督促相关执法部门对执法错误进行改正,消除因执法过错造成的不良影响。

(3)对阅卷中发现的各类问题进行分类梳理,通过研究分析,指导基层部门解决执法工作中存在的问题,将分析报告上报领导,为领导就相关的执法工作实施与管理决策提供基础参考依据。

3. 基层办案单位领导提出的意见和建议

(1)基层执法办案单位的领导依据法定或相关职责分工,在职权范围内,就办案民警上报的履行法律程序环节进行审批。审批环节也是基层单位领导通过阅卷对民警执法工作进行审核把关。

(2)对应当报请上级领导进行审批的案卷材料,在提出自己的意见后,报请职能部门或上级领导审核。

(3)针对审批工作中发现的问题,及时指导办案民警进行纠正。

4. 职能部门(或上级)领导提出的意见和建议

(1)对上报的意见或建议进行审查,这一审查的过程可以是阅卷,也可以体现为听取汇报,对上报的意见和建议是否予以实施提出具体的批示。

(2)发挥职能部门的作用,把握执法工作的全局。通过调研分析、会议研究、强化在职培训、加强实战指导等多种途径,确保执法工作良性发展。

(五) 对"内部执法监督机制"的理解

1. 是民警在执法工作中自我检查、自我监督的重要机制

从根本而言,民警作为执法主体,是否具备相应的执法能力是内在决定因素,执法水平正是这种内在因素的直接体现。不论是执法民警审阅还是具有专职责任的公安机关工作人员审阅,都是民警在执法过程中自我监督的体现,是民警完

善和提高自身执法能力的重要方式。

2. 是公安机关对所承担执法工作进行自我纠正的有效手段

在概念的叙述中可以明确地感觉到,案卷审阅是公安机关的内部监督机制,是公安机关执法工作自我完善的保障。就公安机关内部而言,横向有不同的执法岗位之分,纵向有执法层级之分。相对于各岗位、各层级而言,执法水平同样是由其自身执法能力决定的,而且难免存在先入为主的主观意识。而案卷审阅通过换位思考能够及时地、最大化地发现执法工作中存在的问题和瑕疵,做到及时弥补和纠正,防止问题的扩大。

3. 是公安机关正确履行执法职能的关键机制

依法治国是社会主义法制工作的核心与关键,而公安机关处于执法工作的第一线,是人民民主专政的基石。如何能够确保正确履行执法职责,关系到社会的稳定与经济建设的长足发展。正确履行执法职责,不能仅依靠外部监督,加强自身执法能力是正确履职的前提和基础,而案卷审阅工作正是推进执法工作行之有效的内部监督途径。

三、案卷审阅的意义

公安机关执法案卷是行政或刑事案件客观实际的再现和复制,是涉及案件所有情况的书面反映,记载着公安执法工作各个环节的详尽内容。案卷审阅的意义主要体现在以下几个方面。

(一) 案卷审阅是公安民警执法技能的综合体现

(1)对公安机关职责范围内的国家法律、相关部委规章、公安机关各类执法办案规定的熟练掌握。

(2)对《询问笔录》《讯问笔录》以及其他法律文书制作,包括案卷中的各类工作记录制作方法的掌握。

(3)能够将刑事技术部门出具的各类鉴定结论、勘验检查笔录、物证、书证等其他间接证据,正确运用于案件的侦查或调查,形成基本的证据体系,确定违法犯罪嫌疑人的责任。

(二) 案卷审阅是民警综合执法能力的体现

所谓民警综合执法能力的体现,是指公安民警作为执法主体,对法律知识以及执法技能在审阅案卷这一内部执法监督过程中的综合运用。包含以下几个方面:

(1)运用法律知识对当事人的违法犯罪性质进行确定(案件定性)。

(2) 对执法过程中各法定程序运用的合法性予以确定。

(3) 对该案件中所有的证据进行综合认定,对证据之间的关联性予以确定;确认各类证据之间的同一性、排他性、互证性,确定各类证据之间形成的相关证据体系不存在瑕疵和缺失,更不存在矛盾点。

(三) 案卷审阅是提高民警综合执法能力的保障

(1) 案卷审阅是民警自我提高执法能力的有效途径。案卷审阅最基础的一个环节是民警对已完成的各类证据材料、法律文书等进行自我审查。通过审查对存在的问题及时进行更正,切实做到将可能出现的执法过错消灭在萌芽状态。这是民警树立正确的执法意识、不断进行执法理念的自我完善、强化提高法律知识的公安问话笔录制作与案卷审阅的基本方式,是推进民警培养"我要学习"这一思想意识的最佳途径。

(2) 案卷审阅是研究和分析执法工作中存在问题的重要手段。民警作为执法主体,在执法工作中会受到各种因素的影响。这些因素既有自身的原因,也有外界的干扰,在这些因素的综合作用下,就会使执法工作存在缺陷,而这些缺陷在通过民警自我审阅案卷不能进行纠正时,就要通过专职岗位的民警对案卷的审阅、通过领导对案卷的审批、通过职能部门领导或民警的调卷审阅等不同岗位、不同角度、不同方式的案卷审阅形式,全方位且及时地发现执法工作中存在的问题。

(3) 案卷审阅为专业学校教学和在职培训提供可借鉴的参考依据,对于促进执法工作的提高具有十分重要的意义。

①将执法工作中易出现的或共性的问题,作为公安院校在校学员进行专业教学时的授课内容,有的放矢地进行执法工作前的预防教育,夯实执法主体的基础教育工作。

②将阅卷工作中发现的问题反馈给公安机关培训部门,经过整理作为对民警培训、进修等在职培训的相关课程,供民警学习、研讨、借鉴以及研究攻关的课题内容,有效提高在职培训的针对性,充分发挥在职培训的优势,有效地解决理论培训的单一性,提高在职培训的实操性,使在职培训贴近实战、贴近一线、贴近需求。

③及时将阅卷工作中发现的问题反馈给一线执法单位,反馈给执法民警。通过本单位领导适时点评和职能部门深入一线发挥指导作用,发挥执法单位一线培训的即时性优势,强化和推进实操培训,使在职培训延伸至执法工作的各个作战单元。

(四) 案卷审阅是确保法律正确实施的内部保障机制

通过案卷审阅发现问题只是一种工作手段,对问题进行纠正才是案卷审阅工作的目的。案卷审阅作为公安内部执法监督机制,就是要及时纠正执法工作中存

在的问题。这一保障机制包含两个最关键的内容:

(1)确保法律、法规能够以其立法本意得到正确实施。

(2)追究执法过错责任,这是有效强化执法队伍管理的措施之一。通过责任追究使有执法过错者得到警示以达到提高的目的,或者调整到非执法岗位。通过这一强化执法队伍管理的有效手段,确保法律得以正确实施。

(五) 案卷审阅为完善法律、法规提供基础参考

法律体系的建设需要不断地修正、完善。如何对原有的法律、法规进行修改使之适用于日新月异的社会,这固然需要理论界的研究,但是这一研究的基础绝非依附于单一理论和闭门造车,而必须来源于实际、来源于实践、来源于实战。

案卷审阅正是完善法律、法规的实践基础的理论源泉,通过对问题进行研究和分析,既可以找出执法工作中存在的问题,也能够发现法律、法规与社会发展不相适应的矛盾点。对这些矛盾点进行梳理提炼,为国家专门机关适时修正法律、法规提供翔实的参考依据。

(六) 案卷审阅是维护社会稳定、化解社会矛盾的基础

1. 案卷审阅是社会稳定的基础

如果说案卷审阅是保障法律实施的前提,那么相对于维护社会稳定和化解社会矛盾而言,就是最基础的工作。之所以把案卷审阅工作提升到如此高的层面来解析,这与法律实施的本质密不可分。法律调整的是各类社会关系,通过调整使之达到一个均衡的状态,这一均衡的状态就是社会稳定的具体表现。公安机关是强制执行和实施法律的国家专门机关,实施法律的执行主体就是民警。进而言之,民警能否正确执行法律,关系到社会的稳定,而案卷审阅既是公安机关实施的内部监督机制,也是维护社会稳定的关键环节之一。

2. 案卷审阅是化解社会矛盾的基础

(1)正确实施法律化解矛盾。社会矛盾产生于各类社会关系错综复杂的交汇之中,当社会关系在交汇中受阻,便产生了社会矛盾。不同的社会矛盾需要有不同的社会手段去调整、化解,当矛盾上升到一定层次就需要通过法律手段去调整、化解,这一调整、化解的过程就是法律实施的过程。

(2)防止因执法过错产生或激化矛盾。化解社会矛盾源于正确实施法律,如果在执法工作中出现执法过错,就不能取得法律实施的真正效果,更无从谈及化解社会矛盾。非但如此,随之而来的就是因执法过错造成新的社会矛盾。由于这些矛盾是执法机关因过错造成的,虽然有些问题可以通过法律救济予以解决,但势必会造成人们对执法机关的公信力和执法主体能力的质疑。此类矛盾虽然可以化解,但是引发的社会负面影响不是在短时期内能够消除的。不断完善和强化

案卷审阅工作，及时发现执法工作中存在的各类问题是化解社会矛盾的基础。不产生矛盾就是化解矛盾的最佳策略。

四、案卷审阅应注意的问题

由于认识事物的角度、方式、切入点等受诸多因素的影响，加之人在认识事物的水平和能力方面也不尽相同，在案卷审阅工作中难免存在一些因认识上的差异引发的失误和问题。这些失误和问题会导致案卷审阅工作出现偏差，致使案卷审阅工作不能及时纠正执法工作中存在的过错，不能正确指导执法办案工作，甚至会误导执法，使得案卷审阅这一内部监督职能无法正常发挥其作用。鉴于上述原因，在这里将案卷审阅工作中容易出现的常见问题向读者进行介绍，供大家参考借鉴。

（一）从案卷审阅工作方法的角度分析

1. 忌"偏"

（1）理解法律片面化。我国是大陆法系，法律内容均以文字形式的法律条文体现其本质含义。对于条文式的法律，其形式上体现为固定的文字，但是执行者必须掌握其本质和立法原意。其忌讳之一就是形而上学式的机械论，以文字论文字。

例如，对于诈骗类的犯罪案件，一些案卷审阅者发现《讯问笔录》中的犯罪嫌疑人的主观故意未能明确讯问清楚。理由是：所谓明确的主观故意应当是犯罪嫌疑人的《讯问笔录》中白纸黑字明确地写明"我就是要骗张××的2 100万元建筑款"。

又如，对于寻衅滋事案件，要求《讯问笔录》对犯罪嫌疑人的主观故意的表述必须明确记录为"我就是将打人作为消遣"或"我就是以打人取乐"。

再如，赵某用长约1米长的擀面杖对被害人头部连续击打7次，造成被害人颅内出血经抢救无效死亡。在讯问时犯罪嫌疑人只承认"想吓唬吓唬"被害人，而不是想剥夺被害人的生命。

对于上述问题，涉及对犯罪构成四个要件中主观故意的认定，是对案件性质认定的关键因素。但认定的依据不能仅仅靠犯罪嫌疑人的供述，案卷审阅工作中如果涉及此类问题应当着重审查笔录中是否适时进行叮问，还应当依据其他证据对嫌疑人主观故意综合分析之后再予以认定，而不能片面追求对文字表述与法律规定的完全一致性。

（2）偏颇固执。客观事物的表象千差万别，人脑认识事物的思维方式参差错落，对同一事物由于认识的方法和角度不同，得出的结论有可能迥然不同。加之法律规定的内容也不可能做到穷尽人类社会的全部表象和社会生活的诸要素，不可能做到尽善尽美。对一个犯罪事实可能有两种或更多的看法和性质认定,这对于执法办案工作而言属正常现象,对案卷审阅工作而言更是交换意见、深入分析、总结提高阅卷能力的有效途径。对有争议的案件性质认定应听取大多数人的意见,然后归纳总结形成书面报告,由上级单位或领导研究决定,不能固执己见地以个别意见取代研究讨论,不能偏颇地否定不同的看法,更不能对基层单位或同事提出的异议置若罔闻、不予理睬。要通过案卷审阅工作推动公安机关在执法办案工作中,特别是在案卷审阅这一重要的执法环节营造浓厚的学术讨论氛围,以达到充分发挥案卷审阅的职能作用及促进执法单位执法综合能力提高的目的。

2. 忌"散"

(1)在案卷审阅工作中缺乏章法,零打碎敲,使案卷审阅的整体思路被打散,造成审阅工作出现以偏概全的问题。案卷审阅者在审阅案卷工作中应当形成六种思考能力:一是如何对案卷进行审阅的思路;二是正确认识案卷存在问题的思路;三是对问题产生原因进行分析归纳的思路;四是提出解决问题措施的思路;五是如何向领导汇报工作的思路;六是如何提高自身阅卷能力和指导基层执法办案的工作思路。

(2)审阅案卷时应当对案卷的整体材料进行综合审阅,不能只就某一部分或某一环节进行审阅,更不能采取对案卷材料实施抽查的方式进行审阅。特别是在笔录(《询问笔录》与《讯问笔录》)中,被问话人提出的相关证据或者无罪的辩解,侦查人员均应进行查证,而不能就案卷现有材料中的某一证据或主观臆断推定相关证据是否符合案件事实,或者断定犯罪嫌疑人无罪辩解属于"态度不老实"或"无理狡辩"。对于法定时限的衔接、案件事实的表述、关键证据节点的体现等应当自始至终对相关联的法律文书、工作记录等"一以贯之"地逐项审阅,确认程序合法、证据如一、事实清楚,绝不能管窥蠡测,进而影响案卷审阅的工作性质。

3. 忌"浅"

浅尝辄止和走马观花,也是案卷审阅工作中必须要注意避免的问题。阅卷肤浅容易造成以下问题:

(1)影响全面、深入、缜密地审阅案卷,不能切实掌握案卷的全部信息。

(2)妨碍对照、分析、核证各类构成案件事实要素的真实性、一致性和关联性。

(3)不能发现存在的问题,不能发现问题存在的环节,不能发现该环节所存在的瑕疵对执法办案工作将产生何等影响。

上述问题的存在,从根本上影响了案卷审阅工作的实质。无法发现问题就不能针对存在的问题进行分析和采取有效的措施予以纠正,进一步造成问题的延续或没有从根本上解决,最终导致不能有效地解决执法工作中的缺陷,从而影响法律的正常实施。

（二）从案卷审阅主体能力的角度分析

1. 忌"无文字"

（1）不制作阅卷摘记。案卷审阅者在审阅案卷的工作中不动笔记录，对案件各程序法定时间等衔接环节、证据要点的表述、证人证言和犯罪嫌疑人供述的关键词句不予摘抄，或者以复印案卷材料替代阅卷摘抄记录。这样造成对案卷的审阅"一目十行"或"走马观花"，其结果就是案卷审阅的"浅"，对案卷问题节点印象不深，对关键证据环节的衔接互证把握不准，在汇报案件时不能形成重点，当领导进行叮问时不能应对或含糊其辞，造成工作被动。

（2）无问题积累。案卷审阅工作完成以后，对执法案卷中存在的问题应当进行积累。积累的目的，一是为了综合分析问题成因，为培训和指导执法办案工作提供参考；二是为执法考评工作积累基础性文字材料，通过奖优罚劣推进规范执法工作的落实。

（3）无补充工作提纲。案卷审阅工作是通过换位思考，以检查的方式发现执法工作中存在的问题，对发现的问题除了进行积累，还应当——纠正。特别是对于职能部门，在审阅案卷的过程中，应当及时将阅卷中发现的问题形成书面工作提纲转发至办案部门。一般在实际工作中称此类工作提纲为《退回补充侦查工作提纲》（以下简称《补侦提纲》），由执法办案单位的侦查人员根据工作提纲的要求逐一进行更正、补充。应当注意：

①对于认识上存在分歧的问题，应当由部门领导或上级领导组织研究，切忌强加于人。

②《补侦提纲》应做到一式两份。一份由阅卷人签字并报阅卷单位领导签字同意，再由办案单位侦查员签字领取；另一份由阅卷人留存，用于核查补充侦查工作是否按要求完成。

③《补侦提纲》所列工作应当在要求时间内完成，该时间一般是在案件侦查过程中相对应的法定时限届满之前。

④适时追究执法过错责任。对阅卷工作中发现的执法问题，应按照相关规定追究相应的执法责任。对于未能依照要求完成《补侦提纲》内所列工作的，应说明原因；对于无故不按照要求改正存在的问题或因执法过错造成不良后果的，除应当着重追究执法责任以外，还应当纳入行政管理进行追责。

2. 忌"无依据"

通过案卷审阅工作，阅卷者对该案卷所体现出的执法工作大致可以从以下三个方面得出结论：第一，案件性质认定是否准确；第二，案件证据是否确实充分；第三，办案程序是否合法。而认定上述三个方面是否达到相关工作标准的依据，就是法律、法规以及相关公安机关内部执法办案规定。这就要求案卷审阅人员在案卷审阅工作完成以后进行以下工作：

（1）依据法律、法规的规定，通过文字表述来说明该案卷案件性质认定准确、证据确实充分、办案程序合法。

（2）对该案卷案件性质认定有误、证据尚不完善、需要补充或存在问题、办案程序有文字表述错误或存在违法办案的问题，需要依据法律、法规的规定，通过阅卷摘记和问题积累等表述来说明。

（3）如果认为办案单位在案件性质认定上存在瑕疵，或在法定情节的认定上存在缺陷，则应将自己的认识和意见形成以下文字记录。

①案卷中存在的问题以及问题在案卷中的具体表现。例如，对于犯罪嫌疑人李××藏匿毒品的地点，证人王××在20××年11月21日第一次《询问笔录》的第×页正数第6行，将其表述为红色马甲；××分局刑侦支队在20××年11月21日由侦查人员金××、毕××制作的有关缴获工作记录当中将其表述为红色马甲；××分局刑侦支队在20××年11月21日由侦查人员刘××、孙××制作的扣押物品清单第三项将其表述为红色马甲；而××分局刑侦支队在20××年11月21日由侦查人员钱××、丁××制作的《讯问笔录》中第3页正数第5行，记录嫌疑人李××藏匿毒品的地点为红色棉坎肩。该《讯问笔录》中的表述与相关证据不符。

②说明相关法律（司法解释或相关规定）的条款。上述问题存在不符合《刑事诉讼法》第42条规定的现象。

③提出解决问题的方法，建议××分局刑侦支队对涉嫌藏匿毒品的地点进行辨认和拍照，并再次对有关人员进行调查取证。

在实际执法和阅卷工作中，由于办案程序是法律明文规定的，认定执法过错较为明了。在认识上容易引发争议的情况一般是针对法定情节的认定和案件性质的认定。对案件性质认定有争议时，阅卷者应当在阅卷结束后，就案件构成的四个要件、相关法定情节在案卷中的体现、认定的依据等逐一形成文字表述，并与原办案单位提出的意见进行比对，做到"与法律相符、与法理相适、与案情相合"。通过上述方式，对案件事实的认定等作出综合分析，这一分析应当全面客观，依法依规。在完成上述工作后再向领导汇报，根据领导批示，再协调有关单位研究解决案卷中存在的问题。

3. 忌"无督办"

通过案卷审阅发现问题，通过下发《补侦提纲》提出改正措施，通过召开会议协调开展工作等，只是发挥案卷审阅这一内部执法监督机制的具体措施和工作方法。要确保案卷审阅的执法内部监督机制真正在规范执法中取得实效，必须要建立切实可行的督办制度，确保案卷审阅中发现的问题能够依法依规予以解决。问题的解决必须达到法律、法规规定的标准。因此，督办制度是案卷审阅工作不可

缺少的保障环节,这一工作环节应当从以下几个方面去理解:

(1)按照法律时限要求基层单位按时上报案卷。案卷审阅工作是执法内部监督,其完成阅卷工作应当在法律规定公安机关完成相关侦查工作的时限内,或公安机关内部规定的时限内。这就要求阅卷人员对已受理的案件要明确登记,掌握进度,对法定时限临近届满的案件,催促承办人按时报送,避免出现超过法律时限的程序违法现象。

(2)督促办案单位或侦查人员在法定时限内完成补充工作。基层单位专职或兼职阅卷人员,特别是职能部门案卷审阅的工作人员,在建立文字记录的同时还要对存在的问题形成工作账单,对工作的进展做到了然于胸,必要时还可以配合阅卷工作开发电子软件进行工作提示,通过警务信息手段做到执法督办工作信息化。

(3)督促各执法办案单位或办案民警及时改进执法工作中存在的问题。对案卷审阅中发现的问题进行研析,对不同层次、不同范围、不同性质等各类执法工作中存在的问题,及其在案卷中的具体表现、形成的原因、改进及纠错的方式,在第一时间向办案单位或案件承办人进行反馈。采取适当的方式、适时的措施,通过实战培训、组织研讨、专项整顿等,督促、指导办案单位和办案人员有效地解决执法办案工作中存在的问题,直至过错追究等行政手段,确保达到依法履职、规范执法的工作目标。

(三) 从岗位职责的角度分析

1. 忌"不阅而批"

这一问题是指公安机关具有案卷审批责任的各级执法主体,对案件承办人呈报的案卷材料在没有认真听取汇报或进行必要审阅的情况下就予以签批。出现上述问题的主要原因是:

(1)业务能力不到位,不能发现案卷中所反映的执法工作中存在的问题。

(2)上交矛盾,认为有上级单位把关,不负责任的"等""靠""依赖"思想作怪。

(3)过于放任,认为已经过逐级审批,虽有小过,不会出现大的纰漏。

上述问题的存在将严重影响民警正确依法履职的意识,严重影响民警端正执法作风的日常养成,严重影响规范执法的贯彻落实,必然使所在单位执法工作质量受到干扰,也是影响案卷审阅工作发挥其执法监督作用的羁绊。案卷审阅作为执法规范化工作落实的保障措施,必须要从两方面抓起:一是抓执法办案的主体,即提高民警的执法能力与素质;二是抓具有审批责任的各级执法主体履职与率先垂范,而其源头关键在于具有审批责任的各级执法主体要把好阅卷审批关。

2. 忌"先入为主"

具有审批责任的各级执法主体,缺乏深入、全面听取汇报,或者仅听"一家"

之言,或者没有对案卷进行审阅,凭经验或凭感觉,对案卷审阅中发现的有争议的问题主观臆断签批案件。具有审批责任的各级执法主体在行使执法审批权限时,要实行听取汇报、审阅案卷、研析讨论、履职签批四位一体的工作机制。特别是对案件性质,法定从重、从轻情节的认定等关键环节有争议的,或刑事案件提请复议、复核,行政案件应对复议、诉讼时,更要慎重履职。否则,一是容易出现履职不当造成执法工作失误;二是挫伤基层办案单位或承办民警的工作积极性;三是误导形成执法武断的不良工作作风;四是不能及时发现和培养执法办案人才;五是不能有效地指导执法办案工作。

3. 忌"指导失位"

(1)不明确。在实际工作中体现为采取"猜测"式的方法,让基层单位或民警揣摩上级单位的意图,这一问题的出现会导致基层单位或承办案件的民警无所适从。执法过程中对于各类案件在性质认定、侦查手段运用、法律程序的使用等方面需要进行研究。基层单位相对于上级单位,在案件性质认定、侦查手段使用等方面受到各类客观方面的限制,需要上级单位特别是职能部门予以指导帮助。案件承办人对执法工作在个案的认识上也会出现"管窥一斑"的片面性,这就要求公安机关具有案件审批职责的各级执法主体,要根据不同的单位、不同的承办人,结合案卷审阅发现的问题进行适时、适度、适当地指导,正确使用引导、启发、明确的工作要求等进行工作指导。实质上,这是单位(部门、岗位)负责人进行实战培训的一种具体方式。

(2)不系统。案卷审阅工作不能一蹴而就,既可以是在不同程序阶段的日常审阅,也可以是对执法工作某一环节进行检查,还可以是根据执法监督工作进行临时抽检。不论其方式如何,应注意以下两方面的问题:

①对于阅卷工作中发现的问题,要从该案件查办工作的全程予以审阅分析,对即将涉及的下一个执法程序要预知,对目前案卷中存在的问题对以后工作的影响以及如何消除影响要综合分析,提早解决问题。这就是案卷审阅要从执法主体(民警个人)抓起、从基层单位做起、从职能部门管起,分阶段、分层次逐级审阅、层层报批的根本原因。由浅及深、梯次递进地对案件进行系统审阅,尽量使问题提前解决,做到防患于未然。

②对涉及的执法问题进行系统指导。这里所说的系统不能仅理解为某个派出所或刑警队,而是对案卷审阅中发现的问题综合分析后,就治安执法问题或刑事执法问题在执法系统工作中应开展的工作指导或专项培训。突出系统其中心是突出专业,如刑事技术运用于执法工作、网络侦查与传统侦查手段相结合运用于刑事执法等,强调专门的科学技术对执法工作的支持以及如何法制化。执法工作中涉及诸多系统领域的专门科学,不是案卷审阅工作可以独揽的,需要案卷审阅使其自然地联结在一起,形成严谨的证据体系,既要做到"线"与"面"的有机结

合,还要突出系统执法工作的特点,指导执法实践。

(3)不全面。表现为以案论案,未能将案卷审阅中发现的问题与基层执法主体本身的工作方式、方法相结合,综合指导纠正不到位。对于基层办案单位而言,各单位整体执法能力和水平存在差异。对于执法主体而言,民警个人的综合执法素质存在参差不齐的现象。对于公安机关具有案件审批责任的各级执法主体而言,在签批案件的同时,不但要对案卷审阅中存在的问题进行工作指导,明确纠正,还要针对基层办案单位(包括案件承办人)、职能部门案卷审阅人员在执法和案卷审阅工作中存在的不足和失误进行纠正。要知其然,还需知其所以然,充分发挥实战培训优势,在实战培训中达到主观与客观、理性与感性的统一。

当前检察法律文书制作及使用存在问题浅析

吴兴军 刘 青[*]

检察机关的法律文书作为专属性法律文书,是检察机关履行法律职能中依法制作的具有法律效力的文书,它不仅是各级人民检察院行使检察权的重要文字凭证,也是核查案件的重要依据,它的质量在一定程度上直接反映了检察院的工作水平,其重要性不言自明。近期,笔者通过查阅河南省焦作市两级检察院法律文书1 200余份,组织各业务部门负责人及内勤进行座谈等方式,对当前检察法律文书的制作及使用情况进行了专题调研。经调查发现,多数法律文书的制作和使用比较规范,但也有部分法律文书存在使用不规范、设计缺陷以及不齐全的问题,亟须结合修改后的《刑事诉讼法》进一步改进和完善。

一、部分检察法律文书使用不规范

(一) 用印不统一

检察法律文书作为检察机关的正式公文,要体现检察执法的严肃性和规范性。因上级检察机关对骑缝章没有统一的规定,基层检察机关的法律文书在使用时存在较大差异,有以下几种情况:①骑缝上既无文号,也无公章;②骑缝上盖院章;③骑缝上盖办公室章;④有骑缝章的院之间骑缝章有较大差别,形状各异,有椭圆形的、长条形等,长条形的骑缝章的长度和宽度也有较大差别。

(二) 说理不充分

对于不予受理决定、不予立案决定、不提请抗诉决定,以及检察建议、纠正违法通知书等需要释法说理的法律文书,或者缺乏必要的说理,或者说理缺乏针对性和逻辑性。如有的《检察建议书》正文部分只有60余字,建议内容过于笼统、模糊,没有进行个案分析,缺乏可操作性,不能取得检察建议应有的效果。

---

[*] 吴兴军,河南省焦作市人民检察院办公室主任。刘青,河南省焦作市人民检察院政治部主任。

（三）用语不严谨

一是部分检察法律文书未使用法言法语,存在书面用语口语化、标准称谓惯称化、叙述语言感情化等问题。如在叙述案件事实时,使用"胆大妄为""贪婪""卑鄙"等带有较浓感情色彩的词语,并且有些在内容叙述上详略不当。

二是在制作填充式检察法律文书时,不能正确区分阿拉伯数字与汉字的使用场合。有的文书用阿拉伯数字代替汉字来表述法律条文;有的文书在骑缝上的编号用阿拉伯数字;有的文书存在错号、重号以及正本、副本和存根的编号不一致等问题。

（四）审查不严格

一是乱发检察建议。由于检察建议是年终考评的加分项目,有的为了增加检察建议的数量,针对同一被建议对象或就相同的问题重复发内容相同的检察建议,最多的达 8 份之多,而这 8 份检察建议的区别仅在于文号及涉案人姓名的不同。

二是《再审检察建议书》制作混乱。民行部门制作的再审检察建议在内容及格式上不尽统一;同时,再审检察建议与其他检察建议书在名称和文号上没有明显区别。

（五）使用不规范

《立案决定书》的填写标准是一案一书、一案一号。但个别检察院在办理共同犯罪案件时还存在一案多份立案决定书、多个立案号的情况。

二、部分制式检察法律文书在设计上存在缺陷

（一）预留填写空间过小

一是《立案决定书》中犯罪嫌疑人姓名栏的预留空间过小,对共同犯罪案件犯罪嫌疑人的姓名无法按要求全部填写,实践中只能填写"×××等",或者分别填写多份《立案决定书》。

二是《传唤通知书》中犯罪嫌疑人居住地点栏的预留空间过小,不能满足填写需要。

三是《批准逮捕决定书》中涉嫌罪名栏预留空间过小,涉嫌罪名过长或涉嫌多个罪名时填写空间不足;同时,犯罪嫌疑人姓名栏重复出现两次。

四是《补充侦查决定书》中"经本院审查认为"后的预留空间过小,不能满足大多数案件的填写需要。

五是《换押证》中涉嫌罪名栏的预留空间过小,实践中经常遇到涉嫌多个罪名或者罪名较长而无法填写的情况;同时,《换押证》由于没有对换押起止时间的格式设计,实践中往往由承办人随意手写。

(二) 填写栏目或内容需要完善

一是《询问通知书》没有设计关于被询问人到达和离开的时间填写栏目,实践中均由办案人员随意手写。

二是《提起公诉案件证人名单》中"通讯地址或者工作单位地址"栏应改为"通讯地址或联系方式",以方便通知证人出庭。

三是《犯罪嫌疑人诉讼权利和义务告知书》的内容表述过于专业化,且篇幅较长;侦监部门和公诉部门使用的《犯罪嫌疑人诉讼权利和义务告知书》应当统一,制作成一种制式法律文书;另外,《委托辩护人告知书》与《犯罪嫌疑人诉讼权利和义务告知书》的内容重复,可以取消。

四是《受理审查起诉案件登记表》的"赃、证物"栏没有存在必要,因为案件受理有专门的《物证清单》。

五是所有需要送达的法律文书都应当设计被送达人签字栏,或者设计回执联。如《拘留通知书》需要送达犯罪嫌疑人家属或所属单位,但该文书上没有设计家属或所属单位签字栏,也无回执联,无法直接反映文书的送达情况。

(三) 个别检察法律文书入卷难

随着案件风险评估工作的逐步深入,要求所有案件填写《案件风险评估表》,并作为案卷评查的一项重要标准。但由于各种案卷的装订有固定的顺序,没有为该表预留位置,无法入卷,导致案件风险评估工作处于尴尬境地。

三、现有制式检察法律文书不齐全

(一) 自侦文书

一是提前介入相关案件调查时,缺乏制式检察法律文书的支持,承办人只能用《介绍信》介入调查,使这一阶段检察人员的身份和职责比较模糊。

二是《补充立案决定书》的适用范围为"共同犯罪"案件,只能适用于故意犯罪,而渎职侵权犯罪多为过失犯罪,对于一案多人的该类案件,《补充立案决定书》则不符合其适用范围。

三是《扣押决定书》对犯罪嫌疑人主动上交的财物和侦查部门强制扣押的财物都适用,体现不出二者的差别和犯罪嫌疑人主动上交财物的意义。

四是《协助查询存款、汇款通知书》只适用查询单位存款、汇款的情况,需要查询个人存款、汇款情况时,没有相应的制式法律文书。

五是《指定管辖决定书》只适用于对立案后案件的指定管辖,在立案之前有必要指定下级检察院立案管辖的案件则没有相应的制式法律文书,实践中用红头文件形式指定,不利于案件线索的保密。

六是拘留或逮捕政协委员时没有通知政协用的制式法律文书,实践中一般用红头文件通报政协,而红头文件在审批、印制过程中容易出现泄密等问题。

七是自侦部门使用的《延长拘留期限审批表》无统一的文书,各个检察院在制作时随意性较大。

（二）侦监文书

侦监部门在通知侦查机关追捕漏犯以及监督侦查机关撤案时,没有相应的法律文书,实践中办案人员往往根据经验自行制作《应当提请逮捕犯罪嫌疑人意见书》和《撤销案件通知书》来解决,内容及格式的随意性较大。

（三）公诉文书

对于延期审理的案件只有《延期审理建议书》,没有建议法庭恢复审理的相应法律文书。

（四）控申文书

控申部门在书面答复信访人时没有相应的法律文书格式和制作标准。如被害人要求立案监督,审核后认为不应当立案,但是没有相应法律文书答复信访人。

（五）民行文书

民行部门的多项工作职能都没有相应的制式法律文书,直接影响工作的顺利开展和实效。如对法院的民事调解和行政赔偿调解监督,对国有资产受损的单位督促起诉,对弱势群体支持起诉等,都没有相应的法律文书。

综上,修改后的《刑事诉讼法》实施以来,检察机关使用的大量法律文书面临调整和修改,部分法律文书引用的法律条文、格式需要作相应的调整,同时需要制作一部分新的法律文书以满足修改后的《刑事诉讼法》对检察工作的新要求。只有检察法律文书的制作及使用更加规范,才能更好地体现检察人员的业务素质,方便检察工作,树立检察机关的良好执法形象。同时,检察法律文书的制作及使用更加规范,也是强化法律监督、维护公平正义的现实需要,是提高检察工作的公信力和权威性、推进依法治国进程的必然要求。

从公诉实践谈法律文书公开

立克幸义[*]

检察机关检务公开由来已久,公诉部门始终是其重要参与者和实施者,但公诉环节法律文书公开肇始于十八届三中全会提出的"推行检务公开,增强法律文书说理性"的指导理念。对此,理论界和实务界深入探讨并梳理法律文书公开的理论价值,该价值对司法实践产生了重要指引。但理论与实践略有偏离的矛盾始终相生相伴,本文侧重于从实践角度考量公诉环节法律文书公开,以期获得更多理论指导。

一、公诉环节法律文书公开的现状

从公开的涵义考察,公诉环节法律文书公开有狭义和广义之分,狭义方面的公开是指将相关法律文书在检察机关门户网站及新闻媒体公开,使社会各界可以随时查阅、下载、复印等的公开;广义方面的公开是指不仅包括狭义公开,还包括将法律文书向当事人及相关人员进行宣告[①]等。目前,各种公开形式均不同程度存在,故从广义方面探讨法律文书公开更具现实基础和针对性。

(一)法律文书公开机制早具雏形,近年来公开力度不断加大

保障公民的知情权、参与权、表达权和监督权是检察机关的重要职责。从四川省近年来的公诉实践看,对公诉环节作出的起诉、不起诉、抗诉、不抗诉等决定,当事人要求答疑说理时,案件承办人员均能做到耐心释疑,个别重大敏感案件,检察机关随时通过召开新闻发布会等手段公布相关信息,满足民众知情权。随着检察机关信息化建设不断优化和检察队伍人员素质逐步提高,公诉部门不仅对自己所作出的决定能答疑说理,更能将其法律文书公布于网络或媒体,扩大知情人的范围,提高检察机关公信力。这种趋势得到了理论界和实务界的一致认可。

---

[*] 立克幸义,四川省人民检察院公诉一处处长。
[①] 宣告,不仅告知法律文书内容,更深入阐述公诉环节所作决定的依据、理由和相关后果等,并对当事人的疑问进行现场解答,对有被害人的案件,还要化解双方之间的矛盾,恢复被破坏的社会关系,进一步提升法律文书公开的实质意义。

(二) 法律文书公开范围不一

十八届三中全会提出检务公开的指导理念,各地检察机关公诉部门结合实践有效论证法律文书公开的合理途径和具体形式。从近两年来四川省检察机关公诉环节法律文书公开情况看,主要有以下几类:一是起诉书。在检察机关提起公诉后开庭审理前,将起诉书公布于检察机关门户网站,但最高人民检察院于2014年8月29日下发的《人民检察院案件信息公开工作规定(试行)》明确要求,起诉书必须在人民法院判决、裁定生效后才能公开。起诉书的公开时间得到了统一。二是不起诉决定书。这是检察机关在诉讼过程中的终结性裁决,其性质类似于法院判决书,理应与判决书一样及时公布于众。三是抗诉书。个别检察机关在提出抗诉后法院审理前即公之于众,但最高人民检察院也要求抗诉书在法院判决、裁定生效后方能公布,对公开时间作出限制,同时对必须公开原则提出硬性要求。四是撤回抗诉决定书。有的检察机关依照刑事被害人的申请提出抗诉,随着事实证据及法律法规的变化,抗诉理由变得牵强或者不复存在,秉承实事求是、依法办事原则,检察机关撤回抗诉并网上公布,体现执法公信力。五是不起诉、不抗诉答疑说理书。这不是规范意义上的法律文书,但同样具有法律效力和司法公信力,公开此类文书更能体现检察机关主动接受监督的意愿。除此之外,个别检察机关结合案件特点,制作并公开一些具有个性化特色的法律文书,如办理未成年人刑事案件过程中形成的"检察官寄语"等。①

以上特点并非四川省单独存在,从全国不同地方检察机关公诉部门在门户网站公布的法律文书情况看,法律文书公布的种类、范围、时间并不统一,最高人民检察院下发的文件对部分法律文书公开进行规范,但对其他法律文书公开范围、如何公开没有明确规定。笔者认为,鉴于目前法律文书公开的现状,应该根据"法无禁止皆自由""公开是原则,不公开是例外"的基本原则,积极鼓励地方检察机关进行大胆探索创新,推动法律文书公开,真正起到沟通检察机关和社会各界的桥梁的作用。

(三) 法律文书公开方式具有多样性

所谓公开,即是让外界了解法律文书所载信息。各地公诉部门基于传递信息、增强公信力的出发点,通过多种方式公开法律文书。一是通过检察机关门户网站进行公开,查阅方式方便快捷。二是在检察机关案管大厅设置查阅设备,通过显示屏幕进行查阅。三是检察机关在办公大厅设置显示屏幕,滚动播出案件相关信息。四是通过新闻发布会形式公开重大敏感案件相关信息,如检察机关在新

---

① 检察官寄语,是指办理未成年人刑事案件时,检察机关在向未成年人送达不起诉决定书时,单独制作一份法律文书,从情理角度教育引导未成年人积极健康成长。

闻发布会上阐释不起诉的理由和依据,或者公布检察机关拟提起公诉的信息。五是向案件双方当事人当面阐释法律文书决定的依据、理由等,如向未成年人案件、侵害商业秘密案件及涉及个人隐私案件当事人答疑解惑。这种仅面向当事人的公开,公开范围要小于网络媒体公开,但从法律价值角度衡量,其小范围公开与其他案件进行网络公开具有同等意义。除以上五种具体公开方式外,还有展示公开、通过人民监督员公开、听证公开等。目前,实务界和理论界对法律文书公开更倾向于通过网络公开,因为在现代信息社会,没有网络方式的公开,在有的情况下与不公开没有任何区别。大数据时代来临,使通过网络方式进行检务公开越来越成为今后检务公开的发展趋势。[1] 但网络公开也存在一定弊端,在法律文书格式没有太大变化的情况下,说理部分并不透彻,使许多人只知其然而不知其所以然,降低了法律文书公开质量。因此,构建一个以网络公开为主、其他公开方式为辅的公开体系较为妥当,且实践中也具有实现可能性。

从以上法律文书公开的三个特点可见,公诉环节法律文书公开比较积极主动,但实践调研也发现,社会民众对文书公开的回应比较匮乏,其根本原因:一是民众法治意识有待加强,主动监督意愿不强烈,除案件相关人外,很少对他人案件进行关注,当然焦点敏感案件除外。二是法律文书公开的反馈机制尚未健全,民众想回应但缺乏渠道,如有的民众想对检察机关门户网站公布的法律文书进行点评,但没有留言空间。三是法律文书说理不够,民众法律水平不高,缺乏有效互动。鉴于法治意识和民众法律水平改善是一个渐进的过程,目前检察机关改善反馈渠道和提高文书说理水平是更佳选择,也是当务之急。具体方式主要可以通过完善门户网站、检察长信箱、检察长接待日、检务公开日、当面答疑说理、咨询电话、提高法律文书说理水平等方式,深入构建检民互动关系,实现法律文书公开和司法公开的真正价值。

二、公诉环节法律文书公开的程序价值和说理技巧

(一) 法律文书公开的程序价值

程序正义有着丰富的内涵,其中程序公开性是程序正义的重要体现。现代司法程序要求公开应当是被看得见的,追求正义的法律程序必然是公开的、透明的。此外程序正义还包含了程序民主的内容。程序民主性要求司法活动应当体现人民的意志和利益,司法程序的民主性是我国社会主义司法的本质所在。[2] 作为检察机关核心业务部门和重要诉讼环节,公诉部门公开法律文书不仅体现司法民

---

[1] 参见高一飞、吴鹏:《论检察机关终结性法律文书向社会公开》,载《中国刑事法杂志》2014年第3期。
[2] 参见蒋惠岭主编:《司法公开理论问题》,中国法制出版社2012年版,第382页。

主、程序公正,而且可以通过程序民主促进实体公正,最终促使实体和公正相互促进。但也有部分学者对公诉环节法律文书全面公开提出质疑,认为对非终结性法律文书公开可能会影响诉讼进行,如对存疑不起诉决定进行公开,从司法实践看,由于存在证据不足情形,侦查活动一般会继续进行,如果公开相关证据的不足,某种程度上等于告知侦查机关下一步侦查方向,公开风险较大。① 其实这是侦查策略和诉讼公开价值孰轻孰重的问题,两者之间并不矛盾。存疑不起诉公开恰恰说明前期侦查力度或水平不够,通过文书公开和民主监督可以进一步促进侦查水平不断提升,从实体上提高案件质量,这正是文书公开的价值之一。

(二) 法律文书说理技巧

法律文书理应使用法言法语,但要使民众看得明白、弄得清楚,法言法语之中还要融入情理,这即是法律文书说理技巧问题。法律文书说理技巧成熟,可以定分止争、锦上添花,否则使人心生怀疑。对法律文书说理的实践意义,有人指出:"全体检察人员,特别是检察领导和案件承办人员,务必充分认识到检察法律文书说理对办案质量和业务素质的积极促进作用,以及对构建与其他诉讼参与人和谐关系的积极促进作用。"②

有的学者认为,除对未成年人附条件不起诉决定相关法律文书不得公开以外,其他公诉环节作出决定的法律文书均可以公开并要配备相应说理机制。③ 有的学者认为,法定不起诉和存疑不起诉的公开说理要有所区别:"存疑不起诉的案件,着重围绕案件说明存在的问题,突出对证据不足,不符合起诉条件的论证;而对绝对不起诉和相对不起诉的案件,要围绕其行为不构成犯罪或者犯罪情节轻微,依照法律规定不需要判处刑罚或者免予刑事处罚来充分阐明事实理由。"④这些都反映出法律文书说理的重要性。

公诉部门法律文书可以分为终结性法律文书和非终结性法律文书,前者主要指不起诉决定书,后者主要指起诉书。起诉书开启审判环节,诉讼程序并未终止,最终结论有待法院审理确定,公诉部门也不宜过多说理和阐释,也符合最高人民检察院要求待裁判生效后方能公布的要求。不起诉决定书属于检察机关所作程序性裁判的法律文书,具有司法属性,是对案件的最终定性,具有终局性意义。为了定分止争、司法公正,加强不起诉决定书的说理是必然趋势。

---

① 参见李大槐:《关于检察机关法律文书公开几个具体问题的思考》,载《中国检察官》2014年第17期。
② 鲍同义:《检察法律文书中的说理问题》,载《人民检察》2006年第20期,第52页。
③ 对未成年犯罪嫌疑人作出附条件不起诉决定后,依照未成年人犯罪记录封存的相关规定,不起诉决定书不得公开,这与法定不起诉、酌定不起诉等在形式上有所区别。但在作出不起诉决定的过程中或决定后,检察机关仍要告知案件双方当事人及其家属、刑事辩护人、诉讼代理人不起诉决定的理由、依据及相关后果,增加当事人对检察机关的理解,提高司法公信力和透明度,这也从本质上达到了与法律文书公开同样的效果。
④ 杜晓伟:《不起诉决定书应增加说理内容》,载《人民检察》2006年第12期,第52页。

对于在法律文书中如何说理,可以参考最高人民法院胡云腾法官在论述裁判文书如何说理时的观点,他认为裁判文书应该具有五理:一是事理,即案件事实的来龙去脉,是案件纠纷的是非曲直。二是法理,就是法律依据,即裁判所依凭的法律条文、司法解释、司法政策等规范性文件。三是学理,即当裁判文书说理无法可引时,通过法学理论、法律精神、法律基本原则说明判决的正当性。四是情理,即说理具有人情味。五是文理,主要指说理的语言恰当、形式严谨和技巧较高。[①] 法院裁判文书公开较早,经验较为成熟,以上"五理"观点可以说是裁判文书公开的实践经验的结晶,不起诉决定书和裁判文书同属终结性法律文书,可以参照以上"五理"进行说理。当然,不起诉决定书和裁判文书的格式有所不同,前者的格式较为固定,发挥空间较小,法、情、理的阐释往往需要几百字甚至几千字的篇幅,对目前的不起诉书文书格式带来挑战,但可以通过文书格式完善来逐步解决。

三、结语

法律的生命不仅在于逻辑,也在于经验。对公诉环节法律文书公开的理论价值具有普遍共识,但实践运行的完善是永无止境的过程。随着公诉部门坚持不懈的努力、理论界一如既往地提供价值指引和社会各界善意的批评,公诉环节法律文书公开会得到逐步规范,说理技巧会逐步成熟,司法公信力和检察机关权威将得到进一步提升。

---

① 参见胡云腾:《论裁判文书的说理》,载《法律适用》2009 年第 3 期。

准确表述案情　提高文书质量

徐瑶棋[*]

一篇优秀的法律文书如同一曲震撼人心的交响乐,抚掌击节,余音绕梁,彰显了审判工作的庄严、肃穆,公正不阿。法律文书是法律工作的基础、核心,是法律工作的"生命线",一旦法律文书中出现错误,轻者需要依法补正纠错,重者影响司法程序、实体的公正,产生严重后果,有损法律权威。故法律工作者在写作法律文书时,需要有一丝不苟的态度,准确表述案情,提高法律文书的写作质量,避免在法律文书的写作中出现谬误、纰漏。

笔者在司法实践所见所闻的法律文书中,发觉存在诸多问题,有的甚至相当严重,以下为几种常见的错误。

一、记载错误

在某起故意杀人案件的法律援助中,笔者发现办案侦查机关在报案人的最初询问笔录中声称的发现尸体的地点与实际尸体所在地相差几公里,与对应的接受刑事案件登记表亦不相符合。从而导致他人在阅览卷宗时,不禁怀疑报案人所指的尸体是否与实际侦查所发现的一致。记载类文书是办案的基础材料,一旦记载不实,便容易导致获取的证据不准确,办案的根基将被动摇,甚至导致整个案件的逻辑关系发生错误,从而让案件本身经不住检查推敲。

二、描述错误

同样在前述案件中,笔者另发现相关法律文书的描述错误。公安侦查机关在起诉意见书中将犯罪地的路名书写错误、方位描述模糊,从而出现了一个不存在的地理概念,与案件事实明显不符。令人遗憾的是,检察机关在起诉书中,未仔细勘误、纠错,而是继续沿用了错误的犯罪地路名与方位,无法与作案情节相匹配。且检察机关的起诉书中声称听取了审查起诉阶段辩护人的意见,事实上该审查起

---

[*] 徐瑶棋,上海市李国机律师事务所。

诉阶段犯罪嫌疑人并没有辩护人，该段文字系制作者未经核对，显属从其他文本中复制粘贴而来，与本案的实际情况有较大出入，不仅无法真实反映犯罪嫌疑人对辩护权的行使，也有违程序公正原则。后在庭审阶段，经辩护人实地勘查犯罪地并一一指出起诉书的错误，再经法官实地勘查核实后，最终才得以纠正，避免酿成大错。

三、输入错误

错别字、连续输入导致错误的情形屡见不鲜，如"前往"，打成"前进往"；又如2013年，某市公安机关作出的《行政处罚决定书》中，被处罚人的年龄显示为902岁，经媒体广泛转载，受到各方的诸多质疑。输入错误属于较为常见且低级的书写错误，但法律文书作为严肃、规范的文书体裁，低级错误严重影响了法律的权威性和严肃性。

法律文书的准确表述，对于法律工作的重要性毋庸置疑。故在法律工作中，一定要对法律文书的书写加以重视。首先，根据"以事实为依据，以法律为准绳"的司法原则，只有准确表述事实，才能正确地适用法律，只有以准确表述事实的法律文书作为基础，才能够办"铁案"，经得起推敲。其次，法律文书的写作是法律从业者的基本功，是对办案工作的记载和总结，是法律工作的核心内容。区别于普通的写作，法律文书要求更加严肃、客观、权威、规范与准确，法律文书的优劣直接体现着办案人员的态度和水准，直接衡量着法律工作的层次与高度。任何记载、描述、输入错误等都会导致非常严重的后果，诸如前述法律援助案件，若没有得以纠正，他日复查案件，如因犯罪地不存在、记载方位错误而使得案情有所反复，罪犯无法得到应有的惩治，势必影响法律的权威，有损司法机关与法律工作者的形象。最后，目前司法机关正全面进行向社会公开法律文书的工作，让人民群众看得见正义。司法机关的法律文书，其一字一句皆代表了国家法律的威严，象征着国家的公权力，如果案件真相难以得到准确描述，法律文书的质量何以得到保证？又如何让人民群众在每一个司法案件中都切实感受到公平正义呢？

造成如今法律文书错误较多的原因，笔者简单总结如下：首先，法律文书的制作者在写作时，不用心、不细致，以至于没有如实记载、描述案件的相关事实、还原真相。其次，制作者在写作法律文书时输入错误。伴随着科技的进步、计算机普及应用，法律文书的制作、书写已经全面进入了电子化时代。键盘输入文字比起传统手写有着不可比拟的巨大优势，更为快捷、工整。但是往往因为输入者的疏忽大意，出现错别字、输入错误等情形却屡见不鲜。故制作者应当在文书制作完成后，认真核对，避免犯低级错误。最后，有些法律文书制作者对案情没有充分的了解，需要到现场的案件没有到过案件现场，关门办案。法律文书的制作者理应全面熟悉案情,必要时当深入办案第一线,以事实为依据,知其然亦知其所以然,才能够全面洞悉案情的细枝末节,避免法律文书制作中可能存在的错误与遗漏。总之,法律文书未能准确表述案情的根本原因在于,个别法律工作者缺乏一丝不苟的办案态度与钻研精神,没有全身心地投入,仅以写完为工作目标。在写作法律文书时,法律工作者应当仔细推敲、反复核对事实和文字,准确地表述案情,使法律文书经得起检验。

提升法律文书质量,尤其是在法律文书中准确表述事实,是亟待解决的问题,应当引起关注。笔者认为,为了切实做到维护法律权威,对于法律文书中出现事实表述错误的相关人员,司法机关应当予以严肃的批评教育,对其中存在重大表述错误的,可以给予暂缓晋升或降低行政级别,造成严重后果的,甚至可以清除出司法队伍。在法学教育界,要狠抓法律文书写作的基础教育,在法律人才培养过程中,应当提高法律文书学习与实际写作课程的比例,加强法律文书书写规范、表述准确的教学要求,增大考核中准确表述事实的占分比重,使得法学学生能够打好法律文书书写的基本功。法学研究者包括法律文书学研究会,在促进非涉密法律文书的公开化、共享化的同时,应引领行业进行查漏补缺,切实纠正表述事实不准确的法律文书,以求互相监督、互相补正,促进认真司法、公正司法。

准确表述案情是制作法律文书的基础,直接决定了法律工作的高度。书写法律文书是法律工作者日常重复性的工作,但是对于案件的当事人来说,法律文书中的一字一句都关系到他们的切身利益。从更高层次来看,法律文书具有的意义超出了其所记载的文字本身,法律文书是体现国家意志的工具,具有维护社会稳定、惩罚犯罪的作用,是国家机关调整和管理社会的手段,是教育公民、宣传法制的有效形式。故法律工作者在书写法律文书时,应心怀使命感与责任感,切实遵循"以事实为依据,以法律为准绳"的原则,准确表述案情,提高法律文书的写作质量,维护法律的权威,为我国的法制建设作出贡献。

浅析刑事指定管辖案件中的法律文书适用

孟 奇[*]

在十八届三中全会通过的中共中央《关于全面深化改革若干重大问题的决定》中将"增强法律文书说理性"作为深化司法改革的内容之一。法律文书的公正公开,是人民群众对司法公正的永久期待。在法治社会发展中法律文书具有重要的价值,通过法律文书公开,社会公众得以看见案件的每个执法环节,法律文书集中体现了司法活动的实体价值、程序价值和社会价值。同时,对于执法环节有欠缺的,还可以通过规范、完善法律文书来达到规范执法行为的效果。所以,法律文书可以提高国家法治发展水平,实现好的执法效果,促进社会和谐稳定。本文仅对刑事诉讼中的指定管辖案件的相关法律文书及指定管辖适用现状进行粗浅的探讨,并提出相应对策建议,不妥之处,敬请指教。

一、指定管辖案件中法律文书的适用情况

(一) 指定管辖的相关法律规定

管辖作为启动刑事诉讼的重要关口,关系到取证主体是否适格、刑事诉讼活动是否合法,处理不好将会造成刑事诉讼程序无法进行下去,直接影响公正司法和执法公信力。我国刑事诉讼中的管辖,分为立案管辖和审判管辖。立案管辖又称部门管辖和职能管辖,实践中惯称侦查管辖,是指公安机关、人民检察院和人民法院在直接受理刑事案件范围上的分工。审判管辖,是指普通人民法院之间、普通人民法院与专门人民法院之间以及专门人民法院之间在审判第一审刑事案件权限范围上的分工。《刑事诉讼法》第18条规定了立案管辖,第19条至第27条专门规定审判管辖中的级别管辖、地区管辖(属地管辖)和指定管辖。公安机关、检察机关有立案侦查职能,也存在指定侦查管辖,《人民检察院刑事诉讼规则(试行)》《公安机关办理刑事案件程序规定》都明确规定了级别管辖、地区管辖和指定管辖。在理论和实践中对级别管辖和地区管辖基本能够达成共识,分歧不大,

---

[*] 孟奇,贵州省人民检察院公诉一处副处长、检察员。

但在指定管辖上争议较大,尤其是指定管辖案件移送审查起诉前两家检法协商审判管辖存在的问题较多,相应的法律文书也最为欠缺,一定程度上影响了诉讼进程的顺利进行。

对于指定侦查管辖,《公安机关办理刑事案件程序规定》第19条规定:"对管辖不明或者有争议的刑事案件,可以由有关公安机关协商。协商不成的,由共同的上级公安机关指定管辖。对情况特殊的刑事案件,可以由共同的上级公安机关指定管辖。"《人民检察院刑事诉讼规则(试行)》第14条、第18条规定,上级人民检察院可以指定下级人民检察院立案侦查管辖不明或者需要改变管辖的案件。这些规定都明确指定侦查管辖适用的条件是指管辖不明确和需要改变管辖的案件,主要指案件的管辖在法律中没有明确规定、对案件管辖存在争议、有管辖权的侦查机关由于受到严重干扰不能或者不适宜行使管辖权等情形。

对于指定审判管辖,《刑事诉讼法》第26条规定:"上级人民法院可以指定下级人民法院审判管辖不明的案件,也可以指定下级人民法院将案件移送其他人民法院审判。"指审判阶段上级人民法院对管辖不明的案件和其他情况的可以指定管辖。最高人民法院《关于适用〈中华人民共和国刑事诉讼法〉的解释》第17条、18条规定,管辖权发生争议的,应当在审理期限内协商解决;协商不成的,由争议的人民法院分别层报共同的上级人民法院指定管辖。上级人民法院在必要时,可以指定下级人民法院将其管辖的案件移送其他下级人民法院审判。

由此可见,对于指定管辖案件的适用范围和处理方式,公安部、最高人民检察院、最高人民法院的司法解释和规定基本相同,即主要是指管辖发生争议和出现特殊情况的。《刑事诉讼法》及其司法解释、《公安机关办理刑事案件程序规定》规定了侦查管辖和审判管辖。检察机关公诉环节承前启后,《人民检察院刑事诉讼规则(试行)》第362条第1款规定:"各级人民检察院提起公诉,应当与人民法院审判管辖相适应……"这就明确了侦查管辖和审判管辖之间需要衔接对应,如何衔接?《人民检察院刑事诉讼规则(试行)》第18条第2款规定:"人民检察院在立案侦查中指定异地管辖,需要在异地起诉、审判的,应当在移送审查起诉前与人民法院协商指定管辖的相关事宜。"同时,第362条第5款规定:"需要依照刑事诉讼法的规定指定审判管辖的,人民检察院应当在侦查机关移送审查起诉前协商同级人民法院办理指定管辖有关事宜。"这两条规定了检察机关需与审判机关协商指定审判管辖,且应在侦查机关移送审查起诉前完成。

(二) 指定管辖案件的法律文书办理

实践中,贵州省协商指定管辖案件均由检察机关公诉部门办理,主要针对案件移送审查起诉前和受理之后两种情形进行协商审判管辖。办理程序为:①下级检察院公诉部门书面报请上级院公诉部门协商指定管辖。下级院报请指定管辖材料主要为报请指定管辖的《请示》《起诉意见书》或者《简要案情》(审查起诉前)、侦查管辖文书(指指定异地侦查的管辖文书)等。上级院重点审查材料中关于犯罪地和犯罪嫌疑人居住地和指定异地侦查的情况。②上级院公诉部门制作《指定管辖商请函》,并将案情简要情况材料送同级法院。③同级法院收到上述材料同意后函复检察院,同时书面通知拟指定管辖的下级法院。④上级检察院收到法院指定管辖《复函》后,制作《指定管辖批复》送达受理案件的下级检察院。⑤指定管辖案件在下级检察院提起公诉时,同级法院收到起诉书后,需向上级法院书面呈请管辖请示。⑥下级法院待上级法院作出《指定管辖决定书》之后方可立案审理。

二、指定管辖案件中相关法律文书使用及存在的问题

(一) 指定侦查管辖法律文书不规范

长期以来,普通刑事案件中毒品犯罪案件指定管辖存在问题最为突出,受毒品犯罪顺线延伸、跨地区作案以及毒情地区差异大、办案力量难以调剂等多种客观因素的影响,毒品案件异地指定管辖的情况较多,而公安机关没有按照法律规定指定侦查管辖的问题也最为突出,这应是毒品犯罪较多地区的共性问题。贵州省公安机关在省内跨地区异地办理毒品案件的情况较多,没有依法办理侦查指定管辖文书的情况时有发生。集中体现在:一是没有在立案阶段按时出具侦查交办函(即指定管辖函),甚至在整个侦查过程中都不出具,而是在审查起诉环节应检察机关要求补办。二是没有按照指定管辖条件指定侦查管辖。是否符合法律规定所要求的"管辖不明确或者有争议"等情形不清楚,指定管辖理由是否充分不明确。《人民检察院刑事诉讼规则(试行)》和《公安机关办理刑事案件程序规定》都对指定侦查管辖的适用范围和条件作出明确规定,明确适用于管辖不明、对管辖有争议或者情况特殊的案件。但指定侦查管辖案件很难看到指定管辖的具体理由,相关法律文书也没有将之作为必备内容予以明确要求。以检察机关指定管辖文书为例,《指定管辖决定书》的内容只有根据《人民检察院刑事诉讼规则(试行)》的条款规定,将某案指定某院管辖,并没有关于指定管辖理由的说明要求。三是指定管辖主体不合法。将应由公安部指定管辖的案件降由省公安厅指定,将应由省公安厅指定管辖的案件改由厅禁毒总队指定,这些问题都可通过法律文书集中体现出来。故上级公安机关将案件交由下级公安机关办理时并没有按照法律规定办理指定管辖,办理案件的异地公安机关没有依据侦查指定管辖函等正规法律文书进行侦查活动。在案件移送审查起诉前后,检察机关公诉部门与法院协商指定审判管辖时,法院要求必须有合法、规范的侦查管辖函,而上述种种指定侦查管辖不规范、不合法情形,给公诉部门协商法院指定审判管辖带来很大麻烦,使

检察机关常常陷入进退两难的境地。对此,虽然检察机关通过向公安机关发出《纠正违法通知书》和《案情通报》等手段进行监督纠正,但公安机关并没有真正理解并重视毒品案件管辖和程序公正的重要性,违法办理跨地区毒品案件的问题时有发生,影响程序公正的同时制约了对毒品犯罪的打击力度。

(二)协商审判管辖法律文书欠缺

《刑事诉讼法》和《关于适用〈中华人民共和国刑事诉讼法〉的解释》都没有关于协商审判管辖的规定,协商审判管辖主要规定见于《人民检察院刑事诉讼规则(试行)》第18条和第362条。由于法律对协商审判管辖的规定模糊和欠缺,检察机关公诉部门和人民法院刑事审判庭的协商管辖并不规范且效率低下,影响诉讼的顺利进行。主要体现在:

一是协商主体不明确。司法解释规定的协商主体统指人民检察院,没有明确检察机关内部协商部门。根据法条内容要求在移送审查起诉前协商,可以理解为侦查机关、检察机关案件管理部门和公诉部门均可与法院相关部门协商指定审判管辖。而实践中,都是由公诉部门和法院刑事审判庭进行协商。

二是协商时间不确定。法律规定是在侦查机关移送审查起诉前协商人民法院,具体时间没有明确。实践中,侦查机关并不能主动有效地做到在移送审查起诉前与公诉部门沟通协商人民法院确定审判管辖,多是直接移送审查起诉,由检察机关公诉部门在审查起诉阶段协商人民法院,协商工作较为被动。

三是协商形式不明确。是书面协商还是口头协商?口头协商能否得以认可?这方面根本没有相关规定和相应法律文书予以指引。

四是协商标准不明确。由于没有统一明确的协商标准,法院审判部门也没有专门的法庭和法官来办理协商指定管辖,于是出现法院各个刑事审判庭、承办法官之间协商标准、办理时限均不一样,且差距较大,协商管辖情况一直没有统一标准,相关法律文书也是各行其是。笔者认为,管辖问题是程序问题,办理指定管辖案件的重点是程序性审查,应依法及时办理。有的法庭认为只要有公安机关、检察机关的指定侦查函即可办理,而且办理时间很快;有的庭则将管辖程序办理当做实体审理,不仅要求指定侦查函,还要求说明指定侦查理由并审查是否合理(毒品案件尤其突出),并要求报送相关笔录等证据材料进行审查,将程序审查扩展为实体审查,公诉部门需多次与之进行沟通讨论,待达成共识后,公诉部门还需催促法院尽快出具书面复函。

五是协商时限不明确。由于法律未明确协商时限,实践中协商管辖的程序过于繁琐,周期长,即使管辖早已达成共识,一个多月的办理时间也是常有之事,影响了公诉案件办理效率。

六是协商指定管辖文书不统一。有采用《指定管辖决定书》的,也有使用《批复》《复函》《通知》的,具体内容也是五花八门。

三、规范指定管辖案件法律文书的相应对策

（一）规范指定侦查管辖

侦查机关应真正从源头上规范管辖问题,坚持实体公正与程序公正并重。要准确界定指定侦查管辖的时间,按时出具《指定管辖决定书》,明确指定管辖案件的适用条件,确定是否适用于管辖权不明、有争议或是根本无管辖权等法定情形。严格规范指定管辖,真正依法、及时、有效、准确地惩罚犯罪。

（二）规范协商审判管辖

建议尽快出台相关司法解释和制定协商审判管辖的法律文书,明确检察机关协商审判管辖的具体事项。协商管辖的法律文书应对协商时间、协商主体、协商标准、协商时限等作出具体规定,将协商审判管辖推入规范、统一、高效的法治运行轨道。

（三）检察机关加强对指定管辖案件的监督

检察机关是法律监督机关,应加强对指定管辖案件的监督,尤其要通过指定管辖案件法律文书发现、纠正问题,努力改变对侦查机关指定侦查管辖听之任之、不愿监督、不敢监督的错误做法。同时,要严把指定管辖案件的入口关,对于没有合法、规范的指定侦查管辖函的案件坚决不予受理,倒逼侦查机关规范执法、依法办案。

要素式指引 导向式规范

——破产程序中法律文书的应用分析及特定法律文书的创设探索

叶建平[*]

人们常因程序公正和实体公正的价值关注、研究法律文书,但在通常认识之外,法律文书还具有业务指导、方向指示、方法指引、提高效率、导向理性的价值,兹结合破产审判具体业务类型,针对工作实践层面的法律文书应用进行粗浅的探索。

一、法律文书的一般价值和破产管理人法律文书应用的实践问题

通常来说,法律文书样式规范具有规范指引导向正义的功能,具有很强的现实应用性,法律文书的应用要求做到应用尽用,准确适用,但往往抽象理论多,具体规范少;空洞阐释多,现实措施少;事后批判多,事前指引少。笔者在办理破产案件的过程中对管理人应用法律文书的状况有较为深刻的体会。

近年来,笔者所在法院办理了40多件破产案件,相比全国法院一年2 000余件的案件总量算是较为突出的,其中不乏较有影响的大案,如成为引发温州民间借贷风波事件的标杆性案件、申报债权金额42.9亿元的浙江信泰集团有限公司等合并重整案,全国民营企业500强、温州唯一一家建筑总承包特级资质、多年纳税功勋企业、涉及全国各地在建工程79个(工程量94亿元)、申报债权金额46.48亿元的温州中城建设集团有限公司重整案,温州眼镜大王、会长企业、原董事长身故、涉及众多法律关系和权利冲突、申报债权14.69亿元的泰恒光学有限公司重整案等,我们还办结了有较大影响的全市首例企业重整案,全国首家光伏企业重整案,效率、清偿率双高(40天结案、清偿率50%)的企业清算案。笔者在主审或担任审判长审理这些案件的过程中,深刻感受到法律文书在法院之外尤其是在破产管理人中应用的匮乏。

---

[*] 叶建平,温州市市委人大法工委办公室主任。

破产管理人是由人民法院指定,在破产程序进行过程中依法负责破产财产的管理、处分、清算、破产方案的拟订以及执行的专门机构或个人,主要由依法设立的律师事务所、会计师事务所、破产清算事务所等社会中介机构担任。根据《中华人民共和国企业破产法》(以下简称《企业破产法》)第25条的规定,管理人的职责共有九项①,概括起来即为接管、调查、处理、执行(监督)四个方面。由于较为全面权威的法律的地位和性质使然,管理人在破产管理过程中需要应用众多的法律文书处理相关事务。但在具体案件审理过程中发现,由于各方面的原因,管理人在履行职权过程中,未能充分或者有效应用法律文书,应用法律文书意识不强,质量不高,效果不好,并由此带来了较多的问题和困难,同时更影响了破产管理以及破产审判的效率和质量。比如,管理人的接管、调查工作有时仅仅只作口头了解、结果登记,而没有反映基本情况、义务告知、接管过程、调查内容、各方表现、前后变化等内容的真实、全面、规范、准确的笔录式、文证式法律文书,没有这些有效的文书作为基础,对于进一步核查情况或确定责任就少了记录过程、确立基础、相互比较和追究责任的根据,也缺乏正确履行职责及履行职责合法化的程序性保障。又比如,管理人在接受债权人申报债权过程中,未能有效应用法律文书记录情况反映过程,未能运用文书规范技术进行及时、准确、有效地统计核算,以至于在人民法院或利害关系人需要了解管理人工作进展、案件情况时总是难以准确反映,有时连申报债权人数和申报债权金额等最基本的要素也无法准确反映或及时提供。我们开始对效率要求较高,要求在债权申报期限届满后较短的时间内召开第一次债权人会议②,但发现几乎所有的管理人都未能及时将管理人履行职责工作报告、债务人财务状况调查报告、债务人财产管理方案等债权人会议资料提前发送给债权人、债务人,而是紧赶慢赶甚至通宵达旦地赶在债权人会议当天发送,既不能保证工作和文书的质量,又影响了债权人会议的效果,还妨碍了债权人、债务人等各方当事人对权益的保障。为了更好地保证管理人的工作和文书质量,给予更多的时间准备,我们在后来的案件中将第一次债权人会议的时间定在债权申报期限届满后法定期间的较后时间召开,但实际情况并无较大改观。究其原因是管理人应用法律文书的规范意识和业务能力有待提高。造成当前这种局面,主要有以下几个方面的原因:

　　一是职能方式模糊和法律文书样式欠缺。《企业破产法》在全面规范的基础

---

① 《企业破产法》第25条规定:"管理人履行下列职责:(一)接管债务人的财产、印章和账簿、文书等资料;(二)调查债务人财产状况,制作财产状况报告;(三)决定债务人的内部管理事务;(四)决定债务人的日常开支和其他必要开支;(五)在第一次债权人会议召开之前,决定继续或者停止债务人的营业;(六)管理和处分债务人的财产;(七)代表债务人参加诉讼、仲裁或者其他法律程序;(八)提议召开债权人会议;(九)人民法院认为管理人应当履行的其他职责。本法对管理人的职责另有规定的,适用其规定。"

② 《企业破产法》第62条规定:"第一次债权人会议由人民法院召集,自债权申报期限届满之日起十五日内召开。以后的债权人会议,在人民法院认为必要时,或者管理人、债权人委员会、占债权总额四分之一以上的债权人向债权人会议主席提议时召开。"

上对管理人作了专章规定,最高人民法院通过出台综合性或专题性司法解释对管理人工作进行了具体应用法律的阐释,中国注册会计师协会于2008年1月7日发布了《注册会计师承办企业破产案件相关业务指南(试行)》①,中华全国律师协会于2011年制定了《律师担任破产管理人业务操作指引》②,2011年10月13日最高人民法院印发了《人民法院破产程序法律文书样式(试行)》和《管理人破产程序工作文书样式(试行)》。③ 上述制度规范虽然众多,但基本上属于业务规范,有些还较为抽象。虽然最高人民法院制定的《管理人破产程序工作文书样式(试行)》确系法律文书样式规范,但该规范属于专门类法律文书样式规范,除此之外,管理人在履行破产管理职责过程中还需要应用众多通用的法律文书样式,而这些是管理人在其日常工作中较少应用的。

二是案源稀少导致文书应用业务粗疏化。我国破产管理人制度确立时间较晚,从2007年6月1日起施行的新《企业破产法》引入这项制度至今仅有7年时间,同时我国破产案件数量较少,2011—2013年的破产案件均在2 000件上下(2011年为2 513件,2012年为2 100件,2013年为1 998件),管理人客观上少有实践的机会和时间上的积累,业务上的荒芜和粗疏在所难免,同时也一定程度上淹没了法律文书的应用价值。

三是破产案件的复杂性对法律文书的综合应用提出了挑战。破产案件与普通案件相比更具复杂性。破产法是经济宪法④,因其基础性作用,在完善优胜劣汰竞争机制、优化社会资源配置、调整社会产业结构、拯救危困企业、保障债权公平有序受偿等方面负有制度使命;破产案件是程序之王,涉及诉讼、执行、清算等方方面面的工作和程序;破产管理也是能力试场,是破产法、公司法、物权法、合同法、担保法、侵权法、税法、诉讼法各方面法律业务的综合运用,除了法务还涉及财务、税务、商务、政务多方面的能力。由于我国企业不规范现象普遍,监管失范,财务混乱,带来了财务混同、法人格否认、公司高级管理人员及实际控制人的责任等系列重大法律问题,现实与制度规范有着较大的差距,对破产管理人的法律文书应用能力也提出了更大的挑战和更高的要求。

就此后果来看,由于对法律文书指引性价值重视不够、应用不足,导致破产审判效果不彰,反过来又在一定程度上限制了破产制度的全面实施和完善。我国企业破产审判实际与我国经济发展状况极不相称,可以说基本上丧失了破产制度止

---

① 中国注册会计师协会《关于发布〈注册会计师承办企业破产案件相关业务指南(试行)〉的通知》(会协〔2008〕1号,2008年1月7日发布)。
② 参见中国律师网(http://www.acla.org.cn/yewuzhiyin/10911.jhtml)。
③ 最高人民法院《关于印发〈人民法院破产程序法律文书样式(试行)〉的通知》(2011年10月13日)和最高人民法院《关于印发〈管理人破产程序工作文书样式(试行)〉的通知》(2011年10月13日)。
④ 参见余力:《中国诞生新的经济宪法——李曙光教授谈新企业破产法出台》,载《南方周末》2006年8月31日;汪蕊、王恒利:《十二年争论中出炉"市场经济宪法"破产法今实施》,载《东方早报》2007年6月1日。

损、化险的作用,并可能因此导致我国经济滑向风险丛生的境地。①

二、挖掘法律文书应用价值 指导管理人工作的实践探索

　　破产管理人从事的工作内容从法律性质上讲类似于司法工作,或者可称之为准司法行为②,同样存在程序公正和形式公正的追求和考量。笔者认为,法律文书具有重要的程序价值和实体价值,还具有将价值具体化的功能。人民法院在破产案件审理中,对管理人负有指导的职责,针对破产审判实践中存在的问题和法律文书的实践价值,可以从法律文书应用入手加强对管理人的指导和监督工作。基于对破产理念和制度的理解以及现实状况和困境的体察,笔者在破产审判中就管理人法律文书应用方面进行了实践探索,主要应加强三方面的工作:

　　一是强化应用意识。要求管理人强化应用和有效运用法律文书。实际上除了裁判类法律文书之外,还有报告类、告知式、通知式、笔录类、书函类、证票类、登记类、收据式、清单类等不同类型的应用型法律文书,在破产这一特定程序中,部分通用法律文书的应用需要根据破产案件的性质作相应的调整或者其他处理,连通常的委托书之类的文书样式也会发生一些变化,如案由、事项、权限等表述就不同于诉讼。又如在接受债权申报时,还可以通过债权申报登记表将债权登记的要求和条件、补正的内容和期限、可能的后果和救济等要求和意见进行文书式告知。

　　二是创设导向规范。根据破产案件的特点,笔者尝试创设了几个综合性的文书格式样本,在设计上尽可能对相关工作内容进行完整的要素式体现,希望能够起到照单接管、照单调查、照单工作、照单深化的导向性规范作用,以帮助管理人加强对制度规范的理解和工作要点的把握,方便管理人更好地有效应用和变通应用,希望通过这种法律文书的导向式规范,强化管理人主体的基因,明确管理人立足的基础,把握管理人工作的基调,并借此成为深化破产管理各个方面工作的基石,夯实追究破产企业有关人员责任的基础。

　　三是突出灵活运用。法律文书样式形式相对固定,但并非僵化,着眼点在于把握要点、灵活运用。给定的是基本要素,描画的是基本框架,确立的是基础依据,但包容的是变化可能、追问方法、应变策略,可以通过这些文书的指引,设定规划、合理分工、逐个调查、分步实施、依需排列、任意组合、准确统计、高效核算、整合思路、依次深化,最终实现规范指引、有效管理的目标。

---

　　① 如美国联邦法院破产案件占全部案件的比率通常为70%,而我国破产案件占比仅约0.014%,大量的纠纷转为诉讼和执行案件,耗费社会资源、侵蚀社会信用、制造社会风险。通常认为1%的企业破产是较为合理的现象,而我国这一比率约为0.02%,大量的问题企业沦为"市场僵尸",妨碍市场机制建设,影响社会机体健康。

　　② 参见肖建国:《司法、审判、准司法》,载高其木、肖建国、胡玉鸿:《司法公正观念源流》,人民法院出版社2003年版;王承魁:《从实施〈行政许可法〉论准司法领域的公共管理》,载中国司法网(http://www.legalinfo.gov.cn/moj/zgsfzz/2004-07/22/content_119232.htm)。

三、导向式特定法律文书及其创设目标和功能考量

根据《企业破产法》第13条、第23条、第25条的规定,和大多数国家一样,我国企业破产实行管理人中心主义[①],破产程序开始后,除依法必须由人民法院作出决定者外,管理人对破产事务行使全面的管理权,并负具体责任。按照破产法律的规定,管理人应当向法院报告工作,人民法院并不具体参与破产事务的管理。鉴于管理人从事的工作具有准司法的性质和破产案件的特点,为了保证管理人有序和有效地行使管理职责,要求人民法院创新指导和监督的方式。为管理人创设合理的法律文书样式,将相关的管理工作要素囊括其中,可以更好地发挥法律文书的导向式功能。基于此,笔者根据自己对法律文书功能和破产程序的理解,创设了几种法律文书样式,在综合性方面主要有接管调查笔录、接管清单、债权信息一览表等文书样式。

(一) 接管调查笔录

针对调查工作的需要和现实状况设定指引式笔录样式,主要着眼于调查的规范性、导向性和有效性。

一是设定相对固定的首部与尾部。首部主要是核查身份和告知情况,以保证调查对象的确定性、关联性,调查的合法性、权威性,表明调查人身份,核对被调查人身份,确认联系送达方式,告知调查事由、依据及法律义务和责任。尾部主要是记录的核对与确认,以保证调查内容的真实性和证据力。

二是设定调查的要素式内容以作为导向式的指引。主要包括调查了解以下内容:对象公司的基本情况、治理结构、基本制度、历史沿革、突出问题;对象公司的财产状况、权利负担、资源构成、资金流向、追收方向;对象公司的债务状况、性质分类、结构特点、审查重点;对象公司的职工状况、安置方案;对象公司的生命特征、生存意愿、主要表现、资源优势、重整可能、和解基础、清算方案。

三是预设调查的可能情形和应对思路。通过这种要素式笔录的运用,无论被调查对象反映情况真实与否、准确与否、全面与否,都已留下证供,通过比对不同对象相互陈述、同一对象各次陈述、陈述与实物他证之间的异同,就可进行甄别分析,为深化核查、明确责任确立基础。

(二) 接管清单

针对管理人接管的财产、印章、账簿、证照、文件、资料等内容事项,创设表格

---

① 参见邹海林:《新企业破产法与管理人中心主义》,载《华东政法学院学报》2006年第6期。

式指引清单,进行分类分项具体指引,并对各项接管内容的特点、接管要求和注意事项进行列项提示。

一是分类分项列明提示式详细内容。在总类上分成财产类、印章类、账簿类、证照、文件、资料类以及其他类:①财产类细化为现金、债权、存货、固定资产、在建工程、对外投资、无形资产以及其他等8项,分别记明内容(金额或估值)、状态、特征描述、备注说明。②印章类细化为公章、合同专用章、财务专用章、发票专用章、海关报关章、职能部门章、分支机构章、电子印章、法定代表人章、财务人员章以及其他等11项,分别记明数量、印文、特征及备注说明,对于印模要求另行留样存档。③账簿类细化为总账、明细账、台账、日记账、会计凭证、空白凭证以及其他等7项,分别记明数量、记账期间、特征描述以及备注说明。④证照、文件、资料类细分为设立批准文件、营业执照、机构代码证、税务登记证书、资质证书、章程、合同、协议、决议、文件、会议记录、人事档案、电子文档、管理系统、授权密码以及其他等14项内容,分别记明数量、编码、内容、状态以及备注说明。

二是进行必要的使用说明。①清单适用于管理人接收债务人的财产、印章和账簿、文书等资料时使用。②清单所列附件是本清单的组成部分。③凡应有、实有的状况、未能接管的原因以及其他必要情况可在栏内注明。④清单不够填写的,可以使用续页。⑤接管如属分次完成的,每次分别填写。⑥清单由经手人员签字确认,一式4份,债务人1份,经手人1份,管理人1份,报法院1份。

三是设定交接工作效力式内容,完善核对,由移交、接收、在场见证人员分别签章确认。

(三) 债权信息一览表

接受债权申报至核查、确认处理是管理人一项重要的基础性工作,也是各方利害关系人较为关注、影响较大的一项内容。为了避免陷入混乱,保证全面管理、自由使用相关数据,笔者运用excel表格制作了债权信息一览表。

具体内容:

(1)债权申报阶段内容,首先编定序号,并保持不变,方便排序以及可能的有序化工作,然后依次登记申报时间、申报人及住所、负责人/代理人、联系电话、申报债权本金、利息/违约金、债权合计、债权性质、债权内容、发生时间、是否为连带债权、有无连带债务人、是否属求偿权、是何财产担保、有何债权证据、有无提供原件、有无生效根据、接收人。

(2)债权初查阶段内容,依次登记初定债权金额、本金、利息/违约金、债权性质、财产担保情况、共同债务人情况、审查人/时间、复核人/时间、备注说明。

(3)债权核查阶段内容,依次登记核查债权金额、本金、利息/违约金、债务人核查/时间、债权人核查/时间、债权人会议核查/时间、债权人委员会核查/时间、不予确认债权金额/通知时间、申报人签收通知/时间、备注说明。

（4）债权确认阶段内容，依次登记确定债权金额、本金、利息/违约金、债权性质、相关情况、裁定书案号/时间、异议处理、备注说明。

（5）债权处理阶段内容，依次登记调整后债权、清偿率×%/折算后债权金额、执行情况、资料保管、备注说明。

主要目的：一是明确工作指引，将与债权调查有关的工作，依次序分为5个阶段，对应细化为50个细目，管理人可以对照进行或落实相关工作；二是避免错乱无序，上述项目虽多，但多数内容在不同阶段可复制操作，部分内容只需标注是、否、有、无，故虽多不繁，依序登记可确保准确无误；三是满足不同需要，从一表之中即可清晰地看出债权申报、初步审查、债权核查、确认处理、执行结果乃至档案保管等全部过程和全面情况，在破产重整、和解、清算的不同阶段，根据不同审查、确认、处理情况，依照不同债权性质、内容分类，随时可以进行不同的排列组合，随时可以轻松、准确核对、利用相关数据及信息，提高破产管理工作的质量和效率。

基于业务指引和功能考量创设的上述三种特定法律文书，实行要素模式化设计，推动指引提示性操作，促进系统数字化应用，期待更大程度实现规范性导向的理性价值。

检察法律文书公开实证分析

陈 兰 杜淑芳[*]

2014年3月,最高人民检察院组织研发了检察机关案件信息公开系统,在部分检察机关测试运行的基础上,10月开始在全国检察机关部署推行。这是检察机关推行司法公开重大战略决策的重要举措,而检察机关法律文书公开是案件信息公开系统的重要内容,公开的法律文书范围包括《起诉书》《抗诉书》《不起诉决定书》《刑事申诉复查决定书》等法律文书。笔者结合基层工作实践,对检察法律文书的公开做了一些前期的调查研究,以期对终结性检察法律文书的公开工作起到些许抛砖引玉的作用。

一、检察法律文书公开的价值

检察机关法律文书通过网络进行公开,使公民的司法知情权得到了极大的充实,检察工作的透明度得到了显著增强,其价值在于:

1. 规范检察权的行使

公诉是检察机关的重要职能之一,《起诉书》是检察机关行使公诉职能的重要载体,《起诉书》《不起诉决定书》等文书的公开有利于检察工作的透明与公平正义的实现。检察权作为一种司法权力,应有相应的监督和制约机制。因为一切有权力的人都容易滥用权力,这是万古不易的一条经验。有权力的人们使用权力一直到遇有界限的地方才休止。检察法律文书的公开使检察权在阳光下运行,公开与透明必然规范检察机关的检察行为。

2. 提高检察公信力

近年来,随着公民权利意识的觉醒和一批冤假错案的曝光,检察机关的公信力也受到一定程度的质疑,出现这种情况的原因是多方面的,而检察法律文书的不公开、不透明,公众知情权得不到保障,也是一个很重要的原因。要想改变这种状况,最好的方法就是公开检察文书。检察文书作为体现案件基本事实及程序的重要载体能充分展示公平正义。因此,从一定程度上说,检察法律文书又是检察

---

[*] 陈兰,山西省太原市人民检察院法律政策研究室主任。杜淑芳,山西省太原市人民检察院检察员。

公信力的重要载体和结果。因此,通过检察法律文书公开,使人民群众有机会了解所关心案件的基本事实、处理结果及相关依据,从而有助于打消疑问、增强认同、息诉息访,有利于减少社会纠纷,更好地树立检察机关公正执法的良好形象,从而提高检察公信力。

3. 提升检察官素质

将检察法律文书于网上公布,将其置于最广大公众的视野之中,并提供畅通的民意表达渠道,让每位公民都有权对事实是否查明、说理是否透彻、适用法律是否正确、处理结果是否公正进行评价,让每份法律文书接受社会和舆论的检验,必将促使检察官不断加强学习,提高业务能力和水平,必将有利于强化检察官的责任意识、耐心和细心,有利于提高检察文书的制作水平,进而带动检察官整体业务素质的提升。

二、检察法律文书公开存在的问题

为全面推进检察法律文书公开,太原市人民检察院案件管理中心先后深入到10个基层检察院,面向当事人、诉讼代理人等开展调查研究,从公开的意义、范围、效果等方面开展不记名问卷调查。从问卷调查和实地调研情况来看,检察法律文书公开在推进的过程中存在以下问题:

1. 检察法律文书公开观念有待加强

检察法律文书公开需要得到检察干警的理解和支持,因为法律文书公开是由案件承办人和所在部门的领导把关决定并负责具体操作实施的。调研中发现,干警普遍认识到法律文书公开对于促进司法公正、提高文书质量、便于社会监督有重要意义。但在现实运行中,法律文书公开不仅会增加干警的工作负担,上网的文书在说理、逻辑结构等方面都要更细致严谨,还要避免笔误的产生,而且法律文书网上公开会使案件的办理质量、效率较为直观地呈现在当事人、律师、社会公众面前,一些文书的小瑕疵在网络舆情的放大效应下可能会被放大,引起公众的质疑。基于以上原因,出于自我保护意识,检察干警本能地不支持法律文书公开,或者尽量减少将自己所办理案件的法律文书公开,因此,检察法律文书公开的观念有待提升。

2. 检察法律文书公开的数量有限

按照最高人民检察院案件信息公开工作的安排部署,目前公开的检察法律文书仅限于一审公诉案件的《起诉书》《不起诉决定书》、二审抗诉案件的《刑事抗诉书》以及刑事申诉审查案件的《刑事申诉复查决定书》四种文书。从问卷调查来看,当事人及诉讼代理人普遍认为应当扩大文书公开的范围。因为,既然一些重要的案件信息,如有较大社会影响的职务犯罪案件、刑事案件的立案侦查、决定逮捕、提起公诉等,已经决定在案件信息系统公开,那么,体现办理案件相关诉讼过程和结果的法律文书相应也应当公开,增强案件透明度,目前检察机关公开的四种终结性法律文书数量明显有限。

3. 检察法律文书公开缺乏查阅方便性

法律文书在全国案件信息公开系统公开发布作为检察机关一项具体的便民举措,需要利用网络特有的快捷性、便利性,从技术上为群众查询、检索相关文书提供方便。因此,公布的法律文书具有使人一目了然的标题、目录及强大的检索功能相当重要。而目前的全国案件信息系统平台对法律文书标题仅作简单同一表述,《起诉书》(张某某涉嫌盗窃案)、《抗诉书》(张某某涉嫌盗窃案)、《不起诉决定书》(张某某涉嫌盗窃案)、《刑事申诉复查决定书》(张某某不服不起诉申诉案),虽有检索功能,但只是提供简单的检索,没有深度、高级查询的功能。多种法律文书累积在一起,不计其数,若在如此众多的案例中,不管对当事人、诉讼代理人还是发布信息的检察官而言,要快速寻找到其需要查看的案例,有一定难度,因而查阅的方便快捷性也是法律文书公开中一个不容忽视的问题。

4. 检察法律文书公开的保障措施缺位

任何一项法律制度都不可能单独运行,都需要制定相关的配套制度才能确保该制度在实践中达到完美的效果,检察法律文书的公开也不例外。一是目前的案件信息系统平台缺乏民意吸纳反馈机制。案件信息及检察法律文书的公开为民意与司法的互动搭建了平台,公众的知情权得到了保障,但监督权却无从行使。二是缺乏公开后的监督问责机制。检察法律文书的公开将检察权的行使进一步展现在社会公众面前,接受各界的监督,然而对监督发现的问题如何处理却没有明确规定。对公开法律文书如果出现选择性公开、内容改动、错字漏字、案由错误、办理经过表述及引用法律表述有误等情形,应如何解决,如何承担责任,缺少相关制度或规定。

三、完善检察法律文书公开的建议

1. 注重提升检察官素质

任何一项制度的实施,最终都要落实到实施主体身上,检察法律文书公开的效果、质量的高低与检察官的素质有直接的关系。而法律文书公开对检察官的综合能力也提出了较高的要求,因此,要真正落实法律文书公开就必须提升检察官的素质。一是要提高检察官的认识,正确认识法律文书公开的重要意义,深刻理解法律文书公开的内容,准确把握法律文书公开的尺度,彻底清除头脑中的模糊认识,尤其要着重加深对法律文书公开是提高检察工作水平、增强检察工作透明度、加强检察机关廉政建设和接受社会监督的有效途径的认识,真正把法律文书公开落到实处。二是要加强学习培训,使检察官掌握写作法律文书的要领、技能,确保法律文书释法说理清晰明了、符合逻辑,适用法律准确,文字、标点符号等无瑕疵。三是要强化检察官的责任意识。如果仅仅因为检察官的疏忽使法律文书中出现错字、漏字和容易产生歧义的词句,而引发社会公众对检察机关法律权威性和公正性的质疑,那么所有精心细致的办案工作都变得毫无意义。因此,检察官必须要增强责任心,端正工作态度,在草拟法律文书时要审慎思考、细致检查,从而避免在法律文书中出现不必要的诸如字词的错误、歧义语句的使用等瑕疵,将每份法律文书都做成"精品"。

2. 检察法律文书公开应遵循全部公开为原则,不公开为例外

司法公正是对每一个案件的追求,而非某些案件的追求。只有全面公开才能实现最大程度的司法透明。如果选择性地公开部分法律文书,必将弱化法律文书公开的功能。而任何一项制度,如果例外的情形太多,就失去了重点,执行的力度也必然大打折扣。因此,检察机关法律文书公开应当是对作出的所有类型的法律文书,不论案件类型、是否具有较大社会影响、案情是否复杂、是否具有典型意义,原则上都应当公开。除非涉及国家安全、商业秘密、个人隐私、未成年人犯罪以及绝密案件等可以依法不公开,即法律文书应当遵循全部公开为原则,不公开为例外。

3. 建立和完善法律文书公开的保障措施

一是要在全国案件信息公开系统建立民意吸纳反馈平台。法律文书的网上公开,使社会公众对检察机关有了进一步的了解,也使检察权的行使受到了更多的监督和制约。为加强与公众的互动,应创建一个与公众对话的平台,变静态的公开为动态的交流,使访问者能够通过发帖对法律文书进行评议。检察机关对于公众提出的意见和建议,应当认真吸纳和消化;对于公众的批评和质疑,应当理性面对,确有错误的应当及时采取必要措施加以改正。二是要建立激励机制,推行优秀法律文书评选制度。优秀法律文书展示了检察官的素质,也代表了检察机关的公正形象。这种素质是全方位的综合素质,既包括制作者的法律水准、语言功底、逻辑能力、社会阅历,也包括制作者的敬业精神和办案作风。推行优秀法律文书评选制度,旨在形成竞争机制,促使检察官对法律文书高度重视。对评选出的一定比例的优秀法律文书制作者给予奖励,并将检察官的评优、晋级等与制作优秀的法律文书挂钩。三是要建立问责机制。上级检察院要定期或不定期地对所辖基层检察院及本院各部门的法律文书公开情况进行抽查检验,尤其是对不公开比率较高的基层院进行重点检查。对不按时将法律文书提交审批、审批不及时、未经审批擅自公开、审批后擅自改动后公开、审批把关不严、不公开认定随意、拖延公开、有意规避公开等情形,对相关责任人进行通报批评,造成严重影响的,追究相关人员的责任。

司法公开视域下刑事裁判文书的功能与风格

王 晨[*]

当前,考量评价法官审理裁判案件能力和水平有很多指标,但其中有两项是最直观、最传统、最表象、最贴近社会鉴赏层面的标准:一是庭审驾驭能力;二是裁判文书写作能力。稍有常识与教育背景的人都可以通过对法官这两项司法技能发挥状况的纯朴感受,对法官的司法能力和水平作出评价。自最高人民法院积极推行裁判文书上网公开以来,各地中基层法院对裁判文书评查的重视程度日益增强,文书质量在全国各地各级法院受到较为广泛的重视。庭审驾驭和文书写作是法官司法技能最主要的两个核心点,文书上网公开不仅紧紧抓住了法官司法技能最重要的评价指标,而且也为我们开展刑事法律文书应用法学研究提供了直观的现实题材和研究领域。"从本质上来说,刑罚应该是公开的、及时的、必需的,在既定条件下尽量轻微的、同犯罪相对称的并由法律规定的。"[①]随着裁判文书上网公开工作的推进,社会公众对刑法和刑罚目前集中关注的焦点和热点开始转向刑事裁判文书。因此,本文选取具有典型代表意义的某市中级人民法院和所辖 15 个基层人民法院在文书质量评查中对 1.2 万件刑事案件法律文书的全部评查结果为研究对象,通过对中基层法院刑事裁判文书评查存在的现实问题进行实证研究分析,进而论证刑事裁判文书应当具备的功能与风格。

一、刑事裁判文书功能缺失之实证分析

转型社会时期,社会公众和舆论对于刑事案件审判的关注度和影响力日益增强,特别是随着司法改革与体制改革的不断深化,社会公众和舆论传媒对刑事案件和刑事裁判文书的认知关注亦日渐增强,人们已不再把刑事裁判文书单纯看做向被告人宣布审判结论的书面告示,而是把它视为展示现代社会诉讼民主、程序公开、司法公正的重要载体之一,社会公众要求人民法院裁判文书全部上网的呼声一浪高过一浪。广州许霆案、西安药家鑫案、云南李昌奎案等多起有社会影响的刑事

---

[*] 王晨,湖北省武汉市中级人民法院党组书记、院长,武汉大学法学院教授、博士生导师。
① 〔意〕贝卡里亚:《论犯罪与刑罚》,黄风译,中国大百科全书出版社 1993 年版,第 109 页。

案件判决书都毫无例外地被全部晒到互联网上,社会公众不仅评判案件审理的程序和实体公正问题,而且非常关注刑事裁判文书中的事实认定和裁判说理等文书写作问题。刑事裁判文书关乎人的生命和自由,其写作要求非常严格,稍有错误、疏漏、不妥或瑕疵都会在网上引起社会舆论的批评和批判。刑法的维持秩序、预防犯罪、保护法益、保障人权四大基本机能更多的是通过刑事裁判文书的公开来体现。① 因此,刑事裁判文书功能的重要性已经是人民法院必须引起足够重视和反思的现实问题。

鉴于我国人民法院四级审级结构和两审终审的程序制度设置,重大刑事案件的一审基本上都在中级人民法院,大量的普通刑事案件和刑事附带民事案件一审基本上都在基层人民法院,二审基本上都在中级人民法院,高级人民法院和最高人民法院一般多为死刑复核和再审刑事案件。因此,中基层法院的刑事裁判文书实际上是当今社会关注的热点和焦点。为此,在全面推行裁判文书上网公开工作中,我们有针对性地选取某市中级人民法院和其所辖的15个基层人民法院两年期间共计1.2万件刑事(包括刑事附带民事)案件裁判文书的评查结果作为实证研究的分析对象,进行刑事裁判文书功能结构的系统对比分析。

(一) 某市中级人民法院及15个基层人民法院刑事裁判文书评查错误类型分布图

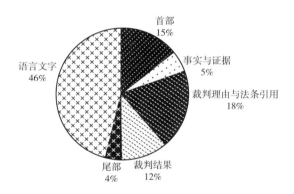

图1 某市中级人民法院及15个基层人民法院
刑事裁判文书评查错误类型分布图

根据对1.2万件中基层法院刑事裁判文书的全面评查,我们发现,在刑事文书的差错率数据统计中,事实证据的差错率为5%,裁判理由与法条引用差错率为18%,裁判结果的差错率为12%,语言文字的差错率为46%,而这四项数据指

---

① 参见马克昌:《比较刑法原理》,武汉大学出版社2002年版,第13—14页。

标都与刑事裁判文书的功能息息相关。图1差错率数据表明目前中基层法院刑事裁判文书在多种文书功能结构上还存在着较为明显的不足,亟待通过法律文书评查进行整改,从而强化中基层法院刑事裁判文书的各项功能。

（二）某市中级人民法院和15个基层人民法院刑事裁判文书评查部分典型错误分析表

表1　某市中级人民法院和15个基层人民法院刑事裁判文书评查部分典型错误分析表

典型错误类型	典型错误描述
事实与法律关系	1. 控诉、辩称概括不简洁明了,篇章所占比例不适中
	2. 案件争议焦点归纳不准确、不精练
	3. 法律关系表述不清晰
	4. 查明事实叙述不简洁、不完整、不客观
证据采信	1. 证据分析不够翔实充分,逻辑不严密,证据采信不得当、不合法,理由不充足
	2. 对证据证明力的判断不准确、依据不充分
	3. 证据链条不清楚、不完整,证据与事实之间的证明关系不清晰
	4. 没有完全依据证据认定事实,不客观、不全面、不准确
裁判理由与依据	1. 裁判理由与案情分析没有紧扣诉争焦点,逻辑不严密,层次不分明,重点不突出,没有针对性
	2. 裁判依据不合法、不确实、不充分,说理不透彻,对法律适用论证不严密、不充分
	3. 对当事人权利、责任、义务分析不够准确,对被告人辩解及律师辩护意见剖析不够全面,说服力不强
	4. 判断推理不合情、不合理、不合法,与社会主义法治理念和社会主流价值观念契合不够
	5. 同案不同判(例如,刑事附带民事案件中对无赔偿能力的案件目前有三种判法)
裁判结果	1. 裁判结果不明确、不具体、不完整,遗漏诉求
	2. 处理不正确、不得当
	3. 适用法律错误,援引法律条文不规范、不具体、不完整
	4. 判决事项不清晰,文字表述不规范,存在歧义
语言文字	1. 行文不流畅,结构不完整,层次不分明,不能全面反映案件的审理程序
	2. 语句不通,文字不精练,表述不准确、不规范,艰涩难懂
	3. 简称表述不准确,用词不规范
	4. 错字
	5. 病句
	6. 数字用语不规范
	7. 标点符号不规范
法律效果与社会效果	刑事判决法律效果与社会效果不统一,引起社会不良反应

根据对1.2万件刑事案件裁判文书评查结果中的典型错误集中进行类型化分析,我们发现,目前中基层法院的刑事裁判文书中的错误和瑕疵问题以及裁判文书的写作风格等对裁判文书功能的影响确实较大,上表所列举六大类共计25项文书错误的类型描述,涉及刑事裁判文书功能的每一个逻辑结构范畴,证明中基层法院刑事裁判文书功能的缺失和风格的不适应已经是一个不争的事实。现实存在的差错率直接影响了人民法院的司法公信力和司法权威。

反思现代中基层法院刑事裁判文书功能在一定程度上有所缺失的现状,我们应当深入思考究竟应当怎样重构刑事裁判文书的功能?考量当今社会刑事正义与刑事审判工作的发展方向,我们可以形成两个共识:一是刑事审判重回国家法治的中心,刑事审判并未衰落和边缘化;二是社会关注的变化,从"重刑轻民"到"重民轻刑",再到"刑民并重",认识的变化反映社会变迁、国家发展和社会发展的需要,以及文化发展的需要。当前人民法院刑事审判所面临的社会和舆论压力是前所未有的:社会公众和舆论更加关注刑事法律与刑事政策的正确适用,对于刑事案件的审判程序、审理结果和裁判文书更加敏感,社会公众和舆论对于刑事案件审判的价值认同多元复杂,刑事案件裁判尺度难以统一,由于刑事案件相似度过大、法官自由裁量权过大、司法权威的信用度较低等原因导致民众难以信服刑事判决,刑事判决参与社会管理创新的需求与职能不对称,等等。基于上述两个共识和刑事审判工作面临的压力,笔者提出,现代刑事裁判文书应当具有:控辩事理表述功能、审理程序记录功能、证据审查表述功能、判决理由解释功能、判决结果告知功能、社会秩序示范功能、司法审判管理功能、法律文化宣传功能等多种功能。

二、审理程序记录与证据审查判断之表述功能

中基层法院刑事裁判文书对于审理程序表述功能发挥不足是推行裁判文书上网公开工作中评查发现的突出问题之一。由于刑事案件审判的程序性要求非常高,因此,必须严格遵循刑事诉讼法的相关规定。但目前中基层法院刑事裁判文书最大的功能缺失之一就是,对于案件审理程序的记录和表述过于简单或者忽略,有的文书甚至完全不反映刑事诉讼程序的内容,刑事诉讼程序的正当性无法在刑事裁判文书中得到合理体现。笔者认为,刑事裁判文书必须有体现刑事诉讼程序的功能作用,必须有案件审理程序记录的内容,必须反映整个刑事诉讼过程依法进行的全过程。具体包括:起诉、立案审查、受理、通知、组成合议庭、合议庭变更组成人员的原因、公诉人、辩护人、法定代理人、被告人羁押等强制措施情况、普通程序简易审、法律文件的送达方式和效果、证人未到庭原因、质证认证情况、延期举证、警察出庭情况、申请鉴定人和证人出庭情况、是否经过审判委员会、是

否因某种原因延期审理、当事人的上诉权以及涉外程序的正确执行过程,等等。审理程序的记录表述既反映刑事诉讼程序的合法性,又可以支撑实体的公正性,也便于上级法院有针对性地审查下级法院审理裁判案件的程序问题。法官在刑事裁判文书中交待程序经过的时候实际上就是在检查程序问题,便于发现问题并尽量采取措施弥补,同时可以通过程序问题发现实体处理问题,争取在刑事裁判文书送达宣判前得以修正。

中基层法院刑事裁判文书中"经审理查明"部分所体现的证据审查表述功能也是存在问题较多的内容之一。以案件事实为依据是刑事审判工作的立足点和出发点,要克服来自法院内外客观方面的干扰,就必须注意防止排除来自主观方面的主观主义、经验主义的影响。"法官的政治偏好或法律以外的其他个人性因素,例如法官个人特点以及生平阅历和职业经验,会塑造他的司法前见,进而直接塑造他对案件的回应。"[1]区别于自由心证制度和法定证据制度,我国的刑事诉讼法要求人民检察院对被告人提起公诉、人民法院对被告人作出有罪判决,必须犯罪事实清楚,证据确实、充分,这就是客观真实。自由心证是实质真实,证明也只要求达到法官内心的确信和符合证据高度盖然性标准。法定证据是形式真实标准,证明的要求是满足法律上的规则,达到形式上的真实。因此,凡是与定罪量刑有关的事实和情节,都必须审理查明且在刑事裁判文书中表述清楚。至于那些不影响对被告人定罪量刑的细枝末节,则没有必要搞清楚。实践中,可以将与犯罪有关的事实概括为"七何"要素,即何人,何时,何地,基于何种目的、动机,采用何种方法、手段,实施何种犯罪行为,造成何种危害后果。在写作文书时应当仔细审查是否写清"七何"要素。

中基层法院刑事裁判文书对据以定案的事实证据表述应当有质和量总的要求。据以定罪的单个证据必须查证属实,经查实的单个证据必须有证明力,也就是和待查证的犯罪事实之间存在客观联系,可以据此推论出犯罪事实。所有证据在总体上已足以对犯罪实施者得出确定无疑的结论,并排除其他一切可能。属于犯罪构成要件的事实均有相应的证据加以证明。"如果司法行为的后果很容易就能确定,那么秘密的司法过程对理解和评价法律制度就没多大关系。"[2]法官审理裁判案件的过程就是一个不断运用法律思维进行心证判断的过程,是针对案件审理过程中的真与假、是与非、曲与直、善与恶等问题,根据特定的证据或事实以及既定的法律和法理,通过一定的程序进行认证,并运用法律思维的方法作出判断的过程。因此,刑事裁判文书的写作应当包括对待证犯罪事实证据准确进行逻辑分析和推理论证并作出判断的过程。缺乏法律思维和逻辑分析推理判断的心证能力,是难以创造出论证严密、说理充分的裁判文书的。在裁判文书写作过程中

---

[1] 〔美〕理查德·波斯纳:《法官如何思考》,苏力译,北京大学出版社2009年版,第4页。
[2] 同上书,第3页。

所展现的是法官对犯罪构成和事实证据的分析判断过程。法官的办案思路与法官的法律思维能力是紧密相连的,法官对全案的整体分析与判断过程就是一个沿着办案思路不断深入地进行推理和论证的过程,这一过程表现在刑事裁判文书之中就是对证据和事实的分析、判断、推理、认定的过程。在法律思维与逻辑分析推理判断过程中,法官需要对审理查明的事实作出分析判断,并与裁判理由相结合,表现在裁判文书中就是审理查明事实部分和判决说理部分。审理查明的法律事实是裁判理由之源泉,所有裁判理由都必须是根据审理查明的法律事实所作的法律解释与适用的分析判断。

关于事实证据审查认定关键在于对事实证据的论证分析。云南省高级人民法院对云南烟草大王褚时健等贪污、受贿、巨额财产来源不明案审理终结后所作的刑事判决书是证据论证分析的典范。这一判决书与传统的判决书从模式上相比有一个最大的特点是,在"事实与证据"部分告别了高度概括控辩主张之后千篇一律地叙述人民法院"经审理查明"的事实和证据的写法,而是在"事实与证据"部分开宗明义地用"评析如下"作为开头,围绕控辩主张和双方举证、质证的内容,将法官认证的过程、理由和结论予以充分表述。① 对证据进行说理是说理艺术的一大亮点,强化对证据进行说理有利于突出控辩双方争议的焦点并有针对性地对双方在举证、质证中涉及的问题进行有理有据的认证。司法审判过程在查明事实部分主要是通过对证据的审查判断来认定案件事实,裁判文书说理首先就是应当针对证据进行说理。对证据进行说理实际上是对法官心证过程的文字说明,法官的心证是法官对证据的审查判断并形成内心确信的证据认定过程,法官心证是由证据而来的,心证的形成必须先以诉讼证据的存在为前提。只有公开说明对证据认定的理由,才能让当事人信服,也才能使法官心证过程受到社会公众的监督与评判。对证据的价值评估问题涉及作为审判主体的法官对于经过调查与辩论的证据的证明效力进行价值权衡与取舍的问题,法官基于证明待证事实的考虑,对证据的审查判断,通常要依据相关的经验与逻辑思维方式,对证据的价值评估要经过一个缜密的推论过程。② 这个缜密的推论过程若能在说明裁判理由的内容中准确表述出来,将非常有助于刑事裁判理由的说明。对证据进行说理,可以使法官的归纳综合和逻辑思维能力得到锻炼和提高,可以促进法官心证的规范性和程序性的限制,从而提高裁判文书的说理水平。

三、裁判理由解释与社会秩序行为之示范功能

说理就是讲明判决的理由,所谓判决理由是指法官根据当事人各方的主张和

---

① 参见徐安住:《司法创新——从个案到法理的展开》,中国检察出版社2004年版,第232页。
② 参见毕玉谦:《民事证据原理与实务研究》,人民法院出版社2003年版,第707页。

抗辩的取舍，认定事实和适用相应的法条或法律原则，进而得出判决结论的推理过程。① 判决理由具有合法性、逻辑性、实在性和连接性的特点。② 说理的艺术是法官创作裁判文书艺术中最重要的内容之一，是法官裁判工作顺应司法公正的时代要求，也是改革实践中产生的司法文明成果。裁判理由是整个裁判文书的灵魂，是裁判文书创作的重点内容。说理的逻辑形式为：小前提，既然查明的事实如此；大前提，而法律规定和法理又是这样；结论，所以这样判决。裁判文书的说理在裁判文书中居于核心地位，是任何一篇裁判文书的主干和结构主体，也是防止错判的保障机制。③ 刑法哲学的三大价值目标是公正、谦抑、人道④，刑法案例判决涉及社会秩序和自由⑤，都需要法官在刑事裁判文书中论理部分进行充分的展现。

　　刑事裁判文书论理部分对适用法律的说理包括如下几个方面的内容：一是援引法律条文；二是对法律条文进行解释，特别是在澄清不确定概念、填补法律漏洞和作价值补充时，应当说明其解释方法和依据；三是对法律与审理查明的法律事实之间的关系进行分析。之所以强调要在裁判文书中强化法律解释，一方面是为了说服当事人，促使当事人服判息诉；另一方面促进主审法官在裁判时审慎解释法律，认真研究和思考，避免恣意理解和随心所欲的解释。此外，还可使二审法院法官了解一审法官对法律精神与含义的具体把握，对一审法官所作的合理的解释给予尊重，而不是任意推翻或者简单地以自己的解释替代一审法官的合理解释。裁判文书的说理，不完全等同于议论文的议论，它既不需要上纲拔高，也不具有鼓动性，更不宜长篇大论。说理必须立足于法律，以法论理，要力求客观、公正、充分、平实，真正做到上承事实，下接结论。对于案件适用法律时应从法理上、法律上进行充分论证。法律条文是据以作出裁判的法律依据。一定的法律事实决定适用一定的法律，一定的处理结果决定适用一定的法律，一定的文书制作程序也决定适用一定的法律。故裁判文书在论证裁判理由时，必须准确全面地引用有关法律条文，不能张冠李戴，错误引用。⑥ 引用的法律条文，必须经过解释才能作为适用法律。裁判理由是法律解释与适用的重要载体，法律解释与适用的过程与结果基本上都是通过裁判理由来展现的，因此对适用法律进行解释是裁判理由的重要内容。

　　法律解释需要一定的技巧和方法，同时也要在解释过程中进行价值判断与衡量，价值判断与衡量也是法律解释的重要方法之一，在法律方法中具有重要的理论与现实意义，甚至可以说价值衡量是法律解释的灵魂所在。法律解释不仅仅是解释的技巧和方法的问题，更是一个进行价值衡量和选择判断的问题。刑事诉讼

---

① 参见叶自强：《民事诉讼制度的变革》，法律出版社2001年版，第265页。
② 同上书，第266—267页。
③ 参见乔宪志：《法官素养与能力培训读本》，法律出版社2003年版，第193页。
④ 参见陈兴良：《刑法哲学》，中国政法大学出版社2004年版，第4页。
⑤ 参见曲新久：《刑法的精神与范畴》，中国政法大学出版社2004年版，第1页。
⑥ 参见乔宪志：《法官素养与能力培训读本》，法律出版社2003年版，第173页。

案件的情况各不相同,法官对每一个案的法律解释及选择法律适用都要结合具体的案情来进行价值判断或价值衡量。法律方法的优势就在于超越一般的法律适用技巧,而是运用司法哲学解释法律精神和原则的真正价值所在。价值衡量无非就是一种对立法目的结合司法的具体个案的司法价值判断。立法分配正义,司法实现正义。法官在实现正义的过程中有很大的主观能动性,这种主观能动性是通过法律解释体现出来的,刑事法官的功能绝不仅仅是机械地将法典上的条文与具体案件的法律适用进行对号入座,而是要能够创造性地解释法律和适用法律,法官的法律解释和法律适用应当是一种创造性的司法价值衡量判断过程。刑法典上的法律条文是高度抽象的概括表述,但具体刑事案件的案情却各不相同,能够包揽和涵盖所有纠纷处理的完善的法律规范是不存在的,法律是滞后的,总是会有一定的漏洞、空白或是法律的冲突。因此,法官必须对适用法律进行解释和价值衡量,如何在各不相同的具体个案审判之中实现法律的正义,要求刑事法官在选择适用法律的过程中发挥创造性解释法律的司法技能。对刑法典法律条文的修改和解释总是滞后于社会发展变化的步伐,刑法的相对稳定性和刑事诉讼法的相对安定性,与转型社会时期社会发展对刑事审判的需求如何契合,对刑事法官运用法律方法的司法技能提出了很高的要求,对法官写作刑事裁判文书的水平也提出了很高的要求,要求刑事法官在解释法律和适用法律时必须及时对法律精神的价值进行衡量判断、发现法律价值、弥补法律漏洞、拓展法律精神内涵。价值衡量始终是裁判的中心,也是法律解释的中心。

  法官如何进行价值衡量并作出选择?卡多佐法官在其名著《司法过程的性质》中给出了答案:如果你们要问,法官将何以得知什么时候一种利益已超过了另一种利益,我只能回答,他必须像立法者那样从经验、研究和反思中获取他的知识;简言之,就是从生活本身获取。事实上,这就是立法者工作和法官工作相接的触点。方法的选择,价值的评估,最终都必须以类似的、用以支持不同方法和价值的考虑因素作为指南。实际上,每个法官都在他的能力限度内进行立法。无疑,对法官来说,这些限度都比较局促。他只是在空白处填补着法律中的空缺地带。他可以走多远,并且不越出这些空缺,这都不能在一张图表上为他标示出来。他必须自己学会这一点,如同从多年的某种艺术实践的习惯中他获取了什么才算得体和什么才算比例匀称的感觉一样。甚至就是在这些空白之内,某些难以界定而只能为各个法官和律师感觉到的限制——而不论它们是何等难以捉摸——都在妨碍和限定他的活动。这些限制都是由多少世纪的传统建立起来的,是其他法官——他的前辈和同事——的范例建立起来的,是这一行当集体判断建立起来的,以及,是由遵从——通行的法律精神的义务建立起来的。[①] 美国大法官对于法

---

① 参见〔美〕卡多佐:《司法过程的性质》,苏力译,商务印书馆2000年版,第70页。

律解释与法律适用中的价值衡量的论证非常贴合刑事审判工作实际,具有较高的引导价值,现代刑事诉讼就是需要刑事法官在裁判文书中合理解释现行刑法条文并进行价值衡量从而得出让社会公众可以接受的判决结果。刑事裁判文书的功能和价值就在于通过法律精神的解释和法律方法的运用,通过价值权衡和价值判断方法维系司法的理性与权威,通过刑事裁判文书正向功能发展法律和超越法律,真正实现转型社会时期的司法公正,维护社会公平正义。

四、刑事裁判文书法律文化人文关怀之传播功能

西方唯实派法学家十分强调法官对于法律性质与内容的影响。在他们看来,所有的立法文件在没有得到法官的解释和适用之前,还算不上是法律,只可以说是法律的渊源。"司法不仅是立法的结果,还是立法的上游活动之一。"[1]19世纪末至20世纪上半叶,英美的几位著名法学家如格雷、波洛克、戴雪、弗兰克等,都近乎一致地断言法官是真正的立法者,法官所制定的法律是真正的法律。[2] 法官对法律的解释除了法理解释和价值衡量之外,还有一个重要的解释内容是对法律规范中蕴含的法律文化的解释,法律文化也是对法律精神的另一种诠释。从法律文化的视角,我们可以更好地领略刑事法官裁判文书的风格与精神。

法律观念形态包括人们对法律价值的认识,对法的创制、实施、监督问题的态度,经验化了的法律思想方式和行为方式,对法律的信仰程度、传统法律心理,等等。法制协调水平包括法律制度的存在方式,法律规范的取材意向,法制环境的处理手段,对外来法律文化因素的应变能力,立法、司法、行政三者功能的调节能力,法制过程诸环节的配套能力,等等。法律知识积淀包括传统化了的立法、司法经验与技术,个人或集体的法律思想体系,法律教育与法学研究的水平,等等。

法律文化总功能包括借助文化总体功能以显现与自我强化的功能,在传统文化沉淀中自我认识、自我更新的功能,在外来法律文化的冲击下选择与调适的功能,等等。[3] 法律文化是一种非常复杂的社会文化现象,"法律文化"这一概念本身就蕴含着较为丰富的内容。要对这一概念作出较为精确的表述、限定和解释,是一件比较困难的事情。刘作翔教授认为,可以从两个角度来认识法律文化,即作为方法论意义的法律文化和作为对象化的法律文化。[4] 孟德斯鸠说过,"我们应当用法律去阐明历史,用历史去阐明法律"。梁治平先生根据这一原则提出"用法律去阐明文化,用文化去阐明法律"。裁判文书是用法律去阐明文化和用

---

[1] 白建军:《法律实证研究方法》,北京大学出版社2008年版,第183页。
[2] 参见贺卫方:《司法的理念与制度》,中国政法大学出版社1998年版,第188页。
[3] 参见刘学灵:《法律文化的概念、结构和研究观念》,载《河北法学》1987年第3期,第37页。
[4] 参见刘作翔:《法律文化理论》,商务印书馆1999年版,第66页。

文化去阐明法律的最直接的载体。从法律文化的构成内容看,法律文化中的主体成分是法律,而法律又表现为一系列的规范体系和法律制度,刑事法官写作刑事裁判文书应当充分展现法律文化,法律文化是一种具有普遍适用性、实践性、实用性的社会文化,是一种具有历史延续性、民族性和互融性的社会文化。

法官写作刑事裁判文书如果不能很好地体现法律文化,就不是一份好的裁判文书,裁判文书应当起到一种将法律文化社会化的作用。"从这个意义上说,法官释法是应然的规范与实然的社会生活之间的桥梁;通过法官的司法活动,规范才得以影响社会、变为人们的法律实践,反过来,社会成员才可能感受、服从、接受法律规范。"[1]刑事裁判文书是刑法实践活动中将法律文化社会化的主要途径和方法。在现代社会,法学家和社会公众越来越注意到司法审判实践活动对公民法律价值观的形成以及法律意识的养成的重要作用。美国法学家埃尔曼指出,在美国,人们已越来越关心执行法庭裁判问题和由此对社会产生的影响。有的时候,一个公正的法律判决所产生的影响是巨大的,它可以一下子提高法律在人们心目中的权威地位和职业者的形象,使人们对法律产生尊敬、信赖和遵法守法的自觉性;相反,如果法律判决显失公平,便会使法律在人们的心目中投下阴影,对法律产生不信任感,影响法律的权威地位。英国哲学家培根有段格言:"一次不公正的裁判,其恶果超过十次犯罪,因为犯罪是无视法律,而不公正的审判是毁坏法律。"[2]法律文化通过裁判文书在社会中的传播,必然会影响到人们法治观念和法律意识的形成,这种法治观念和法律意识对人们的思想和行为起着潜移默化的渗透和转化作用,能够指导和规范社会公众的行为。

法院所裁判审结的刑事案件有多少件,就会有多少份裁判文书,这么多的裁判文书所传播的信息量是非常巨大的,如果每一位刑事法官在书写刑事裁判文书的过程中都有传播法律文化的意识,都能将法律文化通过裁判文书创作的技巧与方法向全社会传播与推广,其社会效果将会非常明显。一个人从出生到长大成人这一过程中,会不断受到各种文化的影响,接受社会的教化,从中吸收各种成分,形成自己的人生价值观,完成社会化过程。个人价值观的形成过程,或者说社会化的过程同该社会流行的价值准则密切相关。[3] 法律只有得到全社会的遵从才有意义,因此,"法治的精神"的实现,需要法律文化的社会化的实现。法官创作裁判文书应当以传播法律文化为己任,裁判文书不仅仅只是对个案的判决,还应当是对法律文化的诠释与传播。判例是"活动着的法典",也是"发展着的法律文化",因此,法官写作的刑事裁判文书在恪守法律精神与基本原则的同时,也要阐释现代社会发展着的法律文化。

---

[1] 白建军:《法律实证研究方法》,北京大学出版社 2008 年版,第 183 页。
[2] 刘作翔:《法律文化理论》,商务印书馆 1999 年版,第 204 页。
[3] 同上书,第 204—205 页。

法律文化传播的正确与否直接影响着一个社会多数成员法律意识、法律心理、法律价值观的成长与状况。法律文化传播的广度和深度也同样影响着一个社会法律文化的深入大众、深入民间社会的广度和深度。[①] 法官通过裁判文书来传播法律文化应当成为法律文化传播的一条主渠道。裁判文书的创作之中重要的内容之一就是对法律文化的浸润与传播，判文的内容应当有充分的法律文化底蕴。法官在创作裁判文书的过程中，应注意运用多种方法将法律文化的传播融入其中。要充分利用裁判文书这一载体，使法律文化深入社会，深入到社会公众之中，成为社会文化、公民文化中不可缺少的一部分，通过法律文化的渲染与教化作用，使全社会养成尊重法律、遵从法律、自觉地运用法律手段来维护各种正当权利的习惯和心理，使社会公众树立法律信仰和法治的意识，树立起法律是重要的社会治理手段，法律是至高的社会利益调整手段的现代政治意识和法律价值观。裁判文书应当也必须成为传播法律文化的主渠道之一，传播法律文化也是创作裁判文书的重要技艺。

法官的裁判既是在法律文化作为理念指导下的司法审判实践过程，也是在司法审判实践中发展法律文化的过程。法律文化在经历一个不断的否定之否定的过程之后，扬弃旧文化，产生新文化，成为现代文化的一个重要组成内容，才能发挥自身的价值和功用，为现代社会所需要。[②] 法官在裁判文书中运用法律文化的技巧与方法来评判案件判决的价值取向，实际上也是对法律文化的传承与发展。目前，在中国推行法治尚欠缺一个法律文化环境的构建，中国现代法律文化的形成与发展还处于刚刚起步阶段，人们还没有真正认识到法律文化对法官的裁判和法治的推行的重要基础性功能与作用。中国正处于社会转型时期，期间充满了汰旧建新、不断改革和变化发展，法律文化作为一个迈向民主与法治国度和社会政治、经济、社会生活方式的法律视角的概括和载体，充分记载、反映和再现了社会转型时期推行法治的历史，法官裁判应当正视这一历史。

中国是一个农耕文明较发达的国家，农业文化是中国文化的主要内容。几千年来，儒家传统思想成为中国文化的主流，社会治理的手段是"礼制"而不是法治。这种文化的影响力是巨大的。新中国成立以来，我国的法律体系是在完全推翻旧的法制体系而重新建构全新的法律制度体系，法治秩序与"礼制"秩序是截然不同的两种社会治理方法，这就是法官在适用法律裁判案件过程中碰到许多阻力和困难的深层次原因。法律制度是重新构建了，但法律文化并未重新构建，因而法官总是感觉法律条文与现实的脱节。当我们为如今立法速度如此之快、完备的法律体系已经通过快速大量的立法构建起来而感到欣慰时，是否也同时感受到我们又面临着一个非常艰巨但又必须完成的任务：即法律文化重新建设的任务。

---

① 参见刘作翔：《法律文化理论》，商务印书馆1999年版，第208—209页。
② 同上书，第237—238页。

建设现代法律文化的任务同样也是职业法官的重要任务。刑事法官裁判文书的功能只有置身于现代法律文化建设之中,才会有生命力和发展前途。

从我国古代司法判词妙判所体现的功能与风格,我们可以感悟这样一个道理,我们还可以将刑事裁判文书创作得更加精美和奇妙,裁判文书是人创作的,应当具有人性化特点和体现人文关怀精神。法官制作裁判文书从某种意义上来讲就是秉承传统和与时俱进的法律文学创作,这是刑事裁判文书的重要功能和风格。法官对事实的认定,对判理的说明,都需要用书面语言来表述和表达,表达的技巧与方法就包括了文学与文艺的表达方式。板着面孔的刑事裁判文书给当事人和社会公众的感觉总是少一份亲和力,过于理性化的裁判文书实际上也就是丧失了理性,因为老百姓接受不了这种纯粹的理性。

当前,中基层法院法官所撰写的刑事裁判文书缺少文学与文艺表达的技巧与方法是刑事裁判文书质量难以提高的主要原因之一。法官自己深刻理解了法理并不表明法官就能在撰写裁判文书时能够把深刻的理解传达给当事人和社会公众,法官需要运用文学与文艺的表达方式和技巧才能将精深的法理解释、演绎得通俗易懂、妇孺皆知。法官是人不是神,法官裁判同样也有自身的情感和价值判断掺杂其中。刑事法官无论将情感掩饰或埋藏多深,但其内心深处不可能没有是非标准和善恶判断,这些其实需要在刑事裁判文书之中以适当或恰当的艺术方式来表达。刑事法官应当在裁判文书之中融合法律文化,发展法律文化,才能制作出精美的裁判文书。职业法官群体如果都能够树立这种意识并掌握这种表现艺术,则法律文化将会在全社会得到传播和发展,现行法律制度的功能与作用将会在刑事审判实践中得到更好的实现。刑事法官创作裁判文书应当注重体现法律文化的人文关怀精神,一方面完善以法律制度为核心的制度性法律文化,另一方面注重发展和完善观念性法律文化,在刑事裁判文书中注重将制度性法律文化与观念性法律文化相融合,实现法律文化与法律条文的整合,从而促进刑事审判参与社会法治治理功能的实现。

通过对中基层法院 1.2 万件刑事裁判文书的实证分析,笔者认为,应当从秉承传统和与时俱进两个层面来重构中基层法院刑事裁判文书的功能与风格。基于对刑事法官职业特征和审判艺术的法理解读,刑事法官是运用审判艺术将普遍化、抽象化的刑法条文转化为能够运用于具体刑事案件、富有生命与活力的法律职业,假如我们把法官裁判的职业技能和技巧定义为一门将理性的法律条文转化为程序与裁判结果的审判艺术,那么我们就可以推断主导刑事诉讼的法官是通过审理裁判刑事案件融合理性的刑法条文、刑事政策的法律与生活的法律艺术家,进而推断刑事法官书写制作的刑事裁判文书是法律文化和裁判艺术作品。法官写作刑事裁判文书的艺术创作过程,也就是法官运用法律方法将各种社会利益冲突与纠纷恢复到理性有序的和谐状态,解决各种社会矛盾,传播刑事法治精神,定分止争,树立法律信仰和法治权威的司法过程。刑事裁判文书作为艺术品的功能价值在于恪守刑事审判程序,准确认定事实证据,创造性解释和适用刑法,寻找刑事案件审理裁判中的法理光辉,诠释刑罚的哲理与价值,传播刑事审判工作中的法律文化,体现刑法的人文关怀精神。

完善裁判文书的上网

程 滔　杨美梅[*]

最高人民法院尽管在 2010 年 11 月 21 日就发布了《关于人民法院在互联网公布裁判文书的规定》，而且在此之前也有一些法院在各自的网站上公布其裁判文书，但裁判文书网上公开的情况并不统一。2013 年 11 月 13 日最高人民法院审判委员会第 1595 次会议通过了《关于人民法院在互联网公布裁判文书的规定》，新的规定确定了中国裁判文书网为统一的裁判文书公开的网上平台。

丹宁勋爵在其《法律的正当程序》一书中说："正义不仅要实现，而且要以看得见的方式实现。"此次，最高人民法院坚定地在网上公开裁判文书的行动，让裁判文书在阳光下"曝晒"，使丹宁勋爵的这句法谚成为现实。裁判文书记载了案件的事实和证据，反映了法官运用法律和自由心证进行裁判的过程，能够体现审判活动的实体公正和程序公正。互联网具有操作简便、及时快捷、成本低廉、即时互动等优势，裁判文书在互联网公开极大地方便了社会公众的查询和监督，有助于扩大司法公开的覆盖面，更好地提高司法透明度，保障公众知情权，强化司法监督。裁判文书上网公开，不仅能有效避免人情案、关系案、金钱案等现象的发生，也能使司法公正以人们看得见、摸得着、感受得到的方式得以实现。一言以蔽之，将裁判文书在网上公开，使司法审判活动曝光在社会公众的视野下，这种人人可见的压力必将推进司法公正。

裁判文书公开也是公开审判原则的应有之义。裁判文书作为身兼程序公正和实体公正的双重载体，如果裁判文书不能公开，则无论审判公开的程序落实得多么完美，社会公众仍然无法确知案件的处理结果的来龙去脉，无法确知案件判决的事实和法律依据以及法官适用法律和推理的过程。如今，最高人民法院的一纸规定付诸实践，将裁判文书上网公开，实实在在地践行了公开审判原则。在中国裁判文书网上公开的裁判文书，除了法定必须匿名处理和删除的内容之外，原原本本地保留了案件的事实、证据以及法院的裁判理由和裁判结果。可以说，这种举措真正实现了公开审判原则的精神内涵。

---

[*] 程滔，中国政法大学法学院副教授、硕士生导师，中国法律文书研究会理事。杨美梅，中国政法大学行政法专业法学硕士研究生。

一、裁判文书网上公开的实施情况

截至 2014 年 7 月 26 日,我国已经实现了辖区内三级法院生效裁判文书在中国裁判文书网上公开的省、自治区、直辖市有:北京、天津、辽宁、上海、江苏、浙江、福建、山东、河南、湖南、湖北、广东、广西、海南、重庆、贵州、陕西、甘肃、青海、宁夏。未实现辖区内三级法院生效裁判文书在中国裁判文书网上公开的有河北、山西、内蒙古、吉林、黑龙江、安徽、江西、四川、云南、西藏、新疆以及兵团。

各省高级人民法院大多都是于 2013 年 11 月便在裁判文书网上公布裁判文书,而地方中级人民法院和基层人民法院则大多是《关于人民法院在互联网公布裁判文书的规定》生效之后才开始在裁判文书网上公开裁判文书。只要在中国裁判文书网的文书检索窗口输入关键词,如输入案件当事人的名称,即可检索到相应案件的裁判文书。如"薄熙来受贿案""胡平枪杀孕妇案"等媒体上曾经报道过的案件在裁判文书网上能够检索到相应的裁判文书。

综合来看,裁判文书网上公开的实施情况还是令人可喜的,但是仍然存在一些较为明显的不足之处。虽然按照《关于人民法院在互联网公布裁判文书的规定》承办法官或者人民法院指定的专门人员应当在裁判文书生效后 7 日内按照要求完成技术处理,并提交本院负责互联网公布裁判文书的专门机构在中国裁判文书网公布。但各级人民法院公布裁判文书呈现出集中、扎堆公开的特点,裁判文书的公开率、更新率不高,等等。笔者以北京市的三级法院公开的生效裁判文书为例,对裁判文书网上公开的实施情况作一说明。

(一) 裁判文书的公开率不高

截至 2014 年 7 月 26 日,北京市高级人民法院的生效裁判文书最新的提交日期是 2014 年 7 月 4 日,自 2014 年 1 月 1 日至 7 月 4 日,北京市高级人民法院公开民事裁判文书 453 件,刑事裁判文书 26 件,行政裁判文书 459 件,知识产权裁判文书 121 件,赔偿裁判文书 0 件,执行裁判文书 15 件,以上共计 1 074 件。[①]

截至 2014 年 7 月 26 日,北京市第一中级人民法院的生效裁判文书最新的提交日期是 7 月 17 日。自 2014 年 1 月 1 日至 2014 年 7 月 17 日,北京市第一中级人民法院共计公开民事裁判文书 2 411 件,刑事裁判文书 757 件,行政裁判文书 274 件,知识产权裁判文书 97 件,赔偿裁判文书 0 件,执行裁判文书 81 件,以上共计 3 620 件。

截至 2014 年 7 月 26 日,北京市海淀区人民法院的生效裁判文书最新的提

[①] 本文所有数据均由笔者从中国裁判文书网(http://www.court.gov.cn/zgcpwsw/)统计而得,最后统计日期:2014 年 7 月 26 日。

交日期是2014年7月4日,自2014年1月1日至7月4日,北京市海淀区人民法院共计公开民事裁判文书568件,刑事裁判文书283件,行政裁判文书40件,知识产权裁判文书88件,赔偿裁判文书0件,执行裁判文书1件,以上共计980件。

自2013年12月21日至2014年7月26日,北京市高级人民法院的结案数为4 030件,结案率为64.70%;北京市第一中级人民法院的结案数为9 708件,结案率为63.03%;北京市海淀区人民法院的结案数为23 418件,结案率为66.37%。[①] 据此可知,北京市高级人民法院的裁判文书公开率为26.65%,北京市第一中级人民法院的裁判文书公开率为37.28%,北京市海淀区人民法院的裁判文书公开率为4.18%。

从上述数据可知,尽管北京市三级人民法院的结案率很高(均高达65%左右),但裁判文书的公开率并不高,尤其是北京市海淀区人民法院,其结案率高达66.37%,然而公开率却仅为4.18%,这不能不让人心生疑惑:难道其余的95.82%的案件都是法定不宜公开的案件吗?并且,北京市三级人民法院公开的裁判文书中,案号为2012、2013的裁判文书不在少数,北京市第一中级人民法院于2014年6月17日公开的463件民事裁判文书中,案号为2014的文书仅69件。北京市高级人民法院和北京市海淀区人民法院亦不乏类似情况。因此,北京市三级法院的裁判文书的实际公开率要比上述统计的数目低得多。

而北京市不仅仅是个例,笔者浏览了其他省份的裁判文书公开情况,也存在如北京市一样的问题。可见,尽管裁判文书网上公开呼声很高,但实则雷声大、雨点小,各地的文书公开率均不高。

(二) 裁判文书扎堆公开,更新频率不高

仍然以北京市三级人民法院为例,并选取其中生效民事裁判文书的公开数据作为参考。

自2014年1月1日至7月26日,北京市高级人民法院公开的生效民事裁判文书共计453件。公开数据如下:1月14日公开7件,1月22日公开20件,2月27日公开4件,3月31日公开17件,4月29日公开167件,5月份公开0件,6月3日公开2件,6月4日公开3件,6月6日公开67件,6月12日公开1件,6月17日公开18件,6月18日公开1件,6月23日公开2件,7月1日公开24件,7月4日公开120件。详细数据分析参见图1。

---

① 数据来源于北京法院审判信息网(http://www.bjcourt.gov.cn/),访问日期:2014年7月26日。

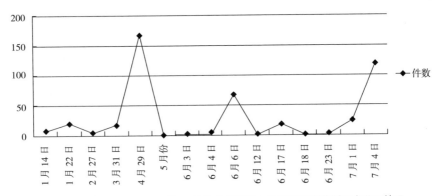

图 1 2014 年 1 月 1 日至 7 月 26 日北京市高级人民法院民事裁判文书公开情况

自 2014 年 1 月 1 日至 2014 年 7 月 26 日,北京市第一中级人民法院公开的生效民事裁判文书共计 2 411 件。公开数据如下:1 月 2 日公开 18 件,1 月 23 日公开 1 件,2 月 17 日公开 14 件,2 月 27 日公开 6 件,2 月 28 日公开 1 件,3 月 14 日公开 7 件,3 月 31 日公开 7 件,4 月 24 日公开 131 件,4 月 29 日公开 73 件,5 月 22 日公开 268 件,5 月 28 日公开 76 件,5 月 30 日公开 357 件,6 月 3 日公开 209 件,6 月 5 日公开 106 件,6 月 6 日公开 129 件,6 月 13 日公开 1 件,6 月 17 日公开 463 件,6 月 18 日公开 45 件,6 月 24 日公开 3 件,6 月 27 日公开 158 件,7 月 4 日公开 125 件,7 月 17 日公开 213 件。详细数据分析参见图 2。

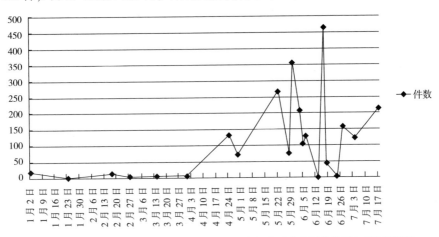

图 2 2014 年 1 月 1 日至 7 月 26 日北京市第一中级人民法院民事裁判文书公开情况

自 2014 年 1 月 1 日至 7 月 26 日,北京市海淀区人民法院公开的生效民事裁判文书共计 568 件。公开数据如下:1 月 1 日公开 3 件,1 月 22 日公开 2 件,1 月

23日公开3件,2月17日公开15件,2月27日公开13件,2月28日公开8件,3月14日公开34件,3月31日公开6件,4月24日公开41件,4月29日公开25件,5月22日公开21件,5月28日公开5件,5月30日公开18件,6月3日公开84件,6月5日公开14件,6月6日公开9件,6月12日公开1件,6月13日公开12件,6月17日公开213件,6月18日公开5件,6月23日公开1件,7月1日公开1件,7月4日公开34件。详细数据分析参见图3。

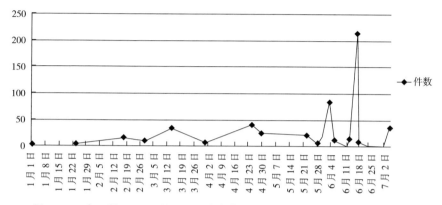

图3　2014年1月1日至7月26日北京市海淀区人民法院民事裁判文书公开情况

从图1—3可知,北京市三级人民法院的民事裁判文书公开情况呈现出大起大落的趋势。自2014年1月1日至7月26日,北京市高级人民法院仅公开过14次,2014年5月份甚至一件民事裁判文书都没有公开,以每个月20个工作日来计算,北京市高级人民法院的更新频率为10%;而北京市第一中级人民法院公开次数为22次,更新频率为15.71%;北京市海淀区人民法院公开次数为23次,更新频率为16.42%。并且,北京市三级人民法院文书公开的时间间隔大多比较长,北京市高级人民法院文书公开最长间隔时间为34天,平均间隔时间为8.92天;北京市第一中级人民法院文书公开最长间隔时间为24天,平均间隔时间为7.90天;北京市海淀区人民法院文书公开最长间隔时间为24天,平均间隔时间为7天。

而笔者浏览了其他省份裁判文书的公开情况,且以海南省为例。海南省高级人民法院在《关于人民法院在互联网公布裁判文书的规定》正式生效实施后最早公开裁判文书的时间是2014年3月31日,并且自3月31日至5月20日其所公开的民事、刑事、行政裁判文书的案号均为2012、2013,没有一件裁判文书的案号是2014,直至2014年5月21日,才开始公开案号为2014的生效民事裁判文书,而案号为2014的刑事、行政裁判文书的公开时间更晚。

由此可见,我国各省、市、自治区各级人民法院的裁判文书更新频率偏低,未能充分践行《关于人民法院在互联网公布裁判文书的规定》中所要求的及时原则。

(三) 裁判文书从判决到上网的时间周期长

笔者从北京市三级人民法院各随机抽取了5件民事裁判文书,并以此为基础对裁判文书从判决到上网的时间周期进行分析。

北京市高级人民法院:北京玫瑰园别墅有限公司与北京源鑫房地产开发有限公司建设用地使用权转让合同纠纷上诉一案,于2014年1月21日宣判,2月27日公开,时隔36天;北京当代医院姓名权纠纷申诉、申请一案,于2014年2月17日宣判,3月31日公开,时隔41天;付香鱼医疗损害责任纠纷申诉、申请一案,于2014年3月19日宣判,4月29日公开,时隔40天;汪某离婚纠纷申诉、申请一案,于2014年4月18日宣判,6月6日公开,时隔48天;刘德明合伙协议纠纷申诉、申请一案,于2014年5月16日宣判,7月4日公开,时隔48天。

北京市第一中级人民法院:田立源上诉焦健返还原物纠纷一案,于2014年1月20日宣判,2月27日公开,时隔37天;潘伟与赵亚洲股权转让纠纷上诉一案,于2014年1月17日宣判,4月24日公开,时隔96天;徐秀霞等因申请诉中财产保全损害责任纠纷上诉一案,于2014年5月12日宣判,5月22日公开,时隔9天;冀党生上诉物华置业股份有限公司等确认合同无效纠纷一案,于2014年1月20日宣判,6月17日公开,时隔147天;乌兰与鲍金华买卖合同纠纷上诉一案,于2014年7月8日宣判,7月17日公开,时隔8天。

北京市海淀区人民法院:北京中冶建设出租汽车诉易琳等机动车交通事故责任纠纷一案,于2013年12月29日宣判,2月27日公开,时隔59天;顾峰等与顾国泉等合同纠纷一案,于2014年3月6日宣判,4月29日公开,时隔53天;王国印与中京保安服务(北京)有限公司劳动争议一案,于2014年1月24日宣判,5月22日公开,时隔117天;梁浩与比科特通讯技术(北京)有限公司股东知情权纠纷一案,于2014年2月10日宣判,6月3日公开,时隔112天;王淼与北京天地泰房地产经纪有限公司房屋租赁合同纠纷一案,于2014年3月25日宣判,7月4日公开,时隔100天。

《关于人民法院在互联网公布裁判文书的规定》第8条明确规定:"承办法官或者人民法院指定的专门人员应当在裁判文书生效后七日内按照本规定第六条、第七条的要求完成技术处理,并提交本院负责互联网公布裁判文书的专门机构在中国裁判文书网公布。"而综观北京市三级人民法院的裁判文书公开时间,绝大多数都没有遵守这7日的期限,从文书宣判到文书上网的时间周期非常长,违反了裁判文书公开的及时原则。

(四) 裁判文书未按法定要求公开

依据《关于人民法院在互联网公布裁判文书的规定》第6条的规定:"人民法

院在互联网公布裁判文书时,应当保留当事人的姓名或者名称等真实信息,但必须采取符号替代方式对下列当事人及诉讼参与人的姓名进行匿名处理:(一)婚姻家庭、继承纠纷案件中的当事人及其法定代理人;(二)刑事案件中被害人及其法定代理人、证人、鉴定人;(三)被判处三年有期徒刑以下刑罚以及免于刑事处罚,且不属于累犯或者惯犯的被告人。"

1. 应匿名而未匿名

笔者在中国裁判文书网上输入关键字"离婚"进行检索时,发现部分法院未能完全将应当匿名的当事人进行匿名处理。如,湖南省临湘市人民法院公开的龚丽君与王继广离婚纠纷民事裁定书、陈炳发与余会平离婚纠纷民事判决书、郭先仲与卿娟离婚纠纷民事裁定书等离婚裁判文书,尽管在公开的裁定书正文中将当事人姓名做匿名处理,但标题中的当事人姓名却未匿名。

2. 不应匿名而匿名

笔者在中国裁判文书网上随机抽查了部分省市中级人民法院公开的刑事裁判文书,发现其均遵照规定对法定应匿名的人员进行了匿名处理。但是,却有个别中级人民法院对不应匿名的人员也作了匿名处理。如广东省深圳市中级人民法院公开的刑事裁判文书中,将被告人的代理律师及律师事务所也作了匿名处理,如刘传淦受贿罪一审刑事判决书、周泽和诈骗罪二审刑事裁定书等。而广东省高级人民法院、广州市中级人民法院、清远市中级人民法院等公开的刑事裁判文书中并未将代理人作匿名处理。

二、美国法律文书网上公开的特点

(一) 有专门的法律进行规制

美国的《电子政务法》(E-government Act)对法院上网的内容、时效以及隐私均作了规定。美国《电子政务法》第 205 条规定:所有联邦法院必须建立独立的法院网站,公开以下基础信息:(1)法院的联系方式和地址;(2)法院诉讼规则和条例;(3)法院的内部规定;(4)所有案件的流程信息;(5)与案件有关的全部实质性书面意见(包括判决书、律师诉状、第三方提交的法律意见);(6)法院必须提供多种电子下载格式。任何书面意见和裁判文书一旦上网,就不得从网站撤下。[①]

(二) 公开的内容广

美国法律文书公开的范围更广,除了公开判决书,还公开当事人的文书,是非

---

① 参见最高人民法院司改办编译:《裁判文书公开的域外经验》,载《人民法院报》2013 年 11 月 22 日,第 5 版。

常细致的案件的文书,如刑事案件被告人的律师开庭陈述和结案陈词、上诉人的上诉状和被上诉人的答辩状等。

如美国最高法院的官方网站①设定裁判文书公开专栏,公开项目包括:庭审安排、庭审记录、判决摘要、判决意见(含异议意见、协同意见)和法庭指令与公报。所有案件的判决书、诉状、答辩状、律师意见、"法庭之友"意见书和相关下级法院判决全部可以通过案号、案名和当事人名称进行查询。其他联邦下级法院的网站也参照最高法院网站,公开所有裁判文书和相关诉讼材料。②

（三）多个网站公布法院的文书

除了联邦、州的各自法院公布文书,还有一些专门的网站公布法院的文书:

(1) LexisNexis 数据库载有美国各级法院的案例及判决书。LexisNexis® CourtLink® 美国法院案卷检索系统不仅是全美法院案卷联网的信息平台,还是最大、最全、最更新的美国联邦及各州法院的案卷及相关文件数据库。③

(2) 此外 Westlaw 上也可以查到美国案例的资料。Westlaw 数据库是由汤森路透法律信息集团旗下美国 west 出版公司于 1975 年开发的综合性法律、法规、新闻和公司信息平台。④ 有美国联邦法与各州的法律,并提供法律案例的全文资料、判例法(case law)等。⑤

(3) 美国 Find Law 的网站上还可以订阅判决书,包括美国最高法院、美国13个联邦上诉法院、美国各州最高法院以及上诉法院的判决书。⑥

(4) 1998 年,美国法院建立了通过互联网公开案件信息的系统——PACER (Public Access to Court Electronic Records),在这个系统中,美国法院的大部分案件都可以被公众查阅。该网站允许用户查阅联邦上诉、区法院和破产法院的案例和摘要信息。

（四）公开的形式多样

公开的形式有文字的,也有录音的。法庭的审理录音通常在案件审理几天之后

---

① 美国最高法院的网址是 www.supremecourt.gov。
② 参见最高人民法院司改办编译:《裁判文书公开的域外经验》,载《人民法院报》2013 年 11 月 22 日,第 5 版。
③ LexisNexis® CourtLink® 包含超过 1.68 亿美国联邦及各州法院的案卷及相关文件;近 20 年的原始案件资料,涵盖案情摘要、起诉状和相关案件的动态信息,完整还原案件历史及进程;辩护律师、诉讼当事人、律师事务所、法官、法院或诉讼的性质的诉讼记录中提炼策略概要;诉讼各方:法官、对方当事人、律师、律所的翔实资料和充足的背景数据。参见 http://www.lexisnexis.com.cn/zh-cn/products/courtlink.page。
④ Westlaw 现在已经成为全球使用量最多的法律检索在线数据库。收录资料内容类型包括判例、法律法规、法学期刊、法学专著、教材、词典和百科全书以及新闻、公司和商业信息。
⑤ Westlaw 不仅包括美国的案例及其全部资料,还包括英国、欧洲、加拿大以及中国香港特别行政区的案例及其全部资料。
⑥ 注册之后,输入相关信息和邮箱,选择案件的类型,该网每周就会把新的案件发到邮箱,之后点击进入后能够查看最新案件的判决书。

在该法院的网上就可以查到,录音记录可以下载,文字记录有的法院是需要购买的。

（五）检索方便

美国州法院的裁判文书通常都可在"判决文书"一栏查询。检索方式包括四种:案件编号、当事人姓名或组织名、律师姓名、案件名。

（六）上网快

美国《电子政务法》要求法院必须对各类信息定期更新。如美国最高法院每天下午公布每日的庭审书面记录。每周五下午,网站还会公布本周庭审的音频记录。①

（七）关联性的搜索

将上网的一审文书、二审文书、诉状、上诉状和其他程序性指令以便利、适当的方式建立关联,方便检索、对比和分析。

（八）隐私的保护

美国《电子政务法》要求,涉及国家秘密、国家安全和当事人隐私的信息不得公开。联邦最高法院和各州最高法院应当制定专门条例,隐去电子文档中涉及个人信息的部分,以保护个人隐私和安全。法院制定的专门条例应当包括与当事人协商公开范围的内容,但当事人不得滥用隐私权,要求法院隐去包括个人姓名（未成年人或性犯罪受害人除外）或企业名称在内的必要性内容。各法院每两年向国会上报一份关于个人隐私和安全条例的实施情况报告。②

三、完善裁判文书网上公开的建议

与美国法律文书上网相比,我国法律文书上网存在很大差距。尽管最高人民法院已经建立了统一的中国裁判文书网作为裁判文书网上公开的平台,但是该文书网还有待完善。笔者结合自己在中国裁判文书网上检索的切身体会,对完善裁判文书网上公开提出如下建议。

（一）统一裁判文书的名称

2014年7月26日,笔者在中国裁判文书网上的检索窗口输入关键词"离婚"

---

① 笔者2012年4月曾在美国的联邦上诉巡回法院旁听了一起肉食品协会诉美国农业部的上诉案件,之后没过几天,网站上就有了该案件的庭审录音和文字记录,但是文字记录是收费的。
② 参见最高人民法院司改办编译:《裁判文书公开的域外经验》,载《人民法院报》2013年11月22日,第5版。

进行搜索,发现检索结果中的文书名称并不十分统一,尽管大多都是"某某诉某某离婚纠纷一审民事判决书"或"某某诉某某离婚纠纷一审民事裁定书",但仍然有不少文书的名称并不统一。在笔者的检索结果中,以四川省隆昌县人民法院最为特殊,其离婚裁判文书的名称格式为"某某诉某某离婚纠纷案(2014)隆昌民初字第×号民事××书",如"叶某某诉被告胡某某离婚纠纷案(2014)隆昌民初字第800号民事裁定书""隆昌县人民法院王某诉张某离婚纠纷案(2014)隆昌民初字第1821号一审民事裁定书"等,即其名称中有年度和序号。在检索中本身有案号一栏,案号就是包括年度和序号,笔者建议在名称中可以把这些省去。

因此,笔者认为,实有必要对裁判文书的名称进行统一,即将民事案件与行政案件裁判文书的名称格式统一为"原告的姓名或名称与被告的姓名或名称+案由+审级(一审、二审、再审)+文书名称(判决书、裁定书)",如张三与李四买卖合同纠纷一审民事判决书;将刑事案件裁判文书的名称格式统一为"被告人+罪名+审级+文书名称",如王五故意伤害罪再审刑事判决书。

(二) 统一匿名处理的方式

仍然以婚姻家庭案件为例。依据《关于人民法院在互联网公布裁判文书的规定》,婚姻家庭案件的当事人是必须匿名处理的,然而,最高人民法院对如何匿名处理并未作出具体规定,而是由各法院自行处理。实践中,各级法院匿名处理方式也五花八门。其中,使用最普遍的匿名处理方式便是将姓氏保留,将名以"某""某某"匿之,如张某、孙某某。然而,有的法院较为别出心裁,其匿名方式为"×""××""×1""×2",如北京市东城区人民法院的"郭×与徐×离婚纠纷一审民事判决书"、北京市西城区人民法院的"侯×与王×1等法定继承纠纷一审民事判决书"。

因此,有必要统一各级人民法院匿名处理的方式。笔者建议,将需要匿名处理的人员统一匿名格式为"姓氏+某"或"姓氏+某某",如遇外国籍人,则为"首字母+某",如张三为"张某"、王小二为"王某某"、David为"D某";如案件中双方当事人为同姓,则冠以"甲""乙""丙",而非数字1、2、3,如"李某甲""李某乙""李某丙";如不同案件的当事人为同姓,且均需匿名处理,也可冠以"甲""乙""丙"。如此,便可以避免出现如浙江省象山县人民法院所出现的尴尬情况。①

(三) 完善裁判文书的检索

目前,中国裁判文书网上的检索方式有两种:一是一般检索,即输入"关键词"或者"案号"进行检索;二是高级检索,即输入或者选择"关键词""案号""案

---

① 2014年8月1日,浙江省象山县人民法院提交的两份危险驾驶罪一审刑事判决书因当事人的姓氏皆为"韩",且均需匿名处理,因此,浙江省象山县人民法院分别将裁判文书命名为"韩某危险驾驶罪一审刑事判决书"和"韩某危险驾驶罪一审刑事判决书(1)"。

由""案件类型""文书类型"和"审理法院"进行检索。而裁判时间是可以自由设置的。

其中"关键词"检索覆盖面非常广,只要裁判文书中出现该关键词,就会被检索到。比如输入一个人的姓名,如果该名字再大众化一些,就会得到很多的检索结果。因为名字可能是当事人的名字,也可能是出现在文书中律师的名字,也可能是审判员和书记员的名字。而高级检索由于条件项更多并且精确匹配,因而能够比较精确地检索到目标案件。但是,不足之处在于,在高级检索中,仅输入案号如"123"是可以检索到一系列案件的,然而,仅输入案由如"离婚纠纷"是检索不出结果的,必须与关键词或者案号搭配检索方能出现检索结果。

因此,笔者认为,裁判文书的检索方式尽管有不少优势,如简便、容易操作等,但仍然有待完善。笔者建议增加裁判文书标题检索,如此方便人们更好、更快地检索到目标案件,而不会出现检索离婚案件时出现一些非离婚案件的检索结果。另外,还应当开放案由检索,使人们在输入案由时即可检索到案件,亦便于统计同一个案由的案件数量等。

（四）建立关联性的检索

如前所述,美国网站上还建立一审、二审甚至再审文书之间的链接。对于公众来说,有时候不仅要了解案件裁判文书的内容,还想知道案件的整个审理过程,案件的最终判决。建立一审、二审或者再审之间的链接,对于了解案件的整体情况,进行对比有十分重要的意义。比如凡是二审裁判文书上网时,链接到一审文书;再审裁判文书上网时,还要链接到一审、二审文书及其相关文书,比如再审决定书。

（五）多个网站多种形式上传多种法律文书

在《关于人民法院在互联网公布裁判文书的规定》出台之前,一些法院在自己的法院网上公开裁判文书,目前各个法院的网上不再上传文书,统一由中国裁判文书网发布。此外,万律中国（Westlaw China）上也载有裁判文书。

笔者建议,在完善裁判文书上网之后,逐步扩大上传文书的范围,包括律师的起诉状、答辩状、辩护词、代理词等,法庭的审理记录等。采用多种形式,如录音,各个法院在审理之后将庭审录音上传到各自法院的网上。

四、结语

继 2003 年、2007 年之后,十八届三中全会开启了第三轮司法改革。裁判文书网上公开是司法改革中的一项重要举措,其能够以公开促公正之力倒逼法官提升业务素养,助推司法公正和司法透明,有效抑制司法腐败。然而,裁判文书公开也是一把"双刃剑",在其施行的过程中不可避免地会出现这样或那样的问题,阳光司法固然是民心之所向,但是,阳光太强烈也会灼伤人。因而,如何更好地推动裁判文书上网,如何更好地推进司法公开,其道阻且长,仍需我们不断探索前行。

从法律文书公开引出的对法学学生
实施主体性教学的思考

张 辉[*]

当今社会,人们已经越来越体会到司法公证需要凭证和载体来表达和传达,社会不仅关心纠纷的解决结果,更关心纠纷的解决过程。因法律文书是司法审判工作的"产品",直接承载、传递、体现司法活动的公平和效率。2014年1月1日,最高人民法院《关于人民法院在互联网公布裁判文书的规定》生效实施。按照该司法解释的规定,即日起,最高人民法院、高级人民法院、中级人民法院以及东部10省(市)基层人民法院的生效裁判文书,除涉及国家秘密、个人隐私、未成年人违法犯罪等特殊情形外,应当在生效后7日内统一上传至中国裁判文书网向社会公布。继法院的裁判文书公开后,最高人民检察院检察长曹建明在全国人大十二届二次会议上已明确提出建立检察机关终结性法律文书向社会公开制度,全国各地检察机关结合本地区实际积极探索对本院作出的不立案、不逮捕、不起诉、不抗诉、不支持监督申请等终结性法律文书在网上进行公开的工作,以接受当事人和社会公众的查阅和监督,增强司法公开的主动性和及时性。

无论是法院的裁判法律文书公开还是检察院的终结性法律文书用法律文书上网的方式进行公开,回应了公众对司法公正的质疑,将司法结论置于公众的视野之内,接受社会的全方位"检阅",客观上要求办案人员在认定事实和适用法律上必须有严谨的论证,评论上必须有难以辩驳的说服力,同时还必须满足当下最普遍的法情感。这样的要求,对每一位司法从业人员的政治责任、职业操守、法律适用能力、文字表达水平都是严峻考验。用法律文书上网的方式应对舆论,将促使司法从业人员努力提高业务能力,"迫使"法律人向"法律专家型法律人"转变,谨慎地对待每起案件的法律文书制作,减少失误、杜绝错误,从而使司法真正具有权威和公信力。在这种情形下,极大地提高了终结性法律文书制作者的法律素养。那么对于培养未来法律人的高校法学教师来说,在法律课程的教学过程中,应以"培养法律理念"为宗旨,以"培养学生的法律技能"为基础,制定明确的教学

---

[*] 张辉,2001年西南政法大学硕士研究生毕业,海南政法职业学院。

方针,使学生除了能学会法律知识与技能,也能树立正确的法律价值观。

学校教育无法把人类积累和创造的全部知识转化成学生的个体知识,法学教育也毫不例外。所以法学教育的着眼点不能只停留在向学生灌输死的知识,而应开启学生的思路,传授获取法律知识的方法,培养其探究法律知识的精神,鼓励其自主学习。未来社会自学能力是法律人可持续发展的重要能力,是知识经济时代终身教育的必然要求。因此,实施主体性教学,让法学学生自主学习,不仅是减轻学生负担,使法学教学走出"苦教""苦学"误区的教学方法问题,更是教育适应时代要求培养合格法律人才的重要任务。

在法律教学过程中,实施主体性教学核心问题是要改革传统的教师主宰课堂的模式,让学生自主学习,构建教师和学生互动、共同参与课堂活动的新模式。要把主体性教学的现代教学思想落到实处,就要做好以下几个方面的工作。

一、教学时间的制度性和自主性相结合

课堂教学是师生共同参与、相互作用、创造性地实现教学目标的过程,是师生在一定的时间内进行的,以培养学生主体为目标的课堂教学活动,首先在时间上就应该给学生提供保障。

目前法学教育仍实行自工业革命以来形成的以固定时间单位组织教学的制度化体系,虽然对推进教育的规模化和标准化,促进教育的迅速普及起到了不可取代的作用,然而它也存在弊端:一是教学时间的分配上存在单向性,不利于学生主体性培养;二是教学时间的机械平均分配,既缺乏灵活性,又不利于教学内容的安排和学生学习活动的连续和完整。

主体性教育思想注重培养学生独立学习能力和对学习认真负责的态度,注重给学生学习的自主权,使他们成为学习活动的主体。因此,在教学时间的安排上,要给学生以一定的自由,给学生主动获取、形成、发现知识的过程,给他们自我选择学习的机会,使教学时间的安排和组织具有灵活性和伸缩性。在主体性教学课堂上应设立学生"自我学习"时间,将"制度化"时间与"自我学习"时间结合起来。在"自我学习时间"内,学生作为"自然学习体"能加入到教学之中,按个人兴趣在教师指导下进行有目的的学习。这就可以为学生主体性的培养和发展提供实现条件。

二、教学空间的固定性和开放性相结合

目前传统的教室空间将教师站立空间与学生座位空间一分为二,无形中拉开了师生交流的距离,讲台成为教师居高临下的中心点和教师传授型课堂权利空间

的中心点。整个教室空间处于教师全方位的控制下,从而抑制了学生的独立性、能动性和创造性的发展。

主体性的课堂教学是师生共同参与共同交流的多边活动。师生之间是一种民主、平等、合作的交往关系。因此,主体性教育课堂应更自主开放,以便师生主动参与、积极交往。教室内课桌椅的摆放应以有利于师生、学生之间的主动讨论与交流为原则,讲桌与课桌可以固定排列,也可以根据教学需要采取各种摆法,如"组团式""圆桌式"等。主体性课堂教学的空间还要从"大课堂观"出发,不仅仅局限在教室、实训室,应充分利用整个社会有用资源,如组织学生到公安、检察院、法院、律师事务所或政府相关部门见习、实习,让他们自己寻找、探究课题并将其完成;到图书馆查询资料,培养其自主获得知识与经验的能力。因此,主体性课堂教学的空间应是固定式与开放性相结合的,这样就从教育空间结构上为学生主体性的发展提供了可能。

三、法律课教学设计的科学性和人文性相结合

现代的法学教学设计理论认为,法学教学设计就是运用系统科学的方法,遵循教学过程和学生的认知规律,对法学教学活动进行系统规划。显然,这主要以"技术"的眼光看待与处理教学,强调课堂教学中"物"的因素,诸如按教学规律对教学结构、教学方法、教学媒体的设计等,但是教学设计不仅要坚持科学性,而且必须考虑人文性。忽视了人的因素,忽视了人的价值和情感的教学设计必然会导致学生主体性的消失和个性的泯灭。所以主体性教学设计必须坚持科学性与人文性相结合,必须关注人,关注培养"完美的人"这一教学的终极目的。

四、教学设计中重视动力因素的激活

实施主体性教育,就是充分发挥师生在教学活动中的主体性。教师要想让学生自觉主动地参与教学,就必须在教学设计中重视学生学习动力因素的激活。激发学习动机,产生学习动力。实施主体性教学对学生进行学习动机的教育,要从学生身心发展的规律出发,要从人的发展的内在需要出发,使学生从根本上认识到学习是他自己的事,是自身成长的需要,是任何人不能替代的,从而增强自主意识,明确自己是学习的主人,产生自主的学习愿望和强大的学习动力。

(一)培养学习兴趣,维持学习动力

托尔斯泰说:"成功的教学需要的不是强制,而是激发学生的兴趣。"可见兴趣是学生求知的原动力,培养和激发学生产生乐学效应,改善学生心理和学习状

态,形成理想的教学情境和氛围,是学生自觉主动学习的强大动力。教师要根据法学学科特点,巧设激趣情境,如精心设计导语,巧妙清除学习障碍,提高语言修养,使用各种教学媒体等,使学生在教学中保持浓厚的学习兴趣,并做到心境不衰,调动学习的积极性和自觉性。

(二) 强化激励机制,增强学习动力

每个学生都有一种被肯定的心理需要,在法学教学过程中,教师适时地运用激励机制,对学生进行肯定、鼓励可以帮助学生取得学习上的成功。教师要进行分层教学设计,对不同学生提出不同要求,给予不同的学习任务,使他们都有获得成功的机会,还要设计成功期待,激起学生的潜在力量,激发学生奋发向上的精神;同时要充分发挥教学评价的激励机制,使教学评价在正确判定教学情况的前提下,给学生促进和鼓励激发其向更高的目标迈进。

五、教学设计中重视情感因素的投入

情感性是指课堂教学设计要注意加强师生、学生之间的情感交流,建立和谐的人际关系,营造和谐、民主的教学气氛,促使学生有效学习。要让学生自主学习,就要重视情感因素。

教师要关心和热爱每一位学生,要帮助学生解决学习中遇到的难题,要通过自己的言行表达对学生的喜爱和赞美,以此缩短师生之间的距离;教师要尊重学生,尊重学生的主体地位,尊重学生的人格和性格特点,不要伤害学生的自尊心;教师在教学中还要以情激情,以饱满的情绪对待每位学生,并善于运用教学内容中的情感因素来激活、感染学生的情绪,渲染课堂气氛;除此以外,教师还要注意教学民主,在民主的环境中学生之间、师生之间的情感才最易和谐,才能达到互相尊重、互相促进、教学相长。

六、教学设计中重视活动因素的贯穿

课堂教学设计中教师要通过活动使学生最大限度地处于主体激活状态,能积极主动地动手、动口、动眼、动脑,使教学成为学生自己的学习活动。

在教学中,教师不仅要关注学生掌握法学知识结论,更要关注学生对法学知识发生过程的理解。关注过程,意味着教学中注重学生领悟形成知识结论的科学方法和科学态度,从而使课堂教学过程更多地渗透人文;其次是开展参与教学,即运用多种方式、途径和策略,引发和鼓励所有学生主动参与到教学案例的讨论中来,给予学生更多的自我选择、自我设计、自我操作及交流评价的机会,促使学

生自主学习能力的形成;还要开展合作学习,促使学生互动,给学生提供更自由的相互交流的机会,从而提高学习效率。

实施主体性教学,让学生自主学习,学会学习,这是时代赋予我们法学教育工作者的最迫切的任务,作为法学教师的我们都应特别重视并出色完成,为未来社会培养更多的法律优秀人才。

参考文献

1. 李祖平:《强化法学实践教学 培养创新型法律人才》,载《前沿》2005 年第 4 期。

2. 王晨光、陈建民:《实践性法律教学与法学教育改革》,载《法学》2001 年第 7 期。

3. 吴旭莉:《法律文书写作课程教学改革探索》,载《中国科教创新导刊》2007 年第 4 期。

4. 郑琦:《双向互动式主体性教学法——行政法学教学改革札记》,载233网校论文中心。

同一判决中对"职权"的双重标准

——孙某被控国有公司人员滥用职权罪、受贿罪案判决书评析

梁雅丽[*]

【案件基本情况】

孙某自 2003 年至 2005 年担任上海某某船舶管理有限公司副总经理,2005 年因工作需要调离该船舶管理有限公司到上级单位上海某某运输有限公司船运部任职,2008 年辞职。因涉嫌国有公司人员滥用职权罪,于 2011 年 1 月 14 日被刑事拘留,同年 3 月 16 日被逮捕。2011 年 12 月 7 日,上海市人民检察院第二分院以孙某涉嫌国有公司人员滥用职权罪、受贿罪,向上海市第二中级人民法院提起公诉。2013 年 3 月 1 日,上海市第二中级人民法院作出(2011)沪二中刑初字 170 号刑事判决。

笔者认为,上海市第二中级人民法院对孙某滥用职权罪和受贿罪两项罪名均作出有罪认定,但在证据的采信和事实的认定上分别采用了不同的标准;即在滥用职权行为的事实认定和证据采信上,采用了严格标准——通过缩小上海某某船舶管理有限公司的经营范围而把集装箱租赁业务排除于经营范围之外,从而为孙某滥用职权的行为找到了"依据";而在对孙某受贿行为的认定时,对孙某的"职权"却采用了宽松的标准——通过将上海某某船舶管理有限公司的经营范围扩大到包含船舶买卖居间等领域,而将孙某利用个人知识、经验和技能为周某某、陈某某购买船舶提供便利的行为,认定为职权范围内的行为,从而为判决孙某犯受贿罪找到了"依据"。就同一判决中对于两个行为适用了截然相反的标准,下面笔者就法院对事实认定、证据采纳(也是控辩双方争执的焦点)及其所阐述的理由加以评析。

---

[*] 梁雅丽,法律硕士,北京市律师协会商事犯罪预防与辩护委员会委员,北京市京都律师事务所高级合伙人。

一、法院认定被告人孙某滥用职权的事实认定及其所持理由

所谓滥用职权,是指国家机关工作人员故意逾越职权或者不履行职责,致使公共财产、国家和人民利益遭受重大损失的行为。针对法院对被告人孙某的有罪判决,关键在于其是否滥用了职权。以下从三个方面加以分析。

1. 法院所认定的事实及理由

法院根据工商登记资料、批复等认为,上海某某船舶管理有限公司的经营范围包括船舶买卖、租赁以及其他船舶资产管理,机务、海务管理,安排维修等在内的船舶管理业务,没有集装箱租赁业务。

基于上述认定的事实,法院认为,上海某某船舶管理有限公司从事的集装箱租赁业务未依法经工商登记,属于超经营范围的行为,作为该公司负责人的两被告人李某某、孙某是明知的。显然,法院对于"职权范围"作了缩小范围的限定,即严格以"工商登记范围"为职权的边界。

2. 上海某某船舶管理有限公司的实际经营范围

上海某某船舶管理有限公司经登记的经营范围主要是船舶管理,而船舶的种类繁多,集装箱船就是其中之一。集装箱船就是以集装箱作为装载货物的工具,因此集装箱是集装箱船舶运输的必备工具,或者说是集装箱船舶的有机组成部分,否则即无所谓集装箱船舶,就像卡车的车厢即为卡车的组成部分一样。因此,集装箱租赁就是(集装箱)船舶管理这一主营业务的合理、自然的延伸。在商法理论上,商行为的最基本或最主要的分类是基本商行为和附属(辅助)商行为。通俗地讲,基本商行为就是公司经营范围中的主营业务,如本案中上海某某船舶管理有限公司的船舶管理即是;附属商行为是公司为了基本商行为的主营业务的顺利实施而附带进行的行为,如船舶运输企业附带进行的货物仓储业务即是。而本案中,相对于上海某某船舶管理有限公司的主营业务(集装箱)船舶管理而言,集装箱租赁业务较之于附属商行为更接近主营业务,甚至就是主营业务的组成部分或表现形式。

3. 集装箱租赁业务并未超出上海某某船舶管理有限公司的经营范围

从逻辑上讲,(国有)公司高级管理人员的职权范围或来自董事会授权、或股东会决议或公司章程的规定等。而董事会对董事及经理等高级管理人员的授权可以是明示的,也可以是默示的。

事实表明,上海某某船舶管理有限公司与俄方之间的业务分为船舶管理和集装箱租赁两部分,公司业务部门在收到俄方支付的款项后,均通过电子邮件、传真等方式与俄方确认款项的性质,财务部门则根据业务部门的确认而分别作为船舶管理费和集装箱租赁费入账。而且从2005年起集装箱业务单独列作租箱费用科

目,财务部门也是根据业务部门与俄方确认的付款性质,分别作为船舶管理费和集装箱租赁费入账,并报公司领导审阅同意。且上级单位上海某某运输有限公司对该船舶管理公司的集装箱租赁业务是明知的。

由此可见,虽然上海某某船舶管理有限公司登记的业务范围没有集装箱租赁业务,但上述事实表明,上海某某船舶管理有限公司已经通过默示授权而使李某某、孙某具有了开展集装箱租赁业务的职权。而且集装箱租赁业务并不是须经主管部门许可的业务领域。因此,孙某所为的集装箱租赁业务不是滥用职权的行为。基于此,法院判决孙某犯滥用职权罪所认定的事实错误,在此前提下所适用的法律也是错误的。

而且,随着经济竞争的加剧,商机变得越来越难以捕捉并稍纵即逝,以及因顾及对善意的交易伙伴信赖利益和期待利益的保护,早在20世纪英国已放弃在公司经营范围上所奉行的"越权原则",世界各国亦随之逐渐放弃这一原则。《中华人民共和国公司法》(以下简称《公司法》)等法律法规也不再恪守"越权原则",即所谓的"公司超越经营范围的行为无效"的陈规,除法律明确规定须经行政机关批准的经营项目以外。根据私法的意思自治原则,或者说法无禁止皆可为的原则,只要无须行政机关许可的业务,即使未经工商登记机关登记,公司也可以从事。工商登记的经营范围只是对公司主营业务或常规业务的相对宣示,而不具有限制公司开展与主营业务相联系的业务(附属商行为),乃至毫不相关的业务的开展。

基于上述原因,孙某在公司法定代表人李某某的明知与同意下开展的集装箱租赁业务,完全是在公司的经营范围之内所为的职务行为。法院判决被告人孙某犯滥用职权罪错误。

二、法院认定被告人孙某受贿的事实认定所持理由

1. 法院确认的孙某受贿的相关事实

(1)被告人孙某2005年9月至2008年7月担任上海某某运输有限公司航运部副部长并主持航运部各项工作,此前担任上海某某船舶管理有限公司副总经理并主管经营业务。

(2)船舶买卖、租赁等业务不是上海某某船舶管理有限公司的经营范围,上海某某船舶管理有限公司为了让船东将购买的船舶交公司管理,为船东提供了相关船舶信息、技术咨询、介绍租船单位等服务,孙某的行为代表上海某某船舶管理有限公司。

法院认为,根据2001年10月施行的原交通部《国内船舶管理业规定》的规定,船舶经营人可以提供的业务范围包括船舶买卖、租赁等船舶管理服务。上海

某某船舶管理有限公司作为船舶管理经营人在经营范围内为周某某、陈某某提供了相关船舶信息、技术咨询、介绍租船单位等服务,孙某作为具体负责人是在履行公司所赋予的职责,其行为代表上海某某船舶管理有限公司。孙某为周某某、陈某某所提供的服务,既是公司船舶管理业务的衍生,也是孙某的职责所在。因此,认定孙某是利用职务上的便利,为他人谋取利益。

2. 孙某并未利用职务上的便利为他人谋取利益并收受贿赂

"利用职务上的便利",是指利用本人职务范围内的权力,即自己职务上主管、负责或者承办某项公共事务的职权及其所形成的便利条件。周某某、陈某某与孙某曾担任副总经理的上海某某船舶管理有限公司存在船舶委托管理关系,但是根据船舶管理协议约定的内容及交通运输部《国内船舶管理业规定》之规定,船舶管理业务仅仅是为船东的船舶适航需求提供服务的业务。而孙某所任职的公司经营范围中并没有船舶买卖、租赁业务,而且该业务实施的前提要件之一是取得主管机关的行政许可。即使该公司取得了经营"许可证"并不意味着其实际上的经营范围就有船舶买卖、船舶买卖经纪、船舶租赁经营等业务,即上海某某船舶管理有限公司若要实际开展船舶买卖、船舶买卖经纪、船舶租赁经营等业务,必须持主管机关核发的"许可证"到公司登记机关获得登记以后,才成为其实际上的经营范围。因此,在上海某某船舶管理有限公司既未取得从事船舶买卖、租赁的经营许可,也未与周某某、陈某某等签订为其进行船舶买卖等相关业务的协议,显然被告不具有公诉人认定的职务,当然也就无职务上的便利可言,同样也无利用该职务上之便利的可能。所以,以该公司船舶管理经营人的身份推定其具有船舶买卖等相关业务,既无客观根据,也无法律依据。

显然,法院在对孙某受贿行为认定时,对于其"职权"的界定采取了扩张解释,在上海某某船舶管理有限公司的经营范围的认定上,完全超出经营许可范围,人为地将"船舶买卖、租赁等业务",认定为该公司的经营范围,而且用一个"等"字将上海某某船舶管理有限公司的经营范围扩张到提供船舶买卖居间等领域,从而为将孙某的行为认定为"利用职务便利,为他人谋取利益,收受贿赂"找到"根据"。而实际上,孙某是利用自己的知识、经验和技能为他人提供船舶买卖等信息,这不在上海某某船舶管理有限公司的经营范围之内,而且孙某的这一个人行为既为上海某某船舶管理有限公司带来了船舶管理业务,同时也为公司谋取了佣金收入。这不但不是利用职务便利为他人谋取利益而自己从中收取好处,反而是"以私为公"的行为。

至于将孙某以借款名义所借款项认定为受贿,更是对事实的肆意歪曲。无论从法律关系的内容,即当事人的权利义务上,还是从法律关系的形式上,孙某与周某某、陈某某之间显属于借贷关系。至于是否约定有借款期限、利息等内容,均不影响借贷关系的成立,而且也没有相反的证据否认借贷关系。再从受贿罪的构成要件来看，也不具备利用职务便利、索贿受贿的客观要件。

综上所述，法院对孙某犯滥用职权罪和受贿罪的评判，在证据的采信和事实的认定上分别采用了不同的标准：即在滥用职权行为的事实认定和证据采信上，采用了严格标准——通过缩小上海某某船舶管理有限公司的经营范围而把集装箱租赁业务排除于经营范围之外，从而为孙某滥用职权的行为找到了"依据"；而在孙某利用职务上的便利，为他人谋取利益，索贿受贿行为的事实认定和证据采信上，却采用了宽松的标准——通过将上海某某船舶管理有限公司的经营范围扩大到包含船舶买卖居间等领域而将孙某利用个人知识、经验和技能为周某某、陈某某购买船舶提供便利，而且为公司带来利益的行为认定为职权范围内的行为，从而为判决孙某犯受贿罪找到了"依据"。

基于上述原因可以看出，法院就孙某犯滥用职权罪和受贿罪的判决违反了证据的客观性、关联性和合法性等规则，违背了无罪推定和以事实为根据、以法律为准绳等刑事司法原则和政策。

法院的这种做法与其肩负的公正司法的神圣职责相去甚远，与法律所追求的公平和正义背道而驰。正如英国哲学家、思想家、作家和科学家弗兰西斯·培根所言："一次不公正的审判，比十次犯罪所造成的危害还要严重，因为犯罪不过弄脏了水流，而不公正的审判则败坏了水的源头。"

侦查法治化语境下的公安刑事法律文书制作研究

——以警察刑事执法能力为视角

杜洪海*

为了实现刑事诉讼的任务,警察必须具备运用法律的能力。执法能力是警察的职业内容,也是其必须具备的职业能力,并且居于核心地位。[①] 执法能力的强弱决定其职业行为的质量的高低,它与执法水平、执法效果有直接、必然的关系。

"徒法不足以自行。"警察在刑事诉讼程序中,制作代表侦查行为起点、发生、终结的刑事法律文书的能力,与办案执法能力有着密切的联系。目前,警察刑事执法活动中存在的问题,集中反映出警察在执法能力上存在缺陷。在侦查法治化的视野下研究警察制作公安刑事法律文书问题,不失为探索警察如何具备良好的执法能力,提供合理的结构的有效途径。

一、警察执法能力的含义

能力,通说即是指人顺利完成某种活动所必需的心理特征。[②] 警察执法能力即运用法律的能力,具体讲就是依法履行职责、行使权力所必须具有的能力。

毋庸置疑,警察执法能力管理来源于警察权,而现代警察学认为警察权需在合法层面运作,才能发挥应有作用,故警察执法能力与警察权合法性具有密切的关系。另一方面,在侦查活动中,不论是从案件性质初步认定,还是进一步采取相关的侦查措施,总之从实体与程序的层面,虽然相关的决定并不一定是终局的(比如后续的检察院在侦查监督及审查起诉程序中,需对警察侦查行为进行审查),但不可否认警察的裁量权还是相当广泛的,这就需要其在遵循规则的同时,因势制宜,进行创造性的活动。

---

* 杜洪海,江苏警官学院法律系。
[①] 参见邢曼媛:《警察执法能力探析》,载《山西高等学校社会科学学报》2004年第10期,第70页。
[②] 参见黄希庭:《心理学导论》,人民教育出版社1990年版,第599页。

二、侦查法治化与提升警察执法能力的辩证关系

程序公正不仅是实体公正实现的前提和保障,而且本身也具有独立的价值。正当的法律程序,对于防止权力滥用、树立警察队伍形象,都有十分积极的作用。警察在刑事诉讼程序中,其所作所为直接关系到当事人的生命、财产、自由和安全,公正、合法办案是法治的基本要求。侦查程序中,衡量警察刑事执法行为正确与否的标准是法律,所以警察执法能力,首先表现为能够正确执行法律的能力。

在侦查法治化的背景下,执行法律是警察的职业内容,刑事执法能力是办理刑事案件警察必须具备的核心职业能力,它与执法水平、执法效果有直接、必然的关系。侦查法治化的要求界定了警察刑事执法能力的内容包括正确执法的方式和目的。

2012年修订的《刑事诉讼法》对人权保障的重视强化了侦查法治化的要求。一方面,侦查行为的实施往往伴随着强制力,另一方面侦查行为很容易对普通公民的生活及基本权益造成侵害。侦查权尤其需要接受法治程序的制约。2012年修订的《刑事诉讼法》提高了对人权保障的重视,也体现了对侦查程序的规制。

三、刑事法律文书制作能力与警察刑事执法能力的关系

法律文书的制作能力是司法人员办案能力、刑事执法能力的集中体现。行使公权力的警察刑事执法能力与执法职责、素质及理念息息相关。现今大陆法系国家逐步加大对刑事侦查(侦讯)的限制和保障嫌疑人权利的内容,侦查程序的规范具有了英美法系国家的许多特点。体现正当程序、侦查法治化的要求,理论及实务界从侦查行为,如搜查、取证、讯问、询问等角度研究警察刑事执法能力比较普遍,而从法律产品即侦查行为凭证之刑事法律文书(主要是叙述式的法律文书)的制作水平角度研究警察执法能力的较少。

(一) 公安刑事法律文书是体现司法公正的重要表现形式之一

公安机关刑事法律文书是公安机关在刑事诉讼程序中,依据有关法律、法规制作的,为了保障立案、侦查、起诉、审判、执行等的顺利进行而使用的,具有法律效力或法律意义的刑事法律文书。它是公安机关行使侦查权和对羁押犯罪嫌疑人、被告人、罪犯施行警戒看管的主要表现形式,是警务行为的真实记录,其制作贯穿侦查程序始终。它是研究犯罪活动规律的依据,是不可或缺的。

公安机关刑事法律文书是为正确适用法律服务的,是依据《刑事诉讼法》《公安机关办理刑事案件程序规定》的具体要求制定的,是公安机关打击各类犯罪的

重要手段,是查处案件工作中取证的关键和必须解决的主要矛盾,是证明犯罪嫌疑人有罪、无罪和罪重、罪轻的证据,是侦查办案警察易于获取的第一手资料(如讯问、询问笔录)。作为体现司法公正重要表现形式之一的公安刑事法律文书,是侦查机关执行刑事诉讼法的具体表现形式,即具体实施法律的重要工具、手段、记录、凭证、载体,一方面对保障公安机关正确执行刑事诉讼法,规范刑事执法活动具有十分重要的作用,另一方面也是惩罚犯罪与保障人权辩证统一、法律宽严相济原则的载体。

公安刑事法律文书的制作主体是单一的,各级侦查机关必须在法定的职权范围内制作相应的刑事法律文书。任何超越职权范围制作的刑事法律文书一律无效。[①] 我国《刑事诉讼法》对刑事案件的处理规定了具体的时限,侦查行为必须依照《刑事诉讼法》的规定进行,而公安刑事法律文书是将相关行为进行固定或者引起下一个诉讼行为的文字反映,在刑事诉讼中是不可缺少,或者说刑事法律文书已经成为侦查程序的一部分。与《刑事诉讼法》规定的时限相适应,相关公安法律文书必须在法定的时限内完成,超越时限而制作的刑事文书在法律上是无效的。此外,及时性、当场性也是公安法律文书制作的要求。

更为关键的是,办理刑事案件的警察的行为直接关系到当事人的生命、财产、自由和安全,必须公正司法、维护社会正义。警察的素质必然反映在其制作的刑事司法文书中。刑事法律文书的质量不仅仅是一个警察驾驭语言的水平问题,而且可以全面反映警察观察、分析、解决问题的执法能力。

故从我国的侦查法治建设的角度,从提高公安警务(刑事法律)文书的制作水平入手,进而提高警务工作质量和警察素质,以进一步彰显司法公正是一个重要且有效的途径。

(二) 警察刑事执法能力与刑事法律文书制作水平的关系

刑事法律文书之侦查文书是刑事诉讼第一阶段即立案侦查阶段的文书,是整个刑事诉讼活动的基础性文书。警察每进行一项刑事办案活动,必然要制作相应的刑事法律文书,以保证侦查办案活动的顺利进行。一起案件办案质量的优劣、执法水平的高低,与办案警察刑事法律文书制作水平、质量有着密切的关系。根据刑事诉讼中专门机关之间的分工负责、互相配合、互相制约的原则,作为整个刑事诉讼活动的基础性文书的侦查文书,其制作质量直接影响到检察文书和刑事裁判文书的质量。更为重要的是,对犯罪嫌疑人及其他诉讼参与人权利的重视和保护也可在刑事法律文书的制作中窥见一斑。

警察执行法律能力的高低与刑事法律文书的制作密不可分。警察刑事执法

---

① 参见张勇:《论公安法律文书制作的依法性》,载《河南公安高等专科学校学报》2004年第5期,第62页。

能力的构造包括认知能力、执法意识与行为能力、固定行为的能力。遵守程序的能力是一种自律能力,这种严格性、自觉性在刑事法律文书制作的过程中亦有一一对应的体现。警察的刑事执法能力的高低直接影响到人权保障的理念,程序正义的实现。警察制作刑事法律文书的质量好坏直接关系到侦查办案和羁押看管工作的执法情况优劣。要检查办案质量和执行法律情况,离不开审阅侦查机关刑事法律文书。法律文书的制作能力必然属于警察刑事执法能力构造的范畴,法律文书制作能力在警察刑事执法能力中居于重要地位。

四、警察刑事法律文书制作能力不足的现状与弊端

制作高质量的公安刑事法律文书(叙议式文书),不仅要求执法者既要具备全面的法律知识,又要具有较高的写作能力、概括能力和分析能力。

长期以来,警察公安刑事法律文书(叙述式)制作能力欠缺直接影响刑事侦查程序中的司法公正,警察刑事法律文书制作能力的不足阻碍了警察刑事执法能力的提升。因保障人权、侦查法治化等理念的滞后,及对制作法律文书在刑事执法中作用的忽视,警察刑事法律文书的制作水平整体上亟须提高。

(一) 机械重视公安刑事法律文书格式要求,忽略内容的法律性属性

长期以来,公安刑事法律文书特别是一些叙述性的诉讼文书如《提请批准逮捕书》《起诉意见书》等,不少制作者只是按照公安部规定的格式套,过于拘泥于文书格式而忽略了其中的法律性要求。拼凑内容,甚至错句、漏句频出,纯口语、非法律术语使用的现象也时有发生。对事实的叙述要么简单到事实要素都不齐全,要么面面俱到不加概括,将讯问与询问过程中的原话不加概括照搬进诉讼文书,更不用说注意证据的归类及法言法语等要求。

2012版《公安机关刑事法律文书式样》中对《提请批准逮捕书》《起诉意见书》均有要"分列相关的证据,并说明证据与相关事实的关系"的要求。[①] 对于"说明证据与相关事实的关系"是较2002版新的要求,很多办案警察表示无从下手,在具体制作的时候,要么忽略,要么写得不规范,表现出办案警察对证据之间的关联性及证据形成过程的合法性的重视度不够,反映在制作法律文书的方法和技能方面的不足很明显。

(二) 忽略说理,对公安刑事法律文书是警察执法能力的体现重视不够

虽然公安刑事法律文书特别是诉讼文书属于诉讼起始状态的文书,从法律及

---

① 参见王磊编著:《公安法律文书大全与制作详解》,中国法制出版社2014年版,第139、299页。

文书的规律性运作角度上看,其理由的制作要求要比检察机关、法院的诉讼文书要低,但不等于说是摒弃论证,不总结和概括本案的要点问题,不进行必要的法律分析,甚至是有些必要的罪状概括了之。在同类案件不同案情、不同类案件的实体初步认定(提出意见)上,看不出论述层次、论证角度、逻辑的区别,导致全文的事实与理由及决定三者之间脱离法理联系。虽然侦查阶段的刑事法律文书所涉及的对象是特定的,不像检察机关的《起诉书》是刑事诉讼程序中第一份向公众公开的刑事法律文书,但这种缺乏说服力的刑事法律文书对于当事人来说无疑降低了其对法律的尊重和信任度,因此警察的刑事执法能力值得斟酌,侦查法治化的提法就不能仅停留在口号的层面。特别是2012年修订的《刑事诉讼法》实施以来,遇到犯罪嫌疑人及其辩护人认为案件存在非法证据排除的情形,论证混乱的刑事法律文书无形中强化了侦查机关败诉的可能(这里权且将依附于刑事诉讼单独的非法证据程序界定为一种诉,一种由犯罪嫌疑人、被告人提出的诉)。重视犯罪嫌疑人落网而忽视侦查法治化中的权力与权利博弈的辩证性及法律专业知识欠缺是办案人员忽略说理的原因。办案人员往往认为只要主要事实认定无误,理由可以忽略,毕竟程序还要往下推进,对于提出逮捕申请及移送审查起诉案件,检察机关还需要审查,而且文书制作方面的疏漏并不足以影响对案件的最终认定,深刻反映出其对实体的重视远远大于对程序正义的尊重。

(三) 非法侦查行为导致非法刑事法律文书出台

鉴于侦查行为与侦查法律文书的辩证关系,非法侦查行为必然导致非法刑事法律文书出台,这在一些冤假错案中体现得比较明显。如云南杜培武案,律师就提出讯问笔录、现场勘验笔录存在造假的情况。比如,尽管我国法律对讯问的形式和要求都作了比较详尽的规定,本应真实体现讯问行为的讯问笔录在个别案件中仍旧存在或多或少的非法情形,在一些存在刑讯逼供等非法证据的案件中更是随处可见,这不仅造成了司法不公及对犯罪嫌疑人人权的极大践踏,而且严重降低了公众对警察执法队伍的信赖。

五、侦查法治化进程中提高警察刑事法律文书制作水平的途径

"侦查法治化的核心是法律控制侦查,即侦查权来源于法律,受控于法律,以彻底摆脱人治模式下的专横、武断和恣意,有效保障公民权利。因而,对侦查法治化进程的考察,可以从侦查权力受控、公民权利实现两个角度来进行。"①

2013年1月1日开始实施的《公安机关刑事法律文书式样(2012版)》对警察

---

① 毛立新:《侦查法治化的实现规律及其借鉴》,载《山东警察学院学报》2008年第3期,第61页。

刑事办案工作提出了更高的要求。值得一提的是,2012年修订的《刑事诉讼法》完善了讯问制度,强化了对侦查活动的监督。2012版《公安机关刑事法律文书式样》遂重新对讯问笔录的格式和内容进行了修改,集中体现了对犯罪嫌疑人、被告人权利的保护。①

只有从法治理念的角度,系统、规范地依据《刑事诉讼法》《刑法》《公安机关办理刑事案件程序规定》制作刑事法律文书(具有代表性的叙述式及笔录式的刑事法律文书有《提请批准逮捕书》《起诉意见书》《讯问笔录》《询问笔录》等),才能促进公安机关依法办理刑事案件,提高办案质量。

提高警察素质,要求加强刑事法律文书方面的规范化培训,不断补充和更新法律知识,提高警察的执法能力。采取多种方式,强化警察的法制意识和依法办案观念,熟练掌握询问和讯问的技巧。从证据分析、理由阐述等方面切实改进警察刑事法律文书制作的不足,从而发挥侦查法治化进程中警察在打击犯罪、保障人权中的作用。

从提高公安警务(刑事法律)文书的制作水平入手,进而提高警务工作质量和警察素质及刑事执法能力,是一个重要且有效的途径。

---

① 参见赵春玲:《公安刑事法律文书修改刍议——对〈公安机关刑事法律文书式样(2012年版)〉的解读》,载《北京警察学院学报》2014年第3期,第32页。

关于财产保全和强制措施裁定书主文制作问题研究

王建平*

财产保全和强制措施民事裁定书主文用词应当准确,含义应当明确,句式表述应当符合语法和逻辑要求,这对裁定书的执行至关重要。目前,经过对这类裁定书制作情况进行调研发现,裁定书主文制作情况比较混乱,主要表现在文字表述不统一、句式不规范和交待事项不周延三个方面,且往往互相交织在一起,书写的随意性和任意性较为普遍,这一情况应当引起高度重视。

一、裁定书主文制作现状

财产保全和强制措施裁定书尽管性质不同,但是目的相同,在保全措施和强制措施上有的采取的方法也相同,都是将裁定指向的财产处于法院掌控之中,以便兑现当事人合法权益。根据《民事诉讼法》第103条的规定:"财产保全采取查封、扣押、冻结或者法律规定的其他方法……"根据《民事诉讼法》第242条、第243条、第244条的规定,被执行人未按执行通知履行法律文书确定的义务,人民法院有权采取的执行措施有:向有关单位查询被执行人的存款、债券、股票、基金份额等财产情况,并根据不同情形扣押、冻结、划拨、变价被执行人财产;有权扣留、提取被执行人应当履行义务部分的收入;有权查封、扣押、冻结、拍卖、变卖被执行人应当履行义务部分的财产。目前,这两类裁定采取的措施主要限于上述范围,但裁定书主文用词混乱,句式繁多,写法各异,缺项明显。

(一)针对冻结银行存款的裁定书

主要有以下几种写法:

1. 冻结被告×××的银行存款人民币××元。
2. 冻结被告×××的银行存款人民币××元,或者查封、扣押等额价值财产。
3. 冻结被告×××人民币××元,如该户存款不足上述金额,则停止支付,

---

* 王建平,上海市长宁区人民法院。

直到冻满为止。

4. 冻结×××名下账户人民币××元。
5. 冻结被执行人×××的银行账户。
6. 冻结被执行人×××名下价值人民币××元的股票。
7. 扣留、提取被执行人×××存款人民币××元。

(二) 针对划拨银行存款的裁定书

主要有以下几种写法：

1. 划拨×××名下的账户人民币××元,如存款不足,则按实际金额划拨。
2. 划拨被执行人×××的存款人民币××元。如数额不足,按实际数额划拨。
3. 划拨被执行人×××的银行存款人民币××元;如不足上述金额,则以实际金额划拨。
4. 划拨被执行人×××的银行存款人民币××元;如该户存款不足,则按实际存款数额划拨。
5. 划拨×××银行存款人民币××元;如该户存款不足上述金额,则以实际存款数额划拨。
6. 冻结、划拨×××存款人民币××元。若存款数额不足,则以实际存款数额划拨。
7. 划拨被执行人×××名下的价值人民币××元的财产。

(三) 针对银行存款和其他财产多种保全措施或强制措施的裁定书

主要有以下几种写法：

1. 冻结、划拨被执行人×××的银行存款人民币××元。
2. 冻结被执行人×××的银行存款人民币××元,划拨被执行人×××的银行存款人民币××元。
3. 冻结、划拨被执行人×××银行存款人民币××元,查封、扣押、冻结被执行人×××名下价值人民币××元的财产。
4. 查封、扣押、拍卖被执行人×××的存款人民币××元财产,冻结、划拨被执行人×××的存款人民币××元,如数额不足,按实际数额划拨,提取、扣留被执行人×××应当履行义务部门的收入人民币××元。
5. 冻结被告×××银行存款人民币××元,或者查封、扣押其等额价值的财产。
6. 查封、扣押、拍卖被执行人×××的存款人民币××元财产。
7. 冻结、划拨被执行人×××的存款,或查封、扣押、冻结、评估、拍卖、变卖被执行人×××应当履行义务部分的财产。

(四) 针对不特定财产的裁定书

主要有以下几种写法:
1. 查封或冻结被告×××价值人民币××元的财产。
2. 查封、扣押、冻结被执行人×××价值××元的财产。
3. 查封、扣押、冻结、拍卖、变卖被执行人×××价值××元的财产。
4. 查封、冻结、扣押被告×××名下价值人民币×××元的财产。
5. 对被告×××价值人民币××元的财产,有的裁定书直接使用"查封",有的却使用"冻结"。

(五) 针对房屋、汽车等特定财产的裁定书

主要有以下几种写法:
1. 查封被告×××名下价值人民币××元的财产(或位于×××处房产)。
2. 查封被执行人×××在本市×路×弄×号×室的房产。
3. 查封被执行人×××名下的本市×路×弄×号×室房产。
4. 查封被告×××名下的本市×路×弄×号×室房屋。
5. 查封被执行人×××位于本市×路×弄×号×室产权房。
6. 查封被告×××位于本市×路×弄×号×室房屋。
7. 查封被执行人×××坐落于本市×路×弄×号×室的房产。
8. 查封被执行人×××名下的位于本市×路×弄×号×室的房产。
9. 查封、拍卖、变卖×××、×××共同共有的本市×路×弄×号×室房屋及相应土地使用权。
10. 查封被告×××名下××(注:系牌照)小型普通客车一辆。
11. 查封、扣押被执行人×××名下牌号为:×××汽车。
12. 查封、扣押、拍卖、变卖×××名下的牌号为×××的机动车辆。

(六) 针对解除财产保全的裁定书

主要有以下几种写法:
1. 因财产保全申请人申请,要求解除财产保全的,有以下几种写法:
(1)解除对被告×××价值人民币××元财产的查封。
(2)解除对原告×××名下价值人民币××元财产的保全。
(3)解除对被告×××存款人民币××元或等值财产的冻结或查封。
2. 被告(被执行人)因其已经提供担保或案外人为其提供担保,或者原告败诉等,被告(被执行人)要求解除已经采取的财产保全措施的,写法有:

(1)解除对被告×××价值人民币××元财产的查封。
(2)解除查封、扣押、冻结被告×××名下价值人民币××元的财产。

二、存在的问题及其原因

（一）存在的问题

上述不同写法多有不妥之处。由于不同写法太多,无法一一例举分析,因而只能对每一种写法中的突出问题择要分析,揭示问题实质。例如:

1. "冻结被执行人×××的银行账户"。冻结账户,意味着钱款既不能进,也不能出,这似乎是一个走进死胡同的写法。"冻结被执行人×××名下价值人民币××元的股票",意味着股票不能被买卖,这会影响股票买卖可能带来的收益。

2. "划拨被执行人×××名下的价值人民币××元的财产"。财产如何"划拨"？究竟是划拨存款,还是查封或者扣押财产,无人能够探明。

3. "冻结被执行人×××的银行存款人民币××元,划拨被执行人×××的银行存款人民币××元"。前后两句是并列关系,还是选择关系？如果是并列关系,为何一部分要冻结,另一部分要划拨？如果是选择关系,则两句间漏写连词"或者"。

4. "查封、扣押、拍卖被执行人×××的存款人民币××元财产,冻结、划拨被执行人×××的存款人民币××元,如数额不足,按实际数额划拨、提取、扣留被执行人×××应当履行义务部门的收入人民币××元"。既然已经"查封、扣押、拍卖被执行人×××的存款人民币××元财产",为何还要"冻结、划拨被执行人×××的存款人民币××元"？既然已经表明如数额不足,按实际数额处置,为何在实际处置中,少了"冻结",多了"提取、扣留"措施？而且"存款"怎么"拍卖"？这份裁定书究竟要裁定和执行什么事项？令人费解。

5. 冻结、划拨被执行人×××的存款,或查封、扣押、冻结、评估、拍卖、变卖被执行人×××应当履行义务部分的财产。为了穷尽各种手段,结果把"评估"也书写到强制措施之中,不可思议。

6. "查封被执行人×××在本市×路×弄×号×室的房产"。"房产"怎样"查封"？究竟是冻结该房产交易,还是查封该幢(间)房屋不得使用,表述不清。

7. "解除对被告×××存款人民币××元或等值财产的冻结或查封"。财产保全裁定书作出后,实际保全的结果是什么,解除时,应该对该结果作反向对应处理。所以,解除保全措施,不存在使用选择性"连词"。

8. 当事人因其已经提供担保(或因案外人为其提供担保),要求解除已经采取的财产保全措施的,有的写法是"解除对被告×××价值人民币××元财产的查封"。那么,对当事人已经提供的担保或案外人为其提供的担保如何处置没有涉及,这将造成担保落空的严重后果。

(二) 产生问题的原因

从客观上看,1992年《法院诉讼文书样式(试行)》(以下简称"样式")中财产保全和强制措施裁定书主文撰写要求不明,造成法官随意书写。从主观上看,法官遇到撰写问题各行其是,造成写法各异。主要表现在以下三个方面:

1. 缺少规范的表述语句(指具体语句)或者语句表述指引(指采取何种语法结构或者逻辑结构的语句表述方式)。财产保全裁定要求"写明对被申请人的财产采取查封、扣押、冻结或者法律规定的其他保全措施的内容"(样式45),或者"写明采取财产保全的具体内容"(样式46),在"说明"中要求"裁定结果应写明采取财产保全的具体措施及被保全财产的名称、数量或者数额等内容"。采取强制执行措施裁定只是要求"具体写明采取冻结、划拨存款,扣留、提取收入,查封、扣押、拍卖、变卖财产等强制执行措施的内容"(样式86),这容易造成承办案件的法官按照自己的理解任意书写主文。

2. 缺少裁定的具体样式。解除财产保全裁定书一般分两种情况:一是财产保全申请人要求解除对被申请人的财产保全措施;二是因被申请人提供担保或者案外人为其提供担保,被申请人要求解除经申请人申请法院作出的财产保全措施。目前,针对以上两种情况的裁定,样式47只给出一种样本,即"解除对×××的……(写明财产的名称、数量或数额等)的查封(或者扣押、冻结等)"。这一样本适合第一种情况,但不适合第二种情况,即没有对被申请人或者案外人提供的担保财产作出相应保全措施,造成承办案件的法官书写裁定书时没有参照的依据。

3. 缺少事项的交待要求。在上述形形色色的涉及诉讼的财产保全裁定书主文表述之后,都存在一个普遍问题,即没有明确当事人申请复议的期间,只写"如不服本裁定,可以向本院申请复议一次。复议期间不停止裁定的执行"。原因是,《民事诉讼法》第108条仅规定当事人可以申请复议,但没有规定何时申请复议。实践中,承办案件的法官一般根据1992样式书写。然而,期间事项的缺失,将会出现当事人随时都可以提出复议的情况,这不利于法院及时发现和纠正可能存在的裁定错误。

三、改进裁定书主文表述对策

(一) 关于文字统一问题

文字统一主要涉及动词和名词固定搭配和准确表述问题,建议:
1. 要求银行等金融机构对被申请人存款进行就地保全的,使用"冻结";异地保全的,使用"划拨"。

2. 要求被执行人所在单位、银行等金融机构对被执行人工资、营业等收入进行就地保全的,使用"扣留";异地保全的,使用"提取"。

"扣留"的结果与"冻结"的结果相同,"提取"的结果与"划拨"的结果相同。前者是指被保全的财产不在法院掌控视线范围内,故要求除作出裁定的法院外,任何人不得动用;后者是指被保全的钱款汇入作出裁定的法院代管款账户,以便及时处理。

3. 要求有关产权登记部门对不动产(如房屋、土地等)和特定的动产(如车辆、船舶等)不予办理该项财产权利证书的转移手续的保全,使用"冻结"。例如,严禁房产交易和车辆交易的保全,使用"冻结"。

但是,需要查封或扣押该项财产的,对严禁房屋使用的保全,使用"查封";对严禁车辆使用的,就地保全使用"查封",异地保全使用"扣押"。

4. 要求对其他财产进行就地保全的,使用"查封";异地保全的,使用"扣押"。

(二) 关于句式规范问题

1. 财产保全裁定书主文一般分列两条表述,第1条属于针对当事人提供担保的财产进行保全的内容,第2条属于针对当事人请求的保全事项进行保全的内容,一般作如下表述:

"一、冻结原告(或被告)×××的银行存款(或股票资金账户内存款)人民币××元;或者查封原告(或被告)×××价值人民币××元财产;或者冻结原告(或被告)×××的房产交易手续;或者冻结原告(或被告)×××的车辆交易手续。

二、冻结被告(或原告)×××的银行存款(或股票资金账户内存款)人民币××元;或者查封或扣押被告(或原告)×××价值人民币××元财产。"

上述第2条主文属于一般表述,如果当事人针对某一财产提出保全申请,则应予以具体表述,例如:

"二、冻结(或查封)被告(或原告)×××的房产交易手续(或房屋);或者冻结(或查封)(或扣押)被告(或原告)×××的车辆交易手续(或车辆)。"

2. 解除财产保全裁定书主文表述,应区分以下两种情况:

(1)因财产保全申请人申请,解除财产保全的,一般应对实际采取的保全措施做相应变更处理,如:

"一、解除对原告×××的房产交易手续的冻结。

二、解除对被告×××(写明财产的名称、数额等)的查封。"

(2)当事人因其已经提供担保(或因案外人为其提供担保),要求解除已经采取的财产保全措施的,一般分列两条表述,第一条属于针对当事人(或案外人)提

供担保的财产进行保全的内容,第二条属于针对当事人请求的对原保全事项进行解除的内容,一般作如下表述:

"一、冻结被告×××的银行存款人民币××元。

二、解除对被告×××(写明财产的名称、数额等)的扣押。"

3. 强制措施裁定书主文表述

(1)强制措施裁定书主文涉及冻结、划拨、查封、扣押和扣留、提取、拍卖、变卖被执行人应当履行义务部分的财产的表述的,参照财产保全裁定书制作方法对应书写,一般作如下表述:

"冻结(或划拨)被执行人×××的银行存款(或股票资金账户内存款)人民币××元;或者查封(或扣押)被执行人×××价值人民币××元财产。"

上述主文属于一般表述,如果针对某一财产采取强制措施,则应予以具体表述,例如:

"冻结(或查封)被执行人×××的房产交易手续(或房屋);或者冻结(或查封)(或扣押)被执行人×××的车辆交易手续(或车辆);或者扣留(或提取)被执行人×××在××(写明被执行人领取收入的有关个人姓名或者单位名称)的收入人民币××元;或者拍卖被执行人×××价值人民币××元财产;或者变卖被执行人×××价值人民币××元财产。"

至于该财产是房屋还是车辆等,应在"协助执行通知书"中写明具体内容即可。

(2)被执行人履行义务完毕后解除查封、扣押等强制措施的,一般作如下表述:

"解除对被执行人×××(写明财产的名称、数额等)的查封(或扣押)。"

(三) 关于事项交待问题

1. 告知申请复议事项的表述

《民事诉讼法》第 108 条规定:"当事人对保全或者先予执行的裁定不服的,可以申请复议一次。复议期间不停止裁定的执行。"第 82 条第 1 款规定:"期间包括法定期间和人民法院指定的期间。"为保护当事人合法权益,用于民事案件财产保全的裁定,由法院依职权指定期间,一般为 5 日,即在主文之后另起一行统一表述为:"如不服本裁定,可在收到裁定书之日起五日内向本院申请复议一次。复议期间不停止裁定的执行。"

2. 告知财产保全续保申请事项的表述

根据最高人民法院《关于适用〈中华人民共和国民事诉讼法〉若干问题的意见》第 109 条的规定:"诉讼中的财产保全裁定的效力一般应维持到生效的法律文书执行时止……"但是,根据有关规定,银行存款冻结和房产交易冻结分别是 6 个月和两年有效期。如需续冻,应重新办理延长手续。由于"样式"没有告知财产保全续保申请事项的表述要求,故一般不写。只是有的法院要求口头告知当事人,并在笔录中写明。如逾期脱冻,责任由当事人自负。鉴于裁判文书程式化和统一性要求,目前可由各地高级人民法院统一本辖区有关财产保全续保申请事项的表述规范要求,先行先试,这有利于办案需要,也为今后修订样式积累经验。

裁判文书制作心得

窦江涛[*]

【案件基本情况】

李某在生育第二个孩子时自认为享有晚育假,在正常产假满后,未履行请假手续,拒收公司发送的文件,因此单位以旷工为由解除了与李某的劳动合同。一审法院认定用人单位违法解除劳动合同,用人单位不服上诉,最终因李某的行为违反了公司的规章制度,且从怀孕至产假期间的休假证据漏洞百出,前后矛盾,二审法院撤销了一审判决,驳回了李某的全部诉讼请求。[①]

针对该案判决书,笔者从以下方面进行分析:

一、裁判文书撰写前——"没有调查就没有发言权"

1. 通过庭审厘清争议焦点,梳理涉案证据,把握案件脉络

一篇好的裁判文书,必定是建立在对案件事实的准确把握之上的。而要做到对案件事实的准确把握,就必须通过庭审中的举证、质证、法庭调查、法庭辩论等环节才能得以实现。就本案而言,双方当事人提交的证据繁多复杂,其中不乏电子证据等诸多难以认定的证据,双方当事人在本案关键事实的陈述方面各执一词,导致案情扑朔迷离,因此通过高质量的庭审来查清案件事实就非常的必要。

为此,合议庭先后组织双方当事人进行了四次庭审,第一次庭审厘清了本案的争议焦点,即友邦保险上海分公司与李某解除劳动合同是否属于合法解除?双方当事人针对上述争议焦点进行了详细事实陈述和法庭辩论,案件脉络逐渐清晰。第二次庭审着重梳理本案的众多证据,将本案所涉证据分为无争议证据和有争议证据,并将上述证据中与本案密切相关的部分进行"精挑细选",同时就涉案的电子证据进行了详细核实,繁多复杂的证据终被理清。第三次庭审着重调查本

---

* 窦江涛,北京市第二中级人民法院。
① 详细案情参见北京市第二中级人民法院(2013)二中民终字第07324号民事判决书。

案的最关键事实,寻找本案的蛛丝马迹和突破口,同时注重明法析理,并在此基础上做好双方当事人的调解工作。第四次庭审采取了合议庭公开开庭进行审理的方式,在把握全案脉络的基础上进行了全面审理,同时就本院依法调取的证据进行了质证,在此基础上彻底查清了案件真相,合议庭当庭合议后进行了当庭宣判。

2. 通过细致的调查取证揭开迷雾,让真相水落石出

本案中,李某向友邦保险上海分公司提交的2011年2月21日的诊断证明显示"孕28+周",2011年3月7日、3月21日、4月6日、4月20日的诊断证明则分别显示为"孕10+周""孕12+周""孕14+周""孕16+周",上述诊断证明中关于孕周的表述前后逻辑颠倒且与李某于2011年4月28日在美国发生生育的事实存在不符合生活常理的逻辑矛盾,友邦保险上海分公司对李某提交的诊断证明产生怀疑并要求李某进行复查,却在发出通知后收到了"人在国外,请电联后再发"的特快专递退件。因此,李某究竟何时前往美国是查清本案事实的突破口,但李某始终对此事莫衷一是、三缄其口,也拒不提供其护照以查清事实。合议庭并未简单地采用举证责任径行下判,而是决定前往北京市公安局出入境管理总队调取李某的出入境记录,虽然调查取证过程几经周折,但最终查清了李某于2011年2月23日即已离境前往美国的事实,李某在此期间却向美国友邦保险上海分公司提交了由北京妇产医院出具的诊断证明,孰是孰非不言自明,真相水落石出。

二、裁判文书撰写时——"运筹帷幄之中,决胜千里之外"

1. 确定裁判文书的写作目标,做到有的放矢

笔者认为,在制作裁判文书之前首先要确定写作目标,做到有的放矢,目标明确。就本案而言,一共确定有三个写作目标:一是要对当事人的诉讼请求是否应予支持作出明确判断;二是要通过辨法析理让败诉当事人心服口服,案结事了;三是要以当事人违背"诚信"的行为为切入点,警醒世人,教育民众。裁判文书的行文应紧紧围绕上述三个目标展开。

2. 统筹兼顾,巧布局,善谋篇

与一审裁判文书相比,二审裁判文书篇幅长,结构复杂。因此,要撰写一篇好的二审裁判文书,必须做到统筹兼顾,巧布局,善谋篇。本裁判文书在结构上采取了传统模式,即诉辩称——一审判决—上诉理由和请求—经审理查明—本院认为。但在具体行文方面,诉辩称及一审判决这两部分进行了简写,在上诉理由和请求、经审理查明和本院认为这三部分花费的笔墨较多。这是因为上诉理由和请求是二审案件所需要审查的关键部分,而经审理查明又是本院认为这部分的基石,本院认为部分又是整个裁判文书的核心和点睛之笔,这三部分相辅相成,合理布局方能相得益彰。

3. 结构合理,行文流畅,以理服人,立意高远

在案件证据繁多复杂的情况下,经审理查明部分的写作具有极大的挑战性,稍有疏忽,就很难将案件事实表述清楚,裁判文书就会成为败笔。在经审理查明部分的结构上,本裁判文书采用了如下模式:无争议事实——争议焦点——一方关于争议焦点的主张及所提交的证据——对方的质证意见、关于争议焦点的主张及所提交的证据——另一方的质证意见——二审补充查明事实——其他。这样的行文结构不仅能做到脉络清楚,而且能突出与争议焦点相关的事实,且不会遗漏证据,还能节省篇幅,让人看了一目了然。在经审理查明部分的具体写作过程中,与本案所涉证据反复比对,力求做到全面反映而无疏漏,在证据的表述方面也力争做到切中要害,简明扼要。

本院认为部分是裁判文书写作的重中之重,本裁判文书采用了证据认定—证据分析—法律判断—点睛升华—判决主文的体例结构。本裁判文书对证据的认定理由、在证据认定基础上的事实判断和法律判断都进行了详尽的阐述,行文中力争做到娓娓道来、酣畅淋漓。在此基础上,本裁判文书又以本案最突出的问题"诚信"作为切入点,点睛升华,力争做到以理服人,立意高远。

三、裁判文书撰写后——"触类旁通,意义深远"

1. 把握要点,要件分析,准确判断,万变不离其宗

本案的争议焦点是用人单位与劳动者解除劳动合同是否合法的问题,这是劳动争议案件中较为常见的一类案件。对这类案件的处理,需要解决以下三个方面的问题:一是用人单位所依据的规章制度是否符合法律法规的强制性规定,该规章制度是否向劳动者送达;二是用人单位解除劳动合同的依据是否充分合理,于法有据;三是用人单位解除劳动合同是否履行了正当程序,即解除劳动合同决定是否向劳动者进行了送达。因此,在分析判断该类案件时,运用上述"三要件分析法"即可作出准确判断,该类案件的处理的确是万变不离其宗。

就本案而言,首先,本裁判文书从李某与友邦保险上海分公司签订的《劳动合同》内容入手,确定了友邦保险上海分公司向李某送达《员工手册》等规章制度的事实。其次,本裁判文书着重分析了友邦保险上海分公司提交的诸多证据,在证据认定的基础上对友邦保险上海分公司解除劳动合同的依据是否充分合理作出了准确判断,并进行了详细的说理论证。最后,本裁判文书对友邦保险上海分公司将《解除劳动合同通知书》向李某进行送达的情况也进行了详细分析。最终得出了友邦保险上海分公司与李某解除劳动合同属于合法解除的结论。

2. "诚实守信"和"诚实信用原则"——本裁判文书的"灵魂"

一篇好的裁判文书能够流芳千古,而一份差的裁判文书则能够遗臭万年,由

此可见,裁判文书是有生命的。而赋予一篇裁判文书强大而经久不息的生命力的方法就是让这篇裁判文书传递正确的价值理念和法律精神,始终起到发人深省、启迪他人的效果,也就是让一篇裁判文书拥有深刻的"灵魂"。这样的裁判文书不仅能起到定分止争的效果,还会建立培育公民、弘扬法治之功。

  本裁判文书的"灵魂"即在于弘扬了"诚实守信"这一中华民族的传统美德以及捍卫了"诚实信用原则"这一法律规则。李某既未如实向友邦保险上海分公司请假,也未向法院进行如实陈述,有违"诚信"。结合当前民事诉讼案件中虚假证据和虚假陈述多发的情况,笔者设想以"诚信"为出发点,从道德和法律两个方面论述"诚信"的重要性,并提请全社会予以关注和倡导,最终提出建设诚信中华、法治中国之目标。在道德方面,本裁判文书引用了孔子的名言,强调了"诚实守信"对于公民个人、社会乃至国家的重要性;在法律方面,本裁判文书着重论述了"诚实信用原则"是当代民法最重要的精神之一,强调了"诚实信用原则"对于法治国家的重要性。由此,本裁判文书的价值得以升华,"灵魂"之作用渐显。

从律师的视角看裁判文书的情与法

郝惠珍[*]

党的十八届四中全会重申了通过依法执政,促进依法行政,强化司法公正的法治目标。司法公正包括程序公正和实体公正。程序公正不仅要求判决过程公开,也要求判决结果公开。裁判文书作为公开的载体,不但记录着裁判的过程,也展示着案件判决的依据和理由。一份好的判决书不仅能用公众的语言诠释法律,还能把专业化与大众化结合,体现法理、情理、事理,达到论证严密、说理详细、逻辑清晰、条理分明、旁征博引,充分尊重法律精神和事实,体现程序合法和结果公正。让诉讼参与人不但对判决结果认同、理解,还能感受到司法的人文情怀。

无锡市中级人民法院对冷冻胚胎监管权、处置权纠纷案的终审判决就是一份好判决。作为实务界的律师,笔者认为判决好在:说理公正客观,结果务实可行,简化了程序,赢得了人心,达到了案结事了的目的。

下面笔者就从律师的视角来阐述这份判决的情与法。

第一,这份判决解决了在案件遇到立法空白、法律规定有缺陷时,法官审理案件和作出判决的依据问题。

本案原来的案由是继承,请求事项是继承这4枚冷冻胚胎,由继承人享有监管、处置的权利。理由是4枚胚胎是死者的合法财产,属于继承法中的其他合法财产,应当由继承人继承。

本案的争议焦点是对"冷冻胚胎的界定,胚胎是物还是人?"这个涉及法律运用问题。但对胚胎属性的确定在法律上还是个空白,没有明确的规定,也找不到相对应的条款。在没有依据或法律规定有缺陷时,司法不得拒绝裁判,也不能用"不予受理或驳回起诉"等回避的方式结案,这是国际社会公认的"不得拒绝裁判"的法理内涵和要求。但如何解决这个问题,判决采用的办法是,借鉴国内外的判例,参考理论界、实务界的学理意见,关注社会舆论。从伦理、情感和特殊利益保护的角度,作为审理案件的基础和依据。本案承办法官在二审时就借鉴了美国得克萨斯州一个相似的案例,参考了北京学者关于冷冻受精胚胎案例研讨会的意见,根据法律精神、国家政策、社会公德、经济秩序作出了判决。从人伦角度分析

---

[*] 郝惠珍,北京盈科律师事务所律师。

了冷冻胚胎具有潜在的生命特质,认定了含有已故夫妻DNA遗传物质,关系生存双方父母和家族的遗传信息,胚胎已经成为双方家族寄托哀思、慰藉精神、血脉相承的载体和人格利益。从特殊利益的角度考虑,冷冻胚胎受到了特殊保护。人民法院最后以事实为依据,以法律为准绳,把伦理、情感和特殊利益保护原则作为判决的依据,从公序良俗、人情事理、社会公平正义等方面进行了分析说理,在不违背法律法规禁止性规定的前提下,以开放性的姿态,作出了兼顾各方利益主体诉求及利益保护最大化原则的裁判结果。

第二,创新了案由不符的处理方式,达到了案结事了的目的。

本案引发争议的另一个问题是案由能否主动变更的程序问题。

宜兴胚胎继承案,上诉人的理由是:胚胎是两死者的合法财产,应当属于《中华人民共和国继承法》第3条第(七)项所指其他合法财产,应由被上诉人继承,享有监管、处置的权利。被上诉人同此观点,请求共同享有"监管和处置权",最终二审法院以支持监管权和处置权的请求结案。

本案看似变更了案由,将继承权变成了监管和处置权。其实不然,因为继承权包含三个方面的权利,即接受或放弃继承的权利、取得遗产的权利、继承权受侵犯时的恢复请求权利。继承权接受遗产的目的在于取得继承物的所有权,所有权又主要体现为占有、使用、收益、处分四项权利,因此监管和处置权属继承权利取得的最终目的。

另外,最高人民法院关于《民事案件案由规定》中,强调案由的目的是为了规范人民法院民事立案、审判和司法统计工作。民事案件案由应当依据当事人主张的民事法律关系的性质来确定,当事人在诉讼过程中增加或者变更诉讼请求,导致当事人诉争的法律关系发生变更的,人民法院应当相应变更案件的案由,实际把权力交给了承办法官。

本案当事人是以继承为权利来源达到行使监管权和处置权的目的。二审将案由从继承变更为监管权和处置权纠纷,虽然去掉了上诉人据此为前提的继承,但并没有违反法律规定,相反有违以往人民法院在案由不对,法官行使释明权后就要求当事人重新起诉而拖延时间,增加成本的做法,而是直接改判,体现了司法救济是权利救济的最终保障,作为承担定分止争责任的法官用自由裁量的权利,解决了变更案由的程序问题,达到了案结事了的目的。

第三,判决符合不诉不理的原则,没有超出诉请的范围。对没有发生的事,用倡导性的理念加以解决,是个好办法。

分析宜兴法院一审对本案判驳的理由,涉及本案争议的第二个问题。法院认为,受精胚胎具有发展为生命的潜能,具有未来生命特征的特殊物,不能像一般物权一样作为继承的标的任意转让或继承。而且4枚胚胎处置权的行使,在申请人不在的情况下,必然采纳一个违法的行为才能完成。这个禁止性的规定就是卫生部关于胚胎不能买卖、赠送和禁止实施代孕的规定,因此不能支持。

但这里反映的问题是,对没有发生的事实和问题是否属于人民法院管辖的范围。

"不告不理"是民法的基本原则,本案诉讼请求是继承,取得冷冻胚胎的监管权和处置权。焦点是冷冻胚胎的法律属性以及涉案胚胎监管权和处置权行使的主体如何确定?案件并没有涉及确权后"胚胎处置权"行使时间和方式,更没有涉及代孕的问题。

一审法院以一个可能发生的行为作为批驳的理由,进行推理,作为驳回诉讼请求的理由,确实超出了管辖的范围,违反了不诉不理的原则。但二审判决并没有回避这个问题,相反对胚胎物的处置,采取了倡导性的教育和释明权的行使,在判决书中明确告知在处置这4枚胚胎时应遵守法律,不得违背公序良俗,损害他人利益。

二审法院的这种解决方式也为这类问题的最终解决留足了空间。告诉人们,随着社会的发展,观念理念的转变,在处理特殊权利的保护时,"代孕"也有可能被合法规制。而且从科学的角度看,冷冻胚胎是可以保管几十年的,这些条件都为这个特殊问题的解决提供了时间、空间的保证,到时四位老人延续血脉的心愿,也许能被合法化的制度来实现。

以上是笔者对这份判决书情与法的分析。

作为一名实务工作者,我们希望法律为民众服务,希望程序为法律工作者所用。这份判决让我们看到法官是严肃的,但判决书不是冷冰冰的,它融合了法理、人情,让人们看到了法律条文后面法官温暖的智慧。律师希望多有几个这样的法官,在自由裁量权的行使中,努力获得在特定情况中最合乎情理、最能实现权利人利益最大化的判决。

附:

江苏省无锡市中级人民法院民事判决书

(2014)锡民终字第01235号

上诉人(原审原告)沈新南。
上诉人(原审原告)邵玉妹。
两上诉人的共同委托代理人郭小兵,江苏瑞莱律师事务所律师。
两上诉人的共同委托代理人郭伟,江苏瑞莱律师事务所律师。

被上诉人(原审被告)刘金法。

被上诉人(原审被告)胡杏仙。

原审第三人南京鼓楼医院,住所地南京市鼓楼区中山路321号。

法定代表人韩光曙,该院院长。

委托代理人王玢,该院生殖中心医生。

委托代理人郑哲兰,江苏永衡昭辉律师事务所律师。

上诉人沈新南、邵玉妹因与被上诉人刘金法、胡杏仙,原审第三人南京鼓楼医院监管权和处置权纠纷一案,不服宜兴市人民法院(2013)宜民初字第2729号民事判决,向本院提起上诉。本院于2014年7月2日受理后,依法组成合议庭审理了本案,现已审理终结。

原审法院审理查明:

沈杰与刘某于2010年10月13日登记结婚,于2012年4月6日取得生育证明。2012年8月,沈某与刘某因"原发性不孕症、外院反复促排卵及人工授精失败",要求在南京市鼓楼医院(以下简称鼓楼医院)施行体外受精-胚胎移植助孕手术;鼓楼医院在治疗过程中,获卵15枚,受精13枚,分裂13枚;取卵后72小时为预防"卵巢过度刺激综合征",鼓楼医院未对刘某移植新鲜胚胎,而于当天冷冻4枚受精胚胎。治疗期间,刘某曾于2012年3月5日与鼓楼医院签订《辅助生殖染色体诊断知情同意书》,刘某在该同意书中明确对染色体检查及相关事项已经了解清楚,同意进行该检查;愿意承担因该检查可能带来的各种风险;所取样本如有剩余,同意由诊断中心按国家相关法律、法规的要求代为处理等。2012年9月3日,沈某、刘某与鼓楼医院签订《配子、胚胎去向知情同意书》,上载明两人在鼓楼医院生殖医学中心实施了试管手术,获卵15枚,移植0枚,冷冻4枚,继续观察6枚胚胎;对于剩余配子(卵子、精子)、胚胎,两人选择同意丢弃;对于继续观察的胚胎,如果发展成囊胚,两人选择同意囊胚冷冻。同日,沈某、刘某与鼓楼医院签订《胚胎和囊胚冷冻、解冻及移植知情同意书》,鼓楼医院在该同意书中明确,胚胎不能无限期保存,目前该中心冷冻保存期限为一年,首次费用为三个月,如需继续冷冻,需补交费用,逾期不予保存;如果超过保存期,沈某、刘某选择同意将胚胎丢弃。2013年3月20日23时20分许,沈某驾驶苏B5U8××车途中在道路左侧侧翻,撞到路边树木,造成刘某当日死亡,沈某于同年3月25日死亡的后果。现沈某、刘某的4枚受精胚胎仍在鼓楼医院生殖中心冷冻保存。

后因对上述4枚受精胚胎的监管权和处置权发生争议,沈新南、邵玉妹遂诉至法院,认为其子沈某与儿媳刘某死亡后,根据法律规定和风俗习惯,胚胎的监管权和处置权应由其行使,要求法院判如所请。审理中,因涉案胚胎保存于鼓楼医院,与本案审理结果存在关联性,故原审法院追加该院作为第三人参加诉讼。

原审另查明,沈某系沈新南、邵玉妹夫妇之子;刘某系刘金法、胡杏仙夫妇之女。

上述事实,由病历简介、病历资料、准生证、事故认定书、结婚证、户籍资料、知情同意书及原审法院开庭笔录等证据在卷佐证。

原审法院认为:

公民的合法权益受法律保护。沈某与刘某因自身原因而无法自然生育,为实现生育目的,夫妻双方至鼓楼医院施行体外受精-胚胎移植手术。现夫妻双方已死亡,双方父母均遭受了巨大的痛苦,沈新南、邵玉妹主张沈某与刘某夫妻手术过程中留下的胚胎作为其生命延续的标志,应由其负责保管。但施行体外受精-胚胎移植手术过程中产生的受精胚胎为具有发展为生命的潜能,含有未来生命特征的特殊之物,不能像一般之物一样任意转让或继承,故其不能成为继承的标的。同时,夫妻双方对其权利的行使应受到限制,即必须符合我国人口和计划生育法律法规,不违背社会伦理和道德,并且必须以生育为目的,不能买卖胚胎等。沈某与刘某夫妻均已死亡,通过手术达到生育的目的已无法实现,故两人对手术过程中留下的胚胎所享有的受限制的权利不能被继承。综上,对于沈新南、邵玉妹提出的其与刘金法、胡杏仙之间,应由其监管处置胚胎的诉请,法院不予支持。依照《中华人民共和国民法通则》第五条、《中华人民共和国继承法》第三条之规定,原审法院判决驳回沈新南、邵玉妹的诉讼请求。案件受理费80元,由沈新南、邵玉妹负担。

上诉人沈新南、邵玉妹不服原审判决,向本院提出上诉称:(1)一审判决受精胚胎不能成为继承的标的没有法律依据。我国相关法律并未将受精胚胎定性为禁止继承的物,涉案胚胎的所有权人为沈某、刘某,是两人的合法财产,应当属于《中华人民共和国继承法》第三条第(七)项"公民的其他合法财产"。在沈某、刘某死亡后,其生前遗留的受精胚胎,理应由上诉人继承,由上诉人享有监管、处置权利。(2)根据沈某、刘某与鼓楼医院的相关协议,鼓楼医院只有在手术成功后才具有对剩余胚胎的处置权利。现沈某、刘某均已死亡,手术并未进行,鼓楼医院无论是依据法律规定还是合同约定,对涉案胚胎均无处置权利。一审法院认定胚胎不能被继承,将导致涉案胚胎在沈某、刘某死亡后即无任何可对其行使权利之人。综上,请求撤销原审判决,判决4枚冷冻胚胎的监管权和处置权归上诉人。

被上诉人刘金法、胡杏仙辩称:涉案胚胎是女儿女婿遗留下来的,上诉人和被上诉人均有监管权和处置权。要求法院依法判决。

原审第三人鼓楼医院辩称:胚胎是特殊之物,对其处置涉及伦理问题,不能成为继承的标的;根据《人类辅助生殖技术管理办法》等卫生部的相关规定,也不能对胚胎进行赠送、转让、代孕。要求驳回上诉,维持原判。

二审查明的事实与原审查明的事实一致,本院予以确认。

另查明,南京市鼓楼医院现已更名为南京鼓楼医院。

本案的争议焦点为:涉案胚胎的监管权和处置权的行使主体如何确定?

本院认为,公民合法的民事权益受法律保护。基于以下理由,上诉人沈新南、邵玉妹和被上诉人刘金法、胡杏仙对涉案胚胎共同享有监管权和处置权:

1. 沈某、刘某生前与南京鼓楼医院签订相关知情同意书,约定胚胎冷冻保存期为一年,超过保存期同意将胚胎丢弃,现沈某、刘某意外死亡,合同因发生了当事人不可预见且非其所愿的情况而不能继续履行,南京鼓楼医院不能根据知情同意书中的相关条款单方面处置涉案胚胎。

2. 在我国现行法律对胚胎的法律属性没有明确规定的情况下,结合本案实际,应考虑以下因素以确定涉案胚胎的相关权利归属:一是伦理。施行体外受精–胚胎移植手术过程中产生的受精胚胎,具有潜在的生命特质,不仅含有沈某、刘某的DNA等遗传物质,而且含有双方父母两个家族的遗传信息,双方父母与涉案胚胎亦具有生命伦理上的密切关联性。二是情感。白发人送黑发人,乃人生至悲之事,更何况暮年遽丧独子、独女!沈某、刘某意外死亡,其父母承欢膝下、纵享天伦之乐不再,"失独"之痛,非常人所能体味。而沈某、刘某遗留下来的胚胎,则成为双方家族血脉的唯一载体,承载着哀思寄托、精神慰藉、情感抚慰等人格利益。涉案胚胎由双方父母监管和处置,既合乎人伦,亦可适度减轻其丧子失女之痛楚。三是特殊利益保护。胚胎是介于人与物之间的过渡存在,具有孕育成生命的潜质,比非生命体具有更高的道德地位,应受到特殊尊重与保护。在沈某、刘某意外死亡后,其父母不但是世界上唯一关心胚胎命运的主体,而且亦应当是胚胎之最近最大和最密切倾向性利益的享有者。综上,判决沈某、刘某父母享有涉案胚胎的监管权和处置权于情于理是恰当的。当然,权利主体在行使监管权和处置权时,应当遵守法律且不得违背公序良俗和损害他人之利益。

3. 至于南京鼓楼医院在诉讼中提出,根据卫生部的相关规定,胚胎不能买卖、赠送和禁止实施代孕,但并未否定权利人对胚胎享有的相关权利,且这些规定是卫生行政管理部门对相关医疗机构和人员在从事人工生殖辅助技术时的管理规定,南京鼓楼医院不得基于部门规章的行政管理规定对抗当事人基于私法所享有的正当权利。

本院还注意到,原审在本案的诉讼主体结构安排方面存在一定的瑕疵,本应予以纠正。但考虑本次诉讼安排和诉讼目的指向恒定,不会对诉讼主体的程序和实体权利义务的承担造成紊乱,本院不再作调整。另外,根据上诉人在原审中的诉请以及当事人之间法律关系的性质,本案案由应变更为监管权和处置权纠纷。

综上,沈新南、邵玉妹和刘金法、胡杏仙要求获得涉案胚胎的监管权和处置权合情、合理,且不违反法律禁止性规定,本院应予支持。依照《中华人民共和国民法通则》第五条、第六条、第七条,《中华人民共和国民事诉讼法》第一百七十条第一款第(二)项之规定,判决如下:

一、撤销宜兴市人民法院(2013)宜民初字第2729号民事判决;

二、沈某、刘某存放于南京鼓楼医院的4枚冷冻胚胎由上诉人沈新南、邵玉妹和被上诉人刘金法、胡杏仙共同监管和处置;

三、驳回上诉人沈新南、邵玉妹其他诉讼请求。

一、二审案件受理费共计160元,由上诉人沈新南、邵玉妹和被上诉人刘金法、胡杏仙各半负担。

本判决为终审判决。

审判长　时永才
审判员　范　莉
审判员　张圣斌
二○一四年九月十七日
书记员　庄绪龙

检察机关起诉文书若干问题探讨

文向民[*]

党的十八大提出要建立健全权力运行制约和监督体系。十八届三中全会(2013年11月12日)作出的中共中央《关于全面深化改革若干重大问题的决定》对司法体制改革作出重点部署,进一步强调要"推进审判公开、检务公开,录制并保留全程庭审资料。增强法律文书说理性,推动公开法院生效裁判文书。严格规范减刑、假释、保外就医程序,强化监督制度。广泛实行人民陪审员、人民监督员制度,拓宽人民群众有序参与司法渠道"。全国人大几经修改的《刑事诉讼法》颁布后,最高人民检察院发布的《人民检察院刑事诉讼规则(试行)》相继施行,《人民检察院刑事诉讼规则(试行)》将审查起诉和起诉书写入专章专节,从第十一章第二节第393条第2款"起诉书"算起总共用了8条15款4项对起诉书内涵与外延及其制作规范、基本要求等作出了概括和总结。起诉书是检察机关依照法定诉讼程序代表国家向法院对被告人提起公诉和出庭支持公诉阶段实现法律监督职能的最重要工具之一,在刑事诉讼过程中起着承上启下的作用,是检察活动的忠实记录,也是进行法制宣传的书面教材。起诉书作为一种公开对外的法律文书是检察机关的一个重要"窗口"。起诉书制作水平的高低、质量的好坏事关案件的质量,事关检察干警的办案水平和工作作风,事关检察机关的形象。起诉书除了涉及写作技巧问题外,还涉及检察机关公诉职能的范围等基础性理论问题,笔者拟就起诉书写作篇幅问题、说理问题、违规撰写起诉书的处理问题等六大问题逐一探讨,以求同仁斧正。

一、关于检察文书中采取起诉书适当说理主义问题

目前,在法律界和实务界,也有学者呼吁摒弃起诉书要进行详细的说理论证这一做法,主张直接移植英美法系国家对抗制诉讼模式中的起诉一本主义。持此论者理由有三:一是说理论证过度会导致法官产生审前预断,先入为主,先定后审或不告而理。二是说理论证过度难以建构"审判中心主义"模式,使审判功能趋向弱

---

[*] 文向民,湖南省株洲市攸县人民检察院工会副主席。

化,庭审流于形式。三是从比较法角度来看,起诉书简明扼要是世界通例。然而在笔者看来,要求对起诉书进行适度说理论证不仅不能废除,而且从发展趋势上看,应该成为今后起诉书改革的大方向。为什么?适度说理赖以存在和发展的基础是不容忽视的:一是它的司法依据。司法解释文件具有"准法律"的属性。最高人民检察院早在2002年2月15日颁行的《检察改革三年实施意见》第6条明确指出,应该"改革检察机关法律文书,本着诉讼经济、增强法律文书的说理性、权威性的原则,简化检察法律文书的种类和内容,对起诉书等法律文书的格式、要素进行改革强化,对证据、案件事实的分析论证,提高检察文书的制作质量"。《人民检察院刑事诉讼规则(试行)》第393条第2款第(四)项在规范起诉书的主要内容时,就要求写明"起诉的根据和理由"。第394条第1款还规定:"人民检察院提起公诉的案件,应当向人民法院移送起诉书、案卷材料和证据。"这就明显与"向法院仅提出起诉书,不提出证明公诉事实(起诉事实)之任何证据"[①]的起诉书一本主义的含义相冲突。二是它的政治基础。《关于全面深化改革若干重大问题的决定》是党中央对司法体制进行大改革的重要的红头政治文件,该决定再次重申了要"推进审判公开、检务公开……增强法律文书说理性……强化监督制度……"三是它的实践基础。与"简略过度"的起诉书相比较,适度说理论证的起诉书正日益发挥着巨大的潜力和作用。笔者认为:

第一,有利于接受司法公开、检务公开的理念的考量。两公开是体现司法公正的一项重要指征,又是接受社会公众监督的重要载体。起诉书主要针对主审法官和诉讼参与人两个受众群体。因此,起诉书在内容和形式上应侧重两个方面。一是通过阐述全面的案情,充足的证据和有力的指控,使法官充分了解其主张,从而支持起诉意见。二是对诉讼参与人展开释法说理,强化法庭法治教育宣传的功能和增强诉讼活动的透明度。可见,说理性起诉书有利于加强法律监督和舆论监督,增强执法公信力。

第二,有利于履行好控诉职责。这要求公诉人在追诉罪犯时不可为了片面履行监督职能而偏废控诉职能。检察机关作为国家法律监督者,重视公诉权的监督性和客观性是不容置疑的。这就要求公诉人严格、公正地审查起诉案件,保证无辜者不受法律制裁,而忽视起诉书说理的做法恰恰会带来消极公诉,不利于控诉职能的实现。所以起诉书说理必不可少。

第三,有利于化解矛盾。适度说理是让事实表述更全面,举证更充分,说理更有据,它要求在指控犯罪时,通过有理有据的方式,增强起诉书说服、挽救、教育、感化功能,加深被告人的理解,从而达到化解矛盾、案结事了的目的。由此可知,适度说理的起诉书不仅有利于被告人认罪伏法,更有利于保障被告人的知情权和

---

① 张泽涛:《我国起诉书撰写方式之缺陷及其弥补——以诉因制度与起诉书一本主义为参照系》,载《法商研究》2007年第3期。

辩护权,体现尊重和保障人权的刑事诉讼原则。

第四,有利于提高办案质量。适度说理要求公诉人立足案件事实,经过充分的证据展示和缜密的思考,对适用法律依据的理由进行分析论证。既要注重说理技巧,又要充分考虑被告人和旁听群众的知识水平和法律素养。这就对公诉人的业务素养提出了更高要求,必将会潜移默化地改变公诉人的司法理念,从而促使其在审查起诉和庭审工作中论证更加充分,思维更加缜密。可见,起诉书充分说理论证的过程,对公诉人提高法律专业素质,增强法律运用能力和语言表达能力具有很大的督促作用,进而有力地促进公诉案件质量的全面提升。①

第五,有利于破除侦查过程的暗箱操作。起诉有理有据,不仅仅意味着公诉方胜诉率的增加,程序公正也显露无遗,由此体现出对实体公正的积极追求。②

当然,如前所述,我们也要看到,起诉书说理性对实现控辩两方的抗衡,加重庭审形式化色彩等方面的不足。但正如一切事物都具有两面性特征,不能因为看到不足而因噎废食,彻底摒弃起诉书说理性,而转向起诉书一本主义,我国的法治推进正是得益于诉讼运行模式、理念构架的反复抉择,修订与完善。不难看出起诉书一本主义所配套的法律制度的约束,使得我国司法实践中难以直接移植起诉书一本主义,而应立足我国司法实际,在当前司法环境下,我们采取起诉书适当说理主义。为此可以在以下几个方面着力:一是对案件起因、纠纷产生等简练运用概括性语言叙明。二是鉴于起诉书具有类似于一个举证大纲的特点,因此证据列举切忌简单罗列,既要全面,又能将每一种证据的主要证明力予以叙明,且体现证据间、证据与事实间、证据与法律间的关联性。三是在起诉理由部分,除了叙明行为的特征、所触犯条文及涉嫌罪名外,还要针对起诉的根据适当说理。

二、关于检察机关起诉文书制作的篇幅问题

这里论及的篇幅问题,实质是对起诉书事实部分的表述问题。首先解决这一问题的根本途径是必须符合基本要求,即"指控明确",这也是出于诉讼公正的需要。一要清晰明了。案件事实,包括犯罪的时间、地点、经过、手段、动机、目的后果等与定罪量刑有关的事实要素要清晰明了。起诉书叙述的指控犯罪事实的必备要素要明晰、准确。要用语精确、贴切、无歧义,要使用法言法语,褒贬得当,正如刘勰所言:"明罚敕法,则辞有秋霜之烈。"要避免使用带有侮辱性、仇恨性、贬损性的词语,以保障起诉书的权威性和公正性。被告人被控有多项犯罪事实的,应当逐一列举,对于犯罪手段相同的同一犯罪可以概括叙写。指控是否明确,是事关人民法院确定审理范围的大问题,是有效防止自诉自审或不告而理的关键环

---

① 参见王兆峰、陈文瑞、李勇:《刑事起诉书该不该说理》,载《检察日报》2014年7月30日。
② 参见凌霄:《从诉讼公正看我国刑事起诉书制度改革》,载《江苏公安专科学校学报》2001年第5期。

节,也是事关保障被告人实施防御权等基本诉讼权利实现的大问题。二要符合格式规范,严格按照《人民检察院刑事诉讼法律文书格式样本》制作,无遗漏、不错位。三要善抓重点,长短适度。事实叙述部分要围绕犯罪构成要件这个重点开展,如果抓不住这个重点,或者说眉毛胡子一把抓,必然长短失度,这样的起诉书,必然达不到公诉的预期效果。

三、关于起诉书证据的叙述章法问题

在起诉书中,证据是"可以用于证明案件事实的材料",证据也是认定犯罪事实的依据,是起诉书的重要组成部分,但如何来写?看法不一,章法不一,无固定常规。修改前的《刑事诉讼法》强调要在起诉书中列举证据,必要时还要以恰当的方式进行适当论证。司法实践中,第一,大多数情况是将证据单列一部分放在犯罪事实之后,加以论证。第二,夹叙夹议即穿插到犯罪事实中,边叙述,边举证。最高人民检察院2012年版关于起诉书制作格式没有要求对证据进行列举和论证,修改后的《刑事诉讼法》发生了明显变化,将国外先进的科学的证据理论即排除"合理怀疑"的证明标准引进《刑事诉讼法》[第53条第2款第(三)项],同时强调"排除非法证据"的重要性。在对证据收集的合法性进行法庭调查的过程中,检察机关负有对证据收集的合法性加以证明的义务,强化排除法官预断原则。现行《人民检察院刑事诉讼规则(试行)》对证据列举重新作出要求:一方面在起诉书中视情适用列举方式,另一方面将证人、鉴定人、有专门知识的人的名单列举在起诉书尾部的附注事项中。这"三个排除"是我国刑事诉讼改革的必然要求。总之,要把证据的说服力、证明力和穿透力叙述出来。

四、关于变更起诉文书的处理方式问题

现行《人民检察院刑事诉讼规则(试行)》第458条规定:"在人民法院宣告判决前,人民检察院发现被告人的真实身份或者犯罪事实与起诉书中叙述的身份或者指控犯罪事实不符的,或者事实、证据没有变化,但罪名、适用法律与起诉书不一致的,可以变更起诉……"由此可知,这里所使用的是"可以"词语,在笔者看来,强调"可以"似乎不妥,建议将其改用"应当",为什么?这是因为:第一,从《人民检察院刑事诉讼规则(试行)》第458条本身的表述看,如果我们以起诉书为参照系,该条列举了变更起诉的五种情形,一是(真实)身份与起诉书不符;二是犯罪事实与起诉书不符;三是指控(事实)与起诉书不符;四是罪名与起诉书不符;五是适法与起诉书不符。这"五个不符"(以下同)是变更起诉对原起诉书出错的一种补救措施,通过变更起诉、庭前会议、延期审理等方式来实现。变更起诉不必使用变更起诉文书样式,可重新修改起诉书,在起诉书中把变更意思体现出来即可。第二,从我国现

行的诉讼模式看,无公诉或指控,即无审判。虽然这也是各国通例,但在变更起诉处理方式上,笔者认为,在英美法系,检察官所拥有的权力相对偏小。然而在大陆法系,检察官的权力大。但无论哪个法系,法官的权力总是恒大,这一点毋庸置疑。在德国,起诉书的指控范围只对法官的审判范围起辅助作用,法官可以超越起诉事实和法律评价主动进行调查核实。如《德国刑事诉讼法》第 155 条第 2 款明确规定:"在此界限范围内(起诉书的指控范围),法院有权利和义务自主行动;尤其是在刑法的适用上,法院不受提出的申请之约束。"①在德国的刑事司法实践中,如果起诉书指控被告人犯有盗窃罪,而法院经审理,发现被告人在盗取物品时还使用了暴力,则法院可以直接对被告人定抢劫罪。此时,无须修改起诉书,不过法院必须告知被告人法律适用已经变更,并给予其辩护机会。② 然而,在我国,完全不能套用德国这一做法,我国《人民检察院刑事诉讼规则(试行)》一方面赋予检察院"变更起诉权",以限制法官随意改变定性,过度扩张自己的权力,甚至滥用权力;另一方面从防患未然的角度上看,既然发现了"五个不符"或五种情形,《人民检察院刑事诉讼规则(试行)》将检察官所拥有的变更起诉权仍规范在自由裁量的空间运行,这就容易助长或滋生形成一种新的变态的无控诉模式的土壤,有的检察官在"已经开庭审理过"心态的驱使下,将本来不能放弃行使的变更权不作为地让渡给了法官行使,甚至坐视法官越俎代庖,这在我国目前的刑事司法实践中,法院超出检察院的指控范围径行变更甚至加重指控罪名的现象比较普遍。实证调查的结果显示,大约有 12.2% 的法院判决变更了检察院指控的罪名,择重变更罪名的案例占其中比率的 21.1%,其中还不乏将一般犯罪变更为死刑的情况。且 54.4% 的变更罪名是法院超出控辩双方意见进行的主动变更。③ 所以,虽然出错难免,如果放任这种现象滋生蔓延下去,作为国家的检察机关在人民群众心目中的公信力会大打折扣。起诉书作为一种公开对外的法律文书,是检察机关的一个重要"窗口",比如定性不准,适用法律必然不当,这不仅仅涉及变更起诉的问题,还涉及检察机关代表国家公诉的形象问题和水平问题。因此,修改《人民检察院刑事诉讼规则(试行)》第 458 条,将"可以"改成"应当"势在必行。

五、关于检察起诉书与适用简易程序审理的刑事案件相互衔接问题

无论是修改前的《刑事诉讼法》,还是现行《刑事诉讼法》,及其《人民检察院

---

① 《德国刑事诉讼法》,李昌珂译,中国政法大学出版社 1995 年版,第 88、第 77—78 页。
② 参见〔德〕托马斯·魏根特:《德国刑事诉讼程序》,岳礼玲、温小洁译,中国政法大学出版社 2004 年版,第 129—130 页。
③ 同上注。

刑事诉讼规则(试行)》,我们不难发现,所有的简易程序起诉书与提出适用简易程序审理案件的建议都是相分离、相脱节的,至今尚未很好地衔接起来。具体而言,后者究竟应在哪类文书中提出比较适宜呢？现行《人民检察院刑事诉讼规则(试行)》对此已作出明确规定,即:"办案人员认为可以建议适用简易程序的,应当在审查报告中提出适用简易程序的意见,按照提起公诉的审批程序报请决定。"(第465条第2款)在笔者看来,这样做过于繁琐,建议修改。可以考虑在起诉书中直接提出适用简易程序审理的建议,理由有三：第一,符合适用简易程序审理的法定条件：一是案件事实清楚、证据充分的；二是被告人承认自己所犯罪行,对指控的犯罪事实没有异议的；三是被告人对适用简易程序没有异议的。第二,有利于简化审批程序和手续,裁减文书样本格式。这样做可以改变我们过去撰写这类起诉书往往是"千篇一律""千案一面",如同填表的做法,推动文书创新,节约诉讼成本,提高诉讼效率。第三,有利于转变程序。案件经向法院提起公诉后,在审理过程中,如果情况发生变化,如被告人翻供,对自己所犯罪行提出异议,甚至出现在共同犯罪案件中,部分被告人不认罪等,案件越审越复杂。这时,就应该及时转变程序,按普通程序审理。第四,设置了前置程序,为我们在起诉书中直接写明"适用简易程序的建议奠定了基础。按照《人民检察院刑事诉讼规则(试行)》的要求,既然办案人员负有向被告人告知适用简易程序的义务,那么就可以考虑将建议直接写入起诉书中。第五,从公权行使的强度来看,案件究竟能否进入简易程序审理阶段,最终决定权在法院,检察机关只是建议权,如果建议不被采纳,没有再换起诉书的必要。

目前,在改革这类起诉文书制作的实践中,笔者认为,应当注意三点：一是在起诉书尾部只写明建议适用简易程序审理的法律根据,引用《刑事诉讼法》第208条第2款的规定："人民检察院在提起公诉的时候,可以建议人民法院适用简易程序。"不写法条内容。二是为便于备查。在起诉案件审查报告中,仍可保留"建议适用简易程序审理的"内容的写法,这就使公诉与审查报告两种文书有效地衔接起来了。三是发生程序转变时,不必再重新改写起诉书。

六、关于对违规撰写起诉书行为的制裁问题

针对当前司法实践中不少公诉人在撰写起诉书时常常故意隐藏己方观点,以便在庭审过程中进行突袭,以达到指控犯罪成立的目的,一些学者撰文主张法律可以赋予法院对违规撰写起诉书者进行程序上的制裁权,如像德国直接裁定"起诉无效"、像日本直接判决"驳回起诉"、像美国陪审团直接"作出不利于控方的推断",等等。然而在笔者看来,借鉴这些做法,吸收其合理内核,固然有其积极的一面,但是利少弊多。第一,受制于法院并围绕法院轴心转的人多。在我们的潜意

识里容易形成"以事实为根据,以法院为准绳"的心态,就会弱化检察监督。第二,围绕法院判决书认定的事实和法定情节改写起诉书的人多。可以说,每年除了内部进行的案卷质量检查外,还要接受上级检察部门的检查。为了绩效考核,怕扣分,应付检查,照抄照搬法院的判决书,法院怎么认定,我们就怎么认定,依葫芦画瓢,明明可以建议认定自首和累犯的,就是不敢认定,却把它推给法院了事,使当事人对我们执法的公正度持怀疑态度。第三,不敢抗诉的人多,起诉书的法律监督和法律评价功能就难以发挥应有的作用。如果放任这种做法滋生蔓延,又有谁敢对法院确有错误的生效裁判提出抗诉呢?检法两家本身的良性互动关系就会演变为不正常关系。

然而,适当借鉴两大法系国家的成功经验,不是盲目照抄照搬,而是要吸收其合理内核。对违规撰写起诉书要予以制裁,但决不能让法院来制裁监督机关,把国外的一些好做法、好经验运用到我们的内部监督上来。现在,我们所办的案子,撰写的起诉书,应紧紧围绕质量这个核心,要受到多家部门的检查考量。另外,内设案管机构,专门履行监督职责。最高人民检察院颁布了规范起诉书撰写方式的司法解释性文件。《人民检察院刑事诉讼规则(试行)》第670条规定:"人民检察院案件管理部门对以本院名义制发的法律文书实施监督管理。"制裁措施形式多样,如对"法律文书使用不当或者有明显错漏的"[《人民检察院刑事诉讼规则(试行)》第669条第1款第(二)项]可就情节轻重,进行"口头提示"、发送"案件流程监控通知书"等。此外,还可通报批评、取消评先资格、扣分罚款,等等,总之会受到各种不同程度的经济制裁、纪律制裁等,由此形成了"上下联动,横纵结合,级级检查,层层设防"的强大监督网络。因此"驳回起诉"等就完全没有赖以存在与发展的基础和必要了。

本文以问题为导向,探讨了六个方面的问题。案件事实表述是起诉书的本源,没有事实指控,起诉书就成了无源之水,无本之木;证据叙写是事要表述的重要支撑;简易审批程序、裁减繁琐手续是提高办案效率的试金石;立法赋予检察机关行使变更起诉权,是预防和杜绝检察官不作为,切实履行法律监督职能的重要体现;由检察机关自己对违规撰写起诉书者进行制裁,是加强内部监督,提高文书制作水平的重要途径;采取起诉书适当说理主义,是检察起诉文书改革的大方向。六个方面的问题不是割裂的,而是统一于检察起诉文书的制作和动态运行实践中,必将在司法实践中发挥不可替代的作用。

附 录

"法律文书与司法公开"论坛暨中国法学会法律文书学研究会 2014 年学术年会综述

袁　钢　邓维瀚[*]

2014 年 10 月 26 日至 27 日,中国法学会法律文书学研究会 2014 年学术年会在北京举行。中共中央《关于全面推进依法治国若干重大问题的决定》对司法公开提出明确要求:"构建开放、动态、透明、便民的阳光司法机制,推进审判公开、检务公开、警务公开、狱务公开,依法及时公开执法司法依据、程序、流程、结果和生效法律文书,杜绝暗箱操作。加强法律文书释法说理,建立生效法律文书统一上网和公开查询制度。"因此,司法公开成为法律文书学研究人员和实务人士共同关注的热点问题。本次年会主题定位为"法律文书与司法公开",与会代表 180 余人围绕"法律文书与司法体制改革""法律文书公开的基础理论""法律文书公开的机制与内容""法律文书说理与文书质量""法律文书的实证研究"五个专题展开了深入的研讨和交流。

一、法律文书与司法体制改革

将法律文书纳入司法公开的范畴,是司法权的本质要求,并得到了司法改革顶层设计的确认。法律文书是各项司法体制改革措施的书面载体,更是司法体制改革的重要环节,最高人民法院和最高人民检察院都高度重视法律文书的改革,本研究会邀请了最高人民法院、最高人民检察院从事法律文书改革专业人士介绍法律文书与司法体制改革的重要关联。

（一）检察法律文书改革

中国法学会法律文书学研究会副会长、最高人民检察院罗庆东作了题为"关于检察法律文书的若干问题"的报告。首先介绍了检察法律文书改革的情况,介

---

[*] 袁钢,中国政法大学副教授、法学博士,中国法学会法律文书学研究会副秘书长。邓维瀚,中国政法大学法学硕士研究生。

绍了最高人民检察院颁布的《人民检察院案件信息公开工作规定(试行)》中对于检查信息公开文书提出了明确的改革要求。检察文书改革已经成为检察改革的亮点,其中较为重要的改革主要有三个方面:大力加强检察法律文书说理性建设;积极推行法律文书公开制度;将法律文书纳入检察机关统一管理系统。其次,指出了检察法律文书制作方面的一些不足:制作水平参差不齐,部分法律文书缺乏说理,语言文字错误也较突出。最后,对检察机关法律文书的改革提出了建议:一是要充分应用法律文书公开手段,利用倒逼机制提高法律文书的制作水平;二是要及时进行法律文书的编纂;三是要大力加强法律文书研究工作,推动研究工作的深入开展。

(二) 裁判文书制作与公开

中国法学会法律文书学研究会副会长、最高人民法院胡伟新作了题为"裁判文书制作与司法公开"的报告。首先,介绍了裁判文书上网的基本情况:最高人民法院先后出台三个管理办法,包括最高人民法院《关于推进司法公开三大平台建设的若干意见》《关于人民法院在互联网公布裁判文书的规定》等。最高人民法院极力推动裁判文书上网,以公开为原则,不公开为例外。其次,指出了裁判文书公开中发现的问题:格式不规范、文字和修辞方面不规范、某些法官对案件证据分析不够透彻、引用相关法律条文不规范。最后,就裁判文书改革提出建议:规范裁判文书的内容、格式;增强裁判文书的说理性,完善文书的事实表述结构;改革裁判文书千篇一律的样式;尝试公布合议庭不同意见;增进法律文书理论界和实务界的交流互动。

二、法律文书公开的基础理论

与会专家认为,法律文书是对人民法院、人民检察院处理个案的过程、结论及其理由的书面反映;法律文书公开不是依附于司法程序,不仅是司法程序中的一个环节,更重要的是法律文书公开具有系统性基础理论,本研究会应当高度重视法律文书公开的基础理论研究。

(一) 法律文书公开的意义

湖南师范大学法学院肖晗等认为,司法公信力的建设离不开司法公开,司法的公开有助于司法公信力的提升。贵州警官职业学院侯兴宇认为,形式公开是文意公开的前提,而文意公开是形式公开的本质追求。裁判公开的社会效果与裁判文书的价值追求应相一致。裁判文书公开的社会效果虽然有正与反两方面的效应,但是把这种效应与裁判文书的价值协调起来,追求一致,就是构建司法和谐裁判文书文意就是法官对事实、法律的认识和对争议事实、争议法律再认识的表达,这种裁判文意的公开与裁判形式公开达到一致时,就能实现裁判文书的真正价值。裁判文书的价值具体而言就是裁判文书说理与说理的全面公开。

华中师范大学法学院石先钰认为,裁判文书公开是公开审判的重要内容。裁判文书公开是建设法治中国的生动体现,是社会主义民主与法制的要求。公开裁判文书是实现诉讼公正的重要途径。裁判文书公开是提高执法水平,提高法官素质,搞好队伍建设的需要。裁判文书公开是国际上的通行做法,是信息时代的必然选择。裁判文书公开对保护当事人及广大公民的知情权,提高裁判文书的质量,建设法治中国都有重要而深远的意义。

四川省人民检察院郑雷提出,法律文书公开在根本上是司法权运行过程、结论的公开,是由司法权的属性和规律决定的,同时也是重构司法公信的突破口。民意沟通是法律文书公开的基本功能,而"发展法律解释,规范法律适用,促进法官、检察官职业化"是其溢出效应。实践中,要注意避免"想公开就公开,怕公开就不公开"以及"走形式"的风险,坚持法律文书公开的全面性和说理性原则。

(二) 法律文书公开的要求

中南财经政法大学卓朝君重点阐述了裁判公开与裁判可接受性的关系,他认为,"裁判公开"从形式上是文书的公开,但实质上是审判公开,而审判公开又是程序公开的重要方面。裁判公开不仅是为了公开而公开,更要有裁判的可接受性,即公众对裁判的认同。裁判可接受性取决于程序要合法、认证要合理、逻辑要严谨、具有实践合理性。裁判公开是裁判可接受性的基础,可接受性是裁判公开的升华。裁判公开仅是手段,可接受性才是公开真正的目的。

北京市东城区人民法院薛峰认为,法治思维和法治方式对于法院来说是应有之意。司法判决公开是向社会解释说明该判决是依法作出的,这与法院判决结果同等重要,因此裁判文书公开应具有法定性。过去上网案件数量远少于办理案件数量,原因在于法官认为裁判公开上网不是司法行为、法定行为,而仅是被管理的行为。根据最高人民法院的规定,目前司法流程是审、判、公开,公开才是案件的结束。

温州市瓯海区人民法院叶建平认为,"庄、达、信"是现代裁判文书制作的基本追求。"庄"系裁判文书的基本特点要求,即应当符合社会心理需要和司法权威要求;"达"是裁判文书制作的基本方法要求,即应当符合司法理念、审判模式、法官角色要求,文实相符,恰如其分;"信"是裁判文书的基本目标要求,即应当在程序、事实、理由、结论等方面做到诚实无欺、确信无疑,并可使用其他增信方法,全面确立公信。实现裁判文书的"庄、达、信"与法官队伍建设和司法改革的进程紧密联系。

三、法律文书公开的机制与内容

目前已有 15 个省、市、自治区实现了辖区内三级法院生效的裁判文书在中国裁判文书网上公开，数量已经超过 160 万份，裁判文书公开的程度和范围不断扩大。

（一）法律文书公开的困境

福建省泉州市洛江区人民检察院甘泽阳认为，检察法律文书公开方面的困境有：部分工作人员对法律文书公开的认知不足、法律文书制作的质量不高、公开格式不统一、信息化平台建设比较滞后。他就检察文书公开改革提出建议：公开路径实现网上网下相结合、建立统一的检索数据库、建立统一公共服务平台、注意及时处置突发问题。河北省沧州市运河区人民法院梁根生院长认为，在司法实践中司法公开工作仍然面临着司法公开认识不足、司法公开不全面、各法院之间差距较大等问题，影响甚至阻碍司法公开工作的进一步完善。想要推进法治建设，完善司法公开制度，提高司法公信力，今后仍需在树立正确的司法公开理念、创新制度设计、缩小各法院之间的差距方面继续努力。

厦门大学蔡远涛认为，信息化司法公开的转型有着深层次的背景。"传统司法公开模式"与"信息化司法公开"之争、"有限公开"与"无限公开"之争、"司法公开"与"司法独立"之争是我们在探讨信息化司法公开时不能回避的问题。从实证路径来看，我国信息化司法公开的现状，网站、微博、微信等新平台的出现，表明信息化对我国司法公开的影响已初现端倪。但在实践过程中，我国信息化司法公开建设，在司法公信力提升、司法效率飞跃、公开内容丰富的同时还存在价值取向偏离、普遍化和实效化欠缺等问题。如何矫正信息化司法公开之困顿，缓和信息化司法公开实践的矛盾，提出了信息化司法公开的四个初步构想，即重塑司法公开之价值构造、专设信息化之司法公开机构、以信息化促全面司法公开及构建司法公开之多层次救济模式。

海南政法职业学院李巍认为，实践中仍存在立法层面的法律依据不系统，裁判文书本身的"过繁""过简"、质量不高问题，公开制度方面存在公开范围模糊、监督机制未建立问题。

（二）法律文书公开的范围

河北省人民检察院鲍俊红认为，从广度来讲，检务公开的对象更宽泛，能够接触到法律文书的对象不再局限于涉案当事人，而是扩大为全体公众，随着公开对象范围的变化，法律文书公开的途径和形式也更为多样化；从深度来说，检务公开的内容更透彻,检察法律文书的内容也实现了从公开共同性法律文书(相关人员的权利义务告知书)向公开具体个案法律文书(终结性法律文书)的转变。而人民检察院对"未成年人犯罪的案件信息"不得公开的规定意味着未检法律文书只是不向社会公众公开,未检法律文书只是不被传送上网公开,但是未检法律文书依然追求"公开"的价值。

北京市人民检察院闫俊瑛认为,当前法律文书公开在内容层面释法说理性欠缺、形式层面规范性不足、载体层面渠道过窄,构建科学的检察法律文书公开制度既需要追本溯源,又需要面对现实平衡各层面的冲突。检察法律文书公开制度需要明确向不同主体公开的法律文书种类、技术性处理方式、审批程序,同时还需要强化检察法律文书内容的说理性和规范性。

天津市红桥区人民检察院穆彤认为,检务公开即检察机关信息公开,包括执法依据、执法程序、办案过程、法律文书的公开。就检察法律文书公开而言,由于其数量繁多,内容庞杂,有些法律文书内容涉及个人隐私或者国家秘密,因此检察法律文书往往以不公开或者选择性公开的方式出现。修订后《刑事诉讼法》强化了诉讼参与人的知情权,要求检察机关履行其告知义务,在一定程度上保障了检察法律文书的公开,但这只是针对特定对象的公开。检察法律文书由向特定对象公开转向对社会公开,是检务公开深入、全面发展的必然结果。

本研究会马宏俊会长认为,裁判文书公开不应只限于诉讼档案的正卷,但诉讼档案副卷的公开却始终处于不清不楚的境地,并建议诉讼档案正卷的公开对象应该是社会大众,而不仅限于当事人及其诉讼代理人,作为可能影响案件实质判决的副卷更应当公开,可暂时只向当事人及其诉讼代理人公开。

不起诉决定是办案人员依据专业知识作出的终结性结论,是案件诉讼环节在检察机关的终止。河北省人民检察院李兴友等认为,不起诉决定除了引用法律规定进行说理外,还需要对事实依据的关联性证据进行分析、判断。目前制作不起诉决定书时存在如下问题:案件事实表述不清,犯罪情节凸显不够;证据列举和分析不够;释法说理不够,不起诉决定缺少理性特点。

四、法律文书说理与文书质量

在现代法治社会,"陈述判决理由是公平的精髓"[①]。近几年来发生的裁判说理不当热点案件,都成为社会公众痛责裁判无理和司法说理不公与不当的典型样本。关注法律文书说理技术,履行好法律文书说理的司法话语权力,就成为提升司法能力以回应司法诉求和人民法治期盼的当务之急。

---

① 〔英〕彼德·斯坦、约翰·香德:《西方社会的法律价值》,王献平译,中国人民公安大学出版社1990年版,第99页。

（一）法律文书说理的价值

黑龙江省人民检察院赵权认为，法律文书说理是法律文书公开的核心，法律文书说理有助于强化对司法活动的监督，有助于促进司法队伍的职业化发展，有助于澄清事实，息诉罢访。

武汉市东西湖区人民法院杨汉平认为，裁判说理是司法裁判公开其推演机理和论证过程的基本公权表达方式，是司法权力正当外显与外化的程序"阳台"，对促进司法由理性自洽而达至公信权威具有重要的民主与法治功用。但现实中，裁判说理因为权力本位、司法行政化、文书样式僵化、重实体轻程序和责任约束机制缺失而显现出许多苍白的虚弱和粗糙的积弊。要想促进司法的理性自洽，向当事人和社会公众融释抽象的规则和曾经被无视或冰封的人民司法的权力法理，就需要反思与检讨司法制度与审判机制运行中存在的不重说理和说服的理念偏差、制度缺失与程序陋习，并寻此症结对裁判说理的程式与技术进行建构与规范。通过对裁判说理进行系统、结构、理念、环节和制度要素的技术细分、程序规范与进程精控，促进其成为理性回应当事人诉求、公正评判诉讼理由竞争、激活法官主体自觉和职业自治。

云南大学法学院钟穗青认为，裁判文书公开的核心则是裁判文书"说理"部分的公开，完善裁判文书"说理"部分，有利于促进司法公正、公平，最大限度地行使好法官的自由裁量权，加强我国司法队伍的建设；有利于加强司法公开，提高司法公信力，增强裁判的正当性和合法性；有利于形式法治与实质法治的结合，推进我国法治建设；有利于开展法制宣传，提高国民法律素养。

（二）法律文书说理的困境

广西大学法学院林轲亮认为，裁判文书的说理已经成为文书公开的巨大表征。由于我国的裁判文书长久以来说理不充分的诟病，导致了当事人在裁判结果出来之后依然"盲目"的局面，进而导致缠讼的发生。正是诸多的立法以及司法的不足，导致了判决书的缺憾，进而导致"案结"却不能"事了"的局面。2012年修订的《民事诉讼法》第151条和第153条中，将判决理由作为"注意条款"予以重复规定，就是要给予司法者以警醒。此外，有的地方采取了诸如模拟审判、早期中立评估、答疑服务窗口等形式以使得当事人真正明白裁判文书的用意。武汉市东西湖区人民法院杨汉平认为，一份好的法律文书首先是要细致化、理性化，其次要有清晰的逻辑结构，最后要秉持人性化的理念。

武汉市江岸区人民法院张东洋等认为，当前适用的裁判文书样式普遍存在结构上详略不当、形式上千案一面、证据认定上公开透明度不够、语言表达上欠缺严谨性、判断说理的逻辑性及针对性不强等问题，分析出现上述问题的原因在于外部的司法环境、内部的办案压力、文书类型与形式单一、部分法官持有回避文书说理的态度。武汉市经济技术开发区人民法院陶倩法官认为,民事判决需要利益衡量,但是利益衡量过程更多的应当是以隐形方式体现。基于大陆法系的内在逻辑特征、诉讼效率的内在要求,隐性方式是指利益衡量并非直接体现在判决说理之中,而是隐含在法律适用的过程之中。

太原市人民检察院陈兰等认为,检察法律文书公开在推进的过程中,存在以下问题:检察法律文书公开观念有待加强、公开数量有限、公开缺乏查阅方便性、公开的保障措施缺位。为完善检察法律文书公开,其建议注重提升检察官素质,应遵循全部公开为原则、不公开为例外,建立和完善法律文书公开的保障措施:在全国案件信息公开系统上建立民意吸纳反馈平台;建立激励机制,推行优秀法律文书评选制度;建立问责机制。

(三)法律文书说理的完善

四川省人民检察院郭彦等分析了人民检察院刑事诉讼法律文书格式样本,认为存在说理形式程式化,笼统概括较多;叙述型法律文书罗列事实较多,分析说理较少;部分检察执法活动没有法律文书可供适用等问题。并建议就加强法律文书说理而应当树立说理意识,提高说理水平;整理法律文书分类及补充相关法律文书格式样本;规范办案工作文书制作,奠定法律文书说理基础。

武汉市汉阳区人民法院张娟认为,刑事判决书说理的核心内容应着眼于三方面:为事实判断之形成提供论证、为模糊规则之适用提供解释、为类似案件之处理提供导引。在刑事判决书说理强化的路径上,对案情复杂、法律适用有争议、被告人不认罪的案件可以尝试论文化的判决书写作风格,尊重并鼓励刑事法官在罪刑法定原则下的自由裁量,强化刑事指导案例的指导功能以激励法官加强判决书说理论证。武汉市中级人民法院张文浩建议在裁判文书说理机制中引入法律推理,有利于实现法律的确定性,至少是类似案件可以获得类似的法律结果,这与司法改革的法治目标相契合,也能促进目前的说理机制实现功能上的优化。

为探索裁判文书说理机制改革的现实路径,武汉市武昌区人民法院张映兰认为,从人事制度建设角度出发,进行独立于公务员系统的法官职业化改革,并建立以裁判文书说理为导向的奖惩制度,从文书制作技术规范角度出发,可以参考最高人民法院审判绩效评估方面的改革成果,对裁判文书说理方式上作出更进一步明确要求。以民事案件为例,对于同一法律关系案件中共性的问题,由有关机构研究决定裁判文书说理中必须要阐明的内容,以简明的格式和语句概括并推广实行。同时对于各案可能存在不同的方面推行裁判文书评判标准,可以分别从语言、逻辑、法律阐明、推理方法等各方面作出评判标准,由各基层法院审判管理部门组织专人进行评判。同时,在案件审结宣判时征询当事人对裁判文书说理的意见,作为对裁判文书的侧面评价予以参考。

湖南省攸县人民检察院文向民认为,案件事实表述是起诉书的本源,证据叙写章法是事实表述的重要支撑。简易审批程序、裁减繁琐手续,是提高办案效率的试金石,立法赋予检察机关应当行使变更起诉权,是预防和杜绝检察官不作为、切实履行法律监督职能的重要体现;由检察机关自己对违规撰写起诉书者进行制裁,是加强内部监督,提高文书制作水平的重要途径;采取起诉书适当说理主义,是检察起诉文书改革的大方向。河北省崇礼县人民检察院王树全等认为,裁判文书的总体方向是提高裁判质量,强化事实论证,增强公众监督,以释法说理为主线,突出中国特色的司法裁判文书完善发展之路。

五、法律文书的实证研究

(一) 法律文书的实证分析

法律文书研究人员和实务人士都用了实证的研究方法,以法律文书为研究对象进行细致分析。中国政法大学程滔认为,裁判文书是诉讼活动的载体,裁判文书的公开与透明同样是司法公开中的重要环节。裁判文书的公开包括两个方面,即裁判文书的上网以及裁判文书采纳证据的理由及判决理由的公开,后者可以成为法官心证的公开,体现司法透明。

焦作市人民检察院吴兴军认为,当前检察法律文书制作使用存在以下问题:一是部分检察法律文书用印不统一、说理不充分、用语不严谨、审查不严格、使用不规范;二是部分制式检察法律文书在设计上存在缺陷;三是现有制式检察法律文书不齐全。菏泽市人民检察院刘东平认为,解决这些问题重要的手段就是加强对业务人员综合素质的培养并且落实责任制。随州市人民检察院马济林则认为,上述问题具有普遍性,检察机关必须拿出切实可行的措施,推动检察文书质量不断提高。

京都律师事务所梁雅丽围绕"孙某被控国有公司人员滥用职权罪、受贿罪案",认为法院在该案证据的采信和事实的认定上分别采用了不同的标准:即在滥用职权行为的事实认定和证据采信上采用了严格标准,而在受贿行为的认定时,对孙某的"职权"却采用了宽松的标准。

武汉市中级人民法院王晨选取具有典型代表意义的某市中级人民法院和所辖15个基层人民法院对1.2万件刑事案件法律文书的评查结果为实证研究对象,通过对中基层法院刑事裁判文书评查存在的诸多问题进行实证研究分析,提出现代刑事裁判文书应当具有:控辩事理表述功能、审理程序记录功能、证据审查表述功能、判决理由解释功能、判决结果告知功能、社会秩序示范功能、司法审判管理功能、法律文化宣传功能等多种功能,进而论证当今我国刑事裁判文书作为艺术品的功能价值在于恪守刑事审判程序,准确认定事实证据,创造性解释和适用刑法,寻找刑事案件审理裁判中的法理光辉,诠释和传播刑事审判的法律文化,体现刑法的人文关怀精神。

(二) 法律文书的多元分析

本次会议还围绕"十八届四中全会报告精神"展开热烈讨论。北京市公安局治安总队段钢认为,公安法律文书有其特殊性,不能一味追求公开,需要谨慎对待、仔细研究公安法律文书的公开与保密问题。四川省人民检察院朱仙琼认为,巨大的案件压力是法律文书增强说理性的掣肘。河南财经政法大学姜保忠认为,法律文书研究现在存在学科建设、研究项目和学术成果的局限。湖北典恒律师事务所刘剑冰认为,当前法律文书不愿意上网的很大原因是文书制作质量不高,怕受指责。华东政法大学李琴认为,高校法律文书学的教育应当充分吸收国外先进经验,积极与国外院校展开合作。浙江工商大学俞燕宁认为,应当建立有主有次的法律文书体系,减轻一线办案人员的负担,加大重大环节的监督力度。

本研究会会长、中国政法大学马宏俊总结认为,目前法律文书研究重点问题包括:一是各类法律文书如何制作问题;二是如何定位法律文书学这一学科问题;三是如何将法律文书学的研究成果向社会输出问题。他认为法律文书学应当被定位为交叉学科,这一学科需要借鉴国内外各种优秀的研究成果以使其研究更加深入,应当坚持理论建设与实践应用相结合的道路,既使本学科理论深度得到拓展,又紧紧贴合司法实践的需要。

本研究会副会长、《民主与法制》杂志总编刘桂明从七个方面总结了本次会议:一是会议主题突出、紧贴时代;二是会议各阶段特点鲜明,既有理论研讨又有实践探索,将理论研究与实践操作紧密联系起来;三是会议不畏困难,敢于涉及困难的理论、实践问题;四是会议议程充满活力,不断发现新情况、新问题,为今后的研究奠定了良好的基础;五是会议成果突出,对法律文书学的研究起到了极大的推动作用;六是希望研究会能够想出办法努力将优秀学术成果推向社会、推向实践,接受实务部门的检验;七是希望与会学者紧跟时代潮流,贴近司法实践,勇于创新,为法律文书学不断注入新的活力。

法律文书探索与创新

2015年
会议论文

法律文书能否讲得更好看?

——法律文书研究的创新探索

刘桂明[*]

众所周知,法律文书是写出来的。古今中外,概莫能外。其间,虽无谋篇布局之忧,但有遣词造句之虑;虽无起承转合之困,但有首尾呼应之感。忧虑也好,困惑也罢,其实最难写的还是法律文书的说理。随着法律文书全面、公开的推进,法律文书的说理变得越来越重要。但是,现实中却使人越来越明显地感到,法律文书公开已经渐渐不是问题,存在问题的是如何公开、公开多少、何时公开,尤其是如何公开法律文书的说理性,显得更加突出。

说起法律文书的说理性,可谓是一个老大难问题。这些年,提起法律文书实务中存在的问题,更是尽人皆知。有些基层法院法官撰写的法律文书除了语法和逻辑方面存在的各种通病,比如语法错误、语句不通、用词不当、晦涩难懂、文白交织,等等,诸如此类,不一而足。至于错字、漏字、多字乃至错用标点符号现象,更是比比皆是。

在笔者看来,最难的还是法律文书的释法说理。为此,党的十八届三中全会《关于全面深化改革若干重大问题的决定》特别强调"增强法律文书说理性,推动公开法院生效裁判文书"。后来,党的十八届四中全会《关于全面推进依法治国若干重大问题的决定》再次重申"加强法律文书释法说理,建立生效法律文书统一上网和公开查询制度"。

对此,中国法学会法律文书学研究会作出了积极呼应。2013年12月1日,中国法学会法律文书学研究会2013年学术年会在南京召开。会上,来自全国各地法院、检察院、律师事务所、大专院校、行政机关的研究会会员在分析了当今法律文书缺乏风格、内容繁简失当、语言笼统空洞的不足之后,一致强调法律文书的实体价值、程序价值、社会价值,最后达成共识:从法律文书学的发展趋势来看,法律文书的写作不仅仅是语言文字的问题,也不仅仅是语法表述的问题,更不仅仅是标点符号的问题,而是逻辑推理、释法说理的问题。总而言之,当下法律文书存在

---

[*] 刘桂明,中国法学会法律文书学研究会副会长,中国法学会《民主与法制》杂志社总编辑。

的最大问题就是不说理、不讲理。

那么,如何提升逻辑推理、怎样增强释法说理呢?

在南京年会成功召开的背景下,《民主与法制》杂志推出"法律文书大家谈"栏目的想法应运而生。2014年3月,《民主与法制》杂志积极响应中国法学会法律文书学研究会的号召,开设"法律文书大家谈"新栏目,刊登来自全国公、检、法、司杰出代表有关古今中外法律文书解读的优秀文章,旨在推动加强法律文书研究,促使全社会更加关注法律文书与司法公正的关系,繁荣法律文书的学术研究。

从2014年3月25日出刊的第9期至2015年5月5日出刊的第13期《民主与法制》,"法律文书大家谈"栏目刊发了来自天津市高级人民法院周恺法官、上海天册律师事务所吴江水律师、中国民主法制出版社第八编辑部罗书平主任等热心读者撰写的近50篇文章。

回顾"法律文书大家谈"栏目所刊登的所有文章,我们力求在法律文书的写作与研究方面做出一种新的探索。我们致力于打造一个不一定是写法律文书、但一定是说法律文书的平台,创造一种法律文书不仅仅是写出来的,更是说出来的风格,制造一种法律文书既可以写得更好懂,也可以说得更好看的风尚。

通过一年多的探索实践,"法律文书大家谈"栏目体现了以下三大特点:

(1)展示了传统法律文书的美观性。法律文书的美观性除了文字本身,更重要的还在于文字背后的文化,文化内涵的意蕴。在《有才无德的张鷟和他的〈龙筋凤髓判〉》《圣经里的约和罚(一)》《最美的判词:胭脂判》《"飞火"的传票》等文章中,表现得可谓淋漓尽致、水到渠成。

(2)强调了当下法律文书的说理性。法律文书既要推理,更要说理;既要说事理,还要说情理;既要讲道理,更要讲法理。那么,如何讲理、怎样讲理?周恺、罗书平等撰写的《谁湮没于长河?——记中国第一篇"判词"》《以理见长:白居易〈甲乙判〉》《让人晕头转向的"360判决书"》《黑人究竟算不算"人"?》《念斌案与杨乃武案的文书比较》《高级说理忌"平面"》《七十八年前一份流传至今的死刑判决书》的文章,对此进行了历史的叙说与现实的解说。

(3)讨论了未来法律文书的科学性。现实中的法律文书存在不少问题,同样,发展方向也有待于加强研究与思考。当我们看到在如下文章所隐含的千年难题,一种让历史告诉未来的使命感油然而生。对于当下法律文书所表现出的困惑与忧虑,我们将更加清醒地意识到当代人所肩负的责任。法律文书的未来是什么?法律文书的未来在哪里?在已经刊发的《"宰相"还是书生时》《古代判词最高峰:清明集》《猜想的翅膀——文天祥的判词》《张船山的名判与周院长的解释》《笔录为何是司法的常青树?》《法庭上的表现能做证据吗?——明代的〈强占事〉》《说"状"》《隐私和公开》《裁判文书应该如何署名?》《今天的司法还有"瞻徇"?》《菩萨心肠》《平静的冤案》等文章,显然很有针对性,更有思考性。因为所有有关法律文书的故事,既不是无病呻吟,也不是无的放矢。

目前看来,已经刊发的《谁湮没于长河?——记中国第一篇"判词"》《有才无德的张鷟和他的〈龙筋凤髓判〉》《黑人究竟算不算"人"?》《"飞火"的传票》《以理见长:白居易〈甲乙判〉》《"宰相"还是书生时》《古代判词最高峰:清明集》《圣经里的约和罚(一)》《猜想的翅膀——文天祥的判词》《张船山的名判与周院长的解释》《笔录为何是司法的常青树?》《让人晕头转向的"360判决书"》《法庭上的表现能做证据吗?——明代的〈强占事〉》《说"状"》等有关如何规范法律文书写作问题的文章,均获得了来自司法实务与法学研究领域的高度评价。他们认为,这种前瞻性的研究实践充分体现出中国法学会法律文书学研究会和《民主与法制》杂志的研究积极能动性,主动为法律文书学的研究创造条件,扩大法律文书学研究与教学人员的交流,在准确认清形势后,密切配合,集中精力落实责任。

同样,在"法律文书大家谈"栏目开办一年多以来,深受读者以及编辑部门人员的认可与喜爱,并获得2014年采编部门优秀栏目殊荣。回顾栏目第一期《谁湮没于长河?——记中国第一篇"判词"》一文在杂志首次刊登,就广获好评,读者纷纷来信发表观后感想。不少来自基层的司法人员深受文章启发,增强了对规范法律文书写作重要性的认识,并期待栏目作者写出更多有益法律文书实务与理论相结合的好文章。

依法及时公开执法司法依据、程序、流程、结果和生效法律文书,加强法律文书释法说理,建立生效法律文书统一上网和公开查询制度已经成为全国法律文书工作者最严峻的挑战,传统法律文书制作中的理念与实务、教学与实践、技术与艺术、传统与创新、制度与写作、格式与文意、公开与公正、理由与方式、诉讼与非诉、个性与规范、错误与效力的矛盾冲突如何解决,将是所有法律文书学研究会会员共同的责任与使命。

"法律文书大家谈"栏目的创办,只是一个开端,还需要大家的共同努力。在未来的日子里,我们将继续秉承创办的初衷,深入发掘法律文书制作中的深层次内涵,力求真正让司法公正体现在每一份法律文书之中,真正体现让人民群众通过法律文书在每一个司法案件中都能感受到公平正义,从而为全国法律文书工作者能写出优秀法律文书作贡献,以期提高我国法律文书学的研究水平与学术地位。

斩断"无形之手",助力阳光司法

钟穗青[*]

序 言

随着经济的快速发展、民主法治建设的推进和媒体信息技术的提高,群众对司法公开的期望和要求越来越高,迫切要求我们进一步更新理念,创新方法,不断提升司法公开的层次和水平,更好地满足群众的司法需求,更好地维护社会的公平正义。正如最高人民法院院长王胜俊指出的:"不仅要求司法结果公正,还期待司法过程公开透明;不仅要求对司法活动的知情权,还期待对司法活动的参与权和监督权。"[①]这些新要求、新期待凸显了在案件审理执行过程中尊重和保护当事人与社会公众的参与权、知情权和监督权的必要性,同时也需要法院的审判执行活动更公开、更透明。

党的十八届四中全会指出,要让人民群众在每一个司法案件中都感受到公平正义,构建开放、动态、透明、便民的阳光司法机制。全会充分肯定了司法公开的价值和意义,各级人民法院要继续深入贯彻推进司法公开的各项举措,全力打造让人民群众满意的阳光司法机制。

一、阳光司法概述

(一) 阳光司法的含义

阳光,就字面含义而言,难与司法联系在一起,但当附上"司法"一词时,便有了深层次的含义,赋予了新的执政、执法和管理理念。在法学意义上,"阳光"的基本内涵是透明和公开,而阳光司法意指人民法院在立案、审判、执行等司法过程中,按照法律的规定,全方位、能动地把执法办案的全部程序向社会公开,实行阳光透明的司法活动,确保人民群众以"看得见""听得到""感受得到"的方式走近

---

[*] 钟穗青,云南大学法学院。
[①] 赵志疆:《阳光司法让正义看得见》,载《大河报》2013年第1期。

法院,了解司法。就法院而言,审判和执行是基本的两大主题工作,提倡、践行"阳光审判、阳光执行",与由科学发展观"以人为本"衍生的"人本司法"理念具有异曲同工之处。

(二) 阳光司法的重要性

1. 推行阳光司法是适应司法国际发展趋势的必由之路

公开、透明是现代政治的基本准则,是人类法治文明的共同成果。司法公正、公开与否,是一国政治文明发展的重要标志,也是国家形象的直接反映。推进司法公开,有利于完善中国特色社会主义司法制度,有利于推动我国政治、经济、社会全面发展,使我国更加强有力地立于世界民族之林。把司法公开向更广、更深处推进,可以更充分地实现公众的知情权,有助于社会对人民法院工作进行更好的监督。把司法公开向更广、更深处推进,要不断扩大司法公开的范围,不断创新司法公开的方式。

2. 推行阳光司法是创新社会管理、推动社会建设的强力抓手

创新社会管理、推动社会建设是当前人民法院的工作重点之一。司法公开有利于密切法院审判组织与法官的关系,营造审判权、执行权内部阳光运作的良好氛围,使法官更好地了解和参与法院管理,最大限度地激发法官工作的积极性、主动性和创造性,最大限度凝聚各方面的智慧和力量,不断提高人民法院科学管理的水平;有利于密切法官与群众的关系,促使法官树立群众观点,增强群众工作能力,改进司法作风,提高司法水平和效率;有利于人民法院和人民群众的关系,在制定重要的规范性文件、审判指导性意见时,广泛听取相关部门、专家学者和其他法律工作者的意见,不断完善司法决策征求群众意见的各种机制,进一步推动司法决策的民主化、科学化,增进社会公众对司法的认知和认同,提高司法公信力。①

二、推进阳光司法的新举措

2014年以来,为贯彻中央关于进一步深化司法体制改革的总体部署,推进阳光司法,最高人民法院大力推进审判流程公开、裁判文书公开、执行信息公开三大平台建设,这是人民法院深化司法公开的一项重大举措。不久前,全国2 995家法院的3 281名新闻发言人联系方式全部对社会公开,人民法院新闻发言人制度作为推进司法公开的又一项重要举措,引得多方媒体交口称赞。两年来,人民法院推进司法公开的决心越来越强,力度越来越大。

然而,要做到公正司法、依法办案,既需要司法人员坚守职业良知,也需要排

---

① 参见彭跃进、余辉华:《深入推进司法公开意义重大》,载中国法院网。

除各种各样的干预干扰。阳光司法不仅仅是指司法机关办案时要公开透明,更重要的是要坚决斩断干预司法办案的"无形之手"。在现实生活中,干预司法、干预办案的现象时有发生。一些领导干部为了个人私利或地方利益、部门利益,为案件当事人请托说情,甚至以言代法、以权压法,不仅直接妨碍具体案件的依法公正处理,而且严重损害了司法公信力,破坏国家法律的正确统一实施。此外,一些司法机关内部人员利用上下级领导、同事、熟人等关系,打探案情、说情,向办案人员施加压力,非法干预、阻碍办案,严重影响了案件的公正处理。

为破解这两个方面干预司法办案的突出问题,党的十八届四中全会通过的中共中央《关于全面推进依法治国若干重大问题的决定》明确提出,"建立领导干部干预司法活动、插手具体案件处理的记录、通报和责任追究制度","建立司法机关内部人员过问案件的记录制度和责任追究制度"。[①]

2015年3月,中共中央办公厅、国务院办公厅印发了《领导干部干预司法活动、插手具体案件处理的记录、通报和责任追究规定》,中央政法委员会印发了《司法机关内部人员过问案件的记录和责任追究规定》,这两个规定,一个从外部建立防止领导干部干预司法活动的"防火墙"和"隔离带",一个从内部架起司法人员过问案件的"高压线",分别为领导干部干预司法活动、为司法机关内部人员过问案件划出了"红线"。两者在内容上配套衔接,共同构建了防止干预司法办案活动的制度屏障。这既是落实四中全会部署的改革任务的重要制度成果,也是在全面推进依法治国新时期确保司法机关依法独立行使职权、保障司法人员依法履行职责的重要举措,对于维护司法公正,提高司法公信力,具有十分重要的意义。

要使制度发威,使"红线"带电,当务之急是要严格落实这两个规定,让干预司法办案的无形之手"现形、丢丑,甚至被斩断"。两个规定从对干预司法办案行为的发现、处置和查处三个环节,设计了三项相互衔接、层层递进的制度,即记录制度、通报制度和责任追究制度。而落实这两个规定,最关键的是相应主体要不折不扣地执行这三项制度。

首先,记录不能有遗漏。记录是最基础的工作,是启动通报、责任追究等后置程序的前提。如果不记录或选择性记录、不如实记录,规定就失去了意义,更谈不上排除对司法办案活动的干预。其次,通报不能留情面。在网络时代,曝光往往比内部处分更管用。根据两个规定,对领导干部违法干预司法活动的行为,对司法机关内部人员违规干预办案的行为,党委政法委、负有干部管理权限的司法机关,分别按程序报经批准后予以通报,必要时还可以向社会公开。最后,责任追究不能心太软。依纪依法实施责任追究,是处理干预司法办案行为的最后一道程

---

① 符向军:《阳光司法,敞开司法公正的大门》,载中国法院网。

序,也是最重要的处罚。责任追究绝不能心慈手软,违纪的不能不处理,犯罪的不能降格为纪律处分了事。①

制度的生命力在于实施,制度的威慑力在于执行。严格落实记录、通报、责任追究三项制度,两个规定就是两把利剑,定能斩断干预司法办案的"无形之手",让司法更加阳光,更加透明,让结果更加公正。

三、阳光司法遇到的困境与对策

(一) 存在的问题与不足

1. 思想认识待加强

司法工作要做到阳光透明,必须首先从思想认识上彻底破解传统理念的困境,牢固树立"司法权来源于人民""为民司法"的理念,揭开司法的神秘面纱,让人民群众以看得见、听得到、摸得着的方式感受司法。树立司法公信力的基础是公正的司法行为和高质量的审判活动。而这些很大程度上都依赖法官的具体行为来实现。

2. 公开开庭"选案"难

公开开庭案件要求具有典型性、代表性。但对于大部分基层法院来说,由于受地域的限制,每年受理的多是离婚、相邻权、人身损害赔偿、机动车交通事故赔偿纠纷等案件,新类型案件较少,可遇不可求。加之一些具有教育意义的案件,如未成年人犯罪案件,受法律规定(未成年人案件应当不公开开庭审理)的制约,不能公开开庭,这些为送法进校园、进社区厂矿等活动在选题上增加了局限性。

3. 群众参与意识待提高

我国有些省份是农业大省,农业人口所占的比例大,或者相对较为偏远,文化程度相对较低,法制意识不强,参与度不高;而在一些沿海或发达城市,虽然公民的法治理念较强,但由于工作繁忙、事务繁杂等情况,也很少有人会参与案件的庭审过程,在一定程度上影响了阳光司法活动的实际效果。

4. 保障力度待加强

推进阳光司法就意味着司法成本的增加,阳光司法的系列措施,从立案公开到进村、进校园、进社区、进厂矿巡回审理,都需要有警力保障和物质保障,特别是执行公开,除了需要做好案情分析外,还要制定突发事件预防机制,有充足的警力保障旁观执行的人的人身安全,杜绝意外事件的发生。

---

① 参见张晓东:《全面推进司法公开 构建阳光司法机制》,载《人民法院报》2014年11月1日,第1版。

(二) 建议及对策

1. 深化认识,正确对待

一方面,要认识到司法公开原则是得到我国宪法、法院组织法以及刑事、民事、行政三大诉讼法确认的。司法公开制度已成为人民法院各项审判工作必须严格遵循的基本宪法原则和基本诉讼制度。实行司法公开,是充分尊重和保障人民群众对法院工作的知情权、参与权、表达权和监督权,司法公开作为一项法治原则,是人民法院践行人民性的要求,是维护人民权益的关键,是取信于民的基本方法之一。阳光司法是法院、法官与公众之间相互交流的纽带,通过加强阳光司法,开展多种便民形式的司法公开活动,使司法充分贴近具体实在的生活,体察并回应民众的需要、渴望和要求,倾听群众的呼声,回应社会关切,这样可以更好地提升司法民主程度,促进社会和谐稳定。

另一方面,也要认识到阳光司法追求的并非是一种短期效应,而是法制发展史上从司法神秘到司法公开的一个漫长过程。它不是一项简单、单一的工作目标和任务,而是一项综合性工作目标体系,是与法院审判管理建设、法官司法能力建设、法院文化建设等紧密结合的。不仅如此,在推进阳光司法进程中,组织人事、经费保障、基本建设等方面离不开其他国家机关和社会各界的支持和配合,而且推进阳光司法的成效也离不开人民群众的参与和评判。因此,阳光司法不可一蹴而就,它是一项长期而又艰巨的历史任务,要把阳光司法当做一项基本工作来做,常抓不懈,而不是作为一项阶段性的任务来完成。

2. 以人为本,提高素质

针对思想认识方面存在的不足,通过召开会议贯彻落实、加大宣传力度、制定目标任务、面对面沟通交流等形式,提升法官落实司法公开的意识与能力。通过培训、观摩、互相交流借鉴、院领导带头召开示范庭等方式,提高法官的庭审驾驭能力和裁判文书制作能力。庭审中要强化程序意识,树立良好的司法形象,裁判文书制作要在说理方面下工夫,要贴近具体个案当事人的阅读水平和文化层次,尽量用简明通俗的语言将法律问题阐述清楚,要让当事人"赢得明白,输得清楚"。

3. 立足实际,协调发展

在公开开庭"选案"上,要把阳光司法当做一项长期性的基本工作,遇有代表性、典型性或新类型案件时,应有针对性地组织特定社会公众和群众旁听庭审,也可尝试在网上进行庭审直播、录像。但不是一味追求典型性或新类型性,在进村、进社区开庭时,也可选择一些常见的、贴近群众生活又有法制宣传教育意义的案件,如相邻权纠纷案件,或是一些有代表性的离婚案件、赡养案件等,如乐业法庭公开审理的赡养案件、娜姑法庭公开审理的身体权纠纷案件,当地群众参与积极性高,法制宣传效果好,群众对法律和法院的认知能力得到了较大提升。

4. 科技助推,提升水平

一方面要创新审判管理手段。例如浙江法院利用信息技术汇总涵盖审判执行各个节点的数据,建立起全省法院审判、执行两个质量效率评估体系,使全省法院的审判执行情况在内部实现了全透明,为各级法院向党委、人大、政协汇报工作提供了更为准确、全面的情况,也为向社会公众公开诉讼进程、诉讼结果打下了基础。另一方面要加强门户网站建设。浙江法院全部建立门户网站,搭建了开放、互动、方便、快捷的现代化司法公开平台,公众通过法院网站可以及时便捷地了解法院审判工作流程、管理制度等基本情况和重要规范性文件、审判指导意见、指导性案例、重要研究成果等信息。此外,还应拓展电子审务,提升公开实效。浙江全省所有审判法庭都已建成数字化法庭,实现了所有开放案件全程录音录像,做到"每案一光盘",让公正"可定格""可再现",既为促进庭审规范、提高工作效率、增进司法透明提供了保障,也为保护法官、树立司法权威提供了技术支撑。[①]

结　语

阳光是最好的防腐剂,只有把司法权的运行尽可能地置于"阳光"之下,才能最大限度地遏制背离公正司法的潜规则的生存空间,让司法判决更好地体现公正公平;只有大力推进司法公开,努力去除司法神秘主义的面纱,才能让老百姓了解和理解司法,并最终信服和拥护司法。司法公开,因其有利于去除司法腐败、促进司法公正,从而更有利于树立真正的司法权威。

推进司法公开既是一项长期的战略任务,也是一项复杂的系统工程。必须坚持党的领导、人民当家做主和依法治国有机统一,进一步增强推进司法公开的工作责任感和紧迫感,及时总结经验,完善制度保障,积极探索创新,继续胸怀坦荡地推进司法公开,真正实现"阳光司法",让人民群众切实感受到公平正义,切实感受到中国特色社会主义法律体系的温暖和优越性。

---

① 参见齐奇:《全面推进阳光司法现代化》,载《中国党政干部论坛》2012 年第 7 期。

刑事判决非法证据排除说理的困境与出路

奚 玮 朱敏敏[*]

最高人民法院提出的以判决书说理为特色的一系列司法公开措施,是贯彻落实党的十八大精神的重要举措,顺应了时代发展潮流,回应了当前社会各界日益增长的司法需求。应当说,随着"裁判文书上网"等具体措施的跟进,判决书说理在我国司法中呈现逐步强化、日渐规范的趋势。如2014年11月13日最高人民法院开设的中国审判流程信息公开网的正式开通,标志着"审判流程公开平台、裁判文书公开平台、执行信息公开平台"三大公开平台的初步形成。但是,总体而言,我国学术界并未针对判决书说理形成系统的法律方法体系,也缺乏规范的、细致的实证研究;许多成果是基于现象找原因,缺乏深层次的结构化分析;许多成果是"眉毛胡子一起抓",缺乏有针对性的类型化分析。

2010年《关于办理死刑案件审查判断证据若干问题的规定》和《关于办理刑事案件排除非法证据若干问题的规定》(以下简称"两个证据规定")对非法证据排除规则作出了原则性的规定。在2012年《刑事诉讼法》修改中,非法证据排除规则的完善是最大的一个亮点,也是其贯彻尊重和保障人权的一个集中表现。但是,从法律实施状况来看,非法证据排除规则存在"启动难""证明难""排除难""辩护难"等问题。反映在刑事判决书中,针对排除抑或不排除的"说理"总体疲软、简略,公信力不足,说服力欠缺。不少判决书对非法证据排除与否只有简单、生硬的最终结论,遑论对律师对此提出的辩护意见进行回应。非法证据排除的说理状况是整个判决书说理问题的"缩影",而且被许多人认为是改革进程中"最难啃的骨头"。提升判决书说理能力和水平,需要从非法证据排除说理做起。本文选取判决书中非法证据排除的说理进行类型化分析,发掘其真实的困境及影响因素,期许为整个判决书说理改革提供完善的思路和建议。

一、非法证据排除说理的价值基础

在证据法的一般意义上,证据运用的说理是刑事判决书在事实认定、法律适

---

[*] 奚玮,安徽师范大学法治中国建设研究院研究员,法学院教授,博士。朱敏敏,安徽商贸职业技术学院法学教研室教师,硕士。

用上的前置行为,这是由证据与诉讼的共生关系决定的。证据在判决书中是认识事实客体与认识主体的唯一"桥梁"。证据运用的说理也是检验判决书是否查明事实真相、是否依法定罪量刑的必经"渠道"。那么,作为非法证据排除说理,它又有哪些更加独到的价值基础呢?

(一) 诉讼认识:排除虚假的可能性

在我国,许多人认为非法证据排除规则重在遏制刑讯逼供,但有可能妨碍事实真相的发现。因此,对其说理可能意味着掩盖真相。果真如此吗?从认识论的角度来说,非法证据排除的意义并不排斥反而是有利于促进诉讼真实的发现。依据证据可靠性原理,一个由非法方式取得的证据所构成的"事实"是很难被具体把握的事实。尤其是通过暴力、威胁、引诱、欺骗等非法方式获得证据,可能导向虚假的"事实";这些非法手段往往强烈干扰了人的感知和思维,使人在表达时违背自由意志,较难贯彻真实的意思表示。非法证据构成的"事实"表现出了一种"可能",这种"可能"与事实真相可能吻合,但在多数情况下具有虚假的可能性。非法证据排除的说理在某种意义上告诉我们:应当追究一种更加"高贵"的事实真相,它以排除虚假的可能性为目标;在命案中,贯彻非法证据排除有利于预防、避免"真凶伏法""亡者归来"等情形。从河南赵作海案、内蒙古呼格案等错案来看,刑讯逼供获得的证据没有被排除,而且针对这一问题上的辩护意见不加有效地回应和说理,这些均是造就错案的"肇因",也是当下判决书说理改革需要汲取的教训。

(二) 程序正义:拓展公开原则的价值

判决书说理的正当性何在?从党的十八届三中全会、四中全会部署、深化的司法体制改革来看,其重在贯彻公开原则。这是"让人民群众在每一个司法案件中都感受到公平正义"的形式性基础。"审判流程公开平台、裁判文书公开平台、执行信息公开平台"三大公开平台对社会公众起到警示、教育和引导的作用,甚至可以将公开价值拓展为一种对法官的道德约束:任何一项判决行为,都"即将成为明天的今天"。[①] 仅仅公开这一项内容很难成为"满意度"的考量指标。因为"人民群众的满意度"是从主体需求的角度而言的,我们必须考虑不同当事人之间立场、角色的诉讼特征。由于主体的利益诉求不同,一份判决书很难做到让双方当事人共同"满意"。但是,以说理为基础的判决书公开,其定位在于纾解双方当事人的争议,而且将争议解决的过程"公之于众"。在证据属性上,非法证据的认定不是对事实关联性和真实性的认定,而是对可采性的认定。非将可采性问题"公之于众"的直接后果,在多数情况下是排除指控有罪的有罪证据、罪重证据等,并

---

① 参见万毅、林喜芳:《从"无理"的判决到判决书"说理"——判决书说理制度的正当性分析》,载《法学论坛》2004 年第 5 期。

实施程序性制裁。这是通过公开原则的贯彻进一步削弱传统的"重打击、轻保护"观念,贯彻程序正义的典型体现。相反,针对非法证据排除的申请,如贸然地不予以说理,甚至简单地以辩护意见不予采纳加以回避,将阻碍证据可采性的公开,影响整个判决书的接受程度。

(三) 权力控制:真正遏制刑讯逼供

在美国非法证据排除的司法实践中,法官对于排除的判决书的说理,主要围绕"阻吓目的说""宪法权利保障""司法诚信说"等进行;在德国的证据禁止规则背后,主要是以下四种价值基础散布在法官判决中:如"发现真实""保护个人权利""公平审判"以及"导正纪律"。其中,制约公权力、保障私权利是一个共通的主线。从我国《刑事诉讼法》来看,细化非法证据排除的判决说理,首先有助于遏制刑讯逼供等非法取证行为,这已经成为一项社会各界普遍认同的常识。非法证据排除规则涵括了物证、书证等实物证据和口供等言词证据可采性问题。对于中国近些年司法改革而言,真正遏制刑讯逼供仍旧是"重中之重"。非法证据排除规则说理通过怎样的机理实现这一功能呢?关键在于限制法官过去在证据评判上较为宽泛的裁量权,促进其站在中立、客观立场慎重评价非法证据。在2012年的谢亚龙受贿案中,辩方当庭提供了被告人被刑讯逼供的线索,法庭却没有启动非法证据排除的调查且说理不充分,受到一些社会公众的质疑。[①] 在细化非法证据排除判决说理的要求下,法官对于涉及非法方式收集的证据等问题,无论是启动调查程序,还是如何使用非法手段都必须一一说明,以"看得见的正义"来严格要求法官,这是一种正向的、良性的司法约束机制。

从当事人、辩护人和诉讼代理人的角度,细化非法证据排除的判决说理有利于其刑事诉权的实现,尤其体现在辩护权上。辩护律师提出的非法证据排除的意见相较于当事人的主张而言,往往更具专业性和针对性。强调非法证据排除的判决说理这一要求将促使法官在是否采纳辩护意见上作出详细的说理,进一步推动法律职业共同体对非法证据技术性问题的讨论与共识的形成;促进律师群体在保障被告人权利上更积极主动地收集证据,改变长期以来律师依赖控方的证据和卷宗的弱势地位;通过辩护权和侦查权、检察权、审判权的良性互动,为当事人加设了一个强有力的防护栏,更有利于理想的三方诉讼结构的实现。

二、非法证据排除说理的司法困境

许多研究成果指出,依据法治原则,判决书应当包含最低限度的内容或要素,

[①] 参见欧明艳:《审判阶段非法证据排除的程序规制》,载中国法院网(http://www.chinacourt.org/article/detail/2013/08/id/1048300.shtml)。

其中与判决结果的正当性证明密切相关的事项主要有六个方面:案件所经程序的叙述、当事人提交证据和所持论点的概述、案件事实的陈述、所适用的法律规则、支持判决的理由,以及法院最后的判断和判决。① 当前,针对判决书说理,许多研究指出其问题所在:说理方式格式化,空话、套话较多;结构不统一,无法有机融合事理、法理、学理、情理、文理等。这些问题在非法证据排除说理中也深刻存在。加上非法证据排除规则适用对于刑事审判的敏感性,其在说理上存在不少特殊的司法困境。

(一) 未确立作为证据规则的基本位置

非法证据排除的说理,从证据规则层面,应当在判决书中有其专门的"位置"和"要素"。当前,法院一般都使用模板化的判决书,按照"某检察院指控""被告人辩称""经审理查明""本院认为""依据某法某条之规定"等格式,在相应的位置填充相关内容。这其中,没有专门用以放置关于证据合法性、程序性争议的位置。法院在作出判决时,通常只对实体性问题的审理过程、裁判结论以及裁判理由进行阐释,而很少记载对非法证据争议处理的过程、结论以及理由。② 在中国裁判文书网上公开的四百余份涉及非法证据的判决书极少详细阐述法官自由心证形成的过程,有的甚至只给了一个"不排除"即草草了事。绝大多数判决书对定罪量刑和程序争议"一锅煮"式地进行处理,刻意回避非法证据排除规则中的以下核心争议问题:判决书中根本不提或含糊其辞、一笔带过法庭对非法证据排除问题的证据审查;判决书在非法证据的定性上普遍没有区分"瑕疵证据"和"非法证据"、非法言词证据和非法实物证据的界限;回避翻供后庭前供述、庭审供述与重复供述中孰合法孰非法的判断。

尤其需要注意的是,有的判决书在非法证据排除上仍未遵循《刑事诉讼法》的规定,而且违反刑事诉讼关于证明责任的一般原理。例如,在河北省某县法院(2014)镇刑初字第×号判决书中,我们看到:"本院认为,公诉机关在讯问调查时程序合法,各辩护人也没有证据证实公安机关在调查取证时存在违法行为,故辩护人提出公安机关在办案中程序违法的辩护意见不能成立。"这里直接混淆了在非法证据排除上当事人及其辩护人、诉讼代理人的初步提出线索责任与人民检察院对证据收集的合法性的证明责任。

(二) 忽略法律条文的发现与论证

刑事诉讼行为必须依据刑事诉讼裁判规范,判决书的说理也必须是尊重刑事诉讼法律发现的规律而进行事实认定的过程,非法证据的排除亦然。对非法证据

---

① 参见王贵东:《判决书结构及其说理功能》,载《学理论》2008年第8期。
② 参见高咏、杨震:《一审程序中非法证据排除问题的裁判方式》,载《中国刑事法杂志》2014年第3期。

排除的启动、审理、证明和认定,以及排除的范围都应当依照刑事法律规范来进行法律发现。"刑事诉讼法律发现,就是在刑事诉讼过程中裁判者依据法律渊源寻找个案的裁判规范,它是裁判者在现行法律渊源范围内寻找、识别、选择或提炼作为刑事诉讼行为根据的活动及方法。"①基于当事人最基本的知情权和公开原则,当事人有权利知道法院是依据何种法律哪项条款作出的认定——无论法院最终认定的事实如何,也无论是否在判决书中能够详细呈现法律发现的过程,最起码在判决中应当体现裁定结果所依据的法条,这也是对各方法律意见的回应,是对当事人最基本的尊重,更是对判决书最简单的要求。

此外,根据《中华人民共和国立法法》第 8 条第(四)项的规定,犯罪和刑罚的事项只能制定法律,以及由刑法的罪刑法定原则可以得知,刑事裁判的法律依据只能是立法机关制定的法律以及有权解释机关制定的法律解释,不能任意掺入一些部门规章和地方改革文件、会议纪要等。2010 年"两个证据规定"及 2012 年《刑事诉讼法》修正案等均是非法证据排除说理中重要的法律规范基础。因此,就非法证据排除而言,法院无论排除与否,有职责且有义务引用相关法律条文加以论证,这不仅是法律发现的一般要求,也是法律论证的应有之义。在目前的判决书中,绝大多数对法条的引用仅限于对刑法实体法法条的简单引用,然后直接得出刑罚;在为数不多的非法证据排除判决书中,只是简单地给出"排除"或"不排除"的结果,偶尔有关于排除理由的简单说明,但是几乎没有引用任何法律条文来说明非法证据排除的原因、过程和结果。这很有可能使非法证据排除规则停留在"书本中的法"这一角色,减损了立法机关对其法律功能的预设和期待。

(三) 缺乏程序性事项裁判的辅助

在 1996 年《刑事诉讼法》实施中,其诉讼构造具有较为明显的职权主义特征,表现在格式化的裁判文书一般都不列明程序性问题及争议的解决,法官决定程序性事项的权力基本上处于"秘密"和"不受控制"的状态。这导致一些在庭审中较为明显的程序性争议也无法反映在判决书说理中。如 1999 年杜培武案,在庭审过程中,被告当庭展示手上、脚上、膝盖上等多处被刑讯逼供所致的伤痕,当庭出示了被打烂的血衣,但是由于当时并没有非法证据排除程序规定及实体规则,法庭未启动法庭调查,被告人保留下来的血衣被法警收走……英国学者边沁在反思司法不公开时曾提出这样的警示:"在审判程序完全秘密时,法官将是既懒惰又专横的……没有公开性,一切制约都无能为力。"②

根据 2012 年《刑事诉讼法》修正案,非法证据排除规则的依法适用,本身包括庭前会议听取意见,庭审程序中调查程序的启动、证明、决定等程序性事项。在判

---

① 陈光中:《中国司法制度的基础理论问题研究》,经济科学出版社 2010 年版,第 38 页。
② 陈光中:《中国司法制度的基础理论问题研究》,经济科学出版社 2010 年版,第 410 页。

决书中言明非法证据排除程序的过程也是程序公开的一个重要组成部分。法官关于非法证据排除的启动与否从不言明理由、证明过程及结果不加公开,变相导致法官权力不受监督。非法证据排除的程序性事项不在判决书中公开,将制约非法证据排除结果的说理。相反,辅以非法证据排除程序性事项,就会使当事人和社会公众知悉非法证据排除的来龙去脉,增强说理的可接受性。

三、非法证据排除说理的阻碍因素

学术界对于判决书说理进行了系统研究,总结了一系列原因:如规范不完善难以说理、态度不端不愿说理、能力有限不能说理、机会缺失无法说理等。除了这些类型化的原因总结,具体到非法证据排除的说理问题,必然有更加个性化的相关性因素在影响着上述司法困境。

(一)证据可采性与客观真实观的碰撞

非法证据排除程序设立的逻辑起点不是"是否真实",而是建立在"程序是否合法"这一层面上,非法证据排除并非排除不真实的或不具有证明力的证据,而是排除非法收集的证据,强调国家刑事诉讼追诉的程序合法性,本质上是贯彻证据裁判原则下证据可采性观念。不具备可采性的证据不能用以不利于被告人的指控。通过刑讯逼供等非法获取的证据,不能排除虚假的可能性。但许多法官固执地认为,其中也有符合真实性、关联性的证据。从刑事诉讼任务来看,审判机关的一个重要职责是"查明案件事实",查明的过程极大程度上依赖具备真实性和关联性的证据。因此,当证据的真实性、关联性与可采性有冲突时,法庭面临的问题是如何理性对待客观真实主义的影响。

当前,非法证据排除说理能否贯彻,关键需要审判机关充分意识到非法证据排除规则在一定程度上也具有保障案件事实准确查明的功能,因为在一般情况下,合法证据比非法证据在真实性上更为可靠,也更有助于发现案件事实;从一系列重大冤假错案的纠正过程和结果来看,在诉讼成本及社会成本上,采纳合法证据定案要低于默许非法证据定案。

(二)法律规则适用中法律发现的尴尬

在判决书说理问题上,人们很容易将说理不清、说理不充分的原因归结为当前法官的业务素质有待提高,但苏力教授根据基层法院的调查问卷得知:"中国法院内保存的案件卷宗内,除了正式的判决书副本外,都有一份结案报告。这份报告对案件处理都有详细的介绍,有比较详细的关于判决理由的论证分析。就我看过的结案报告来看,即使是文化、业务水平相对说来比较低的基层法院法官实际具有的分析论证能力要比根据现有的判决书推断他们具有的能力要强得多。"①因此,我们不能简单地把原因归结到法官个人的业务素质上,而要挖掘其背后的制度困境。当前,法律发现在刑事诉讼领域还没有得到普遍的重视。在《刑事诉讼法》颁布之后,公、检、法机关等作出一系列具体的规定和解释。现行的刑事诉讼实际运行的裁判规则构成复杂化,非法证据排除程序从《关于办理死刑案件审查判断证据若干问题的规定》《关于办理刑事案件排除非法证据若干问题的规定》和《刑事诉讼法》修正案的确定,也是多种价值冲突和妥协的产物。相应的指导性案例也较少,覆盖面存在不足。就非法证据排除规则而言,目前我国极其缺乏详细的操作指南,尤其是结合具体罪名、情节等的裁判手册。

(三) 与业务考评机制等配套制度的冲突

依据法学方法论,适用法律的过程对法条的演绎、推理和解释在某种程度上就是一种"司法作坊"对法律适用条件、法律后果进行注释或是解构。相比英美法系的判例制度,一份精心打磨的判决书会成为经典判决,对后来的类似案件有约束力,这会为英美法官带来极大的历史感和荣誉感,从而激发英美法官的创造力和积极性。对于大陆法系国家而言,强调严格的遵循成文法条,主要是依据成文法对具体案件进行法律论证适用。从两大法系司法实践来看,法官在适用非法证据排除规则、证据禁止规定方面不存在对法官本身的不利评价,反而是其遏制警察违法、实现程序正义的一个表征。如在辛普森案中,社会各界没有将排除非法证据作为负面评价苛以法官,更多的是认同其对于美国宪法中权利修正案的捍卫。当然,这也需要承受来自一些被害人的压力。

与之面临的情况不同的是,在我国现有业务考评机制下,排除非法证据,尤其是关键的有罪证据,在一些案件中可能带来不利的业务考评,进而可能诱发一些规避适用的情形。长期以来受司法行政化、司法地方化的影响,案件汇报制度、内部请示制度、裁判文书审批制度曾普遍存在,这些都可能随时"狙击"关键性非法证据的排除决定。虽然中央政法委要求取消刑事拘留数、批捕率、起诉率、有罪判决率、结案率等一些不合理的考评指标,但是仍有一系列指标对司法过程产生重大影响或者存在与之作用相等的评价机制。当前,因为排除非法证据导致案件认定事实不清、证据不足,在"发改案件"考评中仍然属于不利情形。在一些地方,一个无罪判决的出现可能对承办检察官的职务晋升、年度津贴等产生影响。在一些死刑案件中,作为司法潜在规则之一,个别法官会倾向于排除对定罪量刑不会产生重大影响的"边缘证据"。这实际上是背离非法证据排除规则立法初衷的:违法越严重的地方,施以制裁的力度应当越严厉。进行"错位"制裁往往产生某

---

① 朱苏力:《判决书的背后》,载《法学研究》2001年第3期。

种纵容,使得非法证据排除规则异化为"水中月""镜中花"。

四、非法证据排除说理的出路与建议

随着司法改革的深入,"让审理者裁判,由裁判者负责"这一原则的提出为强化法官在案件审判过程中的权力与责任指明了改革方向。"让审理者裁判",其意义既打破了过去司法权力运行的"行政化""层级化"状况,又强调了审理者的"裁判权"。[①] 在此背景下,我国应当尽快出台非法证据排除程序的细化规定和操作指南,以审判为中心,完善有效辩护,并强化其中的说理机制。

(一) 突出以审判为中心,完善说理激励机制

法院内部的审理报告内容详细,说理充分,相应的判决书却内容单薄,说理不足,实践中,审理报告和裁判文书说理内容"两张皮"的现象突出。这说明,完善判决书说理激励机制有望"激活"并"公开"审理报告中的说理能力。如何"激活"?完善以审判为中心的诉讼制度,让裁判者参与庭审,亲历法庭调查、质证与辩论环节,其"亲历性"有助于全面客观地还原和查清争议的事实真相。

当然,在非法证据排除中,要确立这样的执法理念:非法证据排除是贯彻审判机关公正、效率、权威等价值目标的重要制度,是应当给予正面评价的司法能动性表现;辩护律师提出的许多非法证据排除提议及辩护主张并不都是"搅局"和"死磕",相反有助于查明真正的事实真相,应当认真听取、相互尊重、积极回应。对于依法排除非法证据的,应当加以正面鼓励;对于在判决书中非法证据排除说理中法理阐述透彻、情理结合得当的,应当给予适当奖励。在法院系统,应当对非法证据排除说理能力建立评选制度,并将成果向公安机关、检察机关延伸推广,提高法官的执法素养与水平。

(二) 优化案例指导制度,减轻法官的说理压力

在我国当前的司法环境中,许多具体制度的改革可以借助指导性案例推进执法效果。在很多方面,它可以起到解释、明确、细化相关法律,弥补法律条文模糊和疏漏方面的作用,是经验法则的总结。[②] 对于一些疑难的非法证据排除问题以及新出现的手段类型,法律难以及时、精细调整,就可以依托特定的案例,解决某个或者少数法律适用问题。与英美法中"遵循先例"原则所不同的是,根据最高人民法院《关于案例指导工作的规定》第 7 条的规定:"最高人民法院发布的指导性案例,各级人民法院在审判类似案件时应当参照。"在指导性案例中,地方各级

---

① 参见王韶华:《让审理者裁判由裁判者负责》,载《人民法院报》2014 年 7 月 28 日,第 2 版。
② 参见胡云腾:《人民法院案例指导制度的构建》,载《法制资讯》2011 年第 1 期。

法院不仅可以参考非法证据排除中理论争议热点具体得以辨析的结果,也可以借鉴其说理部分。当前,一些指导性案例设置了"关键词""裁判要点""相关法条""基本案情""裁判结果"和"裁判理由"等部分。在裁判理由部分,非法证据排除指导性案例可以针对瑕疵证据认定问题、刑讯逼供等非法方法认定问题、证据合法性证明责任问题以及证据合法性证明标准问题等进行类型化指导;可以阐释法官非法证据排除的心证形成过程。这些都会减轻法官关于非法证据排除判决的说理压力。

(三) 规范法律文件,建构合理的业务考评

刑事司法解释之间的冲突确实是客观存在的,不同部门作出的司法解释的影响力虽然只限于本部门内部,但是共同作用于同一类型案件。当两机关对同一个法律问题产生分歧时,常常会各自颁发解释。这在适用上很容易造成冲突。但是法律解释的逻辑起点应当源于法律在具体运用中所汇聚的实践经验。当前,我们应以《刑事诉讼法》修正案为基础,整合《关于办理死刑案件审查判断证据若干问题的规定》《关于办理刑事案件排除非法证据若干问题的规定》等一系列法律文件,出台专门的涵括程序启动、证明、决定、救济、说理、考评等内容在内的非法证据排除司法解释,这也便于法官在判决中援引法条结合非法证据排除争议事实进行深度说理。同时,针对在非法证据排除方面违反法定程序、违反职业伦理的行为要实施不利的评价,将其纳入司法惩戒范围。有些案件如排除了非法证据,可能会出现"事实不清、证据不足"的情况,这时不应对法官实施不利评价。对于公安机关、检察机关办案人员而言,也要结合非法证据出现的原因、过程等调查结果,辨别具体的责任人员和责任类型,既不能包庇护短,也不能无序追责。

裁判文书公开背景下的同案不同判问题初探

——从两起申请再审案例角度分析

张 纲[*]

裁判文书公开对于提高审判质量、促进阳光司法起到积极作用。在司法实践中,公开的裁判文书会被各方积极研究,案件的事实查明过程、判决书的说理部分被着重关注,成为同类案件审理的参考依据。在此背景下,同类案件出现不同判决结果的情况往往会对实务操作造成影响,同时引起公众对司法公正的质疑,此问题必须引起重视。

在四川省高级人民法院作出的两个申请再审案件民事裁定书中,对于当事人一致、案件事实基本一致的两个案件,两份民事裁定书作出了完全相反的裁判。本文试图通过对此两个案例进行介绍,提出裁判文书公开背景下的同案不同判问题,期望与各位老师探讨。

案例所涉及公开的裁判文书:
(2014)川高申字第175号民事裁定书[①]
再审申请人:自贡力源科技有限公司
再审被申请人:中国特种设备检测研究院
(2014)川高申字第777号民事裁定书[②]
再审申请人:中国特种设备检测研究院
再审被申请人:自贡力源科技有限公司

---

[*] 张纲,北京市法大律师事务所律师。
[①] 参见 http://www.court.gov.cn/zgcpwsw/sc/ms/201407/t20140721_2159622.htm,提交中国裁判文书网时间:2014年7月21日。
[②] 参见 http://www.court.gov.cn/zgcpwsw/sc/ms/201412/t20141230_5800370.htm,提交中国裁判文书网时间:2014年12月30日。

一、案例简介

(一) 案件争议焦点

本案主要争议焦点为地下储气井水泥固井胶结质量检测是否需要有国家相关强制要求的资质规定(行政许可);与没有该资质的检测机构签订的相关地下储气井水泥固井胶结质量检测合同是否属于违反国家强制性法律规定而无效。

(二) 案件背景简介

地下储气井,是指以存储压缩气体为目的的地下立式管状承压设备,主要用于汽车加气、天然气调峰和工业储气等。地下储气井的制造技术来源于石油钻井工程,而其发源地为四川省自贡市。依据国家现行的有关法律、法规、文件规定,我国目前按照特种设备的相关规定对地下储气井进行管理。为加强对地下储气井的管理,国家质量监督检验检疫总局办公厅特别颁布了《关于加强地下储气井安全监察工作的通知》(质检办特〔2008〕637号)(以下简称637号文件)。[①]

自贡力源科技有限公司(以下简称"自贡力源公司")是一个专门进行地下储气井制造的公司,中国特种设备检测研究院(以下简称"特检院")是国家质量监督检验检疫总局下属事业单位,属于国家级的特种设备检测机构。根据637号文件,特检院作为试点单位,负责固井胶结质量检测与评价。自637号文件实施后,自贡力源公司与特检院签订了一系列的固井胶结质量检测与评价《技术服务合同》(以下简称《合同》),其中包括施工地点在自贡自流井区和绵竹市的《合同》。

(三) 案件基本情况

2012—2013年,自贡力源公司提出,地下储气井属于涉及公共安全、危险性较大的压力容器,其固井水泥胶结质量与地下储气井的安全使用关系重大。对固井胶结质量检测与评价应当遵守《中华人民共和国安全生产法》(2009年)(以下简称《安全生产法》)第62条的规定:"承担安全评价、认证、检测、检验的机构应当具备国家规定的资质条件,并对其作出的安全评价、认证、检测、检验的结果负责。"《安全生产检测检验机构管理规定》第3条第1款规定:"检测检验机构应当

[①] 637号文件对于地下储气井的设计、制造、检验检测、使用管理进行了规定。根据《特种设备安全监察条例》第10条第2款的规定:"特种设备生产单位对其生产的特种设备的安全性能和能效指标负责……"由于固井质量检测与评价是储气井制造过程的一个环节,储气井制造单位应对所制造的储气井安全性能和制造质量负责,国家质量监督检验检疫总局认为储气井制造单位委托的固井胶结质量检测与评价的技术服务工作属于"自检"范畴,是一般技术服务检测。637号文件中要求所有新制造的储气井均应当进行固井检测及评价。

取得安全生产检测检验资质(以下简称检测检验资质),并在资质有效期和批准的检测检验业务范围内独立开展检测检验活动。"即固井胶结质量检测与评价需要法定资质(行政许可)。自贡力源公司提出由于特检院没有该法定资质,违反了法律的强制性规定,根据《中华人民共和国合同法》(以下简称《合同法》)第52条第(五)项的规定,双方签订的合同无效。据此,自贡力源公司分别向自贡市自流井区人民法院和绵竹市人民法院提起诉讼,请求确认相关的《合同》无效。

对于上述案件,特检院答辩称:由于属于新纳入国家质量监督检验检疫总局管理的项目,该检测及评价属于一般技术服务检测,根据目前的法律规定或者法定资质管理体系,并没有相应的法定资质审核(即行政许可),任何检测机构均无该资质。庭审中,国家质量监督检验检疫总局及国家安全生产监督管理总局在相关文件中均明确表述无与之相关的资质规定。

(四) 案件结果

(1)绵竹市人民法院(2012)绵竹民初字第1044号民事判决书认定特检院所从事的是对涉案的储气井固井水泥胶结质量的检测与评价,不直接涉及对储气井固井作出是否安全的检测与评价,且其他相关法律、行政法规对从事储气井固井胶结质量检测与评价需具备何种资质条件无强制性规定,自贡力源公司据此主张《合同》无效不予支持。判决该《合同》有效。对此自贡力源公司提出上诉,德阳市中级人民法院(2013)德民三终字第63号民事判决书驳回自贡力源公司上诉,维持原判。自贡力源公司向四川省高级人民法院申请再审,四川省高级人民法院(2014)川高申字第175号民事裁定书驳回自贡力源公司的再审申请。

(2)自贡市自流井区人民法院(2012)贡井民二初字第75号民事判决书中认定了从事该项检测的机构需要资质管理,并判决由于特检院没有该资质,从而与制造企业关于固井胶结质量检测与评价的合同无效。对此特检院提出上诉,自贡市中级人民法院(2013)自民三终字第33号民事判决书驳回特检院上诉,维持原判。特检院向四川省高级人民法院申请再审,同时将(2014)川高申字第175号民事裁定书作为证据向四川省高级人民法院提交。四川省高级人民法院(2014)川高申字第777号民事裁定书驳回特检院的再审申请。

二、对案例的简要评述

(一) 对本案结果的简要评述

按照四川省高级人民法院(2014)川高申字第777号民事裁定书内容,高压气地下储气井水泥固井胶结质量检测与评价需要法定资质。① 按照四川省高级人民法院(2014)川高申字第175号民事裁定书内容,目前相关法律、行政法规对从事储气井固井胶结质量检测与评价需具备何种资质条件无强制性规定。

根据目前的法律规定,由于没有相应的法定资质审核(即行政许可),任何检测机构均无法获得该资质。在此情况下,依据自贡法院的裁判思路,目前所有的针对高压气地下储气井水泥固井胶结质量检测与评价的工作及出具的报告均因为违反了法律强制性规定而无效。在国内目前法律规定对高压气地下储气井水泥固井胶结质量检测与评价没有相关资质规定的情况下,自贡法院认定从事该项检测的机构需要资质管理,等于以司法判决的形式设定了一项行政许可行为。四川省高级人民法院(2014)川高申字第777号民事裁定书支持了该行为。

(二) 对于四川省高级人民法院该两份民事裁定书法律后果的简要评述

由于结果完全相反,对于自贡力源公司和特检院,无法根据生效的裁判文书规范自己的行为;对于四川省各基层人民法院,由于高级人民法院对此类案件法律适用标准存在矛盾,亦无法正确处理此类纠纷。

另外,中国裁判文书网作为各级法院各类裁判文书上传平台,同时也为全国法院、全国法官提供了学习交流的机会,裁判文书公开为法院之间、法官之间交流审判经验提供了平台。在此平台上出现此类相互矛盾的裁判文书,对全国法院如何审理此类案件亦会造成影响。

三、关于裁判文书公开后同案不同判的思考

(一) 本案例情况比较极端

上述案件事实比较清楚,虽然涉及地下储气井制造及性质认定等极其专业的问题,主要还是法律适用。该案件除了合同履行地点不一致,当事人完全一致、事实基本一致,从性质上可以认为属于同一案件。而四川省高级人民法院对此同一案件作出了完全相反的裁判,该两个案件属于十分典型的"同案不同判"。

按照惯常思路,从法律适用的角度分析,如果已公开的裁判文书之间存在同案不同判的现象,一定意义上可以认为某裁判必然存在问题。本案在各自中级人民法院作出生效判决时,已经出现"同案不同判"的情况,四川省高级人民法院对此没有重视,反而对两个申请再审案件均作出了驳回再审的裁定,法院的裁判行为均未得到当事人的认可。

---

① 在历次庭审中特检院均表示,如果有该法定资质规定,特检院必定会积极申请。在技术条件、人员素质和检测设备方面,特检院均为在国内处于领先地位,不存在不申请该资质的问题。

（二）高级人民法院在处理申请再审案件时会遇到大量"同案不同判"的情况

根据《民事诉讼法》第199条的规定："当事人对已经发生法律效力的判决、裁定。认为有错误的,可以向上一级人民法院申请再审;当事人一方人数众多或者当事人双方为公民的案件,也可以向原审人民法院申请再审……"在诉讼中,当事人为期待公正审理,在确定诉讼方案时会考虑如果二审诉讼结果不利将选择向高级人民法院申请再审。在此情况下,在各中级人民法院出现的对同类案件的不同判决会汇集到高级人民法院。在裁判文书公开的背景下,可能的"同案不同判"情况更多会在高级人民法院作出的再审裁定书中集中体现。

一旦当事人被驳回再审申请,且又发现属于与本案例类似明显的"同案不同判",由于申请再审阶段已经结束,当事人会失去一个法定的救济途径,当事人会对司法公正产生严重质疑。

（三）法院可以通过对相关案件的审理,推动相关法律的完善

实践中,法律适用集中体现于司法的过程之中,并最终反映在裁判文书上。将审判流程以文字形式固定下来,将法官审判的方法与思路呈现于纸面,能够最大限度地反映司法实践的全过程,所以,裁判文书为立法者提供了大量立法素材。同时,法律滞后性的特点决定需要通过积极的司法实践推动法律的完善。

本案例所涉及的法定资质属于明显的行政法规管理问题。由于地下储气井制造管理不太完善,是否设立该行政许可,需要行政机关根据现实情况按照《中华人民共和国行政许可法》的规定决定。四川省高级人民法院实际上可以通过对该案件的审理,向相关部门提出建议,促进地下储气井制造管理完善。

（四）对法官素质及文书写作提出更高要求

实践中,像本文所述案例这样过于明显的"同案不同判"情况比较少见,各个案件不可能一模一样,只能有类似的事实或者类似的法律关系。在裁判文书公开的情况下,裁判文书公开后所形成的资源库能够使法官在面对复杂的事实认定与疑难的法律适用时,迅速寻找到同类案件裁判文书,从而丰富裁判视野,启迪裁判思维,同时努力寻求与既存裁判的最小化差异,最大限度地统一裁判尺度。同时,由于个案差异,对于可能出现的"不同判",法官应当对个案中双方当事人诉辩主张、证据认定、事实查明、裁判说理等各方面信息进行较为详细的描述,尽可能消除公众对有些"同案不同判"的误解。

阳光司法必然要求裁判文书的理性公开

李兴友　王树全[*]

"阳光是最好的防腐剂",司法公正是人民法院审判工作的生命和灵魂。随着裁判文书上网工作的落实,阳光司法工作迈出了坚实而卓有成效的一步。但是,司法公开仅仅停留在裁判文书的公开阶段还远远不够。裁判文书是法院审理程序的痕迹,也是法官思维过程的载体,只有一份有理有据、逻辑清晰的裁判文书,才能让当事人赢得堂堂正正,输得明明白白,真正做到胜败皆服。本文就裁判文书公开的深度或尺度作一探析。

一、我国裁判文书公开的现状

随着司法改革的深入,裁判文书从仅对当事人公开,到选定裁判文书出版进行公开,再到现在的裁判文书上网,可以说,裁判文书公开的形式有了历史性的飞跃,裁判文书公开的内容也有了较大的完善。尽管我国裁判文书公开制度有了长足的进步,但是裁判文书公开的质量、公开的内容、公开的范围等方面仍存在不少问题,主要表现在以下几个方面:

1. 公开的裁判文书质量良莠不齐

虽然近年来公开的裁判文书质量有了显著提高,社会公信力逐渐增强。但是,由于法官的业务水平参差不齐,并且对裁判文书的重视程度不一,公开的裁判文书质量无法保证。主要表现在:

(1)举证责任混乱。举证责任的倒置有严格的法律规定,即使是利用法官的自由心证也要明确说明,很多裁判文书在这一点上做得差强人意,影响了裁判文书的公信力。

(2)裁判理由公式化。裁判理由部分当事人举证、质证和法庭认证情况,也不能体现出法官在这类案件中所坚持的法律观点和社会价值理念,这样既不能平息当事人之间的矛盾,也不能起到对社会的指导和教育意义。

---

[*] 李兴友,河北省人民检察院法律政策研究室主任。王树全,河北省崇礼县人民检察院检察官。

(3)裁判文书中的表述不清晰。一些案件中当事人诉请和争议的内容有多项,或有些要求赔偿的损失是多个,但在裁判文书中法官仅写出一个总数,使当事人无法了解单个具体赔偿数额。

2. 裁判文书公开的内容格式化

在司法实务中,经常看到裁判文书首部、当事人情况、诉称辩称内容等情况,但是对案件审判最重要的少数法官的意见及审判委员会的意见却无法看到,这明显与当代阳光司法的要求、与司法公开及公民监督权的要求存在一定的差距。目前,我国的裁判文书未能公开合议庭和审判委员会成员的不同意见。

3. 裁判文书公开的范围不统一

实务中,裁判文书公开的范围是指哪些裁判文书可以公开,某一裁判文书的哪些部分内容可以公开。前者可称为类型公开,后者可称为内容的公开。我国三大诉讼法对于裁判文书公开的范围并未作出具体的规定,实务中,各地法院公开的裁判文书范围缺乏统一标准。有的法院只对判决书公开,其他裁判文书不予公开;有的法院只公开有代表性的典型案件裁判文书,其他的裁判文书不公开;有的法院则是把认为审判得当的裁判文书公开,其他裁判文书则不公开;有的法院只公开民商事裁判文书,其他裁判文书不公开;有的法院公开各类裁判文书,但涉及国家秘密、个人隐私、商业秘密的裁判文书不公开。

二、裁判文书公开应该遵循的原则

裁判文书公开的价值基础是司法民主价值,裁判文书的公示主要应从公示的原则、范围、流程加以规范矫正。

1. 以公开为原则,不公开为例外

裁判文书网上公开原则,既是贯彻审判公开原则的需要,也是维护民众知情权的保障。需要注意的是,任何一项制度,如果例外情形太多,就会失去重点,执行的力度也必然大打折扣。因此,在制定裁判文书网上公开规范时,对例外情形应当具体而穷尽。这里,不妨参照最高人民法院2001年《裁判文书公布管理办法》的相关表述,对裁判文书公开的原则作如下表述:"凡公开审理案件的裁判文书应当公开;但以下几种民事裁判文书,则不宜公开:(一)案件内容涉及国家安全,公布后有可能产生不良影响的;(二)案件涉及商业秘密、未成年人犯罪和个人隐私情况的;(三)调解书及撤诉裁定书;(四)公开后可能产生消极影响,且当事人明确表示不愿意公开的。"

2. 将当事人意思表示记录在案,规范流程

裁判文书是否进行网上公开,应当设计专门的流程规范。首先在结案后裁判文书送达之时,法官应当告知当事人,该案文书将会在网上公开,并告知如果有正

当理由,可以向法庭申请不公开。如果当事人申请不公开,在说明理由后,由审判员进行裁决,理由成立则允许不公开。法庭的告知义务及当事人的意见均应记录在案件宣判笔录中。然后,法官将文书公示情况进行统计,制成报表,上报审判管理部门。

3. 完善报表漏洞,确保数据的真实性

审判管理部门收到业务庭室的基础报表后,对其分析整理,最终形成综合数据。但依前文所述报表漏洞,应当对报表的格式作适当调整,可以直接删除"审批中"这一指标,因为,对裁判文书是否上网的审批并不困难,既不需要对裁判文书的正确性、合法性进行核准,也不用对裁判文书的用词与表述进行审查。只需核对是否属于例外情形,没有例外情况,直接批准上网即可。这样一来,一方面可以避免前后数据出现逻辑问题,另一方面也会减少法官规避文书上网公示的空间。

4. 谨慎处理个人信息,保护公民的合法权益

裁判文书内容涉及公民的隐私权利及受法律保护的个人信息,故对裁判文书的公示,应当持谨慎的态度。公示的文书应当剔除个人从法理上应当保护的信息,如确切的住址、身份证号码等。

三、阳光司法要求公开的裁判文书理应将法官的思维过程完整显现

一个裁判过程,一般包括三个节点:一是运用证据规则,构建法律事实;二是适用法律,解决法条竞合问题;三是在前两个基础上法官通过内心确信作出裁判结果。

1. 法官认定事实的过程必须体现在裁判文书中

历史的不可恢复性、案件证据的证明相对性以及法官认识能力的有限性,并且由于很多案件事实无法通过现有证据还原案件客观真实,使得案件事实有时必然存在或真或假的"事实真伪不明"的状态。法官不得拒绝裁判的司法规则要求法官对事实真伪不明的案件必须作出处理,这就必须要求法官根据证据规则构建所谓的"法律真实"。但是,由于事实探知的相对性、司法技术探知制约、司法程序的约束、"法官的有限理性",法官所构建的"法律真实"与当事人亲历的客观真实之间必然存在矛盾,甚至会南辕北辙,这也是许多当事人认为裁判不公的原因,也是许多贪腐者的寻租空间。法官对某一证据为什么采纳,为什么不采纳,在裁判文书中往往缺乏深入解释。法官运用的是什么样的证据规则而不采纳当事人的证据?运用什么样的经验法则认为事实存在?往往让当事人一头雾水。阳光司法必然要求裁判文书中证据规则的运用、经验法则的采用均应体现在裁判文书中。司法其实是寻找正义的过程,司法的过程有时比判决更加重要。

2. 法官自由心证的轨迹应当外化在裁判文书中

自由心证是指法官依据法律规定,通过内心的良知、理性等对证据的取舍和证明力进行判断,并最终形成确信的制度。自由心证制度要求法官依据"良心"和"理性",利用自己的法律知识和审判经验,合理判断证据的证明价值。但是,审判经验、价值判断只存在于法官内心,如何证明法官的审判经验是正确的,价值取向是被普通公民所接受的,就需要将两者外化在裁判文书中,接受公民的监督。

自由心证能否作为我国法官判断证据的标准,目前是有争议的。我国《民事诉讼法》第75条规定:"人民法院对当事人的陈述,应当结合本案的其他证据,审查确定能否作为认定事实的根据。"有的学者认为,此规定实质上蕴含着自由心证的原则。不仅如此,虽然迄今理论界的主流观点一直在否定自由心证主义,但由于缺乏完备的证据规则,实践中法官在审查判断证据时却享有远超过西方法官的自由裁量权,这实质是一种"超自由心证主义"。客观地分析我国的司法现状,我们就会发现自由心证原则在审判实践中的大量运用。鉴于我国目前法官的职业道德、文化修养、法律素质和审判技能的实际状况,以及阻碍或破坏司法公正的力量难以彻底排除,为保障法官能够准确判断取舍证据和事实认定,应通过司法文书对法官自由裁量过程的阐述约束法官,并排除外部对审判法官的非法干预,进而促进阳光司法。

3. 法官运用自由裁量权的价值取向应当外化于裁判文书中

法官自由裁量权是指法官酌情作出决定的权力,并且这种决定在当时情况下是正义的、公正、正确和合理的。由于法律本身所固有的滞后性、保守性,它不可能朝令夕改,当代社会发展日新月异,法律必然落后于社会发展的需要;又因为社会矛盾的复杂性、频繁性,法律不可能包罗万象,面面俱到;同时,为了保持法律条文的灵活性、伸缩性,法律就不得不规定得比较原则和概括,这是自由裁量权存在的必要合理性。

法官自由裁量的过程其实就是法官价值取舍的过程,法官自由裁量权是一种司法选择权,既是一种受法律规定约束的权力,也是一种受公平正义观念约束的权力。但是,价值存在位阶,不同的人对价值观有不同的认识和取舍,一千个人对公平正义有一千种理解。为确保法官在使用自由裁量的过程中秉持公平正义的观念,所选择的价值尺度被一般公民所接受和认可,法官酌情裁量的过程也应该体现在裁判文书中,并公之于众。

四、阳光司法必然要求裁判文书中公开审判委员会与合议庭的不同意见

我国审判组织包括独任制、合议制和审判委员会。在独任制情况下,裁判结

果就是承办法官的意见,无须再进行公开。然而,在合议制情况下,裁判结果是按照合议庭多数法官的评议结果确定的,在公开多数法官意见的同时,还要公开少数法官的意见,使当事人了解合议庭成员少数法官对该案的观点。在目前情况下,不少疑难案件是通过审判委员会讨论决定的,因此,审判委员会委员的意见也应公开,不仅要公开那些赞同的意见,更应当公开不同的意见,使当事人对裁判结果的形成有一个直观全面的认识。

1. 阳光司法和当事人知情权要求审判委员会意见和合议庭意见公开

法官如何判案不应该对当事人保密,因为当事人有知情权,有权知道法院是如何判的、为何作出这样的判决。只有公开、透明的判决当事人才会信服。有人认为,公开合议庭意见违反了法律的规定,担心公开合议庭的不同意见会对法院和法官产生不利影响。恰恰相反,当事人的不满主要在于判决的不公开和说理不充分,使当事人输得不明不白,引起当事人的怀疑和不满。如果能在判决书中公开合议庭的不同意见,让当事人知道法院是怎么判的,更能让败诉方服判。综观现在的裁判文书,一般对诉讼的时间、期间、诉讼主体的表述、证据的展开都能予以表达,但对合议庭意见的公开却远远没有达到裁判文书本身所应有的程度。一个案件的裁判,在法庭辩论终结前,其程序是由当事人推动的,而且是为当事人所能感受的。但之后却是由法院主导,直至宣判。在这一阶段,当事人对裁判的进行是处于隔离状态,而且此后因合议庭的评议属于审判秘密装入内卷,当事人将无从得知发生了什么,法官对裁判的理性的思辨过程被人为地与公众隔离。公众所能看到的是千篇一律的"本院认为",而审判的神秘化更进一步降低了裁判的公信力,公众对裁判结果往往充满了质疑。阳光司法的内在含义就是将司法权的行使过程展露在社会的监督之下,因此,为保障阳光司法的精神和捍卫当事人的知情权,审判委员会和合议庭的意见必须公开。

2. 审判委员会和合议庭的意见公开才能提升法官的公信力,更是阳光司法的应有之义

(1) 公布审判组织的不同意见,可以增强裁判文书的说理性。审判实践中,部分裁判文书写得过于简单,缺乏详细的裁判说理。提升法院公信力的最佳途径就是公开自己的裁判理由,对自己的判决结论进行充分论证,达到以理服人。对判决理由的说明和公开,一方面,在一定程度上保证司法公开,使之接受社会和群众的监督,以防止司法擅断;另一方面,可以让当事人知道裁判产生的过程,增强裁判的说服力。在公开不同意见的情况下,裁判的论理部分除要对当事人的不同观点和理由作出采纳与否的评判外,还要分别列明法官的不同意见及支持各自意见的理论和事实依据,然后说明哪种意见占大多数,进而得出裁判结果。占多数意见的法官,必须找出更全面、更合理的依据,才能说服当事人,才能使多数意见站得住脚,这样无疑能增强裁判的说理性。

（2）公布审判组织的不同意见，不仅可以增强法官的责任感，且能有效避免暗箱操作、腐败现象的滋生。审判实践中，存在少数合议庭或审判委员会成员责任心不强的问题，如存在对案情了解不深入，对相关法律知识不熟悉，就轻易表态、发表意见的情况。向社会公布法院裁判的不同观点，会促使有表决权的法官或审判委员会委员认真地提出自己的观点，使法官明确自己在案件中的责任，从而使法官发表意见时能自我约束，坚持良知，坚持原则。法官为了使自己的观点具有说服力，会仔细考虑支持自己观点的法律和事实依据是否充分，同时阐明自己观点的法律原理。对不懂的相关知识，就会去学习，去掌握。而且这些不同意见的充分论证，将有助于杜绝人情案、干预案的发生。进一步增加裁判文书的透明度，将合议庭成员的不同意见及审判委员会的不同意见写入裁判文书，既是审判公开的客观要求，也势必将审判活动置于社会的监督之下，阳光作业，有效避免司法腐败现象的滋生。

基层法官不堪重负 裁判文书亟待改革

费元汉 郭文东[*]

裁判文书是司法公正的载体,但传统裁判文书格式固化,不分案件类型和难易程度,表述方式单一,内容交叉重复,法官制作法律文书耗时较长,既影响了案件的审理效率,也影响了判决的社会认可度和服判息诉率。对裁判文书实行简化改革,实现裁判文书的繁简分流,既符合审理各种不同类型案件的基本规律,也有助于在实行立案登记制和法官员额制的形势下,缓解当前法院日益突出的"案多人少"的矛盾。

一、现状:诉讼案件暴涨,"案多人少"矛盾突出

(一) 十年间全国法院审执案件暴涨一倍

近年来,全国法院受理和执结的案件数量逐年攀升,呈几何级数增长。

据统计,2004年全国法院受理各类案件788.68万件,2014年增至1 565.10万件,增长了98.45%;2004年全国法院执结案件787.37万件,2014年增至1 379.70万件,增加了75.23%(见表1)。

表1 2004—2014年全国法院受理、执结案件数量统计表

年份	受理案件(万件)	执结案件(万件)
2004	788.68	787.37
2005	798.49	794.05
2006	809.22	810.50
2007	885.13	885.07
2008	1071.13	983.90
2009	1138.33	1054.50
2010	1086.70	1099.90
2011	1221.59	1147.90
2012	1324.29	1238.99
2013	1337.00	1294.00
2014	1565.10	1379.70

数据来源:最高人民法院2005—2015年向全国人民代表大会所作的《工作报告》。

---

[*] 费元汉,四川省德阳市中级人民法院民三庭审判员。郭文东,四川省德阳市旌阳区人民法院民二庭审判员。

与此同时,在人民法院受理、执结案件逐年迅增的背景下,"立案登记制"的实施势必导致案件暴涨。

在党的十八届四中全会提出改"立案审查制"为"立案登记制"的要求后,部分地区的法院为提前适应立案登记制,已经开始正式试水立案登记制。据2015年4月17日《华西都市报》报道,四川省郫县人民法院自1月开始对符合《民事诉讼法》第119条规定的起诉条件的案件一律当场登记立案。通过近4个月的试水,截至4月16日,受理案件的数量已经达到了2000多件,同比增加了900多件,翻了近一番,可以预计,自2015年5月1日起"立案审查制"改为"立案登记制"后,法院受理案件的数量将会骤然上升。

(二) 十年间全国法官人数增幅不足两成

最高人民法院司法统计显示,全国法院审执结案件总量从2004年的787.37万件增加到2014年的1379.70万件,增长了近1倍。与之相比,全国法官总数从2004年的19.1万人增加到2014年的22.0万人,仅增加了15.2%,增幅并不明显。因此,全国案件数量的猛增态势与法官人数的缓慢增长不成比例,法院"案多人少"的矛盾日益突出(见图1)。

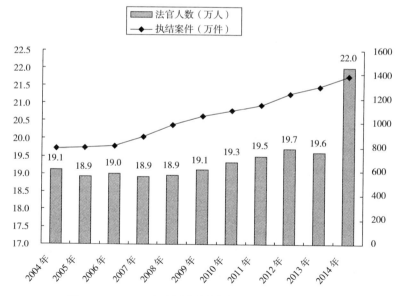

图1　2004—2014年全国法官人数与执结案件数量对比图
数据来源:最高人民法院2005—2015年向全国人民代表大会的所作工作报告。

(三) 八股文式的文书制作令基层法官苦不堪言

"案多人少"的矛盾在经济发达地区法院和城区基层法院尤为突出。据《法制日报》报道,江苏省高级人民法院院长公丕祥透露,江苏省法院审判人员年均办案在300件以上的比比皆是,有的甚至达六七百件;而山东省高级人民法院院长周玉华更是直言法官压力太大,"我到医院去看病号,多次看到法官带着案卷,住院期间也在办案子"。

面对"堆积如山"的案件,还得按不分案件类型和具体案情制定的"八股文"式的文书样式制作裁判文书,加重了法官的审判压力,从一定程度上制约了审判效率,甚至导致当事人的强烈不满。如深圳法院曾在调研"案多人少"问题的解决之道时发现:当事人投诉的焦点之一就是"裁判文书迟缓且冗长"(据《南方都市报》),这也正是基层法官难以言说的苦衷之一。

(四) 裁判文书长度增加反而导致说理减弱

在裁判文书改革中,目前存在这样一种现象,即盲目追求对文书的格式化和案件事实与说理的全面性,而忽视了案件难易对裁判文书制作"繁"与"简"的要求,存在越写越长、越来越繁琐的倾向。以笔者所在法院为例,目前大多数判决书都在2 000字以上,有的判决书洋洋洒洒近万言,往往下笔千言,不知所云。如一起人身损害赔偿纠纷案件,判决书在"本院认为"中写道:"社会主义社会的公民应遵守社会公德,倡导精神文明,操守高尚的行为规范,社会交往中应具备五讲四美的品德与素质,在市场经济条件下树立良好形象,促进人类文明进步与社会繁荣发展。"如此说理显然脱离了案件实际,纯属套话和空话。

再以民事裁判文书为例,按文书样式要求,哪怕是对双方无争议的事实,都得将当事人诉称部分写一遍,查明部分再写一遍,证据部分又描述一遍,连续三遍,内容庞杂,重复累赘,其结果是必然导致裁判文书繁杂冗长和说理减弱。

当前裁判文书说理存在如下问题:一是说理不准,没有针对诉讼各方当事人的意见主张及个案的具体情况来分析说理,而是说同一类型案件普遍适用的东西,说理公式化。二是说理不全,没有针对所有的诉辩主张进行回应,只说能与裁判结果对应的那部分理由,回避矛盾。三是说理不透,简单、肤浅、贫乏,只说表面的,没有触及深层次的问题和实质性的内容,没有从法律解释和法律适用角度分析和评判。以一审刑事裁判文书为例,往往表述为"被告人某某以非法占有为目的,采取秘密手段,盗窃他人财物,数额较大,其行为已构成盗窃罪,依法应予惩处","被告人某某的辩解意见于法无据,不予采纳"。特别是在法律适用时不进行分析和阐述,只引用法律条文的条款序号,既不写明法条的具体内容,也不阐述法官在事实情节与适用法条之间如何联系的内心确信过程,似乎法律条文就是理由,引用了法律条文就是已经"说理"了。

二、原因:裁判文书样式繁简不分,千篇一律

(一)《法院诉讼文书样式(试行)》不适应形势发展的需要

最高人民法院于1982年9月制定下发了《民事诉讼文书样式(试行)》,经过近十年的审判实践,于1992年6月制定下发了包括民事(含经济纠纷)裁判文书、涉外民事、经济纠纷案件专用文书和海事案件专用文书在内的《法院诉讼文书样式(试行)》,该样式自1993年1月1日开始试行至今;1999年4月6日,最高人民法院通过了《法院刑事诉讼文书样式(样本)》。伴随着重新修订后的《行政诉讼法》自2015年5月1日起施行,最高人民法院制定的《行政诉讼文书样式(试行)》在此之前也已出台。

就最高人民法院制定的这些文书样式来看,普遍存在文书格式固化,不分案件类型,均由"首部、事实、理由、主文、尾部"五大部分组成的特点,虽然其优点在于可以统一法院的审判活动,文书要素分类清楚,布局简明,比较规范,但不足之处在于把文书重心放在法院"经审理查明"的事实和法院认为案件应当如何处理上,职权主义色彩浓厚,不能全面反应庭审的举证、质证、认证过程,割裂了事实和证据、事实和法律适用的有机联系,也抹杀了实际案件千差万别的个性,没有考虑到不同诉讼当事人的实际需求,繁简不分,不易推行,并因此出现了许多格式正确但却让人读不懂的文书。

随着社会发展和法官司法能力不断提高,裁判文书不能只关注自身的逻辑性,而忽略百姓的阅读习惯和司法需求,不区分案情的"八股文"式的文书格式在一定程度上会影响判决的社会认可度和服判息诉率,也会制约审判效率的提高。特别是在现行案件类型多元化、处理方式多样化、裁判文书公开化的大趋势和背景下,严守传统的裁判文书格式已不适应其需要。

(二)绝大多数的民商事案件并不复杂

裁判文书的繁简应与个案的司法投入相对应,体现出小额诉讼、简易诉讼、普通诉讼及复杂诉讼之间的差异。事实上,在基层法院受理的案件中,大多事实清楚,法律关系明确,争议不大,无须论证,不证自明,如果非要用晦涩的语言、分段式的论证及学究式的说理进行刻意"包装",那么只会起到适得其反的效果。

尤其是对简单案件(包括适用普通程序的案件)裁判文书的复杂制作是影响办案效率的一个重要方面。简单案件不仅案情简单,在认定事实和法律适用上一般不存在较大争议,裁判文书本可以大胆简化,而无须按一般的论述方式撰写。

裁判文书的模板化制作是简化文书的有效方式。对民事调解书、撤诉裁定、

管辖权异议裁定等格式基本一致的文书以及一些常用的程序性文件如转换程序通知书、调解协议等,均应拟定可以重复使用的模板,在需要时直接调用并适当更改内容即可。对一些常见的案件类型如民间借贷、劳动争议、买卖合同、金融借款合同、其他欠款纠纷等,法官可以预先按类型分别制作一份可重复使用的判决书模板,对判决书的查明内容和判决理由进行适当的简化,在撰写判决书时,根据模板修改当事人的基本情况及个案具体内容即可。

仍以民间借贷纠纷为例,在查明事实部分,可以简要写明被告借款的时间和数额、有无约定利息、还款期限、被告还款的情况,以及双方就借款和还款事实存在的具体争议;且上述查明的事实均可以填空的方式处理。在"本院认为"部分,对双方有争议的部分事实结合证据内容简要进行论述和认定,然后对被告应否还款和应还款本金数额、利息计算方式作出处理即可;在判决主文部分,仍以填空方式处理。以模板化填空的方式制作裁判文书,可以在最短的时间内撰写完毕,且具备判决的基本要素,应是简单案件判决书简化改革的可操作模式。

(三) 繁简分流的要求缺乏可操作性

从 2000 年起至今,最高人民法院和全国人大常委会一直希望通过完善诉讼程序,合理配置司法资源,提高审理刑事案件的质量与效率,维护当事人的合法权益,陆续出台了一系列与此目的相对应的规定,这些规定均体现了民事诉讼"繁简分流"、节约诉讼成本、提高审判效率的理念,同时,反映了看重程序合理性,要求把理性与效率结合起来,安排程序力求阻碍和浪费最小化、效果支持最大化的现代司法理念。

然而,上述规定的裁判文书样式应当如何简化,"繁"与"简"如何分流并未提上重要议事日程,即便是全国人民代表大会常务委员会于 2014 年 6 月 27 日发布的《关于授权最高人民法院、最高人民检察院在部分地区开展刑事案件速裁程序试点工作的决定》,也仅仅是在试验期内,没有形成针对性和操作性强的实施细则,致使基层法院无法可依,无章可循。因此,如果繁简分流仅仅停留在原则性的规定和口号上,没有进一步的实施细则和具体样式,将导致上述体现"繁简分流"理念的规定形同虚设。

(四) 过分强调司法改革应当"自上而下"

在司法实践中,各地法院为实现裁判文书的"繁简分流",充分利用审判资源,提高诉讼效益,采取了各种关于裁判文书的改革措施,并取得了一些成功的经验。例如,深圳市中级人民法院在前期广泛调研的基础上,2013 年 4 月出台了《关于一审民事裁判文书简化改革的若干规定(试行)》,并于 2014 年 5 月正式在深圳罗湖、宝安、福田 3 个基层法院试点,同年 7 月在全市铺开实施。福建省高级人民法院和广东省高级人民法院也分别制定了《福建省法院民事简易程序裁判文书样式》和广东省法院《关于简化民事裁判文书的规定(试行)》。此外,北京、上海、江苏、广州、成都等地的法院也都对裁判文书的简化制作进行了积极的探索。

这些探索为裁判文书的改革提供了优良的样本,但是这些样本在部分地区并未得到真正实施,即使实施也仅在省内进行推广。更重要的是,最高人民法院对于这些探索并未明确表态,未置可否。这在一定程度上影响了各地法院探索的合法性和积极性。据悉,最高人民法院的思路是,从全国考虑,希望设定一个统一性的自上而下的裁判文书样式,只是这一思路迟迟未予实现。

其实,司法改革(包括裁判文书改革)需要的不仅是自上而下的统一要求,更是自下而上的民众普遍认同感,即民众知晓法律是维护自己权益的最佳手段,在权利受到侵害时能够第一时间想到以法律手段维护自己的权益。裁判文书作为司法的一面镜子,能够反映司法的发展和变化以及法律的价值取向,而裁判文书的公开公布对于普通民众法律知识的普及、教育、指引作用也是潜移默化的。如果能将制作裁判文书这件事纳入议程,并形成一整套司法文书公布和书写的规范和体系,让民众能够看懂判决书并了解法律所鼓励的价值取向,让民众真正相信司法的权威性,让司法和宪政理念成为民众的一种日常的生活方式和生活习惯,使得司法改革成为一种自下而上不可推倒的力量。或许,当我们的司法判决书不再是机械而又冷冰冰的判决理由、判决结果,取而代之的是法理分析、情理分析、价值取向分析的时候,我们的司法改革就已向前迈出了重要的一步。

三、对策:坚持繁简分流,将"四五改革纲要"落到实处

(一) 绝大多数案件不需要长篇大论"阐法释理"

我国基层法院共计3 123个,占全国法院总数的79.3%,基层法院审判的案件数量占全国法院审理案件总数的90%以上。而在这些基层法院审理的一审民事案件中,简易程序适用率平均达到80%,东莞市第一人民法院院长陈斯表示,该院受理的案件符合"二八定律",即其中八成是简单案件,适合走简易程序(据《南方都市报》)。

据最高人民法院常务副院长沈德咏主编的《最高人民法院民事诉讼法司法解释理解与适用》(人民法院出版社2015年版)披露,目前基层法院有70%~80%的民事、经济、刑事案件,事实清楚,法律关系明确,争议不大。对于这些案件,如果其裁判文书也要长篇大论,文句冗长,那么就毫无效率可言,也完全没有必要。在简易程序已成为一审案件的主要审理程序的司法现状下,如果还对适用简易程序审理的案件,在裁判文书制作上与普通程序审理的案件看齐,不但会拖延诉讼,增加当事人诉讼成本和司法成本,还会抹杀简易程序和普通程序的区别。

(二) 简化裁判文书的探索与评析

目前全国各地法院在文书简化方面已经做了有益探索,设计了主要有令状式、要素式、表格式三类简易裁判文书样式。

(1)令状式裁判文书,指只包含诉讼当事人基本情况、原告诉请、案件基本事实和裁判主文,不详细记载当事人诉辩主张和裁判理由的法律文书。如浙江省高级人民法院规定,适用令状式裁判文书的案件,需要在送达案件受理通知书、应诉通知书时或在开庭前向各方当事人送达《适用令状式裁判文书告知书》。

笔者认为,裁判文书简化的目的,就是简化不必要的或是过多的程序,如果再添加法律规定之外的程序,是真正的简化还是增加法院以及诉讼当事人的负担,有待于实践的检验。

(2)要素式裁判文书,指对于一些能够概括出固定要素的案件,在撰写裁判文书时不再分别阐述原告诉称、被告辩称、经审理查明和本院认为部分,而是根据案件要素,载明原、被告意见、证据和法院认定的理由、依据及裁判结果的法律文书。

要素式裁判文书大大简化了文书内容,提高了制作文书的效率。但在实际操作中,不少法院规定,要给双方当事人发放《诉讼要素表》,对不填写的当事人没有强制执行力,不仅浪费了法院有限的司法资源,很有可能使文书简化的目的流于形式,又回到积重难返的老路上。

(3)表格式裁判文书,是指用表格列举的方法陈述当事人诉辩主张、法院查明的事实、裁判理由和主文的裁判文书。包括附表格型裁判文书和纯表格型裁判文书。

表格式裁判文书与要素式裁判文书实质上没有什么区别,无非就是把裁判文书的相应内容制作成表格的形式,实务中同样会遇到与要素式裁判文书类似的问题。

(三) 关于简化裁判文书的构想

2015年2月,最高人民法院在重新修订的《人民法院第四个五年改革纲要(2014—2018)》中,对有关裁判文书改革提出明确要求:一是实现裁判文书的繁简分流;二是加强裁判文书的说理性;三是对争议不大的案件(包括被告人认罪的轻微刑事案件),使用简化(包括填充)的裁判文书;四是对律师的辩护代理意见未予采纳的应当在裁判文书中说明理由;五是建立裁判文书说理的评价体系,将裁判文书的说理水平作为法官业绩评价和晋升的重要因素。

因此,笔者认为,当前裁判文书改革的主要任务就是将"四五改革纲要"的要求落到实处。其中,有关"使用简化(包括填充)的裁判文书"似应成为当务之急,亟待通过制定适用于不同性质(刑事、民事、行政案件)、不同类型(适用普通程序、简易程序、特别程序、速裁程序等)、有无争议等的案件的裁判文书样式,从而将事实清楚、没有争议、法律关系简单的案件,从繁琐的八股文式的裁判文书中分流出来,用"填充式"的格式文书取而代之。如此,对当事人、法官乃至社会公众何尝不是幸事!

立案登记制度下的民事裁判文书主文制作

——兼议"驳回起诉"与"驳回诉讼请求"甄别适用

王建平[*]

诉权基于请求权产生,请求权属于相对权,即请求对象必须明确,诉权不能针对不特定的对象行使。最高人民法院《关于民事诉讼证据的若干规定》第1条规定:"原告向人民法院起诉或者被告提出反诉,应当附有符合起诉条件的相应的证据材料。"《关于人民法院推行立案登记制改革的意见》第2条规定:"登记立案范围有下列情形之一的,应当登记立案:(一)与本案有直接利害关系的公民、法人和其他组织提起的民事诉讼,有明确的被告、具体的诉讼请求和事实依据,属于人民法院主管和受诉人民法院管辖的……"这里的"证据材料"和"事实依据"需满足"符合起诉条件"而非"符合胜诉条件"要求。按照"有案必立,有诉必理"的要求,人民法院对当事人起诉符合法律规定条件的案件,必须依法受理。故对是否符合受理条件一般作形式审查,对当事人作为诉讼请求基础的事实理由不作实体上的判断。根据《关于人民法院登记立案若干问题的规定》第8条第2款规定:"人民法院在法定期间内不能判定起诉、自诉是否符合法律规定的,应当先行立案。"不能为解决疑问和难题将诉状拦在门外。所以,在案件立案受理之后、实体问题处理之前,势必会遇到程序和实体相互交织在一起,有时难以区分不同情况进而厘清裁定和判决的适用问题,这就需要我们认真研究,准确判断,作出正确选择,否则会直接影响裁判的准确性。

一、被告住址(住所地)或者姓名(名称)错误或者错列、误列被告问题

(1)被告姓名或名称正确,但住址或住所地错误的处理方式,即原告提供与被告无任何联系的住址或住所地,应当要求原告补充材料;原告因客观原因不能补充或者依据原告补充的材料仍不能确定被告住址或住所地的,法院应当依法向

---

[*] 王建平,上海市长宁区人民法院。

被告公告送达诉讼文书,不能裁定驳回起诉。因有关部门不准许当事人自行查询其他当事人的住址信息,原告向法院申请查询的,法院应当依原告申请予以查询。

(2)被告的姓名或名称错误,或者因住址或住所地不明导致无法判明姓名或名称真假的处理方式,即该住址或住所地确无诉状上被告人的,应当要求原告提供真实、准确的被告情况。否则,以无"明确的被告"为由,裁定驳回起诉。

需要引起注意的问题是,2003年12月1日施行的最高人民法院《关于适用简易程序审理民事案件的若干规定》第8条第(二)项规定指出:"原告不能提供被告准确的送达地址,人民法院经查证后仍不能确定被告送达地址的,可以被告不明确为由裁定驳回原告起诉。"2004年12月2日施行的最高人民法院《关于依据原告起诉时提供的被告住址无法送达应如何处理问题的批复》指出:"人民法院依据原告起诉时所提供的被告住址无法直接送达或者留置送达,应当要求原告补充材料。原告因客观原因不能补充或者依据原告补充的材料仍不能确定被告住址的,人民法院应当依法向被告公告送达诉讼文书。人民法院不得仅以原告不能提供真实、准确的被告住址为由裁定驳回起诉或者裁定终结诉讼。"有观点认为,上述两个司法解释虽然颁布时间不同,但效力等级相同,只是在适用时应区分不同情况作出相应处理。如离婚案件和债务案件,离婚案件中的被告一般情况下总是存在的,如其住址不详,应按《关于依据原告起诉时提供的被告住址无法送达应如何处理问题的批复》的规定予以公告送达;债务案件情况复杂,如果住址不详,很难判断被告究竟是否实际存在。遇到类似这种情况,应按《关于适用简易程序审理民事案件的若干规定》以被告不明确为由裁定驳回起诉。笔者认为,上述司法解释涉及的内容不一致,应以时间先后作为判断效力的依据,且《关于依据原告起诉时提供的被告住址无法送达应如何处理问题的批复》的内容具有针对性,没有要求必须针对不同情况区分适用。只要当事人确定仅住址不明确,应予公告。即便债务案件,也可以通过户籍或工商登记资料查询确定当事人是否存在。简而言之,住址不详,公告送达。被告不明,驳回起诉。适用时应以《关于依据原告起诉时提供的被告住址无法送达应如何处理问题的批复》为准。

(3)错列或误列被告的处理方式。在审判实践中,当事人错列或误列被告的情况时有出现。在有多名被告且以"被告住所地"作为法院受理依据的案件中,为取得法院对案件的管辖权,有的原告随意将一名与案件无关的当事人列为共同被告并诉至法院。遇有此种情况该如何处理,目前没有统一的裁判方式。有人认为,因《民事诉讼法》已经取消了《民事诉讼法(试行)》中关于更换当事人的制度,故应判决驳回原告对该被告的诉讼请求。由于该名被告不存在,受诉法院管辖的依据也随之消失。此时,受诉法院应依职权将载有其余被告的案件移送有管辖权的人民法院审理,不能裁定驳回起诉。笔者认为,这类案件应当裁定直接移送有管辖权的法院审理。裁定时,可以将错列或误列被告的情况作为依职权移送的理由,而不要单独先作出驳回判决,再作出移送裁定,这样可以节省司法资源,避免当事人的讼累。

二、原告主体不适格与被告主体不适格的问题

(1)原告主体不适格,应裁定不予受理或驳回起诉。因原告本身没有起诉权,法院即便依据实体法作出判断,也应从程序上作出处理。1997年4月21日最高人民法院发布的《关于人民法院立案工作的暂行规定》第8条将《民事诉讼法》第108条(现行《民事诉讼法》第119条)起诉条件中"原告是与本案有直接利害关系的公民、法人和其他组织"细化为"起诉人应当具备法律规定的主体资格"。2001年4月30日实施的最高人民法院《关于审理劳动争议案件适用法律若干问题的解释》第4条中有相似规定,即:"劳动争议仲裁委员会以申请仲裁的主体不适格为由,作出不予受理的书面裁决、决定或者通知,当事人不服,依法向人民法院起诉的,经审查,确属主体不适格的,裁定不予受理或者驳回起诉。"关于主体资格,前者仅规定"起诉人",后者"确属主体不适格的"系指"申请仲裁的主体不适格",即向法院起诉的原告资格不符合要求,均针对的是原告。例如,在抚育费案件中,母(父)亲诉父(母)亲或者孙子女(外孙子女)诉祖父母(外祖父母)要求支付或增加抚育费的情况时有出现,这种情况表明双方没有抚育和被抚育民事法律关系,前者属于原告主体不适格,后者属于被告主体不适格。所以,前者属于原告没有抚育费起诉权,应裁定驳回起诉;后者有起诉权但属于诉错或错列对象,应判决驳回诉讼请求。

(2)被告主体不适格,应判决驳回原告的诉讼请求。我国民事诉讼立法及《关于人民法院推行立案登记制改革的意见》对被诉主体是否适格未作立案登记条件的规定,即对被告应诉应该具备什么条件等资格审查,没有诉讼法依据,目前只能从原告是否明确表示被告应否承担民事责任的角度对原告的请求作出实体判断。事实上,原告谁是原告的权利,被告是否适格是法院审查的问题。原告所诉对象存在,即可认定有"明确的被告"而非"正确的被告",其诉讼主体地位当无异议。至于该被告是否真正的侵权者或义务人,应与原告所提出的诉讼请求是否成立一起作为实体审理和实体判决所要解决的问题。只要原告明确"本案"受害或受损事实与被告有关,在立案时,无须理解为被告必须是民事责任或履行义务的承受者。如果送达的住址内确有被告此人,但现有证据证明此人与原告无民事法律关系,不应该是本案被告;或者双方虽存在民事法律关系,但双方约定的履行义务的条件尚未成就等,这就存在着原告坚持认为此人就是"明确的被告",也有"具体的事实和依据"等判断和法院认为被告诉讼主体不适格等判断的矛盾冲突。此时法院的判断是建立在原告有起诉权的基础上,并依据相关实体法规定作

出的,故应作实体处理。只要被告不是实体法律关系中的义务承担者,便应判决驳回诉讼请求。如甲、乙之间无债权债务关系,而是甲、丙之间存在债权债务关系,应当认为甲对乙仍有程序意义上的诉权,但是没有胜诉权。所以人民法院不应裁定驳回起诉,而应判决驳回甲对乙的诉讼请求。只有这样,才能保护当事人的诉讼权利和实体权利。

三、没有证据或者证据不足以证明某种事实的问题

《关于人民法院推行立案登记制改革的意见》对应当登记立案的要求是有"具体的诉讼请求和事实依据"。该事实依据属于待证事实、原告认为是事实的事实,其依附的证据仅属于起诉证据材料的性质,没有规定必须是胜诉证据。从比较法角度看,日本等主要法制发达国家都不把是否有证据作为诉讼成立的要件,仅将是否有证据作为实体权利能否保护的要件。所以,在没有证据或者证据不足以证明当事人之间存在某种民事法律关系,或虽然有证据证明当事人之间存在某种民事法律关系,但证据不足以证明其诉讼请求成立时,法院应判决驳回诉讼请求。今后,如当事人持新证据仍可再次起诉。如原告甲公司诉被告乙公司购销合同欠款纠纷案,本案原告已经提供了购销合同,证明双方存在购销合同关系。争议的焦点是购销合同中的需方并非被告,但合同实际履行中的需方究竟是否被告?又如原告尹某诉被告某公司借款纠纷案,本案原告已经提供借据,证明双方存在借款合同关系。争议的焦点是被告矢口否认借款,原告诉称有无事实依据?这些均应通过审查原告提供的证据才能认定,法院审理的是实体问题,应作出实体判断。

四、诉讼请求中分别涉及程序和实体问题

在当事人有多项诉讼请求的案件中,如果请求分别涉及程序和实体问题的,应先作出裁定处理程序问题,再按其他方式处理实体问题。这一问题突出表现在劳动争议案件中,当事人将未经仲裁的纠纷与经过仲裁处理的纠纷一并作为诉讼请求要求处理。因实践中的做法各不相同,对此也产生了较大争议。有的意见认为,只要在说理部分对未经仲裁的该部分请求表明"不予处理"的意见,在主文中不出现"不予处理"裁判方式,也不写"驳回其余诉讼请求",这样可以简化处理方式。如果当事人上诉,二审法院认为"不予处理"不妥,应予一并处理的,可以直接增判。有的意见认为,这样处理的后果是剥夺了当事人的上诉权,提出可直接在主文中作出"不予处理"的判决方式。笔者认为,根据《关于审理劳动争议案件适用法律若干问题的解释》第6条的规定:"人民法院受理劳动争议案件后,当事

人增加诉讼请求的,如该诉讼请求与诉争的劳动争议具有不可分性,应当合并审理;如属独立的劳动争议,应当告知当事人向劳动争议仲裁委员会申请仲裁。"如果当事人不同意另行仲裁,法院应裁定驳回起诉。实践中,对当事人将未经仲裁的请求与经过仲裁的诉讼请求一并诉至法院的情况,可以视为在案件受理后增加诉讼请求的情况,并按照上述规定作出相应处理。

继承 创新 发展
——浅谈律师与法官共建法律共同体

黄中梓[*]

党的十八大和十八届三中、四中全会作出全面推进依法治国的战略部署,并明确提出充分发挥律师在构建法治中国中的作用,律师与公、检、法同为新时代的法治人,共同构建法律共同体,共同推进社会主义法治建设。本文从律师与法官的关系角度,探讨共建法律共同体的相关问题。

一、法律共同体的概念

(一)学界对法律共同体的理解

法律共同体,即法律职业共同体,强世功教授在《法律共同体宣言》中写道:法律共同体,即无论是最高人民法院的大法官还是乡村的司法调解员,无论是满世界飞来飞去的大律师还是不知名的地方检察官,无论是学富五车的知名教授还是啃着馒头咸菜在租来的民房里复习考研的法律学子,他们均构成了一个无形的法律共同体。共同的知识、共同的语言、共同的思维、共同的理想,使得这些受过法律教育的法律人构成了一个独立的共同体:一个职业共同体、一个知识共同体、一个精神共同体!

学者们对法律职业共同体有着以下不同的释义:

清华大学法学院教授许章润认为,"法律职业共同体"是指法律从业者社群,即通常所谓的法律界、法学界,包括法官、律师、检察官、政府机构与社会团体中负责法律事务的官员,法学教研人员,以及一定范围内的政治家,等等。

中国人民大学法学院教授张志铭认为,法律职业共同体是包括法官、检察官、法律教师和律师等在内的诸多法律职业者之间的联合,是他们之间在利益一致的基础上,以特有的传统和精神为纽带所形成的一种社会关系。

---

[*] 黄中梓,安徽省律师协会理事,合肥仲裁委仲裁员,安徽天贵律师事务所主任。

有学者从法律职业共同体的必备条件来阐述。如上海交通大学凯原法学院季卫东教授认为,职业法律家群体必须具备三项条件:坚决维护人权和公民的合法权益,奉行为公众服务的宗旨,其活动有别于追逐私利的营业;在深厚学识的基础上娴熟于专业技术,以区别仅满足于实用技巧的工匠型专才;形成某种具有资格认定、纪律惩戒、身份保障等一整套规章制度的自治性团体,以区别于一般职业。

2002年7月26—28日,由吉林大学理论法学研究中心、国家检察官学院、国家法官学院、中国社会科学院法学研究所、北京大学司法研究中心等8家单位发起,在黑龙江省牡丹江市召开了"中国法治之路与法律职业共同体"学术研讨会,明确提出了探讨"法律职业共同体"的概念。2003年,时任吉林大学党委书记、法学教授张文显编著了《司法改革报告:法律职业共同体研究》,收录了此次学术研讨会的学术研究成果。

张文显教授在其论文《法律职业共同体引论》中释义:法律职业共同体是一个由法官、检察官、律师以及法学学者等组成的法律职业群体,这一群体由于具有一致的法律知识背景、职业训练方法、思维习惯以及职业利益,从而使得群体成员在思想上结合起来,形成了特有的职业思维模式、推理方式及辨析技术,通过共同的法律话语(进而形成法律文化)使他们彼此间得以沟通,通过共享共同体的意义和规范,成员间在职业伦理准则上达成共识,尽管由于个体成员在人格、价值观方面各不相同,但通过对法律事业和法治目标的认同、参与、投入,这一群体成员终因目标、精神与情感的连带而形成法律事业共同体。

(二) 法治人:新型法律职业共同体

党的十八届三中、四中全会加快了法治中国建设的步伐。全面推进依法治国在全党、全社会达成共识,习近平总书记关于法治的一系列重要讲话为法治中国建设指明了方向。党的十八届四中全会公报指出,全面推进依法治国,必须大力提高法治工作队伍思想政治素质、业务工作能力、职业道德水准,着力建设一支忠于党、忠于国家、忠于人民、忠于法律的社会主义法治工作队伍。推进法治专门队伍正规化、专业化、职业化,完善法律职业准入制度,建立从符合条件的律师、法学专家中招录立法工作者、法官、检察官制度。

党的十八届四中全会从以下方面确保新型法律职业共同体相对的独立性。其一,将政治色彩浓厚的"政法队伍"转变为较为中立的"法治工作队伍",以此彰显司法工作者区别于政治工作者的整体形象。其二,突出强调法治工作者队伍的专业性。四中全会所提的"建设高素质法治专门队伍"中的"专门"二字就凸显了专业性要求。其三,为司法官与行政分离创造了一定的条件。四中全会提出建立领导干部干预司法活动、插手具体案件处理的记录、通报和责任追究这种有中国特色的制度,这在很大程度上将有利于保障司法官独立行使司法权,保障司法的独立性。

为了"建设高素质法治专门队伍",四中全会决定提出了诸多需要建立健全的制度:首先,要完善法律职业准入制度,以确保法律共同体的专业化与职业化。一方面是健全国家统一法律职业资格考试制度;另一方面是建立法律职业人员统一职前培训制度。这里面的亮点是,要建立"从符合条件的律师、法学专家中招录立法工作者、法官、检察官"的制度。这是西方法治发达国家较为成熟的法律职业人遴选制度,对优化立法者、司法者的队伍结构无疑具有重要意义。其次,要建立法官、检察官逐级遴选制度,以及初任法官、检察官由高级人民法院、省人民检察院统一招录、统一基层任职的制度。统一基层任职、统一逐级遴选,一方面与国家司法层级相匹配;另一方面也为基层司法官员晋升提供了良性机制。此外,建立法官、检察官等职业保障体系,培养公职律师制度、健全法律实务部门与法学院校、研究机构人员双向交流机制等,都是党的十八届四中全会决定中的创新之处。

二、律师与法官共建法律共同体存在的问题

(一) 律师在法律共同体的地位及作用

律师是我国社会主义法治建设的重要推动力量。在维护当事人合法权益,健全我国社会主义民主与法治,确保社会稳定,实现司法公正,维护法律的统一正确实施,发展社会主义市场经济的进程中发挥着重要作用。当前,我国正处在社会转型期,矛盾复杂多发、易发,同时法治建设的步伐也在不断加快,律师的作用必将更加凸显。

律师作为依法取得律师执业证书、接受委托或者指定为当事人提供法律服务的执业人员,与法官、检察官等同样作为法律职业者,承当着共同构建法律共同体的重任。

法治事业尤其是诉讼活动,如同海中行船,没有舵手,就没有前进的方向,没有划船者,就没有前进的动力。律师因其特殊的法律职业属性,在法律共同体中不可替代。

(1)律师作为不特定私人权益的代表者和维护者,在法律共同体中发挥着独有的作用。法律共同体的大厦中,律师用其专业的法律思维和技能维护私人的合法权益,通过向不特定私人提供法律服务的方式,参与法律共同体建设,体现的是整体法治水平。

(2)律师的执业活动对法官的行为有一定的制约。在诉讼过程中,律师可以监督法官的言行、举止,督促法官端正工作态度,审慎对待权力,从而维护当事人

的权益;在诉讼过程外,律师作为人民群众的一员,可以监督法官的错误生活状态,保证法律的公平正义,推进法律共同体建设。

(二) 尊重是律师与法官关系的基点

在日常生活中,律师与法官是人们在处理法律纠纷中打交道最多的职业,已被社会广泛认知。虽然律师与法官均是法律职业者,但是他们在社会中扮演的角色是不同的。律师具有法律人和经济人的双重身份,一方面,律师为社会群体提供法律服务,维护社会的公平正义;另一方面,律师以为他人提供法律服务收取利益为自己的谋生手段。在执业过程中,律师是基于当事人的委托授权而从事法律服务,与当事人之间订立的是平等的合同关系。而法官是国家的法律工作者,代表国家行使审判权力,维护社会公平正义,在执业过程中不能谋取任何经济利益。法官履行职责时是行使国家赋予的权力,是基于特定的法律事实发生的,立足于事实与法律。

邹碧华在"司法改革背景下,如何构建法律共同体"主题演讲中提出,法官与律师的相互尊重是良性互动关系的起点,律师对法官的尊重程度代表着法治的发达程度,而法官对律师的尊重程度,则代表着社会的公正程度。尊重,可以说是法官与律师正常关系的基点。尊重法官的权威,是信任法官的执业能力,推进审判中心改革的保证。尊重律师的权利,是尊重公民权利的延伸,保障律师权利实际上是实现公民的权利。

(三) 司法实践中的问题

在司法实践中,律师与法官同为法律职业共同体,却存在着与法律共同体不相符的现象,阻碍了法治的进程,笔者归纳为四种:

1. 观念差距,导致排斥

在一些法官、检察官眼中,律师只不过是一些唯利是图的商人,而自己则是执掌诉讼大权的"官",因而处处排斥律师。

在一些当事人眼中也是如此,他们更重视法官而不是律师,而且他们重视的是具体的人格化的法官而非一种制度化的抽象的法官。同时,社会中很大一部分人都有一种"有问题找领导"的思想,在他们心目中根本无所谓司法最终解决原则,什么问题只要领导做主就行。目前,社会上的大规模上访即是明证。

2. 存在法官"被送礼""被吃请"的现象

在中国的熟人社会下,一直存在着有人好办事的思想,律师行业也是如此。个别律师办案时总希望能跟办案法官搞好关系,希望能够通过与法官不一样的交情得到法律范围外的支持,为此,想方设法通过私下的接触,包括送礼、吃请等方式拉近与法官之间的关系。

3. 存在律师的权利得不到保障的现象

如在庭审中,有的法官随意打断律师的陈述、辩论,甚至出现法官训斥、故意刁难律师的情况,律师的辩护权和诉讼权利得不到有效保障,实质上限制了公民的权利,损害了法治建设。

4. 存在律师与法官结成"腐败同盟"的现象

大量关于法官受贿和滥用职权等案件反映出某些律师与法官达成利益协议,结成"腐败同盟",通过手中的权力,践踏当事人的合法权益,阻碍法律的正确实施,阻碍法律共同体的构建。

三、律师与法官共建法律共同体的几点设想

1. 树立法律共同体的法律信仰

律师和法官根据其职业属性,具有不同的职业道德和职业伦理,公正、廉洁、为民作为法官职业的核心价值,规范了法官的执业行为。律师职业道德和执业基本规范中将"忠于宪法和法律、忠于职守、诚实守信、勤勉尽责、敬业勤业、珍视和维护法律职业声誉、注意陶冶品行和职业道德修养、保守秘密、尊重同行、共同竞争"作为律师职业的价值导向,但更需要共同的法律信仰。

律师作为法律共同体的一员,与法官具有共同的知识体系、维护社会公平与正义的共同理念、解决纠纷争端的共同规则、维护社会利益和法律尊严的共同利益,天生具有多方面的共同属性。加强培育律师与法官共同的法律信仰,统一法律职业者的思想,有助于构建和谐的律师与法官的关系。社会主义法治理念明确提出"宪法法律至上"的要求,律师和法官作为法律职业者,应当树立宪法法律至上的信仰。

2. 实行统一法律职业教育和职业培训制度

应适时转变法院、检察院各自教育机构的性能,使其真正成为法官、检察官的教育基地。可以考虑依托各政法管理干部学院,融合法官、检察官教育培训机构,成立国家、省两级的司法学院,统一承担法官、检察官、律师的继续教育任务。在这样的司法学院中,以继续教育而非学历教育为内容,注重国内外立法动态的介绍、注重法律实践的研讨,师资由优秀法官、检察官、律师和学者组成,对法官、检察官、律师的继续教育进行统一规划,其继续教育的内容可以各有侧重,但应相互协调,避免目前由于三者教育机构多元、继续教育内容各异导致的沟通障碍。

3. 完善律师与法官之间的沟通机制

律师与法官在执业过程中需要及时交流,搭建有效的沟通平台,如律师协会和法官协会,充分发挥双方的组织、协调作用,通过建立联席会议制度、定期召开座谈会等形式,或是建立法官与律师学术交流和业务研讨制度,这不仅有利于法

官和律师在法律理论和法律问题上进行交流,而且能够引导法官和律师之间的正常交往。强调法官、律师应当加强沟通,可以及时反馈或提醒法官在司法活动中或律师在执业中遇到的问题,特别针对无罪辩护、虚假诉讼、虚假陈述、关联案件、徇私舞弊等问题进行充分交流。例如,上海市高级人民法院副院长邹碧华法官亲自主导推出了"上海法院律师服务平台",认为法官和律师应在相互尊重的基础上建立良性互动关系。该平台提供5大类24项服务功能,在全国法院首次推出真正意义上的网上立案、庭审排期自动避让、关联案件和审判业务文件主动推送等功能,实现与律师的有效沟通。

法官与律师之间的沟通不仅需要沟通平台的搭建,更需要彼此交往过程中的相互尊重,才能形成融洽的法律共同体的内部关系。邹碧华法官根据其办案经验撰写的《法官尊重律师的十条意见》指出,庭审中法官不得随意打断律师的发言;不应当着当事人的面指责、批评律师,更不得向当事人发表贬损律师的言论;并应为律师预留车位、提供休息区、提供复印设施等。通过交往过程中的细节,消除与律师之间的沟通障碍,在相互尊重的基础上,共同推进法律共同体的建设。目前最高人民法院推行立案登记制度,有利于实现公正司法、提升司法权威,从而为建设和谐社会、全面建成小康社会增添动力。但此制度的实施更需要律师与法官建立一个法律共同体。作为律师应该正确引导当事人的诉讼,对无法审结、无法执行且可能产生影响社会稳定的群体性敏感案件,应告知当事人通过其他渠道解决,并应该针对判决结果给当事人以合理的解释。同时需要强化业务配合协作,强化诉讼代理责任、共建多元纠纷解决机制、共建涉诉信访化解机制等制度。

4. 律师与法官要独立履行职责

法官代表国家行使审判权,体现着公权力;律师接受当事人的委托,为一方当事人提供服务,代表着私权利。法官和律师在法律授权的范围内,双方各行其是、各司其职、互不隶属、互不依存,为了守护正义,各自独立依法履行职责,独立承担法律责任。

法官与律师既不是互不认同的对手,更不是亲密无间的朋友,两者不存在你高我低的支配与服从关系,不存在你死我活的敌对与博弈。法官需要保持超然和中立,保持稳重与慎重;而律师则需要保持客观和全面,保持有理有据。两者的关系不是隔阂,而是理解;不是紧张,而是交涉;不是对抗,而是包容;不是防范,而是交流。

好法官和好律师是值得共同学习的,他们都是推动中国民主法治进步的基石。作为一个职业共同体,要共同承诺:敬畏生命、敬重人权、敬仰正义。共同勉励:坚定法律信仰,坚守公平正义,坚守道德良知;忠实于案件事实和证据,忠诚于祖国与人民。

5. 实施法官与律师之间职业交换制度

党的十八届四中全会通过的《关于全面推进依法治国若干重大问题的决定》指出,实行法官与律师之间的职业交换制度,即从符合条件的律师中招录法官,取消律师职业向法官职业流动间的障碍。通过该制度的实行,一方面,在一定程度上可以拉近律师与法官之间的社会地位,增强律师与法官之间构建法律共同体的认同感;另一方面,可以提高法官队伍的专业化、职业化水平,提升法官的审判能力,促进司法公正和司法权威。对于律师而言,不会因为低薪而不屑法官的职业,也不会因为管理制度的壁垒而无法担任法官,在同样的法律信仰下,可以从律师职业转向法官职业,实现法律共同体间的内部互动和流动,为法律共同体在社会主义法治建设中发挥最大限度的作用创造条件。

6. 律师与法官要相互监督,同时接受其他共同体成员及社会的监督

要定期开展法官与律师职业互评活动,法院和法官协会应听取律师界对法官审判作风、司法能力、职业道德以及法院审判执行工作、队伍建设的评价和建议。司法局和律师协会应听取法官对律师执业能力、法庭纪律、职业操守以及队伍建设的评价和建议。同时,应完善对法官、律师违法违纪行为的投诉查处反馈机制,相关处理情况应相互函告或在联席会议上通报。法官协会与司法局、律师协会为对方开展的案件评查、责任追究等工作提供便利,并严格依法处理,接受其他共同体成员及社会的监督。

7. 法律应赋予律师更多的参与权

最高人民法院原常务副院长、中国人民大学律师学院名誉院长祝铭山认为,我们的司法体制改革是体制内的运行,公检法各管各的,虽然也有互动,但是公检法在司法体制改革当中最终运行的方式却有一定的局限性,因为涉及自身权力的维护和扩张以及利益问题,所以就更需要体制之外社会力量的参与,其中就包括律师。律师队伍是一支强化法律实践能力和丰富实践经验的队伍。我国目前拥有20多万名律师,积累了丰富的办案经验,是十分珍贵的人才资源。在推进司法体制改革的过程中,要充分运用和依赖这一支队伍,推动我国的司法体制改革。

结束语

就法官与律师的关系,景汉朝院长认为,无论是从法律职业共同体建设的角度,还是从落实党的十八届三中、四中全会精神的角度,对于有着共同知识基础、共同法治信仰的人而言,正确处理好这种关系,都具有十分重要的现实意义和深远的历史意义。

景汉朝院长表示,人民法院将进一步改进工作,为律师依法履职创造更好的执业环境。在系统深入研究法官法与律师法、法官制度与律师制度、法官文化与

律师文化、法官职业道德与律师职业道德等问题的时候,能够秉持并追寻这样一种共同的理念,携手构建相互理解、相互尊重、相互支持、各自依法履行职责的法官与律师的良性互动关系,共同推动法律职业共同体的建设与完善,为加快推进依法治国、建设社会主义法治国家作出我们新的应有的贡献。全国许多高级人民法院与当地司法行政部门在最高人民法院、司法部《关于规范法官和律师相互关系维护司法公正的若干规定》的基础上,根据目前情况先后出台了关于建立法官与律师良性互动机制的意见,从操作层面,对促进法律职业共同体的团结、促进司法公正具有积极意义。

律师与法官虽然身份不同,社会角色、职能定位不同,但同为法律共同体的组成部分,同为当代的法治人,二者之间形成融洽的职业关系不仅需要宏观上司法体制改革的支持,建立有效的沟通制度,而且在微观上需要法官与律师彼此之间的相互尊重与理解,从而在法律共同体的大厦中发挥相互补充、相互促进的作用,共同推进社会主义法治建设。

裁判文书公开的冲突与衡平

石先钰　阮小茗[*]

在裁判文书公开过程中,如何规范裁判文书公开的内容,避免仅限于形式意义的公开,提高裁判文书的质量,改善裁判文书只是对事实的简单叙述、对法律的机械运用以及对裁判结果的生硬宣告的现状,完善裁判文书说理的公开,适当规范裁判文书公开的限度等,都是急需解决的问题。如何处理好公众知情权与个人隐私权、公众监督权与司法独立权之间的利益冲突,值得我们深思。

一、裁判文书公开面对的利益冲突

（一）裁判文书公开与个人信息保护的冲突与衡平

裁判文书公开作为司法公开的载体,为司法权的正确行使提供了很好的展示平台,通过这个平台,公众能够知晓审判的过程,感受裁判文书的公正性。但是,公开裁判文书上记载的敏感的个人信息以及有损声誉的事实,必然会对个人的隐私造成影响,与法律对个人信息的保护相冲突,裁判文书公开需要对二者的衡平作出应对之策。

一方面,从价值位阶来看,法治奉行的不是社会优位观,更不是国家优位观,而是真实的个人优位观。公众希望自己的私生活不受任何侵扰,这也是人类普遍追求的自由、平等和人格尊严等价值的体现。上述价值的实现依赖于个人的私人生活领域与社会相对的隔离,也就是说个人信息处于私密状态。另一方面,裁判文书公开的主要价值就是促进司法公开,不能公开则无法满足公众的司法知情权,缺乏司法知情权就无法对司法权进行有效监督,所以在司法公开大趋势的主导下,裁判文书公开的范围势必会越来越大。

在依法治国的背景下,尊重私人权利和限制公权力都必须走上法律化、制度化的道路。如果裁判文书中既包含应当被公众知晓的公共内容,又包含不应当公

---

[*] 石先钰,华中师范大学法学院教授,硕士生导师,研究方向为民事诉讼法学、法律文书学。阮小茗,华中师范大学法学院诉讼法学硕士生,研究方向为民事诉讼法学、法律文书学。

开的个人隐私,裁判文书公开之前就应当做技术处理。这样的处理方式,既可以保证隐私权不受影响,又能充分保证公众的知情权。如自然人的住址、身份证号码这种具有可识别性的信息,应当在公开的裁判文书中予以遮蔽,避免造成个人信息的外泄。针对当事人姓名是否应当公开问题,除未成年人外均应该予以公开,我国台湾地区的"法院组织法"就明确规定了除未成年人外,当事人的姓名应予公开。我国最高人民法院也作出了相似的规定,即裁判文书上网应该对当事人的住址、通信方式、身份证号码、银行账号等个人信息进行相应的技术处理,并未提及当事人的姓名。因为如果当事人的姓名不公开,公众就很难判断裁判文书的真实性。某些案件事实涉及个人隐私的,如果不影响案件的处理结果,可以做技术处理后公开,如果影响到案件处理结果,当事人应该有不公开裁判文书的请求权并说明理由,理由正当的,法院应该决定不予公开。[①]

如果公民的隐私权受到司法公开(实质是公众知情权)的侵害,也应获得适当救济,在保障公众知情权的同时尊重公民的隐私权。网络有着亿万网民的受众,即使一个案件暂时不为网络舆论广泛关注,仍存在被大范围传播与关注的可能。因此,法庭审判活动中的隐私保护原则运用到网络公开裁判文书中的隐私保护,法律的可预测性将大为降低,现实中也存在不可预知的风险,况且,网络社会中裁判文书与相关主体的隐私保护有其自身的特点,更需要审慎地全面保护。首先,明确裁判文书中必须保护的相关隐私内容。诉讼法中的公开原则简单粗略,对于网络隐私的界定与保护难以操作。其次,充分尊重当事人双方的意愿,如果调解结案,裁判文书不必网上公开。除了调解结案、涉及公民隐私的案件之外,对于当事人双方一致请求采取不公开或者必须做技术处理的,也应适当尊重。类似申请,可以由办案法官或者由负责文书公开的机构审查并处理。最后,遵守比例原则。可以预见,一旦裁判文书全面上网公开,难免对一些当事人产生不当干扰。这是制度设计的初衷不愿见到却又不得不面对的。毕竟任何一项改革措施都有风险,关键是如何将风险降到最低,以及风险一旦发生应尽快采取补救措施。因此,在一些必须公开的特殊案件中,如果公开原则优于隐私原则,也必须在公开的基础上尽量减少对隐私权的侵害,确实难以避免的,应该给予受害主体救济渠道。总之,应当在司法公开与公民隐私权保护之间找到恰当的衡平点。

(二) 公众监督权与司法独立权的冲突与衡平

裁判文书的公开有利于公众监督司法权的运行,预防和遏制司法腐败,促进司法公正,提升司法公信力,但是裁判文书公开带来的"民意"有时却可能绑架审判,使司法权的运行陷入困境。近年来,"民意审判"的现象时有发生,影响到法

---

① 参见张艳、屠仲明:《司法公开新载体——裁判文书公开改革与深化研究》,载《光华法学》2014年第1期,第78页。

官的独立办案,从而影响到司法权的独立行使。虽然可能存在"民意"干预司法的嫌疑,但是不能因为这个原因就阻止裁判文书的公开,而是更应该畅通司法公开渠道,使公众的监督成为司法运行的助力,使司法的独立审判与"民意"形成正能量的合力。

当然,公众也应该保持监督的理性,不能用道德的尺度作为衡量司法的标准,不能因"国人皆曰可杀"而将"民意"强加于司法机关,而是要正确行使手中的权力,监督司法权的正确行使。

二、裁判文书公开的价值

裁判文书是人民法院在诉讼中就案件的实体问题和程序问题依法制作的具有法律效力的司法文书。裁判文书公开,是指法院将其制作的裁判文书通过报纸、杂志、网络等媒介向全社会发布和公布,包含形式的公开和内容的公开。形式的公开,是指按照一定程序和要求通过报纸、杂志、网络等媒介向当事人和社会公众公开;内容的公开是对法律文书记载事项、裁判认定事实、裁判理由、裁判结论的公开。仅有形式公开是远远不够的,本文所论述的司法公开的载体是既包括形式公开也包括内容公开的全面公开。

裁判文书全面公开的价值包括如下方面:

(1)裁判文书公开提高了司法公信力。"司法公信力中最核心的部分就是司法对公众的信用和公众对司法的信任,这是一个双方互动的过程。"[1]只有裁判文书全面公开,公众才会从中感受到自身的知情权、参与权、表达权是否得以体现,诉讼请求实现或没有实现的原因,从而产生对审判行为是否信任的判断。通过公开裁判文书展现判决的内容,来提升司法信用、获得司法信任,这是提高司法公信力的重要途径。

(2)裁判文书公开是司法公正的要求。最高人民法院发布的《关于司法公开的六项规定》中专门指出:"裁判文书应当充分表述当事人的诉辩意见、证据的采信理由、事实的认定、适用法律的推理与解释过程,做到说理公开。"可见,司法公开既要求裁判文书在形式上公开,也要求裁判文书在内容上公开。"司法正义是一种比较正义,司法透明的价值并不在于它一定能够实现社会正义,而在于它使人们获得了实现社会正义的感觉。"[2]裁判文书是一种载体,否则对司法裁判行为的监督便没有了依据。只有裁判文书公开,诉讼参与人和社会公众才可以了解审判活动,各种监督和制约机制才会有的放矢,司法公正才能够得以实现。学者福柯曾说过:"话语承载着和生产着权力。它加强权力,又损害权力,揭示权力,又削

---

[1] 关玫:《司法公信力研究》,人民法院出版社2008年版,第43页。
[2] 蒋惠岭、胡夏冰:《我国司法透明机制的改革和完善》,载《法律适用》2006年第3期。

弱和阻碍权力。同样,沉默与隐秘庇护了权力,确立了它的禁忌。"公开的裁判文书就是这样的话语形式,它加强公正的审判权力,损害、揭示、削弱并阻碍不公正的审判权力,并打破沉默与隐秘对于不公正审判的庇护。①

(3)裁判文书深度公开满足了程序正义的要求。程序正义的前提是程序的公开性。相对于简单记裁判决结果的文书,全面公开的裁判文书具有更强的说服力,因为这样保护了公民的知情权,使公民感受到自身的尊严和自主意志得到承认与尊重。程序正义还要求程序的合理性。心理学的研究成果显示,一个人在某种可能对自己产生不利决定或后果的活动过程中,如果不能及时了解程序的进程、判决结果的内容以及判决的根据和理由,就会产生一种受到不公正对待的感觉,而且从心理上难以对判决的正当性产生信服。② 这些知情权得到满足的感觉、实现正义的感觉、得到公正对待的感觉、对裁判正当性的信服等价值,都是独立于案件处理结果之外的,是程序正义自身价值的体现。

党的十八届四中全会通过的中共中央《关于全面推进依法治国若干重大问题的决定》对司法公开提出了明确的要求:构建开放、动态、透明、便民的阳光司法机制,推进审判公开、检务公开、警务公开、狱务公开,依法及时公开执法司法依据、程序、流程、结果和生效法律文书,杜绝暗箱操作。加强法律文书释法说理,建立生效法律文书统一上网和公开查询制度。裁判文书公开意义十分重大,除上述价值外,还具有案例指导价值、研究分析价值,也有利于提升法官自身的职业荣誉感,有利于建设一支优秀的职业法官队伍,更有利于发现司法实践当中存在的问题,从而推进司法改革。

三、裁判文书公开中衡平冲突的建议

(一) 全面公开裁判理由,增强说理性

中共中央《关于全面深化改革若干重大问题的决定》明确要求:"增强法律文书说理性,推动公开法院生效裁判文书。"以党的文件方式对审判实务中的一项具体问题提出要求并不常见,凸显了全社会对法院裁判文书说理即判决理由公开的需求和关切。裁判理由的公开是裁判文书深度公开的精髓与核心,纵观中外法治历史,裁判文书从不应当写明理由到要求写明理由的过程,是一个从司法擅断走向依法裁判的过程,因而是从人治走向法治的一个重要标志;是从秘密司法走向公开司法的过程,因而是从法律面前不平等走向法律面前人人平等的一个重要标

---

① 参见周军、李春华:《裁判文书深度公开问题研究》,载《法官说法》2015年第2期,第67页。
② 参见陈瑞华:《程序正义理论》,中国法制出版社2010年版,第105页。

志。① 所以,裁判理由应当公开,这是深化司法公开、提升法治水平的必然选择。

审判公开应当包括公开审判过程、判决结果和裁判理由。增强裁判文书的说理性,公开裁判理由是审判公开的有机组成部分,在一个判决中,最重要的部分就是对裁判理由的分析。很多国家对裁判理由的公开都相当重视,如在英美法系国家,由于其实行的是判例法制度,判决理由是裁判文书发挥约束力的重要所在,裁判理由的公开成为其制度的基本要求。大陆法系的德国法官的判决也有严密的论证,案件的认定理由具有高度的公开性,从而避免了判决的暧昧性。法国的《刑事诉讼法典》对判决理由作了详细的规定。

我国裁判文书说理方面主要存在以下问题:

(1)形式重于内容。裁判文书的固定样式有统一、规范之用,但如囿于固定形式,将鲜活的案件事实和法律论证困于僵硬的句式之中,生搬硬套,将形同八股文。比如"本院认为"部分千篇一律地以原、被告行为的法律定性为首句;以行为有悖于法为次句;以责任承担为尾句。上述论证逻辑严密,层次分明,可以适用于大部分情况,但如推广到几乎全部情形时,则共性完全压倒个性,以至于裁判者专注的不是内容而是遵照格式填充。

(2)结论替代推理。开头第一句就直接认定原、被告之间的法律关系而不加任何论证,使结论先于推理存在,违背逻辑规律。为何原、被告之间构成这样一种法律关系?是凭借哪些证据作出这样的判定的?为什么法律关系是此非彼?上述问题都需要严密的逻辑推导得出,而非先验形成,如果看不到推理过程,恐怕很难让当事方尤其是败诉方信服。

(3)认证缺少说明。目前,裁判文书撰写中一般包含证据认定,但缺乏对证据证明力的比较,如对某证据的采纳与否有表述,但对已采纳的各证据的证明力大小和比较不加说明。常见情况是直接得出 A 证据证明了 B 事实,而对证明相反事实的证据 C 为何不足以推翻 B 事实不加说明,给当事一方造成法官忽略己方证据,有意偏袒对方的错觉。②

我国要加强裁判理由公开,可从以下几方面着手:首先,裁判理由要全面充分。在裁判理由的阐述上,应该穷尽各种可能性,说理充分,没有遗漏。因为每一个遗漏的理由都有可能造成当事人对司法权威的怀疑。其次,裁判理由应该通俗易懂。裁判文书面对的更多是当事人和社会公众,只有公众看懂了裁判文书所要表达的意思,才能达到让公众信服的目的,才能宣传法律,提升司法的公信力。最后,裁判理由应该与法律依据相结合,在分析论证的时候要正确引用法律条文,也要对适用法律作出解释。要做到这几点,法官必须不断提高裁判文书的制作水平,提高文字的表达能力,提高逻辑推理能力,提高法律的适用能力。

---

① 参见刘鹏宇:《公开审判权的法理研究》,中国社会科学院 2004 年博士学位论文,第 56 页。
② 参见黄野松:《法律文书说理的路径选择》,载《人民司法》2014 年第 11 期。

(二) 确立合理的裁判文书公开限度的标准

明确裁判文书的公开限度,界定不予公开的信息范畴,是裁判文书公开的必要条件,因为只有知道边界何在,法官的文字才可以在裁判文书上自由行走。① 在一些刑事案件中,尤其是危害国家安全类犯罪,案件的部分事实和部分证据可能直接涉及国家秘密,一旦公开会损害国家安全。案件中涉及的商业秘密、个人隐私和与未成年人相关的信息也是如此,尊重商业秘密、个人隐私及未成年人权益,是司法文明的体现。为了保护上述利益,案件涉及的国家秘密、商业秘密、个人隐私及与未成年人相关的信息均应当属于不予公开的范围。案件涉及的侦查秘密,主要是在案件侦破过程中使用了特殊手段,公开存在暴露侦查措施的问题,还有些刑事案件被告人的揭发情况可能影响其他案件的审理,或者为了保护证人等,均不应在裁判文书中公开。案件涉及的审判秘密,主要是根据最高人民法院《关于保守审判工作秘密的规定》第3条的要求,合议庭、审判委员会对具体案件处理的讨论情况,上下级法院之间对案件处理的各种不同意见以及有关单位领导、党委的意见,均属应当保守的审判秘密范畴,因此在现阶段依法不能公开。但在现有的条件下,与裁判结果一致的相应认识和观点应当予以公开,这些是支持裁判结果必不可少的组成部分,公开这些内容与保守审判秘密并不矛盾。至于其他有损公序良俗的内容,主要是指如果对一些犯罪手段如实详细描写,或者对一些犯罪方法予以具体公开等,都会损害社会的公共利益或者公共秩序,造成负面的社会效果,这不符合裁判文书深度公开的初衷,因此不应当公开。

(三) 建立完善的保障机制

在裁判文书的公开过程中,还应完善裁判文书公开前、公开中、公开后的保障措施。

(1) 应建立裁判文书公开前的审查机制。裁判文书制作完成后应由书记员对标点、文字、语义等进行审查,确认无误后再交由独审法官或者合议庭法官进行审查。有条件的法院可以设立专门的裁判文书审核机构,最后由该审核机构人员进行审查。确立书记员、法官、审核人员对公开的裁判文书负责的制度。

(2) 应建立裁判文书公开中的民意反馈机制。裁判文书网络公开必然会给法院和法官带来诸多压力,公众对司法的误解甚至挑剔,可能有损司法权威,法院和法官为避免出现文书上的差错,将大幅增加自身的工作量,最终强化法院的行政化,削弱司法的独立地位。② 法院可以在每个公开的裁判文书后设置评论版块,

---

① 参见高一飞、龙飞等:《司法公开基本原理》,中国法制出版社2012年版,第64页。
② 参见苏力:《谨慎,但不是拒绝——对判决书全部上网的一个显然保守的分析》,载《法律适用》2010年第1期。

由法官和专门人员定期对评论进行梳理,并形成处理意见,及时向公众回复。法院对公众有所质疑的个案积极反馈处理,消除公众对法院的误解,最终可以实现司法公正和司法权威。

(3)应建立裁判文书公开后的监督问责机制。法院内部可以建立裁判文书公开考评体系,在考评体系中,应对裁判文书的质量进行重点考量。此外,还可以邀请人大代表、政协委员、专家学者等对法院裁判文书公开进行外部监督,听取意见积极整改。监督过程中对在裁判文书公开过程中存在过错的相关人员,应该追究责任。

总而言之,从"刑不可知则威不可测"的秘密法时代到春秋时期子产"铸刑书"首次公布成文法,再到现代意义上的裁判文书公开,中国的司法公开经历了漫长的过程,正日趋走向民主和文明。裁判文书公开进程中存在的诸多问题的解决不是一蹴而就的,解决这些问题任重而道远,需要法院及社会各界的共同努力。

浅谈当前法院司法文书上网存在的问题

张海雷[*]

在互联网公布裁判文书是落实司法公开制度,促进司法公正,提升司法公信力的重大举措。裁判文书上网是人民法院运用网络这一当今最普及的媒体深化司法公开制度的重大举措,体现了司法理念的更新,与此同时,当前这一制度还存在着理念、制度、技术等方面的问题,在一定程度上又制约了司法公开。

2013年11月21日,最高人民法院出台了《关于人民法院在互联网公布裁判文书的规定》,并于2014年1月1日正式施行,从实行情况看,法院司法文书上网还存在以下六个不容忽视的问题:

一是思想认识不到位,不愿上。裁判文书上网是倒逼司法公正的"利器",需要每个法官自觉参与、认真实施。但在司法实践中,一些法官仍拘泥于传统办案习惯,重审判执行、轻司法公开的陈旧理念根深蒂固,"阳光"司法意识不强,对裁判文书上网的重要性认识不足。加之,文书上网前需要开展技术处理、修改核对和编辑上传等工作,不上网的文书还要制表报批,势必增加工作量,一些法官不重视、怕麻烦,消极被动对待裁判文书上网,导致文书上网率偏低。

二是文书质量不够高,不敢上。裁判文书上网是司法自信的具体体现,但这种自信需要裁判文书以"优质司法产品"做支撑。但不可否认的是,法官业务水平参差不齐,裁判文书在标点用语、证据分析、事实认定、裁判说理、法律适用、裁判结果等方面还存在一些瑕疵,质量还不够高,法官对裁判文书质量缺乏足够的自信,担心文书上网后会引起社会公众挑刺找错、引发网络舆情事件,并因此增风险、出洋相、担责任,不敢大胆、全面地落实裁判文书上网的各项要求。裁判文书的质量及一些审判人员的专业素质有待提高,催生消极抵触心理。目前,人民法院上网的裁判文书中一部分存在着错字、漏字、援引法条错漏、关键词句语序混乱等问题,上网后造成了一些消极影响。比如西安市莲湖区人民法院在一起继承案件判决中,讲道:"依照《中华人民共和国继承法》第十三条、最高人民法院《关于贯彻执行〈中华人民共和国继承法〉若干问题的意见》第三十条、第一百七十七条的规定,判决如下……"(2009年4月10日《西安晚报》)但问题是,判决中所援引

---

[*] 张海雷,河北省沧州市运河区人民法院民一庭副庭长。

的最高人民法院《关于贯彻执行〈中华人民共和国继承法〉若干问题的意见》只有64条,所谓"第一百七十七条"从何而来。究其原因,可能是因为法官套用了其他文书格式,而在进行修改时没有完全将上一案件信息剔除,于法官,可能只是一个粗心大意,但对社会,一个法官连法律条文究竟有多少条款都没有弄清楚,必然会引起对法官专业素质的质疑。基于上述问题,裁判文书上网必然要求高质量的裁判文书,而部分审判人员认为,裁判文书上网制度无形中增加了日常工作量及审判工作的压力,为了避免发生疏漏或遭受舆论的压力,采取了一些消极的方法,如简化裁判文书说理部分的内容、对敏感案件的裁判文书不上网等,确保裁判文书的"安全",这就使裁判文书上网的意义大大削弱了,"形式主义"反而会制约司法公开理念的贯彻落实。

三是操作技能不熟练,上不好。裁判文书上网需要每个办案法官亲自操作,并能熟练操作裁判文书纠错系统和裁判文书信息屏蔽系统,对法官信息技术应用能力和两个系统的操作水平提出了较高的要求。但因部分法官对文书上网有关规定理解不透、多数大龄法官信息技术应用能力偏低、两个系统应用时间不长、系统应用技能培训不够等因素,影响了裁判文书上网的工作质量。

四是考评机制不完善,上不动。在最高人民法院《关于人民法院在互联网公布裁判文书的规定》和河北省高级人民法院《关于在互联网公布裁判文书的实施细则(试行)》中,只对裁判文书上网工作的统计通报、上网率考评和督促检查作了较为原则的规定,不够详细具体,且对法官及相关操作人员如何追责、院长和庭长如何担责等均未作明确规定,加上基层法院内部尚未形成有效的裁判文书上网工作管理机制,不能有力推动裁判文书的上网工作。

五是范围对象不详尽,上不全。虽然最高人民法院《关于人民法院在互联网公布裁判文书的规定》和河北省高级人民法院《关于在互联网公布裁判文书的实施细则(试行)》对上网的裁判文书范围作了较为明确的规定,但还是不够详尽,对上网的裁判文书是否包括决定书,以调解方式结案的案件不上网的裁判文书是单指民事调解书和刑事附带民事调解书还是包括含有调解内容的民事判决书、刑事附带民事判决书,含有调解内容的司法确认案件的裁定书是否应当上网,应当删除的"未成年人的相关信息"是否包括姓名和出生日期等没有具体规定,在实际操作中拿捏不准,把握不好,易出现该上的不上、不该上的也上等问题。

六是基础数据难提取,上不准。计算裁判文书上网率所需的生效裁判文书数量和不上网生效裁判文书数这两项基础数据,目前还无法直接从审判流程管理系统中提取,让办案单位申报又不一定客观,从案卷中提取工作量太大且时效性太差,因此难以准确、及时反映裁判文书的上网率。

针对当前司法文书上网存在的六个问题,笔者提出六点建议:

一是健全完善现行裁判文书上网的有关规定,进一步明确上网范围、责任追究、考评管理等内容,做到规范具体,操作性强。

二是简化裁判文书上网环节,确保文书上网及时准确,提高文书上网质量。

三是完善审判流程管理系统,实现与裁判文书上网工作的无缝对接,为直接提取基础数据,准确计算裁判文书上网率奠定基础。

四是组织开展裁判文书上网技能专题培训,提高裁判文书上网水平。

五是认真对待"后裁判效应"。裁判文书上网既具有个案效应,也具有司法的整体效应。应当以裁判文书上网为契机,认真对待和研究裁判后的社会效果。制定突发事件应急措施,及时、积极引导舆情,充分发挥裁判文书上网对司法公开的正面作用,克服消极影响。

六是致力于对裁判文书上网专门系统的更新及完善,加大司法办公设备的投入,建立全国各级人民法院的裁判文书数据库。

新媒体时代下我国司法文书公开面临的挑战及应对

肖 晗 王亚欢[*]

随着以"自媒体"为代表的新媒体时代的到来,社会公众对司法公开的需求愈发强烈,以往简单、传统的司法公开模式已远远不能满足新时代人们对司法透明度的要求。同时,自媒体的诞生普及,彻底颠覆了人们基于传统平面媒体的信息获取方式。交互性强、传播迅速是自媒体的重要特征,如何有效利用自媒体这一"时代利器",以完善司法公开,保障社会公正和谐,是当下司法工作亟待有效论证的重要课题。作为司法公开制度的重要组成环节,司法文书公开亦必须跟上时代的步伐,使技术革新引领司法文书公开制度之创新。若司法文书公开制度得以搭上"自媒体"之顺风车,我国司法公开的程度必将达到新的高度,亦必将有力地推进司法公信力的提升。

一、新媒体时代带给司法文书公开以新的机遇

新媒体以自媒体为代表。自媒体一词源于2003年美国新闻学会媒体中心出版的由谢因·波曼与克里斯·威利斯两位联合提出的自媒体(We Media)研究报告,文章认为,自媒体是普通大众经由数字科技强化、与全球知识体系相连之后,一种开始理解普通大众如何提供与分享他们本身的事实以及新闻的途径。有别于传统媒体"由点到面"的传播模式,自媒体真正实现了信息的"由点到点"的传播效率。此外,自媒体还具有门槛低、操作简便、交互性强等种种优势,不仅是个体彰显个性、表现自我的工具,若从司法公开角度看,更是社会舆论监督的信息平台。

贝卡里亚在《论犯罪与刑罚》一书中指出:"知识传播得越广泛,它就越少滋生弊端,就越能创造福利……知识有助于鉴别事物,并促进各抒己见。"[①]自媒体

---

[*] 肖晗,湖南师范大学法学院教授,硕士生导师,法学博士。王亚欢,湖南师范大学法学院2014级诉讼法硕士研究生。

① 〔意〕贝卡里亚:《论犯罪与刑罚》,黄风译,中国法制出版社2005年版,第128页。

时代下公众对信息的获取不再囿于"官方发布",点对点式的信息交流能轻易穿透过去因受众知识水平不一、行业分工不同抑或社会地位悬殊而形成的交流屏障。而这对于公众监督司法,特别是对个案的监督有十分积极的意义。作为司法公开重要举措之一,司法文书公开制度的建立以及完善,应更充分借助自媒体这种基于技术创新的信息交互平台。

首先,司法公开是司法机关依法履行职责的必然要求,也是新时期司法工作的重中之重,司法文书作为司法工作成果的集中体现,是司法公开的应有之义。西方法谚说,正义不仅应得到实现,而且应当以人们看得见的方式实现。过去限于信息传播技术落后以及政治因素考量等多重因素限制,加之司法系统对司法的公共产品性质认识不足,旧的司法公开程度十分有限,以致在一些被定为"过于敏感"的刑事案件中,被告人已经人头落地,执行终结,当事人家属却未曾收到过一份正式裁判文书。这种情况的出现不仅仅限于个案,司法神秘主义也曾经是一段时期内司法工作的常态。而随着社会的进步,以互联网为代表的科技产品进入寻常百姓生活,以往有限的司法公开制度早已不能适应公众的需求,甚至阻碍了大众对于司法活动的认知。由于整个司法系统缺乏向社会公众提供案件信息的良性机制,置于公众视野中的往往是司法工作中的"冤错案件"以及一些传播失实的"敏感案件",这些案件在我国呈现出负面的"杠杆效应"——司法公信力下降。开放状态下的司法运作过程主张赋予社会公众适当的司法话语权。如果公众对司法活动的广泛深入参与能建立在权威性的法律文书之上,而非"坊间传闻",在有序的言论疏导之下,不仅能有效地促进司法工作质量的提高,更能促成社会公众"司法理性"的形成。

其次,自媒体时代实际上是全民参与社会治理的时代,是"人人拥有麦克风""人人都是记者""人人都是通讯社"的时代,是社会公众个体和集体话语主导权的时代。[①] 自媒体不仅扩大了公众的知情权、话语权等基本权利,而且使得公众对司法机关的批评和监督更为实质化。公权力处理个体的诉求的传统处理方式远远不能满足社会需求,网络舆论打破了传统媒体对舆论的控制和对信息的垄断,传播方式体现出了很强的开放性、快捷性、交互性、隐匿性和海量性。司法机关不能再继续保持缄默,时代也要求其必须有所发声。传统意义上的法院内公告栏张贴公告、电子显示屏公示信息并不能像自媒体那样实现重要信息的点到点之间的推送,司法公开并未剥离消极被动的外衣。党的十八大以后,我国司法体制改革得到了进一步深化,最高人民法院顺应时代潮流,提出建立完善审判流程公开、裁判文书公开、执行信息公开三大平台,以信息技术为依托的中国裁判文书网业已成功运营,这是在新媒体形势下进一步公开司法文书的重要举措。然而,笔者认

---

① 参见杨凯:《新媒体时代的司法公开》,载《法治论坛》2014 年第 1 期。

为,相关法律文书查询系统(网站)的建立只能说是从探索到规范,从局部到全面,从分散到统一,从被动接受查询到积极主动公布的第一步,我们并没有看到更多新媒体技术的应用。最新统计数据表明,2014年我国网民已达6.32亿人,其中手机上网率达到83.4%,"微博"用户数量为2.49亿人;根据外媒统计,2015年"微信"用户数量甚至已经突破5亿人。2012年,济南市中级人民法院以极大的勇气和智慧对公审薄熙来案件的庭审采取微博直播的方式公开进行审理;2015年5月,珠海市横琴新区人民法院在珠海法院史上首次微博全程直播了一受贿案件的庭审过程。① 庭审以微博直播的方式公开,这对我国司法文书公开模式问题亦可引起启发性思考。如果司法文书的公开也能借助当下最流行之微博、微信公众号等新媒体平台,将裁判文书乃至其他经庭审开示的文书材料逐步主动推至客户端,以真正实现全面监督,必然会将我国司法裁判水平乃至司法公信力推向新的高度。

二、理性面对新媒体时代司法文书公开所遭遇的挑战

从学理上讲,"以公开促公正",乃是司法文书网上公开所承载的最大愿景,但是如果深入考察实务界,我们可以发现,很多司法工作者,特别是一些一线法官对此持有十分冷静的态度。很多法官认为,所谓法律文书特别是裁判文书上网所带来的司法公信力提高等效益十分有限,并且在基层司法机关因大量文书摘录上传工作反而拖累了法院的办事效率。很多法官坦言,撰写判决书时从来没想过它要上网公开,因为,在他们眼里,裁判文书一直不是秘密地存在。如果裁判文书网上公开真的能有什么促进作用,那它早就出现了,而不必等到今日。② 很多基层法官为了避免过多说理而被百姓"挑刺",在书写将要上网的裁判文书时愈加谨慎小心,以至于有时有意识地将争议问题过滤,"能少说的时候绝不多说一个字"。

可见,如果跳出实务空谈愿景,备受期待的所谓改革成效恐怕只是空中楼阁。所以,我们必须深入量化分析新媒体时代下各方因素对司法文书公开制度带来的挑战,再决定政策的制定以及执行。

首先,在新媒体下,司法文书网上公开制度的瑕疵或缺陷有可能导致民众对司法公信力的波动。舆论是规模公众的信念、态度、意见和情绪的总和。③ 微博、微信等新媒体平台的普及已经将社会舆论的集合化水平以及热点话题的刷新效率提升至前所未有的高度,旧有的司法机关应对媒介的方式远远不能适应新媒体

---

① 参见朱鹏景、谭炜杰:《落马前一天有预感 删光行贿人号码》,载《南方都市报》2015年5月10日,A10版。
② 参见刘练军:《一线法官眼中的裁判文书网上公开》,载http://view.news.qq.com/a/20150501/008118.htm,访问日期:2015年5月5日。
③ 参见陈力丹:《舆论学——舆论导向研究》,中国广播电视出版社1999年版,第90页。

时代的需求。自媒体间的网状链接又会以极高的效率将信息辐射至社会个体,这时如果司法机关在文书公开方面不能做到及时主动,抑或文书内容有所纰漏,很容易被特定当事人抓住"要害",再经"自媒体"间的信息加工甚至"炒作",司法文书的公开从形式到具体内容若有一点点失误,都有可能对法官形象乃至整体司法制度造成难以弥补的"公信力"危机。

其次,为适应新媒体形势下的司法公开目标,司法文书"上网"制度在提升司法透明度的同时,一定程度上也提升了司法机关特别是裁判机关的工作压力。新媒体为社会监管提供了更加便利的技术基础。技术的发展给人类带来了便利,但人类越来越陷入工具依赖状态,手机成为人体的电子器官。所有电子设备的使用都留有电子痕迹,现在是云计算、大数据时代……①为实现司法工作的透明公正,同时满足大数据时代云计算的需求,在司法机关中,人民法院也已经逐步实现了裁判文书的上网公开,检察机关亦在同时探索上网公开终结性法律文书。然而,我们不应将司法工作者的理性意见埋没在舆论近乎狂欢式的一片积极"点赞"声中。例如,依照最高人民法院《关于人民法院在互联网公布裁判文书的规定》(2013年)第8条的规定,裁判文书生效后7日内完成相关技术处理,提交上网公布。在实际操作中,依现行规定只有生效的裁判文书才是有效报送上网对象,但以负责监管裁判文书上网工作的少数人员来负责查清案件是何时生效的,从何时开始计算生效后7日内应上网,需逐案进行信息核实,在追踪全院众多办案人员的裁判案件是否严格按时间节点有序进行上网过程中,相关工作量可想而知,力不从心是司法机关特别是人民法院工作人员的普遍感受。可见,在当下,仅仅为实现裁判文书上网公开就已凸显司法机关工作的"效能危机",更何况规划多种类司法文书采用多媒介进行公开的愿景。

最后,新媒体时代,因司法文书公开使得案件当事人之隐私权、司法的公开性质及公众的知情权之冲突时有发生。2008年2月国际社会达成的《亚特兰大知情权宣言》中有明确体现:"知情权是人类尊严、平等和公正的和平之基础","知情权是一项基本人权","是公民参与、良好治理、行政效率、问责制和打击腐败、新闻媒体和新闻调查、人类发展、社会包容及实现其他社会经济和公民政治权利的基础"。司法文书公开制度的建设有力保障了公众对案件的知情权,同时由于开放的网络空间,特别是自媒体效应的辐射,公众自由言论表达的空间得到了相对的拓宽,特别对于社会热点案件。如舆论十分关注的聂树斌案,由于疑似真凶的供述同原案件犯罪情形存在极大相似度,使得原案在聂树斌已被执行死刑将近20年后面临结果翻转的可能。在舆论博弈中,"媒介审判"的苗头似乎又初现端倪。由于种种不为人知的原因,在为聂树斌案再审翻案而奔波的很长一段时间

---

① 参见郑金雄:《新媒体传播催生"最好的时代"》,载《人民法院报》2014年4月23日。

里,律师的阅卷权似乎并没有得到很好的保障,于是代理律师一直不断地在微博抑或其他媒介中呼吁要求阅卷。终于被允许阅卷后,律师第一时间在媒体上公布了案卷的各种疑点,甚至包括一些签字被伪造的痕迹。在2015年4月28日的聂树斌案听证会后,舆论的交锋又掀起了新的高潮,似乎河北省高级人民法院有意通过一些官方媒体向社会暗示聂树斌案启动再审仍有操作难度,这更激起了聂案代理律师的"怒气"。律师通过补偿被害人家属并征得其家属同意的情况下,在以微博为代表的自媒体上公布了很多案卷材料,其中还包括一些现场照片等。虽然本案已经沉睡了近20年,被害人早已入土为安,其隐私权等相关个人权利自然"衰减"而所剩无几。但是,值得我们警惕的是,如果同类案件发生在信息传播高度发达的今天,如此挟"保障公众知情权"以追求案件公正为目的而"恣意"地公布司法文书是否得当,如何在保障司法公正、公开的前提下有效平衡大众知情权与当事人隐私权之冲突,将是今后司法文书公开制度完善之重要课题。

三、为适应新媒体需要优化完善司法文书公开制度的建议

首先,要充分利用新媒体平台,拓宽司法文书公开平台。在全面推进依法治国的背景下,当下司法文书公开借助大数据而推行的裁判文书上网制度以及检察机关终结性法律文书上网制度,从目前各方的反馈来看,已取得了极大的成功,对于推动司法公开和公正具有十分积极的现实意义。当然,一切改革都会触及一定的既得利益,特别是今日司法文书以前所未有的规模和效率进行上网,公开必然会给特定群体造成这样或那样的困惑。同样,以新媒体推动司法文书公开制度的改革所带来的"阵痛"亦在所难免。但是,在笔者看来,只要制度设计合理以及在价值平衡方面有充分考量,我们不仅没有因噎废食的道理,恰恰相反,还要利用现有新媒体技术进一步推动司法文书多重平台公开。

为此,笔者建议,可以考虑建设司法文书的"微博发布"制度。在2014年2月的新媒体与司法公开座谈会上,最高人民法院院长周强强调:"人民法院要充分运用网络及微博、微信、新闻客户端、手机等搭建司法公开平台,更好地服务人民群众。要用群众听得懂的语言、喜闻乐见的形式,及时动态反映法院工作情况。"同年12月最高人民法院发布的一份报告显示,截至2014年11月10日,全国法院微博总数为3 636个,90%的法院已开通官方微博,全国四级法院微博体系已经形成。不少省份已建立了包含本地高级人民法院、中级人民法院和基层人民法院的三级法院微博发布厅,在日常信息发布、重要案情传播时,法院微博的群体联动效应已经充分显现。可见,"微博发布"已成为现阶段法院进行司法公开活动之常态。由于法院官方微博做到了及时主动推送庭审及裁判信息,避免了很多对案件的不必要猜忌,对于维系并提高司法公信力的作用是显而易见的。

那么为什么我们不能考虑建设一套完善的司法文书微博公开制度,变过去司法文书的被动索取为司法文书的主动推送?这样不仅可以有效回应舆论对特定案件的质疑,夺取舆论场之主动权,更是服务型司法的一种诠释,可以充分体现司法制度"人民性"的特征。新媒体传播时代,通过法院官方注册的网络或社交账号发布裁判文书,更具有阅览的便捷性,通过公众的"二次传播"效果更好。当然,一些司法工作者会抱怨此举必然极大地增加工作量,阻碍司法工作效率。但笔者认为,在进行司法文书微博公开模式探索过程中,不必一开始就进行全部文书公开,可以在一些网络舆论聚焦的案件上进行尝试分类重点公开,经过公开效果评估后再决定方向。虽然新媒体时代人人都是自媒体,但自媒体并非洪水猛兽,只要司法机关开诚布公,克服思想惰性,司法机关与媒体间形成良性互动,化挑战为机遇。那么自媒体平台下司法文书公开制度不仅有助于司法人员队伍整体素质的提升,对于引导全民法治理念潜移默化的教育作用也是不可估量的。

其次,要充分整合资源,优化现有平台架构。司法文书上网说起来简单,背后实际上依赖的是一整套复杂的技术系统。当下,继续对司法文书网上公开平台进行技术上的完善仍然十分必要。司法文书信息公开同政务信息公开一样,需要门户网站建设的技术支撑。笔者在参加2014年湖南省县级政府法治形象调查活动中发现,很多地方政府政务公开门户网站都设计得十分精美,但实际使用起来却十分不便,如文件归类缺乏统一布局,缺少科学高效的关键字检索引擎,甚至一些地方政务公开是十足的"花架子",鲜有文书更新。无独有偶,笔者在对当下司法文书公开系统的使用调查中也发现了一些相似情况。

现阶段我国司法文书上网制度主要依赖中国裁判文书网以及人民检察院信息公开网。前者是将已决裁判文书上网公开,而后者公开的主要是终结性检察文书。在对中国裁判文书网的实际使用中,笔者发现其网站设计十分科学便民,各种案件类目按地区抑或案件类型区分,一目了然,值得赞许。网站不仅设有常用的高级检索引擎,内容更新也做到了快速高效。然而,一些实际使用问题仍然存在,如文书内容无法直接复制,只能下载固定格式文本,且下载文本均被打上了密集水印,若要转化成纸质档阅览,则十分不便,同时也给文书的合法使用(如文书研究)造成了不便。而在对人民检察院信息公开网的使用调查中,笔者发现很多地方检务终结性法律文书似乎并未与其接轨更新,很多地方只有寥寥几件案件信息,特别是一些市区级检察院类目下,相关案件信息甚至长达数月未予更新。可见,对于现阶段司法文书公开平台,无论是在技术支持抑或内容采样方面仍需积极探索,从而真正实现其本身的工具价值。

最后,增强上网文书说理性的同时应严格把握文书公开尺度,保障个案公正,以推动树立司法权威。在新媒体时代,司法文书网上公开工程同时对司法文书的质量提出了更高的要求。司机机关能否做到公平、公正,为人民司法,社会各界和人民群众对司法工作是否满意,都会体现在司法文书说理的质量上。

前面提到,当前,一些基层法官对裁判文书上网的意义认识不足,滋生了惰性。在裁判文书写作上重视不够、能力不强,导致裁判文书在论证说理、逻辑条理、语法修辞甚至文字错漏等方面问题明显。如果一份错字连篇或认定事实草率,或者连基本法条都引用错误的裁判文书上网公布,不仅会让当事人对案件的承办法官和法院失望,也将对整个社会的公正司法形象和公信力造成难以弥补的伤害。著名法学家华伦滋有言:"判决理由是区分司法擅断与司法民主的分水岭;如果判决可以不给理由,所谓权利保障和上诉审查都将变得毫无意义。"对裁判理由的公开,一是要注意保证对案件"争点"的正反论述,突出重点。二是要注重说理的全面性,裁判理由要穷尽,不能遗漏,更不能断章取义。三是保证裁判文书的事实、论理和结论之间必须有严密的逻辑关系,保持认定事实和适用法律之间的自然衔接。四是要兼顾各方当事人的意见,言辞要中立,不能厚此薄彼。

考虑到现阶段终结性文书网上公开可能对当事人隐私权带来不必要的负面影响,司法机关要把握统一的司法文书公开尺度,把握司法文书公开的限度。在坚持"公开是原则、不公开是例外"的指导思想下,在对调解书抑或合议庭意见是否公开等问题上,应制定全国性的统一标准。同时,在强化与当事人沟通的同时,利用技术手段对司法文书公开平台进行人性化设计,例如过滤涉及国家秘密或商业秘密的案件,对涉及当事人个人隐私的文字进行隐匿化处理,以防止个人信息的不当泄露。在司法机关内部设置专人专职专岗,以高度负责的态度和专业化的水平来维护并完善司法文书网上公开制度,保证裁判文书上网工作的常态化、持续化开展,切实保障裁判文书上网工作取得实效。

诚然,改革会带来阵痛,网络社会的虚拟性决定了其必然复杂于现实生活。并且,新媒体信息并不必然代表民意,蛊惑人心者有之,干预司法者亦有之。但世界上并没有完美的制度,需要在实践中不断修正与完善,新媒体时代下的司法文书网上公开工程亦是如此。从时间顺序上看,由于司法案件办理流程具有阶段性特征,网上公开司法文书实际上承担着事后舆论监督的职能,特别是在新媒介技术方兴未艾的今天,公众基于各种共同的旨趣聚集在网络中,网络话语权由原来的官媒一元化瓦解为碎片化,由碎片化又走向了以网络"大V"为中心的集团化。普通公众作为信息接受者的同时亦是信息传播者,游戏规则的改变要求司法机关具有高度的自我纠错补偏的自觉性,而建设司法文书网上公开制度将是提升保障个案公正,提高司法公信力、打造司法亲和力的难得机遇。

浅谈裁判文书的公开

张陆庆[*]

引 言

随着时代的发展,民主与法治的理念已经深入人心,司法公开也已然成为现代司法制度的一项基本原则。作为现代司法权运行的基本理念和保障人民知情权、参与权和监督权的前提,司法公开必定是提升司法公信力的必由之路。党的十八大报告也提出要完善"司法公开制度""让人民监督权力,让权力在阳光下运行"等一系列要求。裁判文书公开是实现"阳光下的司法"的必然要求。目前,从形式到内容,裁判文书公开都存在诸多问题需要厘清;裁判文书公开理论基础、现实意义、公开的范围界定、公开方式等问题亟待研究,裁判文书公开过程中出现的问题更需要探索合理的且具有较强操作性的解决方案。

一、裁判文书公开的理论基础和意义

随着司法民主化的发展和司法改革的推进,裁判文书公开已经成为不可逆转的大趋势。裁判文书的公开作为审判公开的应有之义,不论从宪政层面还是从程序正义的角度,都可以找到其理论依据。研究裁判文书公开的问题,我们首先必须对裁判文书公开的内涵、法理基础和现实意义进行必要的梳理。

(一) 裁判文书公开的内涵

不管法院的宪法地位如何,最终的书面文字是法院权威的源泉和衡量标准。裁判文书公开,是指人民法院将其制作的裁判文书通过报纸、刊物、网络等媒介向全社会发布、公布的状况。从公开的内容上看,裁判文书公开包括裁判主体的公开、裁判事实的公开、裁判理由的公开以及裁判结论的公开,即裁判文书的实质公开。从公开的对象而言,裁判文书公开包括向当事人公开和向社会公众公开,即裁判文书的形式公开。

---

[*] 张陆庆,中国政法大学法学院教授。

(二) 裁判文书公开的理论基础

裁判文书公开作为充分实现审判公开的制度要求,其理论基础主要包括以下几个方面:

1. 权力分立与制衡:让权力在阳光下运行

根据孟德斯鸠的三权分立学说,将司法权作为与立法权、行政权并列的第三种权力,并且"依据第三种权力,他们惩罚犯罪或裁决私人讼争"。在现代社会中,司法权在制衡公权力、保障私权利、维护公共秩序等方面发挥着愈来愈重要的作用。然而,针对权力自身而言,它具有与生俱来的侵略性、扩张性、任意性、滥用性等特征,它在发挥作用的同时,也极易引发司法的"暗箱操作"和"自由擅断"。尤其是当社会公众和当事人对司法审判毫不知情时,案件的审理过程和结果更是处于封闭隔绝的状态,从而造成司法专横和审判不公。由此"审判应当公开,犯罪的证据应当公开,以便使或许是社会唯一制约手段的舆论能够约束强力和欲望"。贝卡里亚公开审判思想的提出,顺势成为制约司法专横和秘密裁判的武器,并且得到了世界各国的普遍认可和确认。我国1954年《宪法》规定了公开审判原则,之后被1975年《宪法》取消,但在1978年《宪法》中又重新确立了该项原则,并一直沿袭至今。人民法院组织法和三大诉讼法中也明确规定了公开审判原则。

基于对法院裁判文书公开问题的研究,我们对司法权的界定专指审判权,即法院依据案件事实和法律规定对各类纠纷和争议进行审理和裁决的权力,也就是说,审判权应当包含"审理"和"裁判"两层含义。因此,公开审判原则对司法权的制约,自然包含了这两个方面,即审理的过程和裁判的结果都要公开,而裁判文书作为法院审判活动的全程的缩影,记录了法院对特定案件进行审理和裁判的全部过程,是司法权运作的最终结果,其公开正是审判公开原则的本质要求。

阳光是最好的防腐剂,必须让权力在阳光下运行。裁判文书公开作为公开审判原则的重要组成部分,为司法权的正确行使提供了展示平台,同时也对司法权的滥用形成了监督机制,让案件当事人、社会公众知晓并更加信赖法院的裁判是依法并公正作出的,从而提高司法公信力。

2. 权利保障:知情权

随着社会主义现代市场经济的发展、民主法治的深入和司法改革理念的提出,人们的主体意识和权利意识都空前觉醒,也不断要求法制保障自己的权利能够真正实现,由法定权利转化为现实权利。"以权利为本位或中心配置权利和义务,赋予人们各种政治权利、经济权利、文化权利和社会权利,给人们以充分的、越来越扩大的选择机会和行动自由。"但是,"徒法不足以自行",仅仅从法律层面对权利加以规定是不够的,真正需要做到的是如何保障这些权利的实现,使法定权利真正转化为现实权利。

党的十七大报告强调要"保障人民的知情权、参与权、表达权和监督权",这些权利均规定在《宪法》赋予的公民基本权利和政治自由中。其中,知情权作为其他权利的基础和核心,是行使其他政治权利和自由的前提条件,公民、法人或其他组织只有知悉、了解了相关信息,才能参与其中,从而表达自己的利益诉求,对国家机关及其工作人员的公务活动进行监督,提出批评和建议。

我国《宪法》第 125 条规定:"人民法院审理案件,除法律规定的特别情况外,一律公开进行……"这就确立了审判公开原则,而审判公开原则正是宪法上知情权在司法活动中的体现和转化,因此法院在行使审判权的同时,有义务对公民知情权加以保障。而公开正是保证知情权的前提,没有公开,知情权就无从谈起,参与权、表达权和监督权更是成为虚无。之前,法院在推行审判公开上允许公民到法庭旁听,允许新闻记者采访报道,等等。但是由于各种因素的限制,使得公开的范围过小,难以满足公民对法院审理案件知情权的需求。而裁判文书记录了法院审判权运作的全过程,同时基于现代先进的信息平台,其公开更加方便、快捷,更能保障公民知情权的实现。首先,案件当事人可以通过裁判文书了解、知悉判决理由和依据,从而更好地实现自己的诉权;其次,社会公众能够通过裁判文书了解案情,监督裁判的正当性,并在今后类似的案件中加以参考。

3. 程序正义:公开与民主的结合

在现代社会,程序正义已经成为法治的一项重要原则。程序正义首先且主要体现在司法领域,公平正义的司法程序是形成公正裁判的基础,公正在司法过程中始终具有根本性的意义。

程序正义有着丰富的内容。首先,程序的公开性是程序正义的重要内容。现代司法程序要求公正应当是被看得到的,追求正义的法律程序必然是公开的、透明的。其次,程序正义还包括程序民主性的内容。程序的民主性要求司法活动应当充分体现人民的意志和利益。程序的公开性和民主性是紧密联系、相辅相成的,程序的公开性是民主性的表现,又是民主性的保障,而民众参与法律程序的要求也推动了法律程序的公开,司法的民主性必然包含审判公开的要求。

法院裁判文书的公开能够提高审判活动的透明度,同时能够扩大民众参与的范围,增强审判活动的民主性,有利于民众的监督和裁判结果的公正。

(三) 裁判文书公开的意义

公开法院的裁判文书是司法公开的题中之义,具有重要的意义。

1. 加强监督,预防和减少司法不公

公开裁判文书是实现十八大"让人民监督权力,让权力在阳光下运行"目标的途径之一。裁判文书的内容是人们评价司法公正与否的直接对象,因此,公开才能听到公众对司法的评价及监督意见。一方面,公众更易发现程序的疏漏或不公以及实体处理的不当,形成有效的司法监督;另一方面,公开最终的裁判结果可以督促法院在具体的审判活动中进一步规范司法行为,树立法院在民众中的公正形象。公开使得裁决行为透明,可以避免暗箱操作和不正当因素的干扰,迫使裁决者规范自身的行为,有助于预防和减少司法腐败和不公,树立司法公正的形象。

2. 增强司法的公信力

司法的公开不仅仅为了监督。民众对法律生活的积极参与,会产生对法律的信任。法院将裁判结果公之于众,能够满足公众看见和接近正义的需求,司法结果的公开能够保障公众知情权、表达权和监督权的有效行使,让法院与公众开展有效的沟通,正确回应公众对司法的建议和意见,促成司法与民意的良性互动,使公众以信服的心态接受和认可裁判结论,从而增强公众对司法的信赖,增强司法公信。

3. 树立司法权威

判决具有既判力,法院不得再作出与已生效的判决相矛盾的裁判。公开裁判文书才能让公众和其他法官及法院知晓裁判内容,有效避免冲突裁判,维护司法的权威和统一。此外,公开裁判文书可为法官在审理类似案件时提供借鉴和指导,在适用法律以及裁量幅度上,都可参照相关案件进行裁判,以达到同案同判的司法效果,从而维护法院司法适用的统一性,树立司法权威。

4. 提高法官的职业素养

裁判文书的制作主体是审理案件的承办法官,因此裁判文书的质量直接反映着法官的法律素养、业务能力、职业道德等问题。出于职业地位及个人形象和尊严的维护,法官必然会通过不断强化学习,提高自己各方面的能力,以接受公众的考验和评价。因此,裁判文书的公开有利于督促法官队伍的素质不断增强,从而为司法公信打造坚固的基础。

二、我国法院裁判文书公开的现实问题

在各级人民法院的大力推动和积极探索下,裁判文书公开工作取得了一定的成效。但同时也显露出一些亟待解决和研究的问题。

(一) 法律层面上缺乏有力支撑

目前,我国有关裁判文书公开的法律依据主要有:①宪法中的公开审判原则;②三大诉讼法中对公开审判原则的相关规定;③《中华人民共和国人民法院组织法》关于公开审判的规定;④WTO 规则中涉及审判公开的规定在我国的适用,即我国加入世贸组织后,承认并签署的《关税与贸易总协定》和《与贸易有关的知识产权协定》均要求其成员国对知识产权等相关裁判文书予以公布和公开。

由此可以看出,除了 WTO 规则要求我国知识产权裁判文书应当公开外,宪法和其他法律大多只是确立了公开审判这一原则,对于裁判文书公开并没有明确而具体的规定。此外,最高人民法院针对裁判文书公开的相关规定也只是法院系统内部的工作指导意见,并没有上升到法律层面。因此,法律具体规定的缺位给裁判文书公开的实际运行造成了困境。

(二) 实践中缺乏统一的标准

最高人民法院虽然在法院系统内部出台了一系列关于裁判文书公开的文件,这些文件和规定也为全国各级法院开展裁判文书公开工作指出了方向,但是却没有提供一个统一的裁判文书公开标准,而是要求各级法院依据实际情况制定具体办法。

在我国,无论是效力最高的宪法还是效力较低的司法解释,都只是较为宏观地规定了裁判文书公开。宪法和三大诉讼法尽管都对公开审判作出了规定,但对裁判文书的公开却没有作出具体的规定。2010 年 11 月 21 日最高人民法院发布的《关于人民法院在互联网公布裁判文书的规定》第 1 条规定:"人民法院在互联网公布裁判文书,应当遵循依法、及时、规范的原则。"从以上法律和内部规定中可以看出,《关于人民法院在互联网公布裁判文书的规定》是迄今为止对裁判文书公开制定的一个较为详细、具体的指导性规范性文件。但此文件仍比较宏观,不够具体。

由于缺乏裁判文书公开的统一标准,各级地方法院的制定和实施情况也各有不同。因此各地根据上述规定制定了各不相同的实施细则,在具体操作中的实施情况也不尽相同,在裁判文书公开的范围、程序等方面均存在差异。这些差异势必会阻碍裁判文书公开统一化、规范化的进程。因此,尽快制定全国范围内裁判文书公开的统一标准是十分必要的。

(三) 裁判理由公开的力度较弱

目前我国裁判文书公开的实践中对裁判理由的公开力度明显不够。首先,对于案件各方当事人的意见往往不加评述,采纳或不采纳均不进行分析。其次,对裁判理由的论述公式化、概念化、形式化,只是简单地陈述法院裁判意见,没有把案件事实与法律条文有机结合起来进行法理分析,没有将法院作出决定的三段论推理过程加以论述。最后,对法律的适用也不加阐释,缺少适用的理由,甚至对法律条文的具体内容也没有注明。

裁判文书公开中出现以上裁判理由欠缺的原因,可以从以下两方面探索:首先,基层法院承担着大量案件的审判工作,法官的工作压力很大,对于裁判文书中的说理无时间进行推敲和细致阐述。其次,对于那些法律理论素质、业务素质较低的法官而言,在裁判文书中进行充分论证和说理实在是个很大的难题。

"理由是判决的灵魂,查阅一个不写明理由的判决,等于使用没有灵魂的躯体。"说理不充分,裁判的公正性就无法充分显示,也就无法使当事人和社会公众完全认同和信赖,裁判文书公开的意义也就成了纸上谈兵。

(四) 当事人正当权利保护不足

一个完整的裁判文书涉及当事人的基本信息,其内容主要包括姓名、性别、出生年月、工作单位、职务、住所地等。裁判文书的正文中有时还可能涉及当事人及其他相关人员不想让他人知晓的一些信息。尤其对于裁判文书上网公开而言,一旦这些信息出现在了网上,他们的个人隐私就会受到侵害,甚至会对正常的生活造成干扰。

从目前公开裁判文书的实践来看,当事人的隐私权并没有得到很好的保护,各地各级法院的保护力度和处理意见也尚未统一;同时,在法律层面上也没有对此进行限制性的规定。最高人民法院《关于司法公开的六项规定》第5条提出:"为保护裁判文书所涉及到的公民、法人和其他组织的正当权利,可以对拟公开发布的裁判文书中的相关信息进行必要的技术处理。"最高人民法院《关于人民法院在互联网公布裁判文书的规定》中规定,人民法院在互联网公布裁判文书,对涉及当事人的家庭住址、通讯方式、身份证号码、银行账户等个人信息,以及证人等诉讼参与人或者当事人近亲属的个人信息的,应当进行相应的技术处理。对涉及商业秘密及其他不宜在互联网公开的内容,应当进行相应的技术处理。上述这些规定的位阶都较低,并且比较笼统,实践中不便掌握,造成各地高级人民法院出现了一些与之不一致的做法,这种不统一的做法很有可能对当事人的合法权利造成伤害。

(五) 裁判文书公开欠缺保障措施

1. 缺乏公开前的审查机制

部分裁判文书在向当事人宣告送达和向社会公开时,因法官没有尽到完全审查注意义务,使得公开的裁判文书存在错字、漏字、语义不通等现象,大大破坏了司法的公信力和司法权威。

2. 缺乏公开中的民意反馈机制

在法理与情理之间,总是会存在一定的距离。社会民意和司法裁判结果之间也不例外,因此,民意与司法裁判结果并非一致的现象也时有发生。"当民意能够通过一个合理的、有效的方式参与到司法中,人们将会以更加理性的视角来审视司法",由此,裁判文书的公开就为民意与司法的互动搭建了平台。然而,司法实践中大部分法院并没有意识到这一点,没有建立民意反馈机制,将裁判文书发布到网站上就算完成了任务,并没有及时与社会公众进行互动、回馈民众的意见,这样虽然公众的知情权得到了保障,但是监督权却无从行使。

3. 缺乏公开后的监督问责机制

裁判文书的公开将司法权行使的过程和结果进一步展现在社会公众面前,从而接受社会各界的监督,但是对监督后发现的问题如何处理却没有明确规定。目前裁判文书公布的质量和效率都存在严重问题,部分裁判文书中出现说理不清、没有说理等现象,对此应如何解决、如何承担责任等,缺乏严厉的约束机制和相关处罚规定。

三、我国法院裁判文书公开制度的完善路径

通过上述对裁判文书公开现实问题的分析我们可以看到,目前不论是法律制度还是公开的实践都处于探索阶段,还存在着许多亟待解决和规制的问题,还需要不断探索和进一步的完善。

(一)制定法院裁判文书公开的明确依据

法院裁判文书的公开是司法公开的重要环节,但我国现行法律没有对其进行专门的明确规定,目前关于裁判文书公开的规定仅仅是一些来自各级法院的内部文件,对法院系统只起到规范和指导作用,缺乏相应的法律效力。因此,在立法层面,对裁判文书公开制度加以明确,建立强有力的法律依据,并提升其法律位阶,是落实司法公开的首要举措。

明确法律依据,可以通过全国人民代表大会及其常务委员会对三大诉讼法以及法院组织法等上位法的修改,在法律条文中对法院裁判文书公开作出明确而具体的规定。具体而言,除了明确规定裁判文书公开的强制条文外,还可以从赋予公民查阅裁判文书权利的角度制定相关条款;同时最高人民法院和最高人民检察院也应该出台有较强操作性的关于裁判文书公开的法律规范。这样既可以保障公民权利的行使,也可以约束司法机关的权力,履行裁判文书公开的义务,使裁判文书公开真正做到有法可依、有章可循。

(二)建立法院裁判文书公开的统一标准

在司法公开实践中,裁判文书的公开标准主要是各地方法院在最高人民法院的原则性指导意见下根据本地实际情况自行制定的,内容参差不齐,随意性较强,缺乏统一的标准。为了确保裁判文书公开的顺利进行,尽量减少各级法院实践中的差异,最高人民法院应尽快建立公开的统一标准,规范裁判文书公开工作。首先,理论中争议最大的就是裁判文书公开的范围问题,而实践中各地方法院公开

的范围不尽相同。从保护个人利益、公共利益以及某些特殊利益的角度出发,裁判文书公开范围应把握以下几个原则:①以公开为原则,不公开为例外;②对涉及国家秘密、个人隐私和未成年人犯罪的裁判文书一律不予公开;③对涉及商业秘密和当事人不愿公开的裁判文书,经当事人申请,法院认为理由正当的可以不予公开,法院认为不公开可能对公共利益造成重大影响的,应当予以公开。其次,对裁判文书公开的程序应作明确规定,例如:告知程序、申请程序、报送程序、审核部门的审批程序和公开后的备案程序等,保证裁判文书公开的及时、有序进行。最后,对于裁判文书公开的方式也应当进行统一规范。目前裁判文书公开可采取上网公开、将裁判文书汇编成册出版发行,或通过法院公报、报刊、广播、微博、媒体等多种方式公开,但应当首要采取便于当事人查阅的方式;当事人对公开方式有要求的,应当按照当事人申请的方式进行公开。

(三) 加强裁判理由的公开

"审判公开应该涉及三项内容的公开,即审判过程、判决结果和裁判理由。裁判理由的公开是审判公开的有机组成部分,又被称为公开度和透明度的要求。"对于一份判决书,公众不仅关注裁判的结论,更关注结论是如何作出的。因此,在法院裁判文书的公开中,更应注重和加强裁判理由的公开。首先,公开的裁判理由应当全面充分,没有遗漏。其次,公开的裁判理由应当通俗易懂,注意将案件事实与法律条文有机结合,运用法官所掌握的法律知识,通过深入细致的说理,让普通民众都能理解和接受。最后,公开的裁判理由应当有法可依。法官应当注意裁判理由的严谨性和规范性,在分析论证时既要准确引用法律条文,同时也要对法律的适用作出正确解释。

(四) 保护当事人的正当权利

最高人民法院《关于司法公开的六项规定》中提出,"为保护裁判文书所涉及到的公民、法人和其他组织的正当权利,可以对拟公开发布的裁判文书中的相关信息进行必要的技术处理",而该项条文并没有对当事人的隐私权保护作出具体规定。对于当事人、证人的姓名、住址、职业等相关信息的公开是否侵犯当事人的隐私权,应当进行区别对待。首先,对于当事人、证人的姓名应当公开,不需做技术处理。因为有确定的当事人是一个案件的前提,一份公开的裁判文书,如果遮盖了包括当事人姓名在内的所有信息,则公众对此裁判文书的真实性势必产生极大的怀疑。当然,出于对证人的保护,对于证人隐蔽作证的案件不宜公开证人的姓名。其次,对自然人的性别、年龄、工作单位、职务等信息是否需要做技术处理,视其与该案件的联系程度决定。最后,对于自然人的身份证号码、住址应当进行技术处理,以保护当事人的隐私。

（五）完善裁判文书公开的保障措施

1. 建立裁判文书公开前的审查机制

为确保裁判文书的严谨性和权威性，在对裁判文书进行公开前，应对裁判文书进行严格审查，防止错误发生。具体而言，首先，书记员应当对制作的裁判文书进行自查，尤其是要确保没有错字、漏字、语义不通等情况。其次，承办案件的合议庭或独任法官应当在裁判文书制作之后进行复查，对裁判文书的法律适用以及说理论证部分进行检查。最后，由庭长和主管院长审批，尽可能消除裁判文书的错误和疏漏。

2. 建立民意反馈机制

虽然裁判文书的公开使社会公众对法院审判有了进一步的了解，也使公众的知情权得到了保障，但是公众对司法权力的监督却因缺少相应的反馈和表达机制而无法实现。因此，法院除了应创建一个公开的平台外，更应当建立一个与公众对话的平台，让公众能够充分表达自己的意见，提出建议，对于不满意的地方能够提出批评和质疑，从而督促司法机关理性面对民意，充分采纳建议，及时纠正错误。

具体而言，对于网上公开的裁判文书，法院可以在该裁判文书下面设置评论版块，让公众充分表达意见，同时由承办案件的主审法官定期对公众评论进行梳理并回应，及时向公众反馈。对于采取其他公开方式的裁判文书，法院可以在系统内设置一个专门的接待部门，对于前来查阅裁判文书的公众的意见和评论进行统一收集和整理，并形成处理意见，及时反馈给申请人。

3. 建立监督问责机制

对裁判文书公开的问责机制，首先，可以在法院内部建立承办法官和书记员对所制作裁判文书负责、合议庭对所办案件负责、庭长对全庭案件负责、主管院长对主管各庭案件负责、审核人员对最终审核案件负责的裁判文书公开责任制。其次，在法院外部，人大代表、政协委员和人民监督员定期检查裁判文书公开工作，对不按时公布裁判文书、未经审查而公布或者公布的裁判文书不符合要求，造成严重影响的，应追究相关人员的责任。

结　语

通过对裁判文书公开的理论分析，我们得出：司法活动必须公开，作为司法活动结果的裁判文书更应该公开。裁判文书是法院向当事人展现案件事实、法律适用以及裁判结论等信息的书面载体，更是人民法院中立、公正审判的载体。裁判文书公开是实现"阳光下的司法"的必然要求。对于目前裁判文书公开在实践中存在的问题,本文进行了一一分析,并结合各个问题的成因,对症下药,分别对相应的改革措施进行了探讨,希望对完善我国法院裁判文书公开具有一定的作用。

参考文献

1. 陈冰编:《程序、正义与现代化》,中国政法大学出版社1998年版,第307页。
2. 〔法〕孟德斯鸠:《论法的精神》(上),张雁深译,商务印书馆2005年版,第185页。
3. 〔意〕切萨雷·贝卡里亚:《论犯罪与刑罚》,黄风译,中国方正出版社2004年版,第32页。
4. 胡建淼主编:《公权力研究:立法权·行政权·司法权》,浙江大学出版社2005年版,第358—360页。
5. 张文显主编:《法理学》,中国法制出版社2007年版,第160页。
6. 胡建淼主编:《论公法原则》,浙江大学出版社2005年版,第399页。
7. 蒋惠岭主编:《司法公开理论问题》,中国法制出版社2012年版,第382页。
8. 沈达明编著:《比较民事诉讼法初论》(下册),中信出版社1991年版,第246页。
9. 李群星:《民意与司法:互动与交融——以民意与司法的关系为视角》,载郭卫华主编:《网络舆论与法院审判》,法律出版社2010年版,第14页。
10. 陈瑞华:《司法审判需要实质性公开》,载中国经济网,2007年6月27日。
11. 中国社会科学院发布的《中国司法透明度年度报告(2011)》。
12. 谭炜杰:《论裁判文书公开的理论支点与现实驱动》,载蒋惠岭主编:《司法公开理论问题》(司法公开系列丛书),中国法制出版社2012年版,第378页。
13. 范旭东、陈立伟:《对我国裁判文书公开的理性思考》,载《法治研究》2007年第8期。

从裁判文书公开看司法的公开

——以香港特别行政区裁判文书的公开为借鉴

程 滔[*]

司法公开是司法公正的基本保障。2009年12月,最高人民法院印发了《关于司法公开的六项规定》,规定了从立案、庭审、执行到听证、文书、审务的全面公开,从而使人民法院的司法公开提升到了一个新的高度。裁判文书是诉讼活动的载体,裁判文书的公开与透明同样是司法公开的重要环节。裁判文书的公开包括两个方面:裁判文书的上网以及裁判文书采纳证据的理由及判决理由的公开。后者可以成为法官心证的公开,而此公开是实质性的公开,同时体现司法的透明。

一、程序公开——裁判文书网上公开

最高人民法院已经在2013年7月1日开通了中国裁判文书网[①],积极推动法院符合条件的裁判文书全部上网,这意味着我国已经建立了全国统一的裁判文书公开的网上平台,即全国3 000多个法院的裁判文书将集中传送到统一的网络平台上公布。之后各地法院都发布了裁判文书公开的实施细则,如天津、广东等地。[②] 其实早在最高人民法院中国裁判文书网开通之前,从1999年起,各地法院纷纷推出了裁判文书上网的改革措施。[③] 最高人民法院在2010年11月8日通过了《关于人民法院在互联网公布裁判文书的规定》。裁判文书从过去的封闭性迈

---

[*] 程滔,中国政法大学法学院教授。
[①] 网址为:http://www.court.gov.cn/zgcpwsw/。
[②] 2014年广东省高级人民法院发布了《广东法院裁判文书公开平台建设实施细则》,要求全省法院自2014年7月1日起,除属于最高人民法院规定的涉及个人隐私、商业秘密等不宜在互联网公布的案件外,生效裁判文书一律在生效后7日内在互联网公布。该细则规定,裁判文书上网流程是,在裁判文书生效后5日内,法官将裁判文书交由本院的信息技术主管部门在互联网公布,以确保裁判文书能够及时上网;而对不宜在互联网公布的生效裁判文书,应当经过合议庭评议、部门领导审核、报送主管院领导批准。
[③] 1999年北京市第一中级人民法院在全国率先公开裁判文书,公民只要持有合法有效证件即可查阅该院1998年、1999年所审结案件的裁判文书。2000年广东海事法院最早开始探索裁判文书上网公布的工作。2004年5月,广州市中级人民法院决定将所有案件(除涉及国家机密和个人隐私的案件之外)的裁判文书逐步上网公开。2008年6月,上海市高级人民法院制定了《上海法院裁判文书上网规定》,截至2010年年底,上海法院在网上公布裁判文书20多万份,2013年6月30日上网文书已达566 356份。

向如今的网络化,表现在这里的绝非仅仅是诉讼审判技术性的提升,更为重要的是深刻的司法理念现代化更新,一种前所未有的司法信心的彰显,同时也是现时代司法者的自我超越。①

根据2013年11月13日通过的最高人民法院《关于人民法院在互联网公布裁判文书的规定》和中国法院裁判文书网可以看出,我国人民法院网上公开的案件的范围还是比较广的。首先规定,在互联网公布裁判文书以公开为原则,不公开为例外。不公开的案件有:①涉及国家秘密、个人隐私的;②涉及未成年人违法犯罪的;③以调解方式结案的;④其他不宜在互联网公布的。目前北京、天津、上海、辽宁、江苏、浙江、福建、山东、河南、广东、广西、海南、陕西13个省(自治区、直辖市)实现了三级法院生效裁判文书在中国裁判文书网上公开。公开的案件分为民事、刑事、行政、知识产权、赔偿与执行。

但浏览网站不难发现,即使是公开做得相对较好的省份,上网案件的数量也与每年生效裁判文书的数量有相当差距,而湖北省、海南省、新疆维吾尔自治区在网站上的最新更新时间仍为2013年,西藏自治区则无更新。一些三级法院均公开的省份,区(县)法院一级也只有很少的裁判文书。《中国青年报》记者查询了13个已经实现三级公开的省(自治区、直辖市)中级人民法院,发现广东、辽宁、广西、山西、天津、海南6省(自治区、直辖市)仍有中级人民法院没有公开司法裁判文书。② 此外,《中国青年报》记者在中国裁判文书网上所公示的128个区(县)法院中随机选择了50个进行查阅,发现多数是从2014年2月开始公示,更新频率较低,总数也不多。③

与我国香港特别行政区裁判文书的公开相比较,香港特别行政区法院的判决全部实行上网。④ 此网站收载部分由1946—1948年及自1966年起终审法院(自1997年成立后的判案书)、高等法院上诉法庭、高等法院原讼法庭、区域法院、家事法庭、土地审裁处所宣告的判案书。一般情况下,判案书将于送抵后3个工作日内上载至此网站。重要的案件或公众关注的案件,则可于宣告当日在"新载判案书"一栏找到。从2009年1月1日开始,司法机构资料库内亦收存了在高等法院及区域法院发下的判刑理由,以作存档之用。由2012年3月开始,区域法院发下的裁决理由已收存在资料库内。⑤ 为了便于公众查询裁判文书,网站提供了两种查询办法:一是根据法院类型查找;二是根据案件编号快速搜寻。自2008年8月起,香港司法机构已把自1995年以来的具有法学价值的中文判决书连同其英

---

① 参见汤维建:《评裁判文书上网——凸显前所未有的司法信心》,载《法制日报》2009年3月12日。
② 参见刘星、汪诗韵、张宇:《裁判文书网络公开情况调查》,载《中国青年报》2014年3月19日。
③ 同上注。
④ 香港特别行政区判案书和法律参考资料的网站:http://www.judiciary.gov.hk/chs/legal_ref/judgments.htm。
⑤ 参见蒋惠岭、龙飞:《香港澳门的司法公开制度与启示》,载《法律适用》2013年第4期。

文译本上载至司法机构网站,作为资料库中新增的分类资料。

有学者指出,针对部分当事人提出网上公开不利于保护隐私的问题,香港法院认为,当事人既然选择用公权力处理他们之间的纠纷,除了法律规定不公开的案件以外,其他案件都应该公开庭审、公开判词,而且要在最快的时限内在法院网站上公开,公开的判词并不隐去当事人的姓名。但是笔者从香港网站上的"判案书及法律参考资料"上看到的离婚案件的判决书是隐去当事人姓名的。

英美法系国家法院文书的公开一方面是为了实现公开审判,另一方面英美法系国家实行判例法,先前的判例对以后的判决具有法律规范的效力,因此法院的文书必须公开。在有互联网之前,在香港大律师公会及各法庭都可以找到判例及其文书,供专业人士和民众浏览,可见法院文书的公开程度是非常高的。

二、实质公开——法官心证的公开

人民法院的裁判文书只有通过对理由的分析论证,展示法官的思维过程,并反映法官的价值取向,才能实现司法的公正价值。判决书理由的阐述更是程序正义的体现。司法之所以被喻为"正义的最后防线",是因为这种纠纷解决机制摆脱了主观任意和偶然随意的弊端,强调裁判的理由说明和正当性证明,使法律成为捍卫和平公正的最佳选择。[①]"陈述判决的理由是公平的精髓",如果说判决书的样式是骨架、语言是血肉的话,理由就是它的灵魂了。缺乏理由的判决只是一具没有灵魂的躯壳。因为只有通过充分的说理,才能将"纸上的法律"转化为解决实际纠纷的"活的法律"。这也是为什么许多国家和地区的诉讼法中要求判决书要记载理由。

在判决书中进行充分的说理论证一直以来都是法律界关注和呼吁的问题,对这一方面的欠缺也是我国判决文书广受诟病的原因之一。法律对说理论证的要求和方法也一直没有规定,但2013年1月1日施行的最高人民法院《关于适用〈中华人民共和国刑事诉讼法〉的解释》第246条明确规定:"裁判文书应当写明裁判依据,阐释裁判理由,反映控辩双方的意见并说明采纳或者不予采纳的理由。"该规定为法官在其制作的判决书上体现说理论证提供了正式的具有普遍约束力的行为指引。

(一)近年来内地裁判文书在内容和说理上的变化

以2013年山东省济南市中级人民法院审理薄熙来受贿、贪污、滥用职权一案为例。薄熙来案庭审采取了全程微博直播的方式,让公众清楚地了解了案件审理

[①] 参见张传新:《论法律推理的有效性》,载陈金钊、谢晖主编:《法律方法》(第2卷),山东人民出版社2003年版,第1页。

的全过程。薄熙来案的公开程度前所未有。

薄案的判决书全文接近5万字,首先,在结构和内容上,对公诉机关的指控和被告人、辩护人的辩护从事实、证据到法律进行了详细完备的记录,凸显了刑事诉讼应有的对抗性。其次,在法院的事实认定部分,对主要犯罪事实和影响定罪量刑的情节作了详细的说明。此外,还通过列举被告人的自述材料、录音证据和经出庭质证的证人证言等证据材料,在此基础上形成了完整的证据链对上述事实和情节进行佐证,还对被告人就相关证据材料的异议根据刑事诉讼法和司法解释的规定一一进行了回应,从而表现出证据应有的证明力,也改变了之前重指控轻辩护的做法,体现了控辩双方平等的诉讼地位。该案的判决书在就每种犯罪的事实认定后增添了予以佐证的证据部分。

薄案的判决书改变了以往对受贿等案件过多依赖口供的习惯做法,开始运用多种证据来源和材料,如证人出庭作证提供的证言和对录音证据进行质证等,形成完整的证据链以达到证明案件事实的效果。在判决文书中对受贿罪通过款的走向、经手人、旁证、物业所在、行贿细节审查、项目帮助关联性、家庭关系的明知证据进行列举,做到不强迫被告自证其罪,用证据链证实真相。此外,法院还对被告人对证据的证据能力和证明力的辩护意见给予了不予采纳的理由,如被告人以证人薄谷开来有精神障碍为由,对其作证能力提出质疑,法院则以经相关生效判决确认的司法鉴定意见书和证人在法庭上的表现,以及和其他证据的相互印证为根据,具有说服力地驳回了被告人的主张。这充分体现了法庭依法质证的过程,为证据和事实的可靠性提供了保障。

在法律的适用上,一改以往只是简单罗列法条的做法,法官将法律适用的过程融于证据和事实认定中,体现了三段论式的逻辑推演。如对薄熙来支持大连国际公司相关工作的职务行为的定性上,法院以薄熙来与涉案证人唐肖林、徐明就事后给予好处的约定事实驳回了被告人依法履行职务行为的主张,并将该行为认定为受贿罪。此外,在量刑问题上,判决书也是以有相应的证据材料予以支撑的受贿数额作为其正当性理由。最后得出判决结论时,法官也是在综述案件事实的基础上给出定罪量刑的意见。在合议庭对案件评议后的法律适用部分,改变了以往简单引用法条得出结论的做法,在事实和法律上进行了较为充分的说理和论证。

薄熙来案是重大案件,其判决书也值得称道,目前我国各级人民法院大多数判决书还是存在堆积证据和说理简单的倾向。

(二) 香港特别行政区裁判文书说理的公开

香港特别行政区的判决书称为判案书,不像内地有统一的格式规范,说理更为详尽。香港特别行政区的判决书通常有简要的背景或者前言,原、被告的证供以及对证据的分析,有时候还要归纳争执点,此外还有讨论部分,这一部分多是法官的分析和论证。

比较内地和香港特别行政区法院的裁判文书,香港特别行政区的裁判文书通常对事实的叙述较为简洁,没有法院认定的事实这一部分,通常用"背景""前言"或者"引言"来简要地叙明案情。但是法院对双方的举证和质证都陈述得非常详细,比如一起伤害案件的判决书,该判决书首先说明原告提供的证据及其内容,被告律师对原告的质证,之后又说明被告的证据内容。[①] 在归纳出本案的争执点,如"被告是否用电击棒袭击原告的右肩"并说明原告对案件负有举证责任之后,判决书对双方的证据逐一进行分析:

> 假如原告人有理由相信被告人使用电击棒击伤他,何以他的证供却说被告人"推"他,而非先说被告人用电击棒袭击他,再解释事后怎样见到露出的电击棒。又即使事情发生在电光火石之间,原告人当时面向被告人,倘若被告人推他之时手持电击棒,原告人没有理由看不到。再者,假如原告人有理由相信被告人曾使用电击棒击伤他,怎会不实时向警察举报。又假如原告人到警署录取口供时有提及被告人使用电击棒一事,警方亦没有理由不加以调查。事实却是,警方原先以在公众地方打斗(而非藏有攻击性武器)的罪名拘捕两人,后来因证据不足而释放被告人(见文件册 65 页警方函件)。
>
> 就原告人声称的伤势而言,屯门医院事发当日的医疗报告只指出原告人右肩膀有 2 厘米呈线状擦伤痕迹,右脚拇指尖有直径 0.5 厘米擦伤痕迹,X 光没有显示右肩膀骨头受伤。报告并没有说原告人的右肩膀肿起来,右肩头有五元硬币大小像是烫伤的白色圆圈,或右手肘位肿起来。报告亦没有提及原告人投诉遭电击棒袭击。
>
> 另一方面,胡智的证供对原告人毫无帮助,反而令被告人的证供更为可信。首先,胡智在庭上的口供与其证人陈述书所言前后不一,先前说见到被告人与原告人一起,及后却说不清楚被告人是否在场,之后又说捉着原告人双臂是因为担心他与被告人再作纠缠。其证供如斯自相矛盾,实在令人费解,唯一结论是其证供可信性甚低。重要的是,胡智并没有看到被告人与原告人纠缠,故无法为原告人的说法提供任何佐证。另一方面,胡智说他甫踏出家门便捉着原告人双臂,以免情绪激动的原告人与被告人纠缠下去。倘若原告人当时不是已经有所动作,例如双手掐住被告人颈项,胡智何须捉着原告人双臂?又假如原告人所言属实,

---

① 参见香港特别行政区区域法院伤亡诉讼案件 2012 年第 735 号,载 http://legalref.judiciary.gov.hk/lrs/common/ju/judgment.jsp? EX = &L1 = DC&L2 = PI&L3 = 2012&AR = 1_2#A1_2。

即被告人推开他之后他没有跌倒,胡智上前捉着他是因为担心他想还手,则没有理由会说胡智捉着他双臂,而不是说胡智上前拉着他,防止他与被告人发生冲突。另一可能性是,胡智第一眼所见的,是原告人掐住被告人颈项,因此要捉着原告人双臂让他放手。

......

该判决书首先指出原告的证词不能自圆其说,其次说明医院的报告没有提及原告曾遭电击棒的袭击,再次指明原告的儿子的证言前后矛盾,紧接着又分析了被告人的证言前后一致更为可信,最后又驳斥原告的医学证明"一则不能证明其声称的伤员全然真有其事,再则不能证明该等伤员可以归咎被告人",以及原告也没有提交相关医学证据证明医院出示的报告和电击有任何关系(由于篇幅所限,本文没有摘录后两部分)。其实本案是极为简单的因邻里纠纷产生的伤害案件,但是法官不吝篇幅作的分析,可以说是面面俱到,周密严谨,这也是英美法系法官的判决书的一贯风格。

内地和香港特别行政区判决书另一区别在于,按照遵循先例的原则,香港特别行政区的判例是判案的法律依据,因此其判决书多运用的是类比的推理,而不像内地判决书在论述上多是三段论式的演绎推理。不管是什么样的推理,相比较香港特别行政区判决书在理由论证上不是公式化和套话式,针对每一个具体的案件,体现法官的心证。下面是香港特别行政区高等法院的上诉法庭制作的刑事判决书的部分内容,本案是一起非法贩运药物的案件,上诉人的律师提出主要的上诉理由,即"原审法官在引导陪审团时未能做到平衡公允,导致申请人没有得到公平的审讯"。该判决书在"讨论"部分,针对上诉人的理由引用以前案例并作出分析和论断:

39. 有关主审法官向陪审团作出总结讲辞时原有的权力和要负的责任,上诉法庭在香港特别行政区诉杨楚明〔2004〕1 HKLRD 136 案判案书第 145 页 A – C 有以下归纳:

(1)法官不可剥夺陪审团为事实方面唯一裁断者的职权,因此在总结讲辞中,法官的用语及评论不应使人觉得法官好像指示陪审团去接纳他自己对事实的意见或看法。

(2)法官在总结讲辞采用的语言及评论,不可使人觉得总结讲辞好像是另一篇控方陈词。

(3)除(1)和(2)外,法官有权在总结讲辞中对事实或双方的案情和证据作出合理、中肯和公平的解释、分析和评论。这可有助陪审团作出裁决。

(4)若有违反(1)或(2)的情况,即使总结讲辞中有通常法官叮嘱或指示陪审团他们是事实方面的唯一裁断者,或他们须自己就事实作出判断及裁决,又或若他们不赞同法官的意见就不需接纳该意见等,也不能弥补总结讲辞的不当。

40. 本庭需强调,不论控方针对被告人的证据是多么强而有力,亦不论被告人的答辩理由是多么的薄弱或不合信,被告人有权获得公平的审讯。陪审团应就事实的争议独立地作出裁决,而非过度受主审法官的影响及根据他的指示和其表达的意见或看法行事。归根究底,公义必须执行,而执行公义的过程亦必须彰显于人前(见 *The Queen v. Cheung Ping-kei*〔1985〕HKLR 57 案)。主审法官向陪审团的总结讲辞必须公平及不偏不倚,更不可等同控方的结案陈词(见 *HKSAR v. Umali*〔2011〕3 HKLRD 55 案)。

42. 本庭认为原审法官对申请人和罗柳军证供的立场是有倾向性的,亦明显是对申请人不利的。原审法官向陪审团作出的指引对申请人造成的不利影响,不会因为原审法官以"控方质疑"为前提下作出评论而减弱。

43. 本庭认为原审法官对陪审团的指引,不但篡夺了陪审团的职能,更构成另一篇的控方陈词。

该判决书在援引先前案例的基础上,针对上诉人的上诉理由作出的评断。笔者又搜到该判决书援引的案件的判决书,即 2002 年香港特别行政区高等法院上诉法庭作出的 280 号判决①,是与本案极为类似的案件,被上诉人同样被指控非法贩运危险药物罪,上诉人的律师也是以原审法官的总结讲辞有违平衡作为上诉的理由。在该案的审理过程中,上诉人的律师列出 6 项细节,用以支持其论点,即原审法官的总结讲辞是帮助控方而贬低辩方案情,使该讲辞不适当地带着双重标准,全不平衡,对申请人不公平;而控方的律师也援引了多个案例,以说明法官在引导陪审团的总结讲辞中应有的责任。这份判决书又援引了几个以前的判例,得出了上列(1)—(4)的结论。并接着写道:

> 若法官的总结讲辞好像是另一篇控方陈词,在程序的公平上和在执法的公义形象上也是不妥的。在程序方面,一般而言,控方和个别被告人都只有一次机会向陪审团作出结案陈词,若法官的总结讲辞又是另一篇控方陈词,控方就变得有不止一次陈词机会,在程序上对辩方不公平。

---

① 参见 http://legalref.judiciary.gov.hk/lrs/common/search/search_result_detail_frame.jsp? DIS = 2589&QS = %28 杨楚明%29&TP = JU。

有关执法的公义方面,普通法有一不成文但众所周知的原则:公义不但必须执行,也必须被目睹执行(Justice must not only be done, but must be seen to be done)。法庭不但必须执行公义,也必须让众人见到法庭是执行公义的。若法官的总结讲辞像是另一篇控方陈词,公众会不期然觉得法官偏帮控方,若法官对辩方案情或证据加以驳斥则更甚,致公众怀疑法庭的公正,公义不能彰显。

后两个二审案件的判决书不是针对案件的事实和其所适用的法律,而是对法官在审理中的不当言辞,后一判决书又详细列出法官对抗方及辩方的证供的评语,接着又引用了英国上诉法庭的另一引语:

在 *R v. Fraser Marr* (1990) 90 Cr App R 154,第156页,英国的上诉法庭说:

然而,普通法有一个内在的基本原则,就是在我们审讯的架构中,无论控罪如何令人发指,无论被告人如何令人憎厌,无论被告人的抗辩理由如何可笑,被告人均有权得到大律师及法官把他的案情公平地呈示给陪审团。其实,在被告人面对重重险阻的案件中,法官应极度谨慎去确保并无任何可能增加被告人困难的烦扰,才是公平的做法,这说法可能是真的。

该判决书最后得出结论:

44. 从彭法官的讲辞中,可见辩方的案情薄弱、遍布疑点,就算法官不加批评,陪审团也可能不需太多考虑而不予接纳。但是,在这种情况下,法官更应极度谨慎,适当地控制自己,对辩方案情不加以太多批评,使辩方案情可得陪审团的充分考虑。太多和太尖锐的批评,可令人,尤其是被告人,觉得法官不公正。因此,本庭认为,彭法官的讲辞对控辩双方的案情的评语个别看来虽不失为中肯合理,但是整体看来,却欠持平,令申请人对审讯有不公平感觉,觉得法官是向陪审团替控方强调其词。

45. 虽然彭法官在上文第37、38和39段的讲辞对辩方很公平,但按有关法律原则(见上文第29段),这些并不足以弥补总结讲辞整体的不当。

就本案来讲,判决书对法官在法庭上的言论哪些适当和哪些不适当作出了评析。由此可以看出,香港特别行政区的判决书是在引经据典,理由部分是对先前类似案例的引用与探讨。香港特别行政区的判决书看似很冗长，实质上论证缜密，说理充分，从而增加文书的公信力，体现司法的公开。笔者认为，为了克服内地裁判文书的公式化、套路化的模式，可以借鉴香港特别行政区判决书的对当事人提出的证据要进行分析而不是简单罗列；对当事人的争点也要进行回应，以加强说理。

三、在诉讼法中增加判决书的立法依据[①]

虽然我国对加强判决书理由的论证强调了多年，但是司法实践中效果并不明显，有的判决书依然不说理，或者缺少针对性的法理分析，或者把说理仅仅理解为篇幅的增加，堆积材料，罗列法条。笔者认为，其中重要的原因就是没有得到法律形式的确认，尽管新近颁布的司法解释规定了判决书要说理。笔者认为，只有将判决书理由的论证在《刑事诉讼法》的条文中明确予以规定，并且规定不引证理由的后果，使其具有一定的权威性，才能引起法官对说理的理解和重视。

我国《民事诉讼法》第152条第1款规定了民事判决书的内容："判决书应当写明判决结果和作出该判决的理由。判决书内容包括：（一）案由、诉讼请求、争议的事实和理由；（二）判决认定的事实和理由、适用的法律和理由；（三）判决结果和诉讼费用的负担；（四）上诉期间和上诉的法院。"

但是《刑事诉讼法》并未对此作出规定。刑事判决书的制作离不开《刑事诉讼法》的引导和规范。判决书的内容既是诉讼程序的要求，也是办案经验的结晶。刑事判决书的格式和内容一定要遵循诉讼法的精神，并伴随着诉讼法的修改进行调整、补充和完善。因此，立法上规范刑事判决书，不仅使其内容更加具有合法性，而且通过程序法对判决书予以规范，是提高判决书质量的途径之一。《刑事诉讼法》中不仅要有对刑事判决书授权的规定，还应包括其内容的构成及效力的规范。我国《刑事诉讼法》第51条只规定了："公安机关提请批准逮捕书、人民检察院起诉书、人民法院判决书，必须忠实于事实真象。故意隐瞒事实真象的，应当追究责任。"第179条规定："判决书应当由审判人员和书记员署名，并且写明上诉的期限和上诉的法院。"虽然这两条提到了判决书，但第51条强调的是有关文书要忠于事实真相，第179条是关于判决书的署名和写明上诉的期限和法院。我国对刑事判决书的制作规范仅此一条，还是纯粹的格式问题。笔者认为，应当在《刑事诉讼法》中增加有关刑事法律文书制作的专项条款。

在《刑事诉讼法》中不仅应当明确刑事判决书的立法依据，而且应写明刑事判决书的内容和制作要求。这里可以借鉴德国和俄罗斯的刑事诉讼法，作如下

[①] 已故的法律文书方面的专家宁致远教授在中国法学会法律文书研究会2009年国际研讨会学术年会上最早提出了法律文书的立法依据，笔者在这里将其观点细化。

表述:

(1)刑事判决书是指人民法院对于刑事案件依照《刑事诉讼法》规定的一审程序进行审理,根据已经查明的事实和有关法律规定,确认被告人有罪或者无罪,犯的什么罪,适用什么处罚或者免除处罚作出的书面决定,分为有罪的判决书和无罪的判决书。刑事判决书由首部、正文和尾部三部分构成。正文包含事实和理由。

(2)首部包括:法院的名称和文书的种类、编号,检察院的名称,辩护人、被害人和他们的代理人的情况,被告人的姓名、性别、出生年月日、民族、出生地、文化程度、婚姻状况、有无子女、工作单位、职业或职务、住址、因本案所受强制措施情况等、现在的处所。笔者认为,被告人的身份情况应当加上婚姻状况和有无子女的情况,以显示文书的人文气息。

(3)无罪判决书的正文应叙述如下内容:

①人民检察院的指控。

②法庭确认的刑事案件的情节。

③宣告被告人无罪的根据和证明这些根据的证据。

④法院推翻指控方所提交的证据的理由。

⑤其他理由。

(4)有罪判决书的正文部分应叙述如下内容:

①犯罪的时间、地点、被告人犯罪的动机、目的、犯罪使用的方法、手段、犯罪的情节以及因被告人犯罪行为所造成的损害结果。

②法庭据以对受审人作出结论的证据,以及推翻其他证据的理由。

③指出减轻和加重刑罚的情节,如果认为某一部分的指控证据不足或者确认定罪不正确,则还要说明变更指控的根据和理由。

④支持辩方意见的理由和否认辩方意见的理由。

⑤其他理由。

(5)尾部包括:

①判处的刑罚或无罪的结论。

②刑期起止时间表述。

③说明上诉权、上诉期限和上诉审法院。

④合议庭组成人员署名。

⑤判决书的决定日期。

再有,《刑事诉讼法》中应明确规定,如果判决书不写理由或者理由与判决不符,构成上诉理由之一,作为规范判决书的重要保障。

我国司法公开的现实问题及完善

闫博慧[*]

绪 论

随着时代的进步,司法公开一直伴随着我国司法制度改革的全过程。司法公开已然由过去简单狭窄的审判公开,扩展为司法信息全方位的公开,由原来到庭旁听的单一形式发展为巡回审判、法院开放日、庭审直播以及判决书上网等新的多元化公开形式。对司法公开的界定应强调其整体性和全局性,既包括司法机关法定职权的行使和法定程序的适用,也包括司法机关将法律适用于个案的过程,即立案、开庭审理、宣告判决、上诉、再审、执行的全过程向社会公开。总之,司法公开已然涉及司法实践过程中可能影响结果公正性的全部进程。

推进权力运行公开化、规范化,并明确提出推行审判公开、推动公开法院生效裁判文书、确保权力在阳光下运行等,是党的十八届三中全会对司法实践提出的时代要求。济南市中级人民法院公开开庭审理薄熙来案,通过微博对庭审全程进行直播,这使得司法公开运行在我国进入了新阶段,开辟了一个具有里程碑意义的"阳光司法"时代,进一步推行司法公开的工作在全国范围内展开。

司法公开,作为法治进步的重要标志,是在公民权利意识不断觉醒并要求制约公权力来保障私权利的对抗过程中形成的。我国现在正处于法治建设的关键时期,探索适合中国的司法公开制度以促进中国法治建设更是法治进程中的重大课题。在我国近几年的司法改革中,司法公开受到了越来越多的重视,但是其实际运行效果却不尽如人意;尚未到达彻底公开的程度,而是仍处于布满障碍的瓶颈阶段。这些障碍不仅严重阻碍我国司法公开的进程和步伐,而且还给我国司法公信和司法权威的树立带来危机,使过去存在的问题和矛盾不但没有得到解决反而进一步被激化。因此,在中国法治社会建设的关键时期,如何解决司法公开面临的困境、扫清其前进的障碍将成为举足轻重的问题,由此司法公开制度的保障机制首当其冲地进入我们的视野。

---

[*] 闫博慧,廊坊师范学院副教授。

一、我国司法公开制度的现状

通过过去几年的实践和发展,司法公开在我国司法运行过程中已取得了一些成效:司法公开的理念逐步深入人心、司法公开的制度日益完善、司法公开的举措不断创新等。但是这些进步和成果远远无法满足新时代的要求,并且始终没有取得突破性的进展,可见,在司法公开实践中依然存在一些根深蒂固的问题,致使我国司法公开的进程举步维艰。

(一) 司法公开的界定

对任何一种制度的探讨与批判,并不是为了废除该制度,而是为了祛除病症加以完善。探究司法公开实践过程中存在的问题,并对其进行剖析,进而对症下药,解决问题。首先必须明确司法公开的界定到底是什么。

据以往的理论研究,主要从两个方面对司法公开进行界定:首先,主要是指审判公开,即案件审理过程的公开,包括举证、质证、认证以及判决等方面的公开;其次,主要指法院在行使司法权的过程中,通过一定的程序和方式,向社会公开立案、庭审、执行、听证、审判等方面的内容。

然而,司法公开绝不仅限于此。随着时代的发展与科技的进步,司法公开的外延已扩展到司法信息的全面公开;司法公开的形式已发展为巡回审判、法院对外开放、庭审直播以及判决书上网等多元化的公开形式。因此,对司法公开的界定应强调其整体性和全局性,涉及司法权行使过程中可能影响司法结果公正性的全部进程。

(二) 我国司法公开的现状

我国司法公开实践中存在的主要问题体现在以下几个方面:

1. 立法与制度不完善

到目前为止,我国还没有颁布专门规范司法公开的法律,更没有具体可行的操作细则。2008年颁布实施的《政府信息公开条例》是中国第一个有关政府信息公开的行政法规,但遗憾的是,这一法规适用的主体为行政机关,而不包括法院等其他司法机关。因此,目前在中国要求司法机关公开司法信息尚缺乏有力的法律依据。在法制化背景下,必定会阻碍司法改革的进程。

2. 公开的范围和力度不够

司法公开从实体上包括审务公开和检务公开;从过程上包括立案公开,法庭审理的举证、质证、认证的公开,法官的心证公开,判决公开,执行公开;从对象上包括向当事人公开和向社会公开。而目前我国司法公开的现状却局限于以法院为唯一主体的审判过程的公开,这大大缩小了司法公开的范围,同时也使其实际运行效果大打折扣。

3. 法官和检察官对司法公开的排斥心理

审判独立是实现司法公正的必要条件,但法官的审判活动不可避免会带有个人主观色彩,一些审判人员在主观心理上抵触司法公开特别是媒体的介入,不愿意更不会主动提供便利让社会公众参与司法活动。

4. 司法公开行为不规范

首先,公开的范围和方式不合理。例如各级法院虽然将审判公开作为理论原则,但对该原则的实际运用效果不一,以致容易走向两个极端:一是本应公开的内容不公开,如裁判文书公开宣判后不上网;二是按规定不应当公开的内容反而公开,如审判委员会或合议庭讨论案件的情况被不当泄露出去。其次,司法公开的过程受到来自内外部的各种阻碍和限制。法官先定后审的现象十分严重,法官开庭前实质已经介入诉讼,进行了主观审理,导致庭审公开走过场、司法公开流于形式。

5. 缺乏有效的管理和监督

目前,大多数地方法院在各自的司法信息公开网络平台上发布一些一般的司法信息,这样使得有些法院公开的信息没有实质内容或者长期滞后。上级法院对下级法院司法公开工作只进行形式检查,缺乏有效统一的监管机制,使得司法公开没有支撑保障,无法真正实现。

二、阻碍司法公开进程的主要障碍

通过上述对我国司法公开现状问题的分析,结合当前的理论和研究,对司法公开进程中出现问题的根源主要归结于以下几点障碍:

(一) 思想观念的障碍

目前对于司法公开的认识在很大程度上仍然缺乏政治民主、科学理论和实践检验的思想观念。基于思想观念上的原因导致司法公开无法畅行无阻,主要表现在以下两个方面:

第一,在理论上,公开得越透明,人们就会越信任,即使公开的内容本身存在一些问题,人们也会有所理解。因此社会公众对司法运行的活动和结果了解得越多,司法制度的公信度就会越强。相反,公众越不了解司法制度,就越不信任司法权威,因而司法制度在社会发展中就越少发挥作用。但是,目前一些司法机关所顾虑的是,由于其自身尚存在一些问题,而这些问题一旦公开,必然影响公众对司法机关的信赖,由此导致的障碍并不是不想公开,而是不敢公开。

第二,公开是民主的基本要求。人民是司法权力的来源,也是司法权运行的主要监督者,因此让人民知悉司法机关的所作所为,是对人民负责的基本要求,也是赢得人民信任的最好方式。如果法院能够做到全面公开,就会给公众留下好印象;如果法院拒绝公开,就会使人们去猜测、造谣甚至传播。因此,司法机关传统的思想观念势必有碍司法公正的维护和司法权威的树立。

(二) 理论研究的障碍

目前,对司法公开的理论研究还比较薄弱。尽管人们在观念上可以完全认可司法公开,但因缺乏具体、系统的理论指导,司法公开实践并不发达,甚至还存在较大的问题。因此,理论研究的落后成为推进司法公开改革的基础障碍。这主要体现在公开的原则、内容以及范围不够明确。

(三) 机制设置的障碍

司法公开实践之所以成效不显著,机制设置方面的障碍是主要原因之一。司法公开的体制性和机制性障碍主要体现在以下两个方面:

第一,司法管理机制的障碍。司法公开工作长期以来没有形成一套完整系统的管理机制。这种状况造成了各级法院对司法公开的重视力度、投入力度、工作完成程度等方面都不同,取得的效果也就参差不齐。

第二,职业保障的障碍。目前许多法院并非积极投入司法公开工作的一个重要原因,是认为太过频繁的公开不利于法院的独立性,同时也因为司法机关的独立性不够,使法院夹在当地党委政府指令和人民群众要求公开中间,左右为难。总之,这些现象的根源都是因为司法机关及工作人员的职业保障没有建立起来。

(四) 技术设备的障碍

现代科学技术的发展为司法公开的全面实施提供了条件保障。但是这种有利条件发展的不成熟也会对司法公开造成障碍,主要表现在:

第一,先进装备应用不够普及、发展不均衡。一些经济较发达地区的法院已经实现网上立案、网络查询案件进展以及法院网络平台,法庭也可以进行庭审网络直播、同步录音录像等。而落后地区的法院却连最基础的法庭建设还存在困难,更不用说进行司法公开建设了。

第二,资金缺乏。科学技术的发展都需要大量的资金,要想更好地落实司法公开,资金缺乏已成为司法公开物质保障中的一个主要障碍。

三、进一步完善司法公开的保障

通过对上述司法公开障碍的分析,可以看出这些障碍不仅严重影响着我国司法公开的进程、阻碍司法改革的步伐,同时还给我国司法公信力建设带来危机,使原有的问题和矛盾不但没有解决,反而进一步加深和激化。因此,在中国现代化法治建设时期,如何解决司法公开面临的困境、扫清其前进的障碍,将成为最为关键的问题。司法公开制度的完善和发展需要建立更为有效的保障机制,使公开的各项制度落到实处,使各项功能可以得到充分的保障。

(一) 理念保障

推动司法公开,首先应树立正确的司法理念和良好的司法作风,这是推进司法公开的基本前提和保障。要在思想认识和工作理念上强化司法公开是社会公众和当事人的权利表达和实现方式的观念,实现从法院权力本位向社会公众权利保障本位的转变,明确依法公开并不是对法院、检察院司法权的干涉,而是对依法独立行使权力的有力保障,克服法官、检察官排斥、抵触心理。此外,切实尊重当事人在诉讼中的主体地位,充分保障当事人和社会公众对司法的知情权、参与权、监督权,增强司法的开放度、透明度和规范性,促进司法的公正、公信,树立司法的尊严和权威。

(二) 制度保障

科学可行的制度机制是落实司法公开的必要条件。尽快启动司法公开的立法程序或通过最高人民法院和最高人民检察院制定一系列有关司法公开的规范性文件,涉及公开审判、司法听证、审务、检务信息发布等多个方面,涵盖司法权运行的方方面面。例如,在立案方面,建立立案庭接待窗口的规范性规则;在庭审方面,规范裁判文书的制作及公开,保证庭审结果的公正性,从而提高当事人对庭审结果的可接受性;在执行方面,制定确保裁判结果落到实处,并保证执行的公开性、合法性、合理性的规范。同时地方各级法院应该颁布司法公开的各项实施细则,进一步规范本辖区的司法公开工作,为司法公开的完善创造良好的法治环境。

(三) 物质保障

司法公开的深入开展必须以坚实的物质条件为基础,所以,各级人民法院、检察院应当加大对司法公开工作的投入,包括资金、设施、人力、技术等各个方面,建立司法公开的物质保障机制。例如,改进法院庭审办公条件、开设专门的信息公开办公室等。

(四) 技术保障

技术的进步为司法公开提供了更为丰富的渠道,为社会公众获取司法信息提供了便利。各级法院应积极推进信息化建设,形成一个技术化系统,覆盖司法权运行的全过程。建立综合服务平台,通过平台提供诉讼指南、案件咨询、信访举报和材料查询等多项服务,实现电子卷宗的信息共享。

(五) 监督机制

司法公开的监管主体必须加强对司法公开的重视以及检查力度,各级人大和上级检察院、法院需进行定期检查并通报检查结果。同时必须制定一套制度化监督细则作为上级检察院和法院监管工作的实施准则,按规定对下级检察院、法院进行有效的指导与监督。此外,为了保证各级检察院、法院司法公开工作的一致性,最高人民检察院和最高人民法院应尽快制定落实该制度的统一的考核标准,并将其纳入检察院、法院工作考核的体系之中。

(六) 救济制度

将司法公开纳入对法官考评的范围内,加强对法官的考核,只是一种内部监督机制,并不能给当事人和社会公众提供有效的救济。由此规定如果法院不公开,当事人应当怎么办。建立司法公开或者不公开的救济制度也是保证我国司法公开顺利进行的重要保障。完善司法公开救济制度可以从以下几个方面进行:

第一,可以完善针对法院不公开审理的复议制度。如果当事人对司法机关公开或不公开审理的决定不服,可以参照提出回避申请的程序提出复议申请。针对公众关注案件的审理,如果法官拒绝媒体旁听,媒体也可以向法院提出复议申请,法院对此应当给予具体的书面解释。如果法院拒绝公开,当事人和媒体还可以向上级法院申诉,上级法院应当举行听证会,衡量各方面的利益关系,以决定是否公开。

第二,可以建立专门的司法公开委员会审查制度。作为司法公开或者不公开权利的救济制度,复议以及申诉最大的缺陷就在于它们是某个体系内部的一种救济制度,无法克服其部门内部利益的影响,从而也就无法真正保障司法公开。因此,可以建立一个专门机构来完成这项工作。司法公开委员会在性质上是独立于法院系统的专门机构,在人员构成上由上级法院指派的成员组成,在职责上对司法公开工作中存在的公开或者不公开决定进行审查并作出是否公开的决定。对司法公开委员会作出的决定,合议庭必须执行。而对于该项决定,当事人或者有关社会媒体不服的,可以向上级法院的司法公开委员会提出重新审查的请求。

第三,建立新闻媒体及社会舆论监督制度。新闻媒体可以对司法公开的实际情况进行即时报道并监督司法权的合法运行。通过新闻记者的采访、报道,建立社会公众与司法机关之间的桥梁,扩大对司法公开监督的范围和力度,防止司法机关不公开或者不合法公开。充分利用现代信息化技术，对司法公开的运行进行及时、真实的反映，让当事人和社会公众随时关注、了解相关信息，对于任何不利于司法公开的情况进行监督、申诉。

结　语

在当今时代，司法公开已然成为适应司法国际发展趋势的必由之路，是现代法治社会必须遵循的一项重要原则。近几年来，我国越来越重视司法公开的落实和完善，并在学界和实务上都取得了一定成果，但是很多基本的要求还未达到，司法公开前进的道路上仍然存在很多障碍。所以只有彻底清除这些障碍、困难，才能真正实现司法公开。

为此，必须通过理念保障、制度保障、物质保障和技术保障的相互配合，为司法公开的全面开展扫清障碍、铺平道路、提供有利条件。同时建立由复议申诉、司法公开委员会审查、人大常委会监督及新闻舆论监督等方面共同组成的司法公开救济制度。通过这几种救济手段的互相协调、补充、共同作用，确保司法公开能够真正有效地顺利实施，从而达到以公开促进公正、公信，真正实现"阳光司法"，为我国司法改革创造有利条件。

规范民事裁判文书说理的若干问题分析

赵朝琴[*]

一、导语:分析语境与规范内容的"嵌入"问题

改革开放30多年来,特别是近年来,关于法律文书(包括其重要组成部分的民事裁判文书)说理的问题,从来没有受到如此多的关注和重视。一方面,地方人民法院积极采取措施规范民事裁判文书说理,或者出台具体的规范意见,或者在司法实践中尝试多种改革方法,诸如加强对争议焦点的分析说理、注重情理法的全面说理、在理由部分引用在先相关判决观点、增加判后语、附注法律条文等。这是自下而上的改革。另一方面,中共中央《关于全面深化改革若干重大问题的决定》指出,"增强法律文书说理性,推动公开法院生效裁判文书";中共中央《关于全面推进依法治国若干重大问题的决定》指出,"加强法律文书释法说理";《关于人民法院在互联网公布裁判文书的规定》(法释〔2013〕26号)第8条规定,裁判文书生效后,7日内应当在中国裁判文书网公布;《人民法院第四个五年改革纲要(2014—2018)》明确提出,"推进裁判文书说理改革"。这是自上而下的改革。

司法改革作为政治体制改革的重要组成部分,对推进国家治理体系和治理能力现代化具有重要意义。加强民事裁判文书的说理性,一个关键问题是要制定和完善民事裁判文书说理的制度规范,将其作为完善和实施民事诉讼法的一个重要环节和撬动民事审判方式改革的重要支点,倒逼司法改革,提高民事裁判的公信力。从学理上看,裁判说理有两个阶段:一是生成阶段;二是外化阶段。在生成阶段,裁判说理体现为审判过程中的说理;在外化阶段,裁判说理体现为民事裁判文书中的说理。在审判程序中,民事裁判文书的说理就像镶嵌在程序链条上的珍珠,十分必要和重要。毫无疑问,加强民事裁判文书的说理性并非一个孤立性的问题,民事裁判文书说理规范意见的制定与实施离不开上述背景,应当将规范意见的具体内容进行认真梳理与科学设计,合理地"嵌入"相关法律体系当中;更需要依赖配套法律、制度措施的完善,才能真正实施和发挥效力,通过个案的充分说理展示司法的公平正义。

---

[*] 赵朝琴,河南财经政法大学教授,中国法学会法律文书学研究会副会长。

二、说理的属性、结构、要素与价值问题

理由是民事裁判文书的灵魂,民事裁判文书说理是连接裁判事实(证据)与裁判结论的桥梁,是将裁判结论的形成过程外化于裁判文本的现实表达。民事裁判文书说理兼具法律与写作双重属性,其中,法律属性决定写作属性,写作属性对法律属性具有反作用。在民事裁判文书中,至少存在诉、辩、审三方理由,法院理由是主线。诉方与辩方理由在裁判文书中的全面展示,法院对诉辩理由、争议焦点的充分回应,使得民事裁判文书说理的结构呈现为复杂互动的形态,成为民事裁判文书表达的重点和难点。民事裁判文书说理的基本要素,包括"对证据的说理""对事实的说理""对法律(包括实体法和程序法)的说理"三个方面。

正义、效益和秩序是民事裁判文书说理的重要价值。民事裁判文书说理的正义价值,包含实体正义价值和程序正义价值。实体正义价值要求民事裁判文书的说理应兼顾案件的实体事实(证据)和实体法律精神的说理;程序正义价值要求民事裁判文书的说理要做到程序事实清楚,程序事项明确,再现举证、质证、认证过程,程序理由论述充分等。民事裁判文书说理的效益价值,可从"繁简分流""合理性""规范性"等角度得以实现,集中反映民事裁判文书说理的规范性特征。秩序价值是民事裁判文书说理的基础价值,说理的相关配套设施,诸如评价机制、激励机制、处罚机制等,都与秩序价值相关。同时,衡平正义、秩序、效益价值,有助于准确把握说理内容和说理方向,实现民事裁判文书说理的价值目标。

说理的属性、结构、要素与价值具有规律性,加强民事裁判文书说理性,就应当尊重说理的基本规律,如果违背了这些规律,轻则引发当事人的不满和怀疑,重则导致上诉、申诉甚至上访。有些案件因为说理避重就轻、存在重大遗漏或者逻辑错误等严重问题,而被发回重审或者改判,会在社会上造成负面影响,使说理的良好效果难以实现。通过制度规范的方式,将民事裁判文书的说理规律贯穿于规范意见之中,发挥普遍的指引和指导作用,是一种必要和可行的路径。

三、说理的共性、个性表达与方法论问题

民事裁判文书说理是共性和个性的统一体,制定统一的民事裁判文书说理规范需要同时兼顾两个方面:一方面,应当在尊重民事裁判文书说理共性原则的基础上,借助计算机技术,对说理共性信息进行量化处理,制定规范格式和模板;还可以对案件进行类型化处理,使规范格式和模板更加具有适用性和可操作性,提高说理效益,节约说理成本。另一方面,说理表达的个性化不仅重要和必须,而且具有一定的难度和挑战性。不同性质、不同类型、不同审级的民事案件,有其自身

的特点和特有的表现形式,每一个案件都是不同的,规范民事裁判文书说理时,应当为个性化说理留足空间,这个空间也是展现民事裁判文书说理灵魂、展示民事裁判公信力的关键所在。

在说理方法上,三段论是绕不过去的重要说理方法,但是仅有三段论是不够的,应当充分运用三段论和其他说理方法,将民事裁判结果得以成立的理由分析清楚、论证充分,真正体现说理的表达效果。同时,还要关注民事裁判文书说理的内部,诸如说理的对象、方法、争点、焦点等,这些说理表达层面的问题,无不蕴含着民事裁判文书需要遵循的法律精神:是民事裁判文书说理的核心内容,是将基础论证知识运用于司法裁判说理的专业问题,是属于法律文书说理独有的方法论问题,需要认真梳理和总结,更需要将这些具体方法运用于民事裁判文书说理规范意见的制定和实施过程中。

四、说理多元制度体系与梯次建设问题

最高人民法院在各个时期制定印发的民事裁判文书样式,各级地方法院关于民事裁判文书的实施意见,都非常重视说理问题的规定,在司法实践中发挥了很好的作用。现在,最高人民法院基于"推进裁判文书说理改革"的宗旨,把加强裁判文书说理作为《人民法院第四个五年改革纲要(2014—2018)》确定的 65 项改革内容之一,置于司法改革的顶层设计中,必然会对裁判文书说理的制度建设和说理效果产生积极而深远的影响。

国外的经验可资借鉴,法国法律明确规定:"不包括理由的判决无效。"《德国刑事诉讼法典》第 267 条对"判决理由"作出了专门规定,该条共分 6 项,诸如判决理由"必须写明""必须明确"等"必须"一词,就用了十余次之多,足见其对说理的重视。我国目前主要是在诉讼法、司法解释和最高人民法院关于裁判文书的规范性意见中,对民事裁判文书的说理进行不同程度的规制。诉讼法、司法解释的相关规定虽不多见,但非常重要。如《民事诉讼法》第 152 条规定:"判决书应当写明判决结果和作出该判决的理由。判决书内容包括:(一)案由、诉讼请求、争议的事实和理由;(二)判决认定的事实和理由、适用的法律和理由……"最高人民法院《关于适用〈中华人民共和国民事诉讼法〉的解释》第 270 条规定:"适用简易程序审理的案件,有下列情形之一的,人民法院在制作判决书、裁定书、调解书时,对认定事实或者裁判理由部分可以适当简化:……"上述规定说明,通过具有较高拘束力的方式(如诉讼法、司法解释)对民事裁判文书说理进行规范已有先例,从制度建设上是可行的。

根据民事裁判文书说理的基本规律,如若制定加强民事裁判文书说理性的若干意见,建议尝试梯次建设的思路,体现制度的多元性和不同层级,以便于实施和

执行。总体上来说,规范意见上须对应衔接民事诉讼法律制度,下须对应指导民事裁判文书的具体格式与规范要求。对比前述诉讼法和司法解释的规制方式,建议以司法解释的方式出台加强民事裁判文书说理性的若干意见,其主要内容涉及对民事裁判文书说理的概念界定、说理的属性、说理的价值、说理的效果、说理的责任等,既要包括民事裁判文书说理的对象、要素、方法、要求等说理表达的规律性内容,又要包括民事裁判文书说理的效果评价、责任承担等监督、激励、制约机制的系统性规定。

需要注意,司法解释对各方的约束力都很强,但司法解释本身又不可能规范更加具体的内容,只能是相对原则性的规定。因而,在司法解释之下的一个层级,应由最高人民法院规范民事裁判文书说理的要求、说理的具体方式和方法,制定不同类型民事裁判文书说理的格式和样本;各级法院也可以依据审级的不同,制定具体的实施意见,以便在具体案件裁判文书说理时对应参照。

五、说理责任承担与制度控制问题

如果只对说理的内部问题予以规范,而缺乏有效的评价机制、监督机制、制约机制,说理不说理一个样,充分说理与不充分说理一个样,规范意见就很难实现良好的效果。因此,民事裁判文书说理的规范意见还应该注意相关配套制度的制定与完善。如果不解决司法改革中的其他相关问题,单单推进民事裁判文书说理改革,恐怕也难以奏效。在司法改革的大背景下,应该强化法官的说理责任。对于不说理、说理不充分、说理自相矛盾以及出现说理严重错误的民事裁判文书,承办法官应当承担相应的责任,这对于有效规范和限制法官的自由裁量权、阻断权力干预具有重要意义,是通过加强民事裁判文书说理提升司法公信力的必要制度控制手段。至于具体承担何种责任,需要有关部门进行充分调研论证,再慎重制定。

六、说理评价体系建设问题

民事裁判文书说理的效果如何,说理的可接受性怎么样,需要一个翔实和可行的指标体系予以评价。从说理的内部来看,需要构建以公开性统领的双阶段、多主体、要素化、类型化、共性与个性相统一的说理基本模式。该模式主要包括以下元素:

(1)公开性。在说理基本模式构建中具有统领性。

(2)双阶段。民事裁判文书理由的"生成阶段"(审判过程)与"外化阶段"(裁判文书)及其特点。

(3)多主体。法院、诉方、辩方等多条说理线索并存的复线形态(法院意见是主线)。

(4)要素化。"证据分析""事实分析""法律分析"等说理基本要素的具体内涵与说理方法。

(5)类型化。针对民事案件的不同类型进行具体分类和规制。

(6)说理重点。针对异议、争点、焦点问题进行重点说理的基本原则。

(7)共性与个性相统一。充分体现说理的共性要求与个性内容之间的结构张力。

从说理的外部来看,民事判决书与民事裁定书有不同的说理标准,普通程序与简易程序有不同的说理原则,初审法院、终审法院、再审法院在说理方面应有差别化的评价机制。评价指标体系设计应以实现法律效果与社会效果相统一为标准,从要素、结构、繁简、一致性、回应性、公开性、改判率、关注度、影响力、逻辑性、语言表达、说理方法等方面科学合理设计评价指标体系,并与法官绩效考核、奖惩制度有机衔接。

七、讨论:制度实施与教育培训问题

制定加强民事裁判文书说理的规范意见,需要分析和解决前述一系列的问题,包括制度背景、说理规律、说理模式、制度层级、法律责任、评价机制等方面。制度出台之后,实施就是关键,制度实施需要依靠司法改革的大环境,需要与其他配套法律、制度实现良性互动。加强民事裁判文书的说理性,从整体上提升民事裁判文书的说理效果,各方需要共同努力,最终都会落实到法官民事裁判文书说理的具体行为上。现在我们有非常好的基础与条件,不仅有很多致力于民事裁判文书说理研究的学界和实务界的专家,还有中国法学会法律文书学研究会这样一个学术大平台,应充分发挥各方优势,组织开展专题辅导和系统培训,并适时进行说理效果的专项检查与评估工作。

如果再把眼光放得长远一些,还应当关注高校如何规范和加强学生的法律文书说理知识教育与说理能力培养问题。虽然国家司法考试制度规定要考"法律文书写作",但高校法学专业必修课中还没有法律文书写作课程,大部分法学专业的学生在学校没有机会受到专业、系统的法律文书写作训练,更谈不上对裁判文书说理规律的全面认知和把握。值得肯定的是,一些高校尝试在本科生、研究生中开设法律文书写作课程,不断探索法律文书教学的规律和方法,取得了良好的培养效果,学生就业后受到了实务部门的肯定和好评。

加强民事裁判文书说理性是一项持久的系统工程,需要发挥法学教育普遍的指导作用,需要从顶层设计上进行改革,应当尽快将"法律文书写作"列为法学专业的必修课,同时加大司法考试中裁判文书说理内容的比重,为司法改革培养和储备更多具有系统法律文书说理知识和较高法律文书说理能力的后备人才。

阳光司法语境下的裁判说理机制之完善

李 琴[*]

2015年3月12日至14日,十二届全国人大三次会议审议最高人民法院、最高人民检察院工作报告,司法改革、冤假错案、阳光司法等均被写入了最高人民法院、最高人民检察院工作报告。阳光司法语境下的裁判说理就是强调裁判说理的公开、透明,实际上就是让法官把审理案件时的思维过程在裁判文书中完全、真实地表达出来,公布于众,让正义以看得见的方式实现,这是深化司法公开的大势所趋。我国裁判文书经过60多年的发展,在格式规范化、内容具体化方面得到了很大提高,但从整体上看文书质量仍然不高,当前存在的最大问题仍然是判决说理不透,不利于消除当事人对裁判的抵触情绪,影响了裁判文书所承载的司法意义。

一、裁判说理的突出问题

(一) 不说理

迪德曾经说过:"法院不只是作判决而已,他们还必须解释其判决,解释的目的是在说明判决的正确理由如何……以证明他不是武断的看法,能使当事人心服口服于法官的权威或威信。因为法官的判决是一个合理的陈述,他有充分的理由,而且显示出判决理由的相关的或逻辑的结构。"法官作出结论的武断性表现在裁判文书上往往只有裁判结果,常常没有理由的表述,这是典型的法官判决不讲理行为。在司法实践中,有些法官只是在判决书中大量展示一堆事实和证据,然后便以"事实清楚,证据确实充分"得出判决结果,而缺少逻辑推理和分析,这种判决书严重影响了判决的司法效果。还有的裁判文书针对当事人的主张是否采纳,通常也只有结论性意见,缺乏对结论的论证,对为什么要适用此种法律规定而不适用彼种法律规定亦不加解释。最严重的不说理现象还表现于判决书对当事人委托的律师的意见往往只字不提。

---

[*] 李琴,华东政法大学副教授。

(二) 粗暴说理

粗暴说理主要表现为虽然对控辩双方或诉辩双方意见有概括,但概括不全面或缺乏分析评判。如在刑事判决书中对于辩护律师的意见往往简单表述为:"对于辩护人……的意见,与本案事实不符,本院不予采纳""辩护人认为无罪的辩护意见不予采信""辩护人认为应当减轻处罚的辩护意见不予采信",但是辩护人为什么认为无罪,辩护人提到的减轻、从轻处罚情节有哪些,为什么认为构成了这些减轻、从轻处罚情节,在判决书中不予表述,更缺乏分析。这样的说理简单粗暴,缺乏说服力。导致的结果之一是,判决即便不公正,也只有当事人及代理律师心知肚明,不了解案情的社会公众对判决书起不到社会监督作用。导致的结果之二是,即便判决公正,因为说理简单粗暴,也会让人质疑裁判结果的公正性。典型案例如当年的刘涌案,"……刘涌的辩护人在庭审中出示的证明公安人员存在刑讯逼供的证人证言,取证形式不符合有关法规,且证言之间相互矛盾,同一证人的证言前后矛盾,不予采信。据此,不能认定公安机关在侦查阶段存在刑讯逼供,刘涌及其辩护人的辩解和辩护意见,本院不予采纳"。所谓"取证形式不符合有关法规""证言之间相互矛盾""同一证人的证言前后矛盾"等词语,均为结论性的表述。虽然此案过去许多年了,但是裁判说理简单粗暴,仍然是当前司法实践中裁判文书制作存在的较为严重的问题。

(三) 说理缺乏针对性

争议焦点是庭审过程中当事人争议较大的事实或法律适用的分歧点,也是决定案件中心问题的关键,当事人认为自己的切身利益就包括在争议焦点之中,由于当事人之间不能达成共识,所以更加需要法官对此作出认定。因此,争议焦点是非常重要的,不仅关系着当事人的切身利益,而且关系着整个案件的判定是否正确。要想让别人接受一个判决结论,其前提条件是,别人不仅承认法官认定的案件事实,更重要的是别人认同了法官所援用的法律规范和价值判断。裁判文书改革至今,许多法官都能够做到在判决书中概括诉辩双方关于案件事实的表述、证据的列举和诉讼主张,但是对双方的争议焦点缺乏归纳总结,或者抓不准争议焦点,因此导致说理缺乏针对性。缺乏对争议焦点的归纳的结果导致判决书对当事人就自己的诉讼主张如何举证,又是如何相互质证的情况没有记载。法院对当事人的诉讼主张,为何支持,为何否定,不作具体的分析。由于争议焦点不明确,最终导致法院在阐述其判决由时,不能紧扣争议焦点,对当事人在庭审中所举证、质证、认证、辩论的具体内容没有进行透彻分析,缺乏准确判断,不能揭示案件性质与责任分担的内在联系,无法使事实、理由、主文连贯统一为一体。具体地说,归纳不准确的现象主要表现为,在司法实践中,一些法官不能正确把握争议焦点的实质,或者没有掌握归纳争议焦点的方法,存在争议焦点归纳过于宽泛,或过于模糊,或过于细小,或漏列争议焦点,或错列争议焦点等一系列问题。结果是,不要说社会大众,就连当事人也觉得判决书说理莫明其妙,收不到预期效果,严重影响了裁判文书的说服力。说理缺乏针对性的现象在二审判决书制作中尤为突出。

(四) 说理没有逻辑性

有些判决书虽然有说理,但是证据取舍神秘,事实结论突兀,论证空洞。就目前我国裁判文书的制作而言,对案件事实的认定缺乏证据分析是一个普遍存在的问题。实践中,不少判决书在叙述完认定的事实之后,罗列一堆证据,最后写上一句"以上事实经庭审举证、质证,查证属实,本院予以确认"。回头看判决书前面部分的内容,所谓"举证",只是简单罗列证据,而对证据能够证明哪些事实和情节,它们之间有什么内在联系,却是讳莫如深;所谓"质证"则根本没有相应的表述。结果造成了案件事实无证明,说理苍白无力,给人难以信服的感觉。有的裁判文书运用间接证据时也没有对证据间的关系、证据链条是否严密等问题进行论述,没有完整充分地反映庭审举证、质证、认证的全过程,对当事人所提供的证据采信与否没有或欠缺说明理由,对证据证明力的大小缺少分析,因此,对法官采信了什么证据,排除了什么证据,运用了哪些有效证据推断出认定的事实,当事人无从知晓,从而对所谓审理查明的结论性事实更是疑虑重重。这严重影响了法院裁判文书的证明力和公信力。

另外,我国裁判文书通常只是引用法律条文的规定,甚至只说明法条名称和条数,却不对为什么引用该条法律规定进行解释说明。部分法官在认定事实和选用法条之间的逻辑关联对诉(控)辩意见采纳与否,以及裁判结果作出欠缺法理分析阐释。因此,许多裁判文书的说理难以令人信服。早在1942年,谢觉哉同志就曾指出:呆板地引用"第几百几十条",老百姓是不愿意听的。我意断案应根据条文,作判词则应很通俗地说明道理。务要判词出来,人人拍手。美国耶鲁大学法学院院长高安东先生也曾说过:"判决书是用来澄清法律内容的,是对法律的具体解释,当事人及社会公众根据法院的解释来调整自己的行为,力图使自己的行为具有合法性。法官在此立场上公正地解释法律,是法官重要的社会责任,也是体现法官对法律负责的精神。"法官在判决中释明法律,不仅可以让赢的人赢得清清楚楚,让输的人输得明明白白,而且还可以起到法制宣传的作用。

二、说理不足之成因

(一) 制度缺失

在我国司法实践中,长期以来法官在审判中居于主导地位。在这种审判模式下,从法官的角度来看,法官的"中心地位"往往使他有某种自我膨胀的心理,觉得法官说什么就是什么,其他人不得质疑,法官作出的判决就是权威,根本不用说理。另外,我国人民法院对案件长期实行院长、庭长审批制、审判委员会定案制,法官只负责查明案件事实,并无真正意义上的审判权,法官受到各方各种形式的干预。在这种情形下,法官即使有写好判决书之心,也无实践之力。当前进行的司法改革虽然给了我们改变上述现象的足够信心,但长期的习惯模式、习惯思维的调整,还需要一个漫长的过程。更重要的是,我们现在相关的激励机制和惩罚制度不够完善。所谓激励(Motivation),是指利用某种外部诱因调动人的积极性和创造性,使人有一股内在的动力,朝着所期望目标前进的心理活动过程。激励的目的是为了激发人的行为,推动人的行为,调动人的积极性,就是让人们自觉自愿地、努力工作,并创造好的效果。英美法系的法官在制作判决文书时,之所以能详述判决理由,正是由其激励制度造就的(其中最为重要的是判例法制度)。比如对于英美法的法官来说,一个有良好法律推理和解释的司法判决,具有长久的法律力量;这意味着自己工作的影响扩大和伸展。当个人的正当努力得不到合理回报、理想和抱负无法实现时,人们为什么要为之而奋斗、不辞辛劳呢?而另一方面,即使裁判文书写得不好也没有惩罚措施。比如被人戏言堪称中国判决书"错误之最"的某份判决书中共有66个错误。曝光这一案例的《民主与法制》杂志为此加了编者按:"一份严肃的判决书,存在错别字、掉字、多字、标点符号错误、语法错误、引用法律错误等诸多问题,甚至颠倒当事人,对当事人的姓名、年龄、住址张冠李戴。……上述现象在我国目前的司法实践中并不是个别的,至于判决书中既无分析论证,亦无法理阐述,简单地套用八股文体,武断判案等现象就更是屡见不鲜。"此文刊发后在司法界引起了强烈反响,大家都不约而同地把目光集中在法院的监管制度上。的确,这样一份漏洞百出的判决书能通过层层审核送到当事人手中,法院在监管方面负有不可推卸的责任。

(二) 人的问题

由于上述制度方面的缺失等原因,导致法官们在主观上不重视说理。因为缺乏相应的奖惩机制,所以认为裁判文书写好写坏一个样。如上述"错误之最"判决书,如果法院有对应的惩罚措施,法官们会如此不负责任吗?另外,长期以来,法官与律师对立的惯性思维也是影响裁判说理的重要原因,一些法官习惯性地认为律师都是与司法机关对立的,认为律师故意挑毛病、找事。所以裁判文书制作中自然就会无视律师意见,更不会对律师的意见进行分析,从而阐明是否采纳的理由。甚至有的法官还借当事人之口在裁判文书中讽刺辩护律师。如某判决书写道:"被害单位真功夫公司、广州真功夫公司、深圳真功夫公司一致表示……蔡某某的律师对此仅发表了不超过三句话的辩解,在法庭提醒下,他依然说不出个所以然。对比其开庭之初不断举手要求发言,在程序上吹毛求疵,不断宣读刑事诉讼法,不停抗议,提出法官和检察官回避申请等,形成了强烈的反差。由此可见,蔡某某的律师表演力度大于实质辩护力度。有的律师,他们出庭不是为了帮助法庭查明真相,而是为了阻挠审判,掩盖真相。做生意'合则两利'是一条亘古不变的真理,任何不顾客观事实,增加双方仇恨的行为都是别有用心的,都是对解决双方矛盾不利的,都是对当事人不负责任的行为……"无论事实真相如何,这样的判决书内容不仅暴露了法官与律师之间对立的情绪,更暴露出法官的职业素养。除了主观原因,裁判说理缺乏或不足也有客观上的原因。比如业务能力问题、逻辑推理能力有限、文字表述能力不足,等等。唐朝白居易说得好:"虽有贞观之法,苟无贞观之吏,欲其刑善,无乃难乎?"所以,解决说理不足的问题,还需进一步提升法官的业务素质。当然,法官的职业道德也会影响裁判说理不足,比如有的法官枉法裁判,不敢说理。在判决理由上支吾遮掩、含糊其辞;裁判表述奉行"宁简勿繁""含糊胜于明确"的原则,裁判语言高度概念化、抽象化,怕说多了被人抓住把柄。

(三) 现实因素

随着人们法律意识的增强,法院的案件数量总体呈上升趋势,尤其是基层人民法院。法官们忙于办案已经是焦头烂额了,还有多少精力去完成裁判文书制作呢?更别指望制作质量上乘、说理性强的裁判文书了。正如某基层法院院长曾吐露肺腑之言:我们能在审限内把手里堆积如山的案子弄出去,再应对各种额外任务以及学习和检查,不出乱子就不错了,哪里还有时间对裁判文书的说理精雕细琢?这些客观压力的存在,使得裁判文书的质量很难有实质性的改观。在司法改革的今天,立案登记制替代立案审查制后,案件数量相应更会急剧上升,所以,人民法院和法官们都将面临更加严峻的考验。

三、裁判说理机制的完善

(一) 健全各项制度

阳光司法语境下的裁判说理要求做到公开、透明。而裁判说理,不仅要有合理的司法体制和完善的司法制度,更要依靠司法者的智慧和积极性、主动性、创造性来完成。那么,如何最大限度地调动司法者的积极性,使之在实现司法目标的方向上创造性地、高效地努力工作呢? 美国耶鲁大学教授、心理学家弗罗姆(V. Vroom)所创立的期望值理论认为,人之所以能够积极地从事某项工作,是因为这项工作能帮助他们达成自己的目标,满足自己某些方面的需要。因此,要充分调动法官的积极性,使其在司法过程中敬畏、遵从法律,并创造性地努力工作,其有效路径是在司法改革中设计并建立起基于公正司法的法院治理和符合法官职业特点和要求的激励机制。具体而言,就是从提高法官自身主观能力的角度,强调完善裁判文书说理的刚性约束机制和激励机制,建立裁判文书说理的评价体系,将裁判文书的说理水平作为法官业绩评价和晋升的重要因素。同时,还要加强监督机制的完善。

(二)提升法官素养

亚历山大·汉密尔顿认为:"由于人类弱点所产生的问题,种类繁多,案件浩如瀚海,必长期刻苦钻研者始能窥其堂奥。所以,社会上只能有少数人具有足够的法律知识,可以成为合格的法官。因为人类的本性已经普遍蜕变,所以能真正把廉政与知识结合起来的人可能更少……要避免使司法权落入那些能力低的不合格的人之手中,他们不会靠法律与尊严进行执法。"法官职业的特殊性决定了法官任用必须走精英化之路。所以,要实现阳光司法,增强裁判文书的说理性,就必须进一步优化法官任选制度,加强法官队伍的职业化建设。法官职业的同质化程度比较高,会有助于确保和增进法官在理解和阐释同一法律、同一问题时,能够遵循大致相同的原则,沿着同样的进路,使用同样的方法,进而达致方向同一、实质相同或接近的结论。就裁判说理而言,需要法官主观上的高度重视,特别要改变与律师对立的惯性思维,客观上必须完善自己的知识结构,提高理论水平和业务能力,加强自身的道德修养,等等。

(三)扩大上网范围

阳光司法不能走过场搞形式,要实现内容与形式的统一。上网公开裁判文书,让裁判文书接受社会大众的监督、评价,这对人民法院提高裁判文书制作质量、加强裁判文书说理性确实能够起到不小的促进作用。为了进一步完善裁判说理机制,笔者认为应当扩大文书上网范围,不仅裁判文书上网,相应的起诉书、公诉意见书、辩护词以及起诉状、答辩状、代理词等也应一并上网。以此进一步加强社会的监督力度,倒逼裁判说理机制的完善。

(四)重视案件分流

面对司法实践中诉讼案件多,法官工作负荷重的现状,为了实现裁判文书的制作质量,加强裁判文书说理的公开透明,必须进一步做好案件繁简分流的工作。对事实清楚、权利义务关系明确、当事人争议不大的一审民商事案件,和事实清楚、证据确实充分、被告人认罪的一审轻微刑事案件,使用简化的裁判文书,通过填充要素、简化格式来撰写判决书。只有这样才能提高法官的工作效率,使他们腾出更多的精力和时间来打磨那些需要说理的裁判文书。

表意与炼意

——增强法律文书的说理性

周　恺[*]

中共中央在《关于全面深化改革若干重大问题的决定》中提到了增强法律文书的说理性。这个任务应该是一个老话题了,至少从 20 年前就在不停探索,现在仍在提,说明这个任务依然没有完成。为什么法律文书的说理性长时间不能得到根本性改善呢?这就不得不引起我们的深思了。当实践遇到困难的时候,我们需要对理论进行反思:是不是我们的基本理论出了问题?

一、表"意"

笔者认为,在探讨增强说理性的过程中,我们忽视了一个重要的理论环节:意。正是因为缺乏了对表意的发现与重视,所以法律文书的说理性迟迟不能得到根本性的增强。

什么是"意"呢?就是法官在处理案件时心中的所思所想。将这种所思所想在法律文书中表达出来就是表意。随着法官将心中的所思所想表达出来,法律适用的理也就被说出来了,法律文书的说理性也就得到了增强。在这一过程中,如果我们阻碍了意的表达,不让法官将所思所想表达出来,理也就无法展现在人们面前了。这就是我国法律文书的说理性长期得不到增强的理论原因。

法律文书是文与法的结合,是法律适用与文字表达的统一。无论什么样的法律适用之理,一旦进入文字表达阶段,就必须转化为意。我们以往只是注意了法律适用的一面,却忽视了文字表达的一面。形象地说,我们只注意了"理",却忽视了"说"。

世界上并不存在一本说理辞典:当我们遇到某类案件时,可以从这本辞典中查到该怎样说理。任何案件具体的法律适用之理必须依靠法官在心中产生的法律适用之意,然后把它表达出来,形成最终的说理。

---

[*] 周恺,天津市高级人民法院副庭长。

理和意都是从人的内心发出的。理虽然是客观的,却是需要在人的内心得到认识。就像科学知识本来存在,必须在人心中得到认识才能让人知道。人的所思所想更是从心里发出的。可以讲,理和意是同源的,同时,理和意又是相伴而生的,有什么样的理就会有什么样的意。不存在没有理的意,也不存在没有意的理。所以,表意才能说理。表达了意也就说出了理;意的表达不顺畅,说理性自然也就不强。

　　意并不是天上掉下来的东西,意是文的灵魂。在写作理论中,早就将意作为了文章的灵魂。曹丕早在三国时期就在他的《典论·论文》中提出了"文以意为主"。近代更是形象地指出写文章"意犹帅也。无帅之兵,谓之乌合"。法律文书虽然在法律适用的领域中使用,但首先是一种文字表达。它最基本的功能是在写作者和阅读者之间架起沟通的桥梁。所以,法律文书必须首先遵循写作的基本原理,必须以意为主,必须由意来统帅。如果在重视法律适用的同时,不重视表意,将法律文书写得乱七八糟,那么法律适用的理也就无法顺畅地交流到阅读者那里了。离开了说,说理也就无从谈起了。

　　格式是法律文书的特征。作为国家的公文,法律文书实际是国家与个人合作的作品。国家规定了法律文书要写什么、怎么写,体现了国家的意志。但在增强法律文书的说理性方面,格式所能起到的作用却是有限的。格式所能规范的一定是普遍问题,比如,法律文书中要记载当事人的意见、要记述案件事实等;而法律文书中需要重点说理的一定是个别问题,一定是针对这个案件的,否则说理无法透彻。这种根本性的差异,决定了依靠格式是不可能增强法律文书说理性的。过分依赖格式,肯定会造成法律文书千人一面的结果。

　　不幸的是,我们以往过分依赖格式。增强法律文书说理性的一个方法是设计繁复的新格式,希望以此来"迫使和指导"法官说理。这一方法至今还没有看到成效,而且使法律文书的改革走入了死胡同。

　　过分依赖格式带来的一个直接后果,就是形成了"堆砌型"的法律文书。审判中出现的事物都是法律文书写作的材料,盲目地堆砌这些材料,就是堆砌型的法律文书。由于不强调,甚至不鼓励表意,这些材料在法律文书中无法得到有效的组织。审判的过程、证据、各方当事人的意见、法院的处理意见等,被一股脑地罗列到法律文书中。其中法院处理意见的表述,无论是遣词造句还是表达方式,都十分单调、模式化。别人没说过的话不敢说,没有用过的表达方式不敢用。所谓的好文书不过是"填表格+誊案卷"。这样的法律文书越写越长,内容越来越多,动辄几十页上百页,而说理性却依然没有增强。

　　究其原因,就是因为缺乏了表意,理也就无法呈现在法律文书中了。于是,只好僵化地将案卷中的材料誊抄到法律文书中充数。其实,即使案卷誊抄得再多再细,理也不会自动跳出来。还是需要法官将内心的意表达出来,理才会出现在法律文书中。

"问渠哪得清如许,为有源头活水来。"法官的所思所想是法律文书说理的源头。只有表意才能根据每个案件不同的情况作出有针对性的说理;只有"表意型"的法律文书才能增强说理性。

二、炼"意"

增强法律文书的说理性需要表意,但最终让说理有说服力,还需要炼意。

"意"有错误的"意",有模糊的"意",有矛盾的"意",有不全面的"意",有不适当的"意"。这样的"意"不会让法律文书的说理有说服力。表意不意味着胡思乱想、信口胡说;也不是口无遮拦,没有计划性,想到哪里说到哪里。那样是无法增强法律文书的说理性的。不是随便哪一个人随意将自己的所思所想表达出来就能有好的说理。法官必须锤炼自己的意,让自己认识到正确的理,表达出合适的意。炼意就像从火中去除渣滓,让火焰更旺;从水中去除污垢,让水更纯。

意要炼得清晰准确。去除模糊不清的意,让意分出主次、层次,让说理繁简得当,如果连看都看不懂,怎么会有说服力呢? 意要炼得合法。法律文书是适用法律的文书,合乎法律是最重要的标准。法官的意一定要合乎法律的规范思维,不合法的说理不会有说服力,意要炼得合理。说理大多数情况下说的是法律中没有规定的情理,法官的意要符合基本的情理才能有说服力。意要炼得有高度,说理不是日常聊天,必须有理论高度。意要炼得适当,不是说得越多越有说服力,有时简单效果更好。

炼意要有扎实的法律功底。笔者前几年接触了一个新的审判领域:劳动争议。当初笔者在自己熟悉的审判领域中办案时,心中的意源源不断。但当来到这样一个新的审判领域时,却几乎一个理字都说不出来:以往那些意都到哪里去了? 很明显,是因为不熟悉相应的法,所以没有什么意可以表达。可见,炼意的首要就是要有扎实的法律基础,熟悉相应的法律规定和法理。写作裁判文书是在适用法律,对案件处理一头雾水,不知从哪里下手,怎么可能有正确的所思所想呢? 一个法官要首先经过学习法律,培养法律的人工理性,才能在心中有正确的法律适用之意。

炼意要有丰富的生活阅历和文化修养。法律不是空中楼阁,它与我们的生活是紧密联系的。说理中的理也绝不仅仅是法理,更多的是人情事理。只有将这样的理说出来,才能让法律文书中的理清楚透彻。法院处理的案件涉及社会的各个方面、各个领域,必须有一定的阅历才能对此感同身受,说出其中的道理;接触的当事人可能是普通的平民百姓,也可能是有一定地位的高官巨富。各种文化层次的人都可能遇到,他们的心态、行为方式都是不同的。"欲穷千里目,更上一层楼",只有具备了相应的生活阅历和文化修养,才能了解和把握当事人的行为思想。同时,裁判文书中的说理的阅读者是社会全体公众,没有丰富的生活经验和文化修养,你的说理也会让公众觉得有说服力。

炼意要以公正为目的。炼意不是巧言令色,强词夺理。如果为不公正的判决结果强找理由,虽然有时候自己觉得能够自圆其说了,但那样表达出来的意必定是有破绽的,是没有说服力的。

炼意要有正确的态度。写作者的所思所想必须像一个法官,认识到法律文书中意的表达有高度的实用性,说理不是为了审美欣赏,而是为了现实地解决纠纷;不能无病呻吟,为了说理而说理;不能卖弄学问,牵连枝蔓,进行无谓的学术探讨。要紧紧联系解决案件的需要,意识到世界上有不必说之理、不必达之意。有时候多说不如少说,少说不如不说。才能够感受到最佳的表达效果。

刑事裁判文书说理应从立法形式上予以确认

侯兴宇[*]

一、刑事裁判文书的说理及其作用、地位

党的十八大明确提出要加强法律文书的说理,裁判说理已作为改革的国策推出。刑事量刑说理已提升到一定的高度与水平,有了一定的设计规划,也形成了一定的制度机制,但并没有以立法的形式加以明确。给人的印象是说理虽然重要,但没有上升到立法的高度。

说理不管是古代的例案文章,还是当今的法律文书,其说法都一致,即通过对客观事实和问题的剖析评判,从而辨明是非,阐明自己的观点,表明自己态度的表达方式。说理,简而言之,也称理由的说明,它主要包括事实理由与法律理由两大部分。事实理由指对法律事实及其证据的分析、认定,法律理由主要是指对具体案情的法律认识和法律适用。

而刑事裁判文书说理是说理的一种,它离不开说理的本质,并有自身的特点。裁判文书是人民法院在审理刑事案件过程中,就解决实体问题和程序问题而依法制作的具有法律效力的非规范性文书。就诉讼程序说,刑事裁判文书说理是说理的终极;就诉讼模式言,它体现了三方理由,不仅反映人民法院通过庭审对客观事实和问题进行剖析评判,从而辨明是非,阐明自己的观点,表明自己态度的表达方式;同时,也反映对立双方在诉讼中对客观事实和问题的剖析评判,从而阐明自己的观点,表明自己态度的表达方式。

刑事裁判文书说理,从不同的视点有不同的作用:

1. 刑事裁判文书说理的媒介作用

刑事裁判文书说理的媒介作用,主要从刑事裁判文书的内部结构而言。

刑事裁判文书说理的媒介作用,从狭义的裁判说理而言,即是刑事裁判文书理由的说理。从刑事裁判文书内部结构看,"事—理—断"的结构模式中,"理"处于居中位置,是"事"与"断"的桥梁。如何从案件事实及证据推论出案件的结果、目的,就是理由的说理所要明确的任务目标,也是理由说理的价值所在。再者,从

---

[*] 侯兴宇,贵州警官学院教授。

宏观的形式主义言,不管是事实理由或者法律理由,事实认识或者法律认识,都不能解决案件的实际问题,说具体些,就是不能解决法律的实体问题和程序问题。但刑事裁判文书理由说理实际又是案件事实证据与案件结果的必须形式。因此,笔者认为,刑事裁判文书理由说理是裁判事实与裁判结果的媒介。

2. 刑事裁判文书说理的灵魂作用

刑事裁判文书说理的灵魂作用,主要从刑事裁判文书的司法精神而言。

如果说刑事裁判事实解决的是有没有的问题,刑事裁判结果解决的是对不对、是不是的问题,那么,刑事裁判说理解决的就是公平、公正、正义的问题。虽然刑事裁判说理不能解决司法的实际问题,但却能体现司法的精神,反映司法的本质。从这个意义上来说,刑事裁判说理就是裁判文书的灵魂。

3. 刑事裁判文书说理的社会作用

刑事裁判文书说理的社会作用,主要从刑事裁判文书的司法效应而言。

刑事裁判文书说理虽不能解决司法的实际问题,但说理这一媒介所体现出来的司法精神却能产生极大的社会效应。效应分正效应与负效应,刑事裁判说理能塑造法官的公正形象,充分反映司法公平、公正、正义权威,让当事人服判息诉,产生社会和谐的,称为刑事裁判说理的正效应;反之,刑事裁判说理不能塑造法官的公正形象,不能充分反映司法公平、公正、正义权威,不管胜诉与败诉,当事人皆不服判,引起当事人不断地上诉、申诉与控告,不能产生社会和谐的,称为刑事裁判说理的负效应。这种效应,就是刑事裁判文书说理的社会作用。

从刑事裁判文书说理的上列作用可看出其应有的法律地位。用最高人民法院的观点来说,就是最好的概括,即"裁判文书是司法公正的试金石"。笔者认为,具体点说,刑事裁判文书说理是司法公正的试金石。

二、刑事裁判文书说理的立法必要

(一) 刑事裁判文书说理的不断完善

1. 当代刑事裁判文书说理的雏形阶段(也称为法院独说阶段)

这一阶段裁判文书制作的依据是1951年《诉讼用纸格式》等,这一依据的确立有三个来源:

(1)批判继承了中国古代判例格式的优良传统。中国古代判词一般分为实判、拟判和花判。实判指的实际判例,拟判指的科举等考试用的判例,花判指小说中杜撰的幽默诙谐的判例。实判遗留下来的主要有樊增祥的《樊山判牍》、蒯德模撰的《吴中判牍》、李渔撰的《资治新书》、李清撰的《折狱新语》、无名氏作的《刀笔精华》等;拟判遗留下来的主要有唐代白居易的《甲乙判》、张鷟的《龙筋凤髓判》、王维的《王右丞集》、宋代无名氏所撰的《名公书判清明集》等;花判遗留下来的较为有名的是冯梦龙《醒世恒言》中的《钱秀才错占凤凰俦》《乔太守乱点鸳鸯谱》、毛祥麟《墨余录》中《施氏兄弟为祖藏窖金被盗,疑控其仆》等。不管是实判、拟判、花判,都是封建官吏为维护地主阶级利益,维持封建社会秩序,执行封建法律的产物。但是,在认清了它的阶段本质的基础上,再来阅读和分析,这对于我们今天的审判工作、刑事裁判文书制作仍有巨大的意义。判词的内容和体例,各代略有异同,然内容大体包括事实、理由、主文三部分;体例不外骈、散两体。可以说,当今裁判文书的"事—理—断"模式来源于古代判例。

(2)新中国成立后,国民政府沿用的司法文书格式在"六法全书"被废除后的同时已相应革除,新的裁判文书格式在继承陕甘宁边区文书的模式中开始建立。陕甘宁边区是新中国成立前的老区,也是现代裁判文书的老区。新中国成立后,大多审判人员是老区的审判人员,大多的刑事裁判文书模式同样沿袭了老区的文书模式。特别是陕甘宁边区高等法院刑事判决书中王光胜叛国案和黄克功故意杀人案的判决书,算是当代刑事判决书的典范。新中国成立后的审判活动几乎承接了老区的实践经验,只是结构模式不同。老区的"主文—事实—理由"改变为"事—理—断"。

(3)适当参照苏联的某些经验,创制了中国特色的裁判文书格式。用两国的裁判文书格式相比较,除语言不同外,几乎没有多大差别。苏联对新中国的影响是方方面面的,刑事裁判文书也不例外。说是参照实为雷同,说是"特色",那是20世纪80年代以后才具有的中国特色。新中国建立初期,敌人未彻底清除,还是一个不断斗争的过程。因此,裁判文书具有独断性、纠问性、强权性是时代所需要的,也是我国刑事诉讼法属于大陆法系刑事诉讼中的强职权主义模式的一个重要原因。如果说第一个来源是批判地继承,第二个来源便是确定了基础,第三个来源则是确定了方向。

这一时期适用的刑事裁判文书格式遵循了"首部+法院认定事实+法院认定理由+法院判处结果+尾部"这一结构模式。强调了法院审判的中心地位,反映出当代刑事诉讼的庭审模式与过程。这时的司法公正要靠法官的自律性,即法官的思想素养与职业水平。因此这一阶段也称为法院独审阶段。

这一刑事裁判文书模式的定型与定位,占据了新中国现代裁判文书发展史的40年。虽为当代刑事诉讼的任务具有一定的贡献,但却为刑事裁判文书的发展即司法公正的形象起着滞后的消极作用。可以说刑事裁判文书的雏形阶段过长了一点。

2. 当代刑事裁判文书说理的改革阶段(也称审判说理的透明阶段)

1992年6月最高人民法院公布《法院诉讼文书样式(试行)》,标志着裁判文书的改革正式开始。这一重大改革的推动有两点:

(1)《刑事诉讼法》《刑法》面临着修订,老的刑事裁判文书模式已无法适应司法实践的要求。各地刑事裁判文书有各自为战的现象。为了解决这一现象,为了对《刑事诉讼法》《刑法》的修订提供一定的借鉴,法院率先走出了改革的一步。

（2）我国社会主义的社会工作重点发生了转移,以"阶段斗争为纲"的废除,以经济建设为中心的任务得到了肯定与加强,《刑法》《刑事诉讼法》的任务不再像新中国建立初期那样"打击敌人,保护人民",而是"惩罚犯罪,保护人民"。"打击敌人"是无产阶级对剥削阶级专政的任务,而现阶段,剥削阶级基本消灭,存在的主要是经济建设绊脚石的犯罪。因此,"惩罚犯罪"成为后来修订的新《刑事诉讼法》、新《刑法》的主要任务,保护人民,保障国家安全和社会公共秩序,维护社会主义社会秩序,成了《刑法》《刑事诉讼法》的最终目的。于是我国刑事诉讼的模式,刑事诉讼的审判模式要相应改变,法院"一统江湖"的独审阶段应该结束。向民事诉讼审判模式学习,应该尊重诉讼各方的意见。我们惩罚犯罪要客观、公正。惩罚的目的是为了更好地保护人民,保护人民、保护公民应有的权利才是一切庭审诉讼模式所追求的至高方向,也才能代表诉讼模式的文明程度。

《法院诉讼文书样式（试行）》中刑事裁判文书部分的最大改革,就是一改法院的独审模式,把刑事诉讼过程和庭审模式表现出来。试行样式在刑事裁判文书事实中要求写控方事实、辩方事实和法院查明的事实等三方事实。在刑事裁判文书理由中,要求体现三方理由,即法院根据庭审查明的事实、证据,认定被告人是否犯罪、犯什么罪、从轻或从严处罚的理由,再写评析控辩双方对适用法律意见的理由,正确的采纳,错误的否定。与此同时,试行样式中,刑事裁判文书还增加了案件由来和审判经过,强化了诉讼程序的重要性。

这一改革,使刑事裁判文书明显增加了审判的透明度,为司法公正即实体公正和程序正义起着文字凭证的作用。这一改革,是刑事裁判文书划时代的改革,它不仅是诉讼结果的载体,还是刑事的诉讼活动过程,刑事诉讼庭审方式的忠实记录者。这一改革阶段,也应称为"审判透明阶段"。

3. 当代刑事裁判文书说理的发展成熟阶段（也称突出控辩庭审说理阶段）

标志为1999年最高人民法院对1992年《法院诉讼文书样式（试行）》的刑事部分进行修订（自1999年7月1日起施行）,名为《法院刑事诉讼文书样式（样本）》,共9类164种（其中判决书15种,裁定书28种,调解书2种）,可以说,这一阶段是我国刑事诉讼文书历史上格式最齐全、文书体系最完整的阶段。

这一阶段刑事裁判文书的修订是在1996年《刑事诉讼法》和1997年《刑法》修订后再次完成的。它经历了近5年的试行,更准确体现了《刑事诉讼法》《刑法》的精神实质,是"刑法——刑事诉讼法——刑事诉讼文书"三者合一的统一体。每部单行《刑法》,都要靠《刑事诉讼法》来施行,每部单行《刑法》的施行都要靠刑事诉讼文书来忠实记录。刑事裁判文书是在庭审阶段集中地体现了这三位一体。

这一阶段刑事裁判文书的修订重点突出了控辩式的审理方式。

（1）关于控辩意见的表述。一是将人民检察院的指控和被告人的辩解、辩护人的辩护意见，由试行样式在一个自然段内表述改为分两个自然段分别表述，以进一步从形式上独立体现控辩式的审理方式。二是将试行样式中"概述人民检察院指控的基本内容"，修改为"概述人民检察院指控被告人犯罪的事实、证据和适用法律的意见"；将试行模式中"概述被告人的供述、辩解和辩护人的辩护的要点"，修改为"概述被告人对指控的犯罪事实予以供述、辩解、自行辩护的意见和有关证据，概述辩护人的辩护意见和有关证据"，以体现控辩式审理方式的特点和裁判文书的公开性、客观性、公正性和全面性。

（2）对试行样式中"经审理查明"的事实和证据的表述，由较为原则的写法，修改为层次较清晰、具体的写法，强调对证据要进行分析、认证，"首先写明经庭审查明的事实；其次写明经举证、质证定案的证据及其来源；最后对控辩双方有异议的事实、证据进行分析、认证"。

（3）理由部分删去了试行样式中有关对控辩理由不能成立时"予以批驳"的表述。明确规定"控辩双方关于适用法律方面的意见，应当有分析地表示是否予以采纳，并阐明理由"，以体现裁判理由的客观公正。

（4）案件由来体现了控辩式的审理方式，即将试行样式规定的"××××人民检察院于××××年××月××日以被告人×××犯××罪向本院提起公诉"，修改为"××××人民检察院以×检×诉〔　〕××号起诉书指控被告人×××犯××罪，于××××年××月×日向本院提起公诉"，增加了起诉书字号和突出了"指控"的特征，以体现控辩式的审理方式。

这种突出控辩式的审理方式，反映了现代刑事诉讼的主流：科学、民主、对抗的诉讼特点，形成了当今刑事裁判文书发展的方向，体现了各方诉讼主体平等对抗的司法公正形象，也标志着刑事裁判文书日趋成熟。这一刑事裁判文书发展成熟的阶段也可称为突出控辩式庭审阶段。

4. 当代刑事裁判文书说理的探索阶段

正如"正义的产生要让人看得见"。裁判文书说理就应解决这一问题，表现在两个方面：裁判文书事实构建过程和裁判文书法律适用的认识过程。裁判文书法律事实是事实构建的结果，裁判文书法律事实构建过程才能体现法律事实构建的本质和特点。裁判文书法律事实的构建是否准确、是否公正与正义，关键在构建过程。裁判文书说理就是公正生成的过程，它是审判公正的重要内容。因此，裁判文书说理的第一个内容就是刑事裁判事实的构建过程。这种构建过程是对证据的认识过程，每一个证据、每一组证据分别能证明犯罪事实的哪一个要素、哪一个方面；每一个证据、每一组证据又能证明犯罪构成的哪一个构件、哪一个构成；每一个证据、每一组证据的证明度如何。在庭审过程和庭审模式下对证据进行逐步的全面认识就是刑事裁判法律事实构建的本质性和特性。这种体现法律事实构建过程的公开与透明是司法公正与正义的理念追求。传统刑事裁判文书法律事实构建只见结果不见形成过程是刑事裁判文书说理内容完整性的缺失,容易引起当事人和社会群体对裁判文书制作个体公正性的怀疑。如《法制日报》登载的一个司法案例,公、检、法三家对同一个案件、同一个法律事实、同一个法律行为,居然有三种不同的认定,即"举刀一刺""举刀一挡""举刀相迎"。不同的认定还可理解,最让当事人与社会群体对此法律事实构建不满的是,共同的原始证据是如何证明事实的,对原始证据的认识过程缺失公开与透明。说大了就是让人们对司法或司法机关丧失了信心。由此,裁判文书事实构建过程,也即证据的认识过程,应当是刑事裁判文书说理的内容与重点。

裁判文书适用法律认识过程是针对对立双方在适用法律认识过程中争议焦点的意见。这种针对,说具体点就是对立双方在适用法律过程中对法律争议的认识。这种认识是整体性的,即法条内容、适用原因、争议焦点、如何确认的过程。在对对立双方法律的评判中形成意见,这种意见包括对立双方和审方,且都以审方的视点来评判。

总之,从刑事裁判文书说理发展的法院独说阶段到审判说理透明阶段,再到突出控辩审说理阶段,最后到说理探索阶段,可以看到司法公正在不断塑造,这也是刑事裁判文书说理的媒介、灵魂、社会作用的真正含义。

(二) 刑事裁判文书说理规范制作与司法的认可

说理与理由是有区别的,说理贯穿全文,理由只在事实之后;说理以理由为集中体现,理由是说理的主要形式。裁判文书说理既有事实部分,也有理由部分。裁判文书说理,从诉讼性质分为刑事裁判文书说理、民事裁判文书说理、行政裁判文书说理,不同的法律关系的裁判说理,其说理的视点、轨迹、层次是不同的。从裁判文书样式与实践案例中可以看出裁判文书说理的司法认可。

1. 事实和证据的层次及认识

刑事裁判文书事实与证据的评述,其具体层次,可以表述为:

刑案(一审)		
层次		
第一层	人民检察院或自诉人指控	概述事实构建过程
第二层	被告人和辩护人辩护、辩解	概述事实构建过程
第三层	人民法院审理查明	阐述事实构建过程
第四层	人民法院对对立双方事实证据的评述	论述

不管是概述、阐述、论述,都表明了人民法院对刑事事实证据的认识与确认,即刑事事实构建过程。具体说,就是审案法官对经过庭审案件事实证据的自我审视,充分表现法官的专业水平与个人素养。从某种意义上说,也可以称为审案法官对事实证据的一种自由裁量权。因此,对对立双方和审方事实证据的概述、阐述、论述,本身就是一种说理。这是司法所认可的,也是司法改革所提倡的。

2. 理由的层次和法律认识

刑事裁判文书理由的说理论证,其具体层次,可以表述为:

<table>
<tr><td colspan="4">刑案</td></tr>
<tr><td>层次</td><td>事实理由</td><td>法律理由</td><td>结论</td></tr>
<tr><td>第一层</td><td>事实概括(审方)</td><td>适用实体法</td><td>是否犯罪、犯什么罪</td></tr>
<tr><td>第二层</td><td>情节要点(审方)</td><td>适用实体法</td><td>应当从宽从严处理</td></tr>
<tr><td>第三层</td><td>评析要点(对立双方)</td><td>适用法律</td><td>正确采纳、错误否定</td></tr>
<tr><td>第四层</td><td>为了侵害客体的利益(审方)</td><td>适用法律</td><td>裁判结果</td></tr>
</table>

例如:本院认为,三被告人张×万、刘×利、吴×全,为牟取暴利,走私贩卖毒品海洛因2 000克,数额巨大,危害严重,其行为构成走私贩卖毒品罪,应予重罚。其中,××检察院指控被告人张×万主谋走私贩卖毒品并出资2万元购得海洛因2 000克,数量巨大,严重危害社会,应从重处罚的意见予以采信。辩方认为刘×利、吴×全在走私贩卖毒品活动中起次要作用,系本案从犯,应比照主犯从轻处罚的意见可以采纳。为严厉打击犯罪,维护社会管理秩序,维护社会的安定团结,依据《中华人民共和国刑法》第××条之规定,判决如下:……

其中,"本院认为……应予重罚"为第一层和第二层,写的是审方(人民法院)的意见;"其中……可以采纳"为第三层,写的是审方评析控辩双方的法律意见;"为……判决如下"为第四层,写的是为了侵害客体的利益适用法律得出裁判结果。

刑事裁判文书理由的法律认识分为:

(1)裁判理由的认识。有什么样的裁判事实就有什么样的裁判理由,有什么样的裁判理由就有什么样的裁判结果。裁判理由是裁判事实与裁判结果一致性的媒介。这一媒介是法官形成裁判的过程。对这一过程的认识就是裁判理由的认识,它是法官定案的思想与想法。裁判理由主要包括事实理由和法律理由两大部分,事实理由又分为事实概括和情节要点,法律理由又分为实体法适用和程序法适用。在事实概括、情节要点、实体法适用、程序法适用中,充分展现法官个体对个案的认识与想法,表现法官自我的法律思想。因此,可以说,裁判理由的认识就是法官个体对个案的认识,是法官法律思想的集中体现。在裁判文书样式中表现为:

"本院认为……(根据查证属实的事实、证据和有关法律规定,论证公诉机关指控的犯罪是否成立,被告人的行为是否构成犯罪,犯的什么罪,应否从轻、减轻、免除处罚或者从重处罚。……)"(见《法院刑事诉讼文书样式》1)。

(2)争议理由的认识。争议理由的认识主要是指制判法官对对立双方适用法律意见的评判。在评判中,法官进行一定的价值衡量,这种价值衡量就是塑造法官形象的增长点。为维护法治起见,法官在进行价值序位排列时,一般考虑下列原则:①没有法律依据不能用牺牲个人合法权利来为权力谋取利益,这是法治的维护者以权利制约权力的目的所在。②没有正当的合法理由不能用牺牲一方当事人的合法权利来换取另一方当事人的利益。这是法治平等精神所在。③公民的基本权利高于公民的一般权利。但是法官也应注意到,法治并不是法律追求的唯一价值,在法治与效力、社会目标、人伦道德相冲突的情况下,制判法官应在相互竞争的多种价值之间作出权衡和选择。这种权衡和选择综合了法官的执业水平与个人修养,是制判法官塑造公正、客观法官形象的平台。当然,这种评判、权衡和选择,同时表明了法官裁判的透明性和受监督性。在裁判文书样式中表现为:

"对于控辩双方关于适用法律方面的意见,应当有分析地表示是否予以采纳,并阐明理由"(见《法院刑事诉讼文书样式》1)。

"对于上诉人、辩护人或者出庭履行职务的检察人员等在适用法律、定性处理方面的意见,应当有分析地表示是否予以采纳,并阐明理由"(见《法院刑事诉讼文书样式》11)。

据此,裁判文书说理已得到司法认可,是司法界、社会界不同层面的共同认识。

三、刑事裁判文书说理应当得到法律形式的确认,其改革精神才可能在司法实践中得到推广与运用,刑事裁判文书新样式才可能真正实施

1. 裁判文书说理的立法现状

裁判文书没有独立的立法,其立法在诉讼法中零星可见。

(1)《刑事诉讼法》第195条规定:"在被告人最后陈述后,审判长宣布休庭,合议庭进行评议,根据已经查明的事实、证据和有关的法律规定,分别作出以下判决:(一)案件事实清楚,证据确实、充分,依据法律认定被告人有罪的,应当作出有罪判决;(二)依据法律认定被告人无罪的,应当作出无罪判决;(三)证据不足,不能认定被告人有罪的,应当作出证据不足、指控的犯罪不能成立的无罪判决。"

(2)《民事诉讼法》第152条规定:"判决书应当写明判决结果和作出该判决的理由。判决书内容包括:(一)案由、诉讼请求、争议的事实和理由;(二)判决认

定的事实和理由、适用的法律和理由;(三)判决结果和诉讼费用的负担;(四)上诉期间和上诉的法院。判决书由审判人员、书记员署名,加盖人民法院印章。"第170条规定:"第二审人民法院对上诉案件,经过审理,按照下列情形,分别处理:(一)原判决、裁定认定事实清楚,适用法律正确的,以判决、裁定方式驳回上诉,维持原判决、裁定;(二)原判决、裁定认定事实错误或者适用法律错误的,以判决、裁定方式依法改判、撤销或者变更;(三)原判决认定基本事实不清的,裁定撤销原判决,发回原审人民法院重审,或者查清事实后改判;(四)原判决遗漏当事人或者违法缺席判决等严重违反法定程序的,裁定撤销原判决,发回原审人民法院重审。原审人民法院对发回重审的案件作出判决后,当事人提起上诉的,第二审人民法院不得再次发回重审。"第172条规定:"第二审人民法院审理上诉案件,可以进行调解。调解达成协议,应当制作调解书,由审判人员、书记员署名,加盖人民法院印章。调解书送达后,原审人民法院的判决即视为撤销。"

(3)行政裁判文书说理没有具体立法,但有原则性规定。《行政诉讼法》第5条规定:"人民法院审理行政案件,以事实为依据,以法律为准绳。"

2. 刑事裁判文书说理的立法措施

(1)刑事裁判文书说理的立法同样应在诉讼法中体现。裁判文书说理没有必要单独立法,条件也不成熟。

(2)刑事裁判文书说理的立法应形成体系。刑事裁判文书说理立法在刑事、民事、行政三大诉讼法中应当保持一致,缺一不可。

(3)刑事裁判文书说理立法应向民事裁判说理立法学习。

(4)刑事裁判文书说理的立法从根本上说,应把人民法院颁布的相应刑事诉讼文书样式在修订的《刑事诉讼法》中得到明确的确认。

3. 刑事裁判文书说理立法形式的确认能真正推动裁判文书样式及其改革精神的贯彻、执行与推广

最高人民法院于1982年颁布《民事诉讼文书样式》,1992年颁布《法院诉讼文书样式(试行)》,1999年颁布《法院刑事诉讼文书样式(样本)》。特别是审判方式改革以来,1999年颁布的《法院刑事诉讼文书样式(样本)》是刑事法律文书改革的成果,使人民法院成为司法机关改革的先驱。这一改革是基于长时间司法实践的认可和迫切需要进行的。

刑事裁判文书样式及其修订应与实体法、程序法的颁布及其修订相一致,与时代的特征相适应,紧紧与法律改革同步。刑事裁判文书样式在修订与发展中越来越细、越来越完整,极大地推动了诉讼的发展。但其推广如何?效应如何?很值得质疑。究其原因,最主要的一点是这些样式没有得到法律形式的确认。它不是法律规定,也不是司法解释。中国本来就大,不敢说令到即行,何况这不是令。再者,各地司法机关由于各种原因,历史的、习惯的、个人的、爱好的、困难的、异议

的……导致在司法实践中不会热衷贯彻、严格执行，就算执行，其过程也是漫长的。

司法的认可与立法确认是有很大差距的，认可的事物，并不代表要执行；颁布的裁判文书样式就是执行不力、说理不充分，也不会受到司法的追究，无须承担相应的法律责任。

刑事裁判文书样式没有得到法律形式的确认，其执行本就困难。而作为法律文书样式中的精髓即刑事裁判文书的改革精神就更不好推广与执行。刑事裁判文书样式繁多，立法形式的确认暂时无法实现可以理解，但刑事说理这单一要素的立法确认却简单得多，重要得多，况且，它的实现代表着刑事裁判文书改革的实现，能推动刑事裁判文书样式的施行。

就法院刑事裁判文书而言，随着审判方式的改革，刑事裁判文书已提到司法公正试金石的地位，它将全面反映庭审模式和庭审过程。反映庭审模式主要指控、辩、审三方呈等腰三角形的诉讼模式，强调控、辩双方诉讼权利与义务均等的主体地位，改变法院一审到底的垄断地位。反映庭审过程，主要指控方、辩方、审方在对证据进行出证、质证、辩证、认证的整个过程，如实反映庭审模式和庭审过程，体现裁判结果的形成过程，实现公平、公正、正义的司法精神，就是裁判文书改革的精神与精髓。而不仅仅像裁判文书样式那样，事实方面先写控方事实证据，再写辩方事实证据，最后写审方经过庭审确认的事实证据；理由方面，先写审方经过庭审查证事实、证据和法律规定得出自己确认的理由，再写法院对于控、辩双方适用法律的规定及其理由进行评判。这种搬家似的写法，反映不了裁判文书改革的真正精神与精髓。样式的执行本就困难，改革的精神就更难推行了。若反过来，裁判文书改革的精神容易实现，而样式的执行就更容易了。因此，刑事裁判文书说理应首先得到法律形式的确认，其改革精神才可能在司法实践中得到推广与运用，刑事裁判文书新样式才可能真正实施。

总之，当务之急是如何让刑事裁判文书说理得到立法形式的确认，从而在司法实践中才能规范与严格贯彻执行法律文书新样式，从根本上杜绝不接受法律文书新样式的思想，让法律文书改革精神得到彻底执行，更好地为司法实践服务。

参考文献

1. 潘庆云主编:《法律文书学教程》，复旦大学出版社2005年版。
2. 吴宝庆:《裁判的理念与方法》，人民法院出版社2004年版。
3. 唐文:《法官判案如何说理》，人民法院出版社2000年版。
4. 最高人民法院办公厅编:《法院刑事诉讼文书样式(样本)》，人民法院出版社1999年版。

论阳光司法下刑事裁判文书的说理

王清军 孟 傲[*]

引 言

说理,即论辩、论证、说明理由,指能促使或加大他人从思想上赞同发话人所表达的论点的话语技巧。刑事法律文书说理即刑事判决理由,是指为了证明定罪量刑的正当性,人民法院在判决书中就被告人的定罪量刑问题,依据法律文本和原则、法理和情理对控辩双方的定罪量刑意见、定罪量刑事实认定以及法律适用等问题进行必要解释的行为。刑事裁判文书是法官采用逻辑推理的方法运用证据以及适用法律对整个案件审理的缩影。说理部分作为刑事裁判文书最重要的部分,凝聚着法官的辛勤汗水,闪现着刑事审判技巧的智慧,是现代刑事法治视野下现代理性和公正裁判的根本特征,衡量现代法治司法水平的重要标志。我国作为一个具有"说理"传统的国家,历来都重视刑事裁判的说理。随着社会法治的进步,我国关于刑事裁判文书说理的水平也不断提高,但离说理透彻的水平相差甚远。党的十八届三中全会通过的中共中央《关于全面深化改革若干重大问题的决定》明确要求"增强法律文书说理性";党的十八届四中全会通过的中共中央《关于全面推进依法治国若干重大问题的决定》再次要求"加强法律文书释法说理";《人民法院第四个五年改革纲要(2014—2018)》对"推进裁判文书说理改革"进行了具体部署,要求"改革裁判文书签发机制,主审法官独任审理案件的裁判文书,不再由院、庭长签发",从而进一步凸显了刑事裁判文书说理的重要性。当下我国建设法治国家,实行阳光司法,裁判文书实行网上公开,如何规范刑事裁判文书的制作,加强刑事裁判文书说理,是全面深化司法体制改革和裁判文书改革的应有之义。

一、价值解构:刑事裁判文书说理的意义

(一) 贯彻刑事法治

法治是民主国家的重要标志,刑事法治作为法治的重要组成部分要求匹配刑

---

[*] 王清军,华中师范大学教授。孟傲,华中师范大学研究生。

事法律体系体现公平正义,约束公权力而防止司法权的滥用,其首要之义在于实质理性的建构和形式理性的坚守。刑事裁判文书的说理是法官基于法治理念、运用法律思维和法律技巧的理性判断,是防止法官滥用职权、体现公平公正的有效途径。

首先,刑事法治核心表现在保障人权。刑事法官办案在制作裁判文书时必须坚持以保护和尊重人权为理念才能使得案件的结果不会偏离公平正义。在刑事裁判文书说理过程中追求保障人权的价值就在于将保障人权作为基本的原则体现在刑事裁判文书中。

其次,罪刑法定原则是刑事法治的应有之义。罪刑法定即"法无明文规定不为罪,法无明文规定不处罚",罪要法定、刑要法定、罪刑均衡。刑事裁判文书说理的使命就在于为定罪与量刑作出足以确信的法律裁判理由,是法定而非擅断。

(二) 提升司法公信力

司法公信力是社会公众对司法权的运行及运行结果具有普遍的信任和心理认同感,并由此自觉遵从和尊重司法权的运行及其运行结果的一种社会心理状态和社会现象。司法公信力包含两方面的内容:首先,司法公信力是法院赢得社会公众认同的一种能力,它源于社会公众的认同;其次,司法公信力要求公开司法裁判理由是法院的一种职责,是司法机关运用司法权向社会公众的信息回馈。理想的司法公信力类型是"知其然而知其所以然"。刑事裁判文书说理部分是刑事裁判文书的灵魂,是法官运用逻辑推理,根据犯罪事实和证据展示裁判过程的平台。刑事裁判说理的对象是社会公众,法院力图通过说理来证明定罪量刑的正当性,同时也是为了说服被害人认同裁判的结果。一方面,法院通过刑事裁判说理为公众预见司法可行性提供依据,使公众相信判决是依据合法程序、适用刑罚是运用证据而作出的公正判决。另一方面,表明了法院的司法权公开接受公众的监督,关于犯罪分子的罪与非罪、此罪与彼罪是经过严密论证而非擅断的结果。

(三) 实现预防犯罪的目的

众所周知,刑罚的目的是为了预防犯罪,主要包括特殊预防与一般预防。其中特殊预防针对的是犯罪分子,一般预防针对的是犯罪人以外的社会成员。一般预防同时包括威慑预防和规范预防。预防主要是通过对犯罪分子施加刑罚而实现,但是在刑罚适用前需要对犯罪分子宣告罪刑,这必须通过刑事裁判来实现,不作有罪判决而服刑在法律上是不允许的。刑事裁判说理对预防犯罪的作用主要表现在以下几个方面:首先,对犯罪分子而言,只有进行严密的逻辑推理,才能作出有罪判决,适用刑罚。为了让犯罪分子积极接受改造,必须让犯罪分子在主观上接受判决的结果。反之,说理不充分或是对结果不说理,只会导致"以恶制恶"

的效果。其次,对犯罪分子以外的主体而言,法官的刑事裁判说理是一个适用法律、阐释法律的过程。从判决说理中可以清楚哪些行为是犯罪,哪些行为是法律所禁止的,从而为公民提供行为准则,这也是罪刑法定的基本要求。

二、问题研究:当前刑事法律文书说理之现状

自最高人民法院要求对刑事裁判文书加强说理以及实行裁判文书网上公开以来,我国刑事裁判文书说理整体水平已经有了提高,法官也十分重视关于刑事裁判文书的说理。但是关于说理是否充分透彻、是否具有可接受性,仍然值得进一步深思。为了更深入地了解当前刑事法律文书的说理现状,笔者在中国裁判文书网随机选取了湖北省2014年1月1日到2015年4月16日关于故意杀人罪一审裁判文书70份、二审裁判文书78份进行分析。同时也选取了北京市第一中级人民法院以及上海市第一中级人民法院各70份文书作对比,通过分析归纳,认为在刑事裁判文书说理方面存在以下问题:

(一) 偏重定罪说理

刑事裁判文书是法官对犯罪分子定罪量刑的表达载体,定罪与量刑是判决的重要组成部分,不能重定罪、轻量刑。一般而言,关于刑事裁判说理的部分在"本院认为"部分,根据犯罪事实以及按照犯罪构成要件对犯罪分子进行定罪量刑,分析是否有"从轻、减轻或是免除处罚"的情节,最后作出结论。但是,笔者在样本分析中发现关于定罪论证的部分占据了说理的绝大篇幅,而对量刑部分只是一带而过。在70份一审判决书中,笔者认为,量刑缺乏说理的有40篇左右,同时也发现,在78份二审判决书中因量刑上诉的占到80%左右。以具体判决书为例,如谭振华故意伤害案一审判决书的判决理由中写道:"综上所述,在查明犯罪事实的基础上,被告人谭振华具有持凶器伤人、如实供述罪行等量刑情节……""如实供述罪行等量刑情节"到底是有哪些情节,根据这些量刑情节又该如何裁判呢? 不得而知。同时阅读裁判文书全文,也未见关于如实供述的犯罪事实的证据和事实描述,由此可见量刑说理很缺乏。

(二) 一审法院说理不充分

最高人民法院关于加强刑事判决说理的要求,所针对的对象是全国的法院,无论审判级别,在标准和尺度上是一致的。从审理的案件来看,二审刑事案件案情都比较复杂,自然说理的要求和难度大一点。但是不能因此就认为一审说理的标准就会低于二审,甚至将二审作为一审说理的补充。从抽取的判决书样本来看,可以发现一审判决书除了个别案情复杂的以外一般说理都相对简单,但是二

审的刑事判决书说理显然要比一审充分,至少从判决书的页数上可以间接反映出来。

(三) 区域差别较大,缺乏个性

区域政治经济文化发展不同,区域的司法水平也会有所不同,通常而言,一个地区的经济政治文化水平与当地的司法水平是呈正相关的。在选取的判决书中发现,北京市、上海市、湖北省的刑事判决书的风格各异,且说理的方式和程度上差别也很大,但是至于说理水平,由于缺乏统一的尺度和标准,笔者不好言明。同时在分析样本中也发现,同一省份的判决书趋于同一性,即在格式上有明显的模板痕迹,彼此之间缺乏个性化说理。出现这种原因,可能是现有的"法官审法院判"而非"法官审法官判"的体制下削弱了个性的表达。

(四) 说理过于形式化

一般认为,现行的刑事裁判说理指的是"本院认为"部分,但是根据对选取的判决书分析发现,这部分仅仅占有很小的比重,多表现为形式化,并没有实质性的说理。一方面表现在套用格式说理上,比如对自首说理通常以"投案后如实供述罪行,系自首",并没有详细说明自首的内在含义以及相关的证据证明;再如对犯罪分子的主观方面进行说理时没有通过行为或是证据来表现主观罪过,盖以"主观恶性大""极其恶劣"等词简单概述。另一方面,缺乏关于证据证明方面彼此之间的关联度和证明力的论述。从选取的案例可以看出,绝大部分的判决书都是将证据或是证人证言一一进行罗列,最后以"本院认为××人民检察院指控的犯罪事实清楚,证据确凿,罪名成立,应予认定"草草了事。笔者认为,这种列举式的说理,虽可将所有证据呈现在判决书上,但是对于普通公众而言却无法认知,何谓"证据确凿"。

除以上问题,笔者发现,刑事裁判文书说理还存在诸如引证法律不规范、证据采信理由不充分等问题,囿于篇幅所限,不再一一论述。

目前我国刑事裁判文书说理存在的问题,一方面表现出了具有中国特色的刑事裁判文书风格;另一方面也说明了在当前司法体制改革的背景下,进一步完善裁判文书制度的必要性。之所以出现这些问题,主要是由历史、政治、经济文化等要素相互作用的结果。有学者认为,我国刑事裁判文书说理不充分,是由于法官素质不高,不敢说理或是怠于说理以及现行司法行政体制的限制等因素导致的。也有学者认为,我国刑事裁判说理还没有实现制度化和规范化,缺乏制度层面的刑事判决说理保障措施。

司法制度的问题源于政治体制问题,刑事裁判文书说理问题是我国自新中国成立以来一直关注的问题,虽然最高人民法院一次次地强调其重要性,却也收效甚微。笔者认为,将所有法律问题或是司法实务操作问题都归咎于法官素质不高是极不负责的,同时也是缺乏对法官职业的尊重和信任。随着法学教育的发展以及法官招录制度的不断完善,我国法官的素质已经得到了很大提升。刑事裁判文书说理现有的问题是法官"知而不可为""知而不为"。笔者认为,刑事裁判文书说理不充分的原因,主要在于现有的司法体制。令人欣喜的是,党的十八届三中、四中全会提出建设法治中国,要求全面进行司法体制改革,使刑事裁判说理问题有了转机。

三、理性重塑:阳光司法下刑事裁判文书说理之应然

(一) 阳光司法与刑事裁判文书说理

1. 刑事裁判文书说理有利于促进阳光司法的实现

所谓阳光司法,即"权力运行置于阳光之下"。我国裁判文书采取的是"公开为原则,不公开为例外",刑事裁判文书公开正是阳光司法的重要表现。通过刑事裁判文书说理,可以有效地将整个审判活动通过判决书对外展现出来,从而保证公正的裁决,使法官更有勇气将审判公之于众。一方面表明国家对公民人权的保护立场,另一方面也表明刑事裁判是公开透明的,不是秘密进行的。

2. 阳光司法对刑事裁判文书说理提出了更高的要求

自2013年11月最高人民法院正式出台司法解释将裁判文书上网作为一项具有法律效力的制度正式确定下来以来,全国各地法院已经陆续在中国裁判文书网或是法院网站对裁判文书进行了公示。截至2014年9月30日,全国法院在中国裁判文书网上传裁判文书2 991 555篇,其中最高人民法院上传5 708篇,地方各级法院上传2 985 847篇。如最高人民法院院长周强所言:"裁判文书从过去的封闭性迈向如今的网络化,表现在这里的绝非仅仅是诉讼审判技术性的提升,更为重要的是深刻的司法理念现代化更新,一种前所未有的司法信心的彰显,同时也是现代司法者的自我超越。"

(二) 阳光司法下刑事裁判文书说理的标准

关于刑事裁判文书说理以及具体要求在立法上并无明确规定,也缺乏理性建构,为了加强裁判文书的说理性,最高人民法院先后出台了一系列政策规定。1999年颁布了《法院刑事诉讼文书样式(试行)》;1999年10月印发《人民法院五年改革纲要》,强调了裁判文书说理的重要性;2010年12月6日最高人民法院正式发布施行的《法官行为规范》第46条、51条对裁判文书的质量作出了规定,并进一步强调了说理的重要性。根据《法官行为规范》的要求,裁判文书的制作应当符合"裁判文书应当内容全面、说理透彻、逻辑严密、用语规范、文字精炼",但

是何谓"说理透彻"却无细化规定,亦无统一的尺度。在学界,关于加强刑事裁判文书说理也一直在不断探讨中,但许多学者都把刑事裁判说理的标准与方法混为一谈。因此,根据《法官行为规范》,借鉴《民事诉讼法》关于诉讼文书的制作要求,笔者认为,刑事裁判文书在说理的标准上不仅要受到形式上的限制,同时还要受实质性的限制,是形式理性与实质理性的统一,具体言之:

1. 形式标准

我国作为传统大陆法系国家,要求法律以成文的形式,对法律文书的制作有严格的规定,随着法制的统一,关于法律文书的格式也有了统一的规定。所谓刑事裁判文书说理形式要求是指法理文书的说理应当符合法律文书制作的规范,必须具备其基本要素和基本构成要件。主要包括两个方面:

首先,说理要符合最高人民法院《刑事诉讼文书样式》的规定。刑事裁判文书主要包括首部、事实证据、理由、结论和尾部几个部分,其中说理是基于事实以及证据的证明,而结论是充分说理的结果,彼此之间是一种递进关系。刑事裁判文书的说理不是简单的理论列举,亦即欲达说理必先说案,由理作出判决结论。这种形式要素的完备性有利于保证说理内容的完整性。

其次,刑事裁判文书说理在形式上应当与犯罪构成要件保持一致。刑事判决书制作的直接目的是通过犯罪事实和证据进行说理,而给犯罪分子的犯罪行为作出定罪量刑的宣告。定罪量刑的过程是对犯罪分子的行为评价的过程。法官运用犯罪构成理论,根据犯罪事实和相关证据认定犯罪分子是构成此罪还是彼罪、罪与非罪、罪轻罪重,这是刑事裁判说理的核心部分,也是公众急切所关注的。尽管在理论上关于犯罪构成要件是三阶层还是四要件尚存在争议,但是作为定罪的一种方法论,却是殊途同归。因此,刑事裁判说理中按照犯罪构成要件进行说理,有利于增强逻辑性和层次感,同时也有利于加强公众对裁判的认同感以及法律职业者学习借鉴,从而推动刑事法学理论向前发展。

2. 实质标准

刑事裁判说理的形式要求只是说理的最基本的要求,要想达到真正的说理,就必须在实质内容上做到说理充分。

首先,理由的论述要有针对性。说理是结合具体的犯罪事实论证分析、讲道理。刑罚是对犯罪分子人身权利或是财产权利的剥夺,因此相比于民事裁判的说理,说理力求透彻,逻辑严密,使理由具有较强的思想性和说服力。防止理由部分不说理或者说理不充分,只引用法律条文,不阐明适用法律的道理。说理应当围绕证据展开,同时注重法理分析。需要特别强调的是,说理部分一定要全面反映控辩双方的意见,对控辩双方适用法律方面的意见应当有分析地表明是否予以采纳并阐明理由,尤其不能忽视辩护人在法庭上的意见和观点。

其次,确定罪名,应当以《刑法》和最高人民法院《关于执行〈中华人民共和国刑法〉确定罪名的规定》为依据。如果被告人具有从轻、减轻、免除处罚或者从重处罚等一种或者数种情节的,也应当说明并予以认定。

再次,说理应当以刑法和司法解释为限。在引用法律条文时,先使用刑法后引用司法解释,不得援引宪法和其他法律作为定罪的根据,但是其他法律可以作为支撑说理的理由。在表述上,应当详尽说明,不得简化。作出对犯罪分子的定性结论要充分说明理由,不得含糊其辞。判处的各种刑罚,应按法律规定写明全称。数罪并罚的,应当分别定罪量刑(包括主刑和附加刑),分别说明理由,然后按照刑法关于数罪并罚的原则,决定执行的刑罚。

最后,在说理上以证据证明为原则,关于定性的结论,即定罪不得以推定得出。在刑事法律文书说理过程中,虽然是一个逻辑推理的过程,但是刑事推理并不是简单的逻辑推理,它需要的是完整的证据链条和证据的证明力。

四、路径探索:从事实叙述到逻辑论证

根据以上分析,在法治中国和阳光司法背景下,刑事裁判文书的说理是形式与实质的统一,但是在现有的司法体系下,如何加强刑事裁判文书的说理,是急需解决的问题,理论界对此莫衷一是,主要有以下几种代表性思路:

第一种思路认为,加强包括刑事裁判文书在内的判决书的说理,法官要重视法律方法的学习,采纳新的说理方式,要围绕事实的认定和法律的适用说理且必须要有逻辑性、针对性,同时说理既要依法处理,又要依情说理。

第二种思路认为,根据现行的刑事裁判文书的现状,将其说理分为三种范式,分别是初级范式、中级范式和高级范式,从而提出刑事裁判文书整体性理念。

第三种思路是借鉴域外刑事裁判文书说理的方法对我国的刑事裁判文书加以改造,认为刑事教义学是提升刑事裁判文书说理的一种有效方法。

第四种思路认为,刑事裁判文书说理必须要制度化,因此要将说理要求、标准、证据规则写入立法,同时也要提升法官的素质,加强监督、完善激励机制。

以上学者关于刑事裁判文书说理基于不同的立场提出了相应路径,且各自具有合理性。笔者认为,刑事裁判文书的说理的要求和说理的方法是原理和方法论的关系,刑事裁判文书说理的路径更重要的是体现方法论。司法制度的构建与相关机制的健全虽说可从根本上得以解决,但是结合现有的司法体制改革的内容,既不现实亦非易事。法官裁判是一种艺术,刑事裁判说理是裁判艺术的一种表现形式,它需要将刑事法官思维、理念和技能融为一体。这既是现代法律共同体追求的目标,也是司法裁判文书的改革方向。因此,在当下背景下,根据《法官行为规范》"裁判文书应当内容全面、说理透彻、逻辑严密、用语规范、文字精炼"的要求,笔者认为,最直接且有效的途径在于在形式框架下丰富事实叙述方式、规

范语言表达、强化逻辑论证,具体言之:

(一) 丰富事实叙述方式

叙述是指反映事物产生、发展、变化的一种表达方式。在刑事犯罪中,叙述是对犯罪现场的连续性描述。叙述的方式有顺叙、倒叙、插叙、分叙以及补叙。刑事裁判文书关于事实部分的叙述,既有一般应用文的共性也有自身的特征,它的目的在于达意而非达情。在实践中,案件千差万别、各有不同,且案件有简有繁,故而叙述的线索,所表达的主旨思想以及方法也各有所异。刑事裁判文书叙述方法主要有自然顺叙法、突出主要主罪法、突出主犯法、综合归纳法以及纵横交错法等。一般而言,多以自然顺叙法为主,同时兼采其他叙述方法。在实际操作中,基于案件的时间顺叙采取一人一次一罪或者一次多罪,综合突出犯罪分子所犯罪行。以薄熙来案一审判决书为例,山东省济南市人民检察院指控薄熙来受贿罪、贪污罪、滥用职权罪等三项罪名,在长达5万多字的判决书中,主要采取的是一罪一叙述的叙述方式兼采突出主犯的方法,采用"分别立,一起驳"的结构,从而将整个犯罪事实展现出来。提倡犯罪事实叙述方式多样化,其主要目的在于鼓励法官在制作刑事裁判文书时揭示犯罪行为要旨,充分运用文字表达技巧将犯罪客观事实清晰地展现在公众面前,从而为定罪量刑奠定事实基础。

(二) 规范语言表达

刑事法律文书说理最终作为法律文书语体的一部分需要被公众阅读或是接受,并且论证推理的过程需要通过书面文字表达出来。因此,规范语言表达也是刑事裁判文书说理的必要环节:

1. 语词直白,朴实规范

每一种文体都有自身的用语特点,刑事裁判文书作为公文体,不同于散文、小说等文学创作或婉转或含蓄,语言表达要确切清楚、观点鲜明,语词直白是其基本要求。为了满足这一要求,在制作刑事法律文书时,通常选用含义确定、界限分明的词语,而形容词、副词等较少运用。刑事裁判文书语词直白、朴实规范主要体现在说理文字具有可接受性。刑事裁判文书的可接受性是指其被被害人和犯罪分子以及公众认可不被拒绝的社会属性,正如学者王亚新所言,司法所具有的能够让当事人及一般社会成员认同、信任和接受的属性。

2. 句法单一,结构简单

句子是文章的最基本的元素,一篇文章是通过各种类型的句子巧妙组合起来的产物,只有运用各种句式,才能表达出说话人的内心意思。然而,在法律文书中,一般要求真实客观地陈述案件事实,因此在句式表达上通常采用陈述句,且句式的结构简单。为了理解方便,文中也多用主动语态。与此同时,在法律文书中为了使说理显得有力,通常采用短句子,多用四字结构,如"事实清楚""证据充分"等。

3. 修辞适当,直叙其义

修辞是语言学中常用的概念,有语言就会有修辞,人们在语言表达的同时,也运用修辞论证其观点。刑事裁判文书的语言以表现手段为主,语言的表现手段多用于本义,既不创造形象,也很少与比喻用法相联系。而语言的描绘手段则与此相反,它多用于转义,不但与语言单位的比喻用法相联系,且重在表现形象。这意味着刑事裁判文书说理中在修辞手法上较为审慎。首先,在论述中禁用感情强烈的修辞,比喻、借代夸张的修辞是绝对禁止的,如"惨绝人寰""灭失人性""不杀不足以平民愤"等词句在论述说理中是慎用的。其次,要善于运用在举例论证中确定时空的表述,要适当运用模糊修辞,以及在表明基本立场上适当运用消极修辞。

(三) 强化逻辑论证

从法律逻辑学上看,"说理"一词即为"论证",简要地说,就是以理由支撑某种论断。刑事判决的结论以司法逻辑为支撑,仅仅从司法结论评价没有任何意义,而必须从司法逻辑的角度证实刑事裁判的可接受性。在论证方法上,根据法律传统,各国主流的判决论证模式大体分为两种:大陆法系规范出发型的三段论证明方式和英美法系判例出发型的论辩式论证方式。大陆法系刑事判决书表现为事实判决书的特色,主要利用演绎推理方法来完成判决理由论证问题,即以成文法的法律规范为大前提,以案件事实为小前提,然后在大小前提之间寻找逻辑的一致性,得出与前提有必然联系的逻辑结论。这种方式以法条主义为原则,刑事判决以事实依据较多,对判决结果的论证较少,在论证理由方面也仅仅是以法律和法律解释为主,很少援用学术理论。三段论式的说理论证的优点就在于逻辑严密、形式统一、判决简洁明了,但是缺点也是相当明显的,即不能突出个性化。英美法系主要借助类比推理来处理纠纷,它是普通法系国家法官惯用的一种法律推理方法,以判例法这一传统为前提。类比推理的过程通常有三步:寻找个案之间的共同之处、总结先例中的相关法则、利用提炼的法则处理当下所面临的个案。与大陆法系相反,英美法系的论证风格则更倾向于个案的公正,而不在于求同。我国受大陆法系的影响,基本上采用三段论的法律推理方式。然而法律的稳定性与现实案件的多变性矛盾始终存在,抽象的法律规范和复杂的量刑事实之间并不总是存在逻辑上的一一对应关系。在仅依靠相对静止的制定法无法解决现实纷繁复杂的定罪量刑问题时,法官就必须运用法律解释、法律推理等法律方法之外等手段进行说理。此时,利益平衡分析、价值分析、日常经验规则分析和法哲学分析等方法也就成为重要的刑事裁判说理方式。

结　语

如柏拉图所认为的那样,"公正判决是完全超越个人之间的友谊或敌意之上,而严格按照既定的标准判断何为正义的技艺"。刑事裁判文书说理是一门正义的技艺,既需要现代法治肥沃的土壤,也需要法官法治理念和理性思维以及娴熟的裁判技能。所谓"知易行难",本文只是从方法论上进行了简要的论述,但现实中如何具体操作使刑事裁判文书说理更加透彻,仍需理论界和实务界更深一步的探索和研究。

我国刑事判决书说理的强化

——以云南省李昌奎案二审判决书为例分析

李冠煜 马 圣*

一、典型案例

案例:云南省李昌奎故意杀人强奸案

云南省李昌奎故意杀人强奸案,2010 年 7 月经一审判决,被告人李昌奎虽有自首情节,但不足以对其从轻处罚,犯故意杀人罪,判处李昌奎死刑,剥夺政治权利终身;犯强奸罪,判处有期徒刑 5 年;数罪并罚,决定执行死刑,剥夺政治权利终身。2011 年 3 月经二审审理认为,一审原判中认定事实清楚,定罪准确,审判程序合法,但量刑失重。被告人李昌奎在犯案后到公安机关投案自首,并如实供述犯罪事实,具有自首情节,认罪、悔罪态度好,积极赔偿受害人家属经济损失,判处死刑,缓期两年执行。2011 年 8 月对该案依照审判监督程序进行再审并当庭宣判,撤销原二审死刑缓期执行判决,改判李昌奎死刑,剥夺政治权利终身,并依法报请最高人民法院核准。

二、对李昌奎案二审判决书的分析

李昌奎案二审判决书第一部分"原判认定,原审被告人李昌奎与被害人王家飞存在感情纠纷……"这是对案件事实的认定。第二部分"检察员发表出庭意见认为……"这是公诉机关所提意见和诉求,其中"上述事实,有下列证据证实……"只是对证据事实的列举,并未进行合理归类及分析说理。紧接着第三部分"以上证据内容来源合法,内容客观、真实,本院予以确认"。第四部分判决理由和判决结果:"本院认为,上诉人李昌奎目无国法,将王家飞掐致昏迷后对其实施奸淫,而后又将王家飞、王家红姐弟杀害的行为,分别构成强奸罪、故意杀人罪,应依法严惩。被告人李昌奎在犯罪后到公安机关投案,并如实供述其犯罪事实,属自首;在归案

---

* 李冠煜,华中师范大学法学院教师。马圣,华中师范大学法学院法律硕士研究生。

后认罪、悔罪态度好;并赔偿了被害人家属部分经济损失,故上诉人李昌奎及其辩护人所提被告人具有自首情节,认罪、悔罪态度好,积极赔偿被害人家属的上诉理由和辩护意见属实,本院予以采纳。鉴于此,对李昌奎应当判处死刑,但可以不立即执行。综上所述,原判认定事实清楚,定罪准确,审判程序合法。但对被告人李昌奎量刑失重。检察机关针对李昌奎的量刑意见,本院不予支持。据此,依照《中华人民共和国刑事诉讼法》第一百八十九条第(一)、(二)项,《中华人民共和国民事诉讼法》第一百五十三条第(一)项之规定,判决如下……"这里对检察机关所提的量刑意见不予支持的理由说理过于简单,从死刑改判死刑缓期执行的法律依据及理由过于笼统概括,说理没有逻辑性、不重视程序性。简言之,总体上李昌奎案二审判决书并未能很好地完成刑事判决书的说理。刑事判决书说理是保障司法公平的需要,也是由刑罚严厉性和不可恢复性决定的。法官手中掌握着生杀予夺大权,一个死刑判决和一个死缓判决虽是一字之差,但对于被害人和被告人的意义重大。

在该案件中,公众对二审法院将被告从死刑改判死刑缓期执行存在疑问,且先撇开对死刑刑事政策的讨论,二审改判理由在其刑事判决书中过于简单,该省高级人民法院新闻发言人回应二审改判死刑缓期执行道:"我们的极刑主要是针对那些严重危害社会治安的行为,这就是宽严相济、区别对待、突出打击重点、少杀慎杀综合起来得出的判决结果。""这起案件的判决,是经过审判委员会委员表决的,判决书的书写是概括式,法官不能自由发挥,故不能详细阐述判决理由。"

通过对李昌奎案二审判决书的分析可知,虽然随着我国近年来司法体制改革的推进,裁判文书改革也受到了广泛关注,但在司法实践中,裁判文书写作方面仍存在诸多问题,如在判决的说理方面表现为说理不充分、说理没有针对性、说理没有逻辑性、不重视程序性问题的说理等。尤其在刑事判决中,一些判决说理仍十分欠缺,表现为:第一,法官在陈述案件事实后,直接援引法条作出裁判,并未阐述证据分析、案件理由;第二,法官在作出判决结果时,有时援引的不是法律条文、法律规则,而只是援引法律原则,也未作出相关说理就直接得出判决结果;第三,没有针对当事人的诉求和主张说理,或者遗漏了当事人的诉求,在驳回诉求时并未充分说明理由。

三、我国刑事判决书说理的强化应注重法律逻辑思维

随着裁判文书上网和公开,在裁判文书改革的背景下,我们之所以要强化刑事判决书的说理,是因为:一是刑事判决书说理是司法公开的重要内容,法院审判是否具有正当性,是否为当事人乃至社会公众所接受,一方面取决于审判程序是

否合理,另一方面也取决于判决书是否以一种恰当而可证成的方式解释冲突。其中后者具体体现在判决书的说理部分。判决书的说理,是法官对判决根据和理由的阐述,也是法官向当事人和社会公众就该判决结果所作的解释说明。判决书的说理部分是判决书的灵魂和核心内容,能够充分展现法官的办案思路,是法官依据法律规定和精神,运用法律逻辑推理和生活经验,根据证据规则阐述论证的"平台"。法官要认定当事人承担刑事责任,必须说出令人信服的道理。二是刑事判决书说理也是实现司法公正的需要:司法公正不单纯是一个抽象的概念,它在很大程度上体现在裁判的公正与否上,法官必须证明公正体现在何处。这就要求法官不仅要给当事人一个判决,还必须解释为什么要给一个这样的判决。要求判决说理详细、透彻,增强对审判活动的监督,从制度上消除法官枉法裁判的可能。

那么如何强化我国刑事判决书的说理呢?笔者认为,在刑事判决书强化说理的过程中,最关键的一点是在判决书说理时应注重法律逻辑思维。

一般地说,逻辑可以是指研究推理规律或规则的学问,也可以是指推理规律或规则本身。这里是在后一种意义上谈法律逻辑的。在狭义上,逻辑仅关涉推论的形式因素,所谓逻辑学并不在哲学的范畴之内,而是被当做哲学的工具来看待;而在广义上,逻辑泛指"道理本身",如此则逻辑属于哲学的范畴,黑格尔正是在此意义上把哲学系统的概念形式部分称为"逻辑学"。这里主要是在后一种意义上谈法律逻辑。此外,逻辑不仅单指向思维,也指向实践,在后一种意义上,逻辑是"实践操作活动自身的形式抽象"。法律中的逻辑问题不仅指向思维和主客体间,也指向实践和主体之间,我们要注重的法律逻辑就包括实践的逻辑,而非仅仅认知的逻辑。一般的形式逻辑并不能等同于法律逻辑,法律逻辑有其自身的特殊性。因此,一般的形式逻辑在法律中的运用要受到法律的规范性和价值性的约束。

而所谓法律逻辑思维,包括法律职业者法律语言表达方式和法律思维方式。法律人特别重视逻辑思维在法律中尤其是法律推理或者法律方法中的作用。因为在一般案件的司法判断中,法律职业者的主要思维方式就是将法律大前提和事实小前提结合起来,运用三段论的推理模式逻辑地推导出一个裁判结论。法律逻辑的运用核心是法律推理,司法判断过程中运用的推论工具主要就是三段论,推论的过程与方法就是从已知的大前提(法律规则、法律原则)和小前提。所谓判决书的逻辑性是指判决书的写作应当按照基本的逻辑方法分析证据以确定案件事实、解释法条以正确适用法律,从而得出裁判结果的写作方式。

在司法裁断中,按照一般要求,司法判决的作出必须符合法律逻辑推理,正如"法律如果要受人尊重,就必须提出理由,而法律论证要被人接受,就必须符合逻辑思考的规范"。因为法律推理的关键点就在于缩小法律推理大小前提之间的缝隙,解决大小前提的结合问题,从而得出正当化与合理化的裁判结论。而三段论逻辑思维则是结合法律推理大小前提的有效工具,因为三段论推理逻辑形式具有保障推理的合法性、合理性、客观性和确定性的功能,而法律推理中的逻辑思维作用的重要性反映在裁判书上,就是要求裁判书书写得条理清楚,引用法律适当,认定事实合法有据,前后衔接紧密合理,总体要求是判决书的书写必须体现书写的逻辑和理性。这是因为,由于法律以及司法文书要规定和阐述严格的法律概念和法律关系,严密的逻辑性就成为其本质属性和天然取向。"一份在逻辑推理上令人疑窦丛生的判决书,肯定无法取得人们的尊重和信任。"因此,一方面,法官在审理案件过程中一定要适用严格的逻辑推理方法以保证案件得以公正裁决,另一方面,法官应当将逻辑推理的过程表现在判决书中,以增强判决书的说服力。

提高判决书的逻辑性,一方面要遵循客观规律,确保逻辑严密。法官在审理案件过程中应当逐词、逐句、逐层、逐段、逐篇地遵循先人后事、先因后果、先主后次的顺序,以客观、中立、全面的角度进行叙事、论理、求果。把握好逻辑推理的一般规律,在分析证据、适用法律时一定要通盘考虑,防止片面性裁判。遣词造句和语言排列都要准确反映事物的本质原状及其发展规律,同时尊重人们对事物的认识过程和反映过程,另一方面要叙述全面、论据充分:首先是对各方当事人的诉求、辩论所依据的事实及理由都要分别遵循"重点突出、列举穷尽、条理分明"的原则。其次要全面叙述与案件相关的各种情节,并说明各种情节对案件处理结果的影响。对判决书的各个段落(其中对理由部分主要指并列式论理)均可采用类似"列清单"或者"叙述清单"的写法,列举多种事物、物品名称时要予以分类集中书写,即对段落内各层意思和各段落结尾(判决理由部分应在引用法律之前、判决结果部分一般在判决各项之后)均应当作出总结性说明,以论证本案判决理由与判决结果的合法性、必然性和唯一性。

综上,判决书说理须具有逻辑性、针对性。阐述判决理由是一个缜密、严格的推理过程,证据认定要与事实认定相统一,事实认定要与法律适用相统一,不能前后矛盾。强化判决理由的逻辑性要做到三点:首先,在进行综合说理论证时,应当符合三段论的逻辑范式,不违反基本逻辑规律。其次,注意说理顺序。一般而言,原告的诉讼请求先于被告、第三人的主张,本诉请求先于反诉请求。但同时还要根据案件具体情况灵活处理。最后,注意说理上下文之间的逻辑关系,衔接应当自然、紧密,不能有生硬、机械之感。说理的重点应当是当事人争议的焦点。争议的事实是指控辩双方互相对立的主张及相关陈述,它既是诉讼过程中需要证明的对象,又是法官展开说理的轴心和关键。

例如,2006年北京市密云县付某抢劫案一审判决书,"……关于辩护人提出被告人付某的行为构成抢夺罪的辩护意见,本院认为,被告人付某在实施抢夺行为时,为用于在其抢夺行为被发现后对超市工作人员进行威吓而携带管制刀具以外的其他刀具,根据相关法律规定,属于为实施犯罪而携带其他器械实施抢夺,即携带凶器抢夺,其行为构成抢劫罪,辩护人此辩护意见无事实和法律依据,本院不予采纳……"我们可分析这里的大前提有:《刑法》第267条规定:"……携带凶器抢夺的,依照本法第二百六十三条的规定定罪处罚。"《刑法》第263条规定:"以暴力、胁迫或者其他方法抢劫公私财物的,处三年以上十年以下有期徒刑,并处罚金……"最高人民法院《关于审理抢劫案件具体应用法律若干问题的解释》第6条规定:"刑法第二百六十七条第二款规定的'携带凶器抢夺',是指行为人随身携带枪支、爆炸物、管制刀具等国家禁止个人携带的器械进行抢夺或者为了实施犯罪而携带其他器械进行抢夺的行为。"小前提有:付某抢夺财物数额较大,该行为构成《刑法》第267条之抢夺罪。小前提是付某在实施抢夺行为时,为用于在其抢夺行为被发现后对超市工作人员进行威吓而携带管制刀具以外的其他刀具。因此,结论是付某的行为构成《刑法》规定的携带凶器抢夺,应依据《刑法》第263条之规定定罪量刑。

四、我国刑事判决书说理强化的其他路径

此外,在注重法律逻辑思维的同时还要重视法律方法的学习与运用。所谓法律方法是指站在维护法治的立场上,根据法律分析事实、解决纠纷的方法,它是由成文法向判决转换的方法,即把法律的内容运用到裁判案件中的方法。法律方法近几年来逐渐在我国法学界和实务界引起重视,究其原因,是其对法治所具有的积极推动意义。法官只有借助各种法律技术和法律解释方法才能把成文法和司法有机地结合起来,从而疏通由法律规则到个案判决的转换过程。

当然,我们也可借鉴其他国家和地区判决书说理的写法。在日本和我国台湾地区,判决书主要包括诉求和证据,有的还包括质证过程和案件的争论点以及当事人之间没有争议的事实,与此紧密相连的判决理由包括法官所认定的事实和适用的法律以及所认定事实和适用法律的理由,这就要求判决书全面说理,不仅对法律适用说理,还要对事实认定说理。与此还应增加有关程序法上理由的阐述。对于关于适用简易程序、公开(或者不公开)审理、超期羁押、超越审限等有关适用或违反程序法上规定的做法,都应当在判决理由阐释时加以说明。

五、结语

苏力曾经指出:"哪怕是像诸如判决书写作这样的不起眼的技术问题,也不只是一个个人能力的问题,而必须将之同相应的制度联系起来考察。"我们在推进司法体制改革的同时,要强化裁判文书改革,更要强化裁判文书的说理性。坚持公

开,坚持说理,是法治社会裁判文书改革始终追求的价值。刑事判决书的创作过程既是周密严谨的法律思维过程、法律论证过程和法律适用过程,也是法官融理性、感性与悟性的创造过程。强化刑事判决书说理需要法官不断提高理论与实践相结合的能力、创造性适用法律的能力、法律思维与逻辑分析的能力。

初探检察法律文书的释法说理

全东哲　侯昌男[*]

一、检察法律文书释法说理尚显不足

(一) 对证据的采信常缺乏分析论证

证据是人民检察院认定案件事实的基础,证据的采信与否直接影响案件事实的认定。实践中,检察官面临众多证据,对于这些证据,检察官应该加以充分的分析和论证,对是否采信应当加以说明。但有的检察法律文书只是集中罗列证据名称,笼统概括证据的内容,证据能够证明哪些事实和情节,它们之间有什么内在联系,却是讳莫如深。运用间接证据时也没有对证据间的关系、证据链条是否严密等问题进行论述,对证据的证据能力和证据证明力的大小缺少分析。

(二) 对事实的认定常缺乏证据支撑

案件事实是作出检察决定的首要根据,所谓"以事实为根据",就是要求在作出检察决定时要对案件事实有一个清晰的认识。案件事实是一种法律事实,是检察官通过诉讼中的证据取舍认定而达到的对过去事件的认识,因此,它不完全等同于客观事实,而是带有检察官主观能动性的认识特征。有的检察法律文书并没有阐明这种认识过程和认识依据,看不出检察官是如何通过对证据的分析、取舍进而对案件事实予以认定的心证过程。

(三) 对结论理由常缺乏解释和说明

检察决定的作出不但要有充分的事实根据、法律依据,而且还必须对作出的结论进行充分的解释和说明,以使诉讼参与人能够知晓结论作出的依据和理由。

综观目前的检察法律文书,对结论的作出较为武断,往往没有或很少有对结论的解释和说明。在许多检察法律文书中,常常简单地以"事实清楚,证据确凿"

---

[*] 全东哲,《法治与社会》新闻中心(辽宁站)。侯昌男,《法治与社会》新闻中心(辽宁站)。

来代替说理,语句简单肤浅,内容空洞,千案一理,使人们不知案件结论是如何得出的。

（四）对适用的法律常缺乏解释

检察决定依法作出并且要在法律文书中有所体现,这是检察法律文书的基本要求。从实际情况看,对法律条文的引用和对法律的解释却是不够规范的,漏引和错引的情况时有发生。在法律文书中对法律和司法解释如何引用有些混乱,有的只要是决定所依据的法律和司法解释全部引用,有的只引用法律而不引用司法解释,还有的不引用法律直接引用司法解释,特别是在引用时只是简单地引而使用,但对为什么要使用,却不作任何解释和说明。每一法条皆有一定的法理精神,非经阐释难以为人所深知。检察官通过自己高超的职业技能、丰富的经验,正确阐释法理,将貌似抽象、枯燥的法条活现于具体个案的决定之中,明理于当事人之间,揭示法理真义于大众,才能使当事人获得满意的"说法"。

我国的检察法律文书基本上采取的是形式逻辑三段论推理。法律文书中所陈述的往往仅是法律规范、案件事实和结论,而运用法律解释论证结论的过程少有体现,使决定理由显得不够充分,缺乏对决定如何得来的论证。

（五）释法说理明显不足

释法说理对检察官来说主要表现为一种解释方法或解释技术,是检察实践中的一种必备手段。由于法律规范与案件事实并不是一一对应的,法律语言的模糊性和弹性条款的大量存在,都需要对适用法律规范和案件事实结合的一致性作出解释和说明。但实践中,相当一部分检察官并不确定地知道他们在适用法律的同时也在进行着法律解释。释法说理意识不强、技术欠缺,导致检察法律文书的说服力受到影响。

二、检察法律文书释法说理不足的原因

（一）诉讼中重实体、轻程序

检察法律文书释法说理是检察工作中的"软"工作,在大多数检察官看来,这项工作远不如搜集证据、认定事实重要,特别是在重实体、轻程序的观念影响下,检察官们常常把法律文书的写作作为办案工作的一个附属环节,对于结论正确的追求远远胜过对结论解释和说明的追求,追求实体正确的冲动和情绪使得在办案中忽视程序、忽视释法和说理成为必然。

(二) 检察官的独立性不足

我国检察机关内部的行政色彩相当浓厚。检察院和检察官往往受到来自各方的各种形式的干扰,包括内部的层层审批和社会的舆论干扰。在这样的环境中,检察官作出的检察决定有时候并不是自己意志的体现,甚至对决定持完全相反的意见,在这种情况下,让检察官对决定进行释法和说理,在有些检察官看来是没有意义的。

(三) 检察官的数量不足,专业素质有待提高

案件数量急剧上升,检察官的数量不足,工作压力较大,用在制作文书上的时间和精力并不多,这严重影响了检察法律文书制作的质量。另外,一些检察官的素质不高,也是制约法律文书释法说理不足的一个重要原因。

新中国成立以来,由于我国的司法水平一直不高,检察文书的制作只停留在简单叙述案情、交待当事人情况、对于结论的直接认定,对适用法律的原因和认定事实的理由几乎无从体现。在法律文书的制作过程中,制作者的法律意识、法律素养、协作能力对制作水平具有决定意义,而多年来由于我国检察官中具有法律专业背景的人员所占比例不高,一大批非法律专业人员在一线从事检察工作,这就决定了整个检察文书的制作水平受到严重的制约。

三、关于检察法律文书释法说理的建议

(一) 检察官要树立释法说理意识,提高释法说理的水平

检察法律文书释法说理从检察官制作法律文书的角度而言是不证自明的,但是,实践中检察法律文书释法不足、说理不透的现象比较严重,因此,树立释法说理意识是提高法律文书释法说理水平的首要一环。为此,作为检察官来说,必须从内心深处明白为什么在检察法律文书中要进行说理,知道释法说理是检察司法文明、公正、客观、进步、理性、民主的标志,同时也是检察官素质、修养、知识、逻辑、智慧、经验、信心的表达,更是代表国家向当事人和社会公众宣示国家法律的权威。为此,检察官要树立检察法律文书是把自己作出的检察决定向当事人和社会公示的唯一手段,是赢得当事人和社会理解、信任的重要工具的意识;要树立检察法律文书要以理服人、以法服人的意识;要树立检察法律文书制作要讲章法、讲修辞、讲逻辑的意识。

从目前我国检察官的实际情况来看,增强检察法律文书的释法说理,一个重要的工作是提高检察官的业务能力、法律修养、文字表达能力和写作水平。一篇结构严谨、文风朴实、语言流畅、说理充分、论证有力、讲究逻辑的法律文书,一定

是一名具有较高素质的检察官的作品;相反,对于一名检察官而言,如果文字表达能力不强,或者法律素养不高,是不可能写出令人满意的法律文书的。所以,提高检察官的业务能力和水平,是目前提高检察法律文书释法说理水平的首要问题。

(二) 制定检察法律文书释法说理规范,强化对检察法律文书释法说理工作的指导

检察法律文书作为检察决定的一个重要载体,其对检察工作具有非常重要的意义。但是,多年来,这种重要性似乎并没有引起足够的重视。检察法律文书制作的规范化程度的一个重要标准就是看文书的释法说理情况,从检察法治来说,检察法律文书是完整的检察法治的有机组成部分,因此,强化对检察文书释法说理工作的指导,制作一套标准的释法说理规范,能够有利于增强检察法律文书的释法说理。

制作释法说理规范要注意规范的指导性,因为,不同的检察官由于思维方式、写作习惯、知识水平等的不同,对于检察法律文书的释法说理也会有不同的理解和追求,这就决定了这种规范要注意灵活性,减少强制性。实践中,可以考虑对释法说理的内容作强制性规定,而对写作的风格、论证的方法等作出灵活性规定,由检察官根据自己的情况来决定。笔者认为,规范对下列问题可以作强制性规定:一是对证据要进行分析,包括对每个证据的证据能力和证明力进行分析、对证据之间的关联性进行分析、对全案证据的关联性进行分析;二是对事实的认定进行论证,包括对犯罪的主体,主观方面包括故意和过失,客观方面包括行为、结果、因果关系、时间、地点、场合进行论证;三是对所适用的法律进行解释;四是对得出的结论进行解释和说明。

强化对检察法律文书释法说理工作的指导,还涉及对不同的检察法律文书要有不同的要求。从目前的情况看,检察法律文书释法说理的一个重要功能,是通过对检察决定的释法说理,使有关当事人及诉讼的相关方理解检察决定所认定的事实、适用的法律,进而增强检察决定的公信力,消除误解、增进理解。为了更好地实现这一目的,对于释法说理工作不一定整体推进,可以考虑先从检察机关作出的否定性结论的法律文书开始。实践中,近年来各地逐渐在不立案决定书、不起诉决定书、不批准逮捕书等否定性结论检察法律文书中进行了释法说理的大胆尝试,取得了较好的效果。

(三) 构筑法律职业共同体,通过法律文书释法说理形成对话机制

检察法律文书作为检察机关的法定公文,其承载的功能除了说服当事人,还有一个重要的方面,就是希望以释法说理的方式在诉讼各方之间达成共识。就我国的刑事诉讼架构来说,除了检察机关以外,诉讼参与人还包括律师、侦查机关以

及法院,就这些诉讼参与人来说,如果能够具有相同的教育背景、相同的思维方式,对法律概念、原理、规则和原则能够有比较一致的看法,追求相同的公平和正义价值,那么,对于刑事诉讼来说,大家就能够较容易地取得一致意见。因此,构筑法律职业共同体,在法律职业群体中形成相同的价值追求和知识结构,检察决定就能够通过检察法律文书的充分说理、认真解释法律,得到检察官以外的其他法律职业群体的认同。

公安机关说理性行政处罚决定书制作研究

胡雪松[*]

在当前社会治安环境复杂、社会矛盾凸显的新形势下,创新手段、创新理念,推行"说理"执法,是公安机关在行政管理工作中首创的一种新型工作理念和执法模式。党的十八届四中全会通过的中共中央《关于全面推进依法治国若干重大问题的决定》也明确提出,要加强法律文书释法说理。然而,从公安行政管理工作的实际情况来看,行政处罚决定书在说理方面尚存在一定程度的缺位。目前,说理性行政处罚决定书还主要表现为个别案例的写作上,尚未从机制层面予以全面推行和规范。因此,有必要对相关问题作一探讨,推广说理性行政处罚决定书,规范执法行为。

一、制作说理性行政处罚决定书的重大现实意义

行政处罚决定书,是公安机关针对当事人违法事实依法给予行政处罚时使用的法律文书,是公安机关行政执法工作的集中展示,是办案单位认定违法事实、适用法律过程的最终表现形式,也是公安机关向社会展示公正、文明执法形象的一个重要载体。处罚决定书的说理,就是要求执法者对其作出行政处罚决定的正当性和合理性进行解释。国务院发布的《全面推进依法行政实施纲要》明确规定,"行政机关行使自由裁量权的,应当在行政决定中说明理由"。因此,在执法办案工作中,制作说理性行政处罚文书,对于推动公安机关依法行政,规范行政执法行为,具有重大的现实意义。

(一)有利于克服和纠正传统处罚决定书中存在的弊端和问题

我们以往制作的行政处罚文书,往往存在对当事人的意见、要求、辩解等表达不充分;对事实的叙述过于简单,处罚理由说理不充分,处罚依据引用不完整,既无从重处罚的理由,也无从轻处罚的理由;对当事人的辩解不予评判,其意见是否采纳也不予表述;告知时不向当事人出示证据;同一类行为处罚结果却截然不同

---

[*] 胡雪松,湖北省武汉市公安局。

等问题。这些问题归根到底是行政处罚自由裁量权行使不规范造成的,要彻底纠正这些问题,在行政处罚决定书中公开"理由"是一个最有效的办法。

(二) 有利于促进执法办案人员养成主动学习的习惯

推广制作说理性行政处罚文书,是对传统行政处罚决定书制作方法的改革和创新,这就需要执法办案人员在实践中探索,在学习中提高,在探索中完善,自觉养成主动学习的习惯。

1. 自觉学习法规,准确理解法条

说理性行政处罚决定书,其要义在于"说理",要说理,公安民警自己必须"明理",而学习则是"明理"的重要途径。这必然要求执法办案人员要自觉地学习相关法规,准确理解法规条文,熟练把握法理要义,正确运用法律规范。

2. 主动学习业务,掌握专业知识

把事实调查清楚,把道理讲清楚,就要求公安民警努力学习相关业务知识,尽量掌握案件所属领域的专业理论知识。只有全面熟练地掌握专业理论知识,学通弄懂、融会贯通,才能做到心中有数,进而把事实调查清楚,把道理叙述明白。

(三) 有利于增强行政处罚决定的准确性

推行说理性行政处罚决定书,表面看好像仅仅是对行政处罚决定书格式内容的调整,实际上关系到案件调查处理的全过程,涉及从调查取证到形成决定的各个环节,甚至决定着处罚决定的执行效果。

1. 认真调查取证,全面查清事实

证据是查明案件事实的依据,是促使当事人承认行政违法行为并接受处罚的有效武器。把事实弄清弄准,必须以科学求实的理念,以严肃认真的态度,进行调查取证。要依法运用法定的制度程序、措施手段、方式渠道,尽量全面地获取与案件有关的各类证据材料,使调查取证过程更具体扎实,获得的证据材料更全面有效,才能使违法事实更清晰真实地显现出来。要把调查取证过程当做学习一部新法规、认识一件新事物的实践过程。马虎应付走过场,获得的证据必然不真实、不全面,制作说理性行政处罚决定书势必成为空中楼阁。

2. 客观分析判断,正确适用法规

调查取证结束,公安民警对依法获取的证据材料,要客观分析,认真筛选,去伪存真,去粗取精,由表及里,实事求是,判断取舍。要善于从不同证据中发现其关联性、系统性和必然性,更要摒弃先入为主的观念,避免牵强附会、生搬硬套的机械联系。在初步认定基本违法事实及性质的基础上,写出有理、有据、有序的行政处罚决定书。

(四) 有利于促进和改善公安机关执法的社会形象

推广说理性行政处罚决定书,有利于提高公安民警的素质能力,有利于全面落实依法行政的各项制度,减少和防止执法办案随意处罚现象的发生,提高公安机关执法权威和社会公信度。

1. 增强队伍素质,提高行政能力

制作说理性行政处罚文书,贯穿于执法工作的全过程。在这个实践过程中,公安民警既要动手又要动脑,无疑会锻炼培养他们的分析判断能力、逻辑思维能力,提高其语言表达能力、文书制作能力,增强法律的程序意识和法律的理解能力,增强法律的执行能力。长此以往,公安民警发现问题、分析问题、解决问题的能力,就会在学习实践中逐步得到提高,执法队伍整体素质就会逐年增强,执法行为逐步得到规范约束。

2. 减少行政纠纷,提高执行效率

说理性行政处罚文书,改变了古板、生硬、枯燥的表现形式,把事实说清楚、道理讲明白,增强当事人的认同感,体现公安机关及民警亲民爱民、执法为民的执法理念,能有效地减少或避免与当事人的分歧、争议,甚至摩擦、纠纷,化解因行政处罚出现的矛盾,还可以大幅度减少行政复议和行政诉讼案件,缩短执行时限,提高执行效率,降低行政执法成本。

3. 改善警民关系,促进社会和谐

说理性行政处罚文书,在实施行政处罚的同时,通过摆事实、讲道理,宣传普及了法律知识,不仅通过惩罚教育了当事人,尊重和维护了当事人的合法权益,树立了公安机关执法为民、服务便民形象,在某种程度上缓和了公安机关与人民群众的紧张关系,在一定范围内密切了公安机关与人民群众的联系,有利于促进社会的稳定、进步和和谐。

二、制作说理性行政处罚决定书的总体要求

说理性行政处罚文书主要包括两个方面:一方面,法律适用的理由要全面充分表述,详尽解释和说明自由裁量权最终确定的处罚幅度。另一方面,对当事人提出的观点和理由不予采纳的要详尽说明原因。其总体要求是,内容完整、论证有力、逻辑严密、适法准确、说理充分、结构合理、层次清晰、详略得当、用词准确、语句流畅,要做到说清"三理"。

(1) 说法理,就是运用法理对案件的定性、情节、处罚等问题作透彻的分析说明。在认定事实的基础上,对当事人的陈述、申辩意见采信与否的理由应叙述清楚。结合有关法律、法规或规章的具体规定,客观分析当事人的违法性质,适用法律、法规或规

章的具体条文的内容,说明当事人的行为具体违反了该法条的什么禁止性、义务性规定,构成什么行为;详细引用与禁则、义务性规定相对应的罚则条文。

(2)说情理,即对案件的分析判断要符合主体客观背景以及案件发生的原因和社情民意,从而使处罚决定合乎情理。在对当事人从事违法行为的主观意图、手段、社会后果客观评价的基础上,对从轻或减轻、从重或加重处罚以及不予行政处罚的情节、理由、法律依据作必要的说明,使自由裁量权的行使合法合理。

(3)说文理。每一份行政处罚决定书都是论证违法行为的论说文,必须做到观点明确、论据充分、论证严谨、逻辑严密、说理透彻。在文字表述上,必须做到用词准确、文理通顺、详略得当。

通过说理,能把整个案件的处罚程序交代清楚,使当事人知法、知情、知理,化解矛盾,消除阻力,提高执法满意度,促进和谐执法,减少行政复议、行政诉讼的产生。

三、制作说理性行政处罚决定书的关键环节

制作好说理性行政处罚决定书,必须把握好五个环节:

1. 要注重办案人员的综合素质

提高办案人员的综合素质,是推行说理性行政处罚决定书的关键。办案人员在撰写处罚决定书过程中,要攻坚克难,认真负责,勇于实践,增强推行说理性行政处罚决定书的信心。

2. 要注重调查取证

调查取证是写好说理性行政处罚决定书的前提。要针对"何人、何时、何地、何事、何果"五个方面,有针对性地进行调查取证,防止随意性。满足对违法事实的认定,并根据违法事实加以审查;证据的提取,应当符合法定程序;证据的审查,要注重证据的关联性、真实性和合法性,确保各种证据能够相互印证并形成完整的证据链。

3. 要注重法律论证

法律论证是说理性行政处罚决定书的集中体现。说理性行政处罚决定书要展开深入透彻的论证说理,客观公正地适用法律,使当事人释疑服判。要坚持"以事实为根据、以法律为准绳"的原则,就案件事实运用法律进行分析论证,主要在违法和合法、情节轻重和危害大小等问题上分清是非、明确责任,做到逻辑严谨、论证周密、辨法析理、说理充分、以法喻人、以理服人。

4. 注重调查终结报告

案件调查终结报告是行政处罚决定书的基础,是对行政处罚案件的事实和证据、事实和法律、实体和程序、过程和结论等问题的全面、综合的反映和体现。只有以全面的、详细的、说理的调查终结报告为基础,才能增强行政处罚决定书的说

理性。办案人员要注意内外法律文书的区别,认真写好案件调查终结报告,为写好说理性行政处罚决定书打下坚实的基础。

5. 注重处罚文书审核

文书审核是写好说理性行政处罚决定书的保障。处罚决定书是最重要的行政处罚文书,行政处罚事实是否清楚、证据是否充分、定性是否准确、处罚是否恰当、程序是否合法,最终都会体现在处罚决定书上。案件主办人员、办案机构和法制机构根据相关的要求,把好行政处罚决定书的起草关、审核关和审签关,才能保证说理性行政处罚决定书的高质量和高水平。

四、行政处罚决定书说理性的具体体现

根据以上制作说理性行政处罚决定书的要求、关键环节,总结可知,行政处罚决定书说理性体现为以下七个方面:

1. 法律引据完整

行政处罚决定书应当详细引用禁则和罚则的法条原文,使当事人可以清楚地对照法律条文,知道自己违反了什么规定,根据法律应该怎么处罚。

2. 逻辑推理严密

行政处罚决定书应当根据查实的证据,结合法律规定,从主体、主观方面和客体、客观方面综合分析,并运用逻辑推理严密地推定当事人的行为构成违法,清楚地论证当事人行为构成违法的因果关系。

3. 事实表述清楚

行政处罚决定书应当清晰表述当事人从事行政违法行为的主观意图、情节、造成的后果,作为从轻或者减轻、从重或者加重以及不予行政处罚的依据,体现行政处罚的合理性、公平性和公正性。

凡是与案件的定性和处理相关的事实要素不得遗漏,有关的数据应当对应、平衡。多个违法行为应当分别表述清楚。违法事实之间不得有互相矛盾之处。整个事实的表述应当具有层次感,合乎一定的逻辑性,文字应简洁,一目了然。

4. 证据分析严谨

行政处罚决定书应当逐一罗列证据进行分析,说明该证据证明案件的哪些法律事实;如有否认案件客观事实的证据,则要另起一段罗列并进行分析;在证据分析的基础上,运用逻辑推理和经验法则对证据逐一作出有效或无效的确认,然后用有效的证据推定出案件的法律事实,对不予采信的证据则说明理由;最后阐明通过证据分析得出的被采信证据最终证明的法律事实。

5. 自由裁量明晰

在对当事人违法行为的事实、主观意图、手段、社会后果客观评价的基础上,

行政处罚决定书应当对从轻或减轻、从重或加重以及不予行政处罚的情节、理由、法律依据作出详细说明,使自由裁量权的行使合法合理。

6. 论理语言规范

论理重点要依法说清结论的由来,把推定结论的过程清晰地展示出来。如当事人的行为实质是什么行为,为什么说是这种行为,法律规范对这一行为的表现和结果是如何规定的,所以当事人的行为符合法条的规定,应当予以惩罚。也可以分析当事人的行为最终侵害了哪种行政管理秩序,造成什么后果,所以要进行制止和惩罚。说理要尽量运用规范的法律语言,体现行政处罚决定书的严肃性。

7. 体现人文关怀

行政处罚决定书应当改变过于威严、气势压人的文风,根据不同情况使用不同表述方式,对不懂法而违法者和对弱势群体,给予人文关怀,体现人性化的执法理念。

五、说理性行政处罚决定书的具体内容

1. 首部

首部包括标题、文号、当事人的基本情况,如名称、地址、法定代表人的基本情况等。该部分应当言简意赅,对当事人基本情况的表述简明扼要,准确规范。根据当事人的身份证、营业执照或者其他资格证明文件的内容表述。当事人为两个以上的,应当按责任主次为序依次列明。

2. 事实

案件发生时的一切真实情况,主要包括违法行为发生的时间、地点、经过、情节以及结果等。

事实叙述应当按照事件发生的时间顺序,客观、全面、真实地反映案情,并抓住重点,详述主要情节和因果关系。所叙述的违法事实,应当经过调查核实,有充分证据证明违反法律、法规和规章规定的行为。

事实叙述应当以违法行为的主体、客体、主观方面、客观方面等构成要件为指导,既揭示案件的本质和特征,又抓住违法行为的时间、地点、人物、手段、经过和结果等事实要素,阐明整个违法事实情况,在叙述事实时不得增加任何主观的评论性语言。

对影响定性处罚的情节也应当列明,包括对当事人从重、加重或从轻、减轻处罚以及不予行政处罚的情节等。

3. 证据

案件调查过程中收集到的书证、物证、证人证言、视听资料、当事人陈述、鉴定结论、勘验笔录和现场笔录等证据,应当按照时间顺序和证明的事实逐一列举,并

对证据的来源及证明用途作简要说明。

证据列举方式可以在叙述违法事实过程中同时分析列举,也可以在叙述违法事实后单独列举分析。

4. 办理程序

行政处罚决定书不仅要反映案件的事实,还应当反映案件查办的程序。行政处罚文书应当完整表述下列重要步骤和程序:责令停止违法行为、责令限期改正、证据先行登记保存、扣押或者暂扣、处罚告知、听证告知、对情节复杂或者重大违法行为给予较重行政处罚以及行政执法机关负责人集体讨论等。

5. 当事人辩称的观点

行政处罚决定书应当注明当事人有无提出陈述申辩意见。当事人提出陈述申辩意见的,应当描述当事人的申辩要求和理由依据,并将复核结果进行简述。当事人在听证中对行政处罚实施机关调查认定的事实、定性、法律适用、证据、程序等提出的相关质疑及其证据也应当按上述要求描述。

6. 理由及依据

全面表述适用的法律、法规和规章。违法依据是指行政违法行为所直接违反的法律、法规和规章,它既是判定行为是否违法的依据,也是判定行为违法性质的依据。

行政处罚决定书中应当写明法律、法规和规章的全称和具体的条、款、项。行政处罚决定应当在处罚依据所规定的处罚幅度内加以确定,有多项的,应当分项写明。办案人员应当结合个案事实对法律、法规和规章进行更详尽的法理阐述,以充分的说理论证采用特定的法条作为处罚依据的理由。

采纳或者不予采纳当事人所提出的观点的理由应当详尽说明。当事人在陈述、申辩或者听证时所提出的观点,对于合理的观点应当予以采纳,对于不合理的、没有法律、法规依据的观点,不予采纳的理由应当说清说透。

对自由裁量权的行使应当说明理由,详细写明依法从轻或者减轻、从重或者加重以及不予行政处罚的相关情节。

7. 行政处罚的履行方式、期限和救济途径

行政处罚决定书应当告知当事人缴纳罚款的方式以及不服行政处罚申请行政复议或者提起行政诉讼的救济途径和期限。

8. 尾部

文书应当标注行政处罚机关的名称和作出决定的日期。作出行政处罚机关的名称应当为全称,作出决定的日期应当以行政执法机关主要负责人签发行政处罚决定书的日期为准,必须盖有该机关的印章,印章应端正、清晰。

作为一种创新的文书方式,说理性行政处罚决定书为进一步规范、促进公安行政管理工作提供了有益的思路和模式。如何在公安行政管理工作中进一步推

广和应用说理性行政处罚决定书,还有很多问题有待思考和解决。相信通过对这一文书模式的不断探索和实践,必将进一步推动公安行政管理工作规范化水平的提高,营造良好的执法环境,提高公安执法工作的社会满意度,从根源上减少信访投诉,减少行政复议和诉讼案件,成功实现停访息诉、定分止争、案结事了的执法效果。

涉诉信访件答复的释法说理制度

牛 杰[*]

涉诉信访件的答复从严格意义上来讲并不属于法律文书,但由于其作出的主体和对象与法律文书基本一致,因此,为讨论和研究方便,本文将引用相关法律文书的制度和实例来进行讨论。

一、涉诉信访件答复的现状

近年来,随着法治建设的稳步推进及检务公开的要求,一些检察机关在规范和改进法律文书工作中注重释法说理工作,如推行民事案件抗诉说理、不批准逮捕理由说明、不起诉决定理由说明等做法,这在一定程度上缓解了当前人民群众日益增长的法律需求与检察机关执法相对神秘化之间的矛盾,取得了较好的法律效果和社会效果。

但就涉法涉诉信访件的答复来看,释法说理工作还存在着不全面、不充分、不规范、说理能力不足等突出问题。目前在实践中,涉诉信访件的答复总的来说简明扼要,有些甚至显得"硬邦邦""干巴巴"。主要表现为:

(1)说理空白,如只写结论,没有根据和理由,不作任何论证和法理分析,缺少相应说理文书的支撑,尚处于不说理的空白状态,如举报人的不立案理由说明书。

(2)说理简单化、格式化、理由空泛化。说理过于笼统,泛泛而论,空洞无物,没有讲清案件事实与法律法规、处理结果之间的因果关系,虽然具有形式上的说理部分,却没有能够让人信服的实质理由。

(3)说理随意化。一些无关大局的细枝末节长篇大论,对困难点、关键点、存疑点却闪烁其词、一带而过或避而不谈。对有把握的事项就多说细说,没把握的事项就少说粗说,功利性极强,公正性缺失。

涉诉信访件的答复作为对信访人的书面答复,如果过于简单,没有充分说理,就会导致信访人认为检察机关工作人员敷衍塞责、相互推诿,从而易激化矛盾。

以上问题的出现既有主观原因,也有客观原因。主观原因主要有:

---

[*] 牛杰,湖北省武汉市汉阳区人民法院法官。

(1)一些检察人员思想上缺乏释法说理的意识和观念,释法说理主动性、自觉性不强。在传统司法理念影响下,执法者大多只简单地说明审查的结果而不愿说理,认为没有必要告知当事人。

(2)一些检察人员对释法说理并不认可。一些检察人员认为,说理宜粗不宜细、宜简不宜繁,理说得越具体、越详细,漏洞就越多,就越容易出现错误和瑕疵。

客观上因为法律传统的原因,受大陆法系的影响,重结果、轻说理,注重文书制作的格式化和用语的统一、规范,而不推崇个性化的个案说理,在一定程度上影响着我国释法说理的发展。此外,我国目前适用的文书格式较为固定,没有要求释法说理,这在一定程度上也限制了文书说理性的发挥。

二、释法说理的必要性

释法说理制度的设想,最初源于行政机关基于行政行为说明理由制度而创生的一种执法行为,是对依法行政的一种积极探索。

检察工作中的释疑说理制度就是在控告申诉、职务犯罪侦查、审查逮捕、审查起诉、民事行政检察等检察业务中,针对侦查机关(包括检察机关自侦部门)、请求赔偿人、申诉人等对检察机关所作出的决定提出疑问、异议时,检察机关的负责人或承办检察官以口头或书面方式进行解释、答复,充分说明其作出的决定所依据的事实理由,释疑解惑,说理服人,尽可能化解矛盾,尊重并保障诉讼主体的知情权和参与权,以程序的透明、公正促进实体公正,实现检察机关司法的正当化、公正化的一种解释说服工作机制。党的十八届四中全会通过的中共中央《关于全面推进依法治国若干重大问题的决定》提出要加强法律文书释法说理,建立生效法律文书统一上网和公开查询制度。

1. 释法说理是社会主义法治理念对检察机关工作的具体要求

执法为民是社会主义法治的本质要求,检察工作要解决好为民执法的问题,必须认真考虑诉讼当事人的诉讼权利与诉求,将执法办案与解决社会矛盾结合起来,使执法办案的过程成为化解矛盾、释法说理的过程。

2. 释法说理是司法公开的深层次要求

公开是公正的前提、公信的基础,司法公开,就是要求司法透明。司法操作的透明,包括当事人参与、结果公开、理由阐述,等等。通过司法公开,诉讼参与人要的不仅仅是结果,而是为什么是这样的结果;要的不仅仅是结论,更重要的是得出这个结论的理由。司法公开中增强释法说理性,是增强民众对法律生活的积极参与性和信任度的重要途径。

3. 释法说理是司法活动中当事人的需求

实践中,当事人缺乏法律知识,同时也希望检察机关能给他们讲明、讲清、讲懂、讲透。这种释法说理的过程,同时也是宣传普及法律知识的过程。

4. 释法说理是解决信访问题的根本方式

实践中,产生信访问题的原因种种,信访人也形形色色,但解决信访矛盾的根本方式仍是释法说理,化解矛盾。信访人不停地上访、申诉,要个"说法",寻求他们心目中的"公正",就是因为很多时候司法裁判没有说理或者没有透彻的说理。对于信访人而言,只有通过形式多样的充分说理,才能说服他们,最终化解矛盾。在信访工作中,释法说理既包含口头说理,也包含书面说理。口头释法说理具有及时的灵活性与现场的亲和性,尤其在无法以法律文书方式进行答复的场合,应当根据当事人的文化程度、年龄阶段、身体特征等具体情况,配合通俗易懂的语言进行口头的释法说理。但答复书中的释法说理也不应偏废。

三、国外说理制度考察

现代各国大都对判决理由的阐释有制度化的规定,无论英美法系还是大陆法系,尽管存在司法方式上的不同,但都十分重视对判决理由的阐释。《日本刑事诉讼法》第44条规定,判决中必须附具理由;《德国刑事诉讼法》在第267条专门规定了判决理由事项。法国法学家勒内·达维德介绍说:"判决要说明理由的做法,在意大利从16世纪起,在德国于18世纪逐步确立起来;在这点上,在法国只是在1790年,在德国只是在1879年才作为一项普遍义务强使法官接受。判决必须说明理由这一原则今天是极为牢固地树立了:在意大利,宪法本身就此作了规定。"时至今日,应当说明判决理由已经成为国际法律界的通识。英国弗兰克斯委员会1957年的调查报告指出,几乎所有的法律文件签署人都希望相关决定能附有理由,公平竞争的基本要求是当事人在最后能够获知判决是如何产生的。德国宪法法院在1973年的一项决议中明确规定:所有法官的司法裁判,必须"建立在理性论证的基础之上"。

在英美法中,由于法官受到"遵循先例"原则的拘束,因此法官必须详细阐述有关先例对特定案件的可适用性。以美国为例,法官在论证判决理由的司法意见中必须陈述案件事实、问题争点、解决方案、支持理由以及相关程序性指令。美国的判决意见书一般都篇幅较长,对案件事实进行非常详细的记述。

综上,可以肯定的是,法治国家都比较重视对判决的说理,这也是这些国家的司法机关和法官普遍受到公众信赖和尊重的重要原因之一,是法治现代化和法律人本主义精神的重要标志之一,值得我们借鉴和学习。

四、涉诉信访答复释法说理制度的构建

释法说理,首在"法"字,重在"理"字。简言之,就是要阐明事理、法理和情

理,最终让民众明理服法。释"法",法律辨析以准确为本。要把查明的事实解释成法律规范设定的事实,就要准确证明客观事实与法律规范设定事实之间存在同一的置换关系,同时还要否定其他置换关系,详细列举处断所依据的法律条文,准确说明采纳理由和不采纳诉讼双方意见的理由。说"理",法理分析以精当为要。具体到涉法信访案件,释"法"的过程,不是简单地解释法律的过程,而是结合实际,从当事人的诉求入手,抽丝剥茧,详尽回复各种疑惑和问题。说"理"的标准,不仅要准确、清晰阐明司法机关认定事实和处理的依据,而且要用语规范、用语文明,用民众听得懂的方式来回答。

(一) 确立释法说理工作的基本原则

1. 突出重点原则

信访工作千头万绪,工作量非常大,2014年武汉市检察院共受理来信来访件1 700多件。如果对每件信访件书面释法说理,那么将陷入公平与效率的矛盾之中。信访件的释法说理工作也应兼顾效率。在释法说理工作中应当突出重点,在个案上,以疑难、有争议的案件为重点,尤其是对检察机关不立案的决定、不予支持民事监督申请的决定、不予起诉、不予批捕、不予支持国家赔偿的决定等,应成为释法说理工作开展的重中之重。

2. 公开与保密相结合原则

首先,检察机关在不违反相关保密义务的前提下,应保证释法说理工作过程具有开放性、便于他人监督。实践中,主要体现在释法说理的相关文书公开以及释法说理的口头答复程序公开。其次,在释法说理工作中应注意履行保密义务。对于因法律规定及工作需要不能公开或者不宜公开的事项不予公开。把握好此项原则能更好地消除检察人员"说得越多,错得越多"的顾虑。

(二) 释法说理的重点环节

释法说理的重点不宜宽泛,但也不应过窄。确定释法说理重点时应当把握一条原则,即如果不进行释法说理会损害检察机关的执法公信力,导致相关单位和公众对检察机关执法决定的质疑,并且可能引起复议、复核、申诉、缠访等情况。不起诉、不抗诉等否定性兼终局性决定直接影响当事人的切身利益,同时也是对相关单位执法行为的实体评价,其意义与其他检察决定不可同日而语,须慎重对待。将其列为释法说理工作重点是各级、各地检察机关的共识。除此之外,还应将纠正违法、检察建议等诉讼监督类法律文书作为释法说理的重点。

具体而言,要明确不同个案说理活动的侧重点和对说理性的不同要求。如针对相对不起诉被害人的释法说理,就要从被告人行为的社会危害性、人身危险性、犯罪的动机、目的、手段、方式等方面具体地阐述为什么其犯罪行为情节较轻,对其作出相对不起诉的依据何在。此外,还要向被害人阐释宽严相济刑事司法政策的内容和价值,从化解矛盾、促进社会和谐的情理角度做好说理工作。

(三) 明确释法说理的主体及对象

释法说理的主体应当是检察机关具体承办案件的人员。释法说理工作对象的确定应着眼于检察工作实践中化解社会矛盾,主要包括:申诉人、被申诉人、法定代理人、诉讼代理人,以及当事人的近亲属或与案件有利害关系的人。

(四) 创新释法说理的形式和方式

在说理形式上,结合现有法律文书对规范性的要求,可以将说理的内容直接体现在文书的正文中,也可以考虑采用加尾注或脚注的方式,还可以采取另附说明性材料的便宜之法。另外,在书面说理和口头说理之外,建议针对重大、疑难复杂案件,具有较大社会影响案件,以及存在缠诉缠访、涉检上访倾向的案件,可以应当事人的申请采用公开答复程序,实行听证说理。

因此,涉诉信访件的答复应综合个案的性质、情节和背景,从事理、情理、法理分别进行分析、论证,做到以法服人,以理服人,化解矛盾,维护社会和谐稳定。

五、相关的配套措施

涉诉信访件答复中释法说理制度的实施,不仅需要良好的制度规范,还涉及检察官素质和积极性、监督机制、评估机制等一系列说理制度外的问题。

1. 加强检察人员的培训,提高说理水平

涉诉信访件的释法说理最终还是由承办检察官的素质和法律素养决定的。检察机关释法说理工作的开展,依赖一支接受了专门法律职业训练、具有过硬法律职业道德的检察队伍。一次有效的信访答复,必是在了解案件过程的基础上对事理、法理、情理的充分阐述,令人信服。因此,检察机关应高度重视和加强对检察官说理能力的培训,尽量避免检察人员因个人偏见和情绪而对"释法说理"产生"不公正"的影响。同时设立能够激励法官自觉履行判决说理责任的措施,从积极的方面引导法官的说理行为。

2. 建立优秀答复文书汇编制度

英美法之所以具有良好的判决说理惯例,与其实行的判例法制度关系重大,优秀的判决理由论述,不仅能够为判决寻求充分的合理化依据,使诉讼参与人信服和接受,更有可能成为经典判例,编入判例汇编,成为供后世称颂和遵行的先例,这对一个法官而言乃是职业生涯至高无上的荣誉,其激励作用是无法用金钱来衡量的。我国虽然是成文法国家,不存在判例法,但是并非不存在判例汇编制度的空间。德日等同为成文法传统的国家也存在法官的判例汇编制度,最高法院的判例或其他优秀判例由国家进行汇总编纂,以供法官、检察官和律师在处理相同或相似案件时进行参考和引用。裁判文书虽然不能在其他案件审理中直接作为法律依据予以引用,但可以成为判决说理和论证的重要素材。从我国法律传统方面看,也历来具有以成文法为主导、案例为补充的传统。但是从权威性、系统性、规范性、广泛性和影响力等方面来看,我国目前正处于摸索阶段的案例指导工作与诸如德国《联邦法院刑事案件判例汇编》这样的判例汇编仍具有较大的差距。因此,应当建立起由最高人民法院负责的案例汇编制度,将说理透彻充分、说服力强的刑事判决书进行选编,作为指导同类案件判决的优秀典范,供法律职业群体参照和引用,这样必然能极大地激励司法人员主动提高自身说理能力和水平,形成良好的竞争和效仿机制。对于优秀事物的效仿,往往具有积极作用。良性的判决说理氛围能够尽快树立重视判决说理、追求判决理性的良好氛围。

3. 公开透明是最好的监督手段之一

当前我国一些判决已经做到向诉讼参与人公开,以浙江省杭州市萧山区人民法院为例,据《人民法院报》报道,对于一名法官来说,判决书中的认证和说理是重点和难点,能否说理充分,在判决书上见分晓。近年来,萧山区人民法院刑事判决书有了很大改进,比如办案的环节、时间,超期了要向当事人通报,判决书上都要有体现,早些年这些是不写的;对被告人、辩护人提出的问题,都要有问必答,说理要说清,文字上会仔细推敲。随着网上高水准裁判文书的增加,网上转载率也越来越高。但在向社会公众公开方面与西方国家还存在差距。尽管现阶段一些法院采取了将判决通过互联网向社会公开的做法,但仍只是某些法院的个体行为。因此,除涉及国家秘密、商业秘密和个人隐私的案件外,应当全面向公众公开,使之接受公众的监督。公开公示制度可以促使检察官更加审慎地思考,更加公正地处理案件。由于我国人口基数大,案件绝对数量多,制作所有案件的汇编难度较大,因此公示途径可以考虑选择网络方式,目前的互联网技术也完全可以满足这一工作要求。真金不怕火炼,如果秉承公正的态度,恪尽勤勉审慎的职守,就不会惧怕将判决公之于众。在现代社会,社会舆论和民众评价的介入,使得裁判必须对民意加以关注。因此,对于涉诉信访件的答复而言,公开答复不仅仅是检察机关受到当事人的监督,也是所有诉讼活动及信访过程包括当事人接受社会的监督。

正义不仅要实现,还要以看得见的方式实现,这已经成为现代法治的基本正义理念。法律文书是司法正义的重要载体,是公众审视正义的重要途径,法律文书公开制度,不仅仅是简单地向社会公布裁判文书的内容,更是建造了一个让老百姓看得见的司法窗口,老百姓通过窗口能够了解司法工作的运作,监督司法工作的运行,有利于增进司法机关在群众心目中的公信力。

公证文书研究成果的实证分析(1991—2014)

袁 钢[*]

2014年以来,为全面深化司法体制改革,人民法院和人民检察院在深入推进司法公开,构建开放、动态、透明、便民的阳光司法机制方面出台了一系列司法改革新举措:裁判文书从相对封闭走向全面公开,裁判说理从单向型的陈述说明走向互动型的"协商对话"[①],这种改革,势必也影响公证文书的改革。公证文书的改革不仅是停留在公证文书格式的改变方面,而应使公证文书内容具有科学性,公证文书制作理念实现现代化。其中,公证文书的研究现状更是集中反映了公证文书改革,通过对公证文书进行横向与纵向比较性质的深入研究,其目的是将学术研究中总结的经验、归纳的共识以及针对性理论适用于公证文书制作之中,使公证文书符合客观公正的原则,增强公证文书的公信力,尊重公证的自身规律。

一、研究现状分析工具

在对公证文书研究的分析过程中,本研究秉承公开的基本理念和角度选取分析工具,尽可能整理收集权威数据,避免选择性整理数据,主要选取如下三种分析工具以及资料来源[②]:

(一)官方网站

作为国家总书库、国家书目中心,国家图书馆(www.nlc.gov.cn)馆藏目录是目前国内最权威的书籍目录。本次研究中选取国家图书馆的馆藏目录来总结国内公证文书著作的研究现状。

---

[*] 袁钢,中国政法大学副教授、法学博士,中国法学会法律文书学研究会副秘书长。主要研究方向为司法制度与法律职业伦理。

[①] 参见李国强:《裁判文书的说理机制》,载《法制日报》2014年7月30日。

[②] 由于研究工具所限,本研究中不可避免地会遗漏部分已经发表的报纸新闻、期刊论文和学位论文,亦请读者谅解。

(二) 商业数据库

1. 中国知网(www.cnki.net)。作为以实现全社会知识资源传播共享与增值利用为目标的信息化建设项目,由清华大学等院校发起,具有国际领先水平的数字图书馆。本次研究中选取中国知网来分析公证文书期刊文章的研究现状。

2. "万方数据"知识平台(www.wanfangdata.com.cn)。该平台是在互联网领域,集信息资源产品、信息增值服务和信息处理方案为一体的综合信息服务商。

二、公证文书著作的分析

(一) 研究现状

截至 2015 年 5 月 8 日,对于国家图书馆馆藏目录以"公证文书"为关键字进行全面检索,从 1991 年至今,国内正式出版与"公证文书"相关著作共 11 部,分别由 10 家出版社出版,具体见表 1。

表 1　公证文书研究著作(1991—2014)

编著者	书名	出版社	出版日期(年)
薛　凡	《公证文书改革参考》	厦门大学出版社	2012
张凤魁	《涉外公证文书英译大全》	人民教育出版社	2011
司法部律师公证工作指导司	《定式公证书格式使用指南》	法律出版社	2011
司法部律师公证工作指导司	《公证书格式(2011 年版)》	法律出版社	2011
云南省昆明市国信公证处	《要素式公证书试行格式及参考样式》	云南大学出版社	2009
石　峰	《公证文书》	东北师范大学出版社	2008
王成宇	《涉外公证与证明》	中国工人出版社	2002
张世琦等	《房地产·宅基地·治安管理·公证律师·民用非诉讼法律文书·其他法律常识》	辽宁大学出版社	2000
司法部律师公证工作指导司	《要素式公证书试行格式辅导材料》	中国民主法制出版社	2000
华书-美通国际管理研究室	《法律文书 第一卷 公务与公证、仲裁类法律文书公安机关·检察机关·人民法院法律文书》	新疆科技卫生出版社	2000
韦　锋	《公证、合同、协议文书的写作》	西南师范大学出版社	1991

（二）研究分析

在上述11部专著中，《涉外公证文书英译大全》一书主要介绍涉外公证文书证词及材料翻译，《公证、合同、协议文书的写作》等3部著作涉及公证文书常识，《公证书格式（2011年版）》等3部著作是司法部律师公证工作指导司发布的关于要素式公证书、定式公证书的格式，《涉外公证与证明》是有关涉外公证的著作。因此，从研究内容来看，公证文书研究的著作只有3部。

《公证文书》一书包含公证文书概述、公证书、定式公证书、要素式公证书、公证事务专项证书、公证决定书、公证通知书、辅助性公证文书、公证文书档案等方面的内容；云南省昆明市国信公证处主编的《要素式公证书试行格式及参考样式》包含要素式公证书试行格式及参考样式和1992定式公证书试行格式两编。因此，严格来说，由薛凡主编的《公证文书改革参考》是唯一专门研究公证文书，以中国公证网上编发的电子刊物《公证文书改革参考》电子杂志为基础编辑出版的，包括公证文书改革论坛、特别专题：保全证据公证书评析、案例分析与公证文书、公证文书点评、法律意见书评析等栏目。该书"通过介绍和评析，不仅提炼出我国公证文书实务操作中的有益经验，而且指出了有待改进之处。同时对公证文书的改革的发展方向进行了前瞻思考"。[①] 该书无论是在理论还是实务层面，对我国公证文书的改革都具有积极的重要意义，在总结中反思，在学习中进步，更希望该书能形成系列并且定期出版，形成品牌效应，以飨公证研究与实务人士。

三、公证文书其他文献的分析

截至2015年5月8日，在中国知网搜索工具（search.cnki.net）上，选取"高级搜索"，对于不同文献类项的"报纸全文""学术期刊""硕士论文"，分别以"公证文书"为关键字对"篇名"进行精确匹配检索，分别检索到33篇、96篇和9篇文献，合计138篇。

[①] 薛凡主编：《公证文书改革参考》，厦门大学出版社2012年版，序言。

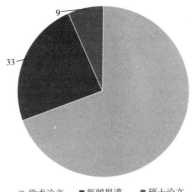

图 1　公证文书其他文献的类型

（一）公证文书报纸文献的分析

在本次研究中,在中国知网检索到"公证文书"的报纸文献一共 33 篇,分布情况如表 2。

表 2　公证文书新闻报道的媒体

	报纸名称	篇数		报纸名称	篇数
法制类	《法制日报》	6	经济类	《江苏经济报》	2
	《人民法院报》①	15		《上海证券报》	1
	《检察日报》	2		《中华工商时报》	1
	《江苏法制报》	2		《亚太经济时报》	1
	《西部法制报》	1		《上海金融报》	1
	《民主与法制时报》	1		《中国税务报》	1
其他类	《中国档案报》	1		《中国城乡金融报》	1
日报类	《成都日报》	2		《抚顺日报》	1
	《南通日报》	1		《无锡日报》	1
	《东莞日报》	1		《蚌埠日报》	1

---

① 在本次研究中发现,部分报纸除了刊载消息、问答或者普及性质内容之外,也会刊载诸如个案分析或者理论分析,严格来说应当属于学术论文,例如《法制日报》刊载的《要素式更高可信度 更强证明力》(2001 年 2 月 27 日)、《人民法院报》刊载的《证据保全公证文书法律效力之认定》(2014 年 10 月 10 日)、《公证文书强制执行效力浅析》(2014 年 11 月 23 日)、《公证债权文书强制执行力与当事人诉权的关系》(2009 年 5 月 5 日),《江苏经济报》刊载的《公证债权文书强制执行探讨》(2010 年 11 月 10 日)。

关于公证文书的报道主要集中于法制类的新闻媒体,共17篇,占总数的52%,这与公证文书的专业性质与法制类媒体报道重心相关。值得注意的是,占总数24%的经济类新闻媒体作了公证文书的报道,主要是与具有强制执行效力的债权文书、继承公证相关,这说明公证文书的制作与市场经济的发展紧密相连。此外,占总数21%的具有都市报性质的日报也涉及了公证文书的报道,也说明公证文书与普通百姓的生活休戚相关。

从新闻报道内容的角度进行分析,33篇报道中只有2篇被引用过1次,被下载超过10次的新闻报道有9篇,见表3。

表3 公证文书新闻报道的内容

标题	作者	报纸名称	发表时间	下载次数	被引次数
《公证债权文书强制执行力与当事人诉权的关系》	潘玉君 张 锐	《人民法院报》	2009年5月5日	47	0
《正确理解民事诉讼法和公证法强化公证债权文书的执行效力》	曹守晔	《人民法院报》	2009年1月9日	38	0
《证据保全公证文书法律效力之认定》	张泽吾	《人民法院报》	2004年10月10日	31	1
《委托公证人制度30年:"一国两制"的成功实践》	赵 阳	《法制日报》	2011年6月7日	27	0
《公证债权文书强制执行探讨》	胥忠明	《江苏经济报》	2010年11月10日	26	1
《对强制执行公证债权文书的理解》	常 亮	《江苏法制报》	2012年6月19日	23	0
《公证文书强制执行效力浅析》	王永亮	《人民法院报》	2004年11月23日	19	0
《合理适用具强制执行效力的债权文书公证》	陈 峰	《上海金融报》	2013年8月27日	17	0
《什么是具有强制执行效力债权文书公证》	唐 瑄	《西部法制报》	2013年5月21日	14	0

从表3可以发现,在本次研究中,用"公证文书"作为关键字进行检索,多数出现同一类型业务,原因在于,作为公证业务之一的"公证债权文书"或者"具有强制效力的债权文书公证"名称中就包含了"文书"二字,在实际检索中无法排除其干扰。在上述33篇新闻报道中,真正属于公证文书改革的只有1篇(薛凡:《要素式 更高可信度 更强证明力》,载《法制日报》2001年2月27日)。这也表明,即使是在法制类报纸中也难寻有关公证文书改革的报道。

（二）公证文书硕士论文的分析

本次研究中主要是利用中国知网硕士博士论文库进行精确匹配检索，检索到与"公证文书"相关硕士论文9篇，辅助使用了国家图书馆学位论文阅览室的馆藏目录和万方数据知识平台，查找到中国知网未收录的与"公证文书"相关的其他硕士论文12篇，合计21篇，但未发现有关公证文书的博士论文。为保证收集到更为全面的资料，本次研究中还使用"定式公证书""要素式公证书""公证文书制作"为关键字进行检索，未发现其他与公证文书改革有关的学术论文。检索具体结果见表4。

表4　公证文书硕士论文（2003—2014）

作　者	论文题目	硕士类型	学　校	学科排名	年　份	指导教师
乌　兰	《赋予强制执行担保公证债权文书效力及其执行问题探析》	法律硕士	内蒙古大学	60	2014	牛文军
张　继	《赋予强制执行效力公证制度研究》	未知①	华东政法大学	6	2014	谢文哲
高晓丽	《公证债权文书强制执行效力研究》	诉讼法学	西南政法大学	5	2013	王斌②
周　斌	《公证文书强制执行相关问题研究》	法律硕士	西南财经大学	28	2013	吴越
巩丽媛	《论公证文书的强制执行制度》	诉讼法学	中国政法大学	2	2011	刘金华
庄莉娟	《论赋予强制执行效力的债权文书公证》	法律硕士	西南政法大学	5	2011	黄　宣
蒙　舟	《论公证文书在民事诉讼中的效力》	诉讼法学	西南政法大学	5	2010	李祖军
王　洋	《现代公证制度若干问题研究》	法律硕士③	中国社会科学院	—	2010	冀祥德

---

① 国家图书馆学位论文阅览室馆藏目录仅标记为"硕士"论文，没有表明作者的具体身份。华东政法大学论文管理系统（218.242.146.235:3023/）也未收录本论文。
② 数据来源于"万方数据"。
③ 中国社会科学院图书馆（www.lib.cass.org.cn/）未收录该篇文章，"万方数据"收录了该篇论文。

(续表)

作者	论文题目	硕士类型	学校	学科排名	年份	指导教师
牛维宋芳	《我国公证强制执行效力运行程序研究》	宪法与行政法学①	中国政法大学	2	2009	马宏俊
卢瑞华	《公证解纷制度研究——以公证功能的拓展为视角》	诉讼法学	中国人民大学	1	2009	汤维建
仇天昀	《保全证据公证的现状与问题——对上海市闵行公证处保全证据公证的调研》	法律硕士	上海交通大学	11	2009	王光贤
吴云	《论公证债券文书的强制执行效力》	法律硕士	复旦大学	13	2008	刘士国
张淑霞	《从功能翻译理论角度研究涉外公证文书的英译》	英语语言文学	苏州大学	18	2008	方华文
李浩旗	《债权文书强制执行公证探析》	法律硕士	南开大学	21	2008	贾敬华
程军	《赋予强制执行效力公证债权文书执行程序研究》	法律硕士	山东大学	15	2007	张世全
王毅丹	《公证强制执行制度若干问题研究》	法律硕士②	厦门大学	10	2007	齐树洁
白冰	《中国公证债权文书强制执行问题实证研究》	诉讼法学	四川大学	16	2007	左卫民
廖竹昆	《证据保全公证问题的探讨》	法律硕士	云南大学	—	2006	米良
吴逯	《我国公证制度若干问题的法哲学思考》	法律硕士	吉林大学	8	2006	韦经建
张宝华	《证据保全公证问题研究》	法律硕士	安徽大学	35	2004	徐淑萍
王洪三	《论完善我国公证制度》	法律硕士	安徽大学	35	2003	周少元

① 根据中国政法大学攻读硕士学位研究生招生简章的专业目录，在"030103 宪法学与行政法学"下设"04 司法制度与法律职业行为规则"，因此该篇硕士论文属于"宪法学与行政法学"。
② 通过检索厦门大学图书馆网站(http://library.xmu.edu.cn/)，获知该篇论文为法律硕士毕业论文。

从硕士论文的学校分布来看,上述21篇硕士论文分别是由17所高校的21名指导教师完成的,其中西南政法大学3篇,中国政法大学2篇,安徽大学2篇,其余各校均为1篇。根据教育部学位与研究生教育发展中心公布的2012年学科评估结果①,在教育部官方权威主导的评估中,在排名前十的院校中,北京大学(3)②、武汉大学(4)、清华大学(7)、中南财经政法大学(9)未发现公证文书的硕士论文。这一方面说明传统的政法院校和具有较强实力法学院的综合性大学,相对比较关注公证方向,相对理论研究色彩较为浓厚的院校鲜见本方面的硕士论文。

从硕士类型来看,除了1篇未知硕士类型之外,其余20篇文章中有13篇是由专业学位法律硕士研究生撰写,占到总数的65%。中国的法律硕士专业学位创始于1995年,是"针对社会特定职业领域的需要,培养具有较强的专业能力和职业素养、能够创造性地从事实际工作的高层次应用型专门人才而设置的一种学位类型。专业学位与相应的学术学位处于同一层次,培养规格各有侧重"。③法律专业学位论文更关注于有关公证方面的选题,这也符合法律硕士应用型、复合型的特点,法学高等教育工作者可以考虑结合法律硕士的特点来培养公证方向的法律硕士。④从学术型硕士毕业论文来看,诉讼法学专业研究生更为关注公证方向。

从硕士论文内容来看,主要论及公证文书的制作、格式等只有1篇,即《保全证据公证的现状与问题——对上海市闵行公证处保全证据公证的调研》,根据法律硕士论文的基本要求,推荐研究生完成诸如本篇论文的调研报告,而非传统意义上的学术论文。

(三) 公证文书学术论文的分析

在检索收录的96篇学术论文中,按照论文的内容可以分为强制执行、公证效力、公证救济⑤、档案管理、翻译经验、文书改革、公证价值、外域经验九个方面,具体分布见图1。

---

① 载教育部学位与研究生教育发展中心网站(http://www.cdgdc.edu.cn/xwyyjsjyxx/xxsbdxz/index.shtml)。
② 参见前引,括号中为教育部学位与研究生教育发展中心公布的2012年学科评估结果的排名。
③ 载中国学位与研究生教育信息网(http://www.cdgdc.edu.cn/xwyyjsjyxx/gjjl/)。
④ 经中国政法大学公证法学研究中心向中国政法大学法律硕士学院申请,并与国内部分公证处进行联合培养,自2012年开始正式面向法律硕士(非法学)开设由《中外公证法律制度概述》《公证证据与法律救济》《公证实务(一)》和《公证实务(二)》合计144学时的公证方向课程组,培养公证法学方向的法律硕士。目前已经完成三届134名法律硕士的培养工作,部分毕业生选择进入公证处工作。
⑤ 部分论文篇名是与"公证债权文书"或者"强制执行"有关,但该文实际内容讨论或者回答的是具有强制效力的公证债权文书是否可诉的问题,因此被归入"公证救济"类。

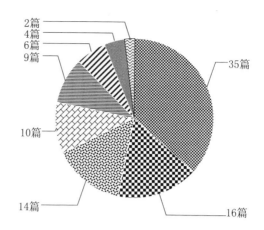

图2　公证文书学术论文的内容

从刊载学术论文的期刊性质来分析,上述96篇学术论文中,《中国公证》刊载23篇,占总篇数的24%;《中国司法》刊载4篇;《人民司法》刊载3篇;其他法学类期刊合计刊载28篇,即前述法学类期刊合计刊载,占总篇数的60%;综合性社科杂志和高校学报共刊载14篇,占总篇数的15%。

从刊载学术论文的期刊重要程度来分析,根据南京大学中国社会科学研究评价中心发布的中文社会科学引文索引来源期刊(2014—2015),上述96篇学术论文发表的期刊中,属于核心期刊的只有4篇,分别是《涉外公证文书的汉英翻译》(载《中国翻译》1993年第2期)、《公证文书有法律意义吗?》(载《法学杂志》1994年第2期)、《公证债权文书刍议》(载《政法论丛》1996年第2期)和《浅谈执行中对公证债权文书的审查》(载《政治与法律》1998年第1期)。可以看出,能发表于具有影响力期刊的公证文书论文数量甚少,并且有16年的时间在国内核心期刊上没有一篇关于公证文书论文发表。

从论文内容的分布进行分析,可以得出几个基本结论:第一,正如前文提到的原因,"公证债权文书"对于本次检索影响较大,占到总篇数的36%;第二,公证效力和公证价值的研究是公证文书改革研究的基本前提,而公证文书改革研究也必然涉及公证救济问题,这三类问题研究占到总篇数的35%;第三,档案管理、翻译经验也是公证文书改革研究不可或缺的内容,合计占到总篇数的20%;第四,从文书制作、格式等方面来做公证文书的研究型论文数量较少,只有6篇,占到总篇数的6%,即表5中的6篇。

1. 关于公证文书的学术论文

表5　关于公证文书的学术论文

标　题	作　者	期刊名称	发表时间	下载次数	被引次数
《公证文书的改革与完善》	薛　凡	《中国公证》	2006年第10期	67	2
《公证文书的格式与内容》	薛　凡	《中国公证》	2006年第8期	62	1
《房屋转移登记收件中慎用玩忽职守罪——析房屋转移登记收件审查时对公证文书的审查》	王　达	《中国房地产》	2013年第3期	44	0
《公证文书的改革》	关世捷	《中国公证》	2003年第3期	25	1
《制作要素式公证文书应注意的几个问题》	杨俊明 赵改荣	《中国公证》	2012年第2期	22	0
《真正的未来源于此刻的努力——访中国公证协会公证文书研究委员会主任委员薛凡》	前　方	《中国公证》	2012年第3期	19	0

从表5可以看出，有关公证文书改革的论文基本上都发表于《中国公证》，从内容上看，主要涉及公证文书的格式、内容、制作、审查等，其中薛凡发表的《公证文书的改革与完善》和《公证文书的格式与内容》两篇文章，无论是下载量还是被引次数，都是公证文书研究中最重要的学术论文。

2. 关于定式公证文书的学术论文

为保证资料完整性，本次研究中还采用"定式公证书"为关键字进行检索，发现论文5篇，具体结果如表6。

表6　关于定式公证书的学术论文

标　题	作　者	期刊名称	发表时间	下载次数	被引次数
《浅谈在定式公证书格式中灵活使用加"注"防范公证风险》	林春海	《经济师》	2012年第10期	17	0
《尽职·履责·免责——学习〈2011年版定式公证书格式〉有感》	赵子峰 樊　卓	《中国公证》	2012年第6期	13	0
《新的定式公证书格式之分析》	林万钟	《中国公证》	2012年第3期	26	0
《关于定式公证书格式在实际应用中的几点建议》	隋彦忠	《现代经济信息》	2012年第2期	27	0
《新的定式公证书格式探析》	林万钟	《法制与经济》（中旬）	2011年第12期	16	0

关于定式公证书研究的学术论文数量明显少于下文的要素式公证书数量,这与定式公证书自身特点有关;从研究内容上看,此类论文集中探讨格式问题;从作者身份来看,全部为公证员。

3.关于要素式公证文书的学术论文

本次研究中又采用"要素式公证书"为关键字进行检索,查找到公证文书改革的其他学术论文共 27 篇。

表7 关于要素式公证书的学术论文

标题	作者	期刊名称	发表时间	下载次数	被引次数
《浅谈适用要素式公证书要素适用规律》	阎建明 王超耀	《中国公证》①	2013年第5期	—	
《要素式公证书在公证工作实际中的作用》	丁洁	《法制博览》(中旬刊)	2012年第7期	10	0
《浅谈要素式公证谈话笔录的意义与作用》	宋丽萍	《法制与经济》(中旬)	2012年第9期	24	0
《如何办理代位继承权和转继承权的要素式公证及其法律适用依据》	杨燕	《中国集体经济》	2011年第24期	73	0
《统一公证书形式格式研究》	肖锦	《中国公证》	2011年第12期	23	0
《试析要素式公证书的积极意义和基本要求》	滕华龙	《法制与经济》(下旬)	2011年第11期	21	0
《我看继承类要素式公证书的内容》	刘新冬	《中国公证》	2011年第3期	29	0
《从一起案例谈如何办理接受遗赠公证书》	孙淑文 寇玉芳	《中国公证》	2011年第3期	46	0
《要素式公证书在公证工作实际中的作用》	叶丽娜	《黑河学刊》	2011年第2期	21	2
《从完善公证书的角度谈公证书的要素》	杨应慧	《中国公证》	2010年第3期	54	1
《继承类要素式公证书内容的表述》	林万钟	《中国公证》	2010年第2期	32	0
《第二批要素式公证书格式之价值体现》	詹爱萍 刘建玲	《中国公证》	2009年第9期	21	1

① 根据对中国知网数据库的查询,该数据收录《中国公证》最新期刊为 2013 年 12 月,尚缺失 2014 年 1 月至今的数据。

(续表)

标题	作者	期刊名称	发表时间	下载次数	被引次数
《对继承类公证及要素式公证书的认识》	李巧宝 吉松祥	《中国公证》	2009年第8期	41	0
《要素式公证书的写作问题》	王京	《中国公证》	2007年第12期	27	0
《对现行委托、声明公证书内容的延伸思考》	赵明	《中国公证》	2006年第5期	13	0
《要素式公证书：公证形象的载体》	陆建明 何晖	《中国公证》	2005年第5期	15	0
《要素式公证书可以解决一些公证疑难问题有感于一件特殊的案例》	刘乾纪	《中国公证》	2004年第8期	6	0
《浅析补办经济合同公证中要素式公证书的制作与效力》	孙玉静 杨桂香	《中国司法》	2003年第2期	30	0
《"强制执行公证类"公证书格式的运用》	朱自全	《中国司法》	2002年第9期	36	0
《推行要素式公证书格式1年间……》（上）	左燕芹	《中国司法》	2002年第1期	12	0
《推行要素式公证书格式1年间……》（下）	左燕芹	《中国司法》	2002年第1期	11	0
《制作要素式公证书应注意的问题》	王恩 傅少卿	《中国司法》	2001年第5期	12	0
《要素式公证书的制作》	雷梅英	《山西省政法管理干部学院学报》	2001年第3期	21	0
《试行要素式公证书回顾》	北京公证处	《中国司法》	2001年第1期	6	0
《现场监督要素式公证书若干问题研究》	李宗勇	《中国司法》	2010年第10期	44	0
《要素式公证书试点工作回顾》	扈龚	《中国司法》	2000年第3期	6	0
《浅谈推行要素式公证书的必要性》	李向宏	《天津市政法管理干部学院学报》	2000年第S1期	12	0

从以上学术研究成果的数量和质量来看,关于要素式公证书是目前关于公证文书研究的中心问题;从发表的期刊来看,《中国公证》刊载12篇,《中国司法》刊载7篇,占总篇数的70%,说明行业专业期刊是公证文书研究成果交流的主阵地;从作者身份来看,除山西省政法管理干部学院雷梅英教授之外,其余论文均为公证员写作发表;从发表时间来看,发表的时间都是在司法部发布第一批要素式公证书格式之后。

4. 关于其他公证书制作的学术论文

此外,本次研究中又采用"公证+制作"为关键字进行检索,查找到以下3篇论文。

表8 关于其他公证书制作的学术论文

标题	作者	期刊名称	发表时间	下载次数	被引次数
《公证笔录的作用和制作注意》	张景华	《法制与社会》	2014年第3期	26	0
《公证书中的数字用法应规范》	魏小华 李正权	《中国公证》	2012年第3期	17	0
《公证书中应避免的常见语法错误》	林万钟	《中国公证》	2010年第12期	24	0

以上均为公证员写作的学术论文,完全契合公证实务,论及笔录制作、规范用法两个方面,也提示应当重视公证书以外的公证文书制作,并遵循公证书制作中的基本规范。

四、公证文书研究趋势的分析

在本次研究中还使用相关工具来分析、比较公证文书的研究热度的变化情况。

(一) 公证文书学术关注度分析

根据中国知网提供的学术趋势分析,从1997年至2014年,与"公证文书"相关的文章,每年被引次数见图3。

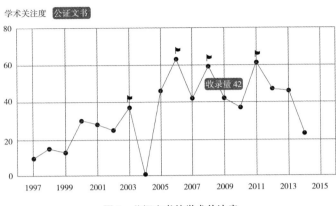

图 3　公证文书的学术关注度

从图 3 可以看出，从 1997 年至 2006 年，公证文书研究呈现逐年递增的趋势（2004 年数据缺失），这正好与《中华人民共和国公证法》的起草、讨论、审议过程相匹配；从 2006 年至 2011 年，公证文书研究热度保持相对波动的幅度，每年被引次数保持在 40—60 次左右；从 2011 年，相对于"裁判文书"的研究热度趋势，公证文书研究呈现陡降的趋势。笔者认为，无论是公证研究人士还是实务人士都要高度重视这一趋势，从数量和质量上要狠下工夫，拿出高质量的研究成果。

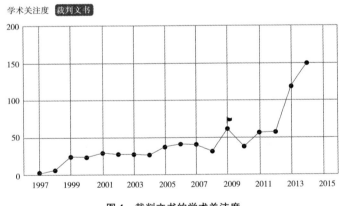

图 4　裁判文书的学术关注度

在与"公证文书"相关的所有文献中①，被引次数超过 10 次的文献共有 15 篇，见表 9。

---

①　与前述研究中只针对"篇名"的精确匹配查找检索不同，中国知网学术趋势分析搜索位置包括全文、主题、篇名、作者、摘要等。

表9 公证文书热门研究文献(按被引次数)

序号	文献名称	作者	文献来源	发表时间	被引次数
1	《中国公证制度的完善》	宫晓冰	《法学研究》	2003年9月23日	80
2	《诉讼中的免证事实》	邵明	《中国人民大学学报》	2003年7月16日	25
3	《西方国家公证制度及其启示》	裴晓光	《西南交通大学学报》(社会科学版)	2003年8月30日	25
4	《法律翻译中的"条"、"款"、"项"、"目"》	屈文生 邢彩霞	《中国翻译》	2005年3月15日	19
5	《过错是公证赔偿责任的核心要件——公证赔偿责任的构成要件研究》(上)	中国公证协会理论研究委员会课题组等	《中国司法》	2009年1月1日	14
6	《强制执行公证争议问题研究》(下)	刘疆	《中国公证》	2007年4月15日	13
7	《公证证明效力研究》	张卫平	《法学研究》	2011年1月23日	11
8	《法律真实 客观真实 谁是公证真实性原则的最佳选择》	俞剑英	《中国公证》	2005年3月15日	11
9	《民事执行主体研究》	吴玲	《当代法学》	2002年11月30日	11
10	《破解公证债权文书在强制执行中的困惑》	吴存根 吴剑平	《中国公证》	2010年3月15日	10
11	《德国公证的立法取向》	刘懿彤	《比较法研究》	2008年1月15日	10
12	《强制执行公证争议问题研究》(中)	刘疆	《中国公证》	2007年3月15日	10
13	《公证文书的效力》	薛凡	《中国公证》	2006年8月15日	10
14	《法律翻译中译者主体性的体现》	熊丽	《华中师范大学研究生学报》	2006年6月15日	10
15	《推定适用的逻辑基础及其条件》	张继成	《华中理工大学学报》(社会科学版)	1999年11月30日	10

严格来说,上述 15 篇均非公证文书改革的研究文献,刊载的期刊多数为法学类期刊或者高校学报期刊,《中国公证》作为行业期刊在发表的最热门的 15 篇公证文书论文中占 1/3。

(二) 公证文书用户关注度分析

根据中国知网提供的学术趋势分析,从 2014 年 4 月到 2015 年 4 月,与"公证文书"相关的文章被下载的情况见图 5。

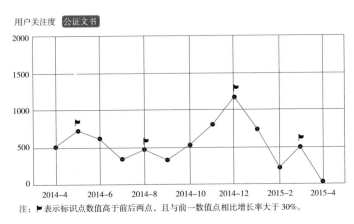

图 5　公证文书的用户关注度

从图 5 可以看出,过去一年中,平均每月大约有 500 篇与公证文书有关的论文被下载,而同一时期,与裁判文书有关的论文平均每月有 3 500 篇文章被下载。此外,被下载超过 100 次的公证文书学术论文共有 9 篇,见表 10。

表 10　公证文书热门研究文献(按下载次数)

序号	文献名称	作　者	文献来源	发表时间	被引次数
1	《公证证明效力研究》	张卫平	《法学研究》	2011 年 1 月 23 日	312
2	《法律翻译中的"条"、"款"、"项"、"目"》	屈文生 邢彩霞	《中国翻译》	2005 年 3 月 15 日	256
3	《中国公证制度的完善》	宫晓冰	《法学研究》	2003 年 9 月 23 日	226
4	《检察监督民事虚假诉讼正当性研究——以构建虚假诉讼的多元防治系统为视角》	周　虹	《河南社会科学》	2012 年 12 月 1 日	150

(续表)

序号	文献名称	作　者	文献来源	发表时间	被引次数
5	《试述中国公证制度存在的问题和完善方法》	林建军	《法制博览》（中旬刊）	2014年1月15日	129
6	《公证证明效力研究》（上）	张卫平	《中国公证》	2011年6月15日	118
7	《论物权变动视野中的公证制度》	黄　祎	《东方法学》	2014年3月10日	113
8	《诉讼中的免证事实》	邵　明	《中国人民大学学报》	2003年7月16日	109
9	《公证债权文书强制执行制度存在的问题及完善建议——以C市法院受理的公证债权文书执行案件为例》	张邦铺 李雪榕	《西华大学学报》（哲学社会科学版）	2013年3月8日	105

通过将表10与被引次数较多的15篇文献相比较，可以发现具有较多的重合性，但是依然没有公证文书改革方面的论文。

五、不是结论的结论

通过前文对于公证文书的纵向与横向对比研究，本研究更多是将数据、事实从繁杂数据中整理并展现出来，并提出一些浅见，暂且谓之结论。

（一）出版更有分量的专著

相对于裁判文书、检察文书和律师文书，国内出版的关于公证文书的专著可谓凤毛麟角，还多数停留在格式介绍层面。呼吁更多的公证实务人士能将工作中的经验进行精炼、分析和总结，可以分享工作经验；呼吁更多的公证研究人士能投身、了解公证实务，从更高的理论层面分析和把握公证文书；更希望能开展合作，充分利用高校科研院所、行业协会、执业机构的各自优势，从联合申报课题、共同培养学生、组织定期研讨多角度深入分析公证文书的有关问题，特别是能出版一些有分量的研究专著，形成定期出版公证文书的研究论丛。

（二）鼓励撰写更多专业学位论文

目前，国内高校和科研院所中从事公证法学研究的教师、学生人数较少，多是从事民事诉讼法学方向，并且公证法学研究也属于法学研究中的冷门、偏门。

本研究中发现部分著名院校教师没有指导研究生撰写过公证文书方向的学位论文。从研究结果来看,笔者建议,一是发挥专业型法律学位(即法律硕士以及未来的法律博士)研究生的特色,鼓励更多专业学位研究生在从事公证实习的过程中,发现公证文书的研究选题,采用案例报告、调研报告的方式来撰写解决现实问题的学位论文;二是发挥五大政法院校的传统优势,鼓励更多教师能切身体验公证实务,利用教育部"卓越法律人才教育培养计划",实现教育界和实务界的双向交流。

(三) 发表更高质量的学术论文

本次研究发现,无论是从发表论文的数量、刊载论文的期刊性质和重要性,现有公证文书学术论文远远落后于其他司法文书的研究。甚至,随着《中华人民共和国公证法》的颁布实施,公证研究和实务人士对公证文书研究热情似有逐渐降低的趋势。包括《中国公证》在内的法制类杂志应该有意识、有针对性地发表关于公证文书的研究成果,保证其在公证文书研究中的基础地位,公证行业更需要更高质量的学位论文能在国内有影响力的期刊发表。

国内法律文书教学和法律文书实务操作中普遍存在将法律文书仅仅视为一种形式,或者格式,这也影响了法律专业人士对公证文书的看法。当下,需要公证研究和实务人士高度重视公证文书,明确知晓公证文书是形式与内容、证据与判断、常识与专业、结论与过程、实践与理论的高度统一。

浅议刑事案件不予立案环节法律文书制作存在的问题

段 钢[*]

阳光司法就是在群众的监督下实现司法的公平公正,使群众的合法诉求依法得到有效解决。法律文书是执法工作全过程的记载、说明与总结,是监督阳光司法有效落实的重要载体,其重要性不言而喻。随着阳光司法的全面推进,立法中存在的一些瑕疵也逐渐显现,影响了司法实际操作的同时,也使阳光司法的实施受到迟滞。本文就《刑事诉讼法》不予立案环节在警务实践中存在的一些问题进行初步探讨,请各位专家、学者予以指正。

对刑事案件不予立案决定持有异议而提出复议申请,是指控告人在接到公安机关刑事案件不予立案书面通知后,对该不予立案决定持有异议,并通过法律途径要求有关部门对该决定进行审查或复查的法律救济措施。有关部门受理控告人对不予立案决定提出异议的书面申请,有三方面意义:一是公安机关对规范执法实施的内部执法监督;二是检察机关依法对公安机关执行法律的具体过程执行法律监督;三是公民依法表达相关意愿实施的法律救济方式。

现行法律、规章关于不予立案的规定包括以下几条:

《刑事诉讼法》第110条规定:"人民法院、人民检察院或者公安机关对于报案、控告、举报和自首的材料,应当按照管辖范围,迅速进行审查,认为有犯罪事实需要追究刑事责任的时候,应当立案;认为没有犯罪事实,或者犯罪事实显著轻微,不需要追究刑事责任的时候,不予立案,并且将不立案的原因通知控告人。控告人如果不服,可以申请复议。"

《刑事诉讼法》第111条规定:"人民检察院认为公安机关对应当立案侦查的案件而不立案侦查的,或者被害人认为公安机关对应当立案侦查的案件而不立案侦查,向人民检察院提出的,人民检察院应当要求公安机关说明不立案的理由。人民检察院认为公安机关不立案理由不能成立的,应当通知公安机关立案,公安机关接到通知后应当立案。"

---

[*] 段钢,北京市公安局治安总队行动支队副支队长。

在上述两条规定中,虽然第110条规定没有明确规定控告人如何直接向检察机关提交表达其"复议"意愿的书面材料,但在第111条明确规定了"被害人认为公安机关对应当立案侦查的案件而不立案侦查,向人民检察院提出的,人民检察院应当要求公安机关说明不立案的理由"。对这段表述内容应当紧密联系第110条规定的内容,理解为:被害人对公安机关不予立案决定不服或持有异议,可以向检察院递交书面材料,表达对公安机关不予立案决定不服或持有异议的相关诉求。

而另一方面,公安部《公安机关办理刑事案件程序规定》第七章第二节关于立案的内容中,在第175条规定:"公安机关接受案件后,经审查,认为有犯罪事实需要追究刑事责任,且属于自己管辖的,经县级以上公安机关负责人批准,予以立案;认为没有犯罪事实,或者犯罪事实显著轻微不需要追究刑事责任,或者具有其他依法不追究刑事责任情形的,经县级以上公安机关负责人批准,不予立案。对有控告人的案件,决定不予立案的,公安机关应当制作不予立案通知书,并在三日以内送达控告人。"

第176条规定:"控告人对不予立案决定不服的,可以在收到不予立案通知书后七日以内向作出决定的公安机关申请复议;公安机关应当在收到复议申请后七日以内作出决定,并书面通知控告人。控告人对不予立案的复议决定不服的,可以在收到复议决定书后七日以内向上一级公安机关申请复核;上一级公安机关应当在收到复核申请后七日以内作出决定。对上级公安机关撤销不予立案决定的,下级公安机关应当执行。"

上述规定对复议有较为明确的阐述,即控告人对不予立案持有异议的,应当向作出决定的公安机关提出复议,对复议结果仍持有异议的,可向作出复议决定的公安机关的上级部门提出复核。因此,基层执法办案单位在实际操作过程中往往据此执行。

此外,在公安部最新的法律文书样式中,也只是设置了控告人对刑事案件不予立案决定不服向作出决定的公安机关或其上级公安机关提出复议的项目,而未设置对复议结果不服向检察院提出法律监督或直接向检察院提出法律监督的项目内容。

结合《刑事诉讼法》与《公安机关办理刑事案件程序规定》以及相关公安法律文书的设置可以看出,在实际执法工作中存在以下问题:一是导致实际执法工作中复议前置的错误现象或者可以认为是一种误解,即对刑事案件不予立案决定不服提出复议,向公安机关提出复议申请是必经的法定程序;二是《刑事诉讼法》对控告人或被害人提出复议申请或相关诉求并未规定具体的时限,而《公安机关办理刑事案件程序规定》明确规定控告人应当在3日或7日内提出复议或复核。依据《公安机关办理刑事案件程序规定》的规定,对控告人提出复议的法律时限进行界定是否妥当亦需商榷。

目前,一种意见认为,控告人对不予立案决定不服到公安机关提出复议已经被司法实践所认可,而且检察机关是司法监督机关,公安机关向控告人开具的凭证式法律文书中,只能注明"向检察院提请法律监督",不能注明"向检察院提出复议"。

笔者认为,首先,控告人对刑事案件不予立案决定持有异议时,既可以向公安机关提出书面复议申请,也可以直接向检察机关提交书面材料表达相关意愿;其次,群众(控告人、被害人)关注的是其诉求是否由有关部门及时受理;最后,检察院依法履行法律监督职责应重于实际操作。

在实际执法工作中,公安机关在执行《刑事诉讼法》中关于控告人对刑事案件不予立案决定持有异议并提出书面申请的规定时,应当注意以下几个方面的工作:

1. 严格规范执法

规范执法的理念必须贯穿于公安执法工作的始终,要将不予立案的审批严格纳入法制系统执法监督的范畴,并在法制系统的统一指导下,充分发挥刑事侦查部门(包括经侦等其他职能单位)法制员岗位作用。对作出不予立案决定的案件,要对相关案卷进行书面审阅复查,经过公安机关内部严格审核,落实公安机关的内部执法监督责任。

2. 依法履行告知

在向控告人或被害人宣布不予立案决定时,应当制作相关的《询问笔录》,记录告知过程和当事人依法享有的权利。如果控告人或被害人对不予立案决定不服,要求提出复议或向有关部门表达相关诉求时,应注意下列问题:

(1)控告人或被害人要求向作出复议决定的公安机关申请复议时,相关法律文书设置时,注明受理单位即可。参照实例1制作凭证式法律文书。

(2)如果控告人或被害人要求向作出不予立案决定的公安机关的上级机关提交复议申请或表达相关诉求,工作人员应当在《询问笔录》中详细记录,并在凭证式法律文书相关栏目内注明有关部门的名称,注明申请执法监督(此处是指公安机关内部上级机关对下级机关的执法监督)。可参照实例2制作凭证式法律文书。

(3)如果控告人或被害人要求向作出不予立案决定的公安机关所在地的检察院提交表达相关诉求的书面材料,工作人员应当在《询问笔录》中详细记录,并在凭证式法律文书相关栏目内注明有关部门的名称,注明申请法律监督。可参照实例3制作凭证式法律文书。

上述内容供读者在实际执法工作中参考,其目的在于畅通群众依法表达诉求的法律途径,切实保护公民的合法权益。

3. 强化协调沟通

在控告人明确表达申请复议的意愿后,作出不予立案决定的公安机关,应当对案件再次进行内部复核。这一复核过程的意义在于:一是对自身落实规范执法理念的内部监督;二是切实依法保护公民合法权益的具体体现;三是做好与相关部门,特别是检察院的沟通,听取第三方的意见和建议,充分体现阳光司法的重要意义,从多角度听取对自身执法工作的意见和建议。

　　鉴于公安部关于不予立案的法律文书尚未设定当事人向检察机关提出复议申请的相关项目,且检察机关属于法律监督部门,在今后相关的公安法律文书设定项目中,或设定由控告人向检察院提交复议申请或向检察院申请法律监督项目(项目的具体名称可商榷)。但就目前而言,如控告人对不予立案的决定不服,要求向检察院表达相关意愿,作出不予立案决定的公安机关的执法人员可以与相关检察机关进行联系,确定出具相关法律文书的样式,以及具体的表达用语。同时,应当由最高人民法院、最高人民检察院对控告人或被害人对不予立案决定不服提出复议申请或表达相关诉求的时限作出具体的司法解释或规定。

实例1:

×××公 安 局××分 局

不 予 立 案 通 知 书

(副 本)

×公(×)不立字〔20××〕102号

<u>　孙××　</u>:

　　你(单位)于<u>20××</u>年<u>6</u>月<u>29</u>日提出<u>控告/移送</u>的<u>刘××盗窃一案</u>,我局经审查认为<u>刘××的行为不构成犯罪行为</u>,根据《中华人民共和国刑事诉讼法》第一百一十条之规定,决定不予立案。

　　如不服本决定,可以在收到本通知书之日起<u>三日/七日</u>内向<u>××市公安局××分局</u>申请复议。

公安分局(印)

20××年6月29日

本通知书已收到。

　　签收人:孙××

　　20××年6月29日

实例2：

> ×××公安局××分局
>
> **不 予 立 案 通 知 书**
>
> （副　本）
>
> ×公（×）不立字[20××]102号
>
> <u>　孙××　</u>：
>
> 你（单位）于<u>20××</u>年<u>6</u>月<u>29</u>日提出<u>控告/移送</u>的<u>刘××盗窃</u>一案，我局经审查认为<u>刘××的行为不构成犯罪行为</u>，根据《中华人民共和国刑事诉讼法》第一百一十条之规定，决定不予立案。
>
> 如不服本决定，可以在收到本通知书之日起三日/七日内向<u>××市公安局</u>申请执法监督。
>
> 　　　　　　　　　　　　　　　　　公安分局（印）
> 　　　　　　　　　　　　　　　　　20××年6月29日
>
> 本通知书已收到。
> 　签收人：孙××
> 　20××年6月29日

浅议刑事案件不予立案环节法律文书制作存在的问题

实例3：

×××公安局××分局
不予立案通知书
（副本）

×公（×）不立字〔20××〕102号

<u>　孙××　</u>：

　　你（单位）于<u>20××</u>年<u>6</u>月<u>29</u>日提出<u>控告/移送</u>的<u>刘××盗窃</u>一案，我局经审查认为<u>刘××的行为不构成犯罪行为</u>，根据《中华人民共和国刑事诉讼法》第一百一十条之规定，决定不予立案。

　　如不服本决定，可以在收到本通知书之日起三日/七日内向××区检察院申请法律监督。

公安分局（印）
20××年6月29日

本通知书已收到。
　　签收人：孙××
　　　20××年6月29日

信息化背景下裁判文书制作的标准化研究

傅剑清*

一、问题的提出

从2009年最高人民法院发布《关于司法公开的六项规定》起,中国法院司法裁判文书上网日益为法学界、司法界和公众所关注。大家热议的话题从裁判文书"是否应当公开"转到"应当如何公开",再到"以公开促公正"和"公开的具体范围和形式"。2013年11月,最高人民法院发布《关于人民法院在互联网公布裁判文书的规定》,设立中国裁判文书网统一公布各级人民法院的裁判文书,并要求提供操作便捷的检索、查阅系统,方便公众检索查阅;在2015年《最高人民法院工作报告》中,特别将推进裁判文书公开作为工作的重点和亮点。周强院长指出:"加大在互联网公布裁判文书力度,建成世界最大的裁判文书网。""继续推进司法公开,进一步增强司法透明度。"同年3月10日,最高人民法院首次对外公布《中国法院的司法公开》白皮书。

然而,不容忽视的是,司法改革所追求的"阳光下的公开"在实施中仍然有流于形式的危险。当前互联网公布裁判文书面临三个方面的冲突与责难:一是法院自身对裁判文书质量的评价与社会公众对法院裁判文书的评价有很大差异,暂且不谈法院自评的质量差错文书,即使法院认为是精品的裁判文书也有许多不被公众(包括法学学者)所认可,不被当事人所信服,这让我们开始反思司法裁判文书改革措施的有效性。二是各级法院公开的裁判文书在网络上的海量堆积与实际检索应用困难之间矛盾重重,因为运用现代信息技术手段,"将裁判文书通过互联网发布并非难事,但让公众能够自由、有效地从裁判文库中获取所需的内容却非易事"。三是司法信息公开不及时,迟到的公开使裁判文书上网的效果大打折扣,各级法院正在实施的是一场杂乱无章的"数据堆砌运动"。

另外,互联网公开裁判文书对中国法官们带来的冲击也不容小觑,因为在目前中国法院巨量案件压力下,法官繁重的文书制作任务与裁判文书改革要求的精

---

* 傅剑清,湖北省武汉市中级人民法院法官。

品文书之间矛盾日益突出,如何让法官将有限的时间和精力投入到典型性案件文书制作中,实现裁判文书制作繁简分流,如何让这次司法公开举措不沦为网上"数据堆砌运动",成为法院内外争论的焦点。

笔者认为,互联网公开裁判文书是信息技术手段推进中国法治建设和提高法官司法水平的必然选择,当前法院的裁判文书格式和体例沿用的是20世纪60—80年代信息化革命之前的文本,有浓郁的职权主义审判色彩,却没有符合信息化要求的制作标准,这种现象明显拖累了法院信息化建设和司法公开的步伐。因此,裁判文书在信息化的背景下应当作出变革。本文拟就以下三个问题展开讨论:①信息公开对裁判文书制作有什么新的需求?②当前裁判文书制作及公开方式存在哪些问题?③信息化背景下如何优化我国裁判文书的制作和公开方式。

二、信息公开检索对司法裁判文书制作的标准化要求

如前所述,司法信息公开的关键不在于形式上的网络发布,而在于这些信息的有效获取。如《美国电子政务法案》(E-Government Act)要求美国法院不仅应将所有可以公开的文档上网让公众检索到,而且还要求以最便利和合适的归档方法把判决文书与涉案的其他文件、信息和法院的意见放在一起,确保材料的关联性,便于公众检索、对比和分析。从裁判文书公开的目的性来说,无论信息技术如何发展,作为裁判文书库的核心内容——裁判文书,始终是用户需求和检索的目标,是司法信息公开的基石。

为实现信息的有效获取,在信息网络技术领域,对档案网络检索系统提出三项目标:一是适用性;二是易用性;三是跨时空可复用性。适用性是对检索范围全面和检索结果准确的要求,易用性是对操作方便的要求,而跨时空可复用性则侧重于对数据内容格式标准化的要求。即从时间维度说,当前制作的文书和数据格式可以为将来计算机软硬件的升级和变换使用,即"一次输入,多次输出"。从空间维度说,一个数据平台的档案数据可以为另一个数据平台检索使用,或者网络环境中用户在一个网站中提交的检索要求,能够提交给不同地点的若干数据库中查找,并将检索结果返回用户,实现跨平台数据的"一站式"交换使用。为此,美国档案学家戴维·比尔曼曾提出颇有影响的档案著录标准三维模型,其中数据内容标准、数据结构标准和数据值标准是档案检索数据库的核心标准,也适用于司法裁判文书数据的制作。

1. 数据内容标准

数据内容标准规定了数据库中包含哪些待检索的数据元素(也称数据项目、字段、著录可检索项目),各数据库对检索项目必须执行统一的内容标准,使用相同的名称,以保持检索项的统一。比如"案号",有的数据库可能叫做"案件号"

"案件编号""案件字号",当不同法院的裁判文书数据库对同一检索项目使用不同的名称时,会导致跨库检索的混乱。

2. 数据结构标准

数据结构标准又可称为格式标准,它建立在内容标准之上,规定数据库内部的逻辑结构。数据库的结构是否一致,在很大程度上决定了各数据库之间能否实现数据互换检索。由于目前很多法院都是独立建设数据库,数据库平台不一,对于库结构的定义没有统一,结果在交换使用时需要转换数据库格式,很容易出现结构和格式不兼容无法检索的情形。比如以案件的审理时间为检索项时,有的数据库关联为"裁判时间"(中国裁判文书网),有的关联"审理时间"(最高人民法院司法行政装备管理局、人民法院出版社和北京大学法制信息中心共同开发的"审判通－中国法院裁判文书库"),还有的关联为"开庭日期""生效日期""立案日期""结案日期""送达日期"(如通达海法院信息管理系统)等。而在日期的表示上,有的数据库采用"20140102",有的又采用"2014.01.12",还有的采用"2014/01/02"。再如对案件的检索,"审判通－中国法院裁判文书库"主要提供"标题关键词、全文关键词、案由、审理法院、审理日期"的检索结构,"中国裁判文书网"和"中国知识产权裁判文书网"则主要提供"审理法院、文书上传时间、案由"的检索结构,而这些裁判文书库的编排顺序,既不是以审理时间为顺序,也不以案件标题为顺序,却是以文书上传数据库的时间为序,这种顺序实质是文书的简单堆砌,没有任何检索意义。

3. 数据值标准

数据值标准针对数据库中同一数据元素的数据值,在可能存在多种不同形式的情况下,规定如何表示这些可能存在的数据值。比如当前中国法院司法裁判文书库中终审案件的"案号"问题,最高人民法院表达为"(2013)民三终字第5号",北京市第一中级人民法院表达为"(2013)一中民终字第5号",天津市第一中级人民法院表达为"(2013)一中民五终字第5号",广东省汕头市中级人民法院表达为"(2013)汕中法民四终字第5号",浙江省湖州市中级人民法院表达为"(2013)浙湖商终字第5号",湖北省武汉市中级人民法院表达为"(2013)鄂武汉中民终字第00005号"。由于这些案件编号有重叠和简化的特点,在目前全国法院对裁判文书"案号"没有设定数据值标准的情况下,以"案号"为线索在全国法院裁判文书库中检索的操作基本是无效的,这大大降低了司法公开的效果和效率。

因此,笔者认为,我国司法裁判文书的制作及数据库建设尚在起点阶段,应当遵循上述标准化的要求,以避免因建设标准不一致导致将来跨库检索困难的情况。

三、当前我国司法裁判文书制作和公开方式中的问题

从近年的法学文献看,学界和实务界的研究者们均指出,当前司法裁判文书

制作和公开方式存在的问题是明显而尖锐的，笔者对这些问题进行研究后，集中归纳和分析如下：

一是裁判文书的逻辑结构粗放，有效信息要素记载不明显、不突出，无目录、无索引。当前文书格式整体结构上虽然分类清楚，有首部、当事人基本信息、案件审理经过、诉辩理由、查明事实、法院论理、判项和尾部，但是没有将每一部分的必填信息和选填信息作进一步区分和按标准格式编排，导致文书的准确查找定位功能不强，例如在最高人民法院公布的判决书格式"审理经过"中，没有硬性要求记载案件的立案时间、开庭时间和中止、延长审理期限的时间，使我们无法检索到法院案件的真实审理时间；又如判决书格式中没有对"案件争议焦点"或者"有待法院裁判事项"的索引和记载要求，当我们需要比较分析不同法院对某一类型问题的裁判方法和结果时，无法检索。

二是对案件审理程序表述粗疏，记载案件审理的程序性事项混杂无序，信息记录的全面性、条理性和可读性均很差。特别是文书格式中对案件细分类别、历次审理过程描述、审理期限及变更、历次审理的时间、原审案号、当事人申请及答复等信息记载无统一要求，导致裁判文书中程序性信息的精细度和准确度不高，既不足以展示裁判程序正义，也不利于案件信息的统计分析和数据库检索。

三是裁判文书内容有浓厚的职权主义色彩，表现在：诉辩部分由法官选择性归纳诉状或者答辩状的内容现象普遍，容易忽视庭审中的诉辩意见，有的归纳当事人争议焦点时出现曲解、缺失或者含糊不清，有的将当事人针对证据的辩论意见与当事人对事实的争议及法律适用争议混为一谈，不加区分地纳入诉辩意见。虽然有的判决书在论理部分前增加了法官归纳案件争议焦点的环节，但这是由法官选择和提炼的，没有征询当事人确认的法定程序，这些归纳是否代表当事人的本意，则不尽然。特别是二审和再审裁判文书格式中干脆没有要求表述当事人一审的诉辩内容，开篇就是"原审查明事实……"当我们拿起这类裁判文书时，第一反应就被原审法官加工过的精彩"故事情节"所吸引，迷失的是原汁原味的当事人诉辩意见和法官中立的地位。

四是证据的分析认证与案件事实查明相互割裂，哪些是无争议的事实，哪些是有争议的事实不加区分。有的文书内容冗长，无论案情简单或者复杂，事无巨细，不分详略均一一道来；有的文书则内容过于简略，对有争议的关键事实描述一笔带过。另外，查明事实本身是经过法官心证后认定的法律事实，对于当事人存在争议的事实法官为什么相信一方当事人的主张而不是另一方的主张？对这一心证过程，在当前的文书格式中没有作出要求，很多文书均予以忽略，即使描述也是"证据不足""于法无据"等抽象的文字，难以令人信服，降低了司法公信力。

五是民事案件裁判文书中"有待裁判的问题"指向不清，容易导致判非所诉、漏裁漏判。当事人的"诉辩意见"与"有待裁判的问题"是内涵和外延不同的两个概念,目前的裁判文书格式对诉辩意见有归纳,但对"裁什么,判什么?"的问题却没有格式要求和固定表达。虽然有的法官在撰写文书时出于表达的需要,在"本院认为"部分增加了对"本案的争议焦点"的归纳,但是从文本逻辑结构上说,这毕竟是法官的总结和裁判者的观点,是否能够代表当事人的本意以及归纳是否全面准确,则没有程序保障和异议途径,直接影响到裁判的指向是否明确和逻辑推理是否清晰,也是不少裁判文书论理不知所云和产生阅读障碍的原因。

六是当前裁判文书汇编出版和网络"公开发布"并不等于文书能够"有效获取",不仅对文书公布时间和更新频率无固定要求,而且绝大多数的裁判文书出版物和数据库没有索引体系,如分类、案由、案号、裁判文书名称、当事人名称、判决审级、不同审级文书关联等,导致资源分散、检索困难。甚至连《最高人民法院公报》或者按年度公布的若干"年度五十件典型案例"都没有统一的年度索引和分类索引,更没有更新说明。网络上,面对未经加工就上网公布的大量的裁判文书,各级法院加紧公布自己的年度十大案例……如果没有一个有机组织的数据库,裁判文书公布将流于一场声势浩大的上网"运动",法官、学者和公众要获取需要的信息,着实令人头痛。法律人士较常用的办法还是找长期从事某一领域审判的资深法官咨询,寻找相关案例和资料线索,显然这类办法是低效和不准确的。

七是裁判文书技术标准和规范不统一,不仅增大了裁判文书校对差错的概率,而且给裁判文书信息公开和数据检索带来了困难。特别在文书编排体例、段落编号、当事人称谓、字体、标点符号、数字、计量单位和印刷排版方面没有全国统一的技术要求。如文字段落没有编号和索引,会导致引用定位困难;再如对数字的表述有若干用法:有的表述阿拉伯数字为 121000 元,有的用 12.1 万元,有的用 121,000 元,或者 121 000 元,还有的用中文大写十二万一千元。又如在文书首部案号有的用"(2013)……第 5 号",有的用"(2013)第 00005 号";还有诉讼地位与当事人名称或姓名之间,有的用冒号——"申请再审人(一审原告、二审上诉人):北京某公司",有的用空格——"原告 北京某公司",有的则要求二者之间不用标点,也不用空格——"原告北京某公司"。这种标准不一的现象与信息检索需求的矛盾日益凸显。

四、对我国司法裁判文书信息标准化的建议

如前所述,司法信息公开对我国法院裁判文书提出的要求是严谨而迫切的,为回应这些要求,我国的司法裁判文书在内容和格式方面亟待标准化。对此笔者提出以下建议:

（一）优化裁判文书的信息排列结构，将案件关键信息点按数据内容标准格式列明，以提高裁判信息可程式化检索功能

具体规范如下：

(1)在裁判文书制作流程软件中增加建立裁判文书主文索引和目录节点，使其能够与文书数据库对应的检索项目实现对接。索引目录可按"当事人信息、纠纷性质、管辖依据、案件由来与审理经过、诉辩内容（控辩内容）、审理查明的事实及证据（无争议的事实）、有待法官裁决的事项（包括有争议的事实）、裁判的理由（包括有争议法律适用）、裁判"的体例顺序固定格式和索引进行编排并注明页码。

(2)细化裁判文书中的"案件由来和审理经过"部分，将案件必备信息按符合信息检索需求的格式制作固定模板并汇总索引。这些信息点包括：案件性质、案由、管辖依据、送达方式、审判组织、审理期限、程序性临时措施、审理时间、听证时间、开庭方式、开庭时间、出庭人员、原审审理时间、原审案号、原审裁判结果……目前，最高人民法院公布的裁判文书格式样本虽然有些原则性要求，但没有对必填信息点进行强制规范，导致具体执行中繁简不一。笔者认为，这些信息具有唯一性的特点，完全可以程式化录入，用计算机技术将其采集并编写为固定统一文书模板，既可以减轻法官撰写文书的工作量，也符合信息标准化和信息的公开、统计和检索的需求。

(3)在文书中开设专门的"当事人诉讼请求"专栏，将其从现在裁判文书中"简要写明当事人的起诉理由和请求"部分分离出来，以方便阅读和检索。如前所述，目前我国裁判文书必要信息结构散乱，给信息检索和定位带来困难。如目前社会反映较多的裁判文书归纳当事人诉讼请求不准确，以及二审文书格式中没有"一审当事人的诉讼请求"栏问题；我们看到，二审文书开篇就是"原审认定的事实和判决结果，简述上诉人提起上诉的请求和主要理由"。整篇文书看不到当事人在一审的诉讼请求、诉辩意见和有争议事项，读者要了解原审信息还必须重新检索该案一审裁判文书，这不仅不符合信息检索结构标准和数据值标准的要求，而且以目前裁判文书信息公开的简单堆砌方式，二次检索无疑是极其困难的。同时，当前裁判文书格式对当事人诉讼请求的表达方式未作限定，只要求将诉讼请求与起诉理由一并简要表述，在法官删减的过程中加入了法官自己的主观归纳和编辑，容易出现法官归纳的当事人诉讼请求表达不全面或者不准确及判非所诉、漏裁漏判的现象，影响了案件的审判质量。因此，笔者建议，对所有的裁判文书格式中均应单列原汁原味的"当事人的诉讼请求"专栏，以提高信息的准确性和检索效果。

（二）优化裁判文书的逻辑结构,特别区分设立"当事人无争议的事项"和"有待法官裁决的事项"两个专栏,以代替当前由法官归纳"当事人争议焦点"的不妥做法

裁判的作用是解决当事人有争议的问题,当事人争议的问题主要涉及"有争议的事实"和"有争议法律适用"两个方面。对"有争议的事实"的认定是法官心证的结果,"有争议的法律适用"则是实现同案同判的"抓手"。目前,当事人对生效司法裁判提出异议以及信访申诉中提到最多的问题也集中在这两个方面。审判监督再审审判工作实践表明,对有争议事实的认定和法律适用上的分歧,是生效裁判被启动再审以及再审后改判的主要原因。目前审判实践中不少裁判文书采用了归纳"当事人争议焦点"的方法,但是笔者认为这种做法不妥。理由有三:

(1)从"当事人争议焦点"与"有待法官裁决的事项"两者的内涵和外延来说,"诉辩争议焦点"比"有待法官裁决的事项"范围要广。"诉辩争议焦点"可以涵盖所有程序性争议,而"有待法官裁决的事项"则多偏重于案件认定事实和适用法律上的争议。比如对一份证据效力的认定和采信,是当事人争议焦点的内容,可以通过诉讼证据规则予以认定或者排除,但它仍不足以构成"有待法官裁决的事项";因为,证据的质证、认证不是案件裁判的目的,法官需要判断的是该证据拟证明的事实真相。很多情况下,即使某项证据被排除,法官仍然能够通过其他证据或者审判经验对有争议的事实问题作出评判。

(2)从案件审理过程和文本逻辑结构上说,"当事人诉辩争议焦点"是法官总结的观点,受办案法官业务能力和主观认识的影响变数很大,其是否真正能够代表当事人需要提交裁决事项的本意以及归纳是否全面准确,笔者持怀疑态度。实践中裁判文书归纳的争议焦点偏离了当事人请求裁决的方向和主线的现象并不少见;如果能够设置由当事人确认并提交"有待法官裁决的事项"环节,则有利于裁判文书客观记载案件诉争事项,从文本结构上体现出法官居中裁判的格局。

(3)从遵循法律裁判逻辑的角度,我们的裁判文书应当将裁判的目标集中在当事人认为必须"有待法官裁决的事项",以条理清晰的文书结构表达法官对这些事项的分析判断过程,真正体现法官的裁判水平,让公众了解法官对每一项"有争议的事实"和"有争议的法律适用"之取舍裁判理由。而最高人民法院也可以通过对一段时期内全国各地同类"有待法官裁决事项"的裁判结果信息分析,形成对该类案件的统一裁判规则,达到同案同判,这也是裁判文书信息公开追求的目标之一。

与此同时,也有必要将与"有待法官裁决事项"相对应的"当事人无争议的事项"设专栏在裁判文书中记载表述,以保持文书内容结构的完整。

(三) 优化裁判文书公布网站操作流程,对信息发布的时限、编排标准和检索项目作出统一要求,使有效信息获取更加便利、准确和及时

时效性和随时可获取性是信息化的重要特征,迟到的公开和检索的困难会大大降低信息公开的透明度,将"阳光下的公开"变为"灯下黑"。例如,2013年纽约大学和清华大学法学院的学者专门对现有中国司法裁判文书库的应用情况进行专项调研,结果显示:公众在检索时,选择"年份"检索时显示数据期间为1949年至2013年,查询者不得不就数据库逐年查询,极为繁琐;选择"案号"和"标题"这两个检索项对当事人以外不知情的公众没有任何意义;选择"正文"检索某信息,检索得出1 700项结果需要逐一浏览;在逐一浏览时,又发现文书不是以审级、审判时间、案件标题或者案件号码排序,而是以各地法院上传文书进入数据库的时间为序,不同法院、不同审级和种类的文书交叉混杂排列,完全不具有任何检索意义。为此,需要对发布司法裁判文书的网站作出优化和调整,优化的范围包括网页版面设计、数据库检索、实时信息发布、历史信息管理、裁判文书格式修正、文书编撰体例和标准等各方面。同时,研究表明,目前最高人民法院要求各地法院全面公布已生效的裁判文书,由于各地的裁判方法和尺度不同,会出现相似或者相同的案件适用的法律不同或者判决的结果不同,即同案不同判的情况,这样的裁判文书冲突必然会引起法官、当事人和公众的迷惑和质疑。因此,笔者还建议最高人民法院可以根据公众的反馈意见,定期对这类文书进行清理或者在公布栏中予以权威说明解释,维护公开裁判文书信息的规范和统一。

刑事裁判日常规则梳理及规范制作的思考

——让判决更有说服力

汪海燕*

美国埃尔曼教授曾经说过一段话:法院制作判决的程序具有准自动尽职的特性。就如自动售货机,将案件事实投入这种机器,这种机器就会像往常一样毫不费力地制造出适当的判决。一纸文书关系到他人命运,如何制造出"适当的判决",法官每天都在流水线上重复这项看似简单但绝非平凡活动。文书质量关系到司法公正与效力、公平与正义的实现。如何制作高质量的裁判文书,是法院的责任,更是法官的使命。近年来,随着审务公开、庭审微博直播、再审案件听证、裁判文书上网,法院司法能力建设又有大的提升,法官办案水平有了长足进展,但裁判文书用语不够准确、文书逻辑性不强的现象仍然存在,特别是一些常用规范术语十分杂乱,文书事实认定、法律适用过程中句子、词语、标点等运用缺乏规范,导致文书制作质量不高,使得文书说服力、公信力下降。结合刑事裁判文书制作,在对有关格式规范进行梳理的同时,笔者对裁判文书规范制作从以下方面进行了认真思考。

一、刑事裁判日常规则的梳理

1999 年 4 月,最高人民法院审判委员会讨论决定,对 1992 年《法院诉讼文书样式(试行)》中的刑事诉讼文书部分进行了全面的修订,并下发了《法院刑事诉讼文书样式》。2001 年 6 月,最高人民法院审判委员会针对上述文书样式施行以来各地提出的一些问题,为正确理解和执行修订样式,制定了《关于实施〈法院刑事诉讼文书样式〉若干问题的解答》。2003 年 5 月,最高人民法院公布了《一审公诉案件适用普通程序审理"被告人认罪案件"刑事判决书样式》,2009 年 10 月最高人民法院办公厅公布《关于印发一审未成年人刑事案件适用普通程序的刑事判决书样式和一审未成年人刑事公诉案件适用简易程序的刑事判决书样式的通

---

* 汪海燕,湖北省武汉市中级人民法院法官。

知》,对刑事诉讼相关文书规定进一步明确。此外,最高人民法院还通过其他方式,向社会公布一些规范判决。文书规范散见在各类文书样式说明之中,且有的相隔时间久远,有必要对其进一步梳理。

(一) 被告人身份基本信息排列

被告人身份信息应先写明姓名、性别、民族、出生年月日、出生地、文化程度、职业或工作单位和职务、住所地、被刑事拘留、逮捕日期。

(1)姓名。被告人姓名无法查清的,可写"自报名"。被告人自报的姓名在侦查、起诉、审判阶段都不一致的,由法官根据案件情况综合考虑予以确定。曾用名在户籍证明上有记载或者与犯罪事实有关联的,写明曾用名,表述为"曾用名×××"。绰号、化名与犯罪事实有关联的,写明绰号、化名,表述为"绰号×××""化名×××"。因译名、涉案人称呼被告人等出现被告人的不同姓名称谓的,在第一次出现时应当注明所指即被告人。

(2)出生年月日。不能查清被告人准确出生日期的,被告人年龄可写为"××××年出生""××××年××月出生",但被告人刚满18周岁的,应当写明出生年月日。对于没有充分证据证明被告人实施被指控的犯罪时已达到法定刑事责任年龄且确实无法查明的,应当推定其没有达到相应法定刑事责任年龄,可以分别表述为"实施被指控的犯罪时不满十四周岁""实施被指控的犯罪时已满十四周岁不满十六周岁""实施被指控的犯罪时已满十六周岁不满十八周岁",同时在括号中注明"推定";相关证据足以证明被告人实施被指控的犯罪时已达到法定刑事责任年龄,但是无法准确查明被告人具体出生日期的,应直接写明被告人"实施被指控的犯罪时已满××周岁"。

(3)出生地。被告人的"出生地"(即"出生于……")不明确的,写明籍贯,表述为"××省××市人"。若籍贯也不明确,则可不表述。

(4)文化程度。被告人的文化程度,应写文盲、小学文化、初中文化、高中(职业高中、技校、中专)文化、大专文化、大学文化、研究生文化等。未毕业的,可用括号标注"肄业"。

(5)被告人的职业一般写为农民、工人、个体工商户等。农业家庭户口的被告人在工厂、工地、个体工商户、私营企业等打工的写农民工,在城市没有找到工作的写农民;非农业家庭户口的被告人没有工作的写无业,在个体工商户、私营企业从事劳务的写劳务人员;不论农业家庭户口还是非农业家庭户口,从事个体经营并有营业执照的写个体工商户,没有执照的写商贩,在歌厅、舞厅、餐厅从事陪唱、陪舞、陪吃工作的写歌厅(舞厅、餐厅)服务员。任有职务的被告人,经历多个岗位,且均与本案犯罪事实相关,应表述为"原系××××,曾任××××",其中原系写明被捕前职务,曾任则依次写明曾经担任的职务。

(6)被告人住所地与户籍地不一致的,住所地与户籍地均应写明,表述为"户籍地××省××市××区××街××号,住所地××省××市××区××街××号"。临时入住不满3个月的,"住所地"变动为"暂住地"。有多处住所的,写犯罪时的住所地。居无定所的可不写住所地,但要在事实部分说明为何在案发地。

(7)被告人曾受过刑事处罚的,应写明,表述为"×××年××月××日因犯××罪被判处有期徒刑××年……(写明并处的附加刑),×××年××月××日刑满释放",同时将"×××年××月××日被逮捕"改为"×××年××月××日因本案被逮捕"。曾因犯数罪被判处刑罚的,不写各罪的刑罚,只写决定执行的刑罚,表述为"×××年××月××日因犯××罪、××罪被判处……"被告人曾受过劳动教养处罚的,写明被劳动教养情况,表述为"×××年××月××日因××被劳动教养×年"。被告人在缓刑考验期限内犯罪的,写明缓刑考验期满的时间,在假释考验期内犯罪的,写明假释考验期的起止时间。

(8)被告人系外国人的,写明护照中通用的外文姓名、国籍、护照号码。被告人系港、澳、台地区居民的,按照入境时所持证件写明被告人基本情况。国籍不明的,以公安机关会同外事部门查明确认的为准;无法查明的,以无国籍人对待,在文书中写明"国籍不明"。

(9)未成年受害人、证人。对隐私案件的未成年被害人,为保护被害人的名誉,在裁判文书中应当只写姓不写名,表述为"张某""王某某"。隐私案件的未成年被害人提起附带民事诉讼的,在首部"附带民事诉讼原告人"部分表述其真实姓名。对于未成年刑事案件的证人,应当写明其真实姓名。

(二)延期审理情况表述

2001年6月,最高人民法院《关于实施〈法院刑事诉讼文书样式〉若干问题的解答》对需要延审限的,属于附带民事诉讼案件,写明"经本院院长批准,延长审限两个月";有1996年《刑事诉讼法》第126条规定的情形之一的,则写明"经×××高级人民法院批准(或者决定),再延长审限一个月"。鉴于2012年3月《刑事诉讼法》再次修订,如符合法定延长审限应表述为"经×××高级人民法院批准,延长审限三个月"。对于人民检察院补充侦查案件,表述为"在审理过程中,公诉机关以本案需补充侦查为由,于×××年××月××日要求延期审理,并于××月××日提请恢复审理,本院于该日继续进行了审理"。

(三)判决主文表述

被告人犯数罪的,表述为"被告人×××犯××罪,判处……犯××罪,判处……决定执行……"被告人的裁判内容具有撤销缓刑情形的,表述为"被告人×××犯××罪,判处……撤销……(写明撤销的裁判案号、相关内容),数罪并罚,决定执行……"被告人的裁判内容具有撤销假释情形的,表述为"被告人×××犯××罪,判处……撤销假释,与前罪没有执行完毕的刑罚并罚,决定执行……"

(四) 对于徒刑以下刑罚起止日期的计算

适用数罪并罚"先减后并"的案件,对前罪"余刑"的起算日期,从犯新罪之日起计算,判决结果的刑期起止日期表述为:"刑期从判决执行之日起计算。判决执行以前先行羁押的,羁押一日折抵刑期一日,即自××××年××月××日(犯新罪之日)起至××××年××月××日止。"

在服刑期间发现有漏罪,需要适用数罪并罚起算判决执行日期的,应当以前罪判决执行之日起计算,连续计算至刑满。

对于判处缓刑的,在判决中直接表述为"缓刑考验期限自判决确定之日起计算";对于判处管制的,文书表述为"刑期从判决执行之日起计算"。

二、刑事裁判文书规范制作的思考

元代监察御史乔梦符提出写文章"六字诀",即"凤头、猪肚、豹尾",提出文章开头要像凤头一样美丽动人,中间要像猪肚一样丰满充实,结尾要像豹尾一样警醒有力。好的刑事裁判文书,也如好的文章一般,查明案件事实如同"猪肚",裁判结果如同"豹尾",规范化制作如同"凤头"。一个制作随意、缺乏规范的裁判文书不能称得上一篇好的裁判文书,不仅不能给公正裁判加分,甚至会直接影响人民法院的公信力。作为一个刑事法官,笔者结合审判经验,在此从裁判文书句式规范、词语推敲、个字使用、标点选择等四个方面,对规范化刑事裁判文书制作进行思考。

(一) 文书"句式"的规范

裁判文书是由一个个句子组成,句子有机组合形成合力,就会成为一个好的裁判书,刑事裁判文书也不例外。在刑事裁判文书的制作过程中,我们要认真对待文书中的每一个句子,无语法错误,意思清晰、内涵完整、有层次感、富有说服力。

1. 必用的三个句式

最高人民法院颁布相关文书样式,规定很多方面,但也不可能包罗万象,结合裁判文书制作,在实践中有几种句式被广泛使用:

(1)第一种句式。在裁判文书中关于被告人辩解、被告人辩护意见,常用句式:"被告人辩称:……""被告人的辩护人的辩护意见是……或者辩护人提出……"

如被告人邱兴华故意杀人案、药家鑫故意杀人案,裁判文书均运用了该句式。被告人邱兴华辩称:熊万成有调戏其妻何某某的不检行为;铁瓦殿内管理不严,是其杀人犯罪的诱因;其对犯抢劫罪一节有自首情节。被告人药家鑫的辩护人提出:药家鑫具有自首情节;药家鑫系激情杀人;药家鑫系初犯、偶犯,认罪态度好,真诚悔罪;愿意赔偿被害人亲属的经济损失。建议对药家鑫从轻处罚。

(2)第二种句式。在裁判文书论理部分,常用句式如下:"关于被告人提出的辩解,以及辩护人提出的辩护意见。经查……故,被告人的上述辩解及辩护意见(不)成立,本院(不)予以采纳。"或者表述为:"对于被告人提出的辩解,以及辩护人提出的辩护意见,经查:……上述辩解及辩护意见(不)成立,本院(不)予以采纳。"

如被告人邓勇军组织领导黑社会性质组织犯罪案,该裁判文书采用上述句式。关于被告人邓勇军提出的辩解,以及其辩护人提出,认定邓勇军故意伤害致死他人证据不足的辩解及辩护意见。经查,邓勇军、熊庭汉、严海霞、张志均、邓传雄在公安机关对各自实施的伤害行为有多次供述,还有相关的证言、住院病历及法医鉴定意见书在案予以证实。本案证据能够证明,张志发的死亡与邓勇军、熊庭汉、张志均、邓传雄、严海霞的殴打行为具有直接因果关系。故上述辩解及辩护意见均不成立,本院不予采纳。

(3)第三种句式。本院认为部分,常用句式如下:本院认为,被告人×××的行为,构成××罪。公诉机关指控的事实,罪名的评价。依次表述被告人从重情节、从轻情节。据此,根据被告人×××犯罪的事实、犯罪的性质、情节和对社会的危害程度,依照《中华人民共和国刑法》第×××的规定,判决如下:……

如薄熙来受贿、贪污、滥用职权案,山东省济南市中级人民法院在判决书中表述如下:本院认为,被告人薄熙来身为国家工作人员,接受唐肖林、徐明请托,利用职务便利,为相关单位和个人谋取利益,直接收受唐肖林给予的财物,明知并认可其家庭成员收受徐明给予的财物,其行为已构成受贿罪;薄熙来身为国家工作人员,利用职务便利,伙同他人侵吞公款,其行为已构成贪污罪;薄熙来身为国家机关工作人员,滥用职权,致使国家和人民利益遭受重大损失,其行为已构成滥用职权罪,情节特别严重。公诉机关指控薄熙来受贿人民币 20 447 376.11 元、贪污人民币 500 万元、滥用职权的事实清楚,证据确实、充分,指控罪名成立,但指控薄熙来认可其家庭成员收受徐明给予的财物中,计人民币 1 343 211 元因证据不足,不予认定。对薄熙来所犯受贿罪、贪污罪、滥用职权罪,均应依法惩处,并数罪并罚。薄熙来受贿、贪污所得赃款赃物已分别追缴或抵缴。鉴于其用于购买枫丹·圣乔治别墅的受贿所得赃款系以其依法应予没收的财产抵缴,故该别墅作为犯罪所得应当继续追缴。根据薄熙来犯罪的事实、性质、情节和对于社会的危害程度,依照《中华人民共和国刑法》第三百八十五条第一款、第三百八十六条、第三百八十二条第一款、第三百八十三条第一款第(一)项及第二款、第三百九十七条第一款、第二十五条第一款、第六十一条、第五十七条第一款、第五十九条、第六十九条、第六十四条之规定,判决如下:……

2. 多用陈述句禁用疑问句、感叹句；常用肯定句，少用否定句

陈述句是以告诉他人一件事情为目的的句子，是法律文书中使用频率最高的一种句子。它主要适用以下情况：用于叙述、回溯案情或有关法律的事实；说明案件的有关情况或证据的情况；界定法律属性或判断性质、情节及罪行轻重；描摹人物外貌及案发现场、环境等。

在陈述句中又分为肯定句与否定句。在司法文书中，又以陈述句居多。在一起故意伤害案件中，被害人是否被其岳父打伤，证人范一是否在场，判决表述如下："证人张四的证言也不能否认对被告人顾丈有利的证人范一不在现场，而辩方证人范一、周二、卜三相互证实均是现场的目击证人，且均证明自诉人周夫鼻子骨折是自己摔倒所致，而非被告人顾丈拳击所致。"其中的"不能否认……不在现场"这个否定句式显然存在问题。"不能否认不在现场"，等于"能确认不在现场"，而文书要表达的本义却是"能确认范一在现场"，范一是目击证人。可见否定句不能够清晰表达裁判文书的内涵，相反使得文书表达缺乏应用力度，导致说服力下降。相反使用肯定句开宗明义，直截了当，很容易说明一个问题，相信这样的句子也一定会让被告人服判。

3. 证据罗列多用短句、单句；文书论理尽量使用长句、复句

短句、单句说明问题简单、直接，让人一目了然，更便于理解；长句、复句则利于分析说理，层次感强、逻辑性好。由于句式不同，导致在运用时侧重点也不尽相同，但是也不绝对，常常有时概括表达某人证言既需要短句也需要长句；既需要单句也需要复句，不能将其绝对分开，因为无论是哪一种句型，目的都是服务于裁判文书事实表达、文书说理，需要灵活运用。

(二) 制作文书"词语"的规范

1. 文书用词须"精准"

（1）词语含义必须准确，要客观界定被告人具体犯罪行为及其违法性程度。如被告人张某故意杀人一案，起诉书对事实表述为：被告人张某与赵某纠缠，用携带匕首朝赵某胸部等部位连续捅刺，致赵某死亡。法院在裁判文书中确认的事实为：被告人张某与赵某纠缠，后返回住地取出一把匕首后尾随赵某，趁赵某不备朝赵某胸部等部位连续捅刺7刀，其中6刀深达腹腔，致赵某因心脏破裂失血性休克而死亡。对比两份文书，同样是指控被告人张某故意杀人，但裁判文书相比起诉书对事实表述更为准确，一审法院认定上述情节判处被告人张某死刑，该案经最高人民法院核准对张某执行死刑。

（2）词语搭配要精确，特别是常用词语搭配。如"提取"，一般是指从现场取得的物证、书证；"扣押"，一般是指从被告人处取得的物证、书证；"查获"，一般是指毒品、违禁品；"追回"，一般是指违法所得赃款赃物；"调取"，一般是指从相关

部门取得的银行交易记录、手机通话记录、前科材料、户籍资料等。

2. 用好"模糊词"

文书中所描述对象基于客观原因无法推断出准确时间、空间、数量、程度时,法官应当使用好模糊词,从而使裁判文书表述更加客观,更为贴切,更加符合案情,为裁判文书整体服务。在用好模糊词的时候,要注意模糊词使用的范围:一是确定时空,如"大约二百米处""持续半年左右";二是对数量的描述,如连续捅刺被害人数十下;三是表现程度和形状,如"主观上存在一定的过错""情节严重"等。使用模糊词不等于说明事实、罗列证据含含糊糊。总体上说,模糊概念的使用,要限定在一定的范围内,这种"量"的模糊是为了更加准确表达案件事实及证据,更好地服务于文书。

3. 词语需要前后呼应,无逻辑冲突

裁判文书是一个整体,前后词语需要相互呼应,逻辑严谨,这样的文书更有说服力,更能体现裁判文书的权威性。这就要求我们在文书制作时除了细心外,还需要有一定的综合能力,切不可前后矛盾,逻辑混乱。例如一份判决书审理查明部分是如此表述的:被告人李某在新华书店前恰遇情敌张某,从摊边拿起一把菜刀朝张某头部猛砍数刀欲砍死张某,但由于路人相助未得逞,张某因外伤头面部累计疤痕8厘米,经法医鉴定属于轻伤。这一事实表面上看没有什么矛盾,但仔细一推敲存在前后不一致情形,"猛砍数刀"且"欲至被害人死地"结果却是轻伤。上述文书将"猛砍数刀"改为"连砍数刀",是否更为贴切些呢,逻辑性更强些呢?另外一份裁判文书,审理查明事实部分表述为:某年某月某日晚8时许,被告人李某窜至陈家湾,于晚上8时实施了抢劫张某人民币300元,并当场将张某打伤。裁判文书在援引证人证言时将现场目击证人陈某、黄某证言全盘照抄,不加取舍进行引用,陈某证实案发时间发生在当晚7时左右,黄某证实抢劫发生在当晚9时左右。表面看是一个小问题,但从生活常识看这是一个大问题,裁判文书是公开的,可能见到这份文书的人都会质疑两个问题,这两个证人证实的事实与审理查明的事实是否为同一件事实,是否当晚张某在同一地点制造三起抢劫案。

(三)文书"个字"的规范

1. 指示代词"其"的使用

《关于实施〈法院刑事诉讼文书样式〉若干问题的解答》要求刑事裁判文书制作,特别是表述证据时,对被告人供述、被害人陈述、证人证言原则上应当使用第三人称,涉及证明案件事实的关键言辞,也可以使用第一人称。辞海中的代词"其"一字的含义,是指上文提及的事物或人。在文书制作中,一般用后句指代前句已经出现过的事物或人,即指代主语或者是指代宾语。当出现两个及以上主语,或者两个以上的宾语时,一定要注意"其"的使用,要通过上下文,结合相关语境,确定"其"使用范围的唯一性,杜绝歧义。例如,一份刑事判决书中表述:自诉人朱某与被告人杨某系同村村民。某年某月某日晚上,被告人杨某回到家,看见自诉人与其妻子从其住宅的底楼东面房间走出,见状被告人便用拳头殴打自诉人,用脚踢自诉人,致使自诉人朱某轻伤。该文书中指示代词"其"有歧义,事实是自诉人与被告人妻子从被告人住宅走出,但文书中一看,让人误认为是自诉人夫妻从他们屋子里走出来。上述文字调整一下:被告人杨某回到家中,看见其妻子与自诉人从其住宅的底楼东面房间走出。

2. 数字的使用

最高人民法院就裁判文书中使用数字的技术规范作出了明确的规定,但是实践中,大家对这一问题认识不够,突出的问题是对在何种情况下使用汉字,何种情况下使用数字不清楚。

(1)数字用汉字表示的情况有:刑事裁判文书中引用的法律的条、款、项、目;刑事判决书中判处的刑罚(含主刑和附加刑);裁判文书主文序号;裁判文书尾部的时间和正文中引述原审裁判文书的时间。

不是一组表示科学计量意义数中的一位数。在裁判文书中,对相关的主语、谓语或宾语等句子成分进行限定,其中的数字是作为主语、谓语或宾语的限定成分的词素出现,比如,构成定语、补语、状语等限定词的词素,而不是为了表明一个确切的具有统计意义的数量,即使不用这些限定作用的数量词,或者用其他不确定的数量词代替,句子成分仍然完整,语句照样通顺,没有语法问题,应当用汉字。如一律、一起、两笔账、盗窃汽车两辆、手机十部等。

定型的词、词组、成语、惯用语、缩略词或具有修辞色彩的词语中作为语素使用的数字,如星期二、七上八下、十八届四中全会等。

相邻近两个数字并用表示概数连用的两个数字之间不得用顿号隔开,如,二三米、七八个人、五十四五岁等。

(2)用阿拉伯数字表示的情况有:案号中的数字;地址、门牌号码,如某市西十里铺170号附5号422室;裁判文书正文中公历年、月、日、时(除落款时间及引用原裁判文书外的时间),如2002年7月1日下午3时;带有统计性数字和量值,即裁判正文中反映主张、认定内容的,如19岁、50 000元、10个月、3 000米等。

(3)易混淆的中文数字用法。"二"与"两"的用法。序数词一般用"二",如"第二、二哥"。一般在量词前,用"两"不用"二"。在传统的度量衡单位前,"两"与"二"都能够用,但"二"者居多,在新的度量衡单位前,一般用"两",如"两吨、两公里"。多位数时,百、十、个位用"二"不用"两",如"二百二十二"。在"千、万、亿"的面前,"两"与"二"一般都可用,"千"在"万、亿"后,用"二"为常。

"零"与"〇"的用法。零放在两个数量中间,表述单位较高的数量下附有单位较低的量,如一年零三天;在表示数的空位时,一般用"〇"不用"零",如一九九〇年、三〇一号;表示没有数量,一般用零,如这种药的效力等于零;在定型词中,通常也用"零"不用"〇",如"零点行动"。

(四) 文书"标点符号"的规范

1. 冒号的使用

《常用标点符号用法简表》关于冒号用法说明主要有五种,但结合刑事裁判文书主要体现两种用法。

关于引出证言、陈述、供述等内容时标点使用问题。实践中有的用逗号,有的用冒号。冒号用法之一"用于'说、想、是、证明、宣布、指出、透露、例如、如下'等词语后面,表示提起下文"。结合司法文书制作,笔者认为在表述证据时,用冒号为宜。例如,证人张某某的证言证明:……

关于经审理查明后标点如何使用的问题。冒号其中的一个用法是"用于总结性话语,表示引起下文的分说"。结合司法文书的制作,笔者认为,在审理查明事实部分,有多个段落,多个层次,多个罪名,一般用冒号为妥,表述为"经审理查明:……"如果仅有一个段落时,一般用逗号为宜,表述为"经审理查明,……"

此外"判决如下""裁定如下"等提示裁判结果的词语后用冒号。

2. 双书名号"《 》"和单书名号"〈 〉"的使用

《常用标点符号用法简表》关于双书名号"《 》"和单书名号"〈 〉"用法说明指出,主要用书名、篇名、报纸名、刊物名等。结合文书样式,参考最高人民法院核准死刑裁判文书,笔者认为,引用法律、司法解释名称,应用书名号表示,并将制定的机关名称与法律、司法解释的名称一同放入书名号内,书名号里边还要用书名号时,外面一层用双书名号,里边一层用单书名号,例如《最高人民法院关于适用〈中华人民共和国刑事诉讼法〉的解释》《最高人民法院关于审理挪用公款案件具体应用法律若干问题的解释》。

刑事判决书制作中的法治思维发展

——从"侦查中心主义"到"审判中心主义"的转变

高丽鹏　孙照淳[*]

随着近年来我国司法改革的稳步推进,学界与实务界对继续深化司法改革的呼声方兴未艾。在进入改革攻坚阶段的当前,党的十八届四中全会通过了中共中央《关于全面推进依法治国若干重大问题的决定》,其中提到"推进以审判为中心的诉讼制度改革,确保侦查、审查起诉的案件事实证据经得起法律的检验"。由此看出,当今司法改革的着力点之一是推动"审判中心主义"的全面确立。在此之前,我国很长一段时间曾奉行以公安侦查为主的"侦查中心主义",公安部门的工作一度成为刑事诉讼程序的核心,而检察院、法院的起诉、审判实质上多相互配合,相互监督则成为一种形式。仅通过公安侦查所获证据便直接推定犯罪嫌疑人有罪,检察院、法院仅通过形式上的审理便认定被告人有罪,此弊端在过去的刑事判决书中得以充分体现,同时判决书叙述事实不清、辩护意见语焉不详、说理不充分等问题也层出不穷。这不仅不利于司法公开公正,而且会损害司法公信力,削弱司法的权威性。在"审判中心主义"的新型理念指导下,我国刑事判决书的制作方法也亟待改进,以保障实体正义与程序正义的统一。

一、审判中心主义理念的初步确立

何为审判中心主义?横观全球,英国、美国、德国、日本等国的审判中心主义理论不仅十分成熟,而且在实践中也得到了充分运用。我国理论界众说纷纭,笔者赞成学者樊崇义的观点,"以审判为中心,是在我国宪法规定的分工负责、互相配合、相互制约的前提下,诉讼的各个阶段都要以法院的庭审和裁决对事实认定和法律适用的要求和标准进行,确保案件质量,防止错案的发生"。该观点不仅符合我国刑事诉讼法中公、检、法各司其职的诉讼制度,而且还将两者高度糅合,是对我国新形势下司法审判的较好诠释。

---

[*] 高丽鹏,武汉理工大学文法学院。孙照淳,武汉理工大学文法学院。

以审判中心主义为核心的诉讼制度克服了"侦查中心主义"的弊端,使公安部门、检察院、法院真正形成稳固的铁三角格局,改变原始的"大公安,小法院,可有可无检察院"的强势公安模式。在这个新模式下,公安工作将转变过去陈旧的审讯模式与证据收集方法,严格遏制刑讯逼供、诱供现象;检察院也将进一步转变观念,加强证据审查,实现从"由供到证"到"由证到供""以证促供""供证结合"的新模式,使整个刑事诉讼程序重心实现由公安侦查权到法院审判权的根本性转变,摒弃了仅立足于控方证据审判被告人的陈旧模式,强化了庭审过程中直接言词证据的证明效力,遏制了法官主观入罪、有罪推定的心态。

二、刑事判决书的实质与价值

刑事判决书是刑事法律文书的重要组成部分,是指人民法院在刑事诉讼中,就刑事案件的实体问题和程序问题依法制作的具有法律效力的文书。它是整个刑事诉讼程序的静态体现与最终结果,有着对整个案件的诉讼过程进行记录、对案件事实进行分析、对判决结果进行论证的重要作用。

刑事判决书是对犯罪行为的有力惩戒与制裁。一份刑事案件的宣判,可以充分体现法律对犯罪行为的强制与评价。一份判决的结果,决定着被告人刑事责任的承担,虽然有人欢喜有人愁,但它都是一个正义是否实现的过程。对于刑事被告人而言,刑事判决书以罪刑法定的姿态对其作案时的侥幸心理、庭审时的避重就轻予以了有力回击。一份体现公正和权威、论证严密、合情合法的刑事判决书,是一位法官对当事人和整个案件最完美的答卷。

刑事判决书亦是保障人权的重要证据。它完整记录着案件的诉讼经过,体现法官对于案件事实认定和证据采纳的自由心证过程、适用法律的逻辑推理及对被告人依据刑事诉讼法所享有诉讼权利的确认。我国实行两审终审制的诉讼制度,一审判决书作为二审审理的重要依据,在二审中若发现一审判决书认定事实不清、适用法律错误或侵犯被告人诉讼权利等现象,均会在二审判决中得以纠正,最终保障被告人的合法权益,避免冤假错案的产生。

刑事判决书实现了个案效果与社会效果的统一。一个案件从侦查终结至提起公诉再至作出判决是一份刑事判决书孕育的阶段性过程,作出的判决是对案件被告人定罪量刑的依据。在审判公开的今天,通过裁判文书上网,一份刑事判决书不能忽视其自身所产生的社会效应,其有着对案件的判决结果向社会进行公示教育和接受社会监督的双重辐射效应,若一个刑事判决仅仅立足于案件本身的公平正义价值而轻视由其产生的社会辐射效应,则会对社会主流价值观产生冲击与对抗,更有甚者会导致社会法治理念的淡化与社会道德的沦丧。针对南京"彭宇案",虽然在证据缺乏、案件事实有争议难以查明的情况下,运用公平责任原则看似兼顾了双方的利益,但忽略了该判决的社会辐射效应而最终导致社会的信任缺失,是一份失败刑事判决书的真实写照。

刑事判决书的书写与制作无不渗透着法官根据证据对案件事实的查明进行自由心证,并对适用法律进行逻辑推理的思维过程,由此充分体现出刑事判决书制作是一位职业法官的法学理论功底、司法理念、法律思维方式、庭审经验、社会经验的高度融合。西谚有云:"正义不仅应得到实现,而且要以人们看得见的方式实现。"在现代刑事诉讼结构中,侦查和检察程序的合法合理是人民法院恰当发挥审判作用,维护公平正义的基础和前提。"看得见的正义",不仅需要社会公众的心灵感知,而且需要法律以权威的方式被内心予以追随。一份优秀的刑事判决书对于正确、及时地打击刑事犯罪,保障人权,服务社会建设,具有十分重要的意义。目前审判中心主义已经付诸实践,法律文书写作的方法和风格应适时转变,以顺应司法改革法治思维的进步则显得尤为必要。

三、我国刑事判决书存在的问题

一名优秀的法官,不仅要驾驭庭审,还要学会写一份高质量的刑事判决书,从而给当事人和社会大众一个说法。自党的十八届四中全会召开以来,虽然党和国家加快了司法改革的步伐,但是司法实践与法学理论仍然存在较大的脱节。

从形式上看,首先,在侦查阶段,一些关键证据没有收集或没有依法收集,进入庭审的案件没有达到案件事实清楚、证据确实充分的要求,使文书质量不高,缺乏说服力。被告人虽被定罪,却不明白原因,倾向于怀疑司法的公正,认为法官有"暗箱操作"之嫌。其次,现今大部分刑事判决书仍一直沿袭传统写法,在法院证据确认部分,对法院审理查明的事实简单地概括为有哪些证据可以证实,但未反映证据的内容。同时在辩护意见方面,因辩护人没有从实质上获得刑事诉讼中的法律地位和应有权利,其给犯罪嫌疑人、被告人进行合乎法律的辩护,为他们寻找无罪、罪轻的证据,在法官的眼中则易被认为是一种避重就轻的狡辩,一些法官在审理案件的过程中,常常会以自身价值判断替代法律的公平与正义观念,进入先入为主的误区,在相应的文书写作中,不能很好地把握情、理、法三者之间的关系。最后,刑事判决书在量刑上也存在一系列问题,归纳而言表现在以下几个方面:重定罪说理,轻量刑说理;重主刑、实刑说理,轻附加刑、缓刑说理;重法定情节说理,轻酌定情节说理;重罪名选择说理,轻法定刑幅度选择说理;重事实陈述,轻证据分析;重控方意见说理,轻辩方意见评析;重格式化说理,轻个性化论证;等等。

从实质上来看,我国的刑事判决书存在三方面的问题:首先,观念问题。因为传统观念,一些法官认为自己拥有裁判权,是审判者,没有必要过多说明,不服你可以上诉,这种观念需要改变。其次,司法行政化问题。法院内部的司法行政化色彩造成一些法官常以一份详细的审理报告代替判决书,证明自己裁判的合法性和正当性,并逐渐形成了判决书写作格式化和用语统一化的习惯。在法院外部,法官办案会受到政法委协调和人大监督等庭外决策的牵制,法官对有重大影响的案件不敢也不能独立作出裁判。最后,判决书的价值取向问题。判决书难以服人的重要因素在于判决文书的过度客观,使当事人认为文书只是一个形式上的通知,难以得到实质性的认可。仅以法官形式上简单的一句"本院认为"便对刑事案件作出结论,法官究竟是站在何种角度,以何种社会立场作出判决呢?其自身的价值判断是否与大众的主流价值取向相悖呢?随着《中华人民共和国刑法修正案(九)》的公布,新的宗旨和精神反映了刑事司法领域开放性的主流价值观念,而大多数判决书却坚持保守主义,法官对案件内心的真实想法与所持态度却始终在判决书中无法得以体现,使判决书成了一份"看不见"的正义,最终使人易产生对法官审判案件公正客观的怀疑与猜度。

四、我国刑事判决书的改进举措

(一) 强化证据说明

证据作为认定案件事实的重要依据,是法庭审判案件的核心所在。整个庭审活动的开展始终围绕着举证、质证,进而达到对证据的认证从而最终实现对事实的认定。正如民间所说"打官司就是打证据",每次庭审都是一次双方"证据的较量",只有通过证据的证明才能对案件事实加以确定。因此,在刑事判决书中对证据的表述与分析便显得尤为重要了。

针对一起故意伤害案件而言,法官在判决书中仅表述"以上事实,有公诉机关提供的作案工具短刀一把,证人吴某的证词一份,被害人王某的陈述一份及公安机关的《伤势鉴定报告》与《物证检验报告》各一份加以证明,案件事实清楚,证据确实充分,被告人供认不讳,因此可以认定被告人刘某故意伤害他人致人轻伤的事实"。此种论述仅仅对证据外观进行系统概括而没有在判决书中体现这些证据具体如何相互印证,因此必须强化对证据的说明,强调质证环节,对证据的内容加以充分展现,让人对法官如何通过证据认定案件事实形成具体的理解。再以上述故意伤害案为例,若将证据说明部分改为:以上事实,有证人吴某关于被告人在冲突中用刀刺伤被害人大腿的证词一份、有被害人当庭质证被告人与被害人发生冲突并被被告人用刀刺中大腿的陈述一份,此外还有从被害人住处找到的带有血迹的短刀一把,经查刀上为 AB 型血,与公安机关提供的《伤势鉴定报告》与《物证检验报告》中被害人的大腿处伤口已构成轻伤和被害人 AB 型血相吻合,以及被告人对在冲突中用刀刺伤被害人大腿的事实供认不讳。以上证据可以相互印证,形成一条完整的证据链,案件事实清楚,证据确实充分,可以对被告人故意伤害他人致人轻伤的事实加以认定。此种证据说明内容详尽,逻辑严密,说理性强,有利于他人对整个案件的证据认证部分得以充分的理解。

(二) 重视辩方意见与律师调查取证权

在我国《刑事诉讼法》规定的"控辩审三角架构"中,审判人员听取控辩双方对案件事实的认定、对证据的质证以及在庭审中的辩论并加以裁判。大多数刑事判决书中对于辩方意见部分往往仅提及"被告人及其辩护人对案件的事实认定没有异议,但认为其犯罪行为社会危害性较小,主观恶性不大,请求从轻或减轻处罚"。此种概括对于辩方为何请求从轻或减轻处罚并没有具体论述,一般而言,辩方有从轻或者减轻处罚的请求,则必然随之提及可以或应当从轻或者减轻处罚的法定或者酌定量刑情节,然而这在判决书中却很少体现。笔者认为,应当适当对判决书中辩方意见部分在事实认定上进行充分论述,对辩方在证据质证过程中对证据能力或者证明效力方面提及的异议进行充分记录并加以总结归纳。对被告人和辩护人确实没有异议的部分则可以适当简化但不可随意省略,对于其他有异议的部分在辩方意见中进行必要补充。

2012年修改的《刑事诉讼法》第41条赋予律师有限制的调查取证权,辩护律师可以在经证人或其他有关机关与个人同意下向其自行收集证据,或者经检察院或者法院许可并经被害人或其近亲属、被害人提供的证人同意的情况下向其收集与本案有关的材料,从中寻找有利于被告人的证据材料进而提出有理有据的辩护意见。可以说,调查取证权使辩护律师在案件中的主动权大大增强,是辩护权利的核心,虽受到较多限制但难能可贵。笔者认为,应当在刑事判决书中对辩护律师的调查取证权加以重视,对于辩护律师自行收集的证据在证据部分与公诉机关提交的证据加以区分并着重说明。辩护律师对其自行收集的证据加以分析所得的辩护意见应当在判决书辩护意见部分独立列出,与公诉机关所提交的证据相冲突的证据则加以重点论述与分析,由此可大大减少侦查中心主义带来的控方证据一边倒现象。

(三) 强化说理部分,坚持"三层次"分析

说理,是刑事判决书的灵魂所在。一份得以服众的优秀刑事判决书,其说理必然是内容详细、分析到位、逻辑严密、高度兼容的。随着审判中心主义理念的确立,法院应当强调质证过程的实质性与争议焦点的突出性,对证据的采信或者量刑情节建议上的采纳均应作出全面性、细致性的论证与说理。在日后的刑事判决书说理部分的写作方面,也应当在审判中心主义理念指导下严格实行"定罪—量刑—适用法律"的三层次结构。首先,在定罪方面,应当在摸清案件事实的前提下,充分运用犯罪构成理论对刑法分则中各罪的认定予以详细论述,对于是否构

成犯罪、构成何种罪两个方面分开把握。其次,在量刑方面,应当在充分听取控辩双方意见的前提下,运用自由心证加以综合分析,对其争议的焦点在判决书中应当进行逐次细致的阐述,对于为何采纳这一方意见而不采纳另一方意见的理由应当体现在判决书上。最后,在适用法律方面,法官应当就双方对于法律条文的不同理解进行写明,再结合法官自身释法权与法律解释学进行最终的裁判。由此形成的裁判说理才能真正体现法官对案件事实的认定、证据的采纳及适用法律的整个思维过程,实现真正意义上的司法公开化,增强判决的说服力与司法公信力。

(四) 着重文书逻辑与语言的法治思维

刑事判决书作为司法的工具,其表述的是一件郑重严肃的事情,一份优秀的刑事判决书既要有恰当的逻辑推理和法律论证,也要有规范的格式和语言。

在逻辑上,首先,制作刑事判决书,要紧紧围绕案件本身,以是否具备犯罪构成要件为重点,写清案件发生的时间、地点,被告人的动机、目的、手段、行为过程、危害结果、被告人案发后的态度等,特别是案情复杂的更要运用整体性思维,区分好主次关系、先后关系、轻重关系等,从而使其层次分明、统一有序。其次,在"本院认为"部分中,法官针对所摆事实开始讲道理和得出答案,既有客观评价、引用事实,也应该有法官自己的裁量、思考和观点。笔者建议,在这一部分,法官个人的价值判断与客观评价相结合,强调其是立足于何种立场得出的审判结论,以便当事人可以换位思考。例如在同一情形下,站在诚实信用的角度与站在公平正义的角度会产生摩擦,从而导致完全不同的案件审理结果,甚至无法平衡被害人与被告人之间的利益。在"本院认为"部分表明法官的判案立场,既是一种"看得见的正义",也可以对维护社会的和谐稳定起到积极作用。同时,逻辑之间的论证推理是对判决书前述内容的归纳和判断,证据与事实之间的论证逻辑环环相扣,严格遵循"事实——证据——说理"的逻辑链条,若一环断裂,则全链瓦解。因此,刑事判决书的写作应在逻辑推理方面予以加强。

在语言上,刑事判决书要真正使刑事诉讼参与人、被告人以及人民群众对案情知晓,对控诉事实和指控罪名明白,对判决结果信服,靠的是语言的力量,而不仅仅是简单的格式。首先,语言运用要合乎语法逻辑,文句通顺。不论是整体结构还是具体层次、语段、语言表达都要符合客观事物的规律和人们的认识规律,否则就会严重影响法律文书的严肃性。其次,准确地辨析词义,避免语义分歧,正确使用法律语言,这是运用法律语言的基础性要求。笔者认为,大部分法官在写判决书时偏好模糊词,这种现象虽然为裁判认定留下了回旋的空间,但是却忽视了法律语言的精确性。只有恰当使用模糊词,才能让判决书更具说服力,但是应慎用。同时,法律语言使用得当,则要求法官的感情色彩鲜明,过度客观或主观的偏向应该得到改善,字斟句酌、表意完整、反复修改,才能达到圆满的表达效果。

为了更好地贯彻审判中心主义,提高文书写作质量,笔者提出以下建议:首先,建立法官与法学学者互动交流机制。法官可以结合办案中遇到的疑难问题,阅读相关法律书籍并与法学学者进行探讨,到法学院旁听授课,切实提高其专业素养与工作能力,并在刑事判决书中较好地运用。其次,建立优秀裁判文书评审制度与制作者署名制度。在判决书的书写过程中,明确指出不同法官给出的不同意见,在最后裁判结果中有不同意见的法官必须加备注说明。优秀裁判文书评审制度可作为法官评奖评优的一项重要标准,对于那些优秀的判决书,可以作为模板展示,以激励其他法官。

诚如美国大法官威利斯·V. 德万特所言:"……审判人员……是整个审判体系的平衡轮,起着维持个人权利与政府权力之间的调节作用。"而"诉讼的突出特点在于它的法律强制性,国家的意志在诉讼、审判过程和结果中都得到最大限度的张扬,当事人的意志受到最大限度的限制,所以,这样的裁判结果要获得被裁判者和整个社会的认同和信任,没有裁判文书来证明裁判的公正性是无法想象的。"刑事判决书作为一种具有法律效力的文字载体,既是贯彻实施国家法律的重要工具,又可以体现国家对惩罚犯罪保障人权的一种态度。我们应当本着现代法治所要求的审判中心主义理念,用精确的逻辑思维实现法律文书的实效性和庄重性,以详略得当控辩平衡的写作理念实现刑事判决书的公平正义,从而使我国依法治国方略获得实质性贯彻。

参考文献

1. 樊崇义:《解读"以审判为中心"的诉讼制度改革》,载《中国司法》2015 年第 2 期。

2. 吴在存、刘玉民:《最新法院刑事诉讼文书格式样本》,中国市场出版社 2013 年版。

3. 马军:《法官的思维与技能》(第 3 版),法律出版社 2013 年版。

4. 李琴:《刑事判决书量刑说理问题实证研究》,载《中国刑事法杂志》2012 年第 6 期。

5. 张灿贤:《整体性思维与法律文书写作》,载《应用写作》2003 年第 8 期。

6. 逯其军:《论法律文书语言的准确性》,载《北京人民警察学院学报》2007 年第 3 期。

繁简分流与《审查逮捕案件意见书》的制作

李 晶[*]

《审查逮捕案件意见书》是侦查监督部门的办案人员通过对侦查机关所认定的犯罪事实、证据材料审查后,按犯罪构成、逮捕条件的规定,提出犯罪嫌疑人是否构成犯罪、构成何种犯罪、应如何处理的意见,报领导决定的工作文书。它是检察机关依法行使检察权的重要的办案文书之一,全面客观地反映了审查逮捕案件的全貌,是案件定性和处理的重要依据。

一、《审查逮捕案件意见书》文书格式的变化和总体要求

近十余年来,文书格式有所变化。2001年最高人民检察院侦查监督厅下发的《关于改革审查逮捕工作方式的通知》,以改进制作审查逮捕案件意见书为载体,推行审查逮捕方式改革,将《逮捕案件审查报告》和《逮捕案件审批表》整合。2002年8月又下发通知,规范了文书格式,样本共分五个部分,能完整地反映承办人员的工作简要过程,即犯罪嫌疑人的基本情况、发案、立案、破案经过,对案件事实的审查及认定,需要说明的问题和处理意见。2014年1月1日,适逢全国检察机关统一业务应用系统全面施行,按照该系统中的审查逮捕意见书格式变为九个部分,增加了逮捕必要性分析、办案风险评估及预案、延伸办案职能的意见和建议三项新内容。

撰写《审查逮捕案件意见书》总体上需把握好四个要点:第一,明确文书性质。《审查逮捕案件意见书》不是对外的法定文书,而是案件承办人通过阅卷,综合分析归纳所形成的反映案件全貌及案件办理流程的内部工作文书。第二,与阅卷笔录相区别。阅卷笔录只是承办人对卷宗所有材料的摘抄过程,《审查逮捕案件意见书》则是承办人对卷宗所有材料进行分析、提炼、归纳的过程。第三,全面反映审查过程。撰写《审查逮捕案件意见书》的基本点是要能全面展现案件的事实、审查过程,一份好的《审查逮捕案件意见书》不仅要能达到"意见书在手如同卷宗在手"的总要求,而且还要能体现案件的侦查过程、审查逮捕工作过程。第

---

[*] 李晶,湖北省武汉市人民检察院检察官。

四,突出事实和证据。撰写《审查逮捕案件意见书》的重点是审查认定的事实和证据部分,尤其是承办人对案件事实和证据的取舍、认定过程。

二、当前制作《审查逮捕案件意见书》普遍存在的问题

在具体的办案实践中,制作《审查逮捕案件意见书》普遍存在以下问题:

1. 文书格式不规范

根据2002年最高人民检察院下发的《审查逮捕案件意见书》法律文书格式,《审查逮捕案件意见书》由五部分组成,即犯罪嫌疑人基本情况、发案、立案、破案经过,审查认定的事实及证据,需要说明的问题,处理意见。但2014年全国检察机关统一业务应用系统中的审查逮捕意见书格式变为九个部分,即:第一,受案和审查过程;第二,犯罪嫌疑人的基本情况;第三,发案、立案、破案经过;第四,经审查认定的案件事实及证据;第五,需要说明的问题;第六,逮捕必要性分析;第七,办案风险评估及预案;第八,延伸办案职能的意见和建议;第九,处理意见。最高人民检察院并未就文书格式明确发文,致使实践中格式不统一的情况比较普遍。

2. 对犯罪事实报告不全

不能全面准确地概述"经审查认定的案件事实及证据"部分。在概述案件事实部分时,缺乏犯罪事实的六要素,即案件发生的时间、地点、人物、情节、原因及结果。有的关键要素模糊不清,一笔带过;有的过于纠缠细枝末节,焦点模糊。

3. 证据摘录和分析抓不住要点

实践中容易出现的三个问题:第一,简单罗列,缺乏分析。证据分析仅局限于将有关证据进行简单的罗列、排列,对证据的分析缺乏科学性。这种证据分析只能是一种形式上的"分析",并非实质上的分析。第二,详细繁琐,缺乏重点。证据分析中对案件每一证据均进行详细分析论证,而不管该证据在案件中的作用、地位如何,没有侧重,显得十分冗长而繁琐。有些承办人错误地认为加强证据分析就是将该部分写得越长越好。证据分析应该因案而易,繁简分流,不刻意追求篇幅。一般来说,争议不大,可适当从简;案情复杂,需详细说理论证。第三,条理不清,缺乏逻辑。证据分析矛盾,主次不分、次序不清,重点不突出、条理不明晰,显得较紊乱。在证据分析时,只重视要点堆砌,论理苍白空洞,逻辑性不强,缺乏针对性;对法律适用不加分析或分析不力,结果理由部分常常只有结论性观点,而对于这个观点如何形成,则不得而知,给人以"强词夺理"的感觉。

4. 引用法律条文不规范

《审查逮捕案件意见书》处理意见部分,实际上由三部分组成:①高度概括案情;②依据实体法规定认定罪名;③依据程序法的规定,提出是否采取逮捕强制措施的意见。有些《审查逮捕案件意见书》处理意见部分引用法律条文不全。一是

只引用认定犯罪嫌疑人涉嫌罪名的实体法条文,不引用有关的程序法条文。如杨某故意伤害案,承办人在处理意见中认定杨某致人重伤,其行为根据《刑法》第234条的规定,已涉嫌故意伤害罪,有逮捕必要,建议批准逮捕杨某。二是对未成年人犯罪,依据有关刑事政策规定无逮捕必要的案件仅引用有关特别规定,不引用程序法条文。如余某抢劫案,承办人认定犯罪嫌疑人余某系未成年人,又是初犯,起次要作用,情节较轻,根据《人民检察院办理未成年人刑事案件的规定》第13条之规定,对余某不批准逮捕。三是有的不引用认定犯罪嫌疑人涉嫌罪名的实体法条文,直接对案件定性。

5. 照搬照抄,文字臃肿不精练

主观上错误理解"一份意见书在手,整个卷宗在握",认为"整个卷宗在握"就是所有的证据材料全部反映在意见书中,千篇一律地对证据进行照抄照搬,按固有模式对意见书进行填空式制作。制作意见书时一律进行粘贴复制,未按照证明力的大小有序排列,更未对证据进行提炼和归纳。简单案件的意见书也有三四千字,复杂案件的意见书则多达万余字,加大文书制作工作量的同时也不利于对案件的把握。

三、繁简分流地制作《审查逮捕案件意见书》

随着逮捕案件量的增大,特别是新修订的《刑事诉讼法》实施后,案多人少任务重的矛盾凸显,有必要实行繁简分流,进一步改进《审查逮捕案件意见书》的制作。2013年12月,最高人民检察院发布了《关于繁简分流制作审查逮捕意见书的意见》,要求承办人在全面熟悉案情、符合关键证据、清晰把握证据和事实的基础上,因案而宜,繁简分流地制作《审查逮捕案件意见书》。

1. 繁简分流的原则

(1)对于案情简单、事实清楚、证据充分、不存在分歧的案件,能简化的尽可能简化。事实部分可以用精练的语言加以概括,尽可能简化制作文书,特别要避免完全照抄照搬证据材料,并简要分析是否构成犯罪、是否具有社会危险性或者符合径行逮捕或者违反取保候审、监视居住规定转捕的条件,提出处理意见。

(2)加强对疑难、分歧问题的分析论证。对于案情疑难复杂的,犯罪嫌疑人不认罪、供述不稳定的,经审查认定的事实、证据与侦查机关(部门)不一致的,证据之间、证据与案件事实之间存在矛盾,或者存在非法证据需要排除的等情况,应当加强对疑点、难点、分歧问题的分析论证。

(3)灵活取舍文书格式的内容。全国检察机关统一业务应用系统中,《审查逮捕案件意见书》的格式虽然全面列举了审查逮捕案件可能出现的各项内容,但并非要求每个项目必不可少。工作中应当根据案件的具体情况,按照繁简分流制作要求适当予以取舍,有的项目内容可以省略或者从简。

2. 繁简分流的具体写法

(1)标题应体现办案单位、犯罪嫌疑人姓名及涉嫌的罪名。例如,某某人民检察院(注:以下另起行)某某涉嫌故意伤害犯罪案件审查逮捕意见书,并填写文书编号。

(2)"受案和审查过程":依次写明受案日期、报送单位、提请或者移送案号、案由、审查逮捕承办人的姓名、职务以及审查逮捕的简要办案过程。共同犯罪中,犯罪嫌疑人分别涉嫌多种罪名的案件,要按照各犯罪嫌疑人所涉嫌的不同罪名,分别予以表述。

(3)"犯罪嫌疑人基本情况":依次写明犯罪嫌疑人的姓名、性别、年龄、民族、籍贯(外国人需标明国籍或者无国籍人)、政治面貌、文化程度、职业或者工作单位及职务、住址。是否患有严重疾病,是否属于盲、聋、哑、残疾、智力障碍或者正在怀孕、哺乳自己婴儿等影响羁押的情况。

繁简分流要求此部分可不罗列其与认定犯罪、适用逮捕措施无关的简历、家庭情况等内容。但以下几类人不可省略:一是未成年人。对18周岁以下未成年人的出生日期,一定要有户籍证明、骨龄鉴定等相关证据能够证明。本人简历,家庭情况也不可省略,便于判断未成年人有无监护、帮教条件。二是职务犯罪的犯罪嫌疑人。要将犯罪嫌疑人担任具体职务的时间、负责具体工作表述清楚。

(4)"案件事实和证据",是审查逮捕意见书的核心内容,也是繁简分流制作文书的重点。

①事实和证据的表述。对于案情简单、不存在异议的,应当简要概括侦查机关(部门)认定的案件事实,不必原文引用或者粘贴。同时,写明"经审查,上述事实有证据证明",并合理列举相关证据,概括归纳其所证明的内容。需要排除非法证据的应简要说明理由。

承办人应当在认真阅卷的基础上,根据案件类型将同类证据集中排列进行摘抄、分析或者说明。排列证据时,先表明证据类别。如属于证人证言,则先将证人姓名及其基本情况,询问人姓名、身份列出,在对证据内容进行必要摘抄并对其证明力加以分析或者说明时,如果有多名证人的证言且内容比较一致,可以用"与某某证言相同"概括;如果多个证人分不同的角度来证明一个问题,则列举完毕后再统一分析。

②事实和证据的分析方法。主要有四种,即确认法、比对法、迂回法、综合法。

A. 确认法,即通过甄别、辨认或者鉴定后,明确地对证据进行肯定性的认可、承认,从而完成证明任务的一种证明方法。

B. 比对法,即对案件中证明同一案件事实的两个或两个以上的证据材料进行比较和对照,以确定其内容和反映的情况是否一致,以确定是否能合理地共同证明案件事实。被害人、犯罪嫌疑人、证人之间及前后陈述或供述有时会产生各种差异,这时就应运用比对法来对相关证据进行分析判断。比对审查判断的关键不在于找出不同证据之间的相同点和差异点,而在于分析这些相同点和差异点,看其是否合理,是否符合客观规律。

C. 迂回法,即从侧面、间接地通过回旋、环绕的方式进行证明活动的一种证明方法。迂回法最显著的特点为间接性和侧面性。从某种意义上讲,迂回法可以看成一个个确认法的相加,但并不是简单的重复和累加,每一次的确认都是前一次的发展,是认识的深入,以最终找出案件事实中的曲折复杂的内在联系。迂回法一般在案情复杂的案件中使用频率较高,简单地靠一两个证据难以证明全案的主要事实,必须以多组证据的迂回组合才能推导出结论,这种迂回往往要掌握好先后次序,做到一环紧扣一环。

D. 综合法,即对案件所有证据的综合分析与研究,看其内容和反映的情况是否协调一致,能否相互印证和吻合,能否确实充分地证明案件的真实情况。综合审查评断的关键是发现矛盾和分析矛盾。承办人需要遵循认识规律,运用同一认定、逻辑审查评断、概率审查评断等方法,往往还要根据个人的悟性和经验,对全案证据进行综合性的分析和判断。

在简单案件中常常采用确认法,即单个证据所证明的单个事实,以及综合法,即多个证据或多组证据所证明的全案事实。而在复杂案件中,往往采用确认法加迂回法或比对法,即对多个有矛盾或差异的证据进行对比、迂回分析以分辨真伪。

(5)"逮捕必要性分析"可单列为一部分,写明是否具有《刑事诉讼法》第79条规定的"应当予以逮捕"或者"可以予以逮捕"的具体情形,并简要阐明理由和根据。

(6)"需要说明的问题",可以根据案件情况,有问题则加以说明,如案件是否有上级机关或者有关领导的批示、指示意见,是否为挂牌督办案件;是否有可能影响案件处理的有关背景情况,在当地有无重大影响,人民群众、新闻媒介是否广泛关注;辩护律师提出的书面意见是否采纳及理由;有无需要立案监督或者侦查活动监督的事项及处理意见等。无问题则应从略。

(7)"处理意见",用简练的语言对案情进行高度概括,根据犯罪概念、犯罪构成以及逮捕的条件来归纳。写明适用的法律依据、是否批准或者决定逮捕的意见及理由。

①拟批准(决定)逮捕案件,应写明:犯罪嫌疑人(对案情进行高度概括),涉嫌××罪,根据《中华人民共和国刑法》第×条、《中华人民共和国刑事诉讼法》第×条之规定,建议批准(决定)逮捕。

②拟不批准逮捕或者不予逮捕案件,应当根据案件的具体情况,有针对性地写明意见和理由。

第一种情况,因行为不构成犯罪或者犯罪非犯罪嫌疑人所为而不批准逮捕或者不予逮捕的,应写明:犯罪嫌疑人(对案情进行高度概括),其行为不构成犯罪(或者本案非犯罪嫌疑人所为),根据《中华人民共和国刑事诉讼法》第×条之规定,建议不批准逮捕(不予逮捕)。

第二种情况,对现有证据不足以证明有犯罪事实而不予批准逮捕或者不予逮捕的,应写明:现有证据不足以证明犯罪嫌疑人有(罪名)犯罪事实,根据《中华人民共和国刑事诉讼法》第×条之规定,建议不批准逮捕(不予逮捕)。

第三种情况,已有证据证明有犯罪事实,但不可能判处徒刑以上刑罚,采取取保候审尚不足以防止发生社会危险性,不予批准逮捕或者不予逮捕的,应写明:犯罪嫌疑人的行为涉嫌犯罪,但犯罪情节较轻(或者投案自首、立功,系从犯等),无社会危险性,根据《中华人民共和国刑事诉讼法》第×条之规定,建议不批准逮捕(不予逮捕)。

第四种情况,因犯罪嫌疑人患有严重疾病或者是正在怀孕、哺乳自己婴儿的妇女而不予批准逮捕或者不予逮捕的,应写明:犯罪嫌疑人的行为涉嫌犯罪,但其患有严重疾病(或者是正在怀孕、哺乳自己婴儿的妇女),根据《中华人民共和国刑事诉讼法》第×条之规定,建议不批准逮捕(不予逮捕)。

侦查终结报告写作方法

柴 涛[*]

侦查终结报告是公安、国家安全、检察和海关等具有刑事侦查权的机关履行刑事侦查职能的一种文书。它既要全面反映案件的事实、证据、定性、适用法律问题和处理意见,也要概括反映案件侦查工作的主要情况。因而它既是重要的法律文书,也是重要的内部工作文书。

公安机关侦查终结报告是刑事侦查人员对公安机关立案的案件进行侦查后,认为依法应当侦查终结时,向办案部门负责人和县级以上公安机关负责人提交的,总结案件侦查工作、叙述并证明案件事实、阐明适用法律的意见,包括不同意见,提出应当对犯罪嫌疑人提起公诉或者不起诉的建议,并对案件其他相关问题提出处理意见的书面报告。侦查终结报告的制作依据是公安部制定的《公安机关办理刑事案件程序规定》,该规定第275条规定:"侦查终结的案件,侦查人员应当制作结案报告。结案报告应当包括以下内容:(一)犯罪嫌疑人的基本情况;(二)是否采取了强制措施及其理由;(三)案件的事实和证据;(四)法律依据和处理意见。"该规定对侦查终结报告的内容和文书格式作出了明确的规定,在实践中避免了体例不一、风格各异的情况。

侦查终结报告的制作目的,就是要让不曾参与侦查者,凭借它就足以全面了解案件来龙去脉和侦查工作主要情况,对案件事实、性质和其他相关问题作出明确的判断,提出明确的认定和处理意见,而不能存有顾此失彼,似是而非的情形。由此不难看出,侦查终结报告的内容十分复杂,可以说,它是侦查部门最为复杂的法律文书,在诉讼中的作用无可替代,尤其对于保障办案质量具有至关重要的意义,也是最能体现侦查人员业务水平和文字表达能力的文书。但无论是在理论上、立法上还是在工作实践中,这一文书都没有得到应有的重视。由于研究不够,规范缺失,导致实践中产生大量问题,如此将有碍侦查职能的充分发挥,影响办案质量,模糊办案责任,也不利于侦查人员业务能力的提高。故应尽快纠正这一偏向,切实重视和明确规范侦查终结报告的地位、作用和制作要求。本文试就公安机关立案侦查案件的侦查终结报告的写作方法作初步探究。

---

[*] 柴涛,湖北省武汉市公安局。

一、制作侦查终结报告的基本要求

侦查终结报告的作用在于：①为办案部门负责人和县级以上公安机关负责人对案件事实与性质的认定、案件前景及有关善后问题的处理作出判断和决策提供依据和参考。②为起诉意见书或者不起诉意见书的制作和审查工作奠定基础。③为复查案件、检验办案质量和区分错案责任提供重要依据。④为总结侦查工作经验教训提供基本素材。

基于侦查终结报告的制作用途，在制作侦查终结报告的过程式中，必须遵守以下基本要求：

（1）以事实为依据，以法律为准绳。这是司法和行政执法的一条共同的重要原则，一切刑事诉讼活动都必须遵循。制作侦查终结报告也必须贯彻这一原则，主要表现为：一是认定案件事实必须建立在证据确实、充分的基础之上，不得夸大、缩小或者臆断事实，更不得歪曲事实、编造案情。二是要严格执行罪刑法定原则，认定犯罪嫌疑人是否涉嫌犯罪、涉嫌哪种犯罪，是否应当追究其刑事责任、应当如何追究？必须依照刑事法律（包括刑事实体法和刑事程序法，也包括非刑事专门法的刑事条款）的明文规定，不得曲解法律、牵强附会。当然，刑事法律对诸如犯罪起点数额、犯罪情节区分等具体问题没有确定明确标准的，应当依照有关司法解释确定。

（2）表述平实，行文规范。侦查终结报告的语言必须合乎语法，避免歧义，做到规范、平实、确切，力戒标新立异、粉饰渲染与模棱两可，切忌掺入个人情绪，尽量多用法律语言。实践中，有的侦查终结报告口语化成分浓重，不像公文；有的不事推敲，词不达意或者言过其实；有的动辄渲染个人情绪，用词偏激；还有的标点符号随便使用，造成语意不明甚至与本意相反。凡此种种，都应着力加以克服。

（3）层次分明，逻辑严谨。侦查终结报告的制作和其他法律文书一样，通常有一定的模式，层次安排似乎并非难事，但因其内容宽泛，头绪繁杂，要求叙论并重，准确无误，同时个案情况又往往千差万别，因而要做到条理清晰、层次分明、论证严谨实属不易。侦查终结报告遵循逻辑规范主要表现为：概念要清晰、准确，不能晦涩、混淆；证据要确实、固定，相关证据互为印证，个证瑕疵、疑点得以他证有效弥补或排除；证据对案件实体事实的证明必要并且充分；案件事实与法律依据对认定结论的推理必须具有确定性、排他性，处理意见必须明确。

（4）揭示矛盾，表明观点。受各种人为因素和客观因素的影响和制约，证据之间出现矛盾在所难免，侦查人员对证据证明力的认识与案件实体事实的认定、对有关法律条文的理解与适用、对案件各个问题的处理意见等存有分歧也属正常，而当事人提出异议甚至反证更非少见。侦查终结报告对此不可避而不谈，应当对各种情况、意见及其原因与理由作出全面的反映和充分的预见。在揭示矛盾、争议和当事人辩护焦点时,必须全面表明各种观点、倾向性意见及其理由,以及反驳辩护的根据。只有这样,才有利于领导决策,使案件定性准确,处理得当。

二、侦查终结报告正文要点

基于侦查终结报告的性质和制作目的的考虑,可将其正文的层次要点大体归纳为以下六个方面:

(1)犯罪嫌疑人基本情况、简历和其他诉讼参与人基本情况。其中,犯罪嫌疑人基本情况应当详列姓名、性别、出生年月日、出生地、身份证号码、民族、文化程度、职业或工作单位与职务、级别、政治面貌、是否人大代表或政协委员(如是需写明哪级)、住址(常住地)等。对于简历,通常从其在中高等院校就读或者参加工作时写起,有关案件事实期间的应当详列,其他的可视情况简略。同时要写明犯罪嫌疑人有无前科,如有则概括表明情况。案件有多名犯罪嫌疑人的,应依涉嫌犯罪情节轻重逐一列明,重者在先,轻者在后。

其他诉讼参与人包括犯罪嫌疑人聘请的律师、被害人及其法定代理人、近亲属及诉讼代理人、委托代理人。

(2)案由、案件来源与诉讼过程。每个诉讼环节、强制措施及其变更情况、办理特别报批和备案情况等都要一一写明,不能省略。

(3)侦查工作的主要情况。不仅要写侦查的组织指挥、计划方案、实施步骤、工作总量和经验教训的总体情况(不宜过于具体),还要写明保障犯罪嫌疑人、被害人和证人合法权益情况,以及执行讯问全程同步录音录像规定情况,等等。

(4)查明的案件事实与据以认定的证据和其他依据(后面将作详细叙述)。

(5)侦查结论与处理意见(后面将作详细叙述)。

(6)需要说明和研究的其他问题。

三、查明的案件事实与据以认定的证据和其他依据的写作要领

这一部分的写作通常是先叙述案件事实再列证证明,复杂案件则应视情而定,边叙边证。

(1)案件实体事实的写作要点。叙事的一般要点为时、地、人、事(经过、手段、结果)、因(起因、动机、目的)、果(危害后果)、情(量刑情节)。表述的基本要求如前所述,同时还要注意详略尺度的把握。其要则应当是:有实质诉讼意义的事实详写,无实质诉讼意义但承前启后的事实力求简略,毫无关联的不写。

(2)列证证明的层次安排。对于案情简单的案件,在按上述要点叙述全案实

体事实后,一般可将其分为若干个环节或者若干次事实,用若干组相应证据加以说明论证。具体写法可为:先将拟证的部分事实概括出一个小标题,比如,关于犯罪嫌疑人职务侵占手段的证据、关于犯罪嫌疑人为黑恶势力充当"保护伞"的证据、关于犯罪嫌疑人寻衅滋事的证据,等等;再行列示相关证据;最后对该组证据加以说明、分析和论证,得出有实质诉讼意义的事实。

对于作案次数特别多(比如几十次)、一人涉嫌数罪或者共同犯罪与个体犯罪相交织等复杂案件,认定事实、证据与说明论证部分的层次安排要不拘一格,因案而异。如完全按上述方法先把全案事实完整地表述一遍,再一事一证,将会造成文字的大量重复,致使侦查终结报告冗长。通常,对这类案件不必先罗列全案事实,而应采边叙边证的方法,即直接一次一证或者一罪一证——先共同犯罪后个体犯罪,先重罪后轻罪。

(3)证据列示的基本要求。总体要求是,针对查证情况,对照刑事法律和司法解释的相关规定,列出能够证明以下事实的证据和其他依据:犯罪嫌疑人涉嫌哪种犯罪;是否属于犯罪情节轻微,依照《刑法》规定不需要判处刑罚或者免除刑罚的情形;是否具有减轻、从轻或者从重处罚的情节。

证据列示以必要和充分为限。所谓必要,一是指列示的证据要与案情具有相关性,无关的不列;二是指证据列示要详略有别,比如言词证据,多人所说往往不完全一致,一人前后所言有时也不无差别甚至相反,对此应予详述,有时还需引用原话,并予以论析甄别。而对于一些内容单一、一目了然的证据(比如某些书证)所证明的内容则只需一笔带过。所谓充分,一是指所有相关证据都要列明,不能只列主要证据,不列次要证据;二是指证据对事实的证明要足够有力。

证据列示还要讲究先后次序。要从逻辑关系、主次作用、证据类别、时间先后等多个角度综合权衡,视情而定,力求清晰、严谨,使人容易明了和信服。

(4)论证证明的几种情形。证明就是要从列示的证据中合乎逻辑、合乎事理地推出案件实体事实。有的单一证据本身就是个明确无误的判断,对其证明的事实可免予论证,只需略作说明。对于具有逻辑关系或者互补作用的多个证据对同一事实的证明,则要详加论证和说明,比如,各种财务账簿、票据、单证和有关人证、物证等证据对同一业务所共同表明的案件事实的证明。对于存有矛盾或者瑕疵的一组证据,要结合案件实际,正确处理物证、书证与人证、原始证据与传来证据、直接证据与间接证据、本证与反证等相对证据之间的关系,运用证据学原理,深入分析研判,去伪存真,去粗取精,有效排除矛盾,弥补缺陷,得出确定的推论事实。切不能只罗列一大堆证据而不作分析论证。

证明还要注意举证责任免除问题。刑事诉讼与民事诉讼一样,诉讼主体对案件某些事实的证明也有责任免除的情况。在民事诉讼中,当事人无须举证的事实有:①众所周知的事实;②自然规律及定理;③根据法律规定或者已知事实和日常生活经验法则能推定出的另一事实;④已为法院生效裁判所确认的事实;⑤已为仲裁机构生效裁决所确认的事实;⑥已为有效公证文书所证明的事实。这是最高人民法院《关于民事诉讼证据的若干规定》第9条确定的。同时,该条又规定,除第②项外,当事人有相反证据足以推翻的事实,提出认定主张的当事人如仍确认,则负有举证责任。笔者认为,以上规则的基本原理对于刑事诉讼同样适用。但是,由于刑事诉讼与民事诉讼其诉讼主体的相对地位存在着本质差异,并且刑事诉讼与民事诉讼遵奉的价值理念存在一定差别,它们对案件事实认定的追求境界也不太一样,因而刑事诉讼特别是公诉案件借鉴上述举证责任免除规则要慎重。侦查终结报告如果借鉴上述规则,对于有关事实虽无须论证,却应列示相关材料、规定、文书,或者予以相应说明。同时,对辩方是否可能提出反证,也要尽量作出预见,表明应对之策。

四、侦查结论与处理意见的写作要领

侦查结论与处理意见的写作看似不难,其实并不简单,实践中行文和引用法律依据差误的不少。因此,要想写好这部分内容,除了要掌握前述制作侦查终结报告的基本要求以外,还得弄清侦查结论与处理意见的关系,并善于把握个案的具体情况。

(1)侦查结论与处理意见的关系。侦查结论应对证明的案件实体事实加以恰当概括,引用刑事法律和司法解释的相关条款,表明犯罪嫌疑人涉嫌哪种犯罪,是否属于依照《刑法》规定不需要判处刑罚或者免除刑罚的情形,是否具有减轻、从轻或者从重处罚的情节?处理意见则是要高度概括侦查结论,引用程序法和司法解释的相关条款(不能引用实体法条款),提出移送公诉审查部门审查起诉或者不起诉的建议。可见,侦查结论解决的是案件实体问题,处理意见解决的是案件程序问题。侦查结论是处理意见的"实体依据",处理意见是侦查结论的"程序结果",两者具有内在的逻辑联系。尽管如此,在具体行文上,通常还是要把侦查结论与处理意见分开写,不能混淆和杂糅。

(2)侦查结论写作的基本要领。侦查结论的写作也要因案而异,做到既全面准确,又简洁明了。在表达的层次性和逻辑性上,要求概括情况、引用法条和下定结论要一一对应。写作的顺序通常是:涉嫌单一罪名的案件先犯罪构成再处理情节;多人涉嫌多罪名的先共同犯罪后个体犯罪,先重罪后轻罪。对于一人多次作案涉嫌同一罪名但量刑情节不一的,涉嫌罪名合并写,量刑情节分别写;对于一人涉嫌多罪,量刑情节相同的,涉嫌罪名逐个写,量刑情节合并写;对于共同犯罪,多个犯罪嫌疑人涉嫌同一罪名的合并写,处理情节相同的合并写,不同的分别写。

(3)两种处理意见写作示例。处理意见部分不论是简单案件还是复杂案件,也不论提出的处理意见是移送起诉还是撤销案件,行文都要高度概括,不能重复侦查结论,也不要引用实体法条文。这里只对简单情形下两种处理意见的表述举例如下:

①认为应当移送起诉的,写明:综上所述,我们认为,犯罪嫌疑人某某涉嫌某某罪的事实清楚,证据确实、充分,依法应当追究其刑事责任。依照《中华人民共和国刑事诉讼法》第×××条及《公安机关办理刑事案件程序规定》第×××条之规定,建议终结侦查,移送人民检察院审查起诉。

②认为应当撤销案件的,写明:综上所述,我们认为,犯罪嫌疑人某某涉嫌某某罪的事实清楚,证据确实、充分,但因犯罪情节轻微,依照《中华人民共和国刑法》规定不需要判处刑罚(或者免除刑罚)。依照《中华人民共和国刑事诉讼法》第×××条之规定,建议撤销案件。

五、制作侦查终结报告中存在的问题

公安机关制作的侦查终结报告长期而又普遍存在的问题是:

(1)文书格式不规范。如有的大而化之,有的不得要领,有的层次混乱,有的不容异议,有的程序从简等。

(2)对案件事实的叙述过于简单。事实是案件的基础,没有事实自然也就谈不上案件。

(3)对证据的引述过于含糊。有的对证据只字不提,有的引述证据格式化,使用徒具形式的套语,叙述完事实后直接写出"上述事实清楚,证据确实、充分",不具体写明是何种证据,有的引述证据笼统含糊,只表述为"上述事实,有证人证言、书证、司法鉴定等",虽然提出了有证人证言、书证、司法鉴定等,但证据不明确、不具体。

(4)侦查终结报告论理不深,不能触及案件的实质。如有的不说理,有的说理缺乏针对性,有的说服力不强等。

以上是侦查终结报告中尤为突出和需要长期解决的问题,这些问题都会不同程度地削弱侦查职能的发挥,影响办案质量和效果,模糊办案责任,也不利于侦查人员业务能力的提高。

六、问题存在的原因及对策

(1)从思想上对法律文书制作的重视程度不够。解决思想上的问题应深化认识,认识到所制作的每一份侦查终结报告都会受到严格的审查,都会作为判断办案工作的重要依据,如果制作的是不符合要求的报告,将会导致案件的欠缺,承办人在此之前的努力有可能会付诸东流,案件也不会很顺利地完成。

(2)从心理上对侦查终结报告的制作有抵触情绪。认为侦查终结报告是纯形式的东西,只是表面文章,只要把案情查清楚就可以了。解决心理上的问题应提高对侦查终结报告保护作用的认识,侦查终结报告实际上对应着相应的法律程序,通过规范法律程序,客观上杜绝执法的随意性,起到对案件承办人的保护。

(3)长期形成的习惯导致侦查终结报告制作形式的格式化。应认识到所制作的侦查终结报告是侦查人员政治素质和业务素质的综合反应,报告可以从一个侧面看出一名侦查人员的政治理论、政策思想、法律专业知识、文化水平、文字表达能力、工作作风的好坏。

检察机关自侦案件不起诉文书改革之我见

文向民[*]

党的十八届四中全会《关于推进依法治国若干重大问题的决定》颁布以来，掀起了较以往空前的阳光司法机制研究的新高潮，正如决定所强调的那样，要"构建开放、动态、透明、便民的阳光司法机制，推进审判公开、检务公开、警务公开、狱务公开、依法及时公开执法司法依据、程序、流程、结果和生效法律文书，杜绝暗箱操作。加强法律文书释法说理，建立生效法律文书统一上网和公开查询制度"。具体到检察工作中，自侦案件不起诉书是检察机关最重要的公开的法律文书之一。但在该文书公开的内容中，仍有不少需要完善的地方，本文拟就当前该类文书存在的问题，完善方略，略陈管见，以求教于同仁并斧正。

一、当前不起诉文书公开内容中存在的问题

学界、法律界人士都知道检察机关自行侦查的案件不外乎两类：一是贪污贿赂案件；二是侵权渎职案件。根据最高人民检察院 2010 年 10 月 26 日通过的《关于实行人民监督员制度的规定》的规定，对这两类案件进行不起诉，必须接受人民监督员的外部监督。然而，在接受公开监督过程中仍存在不少问题，具体到不起诉法律文书中主要的问题及其原因如下：

1. 在不起诉文书中体现不出人民监督员的监督过程

整个文书结构安排中除了对被告人的基本情况、事实叙述不起诉理由和依据，进行叙明外，文书从头到尾看不到人民监督员的只字片语。比如引用依据，因而这类文书功能不完整，而这种监督的缺失，直接导致三个不利后果。

（1）本末倒置，程序颠倒。根据《关于实行人民监督员制度的规定》的精神，对职务犯罪案件和侵权渎职案件拟不起诉，在不起诉作出决定前，应当事先启动人民监督员程序，而不少地方先行启动检察委员会研究程序，然后再启动人民监督员程序，这是有悖于司法规定的。

（2）规避监督。一些地方检察院利用不起诉这一法律手段，打擦边球，搞权

---

[*] 文向民，湖南省株洲市攸县人民检察院工会主席。

力寻租,办人情案、关系案,为达此目的,根本就不启动人民监督员程序。

(3)文书送达制度不健全。不少地方检察院尚未建立健全文书送达制度,不起诉文书一经公开宣布决定后,不将文书送达到人民监督员手中,究其原因主要是法律没有明确规定必须这样作为。

2. 缺乏复议程序

现行不起诉文书中,我们会常常看到这样的叙述,对自侦案件决定不起诉的,被害人或被不起诉人"如果不服,可以自收到决定书后七日以内向人民检察院申诉"。如此可知,法律赋予被害人、被不起诉人享有申诉权,而且被害人还享有向上级检察院申诉的权利,这与复议异曲同工。而对人民监督员监督的自侦案件决定不起诉的,《关于实行人民监督员制度的规定》至今没有赋予人民监督员享有复议权,出现这种制度缺失的原因是,多数人认为在检察机关拟作出不起诉决定前,人民监督员已经参与了事前的监督程序,因此没有必要设置这种复议程序。这种观点值得商榷。《关于实行人民监督员制度的规定》在这方面的主要缺失是:对应当启动人民监督员监督的自侦案件,不启动监督程序或者以启动检察委员会研究程序代替人民监督员监督程序的,缺乏刚性措施。

二、对不起诉法律文书的完善方略

(1)完善检务公开制度和科技手段。2014年6月20日最高人民检察院通过了《人民检察院案件信息公开工作规定(试行)》,明确将不起诉决定书纳入检务公开范围。为了广泛接受人民监督员的监督,这类法律文书除了必须送到人民监督员的手中外,还要强化科技手段,可以通过在检察院设立电子显示大屏幕、电子触摸显示屏,在互联网上开通宣传页、网址等便于人民监督员查阅,也便于社会各界和公众查询。

(2)建立复议制度,完善不起诉文书表述方式。最高人民检察院2014年9月出台了《人民监督员监督范围和监督程序改革试点工作方案》,明确要求设置复议程序。检察机关未采纳多数人民监督员评议表决意见,经反馈后,多数人民监督员仍然不同意的,可以要求组织案件监督的检察院复议一次,该项程序先后在北京、湖北等10个省、自治区、直辖市人民检察院进行试点,随着试点的全面启动和铺开,不起诉法律文书改革也相应会提上议事日程,不起诉法律文书的结构安排也要作相应的调整,这就是笔者所提出的要在不起诉法律文书中充分反映出人民监督员的监督内容。在文书中引用最高人民检察院《关于实行人民监督员制度的规定》的条款,是否可以考虑这样表述:"经人民检察院研究并经人民监督员评议表决通过,对被不起诉人决定不起诉。"这样写出来的文书,充分体现了人民监督的意志,倾听人民监督的声音,充分体现检察机关自觉接受人民监督员监督的真诚愿望。这样做并不悖于法律和实践中的做法,法院的判决书尚且可以引用最高人民法院的司法解释,检察院的不起诉法律文书具有准裁决作用,同样可以引用最高人民检察院出台的相关规定和司法解释。

(3)完善人民监督员监督制度,加强《关于实行人民监督员制度的规定》与不起诉法律文书的衔接,完善惩罚制度。如前述,一方面,要在不起诉法律文书中引用监督条款;另一方面,最高人民检察院要完善自身出台的《关于实行人民监督员制度的规定》。一是完善送达制度,对于经人民监督员监督的案件,检察机关决定不起诉的,应当将不起诉决定书送达人民监督员。二是《关于实行人民监督员制度的规定》第35条强调:"依照本规定应当接受人民监督员监督而迳行作出处理决定的,上级人民检察院应当予以通报,必要时可以责令下级人民检察院依照本规定启动人民监督员监督程序。"《关于实行人民监督员制度的规定》给出了"通报和责令启动"两种方式,但都不够有力度,没有触及个人(主要负责人、案件承办人等),如记过处分、降薪降职等,这就有完善的必要。

综上所述,不起诉文书是检察机关极其重要的法律文书,也是检察机关唯一的"准判决"性法律武器。这类文书必须实行人民监督员监督。笔者认为,搞好这类文书的改革,在一定意义上说,也就是搞好了人民监督员监督的制度改革。实践证明,这两者紧密相连,不可分割。有较为完备的科学的制度和程序设计,就必然有好的法律文书格式设计。随着改革方案试点的逐步推广,不起诉文书正朝着"调整、充实、规范、科学"的大格局方向迈进,这项制度的日臻完善和发展,同样为完善刑事诉讼立法注入了丰富的"实践经验""监督理论"和"立法依据"等新鲜元素,越来越显示出它的强大生命力。笔者坚信,这种司法成果,必将写入《刑事诉讼法》之中,必然是不可阻挡的改革潮流和时代发展方向。

附 录

在法律文书学研究会 2015 年学术年会上的讲话

朱孝清*

我来参加法律文书研究会 2015 年学术年会的任务有三:一是代表中国法学会对年会的召开表示祝贺;二是向 2014 年年会以来为法律文书学繁荣发展作出贡献的同志们表示慰问和感谢;三是对法律文书学研究工作提点要求。我讲三点意见:

一、认清形势,增强把法律文书学研究工作搞上去的责任感、紧迫感

2014 年 10 月年会以来,法律文书学研究工作在以马宏俊老师为会长的研究会领导下,通过同志们的共同努力,呈现出进一步发展的好势头,主要表现在:学术活动比较活跃,"法律文书丛书"研究计划已经推出,合作研究有了良好的开端,宣传渠道进一步拓展,研究会领导班子得到充实。对此,必须充分肯定。

但是,法律文书学研究工作跟法律文书自身的特点和新形势对法律文书的要求相比还很不适应。法律文书的特点,一是使用主体广。所有执法、司法、法律服务部门及其工作人员都要制作、使用法律文书,其使用主体的人数大大超过任何一部部门法的使用人数。二是门类、种类多,内容丰富。其门类有行政执法法律文书、公安法律文书、检察法律文书、审判法律文书、监狱法律文书、律师法律文书、仲裁文书、公证文书等。此外,根据党的十八届四中全会《关于全面推进依法治国若干重大问题的决定》,党内法规也是中国特色社会主义法律体系的重要组成部分。据此,纪委办理案件所形成的文书也是法律文书。在每个法律文书门类中,又有许多具体种类。如公安法律文书,据公安部印发的《公安机关刑事法律文书式样(2012 版)》,就有八大类 97 种。不同门类、种类的法律文书,既有其共性,又有各自的特殊性,其内容十分丰富,需要我们既研究其共同的特点和规律,又研究各自的要求。三是作用大。法律文书作为记载执法、司法、法律服务人员实施

---

* 朱孝清,中国法学会副会长、全国政协社会和法制委员会副主任委员。

法律活动情况、反映对案件(事项)处理意见及其理由和根据的载体,作为法律实施的重要工具,对于惩恶扬善、定分止争、释法明理、宣传法治、增强案件处理的正当性和公信力,保证法律正确实施,维护社会和谐稳定和公平正义,都具有重要作用。执法、司法和法律服务人员在对案件(事项)进行审查和研究的基础上,依据法律在脑子里形成处理意见,其工作只完成了一半,另一半就是通过法律文书把法律实施活动记录下来,把对案件(事项)的处理意见及其理由和根据有条有理地表达出来。办理任何案件,虽然处理意见正确,但法律文书如果写得不好,效果就不可能好。许多涉法涉诉信访就是因为法律文书简单武断、不讲理或说理不清、用语不当等原因造成的。可见,要办好案件(事项),一半靠写好法律文书。

更重要的是,新形势对法律文书和法律文书学提出了新的更高的要求。一是在全面推进依法治国的大背景下,法治将贯穿到国家的改革发展稳定、治党治国治军、内政外交国防等各个领域和各个方面,法律文书适用的范围将进一步拓展。二是全面推进依法治国的过程,也是在法治领域全面深化改革的过程,它必然要求法律文书进一步改革完善。党的十八届四中全会《关于全面推进依法治国若干重大问题的决定》还明确要求"加强法律文书释法说理",要求"建立法官、检察官、行政执法人员、律师等以案释法制度",这本身就是改革完善法律文书的一项重要内容。三是党的十八届四中全会决定明确要求"及时公开重要法律文书""建立生效法律文书统一上网和公开查询制度"等,它要求进一步提高法律文书的质量和水平,使其公开后经得起当事人和社会各界的推敲、质疑和辩驳。所有这些,都需要高度重视和进一步加强法律文书学的研究,给法律文书以有力的理论指导和学理支撑。

但是,跟法律文书的特点和新形势对法律文书的要求相比,法律文书学的研究还很不适应。一是思想不适应。不少人对法律文书和法律文书学研究不重视,不少地方和单位没有把它放到应有位置。二是研究力量不适应。中国法律文书学研究会会员还不够多;地方法律文书学研究会仅武汉市一根独苗,省级法律文书学研究会一片空白。10年前,中国法律文书学研究会就曾跟武汉市法律文书学研究会联合举办过学术会议,10年过去了,地方法律文书学研究会的分布仍然"山河依旧",仅武汉一家。法律文书可以说是"用之者众,研究者寡"。三是人才培养机制不适应。在全国600多所法学院校中,将法律文书作为必修课的仅10家左右,其余的,有的没有开这门课,有的开了选修课;全国还没有一位法学老师招法律文书学研究生。四是研究成果不适应。以"法律文书"为主题词在中国知网对期刊进行搜索,近5年来,公开发表的文章有800多篇,其中在核心期刊(CSSCI)上发表的仅15篇,权威期刊上发表的一篇也没有;出版的此类著作或书籍也不多。总之,这种状况跟法律文书的重要性和使用广泛性相比,跟全面推进依法治国对法律文书的高要求相比,太不适应了。

"不适应"就是压力和动力,改变这种"不适应",是法律文书学研究会全体会员共同的责任!必须从"四个全面"的大局出发,充分认识法律文书在全面推进依法治国中的重要性,进一步增强把法律文书学研究工作搞上去的责任感和紧迫感,振奋精神、锐意进取、奋力开拓、攻坚克难,开创法律文书学研究工作的新局面。

二、强化研究,提高服务大局的质量和水平

学术研究是研究会的主业,要解决上述"不适应",最重要的是研究会要强化学术研究。一要活跃学术活动,形成浓厚的研究氛围。要制订学术活动计划,确定好活动主题,坚持以文取人。2015年下半年,要把预定的几个学术活动办好。二要对接实务,促进法律文书的发展完善。要深入执法、司法、法律服务等实务部门,倾听呼声和要求,了解现行法律文书格式和制作中存在的问题,研究提出改革完善的意见,提高理论指导的针对性和及时性。三要着眼大局,把研究会建成高端智库。要抓住法律文书改革完善的重点问题和影响法律文书学繁荣发展的突出问题,深入研究,提炼观点,提出对策措施,向中国法学会或法律文书应用部门报告,使研究成果转化为领导决策。四要提升理论层次,使公开发表的论文和出版的专著数量、质量双提升。要把在公开刊物上发表论文作为入会的一个条件;已入会的,每3年至少要在公开刊物发表1篇论文,正副会长、常务理事每3年至少要在核心刊物上发表1篇论文或出版著作,5年内没有发表的,换届时不再保留理事以上职务。五要推进"法律文书丛书"研究计划的落实,务必取得成果。六要加强对外学术交流,既学习借鉴他人的有益经验,又讲好中国故事,传播中国声音,使中国的法律文书学走向世界。

在上述学术研究中,最重要的是两条:一是对接实务、接地气,只有这样,学术研究才有针对性、才有用;二是提高(理论)水平,只有这样,学术活动才有质量,论文才会被发表,意见建设才会被采纳,中国的法律文书学理论才能得到外国同行的尊重。

三、加强建设,壮大力量,提高能力素质

要加强法律文书学研究,就要加强建设,特别是研究队伍的建设。一要加强思想政治建设。深入学习党的十八届四中全会精神,增强对中国特色社会主义法治的道路自信和理论自信,并把这种自信转化为加强法律文书学研究的实际行动。二要加强组织建设。要在保证质量的前提下发展壮大会员队伍;要积极创造条件,成立法律文书学研究会各专业分会;各省、自治区、直辖市原则上要在5年

内成立省级法学会下的法律文书学研究会,沿海省份和法学院校较多的省份应成立得快一些;鼓励和提倡副省级市和法学院校较为集中的市成立研究会。三要加强制度建设。以制度规范研究会活动,以制度激励会员加强研究,多出成果。四要加强作风建设。既要克服浮躁心理,潜心研究;又要促进理论与实践相结合,从而使理论上层次、实践见成效。

  同志们!形势喜人、形势逼人。让我们振奋精神、开拓进取,全面加强研究会的各项工作,奋力开创法律文书学研究的新局面,为全面推进依法治国作出应有的贡献!

完善法律文书建设,促进司法改革

——中国法学会法律文书学研究会2015年工作报告

马宏俊[*]

各位代表:

在司法改革不断推向深入的时候,我们在美丽的江城武汉迎来了研究会2015年学术年会的召开,在此,让我们以热烈的掌声向参会的法学会领导以及来自全国各地的代表致以诚挚的谢意和欢迎,向为筹备本次会议付出辛勤劳动的武汉市同仁以及秘书处的各位表示感谢! 一年来,在中国法学会的正确领导下,经过全体同仁的共同努力,研究会在原有的基础上又上了一个新台阶,我们既要看到成绩也要看到不足,不断地总结经验教训,向兄弟研究会学习,完善自己,共创辉煌。下面我就一年来的工作情况和今后的打算,向大会作报告,请审议。

一、一年来的工作回顾

实际上,自2014年在北京召开的2014年学术年会到目前为止,仅仅过了7个月,主要是接下来有很多事情必须经过理事会和常务理事会讨论才能决定下一步的计划,这是由中国法学会的相关文件和本研究会的章程规定的,我们必须照章办事,因而在报经法学会批准后,我们提前召开了这次学术年会,同时召开研究会的理事会和常务理事会。

1. 加强研究会的领导力量

鉴于本研究会的历史发展过程,经过10年的努力,我们和中国法学会其他研究会的差距逐步缩小,基本上融入了这个国家顶级法学社团组织,成为法律文书学研究的主力军,在立法、司法和法学教育与科研中的地位不断上升。但是,在人员结构上,特别是研究会领导层面的人员结构上还有一些不合理的地方,需要进一步调整和改革,在知名学者和各方面资源的整合上还有很大的发展空间,加上原有的一些领导成员因为年龄和工作调动等因素,都需要通过组织程序来完成人

---

[*] 马宏俊,中国法学会法律文书学研究会会长、中国政法大学教授。

员的合理调整,需要按照中国法学会和研究会的章程来完善,经过和法学会有关部门的沟通,会长办公会和常务理事会研究决定,吸收几位年富力强、学识渊博、在法律文书及相关领域有造诣、有影响的专家参与研究会的领导工作。

2. 推出"法律文书丛书"研究计划

这是一项长期的、艰巨的、需要大量资金投入的造福子孙后代的项目,困难再大也要坚持做下去,这也是我们研究会的主业,应当成为国家工程,我们必须积极向国家争取财力支持。同时我们也要看到,财政的支持从来都不是轻易说说就可以得到的,必须要把前期的基础工作做好,有了前期的研究基础,才具备争取支持的条件。近期,研究会已经和北京大学出版社签订了出版合同,将在今后几年中连续正式出版古今中外涉及各方面的法律文书研究成果,将由各领域的副会长牵头分工负责,责任到人,采取公开招标的方式,吸引有责任心、有能力的专业人士积极投入到法律文书写作的研究中去。用我们的智慧推出独具特色的法律文书学研究成果,改变社会上认为法律文书只是按照格式填表的旧观念,要把法律文书的写作训练作为法律职业人员的重要技能、作为专业能力来培养和训练,为法律职业的准确到位作出贡献。

3. 扩充研究会的宣传渠道

研究会在成立之初就比较注重宣传工作,特别是学术阵地的建立和完善,我们吸收了司法各领域的杂志主编参加研究会,多年来他们为研究会的成果发表和宣传作出了贡献,成为理论界和实务界的联系纽带和桥梁。在此基础上,我们又在中国法学会的直属刊物《民主与法制》专门开辟了"法律文书大家谈"栏目,使法律文书更接地气,成为常态化、雅俗共赏的学术平台,法律文书不仅要成为看得见的正义,也要在公开透明的前提下,成为看得懂并且被人民群众接受的正义输送媒介,这是我们研究会义不容辞的责任。

4. 开展了一系列学术活动

以往研究会只停留在一年一度的学术年会组织上,特别是在研究会进行社团登记的过程中,我们一直处于等待状态,法学会领导给我们传递了新的信息和精神,研究会的社团登记是一个漫长的过程,不能因此而放松研究会的学术活动。针对过去研究会成员在学术活动上更多的是各自为战、闭门研究的情况,我们认为,必须发挥研究会的优势,团结所有的会员,调动一切力量,形成合力,更好地发挥研究会的作用,经会长办公会研究,在办好年会的同时,推出了一系列的学术论坛计划并付诸实施。2015年4月25日,在北京举办了法律文书沙龙;5月15日,在昆明举办公证法律文书论坛;5月21日,在上海举办律师文书论坛,下半年还将推出裁判文书论坛和检察文书论坛,还将首次推出以研究会名义举办的法律文书学教学研究论坛,这三次活动将分别由最高人民法院、最高人民检察院、海南政法职业学院负责具体承办,研究会作为主办方将给予必要的经费支持和学术理论上的支撑,欢迎大家就自己的研究领域积极参与其中。这种系列学术活动仅仅是开始,今后将会常态化,研究队伍也将不断扩大,方式也是多种多样,学术活动是研究会的灵魂,学术成果就是研究会存在价值的良好体现。

5. 灵活多样地增强研究会的凝聚力

研究会的成员分散在全国各地的司法各个领域和高等院校,需要大家共同协商确定的事情很多,受时间和空间的限制,不能总开会。秘书处充分利用信息社会的多种媒介,建立了研究会会长办公会的微信群和研究会不同层面的多重联系方式,提高了研究会沟通运转的效率,为科学民主决策奠定了基础。

6. 开创了与地方法学会合作新模式

2015年1月8日,武汉市法学会法律文书学研究会换届大会暨优秀法律文书评选活动举行,本会会长应邀参加并致辞,共商今后的合作计划,在随后举行的中国法学会常务理事扩大会上,双方领导又就今后的合作以及今年的年会举行达成了共识,武汉市法学会法律文书学研究会是全国最早成立的地方法律文书专业研究会,10年前,在我们研究会成立之前,本会的前身就与之在武汉共同合作举办过学术年会,并为本研究会在中国法学会的领导下成立专门研究会打下了坚实的基础,10年轮回,我们又在武汉举办年会,共商作为中国法学会直属研究会与地方法学会专门研究会共同合作的新模式,为推动法律文书学的研究作出贡献。在刚结束不久的中国法学研究会工作经验交流会上,王乐泉会长表扬了体育法学研究会与地方法学会合作创立专门研究会的经验,我们以实际行动实践了这种新型合作模式,今后还要继续努力,在更多的地方法学会寻求切合实际、独具特色的新型合作方式,为繁荣法律文书学的研究、倒逼司法体制改革、让人民群众真正感觉到宪法和法律的尊严和公正而努力。

7. 进一步提升研究会的地位和社会影响力

在各位同仁的共同努力和法学会领导的关怀支持下,研究会的社会地位和影响力也在不断提升,2015年1月,在中国法学会常务理事扩大会上,本会会长首次被增补为中国法学会理事,更加增强了我们的主人翁意识,体现出在中国法学会这个大家庭中,研究会不分大小地位平等,增强了我们加倍努力的信心和责任。

自2014年年会以来,虽然仅仅过去了7个月的时间,但是,研究会的全体同仁在中国法学会的正确领导下,积极进取,高效运转,用实际行动表达了我们的心声。

二、今后一年的工作设想

鉴于研究会登记工作的进展和中国法学会的统一安排,我们无法预测研究会的登记事项何时可以完成,研究会不能因此而停滞不前,我们必须一边继续完成登记的各项事务,同时还要继续做好研究会的本职工作。经与中国法学会研究部沟通,2011年为社团登记所进行的选举视为本研究会第二届的选举,到明年任期届满,根据中国法学会的统一要求和本会的章程规定,无特殊情况,本研究会将要进行换届。这次换届是一项非常重要的工作,选好一个强有力的研究会领导集体,对今后5年的研究会工作乃至更长时间的发展意义重大,希望大家正确把握和行使好法律赋予的民主权利,避免拉帮结派的不良影响,真正推选出国内一流的专家和学者进入研究会的领导层,并且具有一颗为人民服务的热心,还要具备一定的时间和精力,能够胜任研究会的领导岗位,既要有较为扎实的理论功底和学术成果,深孚众望,还要具备较强的领导能力,驾驭全局;不仅要立足本职,还要有广阔的视野,能够引领研究会走向世界;还要拥有广泛的资源并得到所在单位的大力支持,能够为研究会作出巨大的贡献。换届是今后一年中的头等大事,必须引起全体同仁的高度重视。在法律和规则面前人人平等,我们进入中国法学会这个大家庭已经9年了,再没有什么特殊的政策可以照顾我们了,必须严格按照相关的规定完成换届,有些人员不可避免地会面临调整,希望大家以大局为重,以事业为重,以个人利益服从整体利益,放弃个人得失,圆满完成换届的各项工作,为研究会今后的发展奠定坚实的基础。

具体说来,换届工作要在中国法学会的统一领导下逐步展开,会长办公会要提出一个换届的初步方案,向中国法学会报告,经批准后提交常务理事会讨论通过,然后酝酿候选人名单,按照要求经过几上几下的协商讨论,在明年召开的全国会员代表大会上进行无记名投票。这就要求会长、副会长、秘书长、常务理事、理事,克服自身的困难,准时出席必要的会长办公会、常务理事会和理事会,我们会根据实际情况尽可能地减少会议次数,无法合并的会议还需要大家出席,因为按照章程和文件的规定,这些都属于重大事项,必须符合到会的法定人数,表决也要达到法定票数,不得代理,必须本人亲自出席,有些事项还要求本人的亲笔签字,有时候,因为一个人不能到会,就有可能影响整个会议的有效性,耽误更多人的时间,也会影响整个研究会的换届工作。今后我们将严格按照章程和中国法学会的相关规定办事,健全各种会议的考勤制度,尽量少开会,必须要开的会议需要大家齐心协力开好,理事和会员连续两次不参加年会或理事会,5年内累计3次不参加的,将按退会处理。秘书处要做好统计工作,每一位参会者也要认真签到,以免出现统计错误。会长办公会和常务理事会也要严格执行考勤签到制度,这两个层级的会议可以采取通讯或者视频的方式,需要说明的是,这并非新规定,而是对已有制度的重申,今后要严格执行。

学术活动是研究会永恒的主题,在继续搞好专业学术论坛的同时,还要注意推出研究会独具特色的研究成果。"法律文书论丛"的编写工作已经启动,希望大家积极认领,潜心研究。此外,我们考虑拟对研究会的每一位成员提出研究成果的要求,作为一个国家级的专门研究机构,长期没有专业研究成果是说不过去的,研究会的领导要带头,要有量化指标,要有核心期刊以上的论文或者在知名出版机构出版担任主编的专著或教材,常务理事应该有在专业期刊发表的论文或者公开出版的著作,理事和会员至少要有公开发表的学术论文,至少也要在年会的论文集上发表论文。研究会将为大家发表论文提供平台建设,积极推荐,要让我们的研究活动常态化。举办专业法律文书论坛是我们今年的成功尝试,对增强凝聚力、提升学术水平和社会影响力发挥了重要作用,这项活动要制度化地保留并不断发扬光大,每一位研究会的领导成员都要领受任务,每年主持举办一次专业化的法律文书论坛,轮流主办学术年会,积极创造条件主导成立研究会的专业委员会,作为考评的一项重要指标,以此来确认对研究会的贡献。

调查研究是社会科学工作者必须完成的基本工作,我们要养成调查研究的良好风气,充分利用研究会这个平台,为理论工作者提供调查研究的资料和数据,为司法实务人员提供理论提升的机会,理论与实务并重。在研究成果的形式上,包括但不限于论文、专著,更要注重调查报告、文书点评、史料收集、域外文书的比较分析等,既要尊重其他学科的规律,更要注意抓住本学科的特点,打造我们的学术精品。

法律文书的教学和技能训练也是研究会不可忽视的一个重点,在传统研究活动的推广中,还要注意教学观摩,特别是教学方法和研究思路的经验交流,既要有对司法实践的服务意识,更要有一个理论探索的超前意识,避免闭门造车和空洞说教,一切从实际出发,努力探索。

裁判文书上网,解决了司法公开的一个形式问题,阳光司法和自觉守法还需要我们对裁判文书作出解读和点评,引导公众增强守法意识,希望研究会的同仁,不仅在理论研究上下工夫,还要在个案的法律文书点评上作贡献,这是我们研究会的独到之处,正确的点评不仅是对个案的评价,也是对司法制度的一个认同,大家可以在各种媒体上进行点评,也可以通过研究会自己的平台发表意见,要体现出一个专业人士的气质和风度,不能打棍子、扣帽子,而要以理服人,用证据说话,引领社会走向法治。研究会将逐步完善自己的学术平台,建立与社会对接的窗口。网站建设将在中国法学会的统一领导和支持下完成,现有的合作刊物以及教材的编写,都是已有的传统模式,建议大家充分利用。

研究会作为中国法学会的所属机构,需要建立健全各项规章制度,通过会长办公会、常务理事会等完成建章建制的程序,领导成员要模范地自觉遵守,落实岗位职责,建立印章使用管理制度、对外信息发布制度、财务公开制度、年会举办筹备制度、论坛承办申请制度、成果报送备案制度等。还要积极推进省和计划单列市法学会法律文书学研究会的成立,在全国形成法律文书研究的专业化网络,满足司法改革的法律事务对法律文书研究的需要。

2007年1月,本会举办了第一次全国优秀法律文书评选活动,我们有些理事就是那一次被发现进入本研究会的。我们要积极创造条件,争取早日举办第二届全国优秀法律文书评选活动,配合裁判文书的网上公开,助推司法改革,促进司法公开落到实处。研究会要积极储备专家型人才,不仅要进行公开公正的评选,更要写出专业化、高层次、令人信服的评语来,让我们的水准在阳光下接受社会公众的评判,这就需要全体同仁的共同努力。

新的一年对于我们来说是一个良好的机遇,司法体制和法学教育的改革也让我们面临着挑战,需要我们抓住机遇,勇于探索,开拓创新,用我们的努力和丰硕的成果来回报我们的前辈和社会各界的支持与关爱。

"阳光司法与法律文书论坛"暨中国法学会法律文书学研究会 2015 年年会综述

袁　钢　杨　凯　沈建铭[*]

2015 年 5 月 24 日,中国法学会法律文书学研究会年会在武汉南湖之滨召开。全国近百位法律界精英齐聚一堂,共论阳光司法与文书说理、文书公开等问题,与会的专家学者们围绕法律文书的研究意义、法治思维、裁判公开和裁判说理四个方面展开了深入讨论,对许多问题有着独到见解,也进行了充分的讨论,达成了共识。为我国司法体制改革和法律文书制度的完善提出了宝贵的意见和建议。

一、法律文书的研究意义

党的十八届四中全会作出全面推进依法治国的战略,进一步深化司法体制改革,加强裁判文书释法说理,建立生效法律文书统一上网和公开查询制度。随后,各地法院裁判文书公开上网在全国普遍开展。关于法律文书的基本问题,包括裁判公开和裁判说理也成为本次年会的重要内容。

中国法学会朱孝清副会长指出,法律文书学研究虽然在现阶段取得了一系列进步,学术成果斐然,但是党的十八届四中全会对法律文书学研究工作提出了更高的要求。法律文书的适用范围在不断扩大,法律文书的功能在扩展,法律文书的理论也待再认识,与新形势下的法律文书和依法治国有许多不相适应的地方,这些都有待我们的进一步深入研究。法律文书使用面广,适用者多,与研究者寡不相适应;法律文书的人才培养机制与法律文书学研究要求不相适应;研究现实的成果与新形势对法律文书的需要不相适应。因此,朱会长指出,要强化学术研究,提高服务法治中国建设的质量;要加强队伍建设,壮大力量,提高内部素质。同时朱会长还提出了殷切希望:第一,要活跃学术活动,形成浓厚的理论研究氛围,要制订学术活动计划,研究好每次活动的主题,坚持以文取人。第二,要内接实务,促进法律文书的发展完善,要深入执法、司法、法律服务等实务部门,了解法

---

[*] 袁钢,中国政法大学法学院副教授、法学博士,中国法学会法律文书学研究会副秘书长。杨凯,华中师范大学法学院教授。沈建铭,华中师范大学硕士研究生。

律文书存在的问题,倾听他们的呼声和要求,研究提出改革完善的意见,提高理论指导的针对性。第三,要着眼大局,把研究会建成高端智库,抓住影响法律文书学发展的突出问题和法律文书改革完善的重点问题,在深入研究的基础上提炼观点,提出对策措施和高质量的意见建议。第四,要提升理论层次,首先公开发表的论文和出版著作的数量和质量都要提升。第五,要推进法律文书丛书研究计划的落实,务必使它取得成功。第六,要加强对外的学术交流,通过交流既学习借鉴外国的有益经验,又可以通过交流使中国的法律文书学走向世界。

二、法律文书与司法公开

裁判文书公开上网是当前司法体制改革的重要组成。本次年会与会专家对裁判文书的公开进行了深入讨论,而裁判文书的公开又与其他理论制度,如裁判文书说理、裁判文书制作表达、裁判文书公开与其他权利的冲突,以及阳光司法、司法改革相联系。

与会专家关于裁判文书公开的价值取到了一致肯定,认为裁判文书的公开是推动司法改革的重要一步,也是法治进程的关键环节。裁判文书公开,是指法院将其制作的裁判文书通过报纸、杂志、网络等媒介向全社会发布和公布,包含形式的公开和内容的公开。形式的公开指按照一定程序和要求通过报纸、杂志、网络等媒介向当事人和社会公众公开;内容的公开是对法律文书记载事项、裁判认定事实、裁判理由、裁判结论的公开。从公开的对象而言,裁判文书公开包括向当事人公开和向社会公众公开,即裁判文书的形式公开。而裁判文书的公开应当是全面的公开,是针对所有社会公众的全方位公开。

首先,裁判文书公开提高了司法公信力,是司法公正的要求。裁判文书全面公开,公众才会从中感受到自身的知情权、参与权、表达权是否得以体现,诉讼请求实现或没有实现的原因,从而产生对审判行为是否信任的判断。通过公开的裁判文书展现判决内容,来提升司法信用、获得司法信任,这是提高司法公信力的重要途径。其次,裁判文书的公开能够满足程序正义的要求。一方面能够保障当事人知情权的实现,同时也是完善人民对司法的监督,保障公正司法的重要途径。除此之外,法律文书的公开还具有案例指导价值、研究分析价值,也有利于提升法官自身的职业荣誉感,有利于建设优秀的职业法官队伍,更有利于发现司法实践中存在的问题,从而推进司法改革。

但是,一些与会学者指出,裁判文书的公开在一定程度上可能与其他合法权益相冲突,如个人信息保护与裁判文书公开、公众监督与司法独立,等等。前者涉及的是个体私权,诸如隐私权、个人信息权等,与公权之间的价值冲突;后者涉及的是个人的监督权、知情权和言论自由与司法独立之间的冲突。这些冲突表现出来,都是个体权利与公共权力之间的关系,不同权利价值位阶的差异。而这些权利冲突的基本点都在于对个人权利的保护以及对公权力的限制,这是现代法治国家的基本准则。因此,在现有的法律体系范畴内,保护权利是主线,在一些必须公开的特殊案件中,如果公开原则优于隐私原则,也必须在公开的基础上尽量减少对隐私权的侵害,确实难以避免侵害的,应该给受害主体以救济渠道。总之,应当在司法公开与公民隐私权保护之间找到恰当的衡平点。另一方面,冲突虽然可能存在"民意"干预司法的嫌疑,但是不能因为这个原因就阻止裁判文书的公开,而是更应该畅通司法公开的渠道,使公众的监督成为司法运行的助力,使司法的独立审判与"民意"形成正能量的合力。因此,对于平衡不同利益之间的矛盾,一方面要全面公开裁判理由,增强说理性,同时确立合理的裁判文书公开限度的标准;另一方面还要建立完善的审查保障机制。

在对裁判文书公开进行深入的探讨中,裁判文书的公开其理论基础在于以下几个方面:一是权力的监督与制约,让权力在阳光下运行。公开审判原则对司法权的制约,自然包含这两个方面,即审理的过程和裁判的结果都要公开,而裁判文书作为法院审判活动的全程缩影,记录了法院对特定案件进行审理和裁判的全部过程,是司法权运作的最终结果,其公开正是审判公开原则的本质要求。裁判文书公开作为公开审判原则的重要组成部分,为司法权的正确行使提供了展示平台,同时也对司法权的滥用形成了监督机制,让案件当事人、社会公众知晓并更加信赖法院的裁判是依法并公正作出的,从而提高司法公信力。二是保障公民权利的要求。裁判文书记录了法院审判权运作的全过程,同时基于现代先进的信息平台,其公开更加方便、快捷,更能保障公民知情权的实现。首先,案件当事人可以通过裁判文书了解、知悉判决理由和依据,从而更好地实现自己的诉权;其次,社会公众能够通过裁判文书了解案情,监督裁判的正当性,并对今后类似的案件加以参考。三是程序正义的要求。首先,程序的公开性是程序正义的重要内容。现代司法程序要求公正应当是被看得到的,追求正义的法律程序必然是公开的、透明的。其次,程序正义还包括程序民主性的内容。程序的民主性要求司法活动应当充分体现人民的意志和利益。程序的公开性和民主性是紧密联系、相辅相成的,程序的公开性是民主性的表现,又是民主性的保障,而民众参与法律程序的要求也推动了法律程序的公开,司法的民主性必然包含审判公开的要求。

但是,我国目前裁判文书公开的现状不容乐观,许多问题亟待解决。第一,法律层面上缺乏有力支撑。除了我国宪法、三大诉讼法关于公开审判原则的规定外,对具体的公开缺乏制度上的规范,导致无章可循。第二,实践中缺乏统一的标准。由于缺乏裁判文书公开的统一标准,各级地方法院的制定和实施情况也各有不同。因此各地根据上述规定制定了各不相同的实施细则,在具体操作中的实施情况也不尽相同,在裁判文书公开的范围、程序等方面均存在差异。这些差异势必会阻碍裁判文书公开统一化、规范化的进程。第三,裁判理由公开的力度较弱。首先,对于案件各方当事人的意见往往不加评述,采纳或不采纳均不进行分析。其次,对裁判理由的论述公式化、概念化、形式化,只是简单地陈述法院裁判意见,没有把案件事实与法律条文有机结合起来进行法理分析,没有将法院作出决定的三段论推理过程加以论述。再次,对法律的适用也不加阐释,缺少适用的理由,甚至对于法律条文的具体内容也没有注明。第四,当事人正当权利保护不足。这也是上文提到的有关权利冲突的问题。第五,裁判文书公开欠缺保障措施。缺乏公开前的审查机制、公开中的民意反馈机制和公开后的监督问责机制。针对于此,不少专家学者提出:一是应当制定法院裁判文书公开的明确依据,保障公民权利的行使,也可以通过权利来约束司法机关的权力,履行裁判文书公开义务,使裁判文书公开真正做到有法可依、有章可循。二是建立法院裁判文书公开的统一标准。三是加强裁判理由的公开。四是保护当事人的正当权利。五是完善裁判文书公开的保障措施。司法活动必须公开,作为司法活动结果的裁判文书更应该公开。裁判文书是法院向当事人展现案件事实、法律适用以及裁判结论等信息的书面载体,更是人民法院中立、公正审判的载体。裁判文书公开是实现"阳光下的司法"的必然要求。

三、法律文书的说理释法

理由是裁判文书的灵魂,民事裁判文书说理是衔接裁判事实(证据)与裁判结论的桥梁,是将裁判结论的形成过程外化于裁判文本的现实表达。民事裁判文书说理兼具法律与写作双重属性,其中,法律属性是根本。在裁判文书中,至少存在诉、辩、审三方理由,法院理由是主线。诉方与辩方理由在裁判文书中的全面展示,法院对诉辩理由、争议焦点的充分回应,使得民事裁判文书说理的结构呈现为复杂互动的形态,成为民事裁判文书表达的重点和难点。民事裁判文书说理的基本要素,包括"对证据的说理""对事实的说理""对法律(包括实体法和程序法)的说理"三个方面。另外,裁判文书的说理还应包括有价值属性。正义、效益和秩序是民事裁判文书说理的重要价值。民事裁判文书说理的正义价值,包含实体正义价值和程序正义价值。实体正义价值要求民事裁判文书的说理应兼顾案件的实体事实(证据)和实体法律精神的说理;程序正义价值要求民事裁判文书的说理要做到程序事实清楚,程序事项明确,再现举证、质证、认证过程,程序理由论述充分等。民事裁判文书说理的效益价值,可从"繁简分流""合理性""规范性"等角度得以实现,集中反映了民事裁判文书说理的规范性特征。

在方法论上,与会专家认为,三段论是绕不过去的重要说理方法,但是仅有三段论是不够的,应当充分运用三段论和其他说理方法,将民事裁判结果得以成立的理由分析清楚、论证充分,真正体现说理的表达效果;同时,还要关注民事裁判文书说理的内部,诸如说理的对象、方法、争点、焦点等,这些说理表达层面的问题,无不蕴含着民事裁判文书需要遵循的法律精神——是民事裁判文书说理的核心内容,是将基础论证知识运用于司法裁判说理的专业问题,是属于法律文书说理独有的方法论问题,需要认真梳理和总结,更需要将这些具体方法运用于民事裁判文书说理规范意见的制定和实施过程中。根据裁判文书说理的基本规律,尝试梯次建设的思路,体现制度的多元性和不同层级,以便实施和执行。从总体上说,规范意见上须对应衔接民事诉讼法律制度,下须对应指导民事裁判文书的具体格式与规范要求。对比前述诉讼法和司法解释的规制方式,建议以司法解释的方式出台加强民事裁判文书说理性的若干意见,其主要内容涉及对民事裁判文书说理的概念界定、说理的属性、说理的价值、说理的效果、说理的责任等,既要包括民事裁判文书说理的对象、要素、方法、要求等说理表达的规律性内容,又要包括民事裁判文书说理的效果评价、责任承担等监督、激励、制约机制的系统性规定。

总的来说,对于裁判文书的说理,其必要性是不言而喻的。不仅裁判文书应当说理,而且检察文书、其他行政文书也应当说理。与会专家普遍表示说理是法律文书的一般特性与重要内容,要从重点研究说理的内容、说理的要求和说理的规则等方面,解决裁判文书说理难问题,形成对裁判的制约。之所以讨论裁判文书说理问题,是因为我国目前裁判文书说理状况不容乐观。说理存在诸多问题,诸如:第一,裁判文书对案件过程不能全面反映,在庭前审查程序中,文书的送达方式,是否已经送达当事人、用尽所有手段均无法送达的证据等具体情况,判决书中未具体说明。第二,裁判文书说理缺乏针对性。一些判决书的案件事实和判决结果脱节,甚至有的判决书遗漏事实。第三,判决书不说理或说理不充分。法官在撰写判决书时,考量因素多元化,衡量各方利益,致使法官不愿说理、不想说理、不敢说理。证据采纳与否的理由和诉讼请求是否给予支持的理由都没有阐述或阐述不清。对当事人的一些主张消极回避,庭审中的意见,没有一一回应。第四,判决书说理繁简不分。对当事人双方没有争议的事实和证据,说理长篇大论,而对双方的争点问题却粗略带过等。第五,我国目前法官整体水平还有待提高,对于心证过程不能专业地表达。

这些裁判文书的说理问题在现阶段如此突出,不仅影响到裁判文书的质量,更影响了裁判文书的公开与司法公正。探究其原因,与会专家则表示,裁判文书的撰写主体是法官,其说理存在问题,法官在一定程度上负有不可推卸的责任。法官的说理方法和说理的书面表达等方面都会直接影响民事判决书的说理。不论是说理方法也好,还是书面表达能力也好,都与法官自身的职业能力有关。但是实践中,裁判文书的说理出现的各种问题,不能完全归结为法官的职业能力和职业素质等自身原因,更重要的是背后的深层原因。首先,思想上,深受重实体轻程序的传统司法理念影响,对说理不重视。诉讼活动是有程序性的,判决书应该是对整个诉讼活动的总结。其次,在司法体制上,法院是审判机关,实行司法独立,但案件的审理往往受到各方面的干预和压力,尤其是社会关注度高的案件,社会舆情也会严重干扰法院的审判。在这种环境下,法官在撰写该案的判决书时不能完全依据案件的事实、证据,运用法律思维来论证说理。因为,法官自身都无法说服自己,更不会充分说理。最后,我国缺乏对规范判决书说理的刚性规定,不能从根本上解决判决书说理存在的问题,虽然判决书的整体质量较之以前已有较大提升。

　　通过分析其深层原因,与会专家给出了一些建议与意见。民事判决书的说理路径有多种,但如何加强民事判决书的说理,方法上应有所侧重。第一,判决理由是判决书的核心和灵魂,民事判决书中应有判决理由的充分说理。当判决对一个人不利时,理由陈述可以增强判决的可接受性。第二,确立指导性案例的作用,参照指导性案例审理案件时,说理程度更需加强。最高人民法院以公报的形式发布的指导案例,推理严谨,论证充分,事实清楚,法律适用正确,注重事理、法理、情理的融合,这给下级人民法院制作判决书提供了很好的样板。第三,还有一些其他举措可以用来加强民事判决书的说理,如列明合议庭的不同意见,还可以在某些民事案件的判决书中撰写法官后语。当然为了保障说理的顺利正常进行,与会专家学者提出还要对说理进行保障。首先,实行判决书署名责任制,判决书说理言论免责。其次,建立健全当事人的救济制度,将当事人的上诉率作为法官考核的重要指标。最后,坚持繁简分流原则,完善法官助理制度。根据案件的复杂、疑难程度、社会关注度的高低等因素,结合具体情况,对复杂、疑难、争议大的问题加强说理,对简单的、双方当事人没有疑问的问题简单说理。

　　不仅仅是裁判文书,检察文书或者裁判文书中具体规则适用的法律文书也应当做到充分说理,不仅表好意,还要炼好意。以检察文书为例,检察法律文书释法说理从检察官制作法律文书的角度而言是不证自明的,但是,实践当中在检察法律文书中释法不足、说理不透的现象比较严重。因此,与会专家们认为,树立释法说理意识是提高法律文书释法说理水平的首要一环;制定检察法律文书释法说理规范,强化对检察法律文书释法说理工作的指导;构筑法律职业共同体,通过法律文书释法说理形成对话机制。

四、法律文书的法治思维

　　法律职业工作者是法治思维的重要实践者,并且审判活动、司法活动是法治一个极其重要的活动领域,而作为司法活动的主角,法官也自然成为法治思维的头脑风暴的中心,而法官思维的直观表现形式就是法律文书、裁判文书。因此,考察法官是如何思考的,对完善法律文书写作十分必要,更重要的是了解和构造法律共同体的必要途径之一。通过与大众思维方式的比较,法官职业思维有以下特点:一是法律职业术语是法官必备的思维要素。二是被动性、保守性是法官思维的基本因素。三是重逻辑、重证据是法官思维的特色。四是程序合理性是法官思维的重要方面。法官职业思维是一种合法性思考、中立性思考、普遍性思考、独立性思考,即是指审判机关及其人员在行使国家审判权时,从服从于宪法和国家法律的角度,理性判断案件的思维方式,独立、中立地作出判断。

法律文书是一项法律活动的文本化展示,通过法律文书,自然能够清晰准确地了解该法律活动的内容。而法律活动的内容精神则是法律思维的结果。也即是,法律人在法律思维的指导下,通过法律行为在法律的规范下进行活动,而该活动在文本上的呈现形式即是法律文书。

(1)法治思维是程序思维。法治的程序是完整严密的程序,有其内在的逻辑性,因此裁判文书必须是一个完整的程序结构,缺少程序内容或者程序内容不详,都有可能规避法律程序,存在违法嫌疑。因此,裁判文书必须包含完整的程序过程,从起诉到开庭,再到法庭调查辩论等,最后结案执行。整个程序过程当事人的法律行为主张都应当是裁判文书所包含的,以至于任何一个第三人看到此份文书时都能够清晰明确地了解案件的全过程,这是裁判文书首要的作用与功能。

(2)法治思维是规范思维。所谓规范思维,也即当事人的行为都有直接或者间接的法律依据,都应是严格遵守法律的规定而行为,否则就应当受到法律的制裁。裁判文书写作也应当遵守这样的要求。书写裁判文书的主体是法官,其所做的每一项行为都应该有法律依据,应当按照法律的规定,以符合法律逻辑的方式记录审判过程中的事实。因此,司法裁判权需要作出判断,而判断的结果是影响当事人的重要法律文件,也就更应该符合法治思维的要求,应当遵守法律规则原则的要求。法律的推理方式是形式逻辑的推荐,是三段论的模式,从事实到法律,最后是结果。

其中,说理是重要的环节。理由是判决的灵魂,在裁判文书中写明判决理由,是理性、良知和公正的要求,是反对法官专横的需要。在我国,说理在裁判文书中以"本院认为"形式出现,独立成段,而事实部分则包括法院认定的事实、情节和证据,在裁判文书中以"经审理查明"的形式出现。可见,我国司法界是将适用法律的理由与认定事实的理由截然分开的,判决理由并不包括认定事实的理由。说理是整个裁判文书中最具创造性的部分,判决理由阐述得充分、合情、合理、合法,裁判文书才具有说服力。首先,说理应当有针对性。其次,要加强论证性。再次,突出法理性和遵守逻辑性。最后,兼顾情理性。

(3)法治思维是法律术语的表达,法律文书也不应例外。司法文书是实用性很强并十分严肃的专用公务文书,从语言的运用、表达方式到结构布局等诸方面都形成了鲜明的文体特点。除法律专业术语要符合法律规定外,结构要素用语也要求标准化。法律术语是法律语汇专业化的重要标志,语汇的专业化是制作司法文书的第一规范。所以应当严格区分同义词、近义词是法律语言规范化的重要内容。同时文书的语言风格要客观质朴,并坚持使用规范的书面语言。司法文书语言规范是司法实践的产物,它制约着司法文书语言的选择和使用,司法文书写作必须遵循这些约定俗成的用语规范,保持司法文书的严肃性和庄重性。

(4)法治思维是一种保守性思维。这一点表现在裁判中即是遵循先例,而对于法律文书而言,也必然要受到在先判例的影响。在裁判文书的制作中也就可以直接或者间接地引用在先判决,而这在语言风格和结构设置上都可以借鉴前人的经验。这一方面既是保持法律的一致性,也是遵循法律体系的结构的完整性。